KB212272

현대 의료 선교학

MODERN MEDICAL MISSIOLOGY

현대 의료 선교학

강영식, 강영식 외 6인, 강재명, 강진수 / 박금미, 권혜영, 김동연 / 안미홍, 김민철, 김 삼, 김성은, 김안식, 김우정, 김정혜, 문누가, 문병수 / 강영미, 박경남, 박상은, 박에벤, 박용준 / 김경철, 박한상 / 송영근, 변진석, 손영규, 송예근, 심재두, 오사라, 우상두, 우석정, 윤재형, 이대성, 이대영, 이순신, 이재혁, 이재훈, 이혁진, 이혜숙, 이휘선, 임예진, 임현석, 장재성, 장철호, 전미령, 정홍화, 최원규, 최정규, 최조영, 한영훈, 허 통 / 최은주

기획 / 편집 심재두

미래사CROSS

현대 의료 선교학

발행일 2018년 9월 15일 초판 1쇄

지은이 심재두 외 56명
기획/편집 심재두
발행인 고영래
발행처 미래사CROSS

주소 서울시 마포구 신수로 60, 2층
전화 (02)773-5680
팩스 (02)773-5685
이메일 miraebooks@daum.net
등록 1995년 6월 17일(제2016-000084호)

ISBN 978-89-7087-113-4 02230

『현대 의료 선교학』출간을 위해
재정으로 후원해주신 분들에게 깊은 감사를 드리며
명단을 가나다순으로 기재합니다.

강경숙, 강영수, 강희선, 고정미, 국희균, 길도환, 길재숙, 김경희, 김구엽, 김미자,
김성림, 김진우, 김영욱/황태선, 김춘배, 대전땅끝교회, 박경희, 박성환, 박정욱,
백은찬, 서강석, 서울광염교회(담임목사: 조현삼), 서정성, 신전수, 신현수, 안동일,
양형채, 오광주, 이상수, 이종훈, 이찬복, 이태일, 장성남, 정미경, 정해전, 조현구,
최현석, 최혜석, 황태준, 한인세계선교사지원재단, 무명

이 책이 출간되도록 주관하시고 인도하여 주신 하나님께 모든 영광과 감사를 드립니다.

의사 선교사 중심으로 연세대학교 의과대학의 전우택 교수가 대표로 편집한『의료 선교학』이 2004년에 출간되었습니다. 한국의 선교 부흥과 병행하여 의료 선교도 활성화되어 가던 시기에 출간되었던 책으로 의료 선교를 지향하는 사람들에게 큰 도움이 되었습니다. 앞으로도 계속 참고해야 할 유효한 책이라 생각합니다.

이후 14년의 시간이 흐르는 동안 많은 의료 선교사들이 다양한 지역으로 파송되었고, 특히 이슬람권 같은 제한지역에서 사역하는 선교사들도 많아졌습니다. 또한 선교 패러다임이 개척에서 파트너십으로(pioneer→partnership), 자원에서 협력으로(resource→relationship), 그리고 전략보다는 동반상승(strategy→synergy)이 요구되고 있어 의·치·한·간·약 등 의료파트 간의 넓은 파트너십 및 행정과 지원의 많은 협력이 더욱더 필요한 시기에 있습니다.

현재 많은 의료 선교사들이 2015년에 시작한 의료 선교사 네트워크에 동참하고 있으며 이러한 연합과 협력을 통하여 다수의 의료 선교 관련 서적이 출간되었습니다. 2015년에 4명(의사 선교사 3명, 치과 선교사 부부)이『의료 선교의 길을 묻다』(좋은씨앗, 2016)를, 2016년에는 의료 선교사 6명과 한국의 의료인 2명이 함께『단기 의료선교의 새로운 패러다임을 찾아서』(좋은씨앗, 2016)를, 2017년에는 230명의 의료 선교사들 기록을 담은『땅끝 56개국으로 간 치유사역자들 — 세계 한인의료선교사 열전』을 출간하였습니다.

이번에『현대 의료 선교학』발간을 위해 많은 의료 선교사들과 접촉하여 자료들을 요청했고, 이에 응답하여 보내주신 기록들을 정리하게 되었습니다. 책 출간과 관련하여 다시 한

번 하나님께 감사드립니다. 의료 선교의 주인이신 하나님이 다양한 지역에서 진행되어 온 의료 선교 원고들을 잘 모으고 한국의 의료 선교를 사랑하는 이들에게 전달하도록 기회를 주셨습니다. 선교지에서 사역으로 인해 힘든 가운데서도 시간과 열심을 내어주신 선교사님들과 귀한 원고를 보내주신 한국에 계신 여러 선생님들께도 감사드립니다.

이 책의 57명 저자들을 살펴보면 선교사가 51명입니다. 현직 의료 선교사 45명(의사 26명, 치과 의사 5명, 한의사 2명, 약사 1명, 간호사 5명, 미분류 6명) 외에 전 의료 선교사 2명, 소천하신 전 의료 선교사 1명, 목사 선교사 2명(의료 선교사의 남편과 아내), 전 목사 선교사로 현재 훈련원장 1명이며, 51명을 제외한 나머지 6명은 한국의 의료인(의사 4명, 치과 의사 1명, 간호사 1명)입니다. 공동 저자가 7명이며 2개 이상의 원고를 보내주신 분들이 4명입니다. 제가 한 분 한 분의 글을 받아 자세히 읽어보면서 먼저 많은 은혜와 감동을 받았습니다. 글마다 열심과 열정과 전문성 및 현장의 귀한 경험을 담아 수고를 다하셨다는 것을 느낄 수 있었습니다. 특히 현장의 국가와 문화를 이해하면서 깊게 들어가 사역하는 것이 쉽지 않은데, 열심히 노력한 헌신의 증거들이 배어 있어 감사했습니다.

이 글을 읽으면서 고려할 사항들은 아래와 같습니다.

첫째, 저자들의 글은 간증부터 역사, 전문 사역까지 다양합니다. 높낮이와 길고 짧음이 있습니다. 내용은 각 저자의 선교 및 사역 상황과 경험을 담은 것으로 기술한 내용들은 객관적이고 학문적으로 기록하려고 했음에도 불구하고 주관적일 수밖에 없습니다. 그리고 일부의 정보와 표현, 경험은 현재진행형인 선교적 및 선교학적 정보, 상황과 반드시 일치하지 않을 수도 있습니다. 또한 내용은 각 저자들이 보아온 관점을 반영한 것으로 최종적이고 궁극적인 것은 아닙니다. 여러 다른 관점과 제안들이 있을 수 있으며 각자의 신학관과 개인 배경 및 경험에 따라 다양성을 갖고 있습니다.

둘째, 저자들을 선정하고 결정하는 일들이 쉽지 않았습니다. 사역한 기간이 다르고 내용도 달라서 일관성 있게 한 분이 쓴 것처럼 할 수가 없었습니다. 그리고 누가 어느 분야의 전문가인지 각 저자에 대한 경력 외에 세부 사항을 전부 알 수 없어서 그동안의 정보와 일부 의료 선교단체의 추천을 받아서 저자를 결정하였습니다. 혹 이번에 함께 하지 못하셨더라도 너그러이 이해해주시기 바랍니다.

셋째, 의료 선교학에 관해 2004년에 발간한 책과 일부 책들을 제외하고는 실제로 관련 저서와 논문이 많지 않습니다(그만큼 모든 의료 선교사와 선교기관들의 노력이 더 필요합니다). 이번에 출간되는 책도 그 과정에 있는 책으로서 실제로 더 많은 지역의 다양한 문화들을 담은 자료들이 추가되어야 할 것입니다. 그러므로 이 책은 완성형보다는 진행형으로써 봐주시고 향후 지속적으로 이 분야 책들의 출간이 이루어지기를 기도합니다.

넷째, 각 저자의 글은 원고 내용을 보내주신 그대로 실으려고 노력했으며 저자 소개도 보내온 내용을 존중하여 가능한 그대로 실었습니다. 차례는 이 책의 기획/편집을 맡아 진행한 제가 분류해서 정리하였습니다. 이슬람권과 의료 선교는 따로 항목을 정했고, 특별히 마다가스카르 의료 선교와 몽골 기독교 의료 선교는 특집으로 따로 분류하였는데 그 이유는 내용이 매우 상세하고 전문성이 돋보이고 이동 진료 사업과 연세친선병원에 관한 특별 부제가 있기 때문입니다.

다섯째, 다양성과 제약에 따른 어려움이 있음에도 불구하고 책을 출간한 것은 한국의 의료 선교를 총정리하고, 앞으로 이 책을 기초로 더 세밀하고 정교한 의료 선교 관련 책들이 더 많이 출간되기를 기대하기 때문입니다. 이 책에 담지 못한 다른 지역들과 많은 선교사들의 자료도 더 모으고 각 지역과 문화 속의 의료 사역에 대한 더 깊은 내용의 책들이 계속 출간되기를 기도합니다.

여섯째, 한국 의료 선교사에 대한 자료들을 더 많이 찾고 그것들이 책으로 출간되면 좋겠다는 바람입니다. 이번에 송예근 선교사의 자료를 찾아서 싣게 되어 정말 기쁘고 감사합니다. 자료를 주신 태국의 선교사님들에게 감사드립니다.

일곱째, 아쉬운 점들이 있습니다. 많은 분들의 추천사를 받아 싣고 싶었으나 책의 양이 많아서 그렇게 하지 못했습니다. 대신 그분들이 속한 단체 이름으로 추천하는 것을 동의 받아서 표지에 실었습니다(추천해주신 모든 기관에 감사를 드립니다). 아프리카의 두 의과대학과 부속병원의 자료를 요청했으나 받지 못해서 역시 아쉽습니다. 그 외 의료 선교 관련한 좋은 자료들이 더 있을 텐데 다 찾아내지 못해 많이 아쉽습니다.

다시 한 번 하나님께 감사드리며 선교사들이 시간적으로, 그리고 공간적으로 제한이 있음에도 불구하고 팀 사역 정신을 갖고 연합하여 이 책을 낼 수 있게 되어 더욱 기쁘고 감사합니다. 이 책의 저자로 참여해주시고 끝까지 교정에도 애써주셔서 감사드립니다.

제가 의료 선교사로 사역을 시작할 때 이런 책과 같은 모델이 없어서 좌충우돌하며 선교해왔던 일들이 이제는 더이상 반복되어서는 안 된다고 생각합니다. 이 책 이후로 의료 선교가 더욱 연합하고 협력하여 더 체계적이고, 더 기획적이며, 더 연구하고 개발(research & development)하여 관련 논문과 공부한 내용이 더욱 많아지고 새로운 노력과 투자를 통해서 한국 의료 선교가 더 발전하고 부흥되기를 소망합니다. 아무쪼록 이 책이 한국 의료 선교 발전에 기여하고, 읽은 분들이 의료 선교에 대한 이해가 넓어져 의료 선교에 다양한 방법으로 참여하고 확산되기를 기도합니다.

기획/편집 심재두

차례

8 NGO(비정부기구)와 의료 선교

9 특집

10 의료 선교사 설문조사

1

도입

'창조적 축적'을 통한
한국 선교의 혁신[1]

01

변진석

변진석 목사는 한국외국어대학교(B.A., M.A.)와 장로회신학대학교(M.Div.)를 졸업했고, 한국선교훈련원(GMTC)에서 훈련을 받은 후 한국해외선교회(GMF) 산하 개척선교부(GMP) 소속 선교사로 라틴아메리카의 에콰도르에서 사역(1994~2002)했다. 그 후 미국 트리니티 복음주의신학교(TEDS, Ph.D.)에서 선교학(Intercultural Studies)을 공부했고, 2007년부터 GMTC 원장 및 교수로 사역하고 있다.

들어가는 말

인류 역사는 지금 또 한 번의 거대한 '전환기'에 진입하고 있다. 그러한 전환을 주도하고 있는 과학기술의 발전이 산업계와 사회 전반에 미치는 변화를 '4차 산업혁명'이라고 하는데, 그 범위와 깊이(breadth & depth) 및 속도(velocity)가 매우 크고 빨라서 예측이나 적응이 쉽지 않다. 그에 따른 미래에 대한 불안감도 증폭되고 있다.

피터 드러커(Peter F. Drucker)는 전환의 시기에 사람들의 세계를 보는 관점이 달라진다고 했다. 기본적 가치관, 사회-정치적 구조, 예술을 보는 관점이 달라지고 주요한 사회기관들도 재조직된다는 것이다. 그는 서양의 역사에서 수백 년마다 한 번씩 급격한 전환이 일어났다고 보았다. 예를 들면, 13세기 유럽의 도시에서 대학들이 탄생하고 도시형 수도회(도미니코, 프란체스코 등)들이 생겨나면서 새로운 정신과 문화가 만들어졌다. 그 후 200년쯤 지나서 르네상스 시대가 열리며 구텐베르크의 활자 인쇄술의 발명과 마르틴 루터의 종교개혁이 일어나 유럽 사회가 재조성되었고, 무엇보다 아메리카 대륙의 발견은 "아마도 1520년경에 살았던 사람들 그 누구도 자신의 조부모와 부모가 살았고 태어났던 세상을 상상할 수 없었을 것이다"(Drucker, 2000, 27~29)라고 할 만큼의 커다란 변화를 만들었다. 그 다음 드러커가 언급한 전환은 1776년을 기점으로 삼는다.[2] 그 해는 미국 독립운동이 시작되었고, 제임스 와트(James Watt)가 증기 기관을 완성한 때인데 우리가 '1차 산업혁명'이라고 일컫는 시대이다. 그 후 2차 산업혁명(1870년대 전기 발명), 3차 산업혁명(1960~1990년대 컴퓨터 및 인터넷을 통한 디지털 및 정보화 시대)을 거쳐 현재 4차 산업혁명 시대에 이른 것이다. 21세기 들어 우리가 느끼는 획기적 과학기술 발전 및 융합에 의한 급진적 변화는 지구촌 사회에 전례 없는 파급효과를 미치게 될 것이다. 지금 세계는 '역사의 경계'(앞의 책, 27)를 건너고 있는 것이다.

이렇게 급변하는 사회 속에 존재하는 하나님 백성의 공동체로서 교회는 어떤 영향을 받게 될 것인가? 특별히 지난 30~40여 년간 세계 선교 운동에 적극적으로 참여해 온 한국 교회의 선교는 어떤 대응 방안을 가져야 할 것인가를 숙고하지 않을 수 없다. 왜냐하면 교회는

---

1   본고는 한국선교훈련원(GMTC)이 발간한 『선교연구』제78호(2017. 12. 31.)에 필자가 기고했던 글을 일부 개정한 것임을 밝힌다.
2   참고로 1776년은 한국 역사에 있어서 조선왕조 시대로 영조에서 정조로 왕권이 넘어가는 해였다.

어떤 방식으로든지 이 세계와의 관계 속에서 존재하고 있고, 선교란 교회가 세계에 대해 어떤 역동적이고 기능적 관계를 갖는가라는 물음에 대해 응답하는 교회의 삶의 지속적 양상이기 때문이다(Bosch, 1985, 21).

본고에서 필자는 4차 산업혁명이 가져올 선교 환경의 변화를 살펴보는 가운데 한국 선교의 현주소를 짚어보고 혁신을 위한 방안을 논하고자 한다. 특별히 한국 경제와 산업계의 현 상황을 분석하여 혁신 방안을 제시한 『축적의 길』(이정동, 2017)에서 얻은 통찰력을 한국 선교에 적용해보고자 한다.

1. 4차 산업혁명이 초래할 선교 환경의 변화

2017년 9월, 한국선교연구원(KRIM)은 1년여의 연구 프로젝트를 수행하여 『4차 산업혁명과 선교 혁신』이라는 결과물을 내놓았다. 그것은 2016년 『한국 선교 운동의 지속 가능성과 재활성화 연구』에 연이은 것으로 4차 산업혁명이 선교 운동과 사역의 지속 가능성에 영향을 미칠 중요한 변수가 될 수 있음을 발견하였기 때문이다. 그 연구에 따르면 4차 산업혁명에 대해 깊이 이해하는 선교사들일수록 그것이 인간의 삶의 양식과 종교성에 미칠 영향을 크게 보면서 선교사들의 역할에 대한 재정립과 사역적인 혁신의 필요성에 공감했다(문상철, 2017, 8, 150).

역사적으로 볼 때 개신교 선교 운동은 지난 세 차례의 산업혁명에 의해 중요한 영향을 받았다. 윌리엄 캐리(William Carey)가 인도로 향했던 시기는 영국이 1차 산업혁명을 주도하면서 전 세계로 세력을 확장하던 때였고, 2차 산업혁명 시기에는 서구 열강의 힘과 문명이 세계를 제패하였는데[3] 그때가 서구 개신교 선교 운동이 절정에 이르는 시대였다. 3차 산업혁명은 이동과 통신의 대중화, 인터넷 정보 교류를 통해 세계화를 촉진시킴으로 단기 선교 운동이 가능하도록 만들었고[4], 세계교회(Global Church)의 존재감을 부각시켰으며, '모든 곳으로부터 모든 곳으로'(from everywhere to everywhere)의 선교가 실현되도록 하였다. 앞선 산업혁명들은 선

---

3   일반적으로 1880~1920년 어간을 서구 식민주의의 절정기로 본다.
4   대표적으로 OM이나 YWAM 같은 선교단체들의 젊은이들을 중심으로 한 단기 사역이 가능하도록 만들었다.

교 환경에 지대한 변화를 초래하면서 복음, 전도, 교회 그리고 선교 및 선교사에 대한 이해와 그에 따른 선교의 양상을 바꾸어 놓았던 것이다. 데이비드 보쉬(David Bosch)는 그의 책 『선교신학–신학적 관점에서 본 선교』(1985)에서 시대에 따라 선교의 핵심적 질문이 달라졌고, 새로운 대답을 요구한다는 것을 잘 보여주었다.

이제 막 밀어닥치기 시작한 4차 산업혁명의 물결이 인류의 삶과 사회 그리고 자연환경에 어떤 변화를 가져올 것이고 선교에 어떤 영향을 미칠지 전망하기 어렵다. 그러나 4차 산업혁명과 연관된 주요 기술들의 진보와 융합으로 나타난 사물인터넷(IoT), 인공지능(AI), 로봇산업, 가상현실(VR) 및 증강현실(AR), 자율주행차, 3D 프린팅, 생명과학 등의 면면을 살펴보면 '인간성' 내지 '인간됨'에 대한 이해에 심오한 변화를 줄 것이 분명해 보인다.

보쉬는 서구 사회가 인간에 대한 관점을 어떻게 바꾸어 왔는지를 묘사했다. 서구 사회는 오랫동안 콘스탄티누스적 세계 질서인 하나님-교회-왕족-귀족-민중 서열을 유지하다가 르네상스와 계몽주의 시대를 거치면서, 특별히 미국혁명(1776)과 프랑스혁명(1789) 및 19세기 자연과학의 발달을 경험하면서 인간을 최고 정점으로 하는 인간-동물-식물-사물로 그 서열을 바꾸었다. 그 후 인간은 자신의 근원을 하나님이 아니라 동물과 식물의 세계에서 찾고자 했다.(Bosch, 1985, 16) 그런데 4차 산업혁명은 한 걸음 더 나아가 인간으로 하여금 자신의 이상(理想)을 기계로 바꾸도록 유도할 수 있다고 보았다.

인간의 지능을 크게 뛰어넘는 초인공지능(Super AI)의 출현이 예측되는 가운데 인간은 더 이상 최고의 지능을 가진 존재도 아니고 이제는 생물학적 존재가 아니라 기계적 존재를 더 우월한 것으로 간주하는 관점이 주장되기도 한다. 특히 뇌과학의 발달과 더불어 인간의 뇌도 결국은 '기계적' 표현으로 구현 가능하다고 보기도 한다.

인간을 하나님의 형상(Imago Dei)으로 보는 것에서 동물 내지 생물로, 이제는 인간을 기계로 보는 관점이 점점 더 우세해지고 있는 것이다. 4차 산업혁명의 여파로 사람들 사이에 인격적인 교류가 더욱 빈곤해지는 가운데, "인간 사회는 더 비인간적인 사회가 될 가능성이 높아 보인다"(문상철, 2017, 132).

2. 혁신적 길을 모색해야 할 한국 선교 운동

한국 선교 운동은 4차 산업혁명이 몰고 오는 교회 외적 환경 변화 이외에도, 한국 선교의 모체가 되는 한국 사회와 한국 교회의 침체라는 중대한 위기를 대면하고 있다. 최윤식은 한국의 위기와 한국 교회의 위기를 다음과 같이 진단하였다.

한국은 소모적인 정쟁에 빠져 있는 데다 사회적 갈등이 높아가고 있다. 전 세계적인 금융 위기를 가장 잘 헤쳐 나온 나라라는 찬사를 받고, 정부가 쏟아내는 업적들의 전면에는 금융 위기 전보다 더 화려한 거시적 경제지표들로 가득 차있지만 대부분 국민들의 마음속에는 이런 질문이 가장 먼저 떠오른다. '정말 우리나라는 잘 가고 있는 것일까?' (중략) 그러나 한국의 위기가 시작되자 한국 교회의 위기도 함께 시작되었다. 1990년대 이후 교회 성장이 멈추고 교회를 향한 부정적 평가가 안팎에서 흘러나오기 시작했다. 목회자의 성 윤리 문제, 돈에 대한 탐욕의 문제, 교회 권력의 세습 문제, 시대에 맞지도 않고 성경적이지도 않은 타종교를 향한 현대판 십자군전쟁의 문제, 타락한 중세 시대에나 있었던 교권의 절대화 문제 등이 터져 나온 것이다. 한국 교회는 지금 존립 자체가 흔들릴 수 있는 엄청난 위기 속으로 빠져들고 있다. (중략) 앞으로 10년, 한국 교회에 있어서 아주 중요한 시기다(최윤식, 2013, 12~13).

한국 사회와 한국 교회의 위기의식과 비관적 전망은 한국 선교 운동에도 그대로 반영되고 있다. 한국세계선교협의회(KWMA)가 주축이 되어 매우 낙관적이고 자신감이 넘쳤던 상황에서 2006년에 발표했던 'Target 2030' 비전은 지금에 이르러 대대적인 수정과 방향 전환이 불가피하게 되었다. 'Target 2030'은 2030년까지 10만 명의 선교사와 100만 명의 자비량 선교사를 파송하기로 하고, 2006년부터 향후 25년을 5년씩 구분하여 전방 개척 주력기(2006~2010), 선교 도약기(2010~2015), 전력 투구기(2015~2020), 고도 성장기(2020~2025), 성숙 및 제3시대 준비기(2025~2030)로 잡았던 것인데, 그 계획에 따르면 현재는 '전력 투구기'에 속하여 선교사 파송의 가속을 구체적 과업으로 시도해야 하지만, "현 시점에서 파송의 가속은 어렵고 현상 유지도 안 되고 있다"(조용중, 2017, 11)는 평가가 나오고 있다. 아직도 "한국 선교사 파송 수의 감소는 앞으로 2~3년을 지켜봐야만 '정말' 하향 곡선을 타고 있는지 아닌지를 판단할 수 있다고 본다"(조명순, 2017, 20)는 의견도 있지만, 현재의 지표는 1990년대 이래 이미 한국 교회에 나타난 하향성장의 패턴과 맞물려 있기에(최윤식, 2013. 42) 획기적인 영적 갱신과 부흥을 통한 교회와 사회적 갱신이 없이는 개선되기가 쉽지 않을 것으로 판단된다.

문상철은 한국 선교 운동의 재활성화를 연구하면서 문화인류학자 앤서니 월리스(Anthony F. C. Wallace)의 이론으로 한국 선교 운동을 진단하였다. 한국 선교 운동은 '안정된 상태'(steady state)를 넘어 2단계인 '개별적 스트레스 기간'(period of individual stress)에 들어서 있고 향후 더 심각해 질 경우에 3단계인 '문화적 왜곡의 기간'(period of cultural distortion)의 방향으로 전개될 가능성이 높다. 여기서 다음 단계인 '재활성화 기간'(period of revitalization)으로 넘어가려면, 그동안 편만했던 요소들과 하부 시스템들을 재구성하는 노력을 할 필요가 있다. 또한 패러다임적 혁신이 일어나야 할 필요도 있다.(문상철, 2016, 24~26)

필자는 여기서 4차 산업혁명이 조성할 새로운 선교 환경과 한국 사회 및 교회 침체기의 도전을 한국 선교가 '창조적 축적'을 통한 혁신으로 뚫고 나갈 것을 제안하고자 한다. 이것은 앞에서 이미 언급했듯이 한국 산업의 미래를 위해 서울대 공대 교수들 26명의 진단과 대책을 담은 『축적의 시간』(지식노마드, 2015)을 바탕으로 그 프로젝트의 책임자였던 이정동 교수가 쓴 『축적의 길』(지식노마드, 2017)을 필자가 읽으면서 얻은 통찰을 한국 선교에 적용해 보고자 하는 것이다. 이것이 가능하다고 생각한 것은 『축적의 시간』이 한국 사회에 큰 반향을 일으켰고, 많은 사람들은 한국 사회가 "전형적인 산업기술 분야가 아닌 법조, 언론, 교육, 문화 등 다른 분야에서도 축적이 부재하다는 점에 대해 공감"(이정동, 2017, 15)했다고 하는데, 한국 선교 또한 예외가 아니라고 믿기 때문이다.

다음의 내용들은 한국 산업계의 문제로 지적된 것들을 한국 선교의 현실과 비교하여 적용하면서 처방도 함께 생각해 본 것이다.

'성공'의 그림자

한국 산업의 성장과 발전 경험은 전 세계에서 독보적인 위치를 차지하고 있다. "2차 세계

대전 이후 새로 출발한 85개 신생 독립국 가운데 한국과 같은 성장을 기록한 국가는 단연코 찾아볼 수 없다"(이정동, 2017, 29). 문제는 지금 한국 산업의 성장 엔진이 식어가고, 한국 경제의 성장률이 계속 떨어지고 있다는 것이다. 이미 빨간불이 들어왔고 경고음이 울리고 있다. 이것은 단기적 위기 상황이 아니라 이미 20년 전인 1990년대 이래 '추세적'으로 심화되어온 위기였음에도 불구하고, 한국 산업계는 과거 성장기 동안의 관행을 여전히 유지한 채 기존의 '성공 방정식'을 포기하지 못하고 있다는데 더 큰 위험이 있다(이정동, 2015, 25, 50).

한국 교회와 선교계의 모습도 비슷하다. 최윤식에 의하면 한국 기독교의 전체 성장은 1995년경 멈추었다. 2000년 이후 감소기 초기 현상이 나타났고, 그때 이미 교육부서들은 3차 감소기가 시작되었지만 2005년까지 한국 교회 내 30~50대의 폭발적 성장은 '착시 효과'를 만들어내어 위기를 알아차리지 못하게 만들었다.[5] 한국 선교 운동은 70~80년대 한국 교회의 고도성장 시대를 거치면서 함께 급성장하였다. 1979년 93명이었던 선교사 숫자가 2015년 말 기준으로 20,672명으로 집계되었다. 그런데 파송 선교사 증가 숫자가 1998년에서 2006년까지 8년 동안은 매년 1,000명이 넘었으나, 2015년에는 그 전년에 비해 205명이 증가했을 뿐이었다(문상철, 2016, 7). 2010년대 들어와 선교사 숫자 연 증가율은 2012년 2.19%, 2014년 1.90%, 2015년 1.01%로 지속적으로 현저히 떨어졌고(문상철, 2016, 7~8), 급기야 2016년 KWMA 조사에 의하면 전년에 비해 1명도 늘지 않은 증가율 '0%'를 기록[6]하였다.(조명순, 2017, 19)

그런데 현재의 위기를 타개하기 위해서 "지금까지 하던 일을 지금까지 해오던 방식으로 더 열심히 한다고 해서 문제가 개선되지 않는다"(이정동, 2017, 66)는 것이다. 한국 산업계가 과거 '성공'을 견인했던 기억과 관점으로 문제를 접근하는 방식, 즉 기존의 모델과 길들여왔던 관행을 활용해서는 이제까지처럼 아무리 열심히 해도 뒤처질 수밖에 없다(이정동, 2015, 31)는 것을 빨리 인식해야 한다. 그것은 한국 교회와 선교계도 새겨 들어야할 내용이다. 최윤식은 "한국 교회의 잔치는 끝났고, '7년 흉년'을 대비하는 지혜와 자세를 가져야 한다"(최윤식, 2013, 39, 60)고 했다. 한편, 그는 "일곱 해의 흉년은 하나님의 위대한 구원 계획 속에 있는 중요한 사건이었다"고 말하면서 "호황기에는 세상의 방법과 기준을 따라가지만, 불황기에는

---

5 최윤식, "2014년 한국 교회를 전망한다" 국민일보, 2014. 1. 25.
6 이것은 2016년에 한국 선교사가 한 명도 파송되지 않았다는 의미가 아니라 신임 선교사들의 숫자가 사역을 중지하거나 은퇴하는 선교사의 숫자와 같은 정도였다는 의미이다.

하나님의 원칙과 방법을 애써 찾는다"(앞의 책, 60)는 사실을 일깨우며 한국 교회가 '성장 신화'를 떨쳐버리고 하나님의 뜻을 구할 것을 권면하였다.

양적 성장과 질적 성과의 불일치

한국의 '성장 스토리'가 놀라웠던 것은 부존자원이 거의 없는 가운데 산업을 발전시키고 경제 규모를 급속히 성장시켰다는 점이다. 그런데 외형적으로 경제가 빠르게 성장했지만, 그 성장의 이면에 수익을 창출하는 능력은 지속적으로 하락해왔고 현재 상태는 "마치 몸은 급속히 성장했으나 체력이 지속적으로 약해지면서 허약한 어른이 되어가는 것처럼 일찍 늙은(早老) 경제가 된"(이정동, 2015, 27) 것으로 진단되고 있다. 무엇보다 이러한 양적 성장과 질적 성과의 불일치는 세계 글로벌 금융 위기 이후 구조적으로 저성장이 '뉴노멀'(new normal)로 자리 잡아가는 변화된 환경에서 새로운 패러다임의 전환으로 대처하지 않으면 극복할 수 없다.(앞의 책, 27~28)

한국 교회 또한 짧은 기독교 역사 속에서 선교지(mission field)에서 선교 세력(mission force)으로 전환을 이룬 예로 세계 선교계에 주목을 받았다. 2000년 말까지 한국 선교는 "세계 선교사 파송 국가 2위라는 업적을 달성하면서, 선교사를 받았던 비기독교 국가의 후발주자로서는 매우 놀라운 모습을 보여주었다"(조명순, 2017, 16). 한국 선교 운동이 본격화되면서 한국 교회의 교단 선교부들과 초교파 선교단체들은 경쟁이나 하듯이 선교사를 파송하는데 주력했다. 그 결과 선교사로서 충분한 자질 검증이나 훈련이 부족한 가운데 파송된 선교사들로 인한 문제들이 발생하였고, 이로 인한 선교사들에 대한 신뢰 약화는 "한국 선교의 지속 가능성을 약화시키는 내적인 요소 가운데 가장 중요하게 부각된"(문상철, 2016, 102) 사안이다. 선교 자체를 방해하는 가장 큰 위협은 "명목상 선교사"(장훈태)라는 지적도 있다.[7] 그것과 더불어 현지의 필요나 현지 교회에 대한 인식 없이 선교사를 파송하고, 가시적인 선교 결과를 신속하게 요구하는 파송 교회나 선교단체의 태도도 문제다.(문상철, 2016, 105~106) 그 외에도 장기적인 전망 가운데 세워진 사역 전략이나 팀 사역의 부재, 선교사를 지원할 뿐 아니라 생활과

---

[7]   신상목, "이름만 선교사 더 이상 안 돼", 국민일보, 2011. 6. 7.

사역을 지도하고 책무를 올바로 수행하는지 평가하여 필요할 경우 선도와 징계를 할 수 있는 책임있는 선교단체가 많지 않은 것, 선교사 자녀(MK) 및 위기 대책을 포함한 전반적 멤버 케어에 대한 인식 부재와 그것을 실행할 수 있는 시스템이 구축되어 있지 않은 것 등은 한국 선교가 급속한 외형적 성장에 비해 그것을 유지하고 성과를 낼 수 있는 소프트웨어를 갖추지 못했음을 드러내고 있다. 이제는 한국 선교가 양적 성장 위주에서 질적인 성숙을 추구하는 방향으로 패러다임을 전환해야 할 전환기에 이른 것이다.

개념 설계 역량 부족

기존의 한국 경제의 성장 전략은 선진국의 산업을 벤치마킹하면서 '빨리 빨리' 따라잡는 것이었다. 그것은 선진국에서 이미 사용하고 있는 '개념 설계'(concept design)를 빠르게 확보하여 모방, 개량하면서 생산에 적용하는 방식으로써 일시적 자원 동원으로 해결 가능한 규모 집약적인 영역을 선택하고 집중하는 전략이었다.(이정동, 2015, 46) 아무것도 없는 상태에서 제품이나 조직의 밑그림을 그리고, 제품과 서비스의 개념을 최초로 정의하는 '개념 설계'(이정동, 2017, 45, 50~52)는 많은 시행착오와 경험 지식의 축적을 통해서만 할 수 있는 것인데 그러한 역량을 확보하는 데는 많은 시간이 걸리기 마련이다.(이정동, 2015, 46) 한국 산업계는 개념 설계를 계속 산업 선진국에 의존한 채 이미 그려진 밑그림을 실수 없이 빠르게 '실행'(implementation)하는 역량만 주로 키워왔다.(앞의 책, 45~46) 그런데 이제 그와 같은 성장모델이 한계에 도달했고, 창의적인 개념 설계 역량을 키우지 못하고서는 혁신을 이룰 수도 새로운 산업을 스스로 창출할 수도 없는 것이다. 가령 한국 기업이 초고층 빌딩을 건설한다고 해도 "백지 위에 밑그림을 그리는 역량이 충분하지 못한 탓에 핵심 자재와 공법을 내 판단대로 결정하지 못하고 글로벌 선진 기업이 그려준 개념 설계도대로 할 수밖에 없다"(이정동, 2017, 48). 결과적으로 건설 시공 부분의 박한 이윤만 얻는 것으로 그치는 것이다.

한국 선교에 있어서 '개념 설계'에 해당하는 부분은 무엇이고, 누가 그것을 그려왔는지 생각해보게 된다. 선교 신학이야말로 선교의 '개념 설계'라고 할 수 있다. 왜냐하면 선교 신학은 복음에 비추어 하나님과 세계와의 상호 관계를 숙고하는 작업(Bosch, 1985, 21)인데, 제랄드 앤더슨(Gerald Anderson)은 선교 신학이 "기독교 신앙에 입각하여 세계 선교의 동기, 방법, 정책 그리고 목표를 결정짓는 기본 원리와 전제 조건에 대한 연구"(앞의 책, 33에서 재인용)라고 했다. 많은 부분 선교 신학은 어떻게(How)보다는 왜(Why)에 관심을 가진다. 그런데 한국 선교는 개념 설계에 해당하는 선교 신학에는 별 관심을 기울이지 않고, 주로 선교 과업을 실행하는 쪽에 초점을 맞추어 왔던 것 같다. 예를 들어, 1980년대부터 한국 선교 운동이 활발하게 일어나면서 우리가 사용했던 전략들(예를 들어 '10/40창 지역 선교', '미전도 종족 입양')도 한국 교회나 선교계는 선교 신학적 평가를 제대로 하지 않고 그대로 적용하려고만 하였다(변진석, 2014, 6). 어떤 이들은 우리가 '집중 공략'해야 한다는 선교지나 대상들을 분석해 볼 때 '미국 내지 서구'가 적대시하고 있는 지역이나 나라들과 대부분 일치하는 것을 지적한다. 미국 기독학생회 협동간사 중 한 사람은 1990년 어바나(Urbana) 선교대회 소식지에 "외교 정책이 영적 전쟁 용어로 둔갑하고, 군사 용어들이 그리스도의 이름으로 세례를 받는다"는 비판적인 평가를 내리기도 했다(Escobar, 2004, 96 재인용)는 것을 우리는 귀담아 들을 필요가 있다.

이제 한국 선교는 이 시점에서 그동안 우리가 행해왔던 선교 실행의 저변에 흐르는 "세속적 성공과 성취에 근거했던 낙관론 및 승리주의의 허무함과 위험성을 직시하고 복음에 충실한 자세가 무엇인지 깊이 성찰"(변진석, 2014, 7)할 수 있는 선교 신학적 평가 역량을 키워나가는 한편, 삼위일체 하나님의 선교에 참여하는 그분의 백성으로서의 합당한 자세와 방법을 성령의 도우심으로 발전시켜나가야 할 것이다.

'창조적 축적'을 위한 시스템 구축 부재

한국 산업계가 직면하고 있는 개념 설계 역량의 부재는 조급함의 부산물이다. 혁신은 '시행착오 축적의 결과'일 따름이라고 하는데, 창의적 시도와 실수를 용납하지 않는 그동안의 관행은 아이디어를 실제 사용할 수 있는 혁신적 개념 설계로 전환시키는데 필요한 '스케일업(scale-up)' 과정[8]을 기피하도록 만들었다. 그것이 큰 투자와 실패의 위험을 내포하기 때문이다.(이정동, 2017, 99~102) 한국의 많은 기업들과 프로젝트 담당자들이 다른 사람이 스케일업

---

[8]   어떤 제품을 출시하기 위해 파일럿 플랜트를 짓고, 실제 생산과정과 유사하게 진행해보면서 어떤 문제가 없는지 검증하는 과정.

해놓은 제품이나 공정을 구입하는 선택을 한다. 그러나 글로벌 선진 기업들은 온갖 리스크를 무릅쓰고 시행착오의 경험을 축적하면서 집요하게 스케일업 과정을 통과함으로 개념 설계 역량을 키워간다는 것이다. 일본이나 독일, 미국과 같은 오랜 산업기술의 역사를 가진 나라들의 저력이 거기에 있다. 또한 최근 중국은 넓은 공간을 이용해 짧은 시간에 많은 양의 시행착오를 축적하면서 개념 설계 역량의 수준을 빠르게 높여가고 있다.(앞의 책, 120~26, 180)

한국 산업계가 창조적 축적에 실패하는 또 하나의 중요한 요인은 순환보직 제도이다. 그것은 '한 분야에서 시행착오를 축적함으로 고수가 된 경우'를 찾아보기 어렵게 만든다. 결국 시행착오의 경험은 매뉴얼이 아니라 사람에게 축적되는데 '창의적 시행착오의 흉터'를 온 몸에 새긴 고수들에 의해 창의적 개념 설계가 나온다는 것이다.(앞의 책, 78~91) 무엇보다 혁신은 연결과 조합을 통해 이루어진다고 한다면 축적된 지식과 경험들을 모을 수 있는 허브가 존재할 때 가능하다. 실리콘밸리는 대표적인 축적의 허브로 알려져 있다.(앞의 책, 139~152)

한국 선교계는 축적의 길을 가고 있는가? 이 땅에서 교회 역사는 130여 년이 지났다. 한국 선교 운동의 역사도 1979년을 기점으로 잡는다고 하면[9] 한 세대를 지나 새로운 선교 운동의 사이클이 시작되어야 할 시점이다. 구한말 복음이 한국 민족에게 전파되기 시작하여 교회들이 설립되었고, 그 지난(至難)했던 민족의 고난의 시간을 함께 통과해 오면서 쌓아온 영성의 깊이와 열매들은 결코 적지 않다. 그것이 바탕이 되어 한국 선교 운동도 지난 한 세대 동안 크고 활기차게 진행될 수 있었다고 본다. 그러나 하나님의 선교는 우리가 살고 있는 한 세대 안에서 단숨에 완성될 수 있는 일이 아니다. 따라서 한국 선교도 장기적인 안목에서 긴 호흡으로 세대를 이어 진행시켜 나가야할 것을 생각하며 선교의 경험들과 그동안의 시행착오들을 축적하는 작업을 해야만 한다. 이는 구체적으로 선교에 있어서의 지역 교회 및 지도자들의 역할, 선교 동원과 훈련, 선교 행정, 현지에서의 팀 사역과 필드 시스템 구축, 제자 훈련과 교회 개척 사역 및 지도력 이양, MK와 관련한 학교 운영이나 선교 병원과 같은 프로젝트, 구제 사역 및 전문인 사역과 BAM, 위기 대책과 멤버 케어 등의 영역에서 한국 선교가 어떻게 해왔는지 평가하고 정직하게 기록을 남겨놓는 것이 필요하다. 그동안 한국 선교가 어떤 도전

---

9   한국 주재 미국 선교사였던 Marlin Nelson이 한국 선교의 상황에 대한 연구 필요성을 보았고, 1979년 한국 선교사 및 선교단체들의 주소록(directory)을 처음으로 만들어 발표하였다. 이것은 한국 선교 현황 연구에 대한 출발점이 되었다. Steve Sang-Cheol Moon, *The Korean Missionary Movement* (Pasadena: William Carey Library, 2016), xvii.

을 했고, 어떤 시행착오를 했었는지 경험을 통해 얻은 것들을 잘 보존하고 활용하는 '축적지
향 문화'(앞의 책, 255)를 만들 필요가 있다.

무엇보다 한국 선교는 고도의 창의적 경험을 축적한 선교 전문가들('고수')이 나올 수 있
는 시스템을 구축해야만 한다. 서구 선교 운동의 역사를 보아도 그것이 혁신적 선교를 위한
중요한 원리였다는 것을 알 수 있다. 19세기 중엽 서구 선교 운동에 토착 교회 설립 삼자원
리(자립, 자전, 자치)를 제시한 헨리 벤(Henry Venn, 1796~1873)과 루퍼스 앤더슨(Rufus Anderson,
1796~1880)은 각각 영국 CMS와 미국 ABCFM 선교부의 행정가들로서 40년 이상 사역했다.
그들은 여러 선교 현장들을 방문하였을 뿐 아니라, 현지 선교사들의 보고서를 검토하고 서신
을 주고받는 가운데 축적된 정보와 경험을 가지고 오늘날도 선교계에서 중요하게 통용되는
개념을 제시할 수 있었다.

또한 선교계에 있어 '창의적 시행착오의 흉터'를 온 몸에 새긴 고수 중의 한 사람이 허드
슨 테일러(Hudson Taylor, 1832~1905)이다. 조직이 잘 갖추어지지 않은 작은 단체(중국복음화회)
소속 선교사로 중국에 파송되어 그가 겪었던 고통과 실패, 온갖 비난과 수모를 겪으며 '현지
화'되고자 노력했던 그의 수고, 그리고 동료 선교사들로부터 "게으르지는 않지만 목표가 없
다"(Tucker, 2015, 301)는 폄하의 말을 들으며 중국 내지를 돌아다녔던 그의 경험 등이 축적이
되어 당시 서구 선교 운동에 새로운 길을 제시한 중국내지선교회(CIM, 현 OMF 전신)를 설립했던
것이다. 선교역사학자인 루스 터커(Ruth A. Tucker)의 평가대로 "중국내지선교회는 허드슨 테일
러라는 사람과 그의 경험을 중심으로 만들어진 독특한 선교회였다"(앞의 책, 306). CIM은 그 뒤
일어난 많은 '믿음 선교회'(faith missions)들의 원조로서 혁신적 선교의 모델이 되었다.

레슬리 뉴비긴(Lesslie Newbigin, 1909~1998) 역시 선교사로서 경험의 깊이와 넓이 면에서
타의 추종을 불허하는 인물이었기에 21세기 선교학과 선교 신학의 재형성에 기초를 제공할
수 있었다고 본다. 특별히 그는 인도 선교사로서 40여 년(1937~1974)의 삶을 마무리하고 영
국으로 돌아와 서구의 변화하는 상황이 교회가 직면해야 할 선교의 최전선임을 절감하면서
서구 세계를 선교사적 시각으로 바라보는 가운데 서구 재복음화의 기치를 들게 된다. 그의
담대한 시도는 '선교적 교회'(missional church) 운동으로 발전하여 비단 서구뿐 아니라 오늘날
한국 교회에까지 그 영향을 주게 되었다.(변진석, 2011, 22)

하지만 창조적 축적은 시간이 흐른다고 저절로 이루어지지 않는다. 같은 일을 반복하면 '반복 학습 경험'(learning-by-doing)을 통해 '달인'은 될 수 있어도 '고수'가 되지는 못한다. 그것은 새로운 연결과 조합을 창의적으로 시도하는 가운데 시행착오 과정을 반복하는 '설계 경험 학습'(learning-by-building)을 통해 역량을 키워야만 가능해지는 것이다.(이정동, 2017, 79~80) 선교계에도 두 종류의 선교사들이 있다고 한다. "20년 경험을 가진 선교사들이 있는가 하면, 1년 경험을 스무 번 반복하는 선교사들이 있다. 이 두 종류의 선교사들 사이의 차이는 첫 번째 사람들은 경험으로부터 배운다는 것이다"(Plueddemann, 2013, 48 재인용). 이것은 왜 우리가 '성찰하는 실천가'(reflective practitioner)가 되어야만 하는지를 일깨워준다. 지금은 한국 선교가 시간이 흐를수록 숙성된 경험을 축적할 수 있는 역량을 가진 선교사들을 배출하기 위해 의도적이고 조직적인 노력을 기울여야 할 때다.

나가는 말

우리가 당면하고 있는 21세기의 변화는 너무 급격하여 여러 면에서 위기가 초래되는 상황이 벌어지고 있다. 4차 산업혁명의 여파는 무엇보다 '인간성'과 관련한 이해에 변화와 혼란을 가져올 것이고, 선교에 있어서는 '하나님의 형상'(Imago Dei)으로서의 인간에 대한 이해와 예수 그리스도의 성육신을 통해 드러난 소통 방식이 더욱 중요해질 것이다.

한편, 한국 교회 안에는 위기감이 확산되고 있다. 한국 선교 또한 예외가 아니다. 선교계가 감지하고 있는 몇 가지 위기 상황의 예를 들자면 첫째, 한국 교회의 침체에 따라 선교 지원자가 눈에 띄게 줄어들고, 교회의 선교에 대한 열기와 지원이 약화되고 있다. 둘째, 세속화와 종교다원주의적인 세계관이 한국과 세계에 '타당성 구조'(plausibility structure)로서 점점 더 견고하게 자리 잡아가고 있다. 셋째, 세계화와 4차 산업혁명 시대의 선교의 의미와 목표 및 실행에 대한 한국 선교계의 신학적, 선교학적 탐색이 부족하다. 그리고 마지막으로는 갑자기 다가온 '100세 시대'를 대비한 선교사들의 미래 전략이 수립되고 있지 않다는 것 등이다.(변진석, 2017, 7)

희망적인 측면은 한국 선교가 지난 40여 년간 세계 선교의 현장을 역동적으로 경험해왔다는 것이다. 많은 시행착오가 있었고, 현재 우리가 당면한 위기는 너무나 크게 보이지만 이것 또한 한국 선교가 발전하기 위한 '성장통'으로 볼 수 있다. 우리가 한국 선교 운동의 첫 번째 사이클을 완성하고 보다 성숙한 두 번째 사이클을 시작하기 위해서는 그동안의 시행착오 경험들을 '창조적으로 축적'해야만 한다. 나아가 그것들을 하나님의 말씀과 성령의 조명에 비추어 연결하고 조합함으로 선교의 새로운 방향을 모색하는 선교 신학적 '개념 설계' 작업에 힘을 쏟아야 할 것이다.

참고 문헌

문상철. 『한국 선교 운동의 지속 가능성과 재활성화 연구』. 서울: 한국선교연구원, 2016.
_____. 『4차 산업혁명과 선교혁신』. 서울: 한국선교연구원, 2017.
변진석. "해설의 글", 『아직 끝나지 않은 길 — 레슬리 뉴비긴 자서전』. 서울: 복있는 사람, 2011.
_____. "선교 신학적 관점에서 본 한국 선교의 위기와 희망". 『선교연구』. 제72호, 2014. 12. 2, 2~11.
_____. "21세기 한국 선교교육과 훈련의 개혁방안: 한국선교훈련원(GMTC) 사례를 중심으로". 『2017 JIU 학술 세미나 자료집』. 인천: 주안대학원대학교, 2017, 1~11.
신상목. "이름만 선교사 더 이상 안 돼". 『국민일보』, 2011. 6. 7.
이정동. 『축적의 시간』. 서울: 지식노마드, 2015.
_____. 『축적의 길』. 서울: 지식노마드, 2017.
조명순. "'Target 2030'의 과거 현재 미래 — 선교사 파송 수의 변화를 중심으로". 『KMQ』, 통권 64호, 2017, 겨울호. 16~24.
조용중. "KWMA가 바라본 한국 선교의 과거 현재 미래". 『KMQ』, 통권 64호, 2017, 겨울호. 8~15.
최윤식. 『한국 교회 미래지도』. 서울: 생명의 말씀사, 2013.
_____. "7년 흉년을 대비하는 지혜로운 목회를 하십시오". 『목회와 신학』, 2014. 1. 84~89.
_____. "2014년 한국 교회를 전망한다". 『국민일보』, 2014. 1. 25.
Bosch, J. David. Witness to the World. 전재옥 역. 『선교 신학』. 서울: 두란노서원, 1985.
Drucker, Peter F. The Essential Drucker on Individuals. 이재규 역. 『프로페셔널의 조건』. 서울: 청림출판, 2000.
Escobar, Samuel. A Time for Mission. 권영석 역. 『벽을 넘어 열방으로』. 서울: IVP, 2004.
Steve Sang-Cheol, Moon. The Korean Missionary Movement: Dynamics and Trend, 1988~2013. Pasadena: William Carey Library, 2016.
Newbigin, Lesslie. Unfinished Agenda. 홍병룡 역. 『아직 끝나지 않은 길-레슬리 뉴비긴 자서전』. 서울: 복있는 사람, 2011.
Plueddemann, James E. Leading Across Cultures. 변진석, 김동화 공역 범세계적 교회와 선교적 리더십. 서울: CLC, 2013.
Tucker, Ruth A. From Jerusalem to Irian Jaya. 오현미 역. 『선교사 열전』. 서울: 복있는 사람, 2015.

2

의료 선교의 일반 고찰

의료 선교
고찰

김민철

김민철 원장은 전주 예수병원에서 수련의에서 병원장까지(2004~2010) 역임하였다. 암 전문 의사로서 암 환자의 치료와 호스피스에 관심이 많았으며 분자생물학을 이용한 암 연구에 몸담았고, 휴스턴의 MD Anderson 암센터에서 임상을, San Antonio CTRC(Cancer Therapy and Research Center)에서 암 관련 분자생물학적 연구를, 그리고 버밍햄의 UAB 대학병원의 호스피스 완화 의료를 연수한 바 있다. 수련의 시절부터 여러 선교사들의 헌신적인 모습을 곁에서 지켜본 것을 계기로 "의료에서 선교와 성경적 세계관의 통합"을 평생의 과제로 삼았다.

한국누가회(CMF) 이사장, 「누가들의 세계」 편집장, 「의료와 선교」(의료선교협회) 편집장으로 일한 바 있고, 한국기독교 호스피스협회, SIM, Interserve, IVF, Global Care 등에서 이사와 한국난민인권센터 대표로, 현재는 한국인터서브 이사장으로 섬기고 있다.

1994년 르완다의 난민촌 현장을 방문한 것이 계기가 되어 복음에 빚진 자의 심정으로 2000~2004년에 걸쳐 나이지리아의 시골 엑베 병원에서 SIM 선교사로 일한 바 있다.

캐나다 Trinity Western University의 신학대학원 ACTS(Associated Canadian Theological School)에서 세계관과 선교학을 공부했고, VIEW(Vancouver Institute of Evangelical Worldview) 대학원에서 "생명의료윤리의 성경적 기초"를 강의하기도 했다.

• 저서

『문서선교사 웨슬리 웬트워스』, IVP, 공저, 2015.

『성경의 눈으로 본 첨단의학과 의료』, 아바서원, 2014.

『한국 사회의 발전과 기독교』, 예영커뮤니케이션, 공저, 2012.

『의료, 세계관이 결정한다』, CMP(한국누가회출판부), 2003.

• 번역서

『의료의 성경적 접근』, CMP(한국누가회출판부), 2001.

『상처받은 세상, 상처받은 치유자들』, IVP, 1997.

『의료 윤리의 새로운 문제들』, 예영커뮤니케이션, 공역, 1997.

1. 단순화한 의료 선교의 역사

아프리카에서 생애를 보낸 데이비드 리빙스턴(David Livingstone, 1813~1873)은 "하나님에게 독생자가 있었는데, 그는 곧 선교사이면서 의사였다"고 말했다. 그리고 "하나님의 방법으로 수행되는 하나님의 일에는 결코 하나님의 공급하심이 부족하지 않을 것이다"라는 말은 중국의 선교 개척자인 허드슨 테일러(Hudson Taylor, 1832~1905)가 한 말이다. 선교 역사에서 두 거인이 남긴 이 말은 예수를 따르는 자로서 치유하는 일이 선교에서 필연적으로 동반되어야 하며, 동시에 이 일을 수행함에 있어서 기본적인 개념과 방법론이 하나님의 뜻에 일치해야 한다는 사실을 강조하고 있다.

그러나 대체로 초기 위대한 선교사들의 선교 활동을 살펴보면 대체로 치유 사역보다는 영혼 구원을 위한 복음 전파에 열정을 가지고 헌신하였고 의료는 선교 사역을 보조하는 역할을 하는데 그쳤던 것을 알 수 있다.[1] 선교 역사 초기에 치유 사역을 영혼 구원과 분리하여 이해하고 직접적으로 영혼 구원과 관련되지 않은 사역들은 열등한 것으로 여기는 이원론적인 영지주의의 영향이 있었음을 암시하기도 하고, 한편으로는 선교에 대한 이해에서 그 사역들을 영혼 구원으로 한정하는 시대적 한계를 보여주는 단면이기도 하다.

실제로 선교 역사에는 지금으로는 상상할 수 없는 기록들이 남아 있다. 의사를 아프리카 서해안으로 보내면서 선교회에서는 의사는 선교사가 아니니 복음에 대해 설교하지 못하도록 했고,[2] 당시 수명이 8년밖에 되지 않던 선교사들의 건강 관리와 의료적인 일만 하도록 주지시켰다.[3]

그러나 "중국의 빗장문은 수술 매스날 끝으로 열었다"[4]는 말을 듣는 피터 파커(Peter Parker, 1804~1888)는 외과 의사로 종양 덩어리 제거 수술을 하고, 서양식 마취를 도입하기

---

1   Ruth A. Tucker, *From Jerusalem to Irian Jaya: A Biographical History of Christian Missions*, 박혜근 역, 『선교사 열전』(서울: 크리스찬다이제스트, 2000), 430.

2   Merrill Ewert, *A New Agenda for Medical Missions*, 오상백, 변창욱 역, 『의료 선교를 위한 새로운 전략』(서울: 예본, 1999), 41. 재인용.

3   C. Williams, *Healing and evangelism: The Place of Medicine in the Later Victorian Protestant Missionary Thinking,* in the Church and Healings, W. J. Shields(ed.). (Oxford: Basil Blackwell, 1982).

4   Van D. Reken, *Mission and Ministry: Christian Medical Practice in Today's Changing Culture*. Billy Graham Center의 EMIS에 공개된 인터넷 도서.

도 하였으며, 안과 의사로서 백내장 수술을 하는 등 의사로서의 역할 자체에 의미를 두고 활동한 선교사이다. 1844년 조지 스미스(George Smith) 목사는 피터 파커의 의료 사역에 고무되어 선교지에 의료 사역을 포함하도록 제안하게 되었고, 결국 1935년에 중국에 있는 병원 절반 이상이 선교회에서 운영하게 되는 변화가 일어났다.[5] 인도에 간 아이다 스커더(Ida Scudder, 1870~1960)는 벨로아(Vellore) 기독교의과대학을 설립했다. 콩고의 칼 베커(Carl Becker, 1873~1945), 한국의 호레이스 알렌(Horace Allen, 1858~1932), 지금의 캐나다 북쪽 동토인 라브라도에서 활동한 그렌펠(Wlfred Grenfel, 1865~1940), 방글라데시의 비자 001번인 외교관 비고 올센(Viggo Olsen, 1921~) 등의 영웅적인 의료 선교사의 역사가 있지만, 그럼에도 불구하고 의료를 단순한 선교의 수단으로만 여기려는 역사가 주류를 이루어왔다.[6]

2. 로잔 언약과 의료 선교

이러한 흐름에도 변화가 일어나게 된다. 로잔대회는 선교에 있어서 에큐메니칼 진영(WCC, World Council of Churches)의 진보적 발걸음에 대한 복음주의권의 자기반성과 대안으로 열리게 된 다소 피동적인 배경이 있었지만, 선교에 대한 신학적 이해에서 매우 성공적인 전환점을 이루었다. 복음주의 진영과 에큐메니칼 진영의 긴장이 최고조에 달하게 했던 것은 세계선교와 전도위원회(CWME, Commission on World Mission and Evangelism)의 1973년 방콕대회라 할 수 있다. "오늘의 구원"(Salvation Today)이라는 주제로 열린 이 대회에서 폭넓은 구원의 개념을 다루었다. 뿐만 아니라 아프리카의 교회 지도자 존 카투(John Katu)가 주장한 선교 모라토리움(moratorium)을 수용하면서 복음주의자들은 도전에 직면하게 되었다.[7] 양대 진영의 긴장은 십자가의 수직적 차원(영적 구원)과 수평적 차원(사회적 책임)을 극단으로 강조하는 선교 신학에 뿌리를 두고 있었다.

---

5   루스 A. 터커. 『선교사 열전』, 430.
6   위의 책, 429~458.
7   Timothy Yates, *Christian Mission in the Twentieth Century* (Cambridge: Cambridge University Press, 1996), 198~199.

이에 1974년 복음주의자들이 스위스 로잔에서 모였고, 그 결과 존 스토트(John Stott)에 의해 초안된 '로잔 언약'(Lausanne Covenant)이라는 열매를 얻게 되었다. 여기에 명시된 선교 신학은 사회적 행동과 사회적 관심이 복음 전도의 필수적인 부분임을 확인하였다.[8] 실제로 사회적 책임, 즉 통전적 선교 개념을 언약에 포함시키는 데는 남미의 신학자 르네 파딜랴(C. René Padilla)의 역할이 컸다.[9] 그는 "현재 교회가 당면하고 있는 가장 큰 도전은 통전적 선교의 도전"[10]이라고 강조한다.

로잔대회를 통해 영혼 구원만이 선교라는 이원론적 흐름에서 전환하여 십자가의 수평적 차원을 구성하는 인간과 피조세계(생태계)에도 관심을 표명하는 언약을 선언하였고, 이로 인해 사회적 책임의 한 영역으로써 의료 선교의 필요성과 중요성도 선교 신학에서 명실공히 제자리를 찾게 되었다.

3. '의료 선교'와 '선교 의료'

선교를 편의에 따라 세분화했을 때 의료 선교는 건강과 치유의 문제를 다루는 치유 사역을 수행하게 된다. 그런데 '의료 선교'(medical mission)라는 용어와 '선교 의료'(missionary medicine)라는 용어는 얼핏 보면 같은 말 같기도 하고, 실제로 우리나라에서는 구별하지 않고 사용하는 경우가 많다. 그러나 사실은 명확하게 구별하여 사용하여야 할 필요가 있는 용어이다.

의료 선교는 의료를 선교 또는 더 좁은 의미에서 영혼 구원을 위한 복음 전도(evangelism)로 설정된 목표의 수단으로 이해하는 다분히 이원론적인 개념이다. 그러나 선교 의료라는 말은 선교에서 성경적인 의료의 근간이 되는 신학과 철학, 그리고 의료 행위에 있어서의 윤리를 포함하는 폭넓은 개념이다. 다시 말하면 선교 의료는 의료를 수단으로 이해

---

8 로잔 언약(1974)은 15개의 언약을 발표하면서 5번째를 '그리스도의 사회참여'를 언약하였고, 2010년 3차 로잔대회인 케이프타운에서도 1부 7장에 "우리는 하나님의 세상을 사랑한다"라는 제목하에 구체화되어 이어진다.

9 르네 파딜랴는 통전적 선교의 창시자라 불릴 만큼 선교의 시각을 바꾼 신학자이다. 저서로 『통전적 선교』, 『복음에 대한 새로운 이해』 등이 국내에 소개되어 있다.

10 C. Rene Padilla, *Mision Integral*, 홍인식 역, 『통전적 선교』(서울: 나눔사, 1994).

하는 이원론을 거부하는 개념이다. 즉 그 자체로 의료의 성경적인 세계관에 근거한 목표와 방법론을 한정한다. 따라서 선교 의료는 성경에 근거한 세계관, 즉 하나님에 대한 이해와 인간에 대한 이해(인간론, 인류학), 하나님의 형상을 입은 인간의 창조, 생명의 기원과 시작점과 건강에 대한 이해, 타락 이후의 세계에서 질병과 죽음, 그리고 이와 연관된 피조세계(생태계와 인간이 처한 환경)와의 관계에 대한 이해, 죽음의 기원에 대한 이해가 전제된다.[11]

의료 선교의 성경적 기초를 다룰 때 선교 의료의 개념을 제대로 이해하지 못하고 의료를 단순히 수단 가치로만 이해한다면 의료의 전인적, 통합적 접근보다는 하나의 미끼로 이용하는 영지주의적 이원론의 틀에서 선교를 이해하게 되는 오류를 범할 수 있다.

선교 의료든 의료 선교든 그 대상자는 하나님의 형상으로 창조받은 상처받은 사람들이며, 이 사람들이 피할 수 없는 질병과 나쁜 고통과 죽음의 궁극적 기원은 인간의 타락으로 인한 죄의 결과이다. 선교 의료의 궁극적 목표는 하나님의 화해와 사랑의 메시지를 통해 죄로 왜곡되고 일그러진 하나님의 형상, 인간과 피조세계의 모습을 회복시키는 것이다. 따라서 선교 의료의 동기는 하나님이 그 형상을 따라 창조 하신 인간 생명의 고귀함을 존중하고 사랑하는 것이다. 즉 이들에게 기독 의료인들이 안위하시는 하나님의 손길로, 치유하시는 예수님의 손길로 다가가야 하는 것이다. 예수님의 3대 지상 사역으로 성경에 제시된 '전파하시고, 가르치시고, 치유하시는' 일을 본 받아 따라가야 하는 길이다.[12]

4. 의료 선교의 성경적 근거와 동기 – 통전적 의료 선교를 위한 전인성의 이해

구약 성경에서 이스라엘 백성을 거룩하게 구별하시려는 하나님의 뜻이 율법으로 주어질 때 의료적인 요소와 긴밀한 틀을 형성한 것은 흥미로운 일이다. 레위기에는 "내가 거룩하니 너희도 거룩하라"(레 11:44~45, 19:2, 20:7~8)는 말씀이 반복적으로 나타나 있다. 율법의 목적은

---

11   김민철, 「9장 성경적 의료의 전제가 되는 개념들」, 『성경의 눈으로 본 첨단의학과 의료』(서울: 아바서원, 2014), 233~274.

12   예수께서 온 갈릴리에 두루 다니사 그들의 회당에서 가르치시며 천국 복음을 전파하시며 백성 중의 모든 병과 모든 약한 것을 고치시니(마태복음 4:23).

이것인데 주어진 율법의 표현은 의료적인 것들과 연관 지어져 있다. 신약에서도 베드로는 같은 말을 인용하고 있다.(벧전 1:16)

흥미로운 것은 영어의 어원에서 '건강'(health)이나 '거룩'(holy)이라는 단어의 어원이 'hal'과 같다는 것이다. 건강은 신체적 웰빙(well being of the Body), 거룩은 영적인 웰빙(well being of the soul)으로 이를 통합적으로 전인(wholeness)을 이룬다.

오늘날 생의학 모델(biomedical model)의 서양 의학은 세계보건기구(WHO)의 정의[13]의 취지와는 달리 실제로는 신체적인 측면에 한정된 건강을 강조하여 신체적 질병이 없으면 건강한 것으로 여기는 음성적인 개념이 보편적으로 통용된다고 할 수 있다. 성경의 개념은 신체적(physical), 사회적(social), 심리적(psychological) 그리고 영적(spiritual)인 온전함(wholeness)을 포함하는 전인적인 평화(shalom) 또는 조화의 상태를 말한다.

개인 차원의 건강 개념에서 더 확장된 개념인 샬롬(Shalom)은 흔히 "평화, 평강" 정도로 이해되고 있다. 그러나 샬롬은 유대인들에게 일상의 인사이면서도 그것이 개인뿐 아니라 가정과 공동체 사회에 이르는 포괄적인 개념이다.[14] 그것을 사람들이 누릴 수 있도록 하나님께서 성경을 통해 제시하시는 매우 중요한 주제이기도 하다. 샬롬은 육체적, 정신적, 영적, 사회적, 그리고 국가적 차원에 이르기까지 삶의 모든 영역에서 전체성과 완전성을 통해 평화, 안녕의 상태에 있는 것을 의미한다.[15] 공의를 강물처럼 흐르게 함으로써 이룰 수 있는 경제, 사회, 정치적인 안녕이 포함되어 있다는 것이다.

하나님 나라의 모습인 샬롬을 목표로 할 때 선교의 영역이 매우 다양해질 것이며 의료 선교도 중요한 한 축을 담당하게 되는 것이다.

---

13 세계보건기구(WHO, World Health Organization)의 헌장 전문에는 "건강(健康)이란 질병이나 단지 허약한 상태가 아닐 뿐 아니라 육체적, 정신적 및 사회적으로 완전한 안녕(安寧, well-being) 상태를 말한다(Health is a state of complete physical, mental and social well-being and not merely the absence of disease or infirmity.)"고 정의한다.

14 Daniel E. Fountain, "The Whole Person", in *Health, the Bible and the Church,* (Wheaton: A BGC Monograph, 1989), 85~102.

15 Nel, J. Phillip, "Shalom", in *New International Dictionary of Old Testament and Exegesis.* Vol. 4 (Grand Rapids, MI: Zondervan, 1997); Harris, D. J., "May you and your family and community experience well-being, prosperity, and bodily health", "May you at ease, satisfied, and fulfilled in all of your relationships", in *Shalom! The Biblical Concept of Peace*(Grand Rapids, MI: Baker Book House, 1970)

5. 변화하는 세상과 의료 선교[16]

변화하는 세상에서 선교의 나아갈 길에 대한 고민이 많은 시대가 되었다. 그것은 포스트
모더니즘의 다원주의 사회에서 복음의 절대성과 연관된 것이기도 하고, 세계화와 신자유주
의의 필연적인 영향력 때문이기도 하다. 여기에 급격한 도시화, 선교사의 탈서구화, 문명충
돌이라고 표현된 정치, 경제, 종교가 혼합된 동인으로 전쟁을 불사하는 국가 간 갈등 등이 선
교에 영향을 미치고 있는 것도 그 원인이 되고 있다.[17] 이와 같은 변화에 대해 선교학자들은
나름대로의 대안 제시를 하고 있고, 이와 관련된 수많은 저서들이 출판되고 논문들이 발표되
어 온 것도 사실이다.

이런 변화와 더불어 의학의 발달이 초래한 선교 의료에서의 난제들도 해결하지 못한 채
누적되어가고 있다. 슈바이처의 시대와 달리 갈수록 전문화와 고비용화하는 의료에 익숙해
진 선진국 의료인들이 인력 문제나 재정적인 난관에 부딪히는 것은 필연적이라 할 수 있다.
여기에 1960년대 전후에 독립한 선교지 국가들마다 행정이 자리 잡으면서 해당 국가의 의료
법과 미국 식품의약국(FDA, Food and Drug Administration)이나 보건당국의 요구에 부응해야하
는 행정적인 어려움에도 맞닥뜨리고 있는 것이 현실이다. 이런 가운데 국제적인 기반을 가진
대규모의 비정부기구(NGO, Non Governmental Organization)와의 경쟁이 대두되기도 한다.[18]

이러한 변화들과 더불어 컴퓨터 기술에 근거한 의료 장비 개발 및 분자 구조 연구에 따른
표적 치료제 개발 등에 이르는 첨단 의학 기술의 발달은 의료의 틀과 내용에 영향을 미치고
있을 뿐 아니라 더 나아가서 선교 의료의 내용과 본질까지도 왜곡되게 하는 상황들을 선교
현장에서 목도할 수 있다. 이러한 관찰은 꼭 오늘날에 와서 일어난 새로운 것은 아니었다. 로
빈슨(H.W. Robinson)은 이미 38년 전에 선교 의료의 본질적 목적 훼손에 대해 다음과 같이 우
려를 표현한 바 있다.

---

16   이하의 글은 기독교학문연구학회 2012년 춘계학술대회에서 "변화하는 세상에서 한국 의료 선교의 현실과 과제"라는 제
     목으로 주제 발표한 것을 정리한 것 있다.
17   김민철, 『의료 선교학』(서울: 연세대학교출판부, 2004), 103~107.
18   위의 책, 107~114

"어처구니없게도 많은 그리스도인들이 여러 나라에 건강함을 전해주는 일과 하나님의 이름으로 그 나라에 서구의 과학기술과 과학기술자들을 파견하는 일이 같다고 생각하고 있다. 예수 그리스도는 자신의 병원에서 실종되어 버렸다. 그리스도를 섬기는 자들이 세운 바로 그 병원에서 무수한 압력에 의해 그리스도는 내몰리고 있다. 의학은 남아 있으되 성스러운 임무는 사라져간다…. 어느 사역에서나 아주 쉽게 신발이 발에게 어떤 식으로 자라야 된다고 말하는 것을 볼 수 있다. 설상가상으로 이미 절단되고 없는 발을 위해 훌륭하고 정교한 신발을 만들기 위해 얼마나 많은 노력이 허비되는가?[19]

결국 과거에 선교의 빗장을 여는 역할을 했던 의료 선교가 변화하는 시대상 속에서 난제들이 드러나는 변화가 일어났다. 의료 선교는 허버트 케인(Herbert Kane)의 지적대로 대도시로 집중하는 경향, 중상류층을 향하는 경향, 잘 훈련된 의료인 양성의 실패, 의료 선교를 통해 회심하거나 가능성이 있는 환자에 대한 지속적인 사역의 실패, 교회의 협력과 지원 저조 등의 문제를 안게 되었다.[20] 이와 같은 문제들을 해결하기 위한 다양한 방법과 정책들이 논의되고 있지만, 결국은 어느 시대이든지 난관을 만날 때마다 원론으로 돌아가서 기본을 다지는 것만이 본질을 저버리는 우를 범하지 않는 유일한 길일 수 있다.

6. 변화하는 세상에서 변화하지 않는 선교 원리로의 복귀

선교대학원 첫 강의 때 선교학 교수는 '선교 신학의 기본은 성육신 원리'(incarnation principle)라고 강조하였다. 성육신 선교는 선교 신학에서 가장 중요한 개념으로 선교 훈련에서도 강조되는 개념이다. 변화하는 세상에서 기독교 선교의 본질은 변화하지 않도록 지켜야 할

19   D. J. Seel, *Challenge and Crisis in Missionary Medicine*, Preface by H. W. Robinson (Pasadena: William Carey Library, 1979), viii.
20   J. Herbert Kane, *Understanding Christian Missions* (Grand Rapids: Baker Book House, 1983), 308~318.

원리는 곧 성육신 원리이다. 성육신, 즉 예수께서 인간을 구원하시기 위해 인간의 모습으로 이 땅에 오신 것을 본받는 선교가 되어야 한다. 다시 말하면 예수께서 하나님의 본체이심을 버리고 인간으로 오신 것처럼 선교사들이 선교지에서 현지인의 모습으로 다가가야 한다는 것이다.[21] 그렇게 함으로써 현지인들이 궁극적으로 스스로 자립하는 신앙을 가지도록 도와야 한다.

성육신 원리와 적정 의료(appropriate medicine)

이를 선교 의료에도 응용해서 적용하여야 한다. 우리가 가진 것으로 베푸는 것이 아니라 그들의 필요를 위해 그들의 상황에 가장 적정한 수준의 방법으로 겸손하게 섬기는 것이다. 이를 위해서는 선진 의료를 내려놓고 현지의 의료적 상황과 질병 현황에 대한 겸손한 공부부터 필요하다.[22] 우리가 가진 첨단 의료를 선교지에 이식하는 것만이 최선의 선교 의료는 아니다. 예를 들면 전산화 단층촬영기와 같은 첨단의 의료 장비를 제공하는 것이 그 장비를 운용할 능력이 없는 나라에 도움이 되지 않을 수 있고 또 값비싼 장비 유지 때문에 짐이 될 수 있다. 말라리아 같은 값싼 치료약을 사용하지 못해 죽어가는 나라에 치료 장비도 아닌 값비싼 전산화 단층촬영기는 적정한 의료적 지원이라고 보기 어렵다. 일정 기간 사용 후 교체가 필요한 부품값만 해도 2억여 원에 이르는 전산화 단층촬영기 때문에 생명을 구하는데 더 필수적인 의료가 우선순위에서 밀려버릴 수 있다. 물론 이런 값비싼 장비들은 대부분 사용하지 못하고 방치되는 경우가 많다. 더구나 이 첨단 장비는 건강을 증진시키지도 않고 질병을 치료하는 장비도 아니다.

설대위(D. J. Seel)는 CT 한 대 비용으로 10~15개의 1차 진료소를 지어서 전염병을 퇴치함으로써 개발도상국의 시골에서 건강 문제의 90%를 해결 할 수 있다는 사실을 지적하며 리히터(H. B. Richter)를 인용하여 "기아와 문맹 퇴치를 위해 싸우는 전자 장비는 없을까요?"라는

---

21 너희 안에 이 마음을 품으라 곧 그리스도 예수의 마음이니 그는 근본 하나님의 본체시나 하나님과 동등됨을 취할 것으로 여기지 아니하시고 오히려 자기를 비워 종의 형체를 가지사 사람들과 같이 되었고 사람의 모양으로 나타나사 자기를 낮추시고 죽기까지 복종하셨으니 곧 십자가에 죽으심이라(빌 2:5~8).

22 아프리카 여러 나라에 사망 원인으로 많은 질환들은 에이즈, 설사, 말라리아, 하기도 감염 등인데 우리나라에서 수련 받은 의사들이 이런 질환을 경험하기가 어렵다.

질문을 던진 바 있다.[23]

나이지리아의 시골 지역 병원에서 일하면서 상수도나 전기 등 기본적인 인프라가 갖춰지지 않은 곳에서 초음파 장비를 운용하기 위해서는 발전기와 안정기가 필요하기 때문에 더 많은 경비가 소모되며 일단 고장이 나면 창고로 보내서 고물로 만들어버리는 선교 병원을 여럿 보았다.

산부인과의 진료를 위해 우리나라에서는 청진기처럼 필수적인 것이 초음파 장비이다. 아프리카의 시골 병원에서는 그동안 청진기만으로 태아에 대한 정보를 얻고 판단했다. 엄밀히 말하면 청진기도 없어서 나팔 모양의 깔때기(traube type, 청진기)의 넓은 쪽은 산모의 배에 대고 좁은 부분은 귀에 대고서 태아의 심장 소리를 듣고 있는 모습도 흔히 목격한 바 있다. 그런데 아프리카 시골 병원에 초음파 장비를 가지고 가서 사용하며 현지 의료인에게도 사용법을 가르쳐 수년간 사용하게 했다고 하자. 만약 선교사가 그곳을 떠나고 장비가 고장이 난다면 AS도 할 수 없는 상황에서 남아있는 현지인 의사가 청진기 사용을 배우거나 터득하지 못하고 초음파만을 사용하였다면 그 상황에서 선교 의료는 이 현지인 의사의 진료 능력을 도왔기보다는 후퇴시킨 것이 되고 말 것이다.

선교지의 상황에 적정한 선교 의료는 그들의 입장에서 의료적 필요(medical needs)의 우선순위가 무엇인지, 현지인들에 의해 유지될 수 있는 적정 의료는 무엇인지 끊임없이 질문하는 것으로부터 시작된다. 그럼으로써 현지인 스스로 주체적으로 참여하여 자신들이 감당할 수 있는 의료를 개발하도록 동반자가 되어주는 것이 선교 의료에 성육신의 원리를 적용하는 것이라 할 수 있을 것이다. 적정 의료는 성육신 선교 의료의 열매이다.

적정 의료에서 고려해야 할 원칙들은 현지인들이 주체적으로 참여할 자율성(autonomy), 현지에서 동원 가능한 인적·물적 자원을 최대로 활용하는 것(affordability, availability, accessibilty, 가용성), 첨단이거나 최상의 것이 아닐지라도 의료적 효율성(efficiency)이 보증된 것, 선교사가 떠난다 해도 유지될 수 있는 영속성(sustainability) 등이 될 것이다.

---

[23]　Seel, D. J, *Challenge and Crisis in Missionary Medicine* (William Carey Library, Pasadena, 1979). 설대위 선교사는 한국전쟁 직후인 1954년에 한국에 와서 1990년까지 의사로서의 전 생애를 한국에 바친 외과 의사이다.

선교 의료의 토착화(indigenization)[24]

앞에서 예를 든 것처럼 성육신 선교의 원리를 적용하다 보면 결국 의료의 토착화라는 개념에 이르게 된다. 1971년에 동부 아프리카 장로교총회 총무였던 존 가투(John Gatu) 목사는 5년 동안의 선교 유예를 실행해보자고 제안한 바 있다. 외부의 도움 없이 현지 그리스도인들의 자율성을 회복하기 위해서였다.

이미 오래전에 아프리카 교회의 자주적인 독립을 위해 헨리 벤(Henry Venn, 1796~1873)은 선교의 안락사(euthanasia of a mission)라는 말을 사용하면서 현지 교회(indigenous church)의 독자적 자립을 위해서 선교사는 일시적인 존재로 사라져야 한다는 개념을 처음 주장하였다.[25] 중국의 선교사였던 존 네비우스(John L. Nevius, 1829~1893)는 이 개념을 도입하여 한국 선교에서 적용하도록 하였다.

한국 교회가 튼튼하게 성장할 수 있었던 선교 정책 중 매우 유효했던 것으로 인정받고 있는 것이 네비우스 선교 정책이다. 즉 자국민 기독교인들이 자력으로 세워지게 하기 위해 자전(自傳, self propagation), 자치(自治, self government), 자급(自給, self support)을 강조한 것이다.

이 원칙은 선교 의료도 마찬가지로 적용할 수 있다. 현지 사정에 맞게 토착화하지 못한 의료라도 의료 선교사들이 있는 동안은 유지가 될 수 있을지 모른다. 그러나 거시적 안목으로 보면 의료 선교사들이 현지인들에게 물려주고 떠났을 때 성경적인 의료(선교 의료)의 기반이 사라지거나 재정적인 이유든 인적 자원의 문제든 의료 시설이나 기관을 영속성을 가지고 이어가지 못하는 경우가 많다. 그렇다면 그 선교 의료는 성공적으로 정착된 것이라 할 수 없다.

선교 의료의 토착화는 먼저 복음의 절대성과 의료가 대상하는 생명에 대한 성경적 세계관을 가지고 선교 의료를 수행하는 헌신된 의료 선교사를 전제로 한다. 즉 성경적 인간관의 기초인 상처받은 하나님의 형상으로서 인간 생명의 기원과 시작, 그 가치와 질 그리고 생명의 끝에 대한 성경적 원리를 신앙하고 의료를 행하는 선교사들이 현지 의료인들을 세워주어

---

24 선교 신학에서 상황화(contextualization) 개념의 의료적 적용을 의료의 토착화, 또는 현지화라는 용어로 사용하고자 한다.

25 H. Venn은 선교지 교회의 독자적인 자립에 관심을 가지고 토착 교회(indigenous church)라는 말과 『선교의 안락사』(*Euthanasia of a Mission*)라는 책을 쓰고 이 말을 주조하였다.

야 한다. 또 그들이 자국의 기독 의료인을 세워갈 수 있도록 장기적인 안목을 가지고 도울 수 있도록 계획해야 한다. 이러한 터 위에 의학의 전수가 이루어지지 않으면 복음이 의료와 어떤 관계인지, 생명윤리적 이슈에 대해서는 어떤 태도를 가지게 될 것인지 등과 같은 질문을 대면하기 위한 기반을 가지지 못하게 된다.

의료는 중립이 아니다. 모든 의료의 판단에는 가치가 개입되어 있다. 결국 유물론적 철학에 기반한 서양 의료를 이식하는 결과를 초래하고 최악의 경우 현지 의사의 돈벌이를 위한 전수에 머물 가능성도 배제할 수 없는 것이다.

오늘날처럼 선교지 국가의 교육기관에서 의료인이 배출되는 상황에서 기독교적 의료의 틀을 세워주는 것은 첨단의 서양식 의료를 소개하는 것과는 다른 것이어야 한다. 서양식 의료는 사실 가난한 나라는 물론 부자 나라에서도 보편적인 적정성을 상실하고 있다. 첨단의 서양 의료가 미국의 의료 문제를 해결하기는커녕 부자 나라도 감당 못할 상황으로 가고 있는데 그 의료를 본따서 선교지에 이식한다는 것은 현지인 다수의 보편적 의료 상황을 더 악화시킬 수 있다.

선교 의료의 토착화 과정에서 의료는 오히려 폭이 넓어질 수 있다. 병원에서 이루어지는 치료 의학의 틀을 벗어버리기 때문이다. 윈터의 서양 선교사의 12가지 실수 중 하나로 언급된 바 '병자들을 고치기만 하고 질병의 근원을 박멸하는 노력을 하지 않은 실수'를 만회할 수 있는 출발점인 것이다. 즉 병자들을 고치는 것에서 더 나아가 그 질병의 근원을 없애는 것에 교회와 하나님의 사람들이 헌신해야 한다는 것이다. 의료를 기독교적 사랑의 실천 수단으로서만 인식하지 않고 하나님의 형상을 회복하는 통전적인 접근을 제시한 것이다.

이것이 의료는 생명에 관한 성경적 개념의 틀 위에 정착해야 한다는 원리이며 선교 의료의 토착화 개념에서 절대 가치를 구성한다. 그러나 의료의 내용에 있어서 적정 의료를 추구하는 유연성을 가지고 현지 중심의 의료가 정착하도록 도와야 한다는 점은 토착화 개념의 상대적 가치 부분이라 할 수 있다. 즉 성경적 가치관과 감당할 수 있는 수준의 적정 의료를 정착시키는 것이 선교 의료의 토착화라 할 수 있다.

통전적(wholistic) 선교 의료

선교 의료의 토착화는 의료의 통전성(wholistic medicine) 개념을 요구하게 된다. 서양 의학의 유물론적 틀은 인간의 전인적 이해에서 편협성을 드러내고 있다. 세계 어느 나라도 엄밀한 의미에서 서양 의학이 가진 인간관에 일치하는 세계관은 존재하지 않는다. 인간은 육체뿐 아니라 정신적이고 사회적이며 영적인 존재이기 때문이다. 이 때문에 선교사들은 현지인 전통 치유자들이 치유 의식과 자연으로부터 얻은 약을 처방할 뿐만 아니라 질병에 대한 정신적, 영적, 사회적 배경에 깊이 관여해서 하기 때문에 어떤 경우에는 더 유효하다고 보고하기도 한다.[26]

통전적 의료는 개인주의적이고 치료 중심의 의료체계인 서양 의료와는 달리 지역사회에 기반을 두고 있다. 따라서 예방이나 건강 증진의 역할을 중시하고 식수, 기본 위생, 영양과 면역 상태, 건강 교육 등을 강조한다. 예를 들면 지역사회에 기반을 둔 건강 관리인 개념을 실천한 지역사회개발선교(CHE, Community Health Evangelism)는 지역사회 스스로를 지원하는 노력을 한다.[27] 따라서 통전적 선교는 주체와 객체를 이분법적으로 구분하는 것이 아니라 함께 건강의 문제를 풀어가는 주체가 되도록 하여 스스로 건강의 문제를 해결해 나가도록 돕는다. 나아가 통전성의 개념에는 영과 육을 구분하는 이원론이 자리할 수 없다.

사도 바울이 의료 선교사에게 가르치신 바

바울 사도는 빌립보서 1장 9~11절을 통해 의료 선교사에게 많은 것을 가르쳐 준다. 바울의 기도처럼 우리 그리스도인들의 모든 일상의 삶이 이러하여야하듯 의료 선교도 마찬가지이다.

내가 기도하노라 너희 사랑(love)을 지식(knowledge)과 모든 총명(depth of insight)으로 점점

---

26 Paula M. Warner, "African healer vs. missionary physician", *EMQ* 26(4), 1999, 403; M. G. Hewson, "Traditional Healer in South Africa", *Annals of Internal Medicine* 128, 1998, 1029~1034.

27 Stan Rowland, *New Mission Paradigm for 21st Century*, 정길용 역, 『21세기 세계선교의 새로운 패러다임』(서울: 이레닷컴, 2003).

더 풍성하게 하사 너희로 지극히 선한 것(what is best)을 분별하며 또 진실(pure)하여 허물 없이 (blameless) 그리스도의 날까지 이르고 예수 그리스도로 말미암아 의의 열매가 가득하여 하나님 의 영광과 찬송이 되게 하시기를 원하노라.

의료 선교의 동기는 연민과 사랑에서 출발하고 지식과 총명으로 그 사랑을 풍성하게 해야 할 것이다. 예수께서 각종 병자를 치유하실 때마다 그들에게 품었던 마음은 연민이었듯이 의료 선교사도 동일한 뜨거운 가슴이 있어야 한다. 그 동기가 실현되기 위해서는 지식(knowledge)과 총명(깊이 있는 통찰력, depth of insight)을 훈련하여야 한다. 현지에 대한 의료적 연구가 필요하다는 것이 여기에 해당될 것이며, 사랑의 동기만으로 풍성한 열매를 기대할 수 없다는 것은 상식일 것이다.

또한 방법이 항상 선한가를 돌아보아야 한다. 아직 의료기관이 없는 시골 지역에 내성균이 있는 그 원인으로 의료 단기팀의 항생제 남용 때문일 것이라고 추정하는 의료 선교사를 만난 적이 있다.[28] 선교지 의료에서도 생명윤리의 4대 원칙 중 선행의 원칙과 악행 금지의 원칙을 적용해보아야 한다.[29]

의료 선교는 진실한가를 돌아보는 것은 태도에 관한 것이다. 선교지 국가에서 의료 수행을 위한 허가나 자격에 대해서, 그리고 의약품 반입 시 주권 국가인 그 나라의 의료법이나 허가 문제들을 존중하는지, 이 때문에 발생한 어려움을 쉽게 해결하기 위해 뇌물을 주거나 옳지 않은 방법을 동원했을 때 무너지는 것은 예수님의 진실하심이다. 또한 의료 선교사는 발전된 의료를 베푸는 시혜자라는 태도가 무의식적으로라도 나타나지 않는지 늘 반성해보아야 한다. 예수병원(전주)의 박물관에 전시된 선교사들의 60여 년 전 한국 의사면허증은 시사하는 바가 크다.

또한 의료 선교의 열매가 과연 예수 그리스도로 말미암은 의의 열매인지, 아니면 인간적

---

[28] 캄보디아에서 일하는 감염내과 전문 의사를 방문하였을 때 교회 단기팀이 부적절한 항생제를 부적절한 기간만 투여해서 나타난 내성균의 가능성에 대해 토의한 바 있다. 오래전 북한에 결핵약 지원 사업을 할 때도 자칫 내성균만 길러줄 수 있다는 우려를 낳은 적이 있다.

[29] 김민철, "선교 의료의 현장화를 위한 네 가지 의료윤리 원칙의 적용에 대한 연구", 『새시대 새목회』(한기신협 새목회연구원) 3집, 2010. 9. 181~196.

인 방법이 총동원되어 이룩한 포장된 개인 욕망의 열매인지를 냉정하게 평가해야 할 것이다. 유수한 선교기관들이 규모가 있는 사역을 진행하기 전에 공동으로 시간과 노력을 들여 타당성 조사를 하는 것은 눈여겨 볼 일이다.

궁극적으로 그것이 의료 선교사 개인의 영광을 위한 것인지, 하나님의 영광을 위한 것인지에 대해 바울의 말씀을 통해 되돌아보아야 한다. 그것이 선교 의료를 왜곡시키지 않고 또 의료 선교사 자신도 하나님의 뜻에서 벗어나지 않는 길이다. 그리할 때 후원 동역자들의 사랑을 받으며 함께 하나님께 영광을 돌리는 감격의 의료 선교가 될 수 있을 것이다.

7. 맺는말

첨단 의학 시대의 의료 선교는 슈바이처가 활동하던 시대와는 다르다. 그렇다고 첨단의료를 선교지에 이식하는 것이 최선의 의료 선교라고 할 수도 없다. "본질에는 일치를, 비 본질에는 자유함을, 모든 것에 사랑을!"이라는 오래전의 격언은 선교 의료의 본질인 의료의 성경적 세계관과 비본질인 의료가 수행되는 현장에서의 방법론에 대한 개념 정리에 시사하는 바가 있다. '선교의 안락사'라는 파격적인 개념의 신조어를 주조해가며 선교지 현지의 자립을 고뇌했던 벤이 '토착화'라는 말을 선교에 사용한지도 벌써 150년이라는 세월이 흘렀다. 오늘날의 선교 의료를 되돌아보면 벤처럼 진지하게 고뇌하지 않고 업적주의의 프로젝트들을 거리낌 없이 선교로 치환해가고 있는 것을 볼 수 있다. 한국 교회는 의료 선교에까지 만연되어 있는 업적주의와 경쟁 의식을 버리고 한국의 선교 의료가 하나님 나라를 위해 효율적인 기여를 하고, 선교지에서 만나는 하나님의 형상들을 통전적으로 섬기기 위해 선교 의료의 적정화와 토착화와 통전성 그리고 윤리성에 대해 의료 선교사들의 깊은 통찰력이 필요한 시대이다.

치과 의료 선교,
회고와 전망

우상두

우상두 원장은 1983년에 서울대학교 치과대학 졸업하고, 1983~1986년 공중 보건 치과 의사로 종사했다. 동 대학원에서 1988년에 석사, 1990년에 박사 학위를 취득했다. 1992~2012년까지 단국대 치과대학 겸직 교수/한국누가회(CMF)를 지도했다. 치과의료선교회에서 1991~1995년 총무, 2000~2002년 회장으로 일했다. 1991~2015년까지 임팩트 사역을, 1991~현재 치과의원 원장으로 재직하고 있다.

방글라데시, 태국(4회), 말레이시아(5회), 인도네시아, 중국(3회), 몽골(3회), 우즈베키스탄(4회), 키르기즈스탄(1회), 아프가니스탄(6회), 모로코, 캄보디아, 미얀마(2), 세네갈에서 선교했다.

(사)DSI 이사, 의료선교협회 부회장, OMF 이사, GP 선교회 이사, 창조과학회 이사로 섬겼다.

· 저서

『놀라운 레위기』, 덴탈 서비스 인터내셔널, 2013.

『인도를 변화시킨 아름다운 이야기』, 처음, 공역, 2004.

들어가는 말

영상 시대에 글을 쓰는 것은 참 어려운 일인 듯 합니다. 이 글을 누가 읽을지. 의료선교협회에서 편집장으로 사역하면서 문서 사역의 한계를 뼈저리게 경험했기 때문에 고민하게 됩니다. 책이 나와도 반응이 없고 책을 내지 않아도 반응이 없는… 그럼에도 불구하고 글을 써야 한다는 의무감을 갖는 것은 단 한 사람이라도 이 글을 읽고 삶의 전환의 계기가 될 수 있다고 믿기 때문입니다.

E. H. 카는 역사란 "현재의 역사가와 과거 사실의 끊임없는 대화"라고 했습니다. 이 말은 역사는 과거 사실의 나열이 아니라는 것을 함축합니다. 또한 역사는 현재에 비추어 과거에 대한 이해를 촉진하고, 과거에 비추어 현재에 대한 이해를 깊게 하며, 과거와 현재의 대화를 통해 미래를 위한 교훈을 획득한다는 의미를 갖고 있습니다.

치과 의료 선교를 돌아볼 때, 이전에 있었던 모든 일을 다 기술하는 것은 불가능하고 그렇게 할 이유도 없습니다. 그러나 오늘의 모습에서 긍정적인 부분과 부정적인 부분을 보면서 과거와 연결해 볼 때 미래를 준비할 수 있을 것입니다.

영국의 한 모임에서 인도에서 사역했던 선교사가 복음을 전하고 그 믿은 사람들을 양육하여 많은 인도인들이 그리스도께로 돌아온 것을 보고했다고 합니다. 그 자리에 참석했던 어느 사업가가 "당신의 보고대로라면, 인도에는 많은 그리스도인이 있겠네요. 그러나 내가 인도에 갔을 때 인도 그리스도인은 한 사람도 본 적이 없습니다"라고 했답니다. 선교사가 그 사업가에게 "당신은 인도에 가서 무엇을 하였습니까?"라고 물었더니, "코끼리 사냥을 하였다"고 대답했습니다. 그러자 선교사는 "나는 인도에서 여러 해를 살았지만, 한 번도 코끼리를 본 적이 없습니다!"라고 했답니다.

치과의료선교회의 지난 30여 년간의 사역을 돌아보면 어떤 면에서는 큰일들이 있었지만, 어떻게 보면 별것 아닌 일일 수 있다는 생각이 듭니다. 왜냐하면 한국 사람들 중에 선교사들이 남긴 열매들을 알고 있을 사람들이 얼마 되지 않는다는 것을 보기 때문입니다. 그런 것을 생각해보면 실망스럽기도 하지만 한편으로 위로가 되기도 합니다.

많은 대학들과 복지기관들이 선교사들의 수고로 시작되었습니다. 계절 따라 맛있게 먹는 사과, 딸기, 포도도 선교사들이 가져다가 심었습니다. 크리스마스 씰과 결핵협회도 이 땅의 젊은이들이 폐병으로 요절하는 것을 안타까워했던 선교사에 의해 시작된 것입니다. 세상 사람들이 인식하지 못하지만 그렇게 땀과 눈물을 흘리고 목숨까지 바치며 조선을 찾아온 선교사들이 있었기에, 오늘의 대한민국의 모습이 있음을 부정할 수 없습니다.

Y국에서 사역했던 치과 의사 선교사는 20년을 그 나라에서 살면서 단 한 번도 복음을 제시할 수 없었지만, 그러나 그 나라가 자유롭게 될 때에 자신이 사역했던 그 지역이 다른 지역과는 분명히 다를 것이라는 말을 했습니다.

지금 하는 일이 작은 일이지만, (아무것도 아닌 일일 수도 있고 혹은 큰일이 될 수도 있을 것이지만, 그것은 오직 하나님만이 아실 것입니다) 하나님께서 역사하시기를 기대하면서 한 알의 밀알을 심는 심정으로 나아갑니다. 치과 의료 선교도 마찬가지입니다. 이 땅을 찾아온 치과 의사 선교사들의 헌신으로 시작되었습니다. 그리고 그 헌신의 열매로 다시 복음이 척박한 곳으로 선교사들이 나가서 사역하고 있습니다.

이 글은 한 알의 밀이 땅에 떨어져 죽어 많은 열매를 맺고, 또 열매였던 밀이 다시 다른 땅에 떨어져 죽는 이야기입니다. 그리스도 예수의 죽음으로 시작된 생명의 역사가 이 땅에 하늘나라가 완성되기까지 죽음으로 생명을 낳는 역사가 지속될 것입니다.

1. 치과와 선교

의료 선교의 오랜 역사와 달리 치과 의료 선교는 그 역사가 길지 않습니다. 치의학의 특성상 문명의 이기가 보급되면서 본격적인 발전이 이루어졌기 때문입니다. 수레의 역사는 길지만 자동차의 역사는 그에 비해 짧은 것과 유사하다고 하겠습니다. (근대 치의학은 전기, 상하수도, 치과용 고속엔진의 발전에 의한 것이었습니다. 19세기에 시작했지만 20세기 중반에 들어와서 급속도의 발전을 이루게 되었고, 치과 의료 선교도 이에 따라 이루어지게 되었습니다.)

근대적 치과 의료가 없었기 때문에 치과 의료 선교도 없었습니다. 그렇기 때문에 치과 의료 선교의 역사는 한국에 온 치과 의사 선교사의 발자취부터 살펴보아야 하겠습니다.

딕 뉴스마(Dick H. Nieusma. Jr, 1930~2018) 선교사는 치과 의사로 한국에 왔던 몇 안 되는 선교사 중 한 분이지만, 그 활동 기록이 많이 남아 있기 때문에 치과 의료 선교 역사는 뉴스마 선교사에 대한 이야기로 시작하겠습니다.(다른 치과 의사 선교사는 진료에 집중하느라고 기록을 잘 남기지 못했다고 합니다.)

그 사역과 열매는 자서전 『영혼까지 웃게 하라』(홍성사, 2008)에 간결하게 담겨 있습니다. 자서전에는 치과 대학생이 틀니를 만든 이야기가 에피소드로 실려 있습니다. (거기서 힌트를 얻어 제목을 정하게 되었다고 합니다.) 그 학생이 틀니를 완성했는데 그 사이에 환자가 죽었고 병원 시체실에 안치되었습니다. 그러자 그 학생은 자기가 정성들여 만든 틀니를 그냥 죽은 사람에게 끼워주었다고 합니다.

죽고 나면 과연 그 틀니가 무슨 소용이 있겠습니까? 그 영혼이 살아있지 않다면. 그래서 영혼까지 웃게 해야 한다는 의미입니다. 영혼까지 웃게 하지 않는다면! (의료 선교는 1차적으로 육신의 고통과 질병을 치료하는데서 시작하지만, 그 영혼까지 회복되지 않는다면 소용이 없다는 것을 함축하는 제목입니다.)

치과도 선교에 필요할까요?

뉴스마 선교사의 헌신 계기는 고등학교 때 선교사의 보고와 간증에 "아프리카에서 사역하는데 이가 아파서 치료받기 위해 한 주간을 가서 단 몇 분간의 치료를 받고, 다시 한 주간을 사역지로 돌아왔다. 치과 의사 선교사도 필요하다"는 이야기를 들었다고 합니다. 그래서 치과대학에 진학했고, 열심히 공부하여 졸업 후 선교사를 지원했습니다.

하지만 치과 의사를 선교사로 모집하는 기관은 없었습니다. 그래서 오랫동안 기도하며 기다렸는데, 드디어 치과 의사를 선교사로 모집한다는 소식을 듣고 지원하였습니다. 그런데 파송지가 ─ 일본에서 군 복무 기간에 방문했는데 너무 더러워서 절대 가지 않겠다고 생각했던 ─ 한국이었습니다. (하나님께서는 우리가 절대 하지 않겠다고 할 때, 그 일을 시키시기도 합니다! 그런 예가 많이 있습니다. 요나를 니느웨로 보내셨고, 제자들을 사마리아로 보내셨습니다.)

뉴스마 선교사는 광주기독병원에 근무하면서 진료를 하는 한편, 사람을 기르는 일에 주력하여 수련의를 선발하고 훈련하고 복음 안에서 교제하는 일을 지속하였습니다(이 시기의 이야기는 『영혼까지 웃게 하라』에 비교적 자세히 실려 있습니다).

1982년 치과의료선교회를 설립할 때 초기 회원들은 모두 광주기독병원에서 수련을 받았던 치과 의사들이었습니다. 치과의료선교회는 낙후되고 소외된 난지도 주민들을 위한 무료 진료소를 개설하고 주말 진료를 실시하는 것으로 첫 사역을 시작했습니다.

난지도 진료소의 주말 진료는 1년 여가 지난 후, 좀 더 내실 있는 사역을 위하여 충정로의 아세아연합신학교 구내에 선교 치과를 개설함으로 지속적인 진료와 봉사로 확장되었습니다. 상설기관이 된 선교 치과에서 첫 치과 의사 파송 선교사가 배출되게 되었던 것입니다(그 선교사가 김마가 선교사입니다).

2. 전문인 선교로서의 치과

지팡이 자체의 능력이 아닙니다

"네 손에 있는 것이 무엇이냐?"고 물으시는 하나님의 질문에 모세는 "지팡이"라고 대답했습니다. 하나님께서는 모세의 손에 들려진 그 지팡이를 지닌 채 바로에게 가게 하셨습니다. 그 지팡이로 나일강을 피로 만들고, 그 지팡이로 티끌을 쳐서 이를 만들었습니다. 이스라엘 민족을 해방으로 이끄는 열 가지 재앙을 일으키는 지팡이로 사용하신 것입니다. 그뿐 아니라 홍해를 가르게 하셨고, 반석에서 물이 나오게 하셨습니다. 지팡이 자체의 능력이 아니라, 하나님의 능력이었습니다. 1992년 치과 의료인들이 모여서 선교대회를 가졌습니다. "그리스도 안에서 이웃과 함께"라는 주제를 내세우고 치과로 선교를 할 수 있겠느냐는 질문에 무엇이라고 대답할지 고민하였습니다. 과연 치과를 가지고 선교할 수 있을까?

하나님께서는 우리에게 있는 것을 들어 사용하셨습니다. 카렌 난민촌에 가서 아픈 이들을 치료하고, 저녁에 집회에 초청하여 복음을 전했습니다. 육신의 아픔을 만져주며 복음을 전했을 때 많은 사람들이 주님을 영접하였습니다.

팔라우에 갔을 때, 선교사가 들어오는 것을 거절했던 섬 주민들이 치과팀은 환영하였습니다. 섬 주민들을 치료해주고 저녁에 집회를 열어 초청하였는데 집회에서 예수님을 영접하였습니다. 그리고 선교사가 그 섬에 들어가는 문이 열렸습니다.

말레이시아 원주민(오랑아슬리)의 마을을 찾아다니며 진료하고 저녁 집회를 열어 복음을 전할 때, 많은 사람들이 예수님을 영접하고 현지인 사역자와 연결되어 양육을 받는 길이 열렸습니다. 하나님께서는 치과를 그렇게 사용하셨고, 지금도 그렇게 일하고 계십니다. (우리는 지팡이를 자랑할 것이 아니라, 그 지팡이를 사용하시는 하나님을 자랑해야 마땅합니다. 진료 기술과 능력을 자랑할 것이 아닙니다. 그런데 그것이 쉽지만은 않습니다. 자꾸 우리의 준비와 헌신과 능력을 자랑하게 되곤 합니다.)

3. 치과의료선교회의 오늘

치과의료선교회의 사역은 2009년 발간된 소책자 『구강을 돌보며 열방을 섬기며』에 비교적 자세하게 담겨 있습니다.

사역의 중심은 역시 헌신된 사람입니다. 1991년을 시작으로 장기 헌신자들이 나와서 ─ 귀국한 본국 사역자를 포함하면 ─ 27가정이 사역하고 있고, 단기 헌신자들도 ─ 주로 싱글이지만 ─ 10유닛이 됩니다.

그리고 가능한 한 장기 헌신자가 있는 지역으로 단기팀이 가서 현지 사역을 격려하고 새로운 전기를 마련하고 있습니다. (예컨대 2018년 5월에는 U국에 설립한 치과병원의 20주년 기념행사를 통해 그동안 훈련받았던 사람들을 만나고 학술행사와 기념식을 함으로써 새로운 기회를 가졌습니다.)

실제적 사역을 위한 간결한 구조

조직과 활동을 살펴보면, 상설기관과 태스크포스팀으로 구성된다고 할 수 있습니다. 이런 조직을 갖추게 된 이유는, 가능하면 허우대를 털어내고 전략적인 사역을 지향하기 때문입니다. 사실 우리에게 주어진 한정된 자원으로 사명(지상 명령을 실행함)을 수행하기 위해서는 실제적으로 일하지 않으면 결실을 맺기 어렵습니다. 할 수 있는 대로 불필요한 요소들을 제거하고 꼭 필요한 일을 집중해서 하도록 다듬어 왔습니다.

이사회가 아닌, 실행이사회

통상 이사회는 의결기관으로 법적인 구조지만, 대부분 이사들은 회의에 참석하여 보고를 받지 실제적으로 일의 진행에 관여하지 않습니다. 그러나 치과의료선교회는 회의에 참석할 뿐 아니라, 회의 결정에 따라 일을 실행하는 이사들로 구성되어 있습니다. 어떤 사안이 생기면 실행이사들은 그 사안에 어떻게든 기여하거나 수행을 해야 하지, 공론(空論)으로 그치지 않도록 하고 있습니다. (많은 회의(會議)에 대해서 저는 회의(懷疑)적입니다. 회의하는 시간만큼 기도한다면!)

기관이 아닌, 후원팀

선교회에서 진행되는 여러 사역들은 장기 사역자를 지원하는 것을 중심으로 이루어집니다. 실제로 장기 선교사가 혼자서 할 수 있는 일은 그리 많지 않습니다. (시간으로 표현한다면, 총 시간의 20%가 되지 않습니다. 왜냐하면, 장기 사역자는 현장에서 살아내야 하기 때문입니다. 입국에 필요한 비자 취득, 입국 후에 정착을 위한 주택 마련, 이동 수단 마련, 살아남기 위한 생활 터전 마련 그리고 자녀가 있을 때는 자녀 양육과 교육, 가족들의 건강 등 실제 사역을 시작하기도 쉽지 않고 사역을 시작한다고 해도 생활하는 것은 여전히 마찬가지인 것입니다.) 장기 선교사가 사역의 단초를 마련하면 단기팀이 가서 그 사역을 수행합니다. 예컨대 현지 의료 선교사가 백내장 환자들을 진단하여 모집해두면 단기팀이 가서 4박 5일 동안 100여 건의 수술을 수행하는 것입니다. 장기 선교사 혼자서는 할 수 없는 일을 단기팀과 협력하여 해내고, 수술 뒤처리를 감당함으로써 단기팀이 안심하고 철수할 수 있는 것입니다. 치과 의료팀이 가서 현지인을 대상으로 세미나를 열고, 임상실습을 지도하고, 진료를 할 수 있도록 장기 사역자가 프로그램을 기획하고 주관하는 것입니다.

사역지마다 지원팀이 있어서 정기적으로 연락을 하고, 또 수시로 필요를 채워주고 장기 계획과 단기 사역을 함께 해나가는 것입니다. 열방후원회, K팀, 메나(MENA)팀, 기독치위생사(CDF)팀, 캄보디아 후원 모임, 중국 기도 모임, 좋은치과만들기 모임 등이 활동하고 있습니다.

전도를 위한 대학생 사역이 아닌 선교 자원을 기르는, 학생선교수련회

1996년에 있었던 제2차 선교대회에 많은 학생들이 참석하였던 것을 계기로 학생들을 위한 프로그램으로 선교수련회를 시작하였습니다. 겨울방학과 여름방학을 이용하여 2박 3일 ~ 4박 5일의 수련회를 통해 학창 시절 선교에 대해 도전받고 구체적인 준비를 할 수 있도록 지도하고 있습니다. 2018년 여름에 44차에 이르기까지 소수지만, 선교적 자원을 길러 냄으로써 선교사로 헌신한 사람들이 있습니다. 그리고 선교는 선교사만 필요한 것이 아니기 때문에 현장 사역을 지원하는 팀으로서 졸업 후 선교회에서 회원, 실행이사로 활동하고 있습니다.

후원자와 현장을 연결하는, MC(missionary coordinator)

선교사가 파송 받아 현지에 도착하면, 정착과 적응에 많은 시간과 노력을 들이게 됩니다. 그리고 전문인 사역을 시작하기까지 적지 않은 시간이 필요합니다. 그 기간 동안 본국의 파송기관과 후원자들 모두에게 그런 사정을 다 이야기하는 것은 쉽지 않습니다. 그래서 한 사람(MC)을 정해서 구체적인 내용을 말해주고, 기도 편지나 선교 보고를 하면 MC가 후원자들에게 그 내용을 전달하고 또 후원자들 주소나 휴대폰이 바뀌었거나 신상에 변화가 왔을 때, 그것을 관리해주는 일을 하는 것입니다.

선교지에서 겪는 어려움을 MC와 나눌 수 있다면 큰 어려움을 예방할 수도 있습니다. 기도 편지만으로는 부족할 수 있는 후원자들과 소통의 어려움도 피할 수 있습니다. MC는 실행 이사회에 나와서 깊은 사정을 설명하고 함께 기도하기도 합니다.

치과계에서 인적 자원을 동원하는 잔치, 치과의료선교대회

2년에 한번 개최되는 의료선교대회와 선교한국대회가 있지만, 치과 의료인들에게는 마음에 와닿지 않는 부분이 있는 것이 사실입니다. 그래서 치과 의료인들을 동원하기 위한 맞춤 대회로 '치과의료선교대회'를 4년에 한 번씩 개최해오고 있습니다. 3만여 명의 치과 의사, 8만여 명의 치과 위생사, 2만여 명의 치과 기공사 그리고 치과 관련 기자재상들을 대상으로 전문인 선교에 도전하고 구체적으로 동참할 수 있는 방법을 알려오고 있습니다. 20년 이상 사역해온 치과 의료 선교사들이 있기 때문에 훨씬 더 깊이 있고 가슴에 닿는 메시지가 전달되며, '각자에게 주어진 달란트를 통한 선교적 섬김'의 기회를 알리고 있습니다.

현장 중심의 교육과 훈련, 전문인 선교 교실과 임팩트 훈련 실시

선교의 이론을 배우는 것만큼 중요한 것은 실천입니다(사실 선교 신학은 실천 신학의 한 줄기이기도 합니다. 실천 없는 선교 구호는 공허할 수밖에 없습니다).

그래서 어디로 가서 무엇을 어떻게 해야 하는지, 무엇을 할 수 있는지를 교육하고 훈련하는 것이 중요합니다. 상시적으로는 전문인 선교 교실을, 해외 사역을 위해서는 임팩트 훈련을 실시합니다. 그 내용은 ─ 깊이 있게 들어갈 시간의 한계가 있기 때문에 개략적으로 다루게 되지만 ─ 선교 역사, 전문인 선교의 성경적 근거, 치과 의료 선교의 전략, 선교 사례, 복음 전도, 타문화 이해 등으로 구성됩니다.

팀워크를 이루기 위해서 1박 수련회를 갖고 서로 기도하고 격려하는 시간을 갖는데 현장에서의 갈등을 예방하는데 좋은 방법이 됩니다.

치과의료선교회는 사역 원칙을 가지고 있습니다.

- 치과 의료 선교는 전문인 선교이며, 전통적 선교와 협력한다.(경쟁하지 않는다)
- 치과 의료 선교는 전통적 선교사가 갈 수 없는 지역을 우선적으로 간다.(창의적 접근)
- 치과 의료 선교는 장기 사역자와 단기 선교가 협력한다.(거주, 비거주 사역자 협력)
- 치과 의료 선교는 필요에 따르지 않고 전략에 따른다.(수많은 필요가 있기에)

치과의료선교회 사역의 원칙이 갖는 장점은,

· 단기 선교가 아니라 '임팩트'

단기 선교라는 미명하에 관광 여행을 즐기고 선교라는 이름은 걸었지만 봉사일 뿐이며, 선교사를 돕는다고는 하지만 현지 사역을 중단시키고 현지 사역자들에게 과도한 부담을 안겨준다는 것에 대해서는 생각하지도 않는 민낯을 보았기에, 바르게 그리고 현장에 도움이 되는 사역을 하자는 의미에서 '임팩트'라는 명칭을 사용합니다.

— 내가 시간이 될 때 하는 것은 봉사이고, 현장의 요청에 부응하는 것이 선교입니다.

— 내가 할 수 있는 것을 하는 것은 봉사이고, 주님 명령에 순종하는 것이 선교입니다.

— 내가 중심되어 내가 기쁘면 봉사이고, 현지인의 영혼을 기쁘게 하는 것이 선교입니다.

— 이 나라 저 나라 돌아다니면 여행이고, 한 지역의 변화를 위해 지속하면 선교입니다.

· 비거주 선교를 수행하는 '실행이사'

실행이사들은 지역을 정하여 그 지역을 반복하여 방문하고 사역함으로써 지역적 전문성을 개발하게 되고, 현지인과 친구가 되며 현지 사정에 장기 사역자와 함께 고민합니다. 그래서 실행이사들은 사역 후원팀의 멤버로써 장기 계획과 비전을 공유하고 '비거주 선교사'의 삶을 살아가고 있는 것입니다.

· 모판부터 필드까지, '학생선교수련회'

선교단체들은 선교할 후진들이 줄어드는 것을 우려하고 있고 캠퍼스단체는 '제자화'를 목표로 하여 사역을 하므로 선교 헌신에는 어려움을 겪고 있습니다.

앞서 말한 학생선교수련회를 통해 치과의료선교회는 '선교지를 연결하는 것'을 목표로 하여 캠퍼스 활동을 하고 있습니다. 치과의료선교회는 아예 모판을 만들어 길러내서 선교지까지 보내고 있다고 할 수 있습니다.

· 현지인 양성 지원

전문인 사역의 특성을 최대한 살려서 현지 치과 의료인을 모집 훈련하고, 엄선된 인재를 한국으로 초청하여 탁월한 자질을 갖출 수 있도록 지원해오고 있습니다. 다수를 위한 사역도 필요하고 소수의 지도자를 양성하는 것도 필요합니다. 주님의 은혜를 힘입어 한국의 여러 대학과 병원과 협력함으로써 인재 양성을 실행하고 있습니다.

4. 전망 — 변하는 세계 속에서의 치과 의료 선교

여전히 유효한 사역

많은 기회와 요청에 비해 헌신자가 적습니다. "추수할 것은 많으나 일군이 부족하다"는 말씀은 여전히 유효합니다. 지역개발과 연계된 사역도 있고, 비즈니스와 함께 하는 사역도 있습니다. 구강 건강의 상실로 고통 받는 사람들은 계속 늘어나고 있기 때문입니다.

진료와 복음 전도 사이의 고민

의료 선교사들이 하는 고민과 같은 고민이 있습니다. 현장의 낙후된 상황 속에서 어느 정도 수준의 진료를 해야 하는지부터, 전문인으로서의 역할과 복음 전도자로서의 역할 사이에서 균형을 잡는 것 등입니다.

치과 의료의 특성은 '목숨이 달린' 일은 아니기 때문에 아주 급박하지는 않지만, 때로는 죽는 것보다 더 심한 고통을 겪게 되는 일이 있으므로 그런 경우 응급치료는 필수적입니다. 그런데 그런 응급치료가 간단하게 될 수는 없고 최소한 마취 장비와 약품, 치아를 삭제할 수 있는 도구와 장비가 필요합니다.

한국 내에서도 1980년대까지는 아픈 이만 빼줘도 감사했던 시절이 있었습니다. 그러나 국민 개인보험 시대가 되고, 전반적인 소득 수준이 향상되면서 간단한 진료로는 전혀 환영받지 못하고, 상당히 고도의 진료를 해야만 하는 상황으로 바뀌었습니다(이제 국내에서는 무의촌이 사라졌고, 외국인 근로자나 장애우 혹은 치매 노인을 위한 봉사 진료의 영역만이 남아 있습니다). 해외에서도 이런 변화가 일어나고 있습니다. 간단한 진료로는 도움이 되지 않고 고도의 전문성을 발휘할 때, 선교적 효과 ― 접촉점을 만들어 내는 것 ― 를 볼 수 있게 된 것입니다.

그런데 치료 중심의 의료는 고비용과 첨단 장비를 필요로 하고, 전문 인력을 요구합니다. 치과 의료도 비교적 고도의 기술과 훈련이 필요합니다. 그러나 사회적 기반 시설이 갖춰져야 작동할 수 있습니다.

장기 헌신자

미국의 치과 의료팀 활동을 살펴보면 중남미 사역이 많습니다. 그러나 장기 헌신자, 소위 풀타임 선교사는 많지 않습니다. 그 이유는 치과대학을 졸업하기까지 학비와 기타 비용이 많이 들기 때문에 졸업할 즈음에는 몇 억 원의 빚을 지게 되고, 그 빚을 갚기 위해서 몇 년을 일하고, 빚을 갚고 난 다음에는 집을 마련하기 위해, 집을 마련한 뒤에는 별장과 요트를 마련하기 위해 일하느라고 풀타임 헌신이 어렵다는 말이 있습니다. 그렇기 때문에 장기적인 사역이 어렵고 단발적인 활동을 해야 하는 한계가 있는 것입니다.

치과의료선교회는 장기 헌신자가 20유닛 정도 있는데, 단기 사역으로 할 수 있는 일의 한계를 넘어설 수 있는 많은 기회를 갖고 있습니다.

약자의 섬김과 강자의 섬김 사이의 갈등

힘의 논리, 자본주의 논리를 따라 가진 자가 가지지 못한 자를 향한 '내리 사랑'을 베푸는 경향이 있습니다(이것에 대해서는 많은 경고가 이미 있었습니다. 초대 교회의 복음 증거는 강자가 아닌 약자들에 의한 것이었습니다. 근대 제국주의적 선교는 그 진정성을 잃고 자생적 교회 설립에 실패해온 사례들을 보여주고 있습니다).

의료 선교에 있어서도 소위 '선진 의술의 전수'는 긍정적인 면과 부정적인 면을 함께 하고 있는데, 토마스 헤일 선교사는 이렇게 지적하였습니다.

> 우리는 잘 구성된 의료 사업과 사회사업을 통해 사람들로 하여금 '썩는 양식'을 구하도록 만들었으며 그와 똑같이 영적 발전을 망쳐 버렸다. 우리는 그들의 영적 필요를 제거하는 꼴이 되었다.
>
> 토마스 헤일, 『의료 선교의 모험과 도전』, 123.

그래서 현지인들이 더 배울 것이 없게 되었거나 다른 단체에서 더 발전된 것을 제공하게 되면 사람들은 그리로 옮겨가게 될 것입니다.

치과 의료 수준, 어디까지인가?

대부분의 선교지는 치과 의료 수준이 낮고 환경이 열악합니다. 기본적인 진료도 제대로 제공되지 못하고 있습니다. 그럼에도 불구하고 소수의 사람들은 예를 들어 임플란트나 치열 교정 같은 첨단의 진료에 대해서 알고 요구하기도 합니다. 비용도 많이 들고 시간도 많이 소모되는데 그에 대해서 고려해야 하는 것입니다.

이런 고민에 대해 다음과 같은 원칙을 활용할 수 있습니다.

적정 의료에서 고려해야 할 원칙들은 현지인들이 주체적으로 참여할 자율성(autonomy), 현지에서 동원 가능한 인적·물적 자원을 최대로 활용하는 가용성(affordability, availability, accessibility),

첨단이거나 최상의 것이 아닐지라도 의료적 효율성(efficiency)이 보증된 것, 선교사가 떠난다 해도 유지될 수 있는 영속성(sustainability) 등이 될 것이다.

김민철, '제2장 의료 선교 고찰', 본 책

장티프스의 예로 돌아가서, 당신에게 크로람페니콜 공급이 제한되어 있다고 치자. 이것은 가설이 아니다. 모금의 부족은 제3세계에서 크로람페니콜 공급이 제한됨을 의미한다. 그리고 20일간을 계속 치료했다면 당신은 겨우 환자의 절반만을 치료할 수 있었을 것이다. 그래서 당신이 진료했던 모든 환자들을 치유하게 했다 하더라도, 그것은 진료 혜택을 전혀 받지 못한 절반의 환자를 남겨두게 되는 셈이다. 10일간 모든 사람을 치료하여 95%를 치유시키는 것이 100%를 치유시키기 위해 20일간 치료하면서 절반의 환자로 하여금 처방약을 못 받게 하는 것보다는 낫다.

토마스 헤일, 『의료 선교의 모험과 도전』, 88.

무엇을 주려고 갔는가 — 좋은 치과 진료인가, 예수 안의 생명인가

선교 이론에 따르면 메시지는 메신저와 분리될 수 없다는 것입니다. 그래서 좋은 진료는 그 진료를 베푸는 사람이 전하는 메시지를 보증시키고 강화시킬 수 있다는 것입니다. 대개 맞는 말입니다. 그러나 항상 그런 것은 아닙니다. 완벽한 진료를 할 수도 없지만 완벽한 진료를 한다고 해서 사람들이 신앙을 바꾸게 되는 것은 아닙니다.

할 수 있는 한 좋은 진료를 해야 하겠지만 구원의 주권은 종들에게 있는 것이 아니라 하나님께 있음을 기억해야 합니다. 우리가 행하는 어떤 일도 주님께 쓰임 받을 수 있지만 때로는 우리가 잘했다고 행하는 그 일들 때문에 주님이 가려질 수도 있기 때문입니다.

사도 바울은 이렇게 말했습니다.

우리가 우리를 전파하는 것이 아니라, 오직 '그리스도 예수의 주 되신 것'과 또 예수를 위하여 '우리가 너희의 종 된 것'을 전파함이라(고후 4:5).

치과 의료의 본질(전인격적 회복)이 하나님의 뜻 안에서 바르게 쓰임 받을 때, 모든 직업을 통해 하나님께 나아갈 수 있었던 것처럼 치과 의료도 선교를 위해 지속적으로 쓰임 받을 것입니다.

1961년 9월 7일, 6·25동란으로 폐허가 된 한국 땅에 오셔서 1986년까지 25년 동안 치과 의료 선교사로서 많은 제자들을 양육하시고, 낙후된 한국 치과계의 발전을 위해 최신 치과 의료 기술과 장비를 소개하며 수많은 환자들을 치료하시고, 많은 영혼을 하나님께로 인도하신 뉴스마 선교사님은 이 책을 준비하던 중, 2018년 7월 7일 오후에 미국 미시간 그랜래피즈에서 주님의 품에 안기셨습니다.

예수 그리스도처럼 한 알의 밀알로 주저 없이 썩어버린 뉴스마 선교사님! 그 삶이 기름이 되어 꽃 피고 많은 열매를 맺고 있습니다. 그 삶과 정신은 주님 오실 때까지 이어지게 될 것입니다.

참고 문헌

김정아, 김우창. 『개발도상국과 치과 의료』. 2016.

문누가. 김진태 역. "한국 교회의 전문인 선교 신학을 추구하며". 논문. 2016; "열방을 섬기며, 구강을 돌보며"(치과의료선교회 27년 발자취). 2010.

Dick H. Nieusma, Jr. 『영혼까지 웃게 하라』. 서울: 홍성사, 2008.

Dickson, Murray. *Where There Is No Dentist*. 김성현 외 공역. 『치과 의사가 없는 곳에』. 서울: DSI(Dental Service International), 2001.

Ewert, Merrill. *A New Agenda for Medical Missions*. 오상백, 변창욱 역. 『의료 선교를 위한 새로운 전략』. 서울: 예본, 1999.

Hale, Thomas. *Christian medical & dental society*. 박재형 역. 『의료 선교의 모험과 도전』. 서울: 건생, 1996.

한의 선교의
오늘과 내일

박한상 · 송영근

박한상·송영근 선교사는 경희대학교 한의과대학(92졸) 동기동창이다. 학생 때부터 한국누가회(CMF) 활동을 같이 했고, 이제는 한의 선교를 개척하고 활성화하기 위해 호주 시드니에 본부를 둔 한의 선교 공동체 'The Next Frontiers'에서 긴밀한 연합으로 자신들의 일생을 주님께 헌신하고 있다.

박한상 선교사는 1992년에 경희대학교 한의과대학을 졸업하고, 캐나다 Toronto Tyndale Theological Seminary에서 수학했으며, Gorden-Conwell Theological Seminary 선교학 박사과정을 수료했다. 알바니아 선교사로 사역했으며, 현재 이집트 선교사로 The Next Frontiers Missionary Training Director, GMP 선교사, CMF 협력 선교사이다. 그는 '십자가의 도'를 통해 The Next Frontiers의 한의 선교를 위한 영적 기초를 놓았고, 선교 제자들을 양육하는 일에 힘을 쏟고 있으며, 무슬림 선교를 위한 열방 중보기도자로 헌신하고 있다.

송영근 선교사는 1992년에 경희대학교 한의과대학을 졸업하고, 동 대학원에서 석사·박사 학위 취득했다. 전 SITCM(Sydney Institute of Traditional Chinese Medicine) Lecturer, 현재 The Next Frontiers 대표이다. 2000년 한의 선교에 대한 비전을 주님으로부터 받아 본격적인 한의 선교 시대를 열기 위해 The Next Frontiers 선교 공동체를 세우는 것에 집중하고 있다. 특별히 하나님 나라 관점에서 선교와 한의학의 연결을 위해 '조선침법'을 통한 전문적 훈련과 선교 훈련을 담당하고 있다.

1. 다양한 고찰을 통해서 바라본 한의 선교

역사 문명적인 고찰을 통해서 바라본 한의 선교

위대한 이슬람 역사학자 이븐 할둔(Ibn Khaldoun), 독일의 역사학자 슈펭글러(Oswald Spengler), 영국의 역사학자 토인비(Arnols Joseph Toynbee)는 기존의 연대기적 방식으로 역사를 보지 않고 문명을 통해서 역사를 보았다. 역사 영역에서 진일보한 역사적 관점을 이루었다. 이븐 할둔은 움마 공동체라는 사막의 연대의식이란 역사 철학으로 문명인 정치, 경제, 교육, 의료, 종교, 문화들을 새롭게 재구성하여 역사를 문명적으로 기술하였다. 그리고 결론적으로 사막의 정체성인 움마 공동체적인 연대의식이 이슬람 역사를 움직이는 근원적인 힘이라고 주장했다. 이븐 할둔은 이슬람 역사를 문명을 통해서 관찰하고 연구하면서 이슬람 역사를 움직이는 힘을 발견하려고 시도했다. 슈펭글러와 토인비 또한 역사 연구 패러다임을 서구 중심의 연대기적 연구와 서술을 떠나서 세계 각각의 문명 연구를 통해서 역사를 움직이는 근원적 힘을 찾으려 노력했다.

개신교 역사가 중에서 교회사, 세속 역사, 선교 역사를 기독교 문명의 역사 운동으로 통합적으로 보려고 시도한 위대한 역사가가 있었다. 그중 선교사 출신인 미국 예일대 교수인 라토렛(Kennet Scott Latourette)은 기존의 개신교 역사학자들이 교회사와 선교 역사 자체만을 보려고 했던 패러다임을 넘어서 하나님의 열방 구속사로 세속사, 교회사, 선교 역사를 통합하는 새로운 패러다임을 시도하였다. 그리고 그 속에서 역사를 움직이는 근원적인 힘이 예수 그리스도임을 발견했다. 즉 예수 그리스도가 각 인류의 문명을 통해서 세속사 속에서 거룩 운동과 교회 부흥 운동, 선교 완성 운동을 어떻게 드러냈는지를 연구하였다.

라토렛의 영향을 받은 20세기 위대한 선교사이자 선교 역사가인 랄프 윈터(Ralph Winter)는 기독교 문명 운동사와 비서구 선교 운동사를 기록하였다. 그가 역사 속에서 발견한 중요한 발견은 이러하다. 하나님은 열방 구속사 운동의 근원적인 힘이시며 열방 구속사 운동을 이루어가는 주체라는 것이다. 하나님은 이 운동에 자발적으로 참여할 공동체와 운동자들을 선택하여 열방 구속사 운동을 이루어가신다는 것이다. 그는 역사적 사례를 통해서 대부분의 교회 공동체와 수도원 같은 소달리티 공동체가 하나님의 열방 구속사 운동에 자발적으로 참여하지 않았을 때, 비자발적인 방식으로 열방 구속사 운동을 이루어가셨다고 지적한다. 초대교회 시대는 자발적인 안디옥 모달리티(modality) 교회 공동체와 현대의 선교단체의 기원인 바울 선교단 소달리티(sodality) 공동체를 통해서 열방 구속사 운동을 주되게 이루어가셨다는 것이다. 랄프 윈터는 예루살렘 교회와 로마 교회는 인적 자원과 재정은 풍성하였지만 하나님의 열방 구속사 운동에 자발적으로 참여하지 않았고, 하나님은 핍박과 시련을 통해 비자발적으로 흩어진 성도들을 통해서 열방 구속사 운동을 하셨다고 보는 역사적 통찰을 보여주었다. 또 예루살렘 교회는 핍박으로 인해 흩어졌고 로마 교회는 고트족의 침입으로 인해 흩어져서 유럽의 복음이 비자발적인 운동으로 전파되었다고 말한다. 그는 야만인 시대(AD 400~800년)에 유럽의 열방 구속사 운동에 있어서 자발적으로 참여한 공동체 중 몇몇 수도원 소달리티 공동체들을 이야기하며, 이들 중에 천년을 유럽 선교 완성 운동에 지속적으로 참여한 자들로 갈라토이 종족들과 켈트족 수도사들이 있었다고 한다.

랄프 윈터의 탁월한 지적 중의 하나는 기독교 공동체가 내부에 집중할 때 죽는다는 것이다. 바이킹 시대(AD 800~1200년)의 샤를마뉴(카롤링거 왕조 시대)은 게르만 민족과 유럽 교육에 집중하기 위해 선교 완성 운동에 준비된 영국과 아일랜드의 교육자들을 데리고 와서 유럽의 대학들에서 가르쳤지만, 북쪽 스칸디나비아인들을 위한 선교 완성 역사 운동에는 자발적으로 참여하지 않았다고 한다. 그 결과 하나님의 비자발적인 운동은 다시 시작되었고, 바이킹은 유럽의 중앙에 침입하여 잡아간 자들을 통해 복음을 받아들이게 되었다고 말한다. 결국 샤를마뉴의 내부 집중은 제국의 몰락에 큰 영향을 미쳤다고 한다. 그러나 이런 바이킹 시대에도 탁발수도회는 여전히 선교 완성 역사 운동에 참여한 자발적인 소달리티(Sodality) 공동체였고, 사라센 시대(AD 1200~1600년)에도 프란체스코 탁발수도회는 자발적으로 참여하였다고 말한다. 그는 종교개혁 시기 개신교 교회는 종교개혁이란 내부 개혁에 에너지를 너무 소모하여 선교 완성 역사 운동에 참여하지 못했다고 아쉬워한다.

드디어 세계화 시대(AD 1600~2000년)가 도래하며 개신교가 자발적으로 선교 완성 역사 운동에 참여했는데, 종교개혁 이후 놀랍게도 200년의 조용한 시기를 지나서 개신교는 자발적으로 지구의 반대편인 아시아, 아프리카, 인도 등에 복음을 나누고 대륙의 내부까지 복음을 전하기 시작했다고 한다. 이것은 인류 역사에서 놀라운 시대이며, 프랑스혁명 이후부터 (1800년 이후부터)는 개신교 선교단체 소달리티들이 가톨릭의 수도원 소달리티를 대신하게 되었다. 그리고 유럽인들은 1945년에 이르러 99.5%의 비서구 지역을 제국주의로 지배하게 되었지만, 1945년 이후부터 모든 민족들이 독립을 하면서 서구권의 통제가 무너지게 되었다는 것이다. 그 결과 1945~1969년 이 시기에 비서구권의 교회들이 자발적으로 선교 완성 역사 운동에 참여하기 시작했다고 한다.

하나님의 열방 구속사 운동을 라토렛과 랄프 윈터를 통해서 요약한 것은, 왜 이 시대에 한의 선교가 일어나야 하는지를 역사 문명적으로 설명하기 위해서다.

역사가들의 보편적인 해석은 인간의 최초 문명인 바벨론 문명을 이집트 문명이 삼켰고, 이집트 문명을 그리스와 로마 문명이 삼켰고, 그리스와 로마 문명을 서구권의 유럽 문명과 영미 문명이 삼켰다는 것이다. 라토렛과 랄프 윈터의 역사 해석을 차용해서 볼 수 있는 것은 하나님은 열방 구속사 운동을 이루실 때 인류의 아름다운 문명을 사용하셨다는 것이다. 초대 교회부터 근대 개신교 선교가 시작되기 전까지 여러 수도회들이 자발적으로 열방 구속사 운동에 참여했고 수도원들은 농업, 학문, 의료, 기술, 인쇄술 등의 문명을 가지고 있었다. 그래서 그들이 복음을 열방에 나눌 때 유익한 문명도 함께 예수의 이름으로 전했다. 서구 문명의 꽃은 교육과 의료였다. 그래서 하나님은 근대와 현대 개신교 선교 완성 운동을 시작하실 때, 복음 전파와 함께 서구 교육 문명과 의료 문명을 사용하셨다.

앤드류 웰과 랄프 윈터의 주장처럼 1945~1969년이 서구권 중심의 선교 완성 운동이 비서구권 중심의 선교 운동으로 넘어온 시기라고 할 때, 논리적인 결과는 하나님이 비서구권의 문명을 사용하신다는 것이다. 비서구권의 문명 중에서도 동양 의학은 하나님이 아시아에 주신 아름다운 문명이다. 물론 하나님은 아프리카 문명과 인도 문명도 사용하실 것이다. 당연한 역사 문명학적 귀결로 아시아의 한의 선교도 이 비서구권의 선교 완성 역사 운동 속에 포함되어 이슬람권을 향하여 현재에도 그리고 미래에도 사용될 것이다. 그리고 하나님이 서구 선교단체들을 통해서 서구 문명을 나누었다면, 아시아 선교단체들을 통해서 오랫동안 사용된 한방 의료 문명을 나누게 될 것이다.

오늘날 열방 구속사 운동은 서구 기독교는 점점 침체되고 비서구권의 기독교인들이 자발적으로 참여하는 시대이다. 역사를 통해서 알 수 있는 것은 로마가 복음을 받아들인 시대에서 야만인이 복음을 받아들인 시대로, 야만인이 복음을 받아들인 시대에서 바이킹이 복음을 받아들인 시대로, 유럽과 북미가 복음을 받아들인 시대에서 비서구권인 아시아, 인도, 아프리카, 남미가 복음을 받아들인 시대로 바뀌었다는 것이다. 그리고 이제는 비서구권이 복음을 받아들인 시대에서 무슬림 민족들이 복음을 받아들이는 시대로 전환되고 있다. 하나님은 비서구권인 아시아에서 한국, 중국, 필리핀, 인도 등을 선교 완성 역사 운동에 활발히 참여시키고, 비서구권인 아프리카에서 남아공 등 많은 민족들을 참여시키고 남미에서 브라질 등을 참여시키고 계신다. 하나님은 마지막 시대에 비서구권 모두를 총체적으로 사용하여 열방 구속사 운동을 하시고, 열방 구속사 운동의 오늘과 미래를 비서구권의 사람들과 문명을 통해서 이루시려는 역사 의지를 갖고 있기에 동양 문명의 동양 의학을 사용하실 것이다.

성경적 고찰을 통해서 바라본 한의 선교 (부록 참조)

한의 선교를 성경적으로 고찰하기 위해서 우스꽝스럽게 구약의 식물들과 치료를 위해서 사용된 기름, 치료를 위한 사용된 진흙 등이 한의 선교를 지지해주는 성경적 증거라고 논증하고 싶지는 않다. 오히려 토라의 복음, 선지서의 복음, 마태와 마가의 하나님 나라의 복음, 바울의 복음, 요한의 복음 관점을 통해서 바라본 한의 선교 철학과 선교 실제를 고찰하고 성찰하는 것이 훨씬 의미 있는 작업이다. 왜냐하면 각 권의 바울 서신들에서도 살펴볼 수 있는 것처럼 바울은 복음을 사회와 국가의 영역인 정치, 경제, 일터 등 사회의 문명에 이미 적용하고 어떻게 새롭게 창조해 갈 것인지를 말하고 있기 때문이다. 즉 바울의 복음은 이미 문명을 어떻게 새롭게 창조할지를 보여주고 있다. 그러므로 성경의 복음을 통해서 어떻게 한방 의료 문명을 새롭게 창조하고 새롭게 적용해 갈 것인지를 고찰하고 연구하는 것이 한방 선교를 지지해주는 구절을 단순하게 찾는 것보다 훨씬 더 중요하다고 사료된다.

토라의 복음, 선지서의 복음, 마태와 마가의 하나님 나라의 복음, 바울의 복음, 요한의 복음 모두를 통하여 한의 선교를 고찰하는 것은 다음으로 미루고, 이번에는 그중에서 바울의 복음을 통해서 한의 선교를 고찰해보려고 한다. (자세한 내용은 이 장의 뒷부분 부록을 참조하라.)

현대 선교에 들어와 가장 큰 선교적 이슈는 복음 전파와 사회적 책임이다.

복음 전파와 사회적 책임의 균형과 총체적 선교를 어떻게 할 수 있을까가 복음주의 진영의 선교적 고민이다. 복음 전파와 사회적 책임에 대한 선교 신학과 선교 철학의 상이함은 다른 선교 결과를 만들어낸다. 내가 아는 한 선교단체는 복음 전파와 교회 개척에 중심을 둔 선교 철학을 소유하고 있다. 그러기에 전문인 선교의 모든 영역은 이것을 위해 존재하게 되고 의료를 포함한 모든 전문 영역들은 복음 전파와 교회 개척을 위한 도구가 되는 경향이 강하다. 전통적으로도 의료 선교는 복음 전파를 돕는 역할로 존재하는 것이 일반적인 견해였다.

이것에 대한 반동으로 사회적 책임도 선교라는 선교 철학을 가진 선교사들이 나오면서 교육, 의료, 비즈니스, NGO(비정부기구) 등의 전문 영역을 통해서 복음을 보여주길 원하고 있다. 로잔 대회 등에서 이런 선교적 이슈를 가지고 선교 리더들이 고민하게 되었고 그래서 총체적, 통전적 선교라는 선교적 고찰이 대두되게 된 것이다. 어떻게 하면 복음 전파와 사회적 책임의 균형을 유지하며 총체적으로 선교에 접근할 수 있을까를 생각하였기 때문이다. 그런 관점에서 사회적 책임에 참여하는 의료 사역 자체도 선교라는 개념이 도출되기 시작했고 '의료 선교'라는 용어를 버리고 '선교 의료'라는 용어를 채택하기도 하였다.

현지에 있는 의료 선교사들도 자신이 선택한 선교 철학에 따라 첨예하게 선교 사역이 다르게 나타난다. 복음 전파와 교회 개척을 중심으로 둔 의료 선교사는 의료를 복음 전파와 교회 개척을 위한 방법으로 여기며, 의료 영역의 규모와 시간을 줄이고 복음 전파와 교회 개척에 집중한다. 반면 사회적 책임을 중심으로 둔 의료 선교사는 클리닉과 병원을 세우고 교수로 가르치고 보건 의료에 집중한다. 복음 전파와 교회 개척의 필요성은 알고 있지만 자신의 에너지와 한계에 부딪혀 클리닉에서 함께 일하는 사람들에게 복음을 전하고 제자 훈련을 하는 정도에 그친다. 몇 명의 의료 선교사들은 이것을 팀으로 해결하기 위해 의료 선교팀 안에 교회 개척팀을 세워서 팀을 통해서 총체적으로 접근해보려고 시도한다.

한의 선교도 동일하게 위에서 지적한 선교 철학에 지배를 받는다. 복음 전파와 교회 개척에 치중할 것인가, 아니면 사회적 책임에 치중할 것인가를 선택하는 것은 쉽지 않은 문제이다.

한의 선교단체인 '더 넥스트 프론티어즈'(The Next Frontiers)가 선택한 선교 철학은 한 사람의 한의 선교에 복음 전파와 사회적 책임을 통합하는 것을 선택하고 있다. 복음을 전파하다가도 한의 진료가 필요한 경우에 진료와 시술을 하고, 한의 진료와 시술을 하면서도 그 시간에 반드시 복음 전파하는 것을 선교 철학으로 선택하고 있다. 복음 전파와 사회적 책임이라는 이원화된 선교 철학을 받아들이지 않고 한의 선교사 한 사람 안에 통합적인 사역을 성령의 인도에 따라 행하는 선교 철학을 선택하고 있다. 매년, 매달, 매주, 매일을 큐티(quiet time,성경 묵상)를 통해서 성령의 인도를 받아 복음 전파와 사회적 책임에 접근하는 선교 철학을 선택하고 있다. 성령이 어떤 시기에 클리닉을 열어서 진료에 집중하기를 원하시면 사회적 책임에 집중하면서 복음을 전파하고, 반대로 성령이 어떤 시기에 가정을 방문하면서 복음 전파에 집중하기 원하시면 복음 전파자가 되어 복음을 전파하고 교회를 개척하는 것에 집중하면서 이동 진료를 하게 된다. 예수님이 한의 선교사와 연합하여 예수님이 하시는 방식으로 선교를 하는 것이다. 치료하다가 전도하고 전도하다가 치료하는 주님의 통합된 접근이 한 사람 안에 모두 들어 있는 방식으로 선교에 접근한다. 이것을 하기 위해서는 나는 죽고 예수로 살고 예수와 동행하는 삶이 무엇보다 중요하다. 매일 큐티하고 매순간 주님을 바라보고 주님이 원하시는 것에 순종해야 한다. 주님이 진료를 원하시면 진료를 하고 주님이 복음을 전하기 원하시면 복음 전파를 해야 하기 때문이다. 그래서 더 넥스트 프론티어즈에서는 십자가의 복음을 통한 그리스도와의 연합을 가르치는 것에 많은 시간을 할애한다. 그리스도와 동행하는 삶을 배우지 못하면 이 선교 철학을 이룰 수 없기 때문이다.

의료 선교적 고찰을 통해서 바라본 한의 선교

역사 문명적 고찰에서 살펴본 것처럼 서구권의 선교 완성 운동은 문명의 꽃인 의료 문명과 교육 문명을 통해서 오랫동안 드러났다. 그래서 서양의 의료 선교는 경험을 통해서 자신의 패러다임과 방법들을 많이 축적하고 있다. 한의 선교도 이 패러다임과 방법을 크게 벗어나지는 않는다. 서양 의료 선교가 선교 현지에서 이루어지는 것은 매우 다양하지만 크게 4가지로 요약정리된다.

첫 번째는 클리닉과 병원에서 1차 진료와 전문 진료를 하는 의료 선교이다. 클리닉 규모는 대부분 의료 선교사들이 세워서 1차 진료를 담당하며, 병원은 의료 선교사들이 직접 세워서 운영하는 방식과 기존의 현지 병원에 들어가서 진료하는 방식으로 나누어진다. 이 의료 선교 방법은 전통적이면서도 진료라는 의료 선교의 본질을 잘 드러내준다.

두 번째는 1차 진료와 전문 진료를 넘어서 근본적으로 사회적 원인으로 기인하는 질병을 다루기 위해서 보건과 예방의학적 의료 선교를 하는 패러다임과 방법이다. 시간이 오래 걸리지만 사회 전반을 다루며 병의 근원들을 차단하고 깊고 폭넓은 의료 선교를 하게 된다.

세 번째는 의과대학 교육과 의료 훈련을 통해서 현지인 의료인을 양성하는 패러다임과 방법이다. 의료 선교사가 항상 선교지에 있을 수 있는 것은 아니다. 1차 진료와 전문 진료가 필요하지만 의료 선교사가 본국으로 돌아가게 되면 클리닉과 병원들은 무용지물이 될 수도 있다. 그래서 처음부터 사람을 키우기 위해서 의과대학과 교육 시스템을 만들어서 미래를 준비하는 의료 선교 패러다임이며 방법이다.

네 번째는 위에 세 가지 패러다임을 토착화하려는 의료 선교 패러다임이 존재한다. 탁월한 의료 선교사들은 자신이 가지고 있는 최첨단 의료 기술과 장비가 현지의 현재 상태에 적시성이 떨어지는 것을 발견하고 토착화를 시도한다. 그래서 고비용의 현대 의료를 지양하고 현지 의료와 현지 의료인들의 상태를 고려해서 의료를 성육신하려는 시도이다. 의료 선교의 성육신과 토착화를 시도한 클리닉과 병원을 현지에서 아주 가끔 볼 수 있다. 최첨단을 보여주고 진료를 멋있게 할 수 있는 권리를 포기하고 현지인의 수준에 맞추어서 토착화한다는 것은 깊은 성숙이 가져오는 의료 선교 패러다임이다.

한의 선교는 위에 4가지 의료 선교의 패러다임을 모두 동일하게 실행하고 있다. 한방 클리닉, 이동 클리닉과 한방 병원의 1차 진료, 여성 운동 교실과 식이요법 교육을 통한 부인병과 성인병 예방보건 의료, 현지인 의료인과 파라 메디슨 전공자들의 침구학 훈련을 통한 한방 교육 등을 통해서 서양 의료 선교의 패러다임과 방법론을 일반적으로 따르고 있다. 아직 한의 선교 역사가 짧아서 한의 선교를 어떻게 토착화할 것인가를 고려하지 못하고 있는 것 같다. 그러나 앞으로는 현지 의료인과 현지 전통 의학을 배우는 의료인들에게 토착화할 수 있는 길을 찾을 수 있을 것이다.

서양 의료 선교와 한의 선교를 전략적으로 비교해본다면 이러하다. 서양 의료 선교가 상대적으로 고비용이고 현대 의학의 최첨단 장비를 사용해야 하는 상황이어서 도시 중심으로 선교 후방에 집중되어 사역하고 있다면, 한의 선교는 저비용이기에 최전방과 시골 중심의 의료 선교를 하는 것에 유리하다. 그리고 이동이 용이하기에 서양 의료 선교보다 한 곳에 머물지 않고 편하게 이동식 진료를 할 수 있는 장점이 있다. 이 이동식은 현지에 깊숙이 들어갈 수 있는 점과 복음 전파를 돌아다니며 효과적으로 할 수 있는 큰 장점을 준다.

서양 의료 진료가 기계적 진단을 통하기 때문에 환자와의 관계 형성이 약할 수 있는 반면에 한의는 진단을 할 때 망(望), 문(聞), 문(問), 절(切)을 통해서 환자와 많은 시간을 인격적으로 대면하게 되고 시술을 할 때도 환자와 인격적인 대면의 시간을 많이 갖게 된다. 이것은 선교지에서 복음 전파를 위한 관계 형성에 큰 도움이 되고, 이 관계 형성을 기반으로 집을 방문해서 진료하면서 복음 전파를 할 수 있는 큰 이점을 가지고 있다.

이와 함께 서양 의료가 정신과 몸을 분리하여 전인적 접근을 놓치고 있는 약점을 보인다면, 한방 의료는 영, 혼, 육의 전인적 접근을 하고 있기에 전인적 치료를 할 수 있고 현지인들의 의식 구조에 적합한 소통을 할 수 있는 상황화가 이미 잘 되어 있다.

2. 한의 선교의 실제

한의학과 선교

한의학의 역사는 5천 년을 거슬러 올라간다. 한의학은 엄청난 대우주와 우리가 거하고 있는 곳의 환경, 그 가운데 존재하는 소우주인 인간을 바라보는 광대하면서도 매우 소박한 의식으로부터 시작된 의학이다. 인간을 우주의 한 부분으로 봄과 동시에 대우주의 모든 것을 함유하고 있는 축소판인 소우주로 인식했다. 대우주를 통해 소우주인 인간을 이해했고, 소우주인 인간을 통해 대우주를 이해했다. 따라서 우리를 둘러싼 모든 것 – 기후, 음식, 생활 습관, 정서, 사회관계 등 ― 을 건강과 질병에 연관 지어 생각했다. 치료 또한 같은 관점을 견지하고 있다. 자연 속에 존재하는 소박한 치료 도구들 ― 침, 뜸, 도인(체조), 안마, 식물, 동물, 미생물, 광물 ― 을 이용하여 병을 치료하고 관리하여 왔다. 이러한 흐름은 오랜 시간의 경험과 시행착오를 통해 더욱 공고해졌고 다양해졌다. 세계 각국, 각 민족들은 나름대로 자신들의 전통 의학을 가지고 있다. 그러나 한국과 중국을 중심으로 하는 동북아시아는 다른 어떤 지역보다 그 전통 의학을 잘 보존하고 연구하고 임상에 적용해 오고 있다. 서구에서 비서구로 선교의 중심이 이동한 현 시대에 특별히 동북아시아가 선교의 큰 흐름을 주도하는 시대가 도래함으로 이들이 가치있게 여기는 한의학은 하나님의 손에 들리어 복음과 함께 선교지 영혼들을 섬기는 방편이 되고 있다. 이런 흐름들은 아주 자연스러운 일이며 선교지에도 유익하리라 믿어 의심치 않는다.

한의학, 하나님의 선물 그리고 회복

모든 각 종족의 문화는 하나님의 창조성에 바탕을 둔 하나님의 선물이라 볼 수 있다. 마지막 날에 각 나라와 족속과 백성과 방언의 큰 무리가 흰 옷을 입고 손에 종려 가지를 들고 보좌 앞과 어린 양 앞에 서서 주님을 찬양하며 경배하게 될 때, 이 다양함을 가지고 주님께 최고의 예배를 드릴 수 있을 것이다. 그때 한의학 역시 주님의 영광을 위해 쓰임 받은 대로 들려져 주님께 영광을 돌릴 것이다.

그러나 이 각 종족의 문화에는 하나님의 선하시고 온전하신 것 외에 인간의 탐심과 우상으로 오염된 부분들이 많이 있다는 것은 우리가 인지하고 있는 바이다. 오랜 역사를 가지고 있는 한의학도 예외는 아니다. 따라서 우리는 성경적 한의학, 다른 표현으로는 한의학 속에 숨어 있는 우상과 탐심이 제거된 정화된 한의학의 회복이 필요하다고 생각했다. 한의학은 복음 전도를 위한 단순한 도구가 아니라 그 자체로서 주님이 받으실만한 거룩한 제물이 되어야 하기 때문이다.

의료라는 것은 생명을 지키며 질병과 사망을 향하여 싸우는 것이다. 아담의 범죄로 인해 인간은 영원한 생명을 잃어버리고 질병과 사망의 고통 가운데 있게 되었고, 자연의 타락과 저주 가운데 있는 인간은 어그러진 기후, 유해한 독소와 바이러스, 세균, 곰팡이 그리고 악한 영들의 공격을 받고 있다. 이런 맥락에서 의료 선교는 이들, 즉 생명과 건강의 위협인자들과의 싸움이라 볼 수 있다. 질병이라는 사망의 그늘 가운데 묶여있고, 병에게 종노릇하고 있는 영혼들을 복음과 의료를 통해 자유하며 더 이상 질병에 종노릇하지 않도록 돕는 것이라 생각할 수 있다.

이런 관점은 찰스 크래프트가 이야기한 선교지에서 볼 수 있는 3가지 대결인 진리 대결, 충성 대결, 능력 대결 중에서 악한 영들과 또 그 영에게 종노릇하는 유해한 환경과 미생물들을 대항하는 능력 대결의 한 부분이라 여겨진다. 특별히 현재 남아있는 최소 전도 종족 중 가장 큰 비율을 차지하는 종족인 힌두인과 무슬림은 그들의 세계관이 영적 세계에 열려 있으며 다른 종교와의 관계를 능력 대결의 현상으로 바라보는 시각이 있다. 한의 선교사들을 통해 그들의 질병이 치료될 때, 그들은 자연스럽게 선교사들이 믿고 있는 예수님이 치료하신 것으로 받아들인다. 그리하여 예수님이 자신들이 믿는 신보다 위대하고 우월하다고 믿게 된다. 실제로 우리는 이런 사역을 많이 경험했는데, 그 가운데 한 무슬림 형제는 침 치료 후 자신의 간질병으로부터 자유하게 되었을 때 예수님을 인격적으로 영접하고 회심하여 복음을 전하며 교회를 세워가고 있다. 이 능력 대결에는 영적 전쟁을 반드시 포함하고 있는데 영적 전쟁을 하려면 강력한 중보기도가 필수적이다. 그래서 우리는 많은 강력한 중보기도팀과 동역하며 모든 사역을 주님께 올려드리고 악한 영들과의 영적 전쟁에 임하고 있다. 결국 이 능력 대결로 나타나는 한의 선교는 주님이 주인되시고 주님이 영광 받으셔야 하기 때문이다.

더 넥스트 프론티어즈의 한의 선교 개념

복음 전도와 의료가 이원화된 어떤 의료 봉사나 긍휼 사역이 아니고 의료 행위 자체가 성령의 붙잡힘 속에 환자의 영, 혼, 육을 만져 환자가 전인적으로 예수님께로 돌이키는 역사에 목표를 둔다는 것이다.

인간의 죄와 사망을 십자가가 해결한 것처럼, 예수님의 십자가 보혈이 한의 사역을 통해 지금도 살아서 질병의 치유하심을 드러내는 것이다. 질병을 바라보고 의료를 시술하는데 있어서 예수님과 초대 교회 사도들의 관점으로 접근하여 해결한다는 의미이다. 쇠꼬챙이 몇 개가 존엄한 인간의 생명과 질병을 다루고 해결할 수 있다고 보지 않으며, 최선을 다해 최고 양질의 진료를 하되 한의사와 침법은 철저히 하나님께 복종되어 환자들에게 시술되어야 하는 것이다. 한의사는 침 시술을 통해 성령 역사의 통로가 되며(중보자, 중재자, 대속자, 제사장) 침은 성령의 역사를 일으켜 환자의 영, 혼, 육의 결박을 끊고 자유와 평강에 이르게 한다.(영광의 칼, 성령의 검, 모세의 지팡이) 복음을 전하듯 침 시술을 하며, 성령이 역사하듯 침 효과가 환자의 영, 혼, 육에 능력으로 나타나게 하는 것이다. 질병 위에 뿌려진 예수님의 보혈, 환자의 영, 혼, 육을 만지시는 아버지의 사랑, 거역하고 완악한 영혼을 파쇄하여 부드럽게 하는 성령의 불이 침 사역과 동시에 환자에게 일어날 것을 믿고 사역하는 것이다.

그는 실로 우리의 질고를 지고 우리의 슬픔을 당하였거늘 우리는 생각하기를 그는 징벌을 받아 하나님께 맞으며 고난을 당한다 하였노라 그가 찔림은 우리의 허물 때문이요 그가 상함은 우리의 죄악 때문이라 그가 징계를 받으므로 우리는 평화를 누리고 그가 채찍에 맞으므로 우리는 나음을 받았도다(사 53:4~5).

친히 나무에 달려 그 몸으로 우리 죄를 담당하셨으니 이는 우리로 죄에 대하여 죽고 의에 대하여 살게 하려 하심이라 그가 채찍에 맞음으로 너희는 나음을 얻었나니 너희가 전에는 양과 같이 길을 잃었더니 이제는 너희 영혼의 목자와 감독 되신 이에게 돌아왔느니라(벧전 2:24~25).

주 여호와의 영이 내게 내리셨으니 이는 여호와께서 내게 기름을 부으사 가난한 자에게 아름다운 소식을 전하게 하려 하심이라 나를 보내사 마음이 상한 자를 고치며 포로 된 자에게 자유를, 갇힌 자에게 놓임을 선포하며(사 61:1).

믿는 자들에게는 이런 표적이 따르리니 곧 그들이 내 이름으로 귀신을 쫓아내며 새 방언을 말하며 뱀을 집어올리며 무슨 독을 마실지라도 해를 받지 아니하며 병든 사람에게 손을 얹은즉 나으리라 하시더라 주 예수께서 말씀을 마치신 후에 하늘로 올려지사 하나님 우편에 앉으시니라 제자들이 나가 두루 전파할 새 주께서 함께 역사하사 그 따르는 표적으로 말씀을 확실히 증언하시니라(막 16:17~20).

현재까지 진행된 한의 선교

한국에 선교의 바람이 불기 시작한 1990년대부터 현재까지 한의 선교는 지역 교회와 선교단체들의 단기 아웃리치를 중심으로 진행되어왔다. 2009년 호주 시드니를 중심으로 한의 선교 공동체가 출발하기 전까지는 각국으로 파송된 10여 명의 한의 선교사들이 각각의 다른 단체에 소속되어 목회자 선교사나 다른 의료 파트 선교사들과 함께 한의 선교사로는 홀로 사역을 진행해왔다. 따라서 한의 선교사들로서 공동체 팀 사역은 거의 이루어지지 않았다. 한의 공동체 팀 사역의 필요가 부각되면서 '더 넥스트 프론티어즈'는 한의 팀 사역에 근거를 둔 선교사 동원 사역과 훈련 그리고 파송의 역할을 감당하게 되었다.

1) 동원

'더 넥스트 프론티어즈'의 동원 사역은 한국의 제한된 상황에 국한되지 않고 중국과 호주, 미국 그리고 캐나다에서 폭넓게 진행되어 왔다. 그로 인해 실제 현장에서 사역하고 있는 한의 선교사들은 다른 나라에서 공부한 사람들이 더 많은 실정이다. 또한 젊은 세대들을 향한 선교 동원 운동은 고무적이었다. 이는 수평적 선교와 동시에 다음 세대의 수직적 선교를 감당하는 일이었다. 이 선교 동원 운동은 한의대학생 선교 자원 운동인 FROM(final runners of mission)으로 이어져, 자신에게 집중하는 현실적 진로에 대해 고민하는 대학생들의 크로노스의 삶을 주님이 주도하는 열방 구속 운동에 동참하는 카이로스의 삶으로 전환하는 도전을 하고 있다. 그리고 '더 넥스트 프론티어즈' 선교사들과 학생들이 함께 하는 필드 아웃리치를 진행함으로 선교에 대한 주님의 마음을 배우고 복음적 훈련과 사역적 훈련을 병행하고 있다.

2) 훈련

'더 넥스트 프론티어즈'의 훈련 사역은 크게 3가지 영역에서 이루어졌다.

첫 번째는 영적 훈련이다. 말씀과 기도를 통한 개인과 공동체의 삶을 지속적으로 이루어가는 것이 목표이다. 십자가 복음 내용을 훈련교재로 만든 '십자가의 도'를 통하여 깊이 있는 복음의 이해와 옛 사람과 세상 정신, 율법주의, 3D의 삶을 십자가에 못 박고 주님과 같이 고난의 자리로 내려가 주님과 온전한 연합을 이루고 성령님과 함께 열방 구속 역사에 참여하는 삶을 살도록 한다. 매주 개인적으로 정기적인 시간을 내어 복음을 통한 자기성찰을 하며 그것을 리더들과 나누며 서로 배워가는 학습 공동체를 추구한다.

두 번째는 선교적 훈련이다. 특별히 선교 훈련은 주로 호주에서 진행했다. 이미 많은 선교사를 양성하고 파송한 경험이 있는 호주 기독 공동체를 통해 언어 훈련, 타문화 사역(cross cultural ministry) 훈련, 무슬림 집단 거주 지역에서의 전도(evangelism) 훈련, 그리고 아랍교회와 연대해 아랍 성도 가정에 홈스테이를 하면서 그들의 문화와 역사, 영성을 배우며 아랍 문화 적응 훈련을 하게 되었다. 또한 아직 첫걸음 단계에 있는 한의 선교를 돕는 많은 다른 선교단체들의 도움을 받아 훈련과 사역을 진행해오고 있다.

세 번째는 전문적 훈련이다. 한의학은 수많은 관점과 수많은 치료 방법을 가지고 있다. 다양성에서 큰 장점이 있지만 또한 팀 사역에서 많은 혼란을 가져올 수 있는 부분이 있다. 따라서 우리에게 통일된 관점과 공통된 치료법이 요구되었다. 이 부분에서 우리는 성경적 한의학, 우리가 선교지에 가르치고 전해줄 수 있는 한의학의 정리가 필요했다. 우리는 우리가 명명하는 '조선침법'이라는 침법을 공동의 관점과 치료법으로 정하고 이 침법을 공동체 지체 모두가 배우고 익히는 시간을 가졌다. 선교지에서도 같은 치료법을 사용함으로 한의 선교사들 간의 협진이나 소통에 어려움이 없었다. 특별히 성경적 한의학의 관점, 조물주적 사관을 바탕으로 전인적인 접근과 치유를 가르치고 배울 수 있었다. 이것은 몸의 치유, 마음의 회복 그리고 예수님을 만날 때 완전하고 궁극적인 치유와 회복을 이룰 수 있다는 성경적 한의학을 바탕으로 훈련하게 되었다. 이것은 한의 선교사들의 공동체 소속감을 충족시켜 줄 수 있었고 또한 젊은 세대의 의료적 경험 부족으로 인한 어려움을 극복하도록 돕는 의료적 훈련이 되었다.

3) 파송 및 현지 사역

2013년 이집트로 단기 선교사 4명을 한 팀으로 파송했고, 현지 필드 훈련과 현지 기독 병원에서 현지 의료인들과 동역했다. 현지 의료인들 함께 전쟁의 어려움으로 의료적 도움이 필요한 다른 아랍국가인 북부 이라크로 아웃리치를 가기도 했다. 이후 매년 계속해서 중국과 호주, 한국에서 공부한 6명의 단기 선교사들을 1년 6개월에서 2년 6개월의 사역 기간으로 파송했고, 주변국의 난민 사역의 시급성으로 인해 사역의 범위가 요르단, 레바논으로 확장되었다. 내가 있는 곳의 중요성도 있지만 시간과 공간에 대한 성령이 일하시는 방향을 주목하며 사역의 이동성을 추구하게 되었다. 시스템에 의존하지 않는 한의의 특성상 이동 진료에 용이함으로 인해 난민들의 1차 진료를 담당할 수 있었고, 동시에 현지 영혼들을 깊이 만나며 복음을 나눌 수 있는 기회가 많았다. 또한 현지 교회들과의 동역을 통해 교회를 도우며 의료의 필요를 찾아 무슬림들이 교회를 찾을 수 있도록 교회의 문턱을 낮추는 일도 도왔다. 또한 현지 지역사회단체와 특수 시설들을 함께 함으로 그들의 의료적 필요를 채워줄 수 있었다.

한의 사역 자체가 선교라는 마음과 자세로 현지 영혼들을 만나고 치료하지만 직접적인 복음 전도, 제자 훈련과 의료 전문 사역의 균형을 위해 노력하고 있다. 진료에 모든 시간을 할애하지 않고 언어 훈련과 가정 방문의 시간을 충분히 가지려 한다. 진료 시 만난 영혼들 중에 성령님이 마음을 주는 영혼이나 마음이 열려있는 영혼들은 진료 후 개별적 방문을 통해 깊이 있는 교제를 갖으며 복음을 나눌 기회가 생길 때마다 복음을 전하고 있다. 또한 별도의 시간을 내어 지방과 시골에 사역을 나가서 선교적 지역 연구와 영혼들을 만날 기회를 갖고 있다.

선교지 현지의 어려움

대부분의 아랍국가에서는 법적으로 아직 한의사에 대한 국가적 제도가 마련되어 있지 않은 상태라서 현지 기독 병원이나 NGO 또는 현지 교회와 지역사회의 우산 아래 사역을 진행해왔다. 한의에 대한 의학적 인식의 부족으로 현지 의사들과의 동역에는 한계가 있다. 그러나 긍정적인 자세와 겸손한 현지 의사들이 많고 따라서 충분히 이들과의 동역과 선교를 이루어 낼 수 있다고 생각한다. 다만 상호 인식을 위한 우리 한의 선교사들의 노력과 겸손한 자세가 요구된다.

또한 현재 선교지의 한의 선교는 정식 한의대 교육을 받은 한의사들보다 짧은 시간 침구 치료 교육을 받은 비의료인 선교사들에 의해 진행되는 경우가 더 많은 실정이다. 복음 전도라는 측면에서는 긍정적이지만 전문 의료 영역의 측면에서는 어려움을 발생시키는 것 또한 사실이다. 우선 현지 의료인들과 동역에 있어 현지 의료인들의 한의학에 대한 신뢰를 저하시킬 수 있다. 그리고 한의를 시행하고 있는 비의료인 선교사들의 한의 선교사들을 향한 불필요한 경쟁 의식과 복음 전파를 위한 의료의 도구화라는 치우침이 있다.

한의 선교의 미래와 전망

첫째, 더 많은 다음 세대 한의 선교 헌신자가 나와야 한다. 선교지에서 한의 선교의 필요에 비해 너무 부족한 한의 선교사를 보게 된다. 그래서 동원 사역의 중요성이 강조되지 않을 수 없다.

둘째, 한의학의 현지화를 위한 재생산이 필요하다. 그러기 위해 현지인들을 위한 한의학 교육과 현지인을 통한 협회와 국가적 법적 제도 마련이 시급하다. 또한 현지 전통 의학과 접목이 시도되어야 한다. 우리 한의학과의 접목을 통해 그들의 풍토와 환경에 맞게 발전되어 온 지혜로운 그들의 문화를 살리고, 그들의 정체성을 보다 분명하게 해 줄 수 있는 새로운 기회가 열려야 한다.

셋째, 현대 선교의 중심적 흐름이 이미 한국에서 중국으로 많이 넘어가고 있음을 부인할 수 없다. 따라서 중국 중의와의 협력과 연대가 필요하다. 중국 정부는 실크로드 경제벨트와 21세기 해상실크로드 계획인 일대일로(一帶一路, one belt and one road, B & R)를 통해 유라시아와 심지어 아프리카에까지 중의를 전파하고, 중의연구소와 중의대를 세워나가고 있다. 이러한 변화는 한의 선교에도 큰 흐름의 변화를 가져올 것으로 보인다. 한의 선교는 중의 선교의 가교 역할을 하면서 그들과의 동역의 자리로 나갈 준비를 해야 할 것이다.

넷째, 현지 의료인들과의 동역이 더욱 긴밀하게 이루어져야 한다. 이미 이집트에서 현지 의료인과 동역의 경험을 이루었기 때문에 더 나아가 아랍 선교를 위한 한의 선교사와 현지 의료인의 의료 선교팀을 구성해나간다면 아랍 의료 선교에 큰 시너지를 나타낼 것으로 보인다.

다섯째, 한의 선교의 자원이 한국 중심에서 디아스포라 한인 중심으로 이동할 것으로 보인다. 다문화에 익숙하고 언어적 접근이 보다 용이한 디아스포라 한인은 이런 면에서 선교의 발걸음에 한 발짝 더 나아가 있음을 보게 된다. 또한 현지 한의학의 재생산에 필요한 교육에서 한자와 한국어 위주의 교육을 받지 않고 영어로 교육을 받은 디아스포라 한인의 역할이 증대될 것이다.

맺는말

역사 문명적 고찰과 선교 역사적 고찰을 통해 볼 때 지금의 한의 선교는 주님의 열방 구속사에 있어 시대의 부르심이다. 반만년의 한의학 역사 속에서 하나님 나라를 위해 꽃을 피워야 할 시기이다. 이 시대적 부르심 앞에 자신을 위한 크로노스의 삶을 버리고 주님과 함께 걸어가는 카이로스의 삶을 살아가는 더 많은 예수님의 제자들이 요구된다. 주님은 지금도 일하고 계신다. 다만 순종하는 사람들과 그 일을 같이 하신다.

부록 _ 성경적 고찰을 통해서 바라본 한의 선교

한의 선교를 성경적인 관점으로 쉽게 재조명해보기 위해서 바울이 선교에 관심이 있는 한의대생과 대화를 나누는 방식으로 서술되었다.

한의 선교와 바울의 복음

한의대생 : 바울 선교사님! 저는 한의 선교에 관심이 있는 한의대생입니다. 저는 선교사님이 천막 비지니스를 통해 전문인 선교사로 활동하신 것을 알고 있습니다. 그래서 당신의 전문인 선교에 대한 관점으로부터 한의 전문 선교에 대한 제안을 해 주실 수 있다고 여겨집니다. 우선 당신의 선교 철학은 무엇입니까?

바울 : 저의 서신들을 읽어보면 저의 선교 철학을 이해할 수 있습니다. 그중에서도 로마서와 에베소서는 선교 철학과 선교 실제를 잘 알 수 있는 서신입니다.
저는 로마서에서 "또 이방 사람들아, 주님의 백성과 함께 즐거워하여라"(롬 15:10 RNKSV)라고 하였으며 신명기에서 이 구절을 인용하였습니다. 즉 저의 선교 철학의 뿌리는 토라에 있습니다. 모든 열방이 하나님을 알게 하여 즐거워하게 하는 것입니다. 토라의 핵심은 출애굽 구원을 경험한 후에 하나님을 사랑하고 이웃을 사랑하면서 하나님을 즐거워하는 것이었습니다. 그리고 더 나아가 선교 공동체가 되어 열방이 하나님을 알게 하여 동일한 즐거움을 경험하게 하는 것이었습니다. 이것이 토라에 뿌리를 둔 저의 선교 철학입니다.

한의대생 : 너무 고맙습니다. 한의 선교도 결국은 열방의 사람들이 하나님을 즐거워하게 하는 것이겠군요. 한의 선교와 한의 선교사를 통해서 하나님을 알고 하나님의 생명과 영광을 체험하게 하는 것이겠군요.

바울 : 아주 잘 이해했네요! 저의 텐트 비지니스도 선교를 위한 생계의 수단과 사람들을 만나기 위한 접촉점만은 아니었습니다. 저는 텐트를 만들고 텐트 비지니스를 할 때도 그리스도를 바라보았고, 그리스도의 영광이 텐트 만들기와 비지니스를 하는 영역에 임하여서 사람들이 하나님의 영광을 체험하도록 하였습니다. 물론 생계의 수단과 시장에서 접촉 포인트가 된 것은 사실입니다. 저는 복음을

전할 때도 주님을 바라보고 주님의 영광이 저와 전도 대상에게 임하길 바랐습니다. 그리스도의 십자가를 전하는 이유는 하나님과 화목케되어 다시 하나님의 영광을 바라보고 즐거워하게 하기 위함이었습니다.

이처럼 한의 선교도 동일한 원리가 적용된다고 봅니다. 한의 선교사는 한의 진료를 할 때 믿음으로 주님을 모시고 주님을 바라봄으로 진료 영역에 주님의 영광을 드러내고 치료와 주님의 영광을 환자가 체험하게 하는 것이 목적이라고 봅니다.

물론 한의 선교사는 복음을 전해야 하고, 복음을 통해서 자신과 열방의 사람들이 그리스도와 연합하게 만들고, 그리스도와의 연합 속에서 선교사 자신과 열방의 사람들이 하나님의 영광을 즐거워하도록 만들어야 한다고 봅니다.

한의대생 : 한의 진료가 꼭 전도의 수단이 되는 것은 아니지만 한의 진료를 통해서 하나님의 영광을 드러나게 함으로 전도의 다리를 만들 수 있겠네요. 진료와 복음 전도가 모두 하나님의 영광을 드러내어 하나님을 즐거워하게 하는 것이니 이원화될 필요는 없는 것이네요.

바울 : 매우 잘 이해했어요! 진료를 통해서 하나님의 영광, 임재를 드러내는 것이 중요하겠죠!!! 그래도 복음 전도를 통해서 복음을 직접적으로 나누지 않으면 그리스도와 연합이 이루어지지 않기에 진료를 넘어서 복음을 나누는 것이 중요하겠죠! 진료를 통해 하나님의 영광을 조금 맛보았다면 복음을 받아들임으로 스스로 하나님의 영광을 지속적으로 바라보고 즐거워할 수 있게 만들 수 있으니까요!

한의대생 : 방금 전에 로마서와 에베소서가 바울 선교사님의 선교 철학과 선교 실제를 잘 담고 있다고 설명하셨는데 좀 더 자세히 알려주실 수 있을까요?

바울 : 로마 공동체는 복음은 알고 있었지만 총체적으로 알지 못해서 신앙 생활이 확고하지는 못했습니다. 그래서 로마 공동체가 복음의 총체성을 알게 함으로써 확고하게 복음에 서서 스페인을 비롯해 유럽의 구속사 운동에 참여하길 원했습니다.

로마서 1~4장은 복음의 진리가 무엇인지를 보여주고, 5~8장은 그리스도와의 연합으로 가는 법을 보여주고, 9~11장은 하나님의 열방 구속사 운동을 보여주고, 12~16장은 공동체, 사회와 국가, 선교 사역의 새 창조에 참여하는 것을 보여주길 원했습니다. 짧게 요약하면 '이신칭의'의 복음을 알고(로마서 1~4장) 이것을 통해서 나는 죽고 주님으로 살고 동행하는 연합의 복음(로마서 5~8장)을 알기를 원했습니다. 더 나아가 그리스도와 연합된 로마의 성도들과 공동체가 열방 구속사 운동(로마서 9~11장)안에서 부활의 새 창조 사역(로마서 12~16장)에 참여 하길 원했습니다. 열방 구속사 운동(로마서 9~11장) 속에서 부활의 새 창조에 참여(로마서 12-16장)하는 것은 실제적인 삶입니다.

저는 로마의 성도들이 공동체를 새롭게 창조(로마서 12장)하길 원했고 사회와 국가를 새롭게 창조(로마서 13장)해 가길 원했습니다. 이것이 제가 로마서를 쓴 이유입니다.

저는 한의대생들이 복음 선언문인 이 로마서의 원리를 따르길 원합니다. 한의대생들이 먼저 이신칭의의 복음을 알고, 그런 후에 그리스도의 죽음과 부활에 참여하여 나는 죽고 예수로 살고 예수와 동행하는 그리스도와의 연합의 복음을 알기를 원합니다.

그리고 그리스도와 연합된 한의대생들이 모든 영역 모든 시간에 믿음으로 주님을 모시고 바라보면서 주님과 동행하길 바랍니다. 이럴 때 주님의 영광을 지속적으로 보게 되고 주님의 영광을 열방에 나누고 싶어지는 마음이 생기게 될 것입니다. 그러면 자연스럽게 열방 구속사 운동인 주님의 뜻에 참여하고 한방 의료를 열방에 나눔으로 부활의 새 창조에 참여하게 될 것입니다.

에베소 공동체는 하나님의 경륜인 카이로스 속에서 공동체, 가정, 사회를 새롭게 창조해가는 것을 온전히 알지 못했습니다. 즉 카이로스인 하나님의 경륜의 뜻을 배제한 상태에서 복음의 핵심을 공동체, 가정, 사회에 적용하려고 노력하였습니다. 저는 열심 있는 에베소 공동체가 하나님의 경륜의 뜻인 카이로스 안에서 공동체, 가정, 사회를 새롭게 창조하길 바랐습니다.

에베소서 1~3장은 하나님의 경륜의 주권적인 뜻인 카이로스를 보여주고, 하나님의 경륜 속에서 복음의 역할을 보여주길 원했습니다. 1장은 하나님의 경륜과 계획을 보여주고, 2장은 경륜 속에서 복음의 역할을 보여주고, 3장은 이 하나님의 경륜인 카이로스에 참여하는 것이 어떤 것인지를 보여주었습니다. 에베소서 4장은 경륜 속에서 공동체의 새 창조를 보여주고, 에베소서 5장은 경륜 속에서 가정의 새 창조를 보여주고, 에베소서 6장은 경륜 속에서 사회와 국가의 새 창조를 보여주었습니다.

짧게 요약하면, 하나님의 경륜과 계획인 우주와 열방 구속사 관점에서 복음을 선포하고(에베소서 1~3장) 에베소 공동체 성도들이 하나님의 경륜인 우주와 열방의 구속사 관점에서 공동체, 가정, 사회와 국가 (일터)를 새롭게 창조해(에베소서 4~6장) 가길 바랐습니다. 에베소 공동체는 그리스도의 죽음과 부활을 자신의 가정, 공동체, 직장에 바로 적용하는 것은 잘했지만 하나님의 경륜인 열방 구속사를 가정, 공동체, 직장에 연결시키지는 못하였습니다. 그래서 복음의 결핍이 생기게 된 것입니다.

저는 한의대생들이 우주적 경륜의 구속사 복음인 에베소서의 원리를 따르길 원합니다. 단순히 그리스도의 죽음과 부활의 복음을 개인화시키는 것을 넘어서 큰 그림인 우주적 교회가 지어져가는 열방 구속사에 연결시키고 적용해가길 원합니다.

하나님의 큰 그림인 우주 구속사와 열방 구속사를 알지 못하면 이것에 참여하지 못하고 자신의 가정, 자신의 공동체, 자신의 직장에만 제한되어 살아가게 됩니다. 그러나 저는 한의대생들이 하나님이 예수 그리스도를 십자가에 주신 것은 하나님의 경륜 구속사를 이루기 위한 것임을 이해하길 바랍니다. 즉 하나님은 역사의 시작부터 끝까지 열방에서 사람들을 돌처럼 모아서 거대한 우주적 성전을 지으시려는 뜻을 가지고 계십니다. 저는 이 원대한 계획에 한의대생들이 참여하길 바라고 있습니다.

이때 사회와 국가의 영역에 속하는 한의사와 한의학을 통해서 어떻게 우주적 교회를 지어갈 수 있을까를 생각할 수 있게 되고 한의학이란 문명을 새롭게 창조해 갈 수 있을 것입니다.

한의 선교는 21세기 땅 끝인 무슬림 세계의 사람들을 이끌고 와서 우주적 교회를 짓는 하나님의 경륜의 구속사를 이루기 위한 아름다운 문명 중의 하나입니다. 특별히 아랍은 서양과 아시아의 교차로에 서있어서 양쪽 문명을 연결해주는 역할을 해오고 있습니다. 그래서 동양의 문명인 동양 의학은 아랍인들이 낯설지 않고 쉽게 받아들일 수 있습니다 동양의 문명을 통해서 하나님의 경륜에 참여해보세요.

한의대생 : 로마서와 에베소서를 이렇게 선교 철학과 선교 실제의 관점에서 읽을 수 있다는 것이 놀랍습니다. 당연히 바울 선교사님이 성령의 감동으로 쓰신 서신이기에 선교 철학과 선교 실제를 담고 있었겠죠!

이전에는 바울 서신들이 선교사의 편지라는 것을 생각하지 못했습니다. 바울 선교사님을 항상 교사와 목회자로만 생각 했었습니다.아마도 제가 선교사의 삶과 사역을 이해하지 못했기에 항상 저 중심으로 이해했던 것 같습니다. 이제야 선교적 관점으로도 바울 선교사님의 서신들을 읽을 수 있게 되었습니다. 혹시 바울 선교사님의 다른 서신들을 통해서도 한방 의료 선교에 대한 코멘트를 해주실 수 있는지요?

바울 : 물론입니다. 저의 모든 다른 서신들을 통해서도 선교 철학과 선교 실제를 적용할 수 있습니다. 학생은 주님이 사랑하는 사람임을 느낍니다. 성령의 지혜가 하늘로부터 내려옴을 볼 수 있습니다.

한의대생 : 앞에서 로마서와 에베소서를 통해서 선교 철학과 선교 실제를 배우기도 했지만 로마서와 에베소서를 통해서 복음을 배우는 시간이 되기도 했습니다. 다른 서신들도 요약해서 설명해주시면 성경을 배워가는데도 큰 도움이 될 것 같습니다. 마치 한의 선교를 통해서 복음 전체를 배우는 느낌입니다.

바울 : 영적 갈망이 큰 학생의 모습이 참 보기 좋습니다. 주님이 돕고 계시는군요. 고린도전서를 통해서 말해보도록 하겠습니다. 고린도 공동체는 자신들이 비그리스도인일 때 가졌던 세상 정신을 복음에 섞

어서 죽어가고 있었습니다. 저는 세상 정신에 복음을 섞어서 죽어가는 고린도 공동체에게 복음인 십자가의 도가 유일한 필요충분 조건이라고 보여주었습니다. 진정으로 영적인 것은 세상 정신으로 자신을 드러내는 영적 지식도 아니고, 눈에 보이는 방언도 아니고 참된 복음에서 나오는 사랑임을 보여주었습니다.

고린도전서 1장은 복음에 세상 정신을 섞은 고린도 공동체의 여러 모습과 그것으로 인해 드러나 죄의 모습을 보여 주면서 십자가의 도만이 진정한 복음임을 선포했습니다. 2장은 바울 자신의 십자가의 도가 무엇인지 설명하고 세상 정신이 화려한 의사소통이 아닌 성령의 능력으로 선포되었음을 보여주었습니다. 3장은 영적인 사람은 누구이고 영적이지 않은 사람은 누구인지를 보여주고, 복음에 세상 정신을 섞어서 죄의 모습이 드러나는 자는 영적인 사람이 아님을 보여주었습니다. 4장 이후로부터 참된 영적인 사람이 누구인지를 자세하게 보여주기 시작했습니다. 4장은 영적인 사람의 특징을 저 자신의 십자가 고난의 삶의 예들을 통해서 보여주고 이것이 그리스도의 삶임을 보여주었습니다. 5~12장은 고린도 교회의 상황에서 생긴 구체적인 질문에 대한 복음적 설명입니다. 즉 성적인 문제, 그리스도인들이 세상 법정에 가는 문제, 독신에 대한 질문, 우상에 바쳐진 음식을 먹는 문제, 권위에 대한 질문, 구약 성경이 쓰여진 목적에 대한 질문, 성만찬의 바른 참여에 대한 질문, 성령의 은사에 대한 질문에 대한 저의 답변입니다. 동영 친구처럼 한의 선교에 대해서 질문했더라면 저희의 대화처럼 답변했을 것입니다. 13장은 참된 영성의 표지는 은사가 아니고 사랑임을 보여주었고, 14장은 사랑을 통해서 영적 은사들을 구하고, 사랑을 통해서 어떻게 은사를 사용하는지를 보여주었습니다. 15장은 세상 정신 그리스 철학에 감염된 부활의 대한 생각을 교정함으로 참된 부활의 복음 속에서 어떻게 살아갈 것인지를 보여주었습니다. 마지막으로 16장은 선교적 구제를 위한 헌금에 대한 질문에 답변을 보여주었습니다.

저는 한의대생들이 세상 정신인 감각주의(육신의 정욕), 물질주의(안목의 정욕), 성공주의(이생의 자랑)에 많이 물들어가고 있음을 보았습니다. 교회는 다니지만 세상 정신에 복음을 섞어서 마시고 있는 경우가 많이 있습니다. 한의 선교를 하려면 이 세상 정신에 대해서 죽고 예수님과 하나님의 영광으로 살아야 합니다. 감각주의가 주는 기쁨, 물질주의가 주는 풍요와 안정, 성공주의가 주는 영광에 대해서 죽고, 하나님의 영광이 주는 기쁨, 풍요, 영광으로 살아가야 합니다. 주님을 모든 영역 모든 시간에 모시고 바라볼 때, 하나님의 영광을 체험하게 되고 하나님의 영광을 체험한 것은 세상의 영광을 추구하지 않게 만듭니다. 저는 고린도전서를 통해서 "나는 여러분 가운데서 예수 그리스도 곧 십자가에 달리신 그분밖에는, 아무것도 알지 않기로 작정하였습니다"(고전 2:2 RNKSV)라고 고백하였습니다. 즉 그리스도의 십자가인 그리스도의 죽음과 부활에 참여하여 그리스도와 연합하고 그리스도를 아는 것이 복음이라고 선포했습니다. 오직 이것만을 최우선순위로 여기고 복음을 추구하는 삶을 살기로 결정했다고 선포했습니다. 심지어는 나의 복음을 '십자가의 도'(고전 1:8)라고 불렀습니다.

한의 선교 관심자는 십자가의 도를 깊이 있게 이해하여 세상 정신에 대해서 죽고 예수 그리스도로 살고 동행하는 사람이어야 합니다. 고린도전서는 한의 선교사의 영적 자질을 잘 보여줍니다. 무엇보다 고린도전서 15장, 부활장은 한의 선교를 부활의 관점에서 보게 하여 줍니다.

그리스도의 십자가는 십자가의 죽음, 무덤의 죽음, 부활을 모두 포함합니다(고전 15:3~4). 십자가를 이해하고 안다는 것은 십자가의 죽음과 무덤의 죽음을 넘어서 그리스도의 부활을 알고 참여하는 것입니다. 그리스도의 부활에 참여함은 역사적이고 과학적인 증거를 찾는 부활을 넘어섭니다. 그리스도의 부활은 십자가의 죽음이 가져온 새 창조를 의미하고 우리가 이 새 창조에 참여할 것을 요구합니다. 그리스도가 부활 후 제자들에게 나타난 모습은 이 새 창조가 무엇인지를 잘 보여줍니다(요 20:1~29).

새 창조는 33년의 예수 그리스도 십자가 정신의 삶을 포함합니다. 예수님의 못 자국과 창 자국은 부활한 새로운 몸에 기초가 되어집니다. 부활한 영적인 몸은 33년의 십자가 정신으로 살아온 삶을 포함한 새로운 집과 같은 몸입니다. 혁신(renovation)은 과거의 아름다움을 포함하여 새로운 집을 짓는 것입니다. 주님은 부활의 첫 열매가 되셨습니다. 첫 창조는 하나님이 말씀으로 무에서 유를 창조하셨지만 새 창조는 인간들과 함께 만들어 가신다는 것을 의미합니다. 부활의 새 창조에 있어서는 성도의 역할이 중요합니다. 잘못된 성도는 한 달란트 받은 사람처럼 하나님을 심지 않은데서 거두는 첫 창조의 하나님으로 생각하며 인생을 헛되게 살아갑니다. 즉 자신을 위해서만 태양력 중심으로 인생을 살아가게 됩니다. 그러나 부활을 이해한 성도는 부활의 새 창조에 참여해 다섯 달란트, 두 달란트 받은 사람처럼 주 안에서 열심히 수고하며 살아갑니다(고전 15:58).

저는 부활장의 결론을 이렇게 고백했습니다. "그러므로 나의 사랑하는 형제자매 여러분, 굳게 서서 흔들리지 말고, 주님의 일을 더욱 많이 하십시오. 여러분이 아는대로, 여러분의 수고가 주님 안에서 헛되지 않습니다"(고전 15:58 RNKSV). 마지막 날에 모든 성도들은 주님의 불심판을 받게 됩니다. 구원을 위한 심판이 아니고 인생의 추수를 불로 점검받는 심판입니다(고전 3:10~15). 성도이지만 자신을 위해 안일하게 살아온 자들의 삶은 불심판대에 올려지고 불로 태워집니다. 즉 자신과 태양력 중심으로 살아온 인생은 모두 타게 되고 아무것도 남지 않게 되고 게으른 종으로 주님의 책망을 받게 됩니다. 그러나 주님과 복음을 위하여 십자가 정신으로 살아온 인생은 아름답게 남게 되고 그것을 기초로 새 창조가 리노베이션됩니다. 이처럼 부활 신앙은 삶의 교정과 변혁을 요구합니다. 결국 예수 그리스도의 십자가 정신으로 살아온 모든 삶은 영원한 나라에 가지고 간다는 것을 의미합니다(계 21:24~27).

이 땅에서 십자가 정신으로 살아온 삶을 기초로 하나님은 영원한 나라를 새롭게 만드실 것입니다. 그러므로 이미 부활의 새 창조는 연합된 그리스도를 통해서 시작되었고 현재에도 만들어지고 있는 중입니다. 믿음의 눈을 열어서 부활의 새 창조를 바라보아야 합니다. 즉 부활의 새 창조의 관점에서 한의 선교를 바라보아야 합니다. 열방을 구하기 위해서 한방을 통해서 주안에서 수고한 사람은 한방을 영원한 천국에 가져갑니다. 하나님은 영원한 천국의 모퉁이에 부활의 새 창조에 참여한 한방을 기초로 새로운 창조를 하실 것입니다. 그러나 한의를 자신의 성공과 안정과 생계만을 위해서 사용한 사람은 모두 불타서 없어질 것입니다.

저는 고린도전서 15장에서 이렇게 고백했습니다. "그리고 또 우리는 무엇 때문에, 시시각각으로 위험을 무릅쓰고 있습니까? 형제자매 여러분, 나는 감히 단언합니다. 나는 날마다 죽습니다! 이것은 우리 주 예수 그리스도께서 여러분에게 하신 그 일로 내가 여러분을 자랑스럽게 여기는 것만큼이나 확실한 것입니다. 내가 에베소에서 맹수와 싸웠다고 하더라도 인간적인 동기에서 한 것이라면, 그것이 나에게 무슨 유익이 되겠습니까? 만일 죽은 사람이 살아나지 못한다면 '내일이면 죽을 터이니, 먹고 마시자' 할 것입니다. 속지 마십시오. 나쁜 동무가 좋은 습성을 망칩니다"(고전 15:30~33 RNKSV). 저는 이 고백처럼 부활의 새 창조를 믿었기에 열방에 복음을 전파하면서 위험을 무릅쓰며 날마다 죽는 고난에 참여했습니다. 한의를 전공한 사람들도 이러한 부활의 관점에서 살아가야 합니다. 한의를 주님과 열방 선교 완성에 드려야 합니다. 이때 영원한 천국에 재료로 한의를 가지고 갈 수 있고 영원한 천국에서 잘했다 칭찬을 받을 수 있습니다. 자신의 생계만을 위해서 한의를 사용하지 말아야 합니다. 이런 친구는 세상 정신에 복음을 섞은 나쁜 친구입니다.

한의대생 : 지금 한의대생들에게 너무나 필요한 영적 말씀입니다. 대부분 한의대생들은 요즘 한의사가 돈도 못 벌고 일자리도 거의 없다고 걱정하면서 미래에 대해 불안해합니다. 대부분은 자신의 생계를 위해 한의학을 공부하는 것 같습니다. 한의학을 부활의 새 창조에 참여시켜서 영원한 천국의 재료로 준비한다는 것은 너무 멋진 부활의 복음입니다. 예수님의 흉터들이 이 땅에서 십자가의 삶을 상징하고, 그것에 덧입혀서 새로운 몸이 창조되었듯이 한의학도 부활의 새 창조에 참여한 부분을 재료로 영원한 천국에서 새로운 창조를 하신다는 것은 아름다운 부활의 복음입니다. 주님이 자신의 부활한 몸을 형성하는 것에 참여하였듯이 우리의 몸도 십자가의 흔적 위에 새롭게 창조될 것을 생각하니 이 땅의 삶을 헛되게 살 수 없게 됩니다. 주 안에서 더욱 힘쓰고 수고해야 함을 배우게 됩니다. 혹시 바울 선교사님의 다른 서신들을 통해서 한의 선교 관심자들에게 영적 코멘트를 해주고 싶은 것이 있는지요?

바울 : 모든 서신들을 통해서 코멘트를 할 수 있지만 시간에 제약이 있어서 다음에 설명하고, 오늘은 빌

립보서를 통해서 마지막 코멘트를 하고 싶습니다.

빌립보 공동체는 복음 안에서 온전하게 성장하지 못한 여성 리더들의 분쟁 속에서 공동체 안에도 분리가 존재했습니다. 저는 복음은 그리스도의 고난에 참여를 통한 권리 포기임을 보여주었습니다. 예수 그리스도, 디모데, 디도, 바울 저 자신의 그리스도의 고난에 참여하고 부활에 참여하는 예를 통해서 복음 안에 있는 진정한 선교사, 진정한 목회자, 진정한 성도의 모습을 보여주었습니다.

복음 안에 있는 참된 최고의 성도, 참된 최고의 지도자, 참된 최고의 선교사는 그리스도 안에서 고난을 통해 주님의 부활에 참여하는 자입니다. 그리스도와의 연합을 통해서 부활한 주님이 삶을 살아가게 하는 것입니다. 그리스도와의 연합 속에서 권리 포기의 고난에 참여하는 자는 부활한 주님 안에서 기뻐할 수 있음을 보여줍니다. 감옥에서 선교사 저 자신의 최고의 영성이 무엇인지 보여주었습니다. 감옥에서 심지어는 사역할 권리까지 포기함으로 저의 시대를 넘어서 미래에 복음을 선포하고 선교했습니다. 빌립보서 1장은 선교 보고를 통해서 십자가 복음의 우선순위와 중요성을 선포하고 있습니다. 즉 저의 선교 보고를 통해서 빌립보 공동체의 복음적 성숙함이 나아갈 방향과 모델을 보여주었습니다.

빌립보서 1장 27절~3장은 빌립보 교회가 하나되는 성숙한 삶의 길을 보여주었습니다. 예수님의 모델을 통해서, 디모데와 에바브로디도의 모델을 통해서, 저 자신의 모델을 통해서 보여주었습니다. 모든 모델들은 권리 포기의 다양한 모습을 통해서 그리스도의 고난에 참여함을 통한 부활의 그리스도와의 연합에 이르는 길입니다. 그리스도의 고난에 참여하는 권리 포기를 통해서 그리스도를 알아가는 것입니다. 빌립보서 4장은 저 자신의 선교 재정에 대한 자세와 선교 헌금에 대한 재정 보고를 통해서 공동체가 성숙해야 할 복음적 자세와 삶을 보여주었습니다.

저는 한의 선교 관심자가 최고의 영성서 빌립보서의 원리를 따르길 원합니다. 즉 그리스도의 고난에 참여함으로 부활하신 예수 그리스도를 더욱 깊이 알아가는 원리입니다. 그리스도의 죽음과 부활에 참여하는 나는 죽고 예수로 살고 동행하는 연합의 복음은 그리스도의 고난에 참여함으로 이 연합이 더욱 깊어지게 됩니다.

한의 선교 관심자들 중에는 예수 그리스도와 깊이 연합하는 영적 원리를 배우고 싶어하는 사람이 있을 것입니다. 그렇게하려면 빌립보서를 마스터해야 합니다. 자신이 한의사로서 가지고 있는 권리가 잘못된 것은 아니지만 주님과 열방 복음 전파를 위해 권리 포기를 하고, 주님의 고난에 참여할 때 주님의 부활에 더욱 깊이 참여하게 되고 주님의 생명이 열방에 흘러가게 될 것입니다. 모든 성도는 주님과의 온전한 연합을 추구합니다. 이 길에 이르는 길이 권리 포기의 고난에 기쁘게 참여하는 것입니다.

내가 죽고 그리스도가 사는 연합의 복음은 제가 자주 선포하는 복음입니다. 십자가와 무덤 속에서 내가 죽고 모든 영역 모든 시간에 주님을 모시고 바라보는 동행의 연합은 쉽게 이루어지지 않습니다. 그러나 그리스도와 복음을 위해 권리 포기의 고난에 참여할 때 이 그리스도와의 연합은 온전해지고 온전한 믿음을 소유하게 됩니다. 이 온전한 믿음을 통해서 항상 쉬지 않고 주님을 바라보고 동행할 수 있는 것입니다. 그곳은 바로 천국입니다.

이 땅에서 천국을 온전하게 체험하고 싶은 한의대생이 있습니까? 주님과 복음을 위해서 한의사의 특권을 기쁘게 포기해 보십시오! 감옥에서도 온전한 천국을 경험하게 될 것입니다.

한국 간호 선교의 과거, 현재 그리고 미래[1]

이혜숙

이혜숙 사무총장은 1984년 연세대학교(전공: 간호학/부전공: 교육학)를 졸업하고, 1992년 동 대학원에서 석사 학위(정신간호학)를, 1998년에 Discipleship Training Center in Singapore(Master Christian Studies) 신학 석사 학위를, 2009년 백석대 기독교전문대학원에서 구약신학 석사(Th.M.) 학위를 받았다. 1984년부터 1995년까지 세브란스병원에서 근무했으며, 1998년부터 현재까지 대한기독간호사협회(KNCF) 사무총장으로 있다. 1999년부터 현재까지 (사)한국기독교의료선교협회 이사로 있으며, 2018년 현재 국제기독간호사협회 동아시아지역(NCFI-PACEA Region) 실행위원이다.

· 저서

『신앙의 눈으로 본 건강과 돌봄』, 대한기독간호사협회 출판부, 공역, 2002.

『영적 간호 모듈: 전인건강의 완성』, 현문사, 공저. 2014.

차례

* 저자 요청에 의해 차례를 넣었음.

Ⅰ. 들어가는 말

한국 간호 선교 역사는 대한기독간호사협회의 역사를 중심으로 설명할 수 있다. 외국 간호사들은 간호를 통하여 '땅 끝'(당시 조선 땅은 땅 끝이었다)까지 복음을 전하고자 127년[2] 전 기독 간호사의 정체성과 사명감을 가지고, 이 땅에 복음을 전하기 위해 온 선교사들이었다. 1967년 대한기독간호사협회를 발기한 초대 회장인 홍신영 외 34명 역시 이들의 교육과 삶의 영향을 받은 자들로 간호 교육과 실무 현장에서 리더로서 영향력을 발휘하였고, 현재는 세계 각국으로 나간 한국 간호선교사들이 이 정신을 동일하게 계승해가고 있다. 개화기에 한국에 들어온 외국 간호선교사들은 당시 한국 사회에서 여성의 사회 진출은 감히 생각조차 할 수 없었던 시대에 한국 여성 교육의 효시격인 전문적인 간호 교육을 함으로써 여성들에게 사회로 진출할 수 있는 발판을 마련하였다. 개화기뿐 아니라 일제 강점기에 한국에 들어온 외국 간호선교사들은 기독교 정신으로 오늘의 대한간호협회(조선간호부회)를 창설하여 간호 학문, 연구 및 실무에 큰 영향력을 끼쳤다. 대한기독간호사협회는 지난 50년 동안 "간호(교육, 실무)를 통하여 복음을 땅 끝까지"라는 정신을 국내외 간호 현장에 펼치는 역할을 감당해왔다. 현재 각국으로 흩어진 한국 간호선교사들도 그곳에서 기독간호사회를 조직하였거나 그 과정 중에 있으며, 이러한 활동은 대한기독간호사협회가 이 땅에 존재하는 이유와 같은 연장선상에 있다.

개화기에서 1941년까지 한국에 들어온 간호선교사들의 활동, 특히 기독교 교육기관 및 병원에 최초로 온 간호선교사들의 활동을 교단별로 이 책에서는 기록하고자 한다. 그 이유는 1941년 태평양전쟁 발발 전후로 하여 개화기 한국에 온 외국 선교사들은 강제 송환되거나 한국을 떠나거나 지방에서 조용히 선교 활동을 하였던 시기로 한국에 외국 선교사들이 들어오지 못하였던 시기[3]였기 때문이다. 그 이후에 한국에 들어온 외국 간호선교사들의 한국 간호 선교 역사는 지면 부족으로 대한기독간호사협회에서 출판할 예정인『한국 간호 선교 역사』를 참고하길 바란다.[4]

---

1   대한기독간호사협회 편찬위원회,『한국 간호 선교 역사』(2019년 출판 예정) 내용을 많이 참고하였다.
2   한국에 온 최초의 간호선교사는 1891년 영국성공회에서 파송한 히드코트와 북감리회에서 파송한 루이스를 기점.
3   Korean Church History. <http://kcm.co.kr/korchur/korch-history/chbook6.html>
4   대한기독간호사협회 편찬위원회,『한국 간호 선교 역사』.

조선간호부회를 설립할 당시 구성원들은 거의 기독 간호사들이었고 간호 교육기관과 병원들 역시 기독교 신앙에서 비롯되었지만 지금은 탈 기독교화(세속화)의 물결에 휩쓸리게 되었다. 그동안 우리는 간호와 신앙, 학문과 신앙, 삶과 신앙을 통합하려는 노력들이 부족하였을 뿐 아니라 다음 세대를 제대로 준비하지 못하여 간호 교육 및 실무 현장에서 기독 간호사들의 숫자가 상대적으로 감소하였다. 이에 한국 간호 선교 역사를 이곳에 기록함으로서 한국 간호의 뿌리와 우리가 다음 세대에게 계승하여야 할 유산을 정비하기 위해 이 글을 쓰게 되었다. 이에 본고에서는 초기[5] 한국에 들어온 외국 선교사들과 현재 한국에서 파송된 간호선교사들의 활동 현황 및 지원체계를 대한기독간호사협회 후원 간호선교사들을 중심으로 살펴보고, 변화하는 간호 현장 가운데 한국 간호선교사들의 요구를 파악하고 이들을 어떻게 효과적으로 지원할 것인가에 대한 방안을 기술하고자 한다. 끝으로 미래에 대한기독간호사협회가 간호 선교를 어떻게 감당하고, 탈 기독교화(세속화) 시대 및 4차 산업혁명 시대 그리고 통일을 대비하는 시점에서 간호 선교 모델의 구축을 제시하고자 한다.

Ⅱ. 외국에서 한국으로 파송된 외국 간호선교사들

A. 개화기 간호선교사들의 교단별 활동

개화기 한국 선교는 선교 사역이 중복 과잉되는 것을 피하기 위해 교파마다 일정 지역을 분할 혹은 예양(禮讓)하여 선교하도록 하는 '선교 구역 분할', 또는 '교계예양(敎界禮讓)'의 원칙에 따라 사역하였다. 개화기 한국에 온 각 선교회별(교단별) 선교 활동은 철저한 교계예양의 원칙에 따라 이루어졌다. 이러한 정신은 성부·성자·성령 삼위일체 하나님의 성품을 잘 드러낸 아주 모범이 되는 선교 전략이었으며 지금도 우리에게 도전이 되는 선교 전략이다. 19세기 말~20세기 초 미국 복음주의의 특징 가운데 하나는 교파 간 연합 정신으로 미국의 한국 선교에

---

5   1891년~1941년.

서 잘 나타나고 있다. 초기 선교사들은 한국에 들어온 다양한 교파의 선교 활동에서 빚어지는 마찰과 경쟁을 피하기 위해 선교지 분할 협정, 이른바 교계예양을 맺었다. 성삼위일체 하나님의 성품을 잘 드러낸 교계예양의 원칙에 따라 1909년 선교회별 담당구역 정리 작업이 마무리되었다. 미국 남감리회는 강원도 등을, 미국 북감리회는 원주, 충청도, 황해도 일부와 평양을, 미국 남장로회는 전라도를, 미국 북장로회는 서울, 경북, 황해, 평안도를, 캐나다 장로회는 함경도와 간도를, 호주 장로회는 경상남도 지역을 구분하여 전도하기로 결정했다. 이러한 교계예양으로 인해 불필요한 마찰이나 재정의 낭비를 줄일 수 있었다고 한다.[6, 7]

이에 1891년부터 1941년까지 각 교단별로 우리나라에 파송된 간호선교사들도 교계예양의 원칙 아래 교육 및 실무 현장의 활동을 아래와 같이 각 교단별로 정리하였다.

1. 원주, 충청도, 황해도 일부와 평양 지역 선교 사역을 담당한 미국 북감리회[8]에서 최초로 파송한 간호선교사는 1891년 루이스(Ella A. Lewis 劉義善) 간호사로, 7~8년간 일하다가 1890년대 말부터는 전도 활동에만 전념하였다. 루이스는 미국 북감리회 파송 첫 간호선교사였지만 보구녀관과 동대문 볼드윈 진료소(1892년 3월 개원)에서 병원 전도 사역을 주로 담당하면서 간호사 일을 겸했다. 조혼으로 병원을 떠나는 한국인 간호 학생들도 있었지만, 1893년에는 과부인 수산, 황메리 부인, 루시, 김에스더(박에스더 의사) 등이 조수로 훈련했다. 1903년 이전 보구녀관과 동대문 볼드윈 진료소에는 루이스 간호선교사와 초보적인 간호 교육을 받은 황메리와 김점동 등 한국인 조수가 간호 업무를 담당했다. 황메리는 조수들에게 한글과 성경, 기초 간호법과 약제법을 가르쳤다. 이는 정식 간호사 양성학교가 설립되기 이전의 준비 단계로 한국인 여성을 근대 서양 의학과 간호학에 접하게 한 최초의 교육이었다.[9] 루이스 후임으로 1903년 간호사 에드먼즈(Margaret J. Edmunds, 1903~1928)가 내한하여 간호 책임자가 되었다. 이에 대한 자세한 설명은 다음에 나오는 'B. 한국 여성 교육의 효시: 한국 간호 교육'(101쪽)을 참조하길 바란다.

6   장동민, 『대화로 풀어보는 한국 교회사 1』(서울: 부흥과 개혁사, 2017), 94, 127~129.
7   장동민, 『대화로 풀어보는 한국 교회사 2』(서울: 부흥과 개혁사, 2017), 24.
8   북감리회 최초 선교사는 1885년 4월 5일 부활절 날 아침 아펜젤러(H. G. Appenzeller, 1858~1902) 부부였다.
9   이만열 (2011), "한국 간호의 초기 역사", 간호 역사와 글로벌 리더십(Nursing History and Global Nursing Leadership, Network), 대한기독간호사협회 창립44주년기념학술대회 자료집, 40~47.

2. 서울과 인천 지역 선교 사역을 담당한 영국 성공회에서 파송한 간호선교사는 다음과 같다. 1890년 초대 주교 코프(C. J. Corfe, 高要翰)와 동행한 의료 선교사는 와일스(Julius Wiles) 와 랜디스(E. B. Landis)로서, 1891년 3월 서울의 낙동(대연각 자리)과 정동(성공회 정동대성당) 그리고 인천에 각각 진료소를 설치하였다. 이 진료소에서 봉사한 간호사는 히드코트(Gertrude Heathcote, 1891. 12.~1894. 3. 재직)였다. 1893년 5월에 노라(Nora), 로잘리(Rosalie), 알마(Alma), 마가렛타(Magaretta), 간호사 웹스터(Nurse Webster)가 한국에 봉사자로 왔다. 이 가운데 웹스터는 장티푸스로 인해 1898년 5월 18일에 소천하여 양화진 외국인 묘지에 묻혀 있다. 당시 웹스터 간호선교사에 대한 극찬이 있는데 다음과 같다.

"그는 밤낮 환자를 위한 사역에서 가장 헌신적이었고 지칠 줄 몰랐으며, 완벽하게 한국인들을 이해했고 그들의 사랑과 신망을 받았다. '부인'(아줌마)이라는 말로 온 서울과 인근에 알려졌고 사랑과 존경을 받아왔다."[10]

3. 서울, 경북, 황해도와 평안도 지역 선교 사역을 담당한 미국 북장로회[11]에서는 1895년 4월 6일 제이콥슨(Anna P. Jacobson, 1895~1897) 간호선교사를 최초로 파송하였다. 제이콥슨이 들어오게 된 배경은 다음과 같다. 에비슨(Oliver R. Avison, 1860~1956)이 한국에서 한 첫 번째 큰 수술에서의 실패는 바로 한국에 전문적인 간호 교육을 받은 간호선교사가 없었기 때문이었다고 한다. 그는 이렇게 기록하고 있다.

"나는 큰 수술에 있어 첫 시험이 되는 이번 일을 성공하지 못했고 그 결과 조선 사람의 신용을 얻지 못하였다. 그러나 나는 여기서 많은 것을 배우게 되었는데 다시는 중환자를 무지한 사람에게 믿고 맡기지 말아야 한다는 것을 알게 되었다."

이러한 필요에 따라 에비슨은 제중원(세브란스병원) 내 간호 사업과 한국인 간호사 교육을 전문적으로 담당할 간호선교사를 미국 선교부에 공식적으로 요청하기에 이르렀고, 그의 요청에 따라 1895년 4월 6일 제이콥슨이 제중원의 간호원장으로 파견되었다. 제이콥슨은 한국 간호 사업과 간호 교육의 기틀을 다지는데 힘썼으나 과로와 열악한 생활환경을 극복하지

---

10   이만열 (2011), "한국 간호의 초기 역사", 40~47.
11   북장로회 최초 선교사는 1885년 4월 5일 부활절 날 아침 언더우드(H. G. Underwood) 선교사였다.

못한 채 아메바성 이질에 걸리게 되어 그 후유증으로 생긴 간농양으로 내한 2년 만인 1897년 1월 20일에 순직하였고, 양화진 외국인 묘원에 묻혔다.[12, 13]

쉴즈(Esther L. Shields, 1869~1941, 한국명: 수일사)는 1897년 10월 한국에 도착하여 제이콥슨 후임으로 제중원(세브란스병원)에서의 간호 업무를 담당하였다.[14] 1939년 2월 고향으로 귀국하기까지 40여 년간 세브란스에서 한국 간호 교육을 발전시켰다. 1908년 에드먼즈가 전라도 지역 선교 사역을 담당하는 남장로교 소속 선교사와 결혼하여 목포로 내려간 이후 1909년 발족한 재선(在鮮) 서양인간호부회를 쉴즈가 중심이 되어 운영하였다. 쉴즈가 한국의 간호 사업에 공헌한 대표적인 내용으로는 a. 최초로 보건 간호 사업을 개발하고 시행한 일, b. 종합 병원 내에 간호 행정 부서인 간호원장제를 마련한 점, c. 세브란스병원 간호부양성소를 창립하고 초대 소장으로 취임한 일, d. 최초의 여성 전문직 중앙단체인 재선 졸업간호부회를 창설하고 점차 한국인으로 구성된 간호부회로 이관시킴으로써 대한간호협회의 뿌리인 조선간호부회를 창설케 한 일 등이었다고 한다. 쉴즈는 진정한 의미에서 '한국의 나이팅게일'이자 '세브란스의 천사'였다고 평가되고 있다.[15, 16, 17]

캐머런(Christine Cameron)은 1905년 9월에 대구 제중원(대구 동산병원)에 파송되어 간호 업무를 시작하였다. 그러나 캐머런은 다음 해 겨울에 과로로 쓰러져서 여러 달 동안 일을 할 수 없었다. 4년간 간호 실무 현장에 있다가 1909년에 사임했다. 1909년 두 번째 간호사인 매켄지(Mary Mckenzie)가 후임 간호사로 왔다. 그러나 매켄지 역시 건강이 나빠져서 1년 후에 사임하지 않을 수 없었다. 1914년 매기(Ethel Magee)가 세 번째 간호사로 부임하였다. 그러나 3년간 간호 실무 현장에 있다가 결혼을 이유로 사임하였다. 1915년 베킨스(Elizabeth Bekins)가 네 번째 간호사로 왔으나 베킨스 역시 전임자와 같이 결혼을 이유로 사임하였다. 1916년부터 4년간은 다섯 번째 간호사인 라이너(Ella M. Reiner)가 근무했다. 그러나 이들에 대한 자세한 기

12 『한국 간호를 선도한 연세대학교 간호대학 100년사(1906~2006)』(서울: 연세대학교 간호대학, 2008), 47~50.
13 Katherine H. Lee Ahn, *Awakening the Hermit Kingdom*. 김성웅 역, 『조선의 어둠을 밝힌 여성들』(서울: 포이에마, 2012).
14 『한국 간호를 선도한 연세대학교 간호대학 100년사(1906~2006)』, 52~53.
15 『한국 간호를 선도한 연세대학교 간호대학 100년사(1906~2006)』, 48~50.
16 이만열 (2011), "한국 간호의 초기 역사", 40~47.
17 연세대학교 간호대학 설립 110주년 기념사업, 박형우 편역, 『한국의 나이팅게일, 한국의 천사: 에스더 L. 쉴즈 자료집 Ⅰ (1868~1911)』(서울: 연세대학교대학출판문화원, 2016), 119~133.

록은 찾아볼 수가 없다. 1923년 여섯 번째 간호사 브루언(Clara Hedberg Bruen, 1923~1941 재직, 한국명: 하복음)이 제중원에 왔다. 브루언은 전임 간호선교사 다섯 명이 사역한 기간을 합친 것과 비슷한 기간 동안을 사역하였다.[18] 브루언의 간호 교육 사업에 대한 자세한 내용은 'B. 한국 여성 교육의 효시: 한국 간호 교육'(104쪽)을 참조하길 바란다.

4. 전라도 지역 선교 사역을 감당한 미국 남장로회에서는 1905년 군산 예수병원으로 케슬러(Ethel Esther Kestler, 1877~1953, 한국명: 계순라) 간호선교사를 최초로 파송하였다. 군산 예수병원에서 다니엘 선교사와 함께 의사와 간호사가 있는 안정된 병원체계를 만들었다. 케슬러는 1905년부터 1946년까지 한국에서 사역하는 동안 군산 예수병원(1905~1911)과 전주 예수병원(1912~1946)에서 일하였다. 군산에서 초대 간호사로 일하다가 피츠 선교사가 사망하자 그 후임으로 전주 예수병원 초대 간호원장으로 부임하였다. 피츠(Laura May Pitts, 1879~1911) 선교사는 1910년 8월에 전주 예수병원에 파송되었다.[19] 또한 광주 제중원에는 1912년 쉐핑(Elisabeth Johanna Shepping. 1880. 9. 26.~1934. 6. 26., 한국명: 서서평)이 최초로 파송되었다. 쉐핑[20]은 광주 제중원과 세브란스병원 간호부양성소(1917~1919)에서 간호사로 일하며 세브란스병원 간호부양성소에서 쉴즈와 함께 간호 교육을 했다. 간호사 훈련 및 교육을 비롯해 간호 교과서를 저술했다. 1917년부터 1919년까지 세브란스에 머물면서 쉐핑을 연결고리로 하는 근대 한국 간호계의 '트로이카(에드먼즈, 쉴즈, 쉐핑)' 체제가 형성된 셈이다. 1917년 가을 쉐핑은 세브란스로 옮겨가면서 군산에서 양성했던 두 명의 제자인 이효경(李孝敬)과 이금전(李金田)을 세브란스로 데려갔다. 이금전은 토론토 의과대학에서 예방 간호에 대한 과정을 연구한 후, 6·25전쟁 후 연세대 간호대학장과 대한간호협회장을 지냈고, 쉐핑이 조선간호부회(현 대한간호협회) 회장으로 재임 10년 동안 있을 때 이효경은 부회장과 만주동포위문단을 이끌었다. 당

18   김정남 (2016), "계명대학교 간호대학에서 역사하시는 하나님 뿌리를 찾아서", 간호 역사와 글로벌 리더십(Nursing History and Global Nursing Leadership, Network), 대한기독간호사협회 창립49주년기념학술대회 자료집, 35~47. 이병숙 (2014), "대구·경북 간호의 선구자 브루언(Clara Hedberg Bruen, 1923~1941)", 간호 역사와 글로벌 리더십(Nursing History and Global Nursing Leadership, Network), 대한기독간호사협회 창립47주년기념학술대회 자료집, 52~53.

19   박재표 (2013), "호남 지역 선교사의 영향으로 형성된 간호 리더십", 간호 역사와 글로벌 리더십(Nursing History and Global Nursing Leadership, Network), 대한기독간호사협회 창립46주년기념학술대회 자료집, 12~30.

20   양국주, 『엘리제 쉐핑 이야기: 바보야, 성공이 아니라 섬김이야!』(서울: Serving the people, 2012), 258~259.

시 한국은 일제의 식민 지배를 받았으므로 간호사협회를 독자적으로 조직할 수 없었던 상황이었지만, 1923년 쉐핑은 기존의 재선 서양인간호부회와 그동안 양성한 조선인 간호사들을 합쳐서 조선간호부회를 발족시키고, 초대 회장이 되었다. 이후 10년간 협회 회장으로 있으면서 한국의 조선간호부회를 국제적 차원에서 독립적인 지위를 갖게 하고자 '국제간호협의회'(ICN, International Council of Nurses) 가입을 위해 전심전력했다. 1929년 7월, 쉐핑은 캐나다 몬트리올에서 열린 국제간호협의회 총회에서 1,500명의 대의원에게 조선의 가입을 호소하는 연설을 했지만 일본의 방해로 좌절되었다.[21, 22]

쉐핑의 꿈은 1934년 그가 죽은 이후 그가 길러낸 제자들에 의해 1949년 조선간호부회가 국제간호협의회 정식 회원국으로 가입함으로써 마침내 이루어졌다. 그의 강력한 리더십은 쉴즈와 에드먼즈를 비롯한 재선 간호선교사들의 전적인 신뢰가 있었기에 가능한 것이었다. 조선간호부회는 공창(公娼) 폐지운동을 전개하면서 단순한 연구와 자기계발뿐 아니라 사회적 리더십을 발휘하도록 눈높이를 높였다. 그것은 선교 관련 양성소뿐 아니라 관립 간호사 양성소 등을 포함하여 간호부회의 지경(地境)을 넓힌 것이다. 또한 조선간호부회 회의록을 한국어로 기록하였고, 스튜어트가 지은 『간호역사개요』를 한글로 번역, 출판하였다.[23] 쉐핑은 간호사 일에만 그치지 않고 3·1운동에도 관련, 가담하여 피검되어 영어의 몸이 된 애국지사 방문과 필수품 차입 등의 활동을 하다가 신변의 위협을 느껴 1919년 광주로 다시 내려 와서, 여성 지도자 양성학교를 설립하는 등 여성 교육과 아울러 구국운동도 했다.[24] 1919년 3·1만세 운동 이후로 광주 제중원에서 주로 사역하였다.[25] 쉐핑은 배우지 못한 여성들을 모아 1922년 6월 2일 설립한 여성(전도부인)성경학교(Bible Woman Institute)를 설립하였고, 1926년 3년 과정의 여성교육기관으로 친구 로이스 니일(Lois Neel)의 후원으로 건립된 이일학교(the Neel Bible

21 임희국, *The Light of the Gospel Reflected in the History of Korea: Luther, and Shepping*, 『한국에 비쳐진 복음의 빛: 루터, 그리고 쉐핑』(서울: 기독교문사, 2017), 255~260.

22 양국주. "일제강점기 조선땅에 온 벽안의 선각자들 ⑩ 서양 간호사들의 활약: 에드먼즈-쉴즈- 쉐핑, 트로이카 체제로 朝鮮 간호계 이끌다", 『월간조선』, 2015, 5월호.

23 양국주. "일제강점기 조선땅에 온 벽안의 선각자들 ⑩ 서양 간호사들의 활약: 에드먼즈-쉴즈-쉐핑, 트로이카 체제로 朝鮮 간호계 이끌다".

24 소향숙 (2011), "한국 여성 개화에 일생을 바친 간호선교사 Ms. E. J. Shepping", 간호 역사와 글로벌 리더십(Nursing History and Global Nursing Leadership, Network), 대한기독간호사협회 창립44주년기념학술대회 자료집, 15.

25 광주기독병원신교회, 『제중원 편지 1』(광주: (주) 피디아이, 2015), 142.

School, 현 한일장신대)도 설립하였다. 부인조력회(현 여전도회연합회) 조직 등 여성 계몽, 건강과 위생, 자녀 교육, 간호학, 양잠 기술을 가르쳐서 여성의 경제적 자립을 도모하게 했고 복음 전파를 위해 헌신하게 하였다.

이러한 결실로 한국 기독교 여성들로 하여금 교육과 경제적 자립을 통해 주체적인 존재로 살아가도록 도왔다. 또한 한국 사람들조차 거들떠보지 않았던 고아와 거지, 한센씨병 환자들을 돌보고 교육시켰다. 특히 버려진 고아 13명과 한센씨병 환자의 아들을 입양해 친자식처럼 양육하였다. 가진 것을 모두 가난한 이들에게 내어주고 정작 자신은 영양실조로 삶을 마감한 쉐핑 간호선교사의 장례식은 광주 최초의 시민사회장으로 치러졌고, 참석한 1천여 명의 사람들이 "어머니"라고 목놓아 우는 통곡소리는 마치 비행기소리와 같았다고 한다. 쉐핑을 파송한 미국 남장로교 선교부는 전 세계에 파견한 수많은 선교사 가운데 한국 파견 선교사로는 유일하게 '가장 위대한 선교사 7인'으로 선정하기도 하였다.[26]

쉐핑의 꿈은 쉐핑과 같은 교단인 미국 남장로회에서 1930년 파송되어 전라도 광주에 간호선교사로 온 마거릿 프리차드(Margaret F. Pritchard, 1900. 1. 1.~1988. 2. 14., 한국명: 변마지)에 의해서 계속되었다. 프리차드는 1934년 2월 쓰러진 쉐핑의 마지막 병상을 지키며 그와 긴 시간을 함께한 인물이었다. 프리차드는 1970년 미국으로 돌아갈 때까지 약 40년간 쉐핑의 꿈을 이어갔다. 1917년 군산에 간호학교를 세우고자했던 열망, 1919년 세브란스간호학교에서 중도 하차해야 했던 낙심, 장 흡수부전증이라는 풍토병으로 병마와 싸워야 했던 시간들…, 쉐핑이 조선간호부회를 섬기며 국제간호부회 가입과 후진 양성이라는 자신의 뜻을 다 이루지 못한 안타까움은 프리차드에게 고스란히 전수되었다. 프리차드는 광복 이후 다시 찾은 조선에서 쉐핑이 이루지 못한 꿈을 계속 이어갔다. 바로 전주 예수병원 내에 기전간호대학(현재의 예수대학교)을 세운 것이었다. 쉐핑과 프리차드의 꿈이 전주에서 함께 익어간 것이었다.[27]

---

26   양국주, 『엘리제 쉐핑 이야기: 바보야, 성공이 아니라 섬김이야!』(서울: Serving the people 2012), 4~44, 253~254; 양국주 (2012), "침노하는 자가 차지하는 천국: 성공이 아닌 섬김으로 살다간 사람 ― 쉐핑을 그리워하며". 간호 역사와 글로벌 리더십(Nursing History and Global Nursing Leadership, Network), 대한기독간호사협회 창립45주년기념학술대회 자료집, 18~22.

27   양국주, "일제강점기 조선땅에 온 벽안의 선각자들 ⑩ 서양 간호사들의 활약: 에드먼즈-쉴즈-쉐핑, 트로이카 체제로 朝鮮 간호계 이끌다".

5. 함경도 지역 선교 사역을 담당한 캐나다 장로회는 많은 간호선교사들을 파송하였으나 샌들(A. M. Sandell)과 다니엘스(Elda Daniels) 외에는 남아있는 기록이 많지 않다. 또한 이들이 언제 한국에 도착했는지에 대한 정확한 기록은 없으나 해방 전에 함경도에서 사역한 흔적이 있다. 캐나다 장로회 선교사 역사 책에 의하면 1898년 12월 캐나다 장로회 선교사들이 원산에 도착한 기록에서 그것을 알 수 있다. 또한 샌들과 관련되어 "캐나다 선교사들이 해방 후의 혼란 속에서 북한에서 월남한 다수의 기독인들을 도왔고, 그들에게 구호품을 배분하였으며 이화여자대학교와 세브란스병원을 재건하는 일에 여의사 머레이(Florence J. Murray, 1894~1975)와 간호사 다니엘스 등과 함께 힘을 쏟았다"라는 기록이 있다.[28] 통일 이후 이들의 기록을 되찾고 역사를 반추할 책임이 우리에게 있다.

6. 경상도 지역 선교 사역을 담당한 호주 장로회에서는 1912년 12월 네피어(Gertrude Napier, 1872~1936. 8. 29.) 간호선교사를 최초로 파송하였다. 마산 모자진료소를 설립 운영하다가 1913년에 세워진 경남 최초의 신식 병원인 진주 배돈병원에서 간호부장으로 24년간 환자들을 돌보다가 1936년 8월 28일 한국에서 순직하였다.[29, 30] 네피어는 한국에서 순직하여 이 땅에 묻힌 다음에 열거된 7인의 호주 장로회 선교사들 가운데 한 명으로 기록되어 있다.[31]

〈표 1-1〉 한국에서 순직한 호주 장로회 선교사들

- 한국에 온 지 몇 개월 만에 풍토병으로 숨진 아담슨 선교사 아내와 맥케이 선교사 아내.
- 일신여학교 발전에 공헌하며 고아와 여성 한센씨병 환자를 방문 선교하다가 51세에 순직한 앨리스 고든 라이트.
- 독신으로 배돈병원에서 24년간 간호사로 헌신하다 순직한 거트루드 네피어.
- 오로지 여성 교육과 선교에만 전념하다 56세에 순직한 아이다 맥피.
- 배돈병원 원장으로서 섬사람들을 치료하기 위해 보트로 이동하며 헌신하다 풍토병으로 순직한 윌리엄 테일러.
- 진주 성남교회를 설립하고 중등학교 서양음악을 20년간 교육한 아더 윌리엄 알렌.

28   연규홍, 『역사를 살다: 한신과 기장의 신앙고백』(서울: 한신대학교출판부, 2012), 208, 217~250.
29   경남선교120주년기념관 ― 순직 호주 선교사 묘원
      <https://blog.naver.com/jagger0723/220512480784>
30   신상목, "호주 선교사 8인은… 100년 전 호주 최고 엘리트들 복음화 헌신하다 풍토병에 희생", 『국민일보』, 2009. 7. 27.
      <http://news.kmib.co.kr/article/view.asp?arcid=0921366334 >
31   전영혜, "호주 선교사 이야기 ― 호주 초창기 선교사 후손과 은퇴자들을 찾아", 『아름다운 동행』, 165호, 2013. 12. 1.

호주장로교회는 1889년 데이비스를 한국에 파송하였으나 불행하게도 데이비스는 한국에 도착하여 6개월을 지내고 1890년 4월 5일 부산에서 사망하게 된다. 그의 갑작스런 죽음이 선교적 각성을 주었고, 그 결과 한국 선교를 다시 시작하게 된다. 1945년 이전까지 78명의 선교사들이 내한했는데 대표적인 선교사가 매켄지(James Noble Mackenzie, 1865~1956)였다. 매켄지 선교사의 4명의 자녀 중 두 명의 딸 헬렌(Helen Pearl Mackenzie, 한국명: 매혜란)과 캐서린(Catherine Margaret, 한국명: 매혜영)이 후일 아버지를 이어 한국에서 선교사로 활동하였고, 일신병원을 세워 이 병원에서 의사와 간호사로 그리고 의학 교육, 조산사 양성 등 봉사 일생을 살았다. 특히 간호선교사 매혜영(Catherine Margaret)은 1945년에서 1950년까지는 중국에서 선교사로 일하였으나 중국의 공산화로 인해 중국에서 철수한 후 1952년 2월 부산으로 오게 되었고, 그해 9월에 부산진의 일신유치원에서 일신병원을 창설하였다.[32] 이들에 대한 자세한 사역 내용은 대한기독간호사협회에서 출판할 예정인『한국 간호 선교 역사』(2019)를 참고하길 바란다.

경상도 지역 선교 사역은 주로 호주장로회에서 담당하였지만 미국 북장로회에서도 클라라 헤드버그 브루언(Clara Hedberg Bruen, 1923. 12. 19.~1941. 11. 재직, 한국명: 하복음)을 파송하였다. 대구 동산병원의 긴급한 초청을 받아서 필리핀에서 선교 사업을 하던 브루언이 1923년 2월에 대구 선교부 산하 동산병원 간호원장으로 부임하였다.[33, 34] 브루언이 한국 간호 교육에 기여한 자세한 내용은 'B. 한국 여성 교육의 효시: 한국 간호 교육' 내용을(104페이지) 참조하길 바란다.

---

32 김영자 (2015), "일신기독병원 설립자 매혜영(Catherine M. Mackenzie) 선교사의 간호 리더십", 간호 역사와 글로벌 리더십(Nursing History and Global Nursing Leadership, Network), 대한기독간호사협회 창립48주년기념학술대회 자료집, . 33~40.

33 1914년 Ethel Magee가 세 번째 간호사로 부임하였다. 그러나 3년간 스테이션의 식구로 있다가 결혼을 이유로 사임하였다. 1915년 Elizabeth Bekins가 네 번째 간호사로 왔으나 그녀 역시 전임자와 같이 결혼을 이유로 사임하였다. 1916년부터 4년간은 다섯 번째 간호사인 Ella M. Reiner가 근무했다. 그러나 이들에 대한 자세한 기록은 찾아 볼 수가 없다. 1923년 여섯 번째 간호사는 Clara Hedberg Bruen이었다. 이병숙 (2014), "대구·경북 간호의 선구자 브루언 (Clara Hedberg Bruen, 1923~1941)", 간호 역사와 글로벌 리더십(Nursing History and Global Nursing Leadership, Network), 대한기독간호사협회 창립47주년기념학술대회 자료집, 52~53.

34 김정남 (2016), "계명대학교 간호대학에서 역사하시는 하나님 뿌리를 찾아서", 간호 역사와 글로벌 리더십(Nursing History and Global Nursing Leadership, Network), 대한기독간호사협회 창립49주년기념학술대회 자료집. 이병숙 (2014), "대구·경북 간호의 선구자 브루언 (Clara Hedberg Bruen, 1923~1941)", 간호 역사와 글로벌 리더십(Nursing History and Global Nursing Leadership, Network), 대한기독간호사협회 창립47주년기념학술대회 자료집.

B. 한국 여성 교육의 효시: 한국 간호 교육

여성 인권 존중에 대한 인식이 낮았던 개화기에 한국에 파송된 간호사 선교사들이 제공한 전문 간호 교육은 간호 교육뿐만 아니라 한국 여성 교육의 효시가 되었다. 이러한 여성 교육, 특히 간호 교육의 영향력은 대한민국의 여성들이 조금씩 사회로 진출하게 되는 발판을 마련해주었다. 간호사라는 전문 직업을 통해 급여를 받는 다는 사실 그 자체로도 당시의 사회적인 구조 속에서는 거의 혁명적이고도 획기적인 일이었다. 지금은 여성의 사회 활동이 당연시 되었지만 개화기 당시는 여성의 사회 진출은 감히 생각조차 할 수 없었던 시대였기 때문에 대한민국 개화기에 한국으로 파송된 간호선교사는 간호 교육 뿐만 아니라 한국 여성사에 새로운 패러다임을 마련하는 계기가 되었다. 다시 말해서 대한민국 여성 교육의 효시는 '간호학으로부터 출발하였다'라고 말해도 과언이 아니다. 1941년 이후 각 교단별, 지역별 간호선교사에 대한 자세한 내용은 본지의 지면 부족으로 대한기독간호사협회에서 출판할 예정인 『한국 간호 선교 역사』(2019)'를 참고하길 바란다.

1891년부터 1941년[35]까지 한국에 설립된 간호교육기관을 순서대로 정리하면 다음과 같다.

1. 이화여자대학교 간호대학

한국의 첫 여성 병원인 보구녀관(Saving All Women's Hospital)은 미국 북감리회 해외여성선교부의 지원으로 1887년 서울 정동제일교회 바로 옆에 세워졌다. 세 명의 여자 의사 선교사인 메타 하워드(Meta Howard), 로제타 홀(Rosetta Sherwood Hall), 메리 커틀러(Mary M. Cutler)와 한 명의 간호선교사인 마가레트 에드먼드가 그 주역이었다.[36] 의사 선교사들은 한국 여성들을 의료 보조인으로 훈련시키는 것에 커다란 의미를 부여하였다. 젊은 여성들을 훈련하면 이들은 더 나은 방법으로 다음 세대를 가르치게 될 것이고, 점차 그들의 교육적, 선교적 영향력은 넓어질 것이라고 생각하였다. 한편 병원의 바쁜 일정으로 의료 보조인들에게 교육을 규칙적으

---

35 본고에서는 1891년(한국에 간호선교사가 들어왔던 해)~1941년(일본이 태평양전쟁 발발 전후로 개화기 한국에 온 외국 선교사들은 강제 송환되거나 강제 추방을 당하여 한국을 떠나거나 지방에서 조용히 선교 활동을 하였던 시기로 한국에 외국 선교사들이 들어오지 못하였던 시기)까지 고찰한다.
36 옥성득, 『첫 사건으로 본 초대 한국 교회사』(서울: 짓다, 2016), 175~180.

로 시키지 못하는 상황을 안타까워하면서 의료 보조인들을 적절한 기관에서 정규적이고 체계적으로 훈련시켜야 한다고 생각하였다. 커틀러(Cutler) 의사는 선교회에 보고하기를 기독교인이면서 전문적인 간호사가 될 수 있는 유능한 인재들을 확보하고 있었으나, 이들을 교육시킬 수 있는 사람이 한 명도 없다고 하였다. 또한 동대문 볼드윈 진료소의 여의사 해리스(Lillian Harris) 역시 교육받은 간호사가 시급히 필요하다고 기록하고 있다. 감리교 여성 선교사들의 대모였던 스크랜튼(M. F. Scranton) 대부인은 의료 선교사들의 의견을 모아 한국에 간호교육기관을 설립할 것을 여성해외선교회에 요청하였다. 이러한 여성 선교사들의 지속적인 상황 보고로 여성해외선교회는 한국에 간호교육기관 설립을 결정하였다. 1902년 전반기에 기록된 "우리는 닥터 홀과 커틀러의 귀환과 에드먼즈의 파견을 환영하고, 앞으로 한국인의 간호 교육과 새로운 기계를 갖춘 병원을 기대한다"란 문건을 통해 에드먼즈가 1903년 한국에 도착하기 약 1년 전에 한국에 간호원양성소를 설립할 것을 결정하고 에드먼즈를 그 담당자로 임명하였음을 알 수 있었다. 에드먼즈는 1903년 3월, 보구녀관에 도착하자마자 간호원양성소 설립을 위한 준비를 시작하였지만 간호원양성소 학생 모집은 규중유거풍(閨中有居風, 여성이 집안에만 머무는 풍습)으로 교육받은 여자가 적고, 간호에 대한 일반인의 인식 부족 등으로 많은 어려움이 있었으며 교육에 필요한 한국어로 된 교과서 등의 제반 환경도 마련되지 않은 상황이었다. 에드먼즈는 간호원양성소를 설립하는 과정에서 '간호 제복', '간호 규정' 및 '간호원'(현재는 간호사로 칭함)이라는 용어를 한국 최초로 만들고, 이는 이화여자대학교 간호대학으로 계승되었다. 에드먼드는 세브란스 간호원양성소에서 사역하고 있던 쉴즈와 함께 교육과정을 마련하고, 미국 북장로회 소속 에비슨 부인과 미국 북감리회 소속의 의사 언스버거, 맥길, 박에스더 등의 도움을 받아 1903년 12월 한국에서 유일한 6년 과정의 간호원양성소를 설립하였다. 첫 학생으로 김마르다와 이그레이스가 입학했으며 최초의 예모식(가관식)을 치렀다. 학생들은 당시 한국 사회에서 남성의 상징이자 특권으로 인식됐던 모자(관)를 쓰는 예식을 치르면서 귀한 존재로 부각됐다. 첫 한국인 간호사가 된 김마르다와 이그레이스는 근대 가부장제에서 당당하게 자신의 직업과 인생을 선택했고 한국 간호 역사의 첫 장을 여는 주인공이 되었다.[37, 38] 그 이후 에드

---

37   이자형 (2019), "한국 개화기 간호 교육의 시작: 보구녀관 간호원양성소를 중심으로", 간호 역사와 글로벌 리더십(Nursing History and Global Nursing Leadership, Network), 대한기독간호사협회 창립45주년기념학술대회 자료집, 8~12.

먼즈는 1908년 전라도 지역 선교 사역을 감당한 미국 남장로회 소속 해리슨 의사 선교사와 결혼하여 목포로 내려가서 개척과 복음 전파에만 전념했다. 에드먼즈가 전라도 목포로 내려간 후에 보구녀관 간호원양성소의 책임을 커틀러 의사가 임시로 맡았으며 커틀러가 간호 교육에도 깊이 관여했다.[39]

2. 연세대학교 간호대학

1897년 10월 한국에 도착한 쉴즈는 제이콥슨의 후임으로 제중원(세브란스병원)에서의 간호 업무를 담당하였다. 1900년에는 간호 보조를 위해 '병원 소년반'을 운영하면서 영어도 가르치고 또 의학도들에게 간호 붕대 감는 법 등 간호 관련 업무를 가르쳐 부족한 간호 업무를 대신 하도록 하였다. 1906년에 세브란스 간호학교의 전신이 된 간호원양성소(the School for Nurses)를 세워 2명의 학생을 교육하였고 쉴즈는 초대 교장 역할을 담당하였다. 에비슨 등의 의사 선교사들과 모리슨, 카메론, 버피 등의 간호선교사들이 함께 간호 전공을 강의하였고, 보구녀관 간호원양성소와 함께 강의 및 실습을 선교사들이 서로 돌아가면서 강의를 하였다. 1907년에는 4명, 1908년에는 7명의 학생이 등록하였다. 1908년 6월 12일 시험에 합격한 5명이 간호사 모자를 쓰고 수술실에서 간호 활동을 하였다. 1910년 6월 10일에는 첫 졸업생 김배세 간호사를 배출하였다. 쉴즈는 1937년 한국에서 은퇴할 때까지 제중원과 세브란스에서 일했고, 여의사인 필드(Eva Field)와 평생 좋은 친구로서 함께 의료 봉사 사업에 종사했다.[40, 41] 근대적 간호 교육은 1903년 미국 북감리회 간호선교사인 에드먼즈가 설립한 보구녀관 간호부양성소를 시작으로 본격화되었으며, 1906년에 쉴즈가 설립한 세브란스병원 간호원양성소를 통해 보다 더 체계적인 성장을 이룰 수 있었다.[42] 세브란스 양성소 초기에 쉴즈는 보구녀관의 에드먼즈를 만나 각자의 전문성을 살리고 폭넓은 임상 경험을 제공

38 Katherine H. Lee Ahn, 『조선의 어둠을 밝힌 여성들』, 282.
39 옥성득, 『첫 사건으로 본 초대 한국 교회사』, 178.
40 이만열 (2011), "한국 간호의 초기 역사", 32~34.
41 연세대학교 간호대학 설립 110주년 기념사업, 박형우 편역, 『한국의 나이팅게일, 한국의 천사: 에스더 L. 쉴즈 자료집 Ⅰ (1868~1911)』, 403, 437.
42 『한국 간호를 선도한 연세대학교 간호대학 100년사(1906~2006)』, 50~51.

하는 차원에서 장로교와 감리교 연합의 간호학교를 설립하자는 논의를 진행하였다. 이는 세브란스 간호원양성소가 설립 당시 보구녀관에 비해 설비나 인적 자원이 풍부하여 교육하기에 더 좋은 조건을 구비하고 있었다는 것이 그 이유였다. 그러나 학교는 각각 별도로 운영되었으며 그 대신 강의, 임상 실습, 수술실 등을 공유하여 합반 강의 교수 및 병원 교환 실습 등을 진행하기로 결정하였다.[43]

1911~1912년을 기점으로 간호원양성소에 지원하는 학생 수가 점차 많아지면서 학생들을 교육하는 교수 요원이 더 필요하게 되자 에비슨은 연합학교로 운영하기로 결정하고 여러 교파로부터 한 명씩 대표 간호사를 양성소에 파견하여 양성소에서 학생들을 교육하기 시작하였다. 1916년에는 호주장로회의 네피어(G. Napier), 캐나다 장로회의 휴즈(E. Hughes), 1917년에는 미국 남감리회의 캠벨(J. P. Campbell), 미국 남장로회의 쉐핑(E. J. Shepping) 등이 세브란스 간호원양성소에 파견되어 직원으로 근무하며 각각 자신이 맡은 역할을 통해 간호원양성소의 발전을 도왔다. 이밖에도 비록 짧은 기간이었지만 미국 북장로회 소속의 라이너(E. M. Reiner)와 베킨스(E. B. Bekins), 페르시아 선교부의 피셔(F. Fisher) 등도 간호원양성소에 큰 도움을 주었다. 1917년 세브란스병원 간호원양성소는 세브란스연합의학전문학교 부속 간호원양성소(Severance Union Medical College Training School for Nurses)로 개칭되었다.[44]

3. 계명대학교 간호대학

경상도 지역 선교 사역은 주로 호주장로회에서 담당하였지만 제중원(대구 동산병원)은 미국 북장로회에서 설립하여 미국 북장로회 간호선교사들이 파송되어 사역하였다. 여러 간호선교사들이 파송되었으나 과로와 열악한 환경으로 질병에 걸리거나 결혼으로 1년 혹은 4년간 사역하다가 사임하여 간호 사업 및 교육을 전담할 간호선교사가 절실히 필요하였다. 제중원의 긴급 초청으로 필리핀에서 간호선교사로 있던 클라라 헤드버그 브루언(Clara Hedberg Bruen, 1923. 12. 19.~1941. 11 재직, 한국명: 하복음)이 1923년 12월에 한국에 도착하여 대구 선교부 산하 동산병원 간호원장으로 부임하였다. 브루언은 1925년 10월 12일 대구

---

43 위의 책, 52~53.
44 위의 책, 55~56.

동산병원 내에 계명대학교 간호대학의 전신인 간호원양성소를 설립하였다. 또한 1930년에는 대구 영아보건소를 개설하는 등 브루언은 추진력과 조직력이 탁월한 간호행정가이자 교육자였다. 브루언은 1934년 헨리 먼로 브루언 선교사와 결혼하여 1941년[45]까지 18년간 동산병원 간호 책임자로 근무하였다.[46]

4. 예수대학교 간호학부

예수대학교 간호학부에 초창기 역사를 살펴보면 1941년 이후 외국에서 파송한 선교사가 초대 교장으로 부임한 특징을 가진다.

1950년 6월에 재단법인 미국 남장로교 한국선교회유지재단에서 전주 예수병원 부속 간호고등기술학교를 설립하여 초대 교장으로 프리차드(Margaret F. Prichard, 1900. 1. 1~1988. 2. 14, 한국명: 변마지)가 취임하였다. 프리차드는 미국 남장로회에서 파송된 선교사로서 1930년 8월에 광주 그래엄 기념병원(제중병원)의 간호원장으로 왔다. 프리차드는 1932년 광주 제중병원 간호부양성소를 시작하여 1940년까지 12명의 졸업 간호사를 배출하였으나 신사참배 문제로 병원과 간호부양성소는 폐교당하고 미국으로 귀국하였다. 해방 후 1947년 10월 다시 한국에 들어와 전주 예수병원에 간호원장으로 부임하였고, 1950년 현 예수대학교 간호학부 전신인 전주 예수병원 부속 간호고등기술학교 초대 교장이었다.[47]

C. 대한기독간호사협회의 태동

개화기 한국에 온 외국 간호선교사들의 교육 및 실무 현장에서의 사역이 진행되면서 발기인[48]은 그들에 의해 교육과 신앙적 영향을 받은 자들로 초대 회장 홍신영 외 34명이 대한

45 1941년, 일본이 외국 선교사들을 강제 추방 하던 해,

46 김정남 (2016), "계명대학교 간호대학에서 역사하시는 하나님 뿌리를 찾아서", 35~47. 이병숙 (2014), "대구·경북 간호의 선구자 브루언 (Clara Hedberg Bruen, 1923~1941)", 간호 역사와 글로벌 리더십(Nursing History and Global Nursing Leadership, Network), 대한기독간호사협회 창립47주년기념학술대회 자료집, 52~53.

47 김강미자 (2013), "예수대학교 Margaret Pritchard 변마지". 간호 역사와 글로벌 리더십(Nursing History and Global Nursing Leadership, Network), 대한기독간호사협회 창립45주년기념학술대회 자료집, 31~41.

48 고가련, 구귀순, 김길순, 김복음, 김영매, 김영주, 김영준, 김인혁, 김형숙, 마희연, 명규임, 박성심, 손덕수, 송마리아, 옥수복, 유성순, 유이순, 윤수복, 이귀향, 이성덕, 이성옥, 이영복, 이혜정, 전산초, 전성애, 전순덕, 전은수, 조옥자, 진정순, 최익도, 한신덕, 한추지, 홍근표, 홍신영, Mrs. Crouse 이상 35명

기독간호사협회를 발기하였다. 1967년 1월 23일 성경의 원리를 간호 현장(교육, 실무)에 적용하고 참 간호의 의미를 회복하기 위해서 첫 수련회를 연세대 간호대학 기숙사에서 한경직 목사(영락교회)를 모시고 개최하였다. 그해 10월 20일 제2회 전국기독간호사수련회 및 제1차 정기총회를 불광동 한국기독교수양관에서 개최하였고, 초대 회장에 홍신영 연세대 간호대학 학장이 추대되었다. 임시 사무실을 연세대 간호대학 학장실에 두고 정기적으로 모여 기독 간호사의 소명과 비전들을 서로 나누며 기도하였다. 병원별로 기독간호사회가 중심이 된 간호사 성경 공부 모임을 시작하였고, 성경말씀에 근거한 간호가 무엇인가를 고민하고 토론함으로써 신앙과 삶을 일치시키려는 노력들이 있었다. 간호와 학문을 통합하는 노력으로 국내 최초의 영적간호세미나 및 목회간호세미나를 실시하여 한국 간호 교육과 실무 현장에 플랫폼으로서의 역할을 시작하였다.[49]

Ⅲ. 한국에서 외국으로 파송한 한국 간호선교사들

A. 한국 간호선교사들의 현황

1. 파송 현황

대한민국 개화기에 한국에 들어온 간호선교사들은 한국 간호의 초석을 다졌고, 이렇게 시작된 한국 간호는 현재 전 세계 간호 현장 및 선교 현장에서 중추적 역할을 감당하고 있다. 한국 교회는 1900년 한국 교회 초기부터 선교사를 파송하기 시작했지만 본격적인 타문화권 선교사 파송은 1980년대 이후부터라고 볼 수 있다. 한국 교회 선교는 세계 선교 역사상 유래가 없을 정도로 빠르게 발전해왔다. 그 결과 현재는 파송 선교사 2만 명을 넘어서는 세계 제2위의 선교사 파송 국가가 되었다.[50] 간호선교사들의 현황에 있어서도 대한기독간호사협회에

---

49 "대한기독간호사협회 제45차 정기총회록", 5.
50 한철호, "변화하는 세계 선교에 반응하는 한국 선교 네트워크", 변화하는 세계 선교에 반응하는 한국 선교 네트 자료집, 2010. 7. 6. <http://kcm.kr/dic_view.php?nid=40948> 현재 미국이 46,831명이고, 그 뒤를 이어 한국이 두 번째로 많은 선교사를 파송하고 있다.

서 후원하는 110명의 한국 간호선교사들의 통계에 의하면 1891년 간호선교사가 처음으로 한국에 내한한지 89년만인 1980년에 한국 간호선교사 1호를 배출하기 시작하여 한국 교회 타문화권 선교 역사와 시대적 맥락을 같이 한다고 볼 수 있겠다. 한국에 들어온 외국 간호선교사로부터 받은 하나님의 사랑을 한국 간호선교사들이 전 세계 간호 현장에 전하고 있는데 2018년 6월 현재 대한기독간호사협회에 후원 선교사로 등록된 110명의 간호선교사가 전 세계 40개국에서 사역하고 있다.

[그림1] 대한기독간호사협회 후원 선교사 파송 년도별 현황 (단위: 명)

[출처 : 대한기독간호사협회 편찬위원회, 『한국 간호 선교 역사』 (2019 출판 예정)]

2. 간호선교사들의 간호 활동

선교사에 대한 여러 정의가 있을 수 있지만, 비유적인 정의 중 하나는 "하나님 사랑의 원자탄"이라는 것이다. 하나님의 사랑에 감동되어 그 사랑을 각 부르심의 자리(선교지)에서 본인 스스로가 사랑의 원자탄이 되어 삶으로 살고 누리고 나누는 사람을 선교사라고 본다. 현재 간호사의 정체성을 가지고 약 40개국에서 활동하는 간호선교사는 각 나라에서 [그림2]에 제시된 바와 같이 다양한 사역을 하고 있다. 2018년 4월에 조사한 바에 의하면, 대한기독간호사협회 후원 선교사 가운데 배우자가 있는 경우가 70%였다. 배우자가 있는 간호선교사들은 대부분 남편이 목사 선교사로서 교회 개척 및 교회 개척 지원 사역을 하고 있다. 다음으로 많은 사역을 하는 부분이 병원/클리닉에서 간호사로서, 지역사회에서 1차 건강 관리 및 모자보건 그리고 간호 교육 현장에서 간호 교육 그리고 다양한 문화 사역을 하고 있다.

[그림2] 한국 간호선교사들의 간호 활동 (단위: 명)

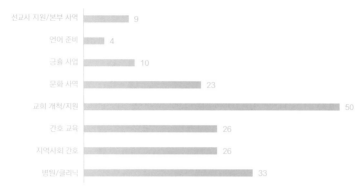

[출처 : 대한기독간호사협회 편찬위원회, 『한국 간호 선교 역사』(2019 출판 예정)]

한국 간호선교사들의 다양한 활동 가운데 한 예로, 긍휼 사역을 하는 권혜영 선교사의 사례에 대해 간략히 소개하고자 한다. 권 선교사의 사역과 삶은 1912년 한국에 온 쉐핑 선교사의 삶과 비슷하다. 한국기아대책본부에서 1996년에 파송 받아 20년간 온두라스 길거리 여성들과 2세대들을 위해 사역했다. 처음 3년은 지역사회 간호 사역을 하였는데 기도 중에 하나님이 이제는 신체적인 케어가 아닌 영적인 케어를 하라는 말씀을 주시어 이들을 위한 사역을 시작하였다고 한다. 온두라스 길거리 여성들은 사회에서 제일 냉대 받았으며 이들의 자녀들은 사랑 결핍과 성폭행에 무방비 상태로 노출되어 있었다. 하나님은 권 선교사에게 이들을 사랑과 말씀으로 치유하게 하셨다. 18개월 아기부터 16세 청소년까지 남녀 아이들을 직접 키웠다. 100% 성폭행 피해자였고, 가해자의 대부분은 근친이었다. 그들의 가족은 매춘에 종사하거나, 마약 중독, 조직 폭력, 강도 등으로 대부분 거리에서 살거나 감옥에 있었다. 이들의 엄마들은 처음에 아이들과 먹고살기 위해서 성매매를 했지만, 결국 마약에 손을 대면서 아이들을 방치하였다. 엄마들이 마약에 중독이 되면서 계속 마약이 필요했기에 빚을 지게 되었다. 권 선교사가 처음 이들을 만났을 때에는 자폐아 같은 행동과 학습 장애, 발달 장애가 있었다고 한다. 권 선교사가 이들의 엄마가 되어 함께 살면서 하나님의 사랑으로 돌보았다. 이들이 조금씩 치유되면서 정상적인 아이들로 자라났다고 한다. 권 선교사의 말에 의하면 "그중엔 천재 같은 아이도 있고요. 가정교육이 전무하여 짐승처럼 키워진 아이들도 있어서… 먹는 법, 걷는 법, 말하는 법, 옷 입는 법, 화장실 사용하는 법 등을 가르쳐야 하는 아이들도 있었어요." 권혜영 선교사야말로 마치 온두라스의 쉐핑 선교사[51]와 같다고 생각한다. 왜냐하면 싱글 여성 선교사로서 기독 간호사의 정체성과 어머니의 마음으로 온두라스의 다음 세대를 입양하여 양육하기 때문이다.

권 선교사는 사역하면서 온 몸의 뼈 통증과 불면증 그리고 허리 디스크로 더 이상 이러한 아이들을 돌볼 체력이 안 되어 죽기 직전의 상태로 한국에 실려 왔다. 오랜 기간 이런 상태에서 사역하여 체력이 바닥났기에 하나님은 권 선교사를 온두라스 선교 그라운드에서 뽑아내셨다. 하지만 하나님은 권 선교사를 위한 새로운 계획을 준비하고 계셨다. 권 선교사는 2017년 12월에 결혼하여 지금은 경기도 여주에 살며, 그 곳 교회 성도로 섬기며 그 지역에 가정이 깨어져서 조부모와 살고 있는 결손 가정 어린이 전도 사역을 하고 있다. 또한 중남미 어린이들이 읽을 만한 어린이 성경이나 기독교서적이 귀하기 때문에 한국 어린이 기독교서적을 스페인어로 번역, 출판 사역을 하고 있다. 하나님은 권 선교사에게 온두라스의 어린이와 청소년 사역을 20년 동안 허락하시고, 그 사역을 기반으로 온두라스를 넘어 중남미 전체의 구원 역사에 동참케 하신다. 하나님은 정말 수가(방법이) 많으신 분이시다. 하나님 안에서 위기는(고통은) 새로운 사역을 향한 기회이다. 이곳에 권 선교사의 삶을 기록한 이유는 이러한 하나님 뜻 안에서 개화기에 외국에서 한국으로 파송된 간호선교사들에 의해서 시작된 구원 역사가 세대를 넘어 전 세계로 이어지고 있음을 보여주기 때문이다.

한국에 온 간호선교사들이 한국 사람들의 구원을 향한 많은 눈물의 기도와 헌신의 삶은 짧게는 2개월 길게는 40년이었다. 하나님이 허락하신 시간에 이들은 이 땅을 떠나 천국 아버지 집으로 homecoming 하였지만 이들의 기도와 삶은 죽지 않고 살아서 마침내 1980년 한국에서 최초로 외국에 파송한 간호선교사가 세워진 이래 권 선교사뿐만 아니라 현재 각 나라에 파송된 간호선교사들의 삶 속에서, 그리고 한국의 기독 간호사 특히 다음 세대 기독 간호사들의 삶 가운데서 하나님의 역사를 증언하며 계속해서 이어지고 있다. 개화기에 한국으로

---

51 쉐핑은 수양딸 13명과 나환자 아들 1명 등 14명의 한국 아이들을 입양해 기른 '조선의 어머니'였다. 그녀는 아이들이 좋은 곳으로 시집가고, 스스로 자활할 수 있도록 애썼다. 그녀는 1933년, 조선인 목회자, 동역자들과 함께 50여 명의 나환자를 이끌고 서울로 행진을 하기도 했다. 일제 총독부에 나환자들의 삶터를 요구하기 위해서였다. 이 같은 소식을 들은 나환자들은 전국 각지에서 몰려들어 총독부 앞에 다다랐을 때 동참한 나환자들의 수는 530여 명에 달했다고 전해진다. 결국 총독부는 소록도 한센병 환자 요양시설과 병원 건립을 약속했다고 한다. 그런 그녀는 1934년 6월 26일 영양실조로 사망했다. 사망 당시 그녀는 주머니 속에 7전과 반쪽짜리 담요 외에 아무것도 남기지 않았다고 한다. 출처: 양국주 (2012), "침노하는 자가 차지하는 천국: 성공이 아닌 섬김으로 살다간 사람 ─ 쉐핑을 그리워하며", 18~22.

파송된 선교사들 가운데 30%가 의료 선교사(간호사, 약사, 의사, 치과 의사)라고 한다. 이들의 의료 선교와 구제 사업이 복음 전파의 발판을 만들어 주었던 것으로 여겨진다. 그러기에 한국은 선교 역사가 짧았음에도 불구하고 전 세계 기독교 역사 가운데 가장 짧은 시기에 교회가 부흥하고 선교사를 파송한 세계 1위(인구 대비)인 나라가 될 수 있었는데 이러한 현상에는 특히, 간호선교사의 영향도 크게 기여한 바 있다. 간호선교사가 한국에 준 영향력과 감동이 어찌나 컸던지 세브란스에서 사역한 제이콥슨 선교사의 장례식 공고와 광주 제중원에서 사역한 쉐핑 선교사의 장례식 모습에서 엿볼 수 있다.

"그 부인이 한 달 동안을 앓다가 하늘로 갔으니 이 부인은 조선에 있는 이보다는 매우 극락이나 조선 인민에게는 크게 손해라. 부인의 장례를 22일 오전에 언더우드 교수 집에서 거행할 터인즉 누구든지 평일에 이 부인을 알던 이는 언더우드 교수 집으로 와서 장례에 참예하고 마지막 한번 조선 백성 사랑하던 이 얼굴을 보오. 산소는 양화진 외국 매장지라. 거기까지 가서 참예하고 싶은 이는 다 가시오."

제이콥슨 선교사 장례보도: 『독립신문』[52]

쉐핑 선교사가 소천 하였을 때에 최초의 광주시민사회장으로 장례를 치루었고 수천의 광주 시민과 나환자들이 쫓아 나와 "어머니"를 부르며 오열했다. 당시 한 일간지는 사설에서 "백만장자의 귀한 위치에서 하인을 두고 차를 몰고 다니는 선교사들, 동족의 비참한 생활에 눈감고 오직 개인 향락주의로 매진하는 신여성들이 양심에 자극을 받길 바란다"고 썼다.

쉐핑 선교사 장례식 모습[53]

B. 한국 간호선교사들의 요구도

1980년 이후 세계 각국으로 파송된 한국 간호선교사들이 다양한 활동을 하고 있지만 이들을 위해 '보내는 선교사'(후방 선교사)들의 체계적인 지원을 하는 일은 매우 중요한 선교 사역 중의 하나이다. 2006년 연세대학교 학술연구비의 지원을 받아 연세대학교 간호대학과 대한기독간호사협회가 공동으로 "한국 간호선교사들의 지원체계 개발을 위한 요구도 조사연

52   『한국 간호를 선도한 연세대학교 간호대학 100년사(1906~2006)』, 49.
53   양국주 (2012), "침노하는 자가 차지하는 천국: 성공이 아닌 섬김으로 살다간 사람 ― 쉐핑을 그리워하며", 18~22.

구"를 한 것에 따르면 한국 간호선교사들은 다음과 같은 지원을 요구하고 있었다.

1. 보건 의료 서비스를 위한 지원

간호선교사들의 대부분은 보건 의료체계가 상대적으로 취약한 선교 지역의 주민들에 대한 보건 의료 서비스 제공을 통한 복음 전파를 목표로 하고 있다. 선교지에서의 가장 중요한 보건 문제가 위생 문제, 의료 자원의 부족 및 비효율적인 보건 의료체계였다. 이것을 볼 때, 간호선교사들이 담당해야 하는 역할이 보건 교육을 중심으로 하는 1차 보건 의료임을 알 수 있었다. 대한기독간호사협회에 기대하는 도움의 영역에서도 간호 영역의 지원이 많은 수를 차지하고 있었다. 구체적으로는 간호에 관한 전문 자료, 보건 교육 자료, 홍보 자료와 같은 자료의 제공을 기대하며 인력 및 물품 지원도 필요로 하였다.

2. 영적, 정서적 지원 및 네트워크

간호선교사들이 대한기독간호사협회에 바라는 것 중 중보기도와 신앙 서적 제공과 같은 영적, 정서적 지원에 대한 요구가 가장 컸다. 파송되는 간호선교사들의 경우 파송 교회나 단체들을 통한 후원이나 개인적 인맥을 통한 후원을 받고 있지만 다른 간호선교사나 단체와의 네트워크 구축에 대한 요구도 많았다. 조사를 통해 파악된 간호선교사들의 다양한 요구들은 안식년 동안의 재교육, 건강검진, 자녀 교육의 지원 등이었다. 특히 많은 간호선교사들이 어린 자녀를 동반하고 선교 사역을 하고 있는데, 자녀들의 교육에 어려움을 겪고 있었다.

C. 대한기독간호사협회 후원 선교사 지원체계

대한기독간호사협회는 해외로 파송된 간호선교사들을 위해 다음과 같이 기도 및 재정 지원 사역을 담당하고 있다.

1. 간호선교사 후원 및 정기기도회

가. 1989년 10월 8~9일 소망교회에서 개최한 제1차 의료선교대회에 본 협회 이성옥 회

장이 부실행위원장으로, 김수지 부회장이 학술분과 부위원장으로 참여하여 공동 주관한 이후 한국 간호선교사들을 본 협회가 어떻게 지원할 것인가를 고민하고 이를 위한 중보기도를 시작하였다. 1991년 10월 1~3일 충현교회에서 개최한 제2차 의료선교대회를 기점으로 한국 간호선교사를 본격적으로 후원하기로 하고 비정기적인 중보기도를 시작하였다. 본 협회는 제2차 의료선교대회 때부터 홍보전시관을 통하여 협회를 홍보하고 대회에 참석한 간호선교사, 간호사(교육, 실무), 간호 대학생과 정보 교환 및 교제의 시간을 가졌다.

〈표 3-1〉 대한기독간호사협회 후원 선교사 지원 현황 (1991~1998)

년도	대한기독간호사협회 후원 선교사 지원 현황
1991	김정윤(우간다), 장성희(방글라데시)
1992	• 간호사 선교사: 김정윤(우간다), 박숙경(우간다), 장성희(방글라데시), 전미령(보츠와나), 주선미(네팔), 최주엽(필리핀), • 기타 후원: Fiji 신학교 학생 후원 및 신학교 건축헌금, 한인 교회 후원, 서사모아 기독간호사회 후원, 우간다 간호사 사택 건립 건축비 전액 후원 • 파송: 나수진(파키스탄), 최주엽(필리핀)
1993 ~ 1998	북한 선교 및 간호선교사(김정윤, 임정미, 장성희) 후원

나. 1999~2009년까지 간호선교사를 지속적으로 후원하였고, 정기적인 중보기도를
1999년부터 매월 첫 번째 주 금요일 간호선교사를 위한 지원체계의 일환으로 정기 간호선교사 중보기도회를 시작하였다. 2000년부터는 각 간호대학 및 각 병원에서 파송한 간호선교사 전수를 조사하여 매월 첫 번째 주 금요일 온누리교회 및 종교교회에서 모인 간호사 채플 2부 순서로 각 기독간호사회가 한 지역의 간호선교사를 입양하여 중보기도를 하였다.

〈표 3-2〉 대한기독간호사협회 후원 선교사 지원 현황 (1999~2009)

년도	대한기독간호사협회 후원 선교사 지원 현황
1999	강점선 외 15명 후원, 나수진(KNCF 파송 선교사) 의료선교대회 등록금 지원
2000	강점선 외 15명 후원, 세계기독간호재단
2001	강점선 외 18명 후원, 나수진(KNCF 파송 선교사) 건강검진 지원, 세계기독간호재단
2002~2009	강점선 외 50~90명 후원

다. 2010~2018년 현재까지 간호선교사를 후원과 동시에 매주 그들을 위한 정기 중보기도를 시작하였다. 2005~2007년 자료 수집을 통해 실시한 "간호선교사 지원체계 구축을 위한 간호사 선교사 요구도 일 조사연구"에서 중보기도가 아주 중요한 간호선교사 지원체계로 나타났다. 따라서 2010년부터는 그동안 매월 1회 실시하였던 간호선교사 중보기도회를 매주 목요일 간호선교사를 위한 중보기도회로 변경하였다. 아래 〈표 3-3〉은 2018년 현재 매주 목요일 협회 사무실에서 중보기도 및 후원하고 있는 대한기독간호사협회 후원 선교사들이다. 이들 간호선교사들의 더 자세한 사역은 『한국 간호 선교 역사』(2019년 출판 예정)에 소개될 예정이다.

〈표 3-3〉 대한기독간호사협회 후원 선교사 권역별 현황 (2018년 6월, 109명)

권역	사역지	선교사 이름
아시아(21명) - 4개국	일본(5)	김○숙, 김○미, 이○진, 홍○실, 황○정
	필리핀(5)	김○하, 노○희, 이○희, 정이레, 홍○화
	캄보디아(10)	김○례, 김○선, 손○옥, 신○조, 이○규, 이○희, 이○희, 임○주, 장○복, 황○희
	라오스(1)	이○선
북미와 남미(3명) - 3개국	볼리비아(1)	김○숙
	수리남(1)	이○옥
	코스타리카(1)	홍○진
아프리카(14명) - 9개국	감비아(1)	최○혜
	니제르(1)	서○성
	라이베리아(1)	오○명
	말라위(2)	김○임, 백○심
	에티오피아(1)	이○경
	우간다(5)	김○님, 김○희, 김○윤, 김○수, 이○자
	잠비아(1)	전○령
	차드(1)	오○성
	탄자니아(1)	권○희
유럽(1명) - 1개국	스웨덴(1)	정○주
국내(17명)		강○화, 권○영, 김○숙, 김○자, 김예비, 김○화, 박○인, 박○희, 안○숙, 유○국, 유○혜, 이○숙, 정○연, 주○미, 홍○경, 황○욱, 황○애

보안 지역 (53명)	동남아 (4명) - 3개국	불교	미얀마(2)	조○숙, 정○순
		이슬람	말레이시아(1)	김○란
			인도네시아(1)	안○
	동북아 (21명) - 9개국	공산	중국(9)	권○영, 김○수, 김○숙, 김○아, 김○영, 오○영, 박○순, 이○숙, 이○순
			북한(1)	박○복
			러시아(1)	오○경
		불교	몽골(3)	오○실, 이○희, 채○자
			티벳(1)	최○나
		이슬람	카자흐스탄(1)	윤○미
			러시아다게스탄 공화국(1)	김평강
			키르기스스탄(3)	강○선, 류회복, 팽○숙
			타지키스탄(1)	김○영
	서남아 (17명) - 4개국	이슬람	방글라데시(2)	김○정, 박○옥
			파키스탄(7)	김○기, 김○미, 박한나, 윤○숙, 장○영, 조헬렌, 채○향
		힌두	네팔(3)	에스더, 이○심, 장○희
			인도(5)	김○화, 멜린다, 박○경, 서○연, 장○희
	아랍 (11명) - 6개국	이슬람	사우디아라비아(1)	미리암
			레바논(1)	서○정
			이집트(3)	송○아, 이○남, 임○진
			요르단(4)	이○자, 이○란, 이기쁨, 이○희
			알바니아(1)	신○숙
			모로코(1)	오○권

2. 네트워크(지지체계)

1991년에 개최한 제2차 의료선교대회 때부터 홍보전시관을 통하여 협회를 홍보하고 대회에 참석한 간호선교사, 간호사(교육, 실무), 간호 대학생과 네트워크의 시간을 가졌다. 서로 정보 교환 및 교제를 통해 한국 간호 선교를 위해서는 교파, 선교단체를 초월한 네트워크의 장이 필요함을 서로 인식하였다. 그리하여 2000년부터는 1차적으로 전국 기독교 간호대학, 병원 및 각 선교단체에서 파송한 간호선교사 전수를 조사하여 파악된 간호선교사를 매월 첫 번째 주 금요일 간호사 채플 2부 순서로 각 기독간호사회가 한 지역의 간호선교사를 입양하여 중보기도와 더불어 후원을 시작하였다. 본 협회 창립 50주년을 기념하여 ①『한국 간호 선교 역사』 발간 ②『간호 현장(교육, 실무) 이야기』 발간 ③『영적 간호 모듈』 발간 ④ 영적 간호학술대회(격려상 시상: 영적 간호 우수 사례) ⑤ 간호선교대회(공로상 시상: 선교지에서 20년 이상 사역한 간호선교사에게 부상으로 건강검진을 할 수 있는 '1004' 선교기금 모금을 2011년부터 시작하였다)를 하고 있다.

특히, 2011년부터 시작된 공로상 수상자는 2017년까지 25명(3명은 개인 사정으로 수상을 사양)이고 2018년에 4명으로 이들 29명은 본 협회가 후원하는 선교사의 25%에 이른다. 또한 2017년 협회 창립 50주년 기념행사에 협회 후원 선교사들을 한국으로 초대하여 함께 감사예배를 드리고 고국에서 약간의 휴식시간을 제공하는 것이 바람직할 것 같아 '간호선교사 행복 찾기 프로젝트'를 시작하였다. 그 결과로 20명의 간호선교사들이 2017년 제15차 의료선교대회 및 협회 창립 50주년 기념 감사예배에 참석하였다. 이를 위해 각 간호선교사의 출신 대학 동창회(기독간호대, 경희대, 예수대, 안산대, 연세대)와 4개 기관 기독간호사회(고신대 간호대학, 계명대 동산의료원, 세브란스병원, 한양대병원 예수대 동창)와 네트워크를 형성하여 항공료를 후원하였다. 간호선교사 고국 방문 항공료 모금인 간호선교사 행복 찾기 프로젝트에 간호선교사들의 출신 대학 동창회와 각 기독간호사회와 연결되면서 각자 부르심의 자리(가정, 일터, 교회, 대한민국, 열방)에서 선교사적 삶을 살도록 서로 격려하는 네트워크가 형성되었다. 이 모든 것은 하나님께서 열어 주신 것이다.

3. 주기적인 간호 선교 사역 database update

가. 간호선교사를 위한 중보기도와 물질적인 후원과 '보내는 선교사'(후방 선교사)로서 해야 할 사역은 무엇인지 고민하고 기도하다가 간호선교사들의 요구도를 조사연구하게 되어 2005~2007년 대한기독간호사협회 후원 간호선교사 전체를 대상으로 요구도 설문조사를 하였다.

나. 3년 이상 선교지에서 사역하고, 면담 당시 안식년으로 본국에 있는 간호선교사들 가운데 면담에 응답한 4명의 간호선교사로부터 "간호선교사 지원체계 구축을 위한 간호사 선교사 요구도 일 조사연구"를 위한 생생한 면담을 2007년에 수행하였다.

다. 2011년부터 3년에 1회, 본 협회 후원 선교사 현황 및 이들이 필요로 하는 요구가 무엇인지 지속적으로 갱신함으로써 간호선교사들의 요구도에 따른 현황의 추이를 관찰하여 예비 선교사들인 다음 세대에게 정보를 제공할 뿐만 아니라 역사 기록물로 남기고 있다.

라. 개화기부터 1980년까지 외국에서 한국으로 파송된 외국 간호선교사들 그리고 한국에서 외국으로 파송한 한국 간호선교사들의 다양한 간호 선교 모델 및 현황을 정리한 『한국 간호 선교 역사』를 2019년 발간할 계획이다.

〈표 3-4〉 대한기독간호사협회 창립기념학술대회에서 발표한 교단별 외국에서 한국으로 파송된 간호선교사

2011. 6. 23.	영국 성공회 - 서울과 인천 진료소(히드코트) 및 한국 간호 초기 역사, 발표: 이만열 미국 북장로회 - 연세대학교(쉴즈) 및 세브란스병원(제이콥슨), 발표: 이정렬
2011. 9. 29.	미국 남장로회 - 기독간호대학교 및 광주 기독병원(쉐핑), 발표: 소향숙
2012. 10. 18.	미국 북감리회 - 이화여자대학교 및 이대 동대문병원(에드먼즈), 발표: 이자형
2013. 10. 24.	미국 남장로회 - 예수대학교(프리차드), 발표: 김강미자 호남 지역 선교사의 영향으로 형성된 간호 리더십, 발표: 박재표
2014. 10. 23.	미국 북장로회 - 계명대학교 및 대구 동산의료원(브루언), 발표: 이병숙
2015. 10. 22.	미국 남침례교 - 왈레스기념침례병원(라잇), 발표: 박은란 호주장로교 - 일신기독병원(캐서린), 발표: 김영자
2016. 10. 13.	미국 북장로회 - 계명대학교(브루언), 발표: 김정남 캐나다 장로회 - 6·25전쟁 가운데 한국 간호의 버팀목, 연세대학교(샌들), 발표: 홍근표
2017. 10. 19.	'한국 간호 선교의 과거, 현재 그리고 미래' 발표: 이혜숙
2018. 10. 18.	1941년 이후부터 1980년[54] 외국에서 한국으로 파송된 외국 간호선교사들의 역사
2019. 10. 17.	『한국 간호 선교 역사』 발간 예정

Ⅳ. 미래 간호 선교를 위한 대한기독간호사협회의 역할

A. 탈 기독교화(세속화) 시대의 간호 선교

1. 세속화의 정의 및 현상

서구 사회에서 '세속화'라는 말은 주로 탈(脫) 기독교화, 즉 사람들이 더 이상 교회에 출석하지 않고 기독교 신앙을 가지지 않는 현상이다. 하지만 한국 교회에서 세속화는 교회가 세상을 닮아가는 현상, 즉 소금이 그 맛을 잃어 가는 과정을 말한다. "너희는 세상의 소금이니

---

54   한철호, 1980년 대한민국은 본격적인 타문화권 선교사, 특히 간호선교사를 파송하였다.

소금이 만일 그 맛을 잃으면 무엇으로 짜게 하리요 후에는 아무 쓸 데 없어 다만 밖에 버려져 사람에게 밟힐 뿐이니라"(마 5:13). 물질주의와 외형주의, 성장주의, 이기주의로 병든 교회는 결국 성경에서 말하는 교회의 역할을 다하지 못할 뿐만 아니라 세상으로부터 비웃음의 대상이 되고 있다. 성도들은 교회에 다니긴 하지만 '실천적 무신론자'로서 여호와 신앙의 관습을 갖고 있으면서도 실상은 바알 종교에 빠져 살았던 구약시대 이스라엘 백성과 유사한 모습, 다시 말해 교회에 다니지만 하나님을 믿지 않는 삶을 사는 것이다. 그런데 최근 들어 한국 교회는 '새로운 세속화'에 점차 물들어 가고 있다. 이전의 세속화는 기복주의가 성도의 삶을 지배했다면 새로운 세속화 시대에는 세상이 요구하는 정치와 문화, 과학기술 같은 가치가 추구되고 있다. 교회가 정치에 영향력을 행사하는 건 때때로 요청된다. 교회가 문화를 완전히 배제하는 것도 불가능하다. 교회가 과학기술을 활용하는 것도 좋은 일이다. 하지만 교회가 세상을 구원해야 하는 교회가 되어야 하는데 오히려 그 일부가 돼 버리고 말았다.[55] 세속주의에 빠진 교회, 복음의 본질을 상실한 교회는 그 끝에 이르러서는 전적으로 세상과 동화돼 버린다. 그럴 때 세상에서 지친 사람들은 구원의 복음을 들을 수 없게 되는 것이다.

2. 한국 교회의 세속화, 다음 세대의 특징

현재 한국 교회는 복음이 이 땅에 들어온 이래로 큰 위기 가운데 있다. 예장통합 청년회 전국연합회가 제101회 총회에 보고한 '2016년 청년 보고서'에 따르면 교단 산하에 청년부가 전체 교인의 2.19%이다. 복음화율이 5% 미만이면 미전도 종족이라고 부른다. 이미 대학생 선교단체들에서 캠퍼스의 기독 대학생 숫자는 전체의 5% 미만이라고 말해왔다.[56] 다음 세대 선교(종적 선교)가, 타문화권 선교(횡적 선교)보다 어렵다는 말이 회자되고 있음에서도 짐작할 수 있다. 80년대 20%대이던 캠퍼스 복음화율이 현재 3.5%로 급격히 떨어졌고 지방 출신 학생들이 신천지 등 이단의 공략에 취약한 현실이다.[57] 또한 스스로 기독교인이라고 생각하

---

55   우병훈, "한국 교회의 '새로운 세속화'", 『국민일보』, 2018. 6. 8.
      <http://news.kmib.co.kr/article/view.asp?arcid=0923961579&code=23111413&cp=nv>
56   노충헌·박용미, "한국 교회 주요 교단 정기총회 총정리 ③ 연합운동·여성·다음 세대", 『기독신문』, 2016. 10. 23.
      <http://www.kidok.com/news/articleView.html?idxno=99773>
57   이수진, "학원 선교는 다음세대 세울 수 있는 최후의 보루", 『한국기독공보』, 2017. 2. 27.
      <http://www.pckworld.com/article.php?aid=7329898635>

는 대학생 10명 중 3명은 교회에 나가지 않는 이른바 '가나안 교인'[58]이라는 조사 결과가 나왔다. 교회에 출석하지 않는 이유를 물었더니 45.5%는 학업이나 아르바이트 등으로 바빠서라고 응답했고, 24.2%는 자유로운 신앙생활을 원해서, 신앙에 대한 회의라고 응답한 비율도 10.1%나 됐다. 설문조사 결과를 분석한 실천신학대학원대학교 조성돈 교수는 가나안 교인들에 대해 정죄하기만 할 것이 아니라, 그들의 생각을 존중하면서 이끌어줄 필요가 있다고 제안했다. 조성돈 교수는 "소위 가나안 교인들이 신앙을 버리거나 교회를 나간 상태는 아니"라며 "오히려 격려하고 이끌어주는 신앙 공동체가 되면 좋겠다"고 말했다. 한국 교회가 시급하게 해결해야 할 과제를 묻는 질문에는 41.7%가 세속화를 꼽았으며 38.6%는 목회자의 자질 부족을, 14.9%는 교파가 너무 많아 하나 되지 못함을 지적했다.[59]

3. 기독 간호사들의 세속화

한국에 파송된 외국 간호선교사를 통해 기독교 정신으로 창설된 대한간호협회의 초창기 활동은 기독교 정신이 많이 담겨져 있었다. 1980년대까지만 해도 대한간호협회는 국내 모든 간호사들을 회원으로 하는 단체로서 간호 교육 및 실무를 이끄는 지도자들 가운데에는 기독교인들이 많았다. 이것은 기독교 정신이 바탕이 되어 간호계를 이끌어왔다는 것을 말하고 있다. 그러나 기독 간호라는 찬란한 유산을 가졌음에도 불구하고 지금의 한국의 간호 현장(교육, 실무)은 탈 기독교화(세속화) 시대의 위기에 직면하여 있고 '간호를 통하여 복음을 땅 끝까지' 전하는 대상(그 땅 끝)이 되어 버렸다. 국내 간호 현장 및 간호 선교 현장에서 복음의 1세대는 거의 간호 현장을 떠나거나 혹은 정년을 앞두고 있다. 특히, 기독 대학교와 기독 병원의 세속화로 이 기관들의 기독교인 숫자는 10%도 안 된다고 한다. 우리의 다음 세대는 종교다원주의 시대 속에 살면서 절대 진리를 믿기보다는 사사 시대처럼 '자기 소견에 옳은 대로 행하는' 것에 의미를 두고 산다. 신규 간호사들, 특히 지방에서 서울로 올라온 많은 기독 간호사들이 전쟁터와 같은 새로운 간호 현장 및 간호 조직 문화와 생명을 돌보는

---

58 교회에 안 나가는 그리스도인을 의미하는 것으로, 일명 '안 나가'를 거꾸로 지칭해 부르는 개신교 이탈 현상을 지칭한 신조어.
59 이승규, "기독 대학생 10명 중 3명은 가나안 교인", 「CBS노컷뉴스」, 2017. 11. 10.
〈http://www.nocutnews.co.kr/news/4875475〉

중압감에 더하여 3교대 근무라는 간호 실무의 특성에 적응하느라 교회 정착이 어려운 것이 현실이다. 이러한 삶이 지속되다 보면 자연스럽게 신앙이 일과 삶을 풍요롭게 하지 못하여 교회에 나가지 않는 '가나안'[60] 기독 간호사들이 많아지게 되었다.

B. 4차 산역혁명 시대의 간호 선교

1. 각 산업혁명과 4차 산업혁명의 배경과 특징

지난 2016년 다보스포럼에서 '4차 산업혁명'이 언급된 이후, 4차 산업혁명은 현재 글로벌하게 직면하고 있는 경제적 저성장을 극복하기 위한 대안으로 우리 삶의 저변에 급속도로 녹아들고 있다.[61] 1800년대부터 진행된 산업혁명은 전 세계적으로 성장의 기틀을 마련해왔다. 먼저 증기기관의 발명과 기계화된 공장이 출현했던 1차 산업혁명으로 기술 발전과 세계화가 동시에 진행될 수 있었고, 전기 발전의 힘을 이용한 2차 산업혁명 기간에는 생산성이 높아져 대량생산이 가능해지고 건설 붐이 일어나면서 경제성장과 도시화를 촉진했다. 3차 산업혁명 시기에는 컴퓨터를 중심으로 자동화가 빠르게 진행되며 사회 구조의 변화를 이끌었다. 그리고 4차 산업혁명은 정보통신기술이 바탕이 된 산업 간의 융합으로 새로운 산업 생태계를 만들어 갈 것으로 예상되고 있다. 4차 산업혁명은 어떻게 보면 정보통신기술이 중심이 되었던 3차 산업혁명의 연장선상에 있다. 온라인, 모바일 환경의 고도화와 발전으로 자동화와 상호 연결성이 극대화되는 새로운 산업혁명이라 볼 수 있다. 인공지능이 사람을 대신하고 물리적 공간과 인터넷 공간의 연결이 익숙해지며 데이터를 통한 기술의 융합으로 개인별 맞춤화가 쉬워진다. 그리고 모든 산업에 혁명이 방대하게 적용되어 새로운 비즈니스 모델과 신산업의 육성이 가능해지고 있다.[62]

---

60   교회에 안 나가는 그리스도인을 의미하는 것으로, 일명 '안 나가'를 거꾸로 지칭해 부르는 개신교 이탈 현상을 지칭한 신조어.

61   Klaus Schwab, *The Fourth Industrial Revolution*, 송경진 역, 『클라우스 슈밥의 제4차 산업혁명』(서울: 새로운현재, 2016), 10~15.

62   박형주, "4차 산업혁명이 금융시장에 가져오는 변화", 『조세금융신문』, 2018. 6. 9.
    <http://www.tfnews.co.kr/news/article.html?no=47886>

2. 4차 산업혁명이 간호에 미치는 영향

2018년 3월 8일 대한병원간호사회가 개최한 '제43회 정기(제32회 대의원)총회 및 학술세미나'에서 '4차 산업혁명과 병원 간호'라는 주제로 4차 산업혁명 속에서 간호의 역할 변화를 다루었다. 이날 이민화 창조경제연구회 이사장이 '4차 산업혁명과 병원 간호'라는 주제 아래 "4차 산업혁명은 기술(생산)과 인간의 욕망(소비)이 공존하면서 함께 진화하는 것이며, 더 큰 행복을 향해 나아가는 것"이라며 "새로운 기술이 기존의 일자리를 없애거나 줄이는 반면에 새로운 욕망이 새로운 일자리를 만들게 된다"고 발표하였다.[63] 이날의 학술 세미나에 대해 간호사신문 정규숙 부장은 다음과 같이 정리하였다. "4차 산업혁명은 인간을 위한 현실(오프라인 혁명)과 가상(온라인 혁명)의 융합"이라면서 "이때 새로운 간호 요구와 간호 영역이 생길 것이며, 이를 미리 찾아내고 예측하고 준비해야 한다"면서 "인공지능이 의료인의 일을 빼앗아 간다는 두려움을 갖지 말고, 인공지능을 어떻게 활용할 것인가를 생각해야 한다"고 말했다. "인공지능은 인간의 최고 파트너가 될 수 있고, 인공지능을 통해 전문성의 한계를 극복할 수 있다"면서 "이런 흐름에 맞춰 교육 시스템도 전환돼야 하며, 전문화된 기능적 인간 교육에서 인공지능을 활용한다는 전제 아래 현실과 가상의 융합으로 최적화된 교육으로 바뀌어야 한다"고 밝혔다. 이어 "고령화 시대를 맞아 노인 간호 시스템 구축이 국가적 과제"가 될 것이며 "증강기술과 인공지능 활용, 생활 습관 개선, 빅데이터 기반 개인별 맞춤형 돌봄 등이 새로운 간호의 영역이 될 수 있다"고 전망했다. 특히 "앞으로는 인공지능과 경쟁하는 것이 아니라 활용하는 사람이 행복하게 살 수 있다"면서 "간호사는 인공지능을 활용하는 데 익숙해져야 하며, 인공지능을 활용해 더불어 일하는 법을 배워야 한다"고 했다.[64] 이처럼 산업계의 4차산업혁명의 분위기는 간호 현장에서도 영향을 미치고 있다.

3. 4차 산업혁명 시대에 기독 간호사의 준비

가. 기독교 세계관과 기독 간호 정체성에 입각한 간호를 실천할 수 있는 삶

---

63   황재희, 이민화, "'4차 산업혁명 시대, 간호의 미래는' 노인 간호 시스템, 개인 맞춤 간호, 원격 의료 등 필요성도 주문",
     「메디게이트뉴스」, 2018. 3. 9.
     <http://www.medigatenews.com/news/2548348995>
64   정규숙, "인공지능과 더불어 일하는 법 배워야", 「간호사신문」, 2018. 4. 10.
     <http://www.nursenews.co.kr/main/ArticleDetailView.asp?sSection=63&idx=22687>

우리는 4차 산업혁명의 3가지 특성, '초연결성', '사물의 초지능성', '예측 가능성'을 기독교 세계관의 시각으로 접근할 필요가 있다. 우리 기독 간호사들의 눈과 귀 그리고 마음이 주님께 맞추어져 있다면(주님께 plug-in 되어 있다면)… 간호를 통해 새로운 가능성을 열어주시는 하나님을 만날 것이다. 4차 산업혁명의 아이콘인 로봇은 간호사들이 가지고 있어야 할 고유성과 독특성인 '따뜻함'과 '공감'의 감정능력이 없다. 그러므로 간호 교육에 있어서 인성 교육, 인격의 내면화 문제는 깊이 고민할 문제이다. 또한 인간만이 서로 '상호작용'하며 '창작 활동'을 할 수 있다는 점에서 로봇과 차별성을 가진다. 상호작용과 창작 활동이 기반이 되는 '돌봄'은 인간의 고유한 영역이다. 특히 "간호의 예술적인 측면인 영적 간호는 간호사, 대상자 그리고 하나님(또는 절대자)이라는 삼각관계 속에서 간호가 이루어진다. 즉, 간호사가 간호 대상자를 간호할 때 절대자의 도움을 구하거나 대상자와 절대자가 상호작용을 할 수 있도록 중재자의 역할을 하는 것이다. 예로 만약 대상자가 중요한 수술을 앞두고 있을 때에 일반 간호에 있어서는 수술 전 처치로 정보 제공, 지지, 약물 투여 등으로 접근하지만 영적 간호에서는 이 부분들과 함께 대상자의 영적 요구까지 고려하여 하나님(또는 절대자)이 수술 시에도 함께 하시길 기도하거나 돌보게 된다."[65] 이것은 로봇이나 컴퓨터가 절대 할 수 없는 영역이다. 그러므로 우리 기독 간호사들은 일터에서 어떻게 하면 성경의 원리를 4차 산업혁명의 시대에 적용할 것인가를 고민하고 연구하는 도전에 직면한다. 직장에서 삶과 신앙이 통합되는 삶을 살도록 격려하고 함께 훈련하는 것은 신앙 공동체를 통해서만 가능하다. "신앙인이자 직장인으로서의 정체성을 정립하는 기독교적 세계관과 가치관에 대한 확고한 믿음과 인식을 함께 확립하는 최고의 훈련 장소는 신앙 공동체이다. 그리고 이런 신앙적 정체성과 기독교적 직업윤리에 대한 인식은 신앙 공동체 안에서 서로 나누고 고백하는 일상적 삶에서 부터 구체적으로 시작된다는 점을 명심해야 한다."[66]

현재 간호 현장에서는 점점 기독 간호사(일터 선교사)로서의 부르심에 대한 확신도 희미해지고, 신앙생활도 소홀해지며, 병원 평가 및 대학 평가로 연장근무는 기본이고 매일 반복되는 일상의 일, 초스피드로 발전하는 의료 환경에 적응해야 하는 부담감, 그리고 끊임없는 교육으

65   이원희 외 공저, 『영적간호모듈 ─ 전인간호의 완성』(서울: 현문사, 2014), 19~20.
66   임성빈, 『세계화 시대, 그리스도인의 직업윤리, 급변하는 직업 세계와 직장 속의 그리스도인』(서울: IVP, 2013), 119~120.

로 지쳐있거나 탈진되어 있는 상태의 기독 간호사들이 많아지고 있다. 이들은 매일 SNS를 통해 소그룹과 함께 성경을 읽고 나누며 쉼과 재충전 그리고 신앙의 성숙을 도모하며, 성경의 원리를 간호(교육 및 실무)에 어떻게 적용할 것인가를 연구하여 새롭게 변화를 받아 일터(교육, 실무)가 '생존이 아닌 소명의 자리'임을 알고 일터 선교사가 되어 간호 대상자(가정, 일터, 이웃, 교회, 한국 사회, 열방)들을 살리는 데 쓰임 받는 축복의 통로가 되어야 한다. 그리하여 한국 간호 현장에서 다시 한 번 부흥과 변혁의 주역을 감당할 것으로 기대해 본다. 또한 각자 부르심의 현장(간호 교육 및 실무, 선교지)에서 다음 세대를 전도하고 양육하며, 이 사람들이 또 다른 사람들을 전도할 수 있도록 다음 세대를 영적, 정서적, 사회적, 신체적 영역을 포괄하는 전인적 섬김(wholistic caring)을 통해 "간호를 통하여 복음을 땅 끝까지" 전하는 부르심에 응답해야 한다. 이러한 기독 간호사들을 통해 하나님의 꿈이 오고 오는 세대의 삶 속에서 이루어질 것이며, 간호 현장의 탈 기독교화(세속화) 현상 및 무질서와 혼돈의 시대적 조류를 거슬러 올라가 우리 모두가 깨어 있는 삶을 살 수 있도록 도울 것이다.

나. 기독 간호사의 신앙 공동체 형성

1차 산업혁명이 일어났었을 때에도 그 당시 사람들에게는 충격적이고 미래가 예측이 안 되는 상황이었을 것이다. 그러나 그 시대에도 사람은 여전히 복음이 필요했다. 복음은 1차 산업혁명의 옷을 입고 전파되었을 것이다. 마찬가지로 4차 산업혁명의 시대에도 그 복음의 본질은 훼손되어서는 안 되며 4차 산업혁명의 옷을 입고 복음은 전달되어야 한다. 많은 사람들이 4차 산업혁명 시대를 "이럴 것이다, 저럴 것이다"고 말하지만 정작 그 본질과 결과를 잘 모른다고 말한다.[67] 분명한 것은 4차 산업혁명은 이미 하나님의 창조 질서까지 위협하고 있는 실정이고, 지금보다 더 많은 지식 습득과 정보화 시대를 넘어 에너지와 기하급수적인 스피드가 요구되는 시대이다.[68] 탈 인간화, 사물의 인공지능화를 추구하는 시대이므로 새로운 정보를 습득하기 위해 밤잠 줄여가며 열심히 사는 것이 당연한 것으로 여겨지는 시대일 것이다.

---

67 김창경, "4차 산업혁명 시대 어떻게 살 것인가002", 유튜브 강의, 2017. 9. 12.
    <https://www.youtube.com/watch?v=Pg-7IY6XCRI>
68 Klaus Schwab, 『클라우스 슈밥의 제4차 산업혁명』, 12.

이러한 시대에서 삶과 신앙, 일터와 영성의 통합된 신앙으로 산다는 것은 믿음이 없으면 불가능한 일이며 개개인의 기독 간호사들이 정체성과 세계관을 확립했다고 해도 빠르게 변화하는 시대 속에서 홀로 신앙을 유지하기는 어렵다. 이는 마치 유대인들이 바벨론 포로생활에서 자신의 정체성을 지키고 사는 것과 같다. 고국 예루살렘 성전은 파괴되었지만 에스겔과 같은 남유다의 영적 지도자를 중심으로 한 바벨론에서 회당 중심의 전통 신앙을 유지할 수 있었다. 특별히 포로지에서 회당 중심 생활과 안식일 준수 그리고 할례는 유대인이 다른 민족과 어울려 살면서 자칫 잃어버리기 쉬운 민족적 정체성을 지켜주는 버팀목이 되었다. 마찬가지로 기하급수적인 속도가 요구되고 무한 경쟁 시대인 4차 산업혁명의 시대에도 기독 간호사들이 형성하는 신앙 공동체가 기독 간호사들의 정체성을 유지하도록 돕는 버팀목이 될 것이다. 그래야만 속도에 휘둘리지 않고 주님 안에서 일과 쉼, 노동과 휴식의 균형을 유지할 수 있다. 이러한 삶은 개인적으로는 어렵지만 연합하여 나아갈 때에 가능하게 된다. 그러므로 같은 길을 가고 있는 기독 간호사들이 정체성과 세계관을 다지는 같은 길을 걷고있는 신앙 공동체가 필요하다.

C. 통일 대비 간호 선교

1. 통일을 위한 시대적 움직임

2017년 4월에는 '한반도 전쟁설'로 온 세계가 술렁거렸고 한국에서도 심상치 않은 움직임들이 있었다. 그리고 국내 및 국외 방송기관 저녁뉴스 시간의 많은 부분은 이와 관련된 내용이었다. 국외에서는 2017년 4월 3일(미국 현지 시간) 미국 주요 방송사인 NBC의 저녁 메인 뉴스인 '나이틀리 뉴스'(Nightly News) 내용의 대부분은 한국의 상황을 중심으로 진행되었다. 보도는 분쟁 지역에 가장 먼저 투입되는 기자로, 2010년 11월 연평도를 찾았던 '리처드 엥겔'이 맡았다. 그는 "미국 정부가 '북한에 대한 전략적 인내는 끝났다'고 밝히고, 강경하게 대응할 뜻을 밝혔다"며 한반도 문제를 설명했다.[69] 국내에서는 이일우 군사 전문 칼럼니스트가

69　전경웅, "美해병 최소 2개 여단, 최대 2개 사단 한반도 인근 배치, 美 NBC '북핵 특집' 주목, 북폭 임박? 아니면… 2일부터 4일까지 '북한 위협' 특집보도, 日언론들 '주한 대사 귀임, 일본인 보호 목적'", 「NewDaily」, 2017. 4. 7. <http://www.newdaily.co.kr/site/data/html/2017/04/05/2017040500062.html>

당시 상황을 서울신문에 다음과 같이 기재하였다.

"미국은 여차하면 한국 내 미국인들을 대피시키기 위해 지난해 10월 31일부터 11월 3일까지 민간인 대피훈련(courageous channel, 2016)을 실시했고, 지난해 가을부터 한국 내 미국 시민권자들에게 STEP(Smart Traveler Enrollment Program), 즉 유사시 미국 시민권자들의 위치를 신속히 파악, 재빠르게 국외로 대피시키기 위한 여행자 등록 프로그램에 연락처와 인적 사항을 등록할 것을 적극 권장하기 시작했다."

이처럼 한반도와 그 주변에 대규모로 전개된 미군 전력은 미국 행정부의 결단만 떨어지면 언제라도 평양을 초토화시키고 북한 전역으로 밀고 들어갈 준비를 마친 상태다.[70] 이렇게 국내외적으로 일촉즉발의 위기 상황이 불과 얼마 전의 한국 상황이었다.

한편, 같은 시기인 2017년 4월에 또 다른 움직임을 볼 수 있었다. '한반도 전쟁설'로 온 세계가 술렁거렸고 한국에서도 심상치 않은 움직임들이 있었다. 그것은 나라를 위한 많은 구국기도 및 중보기도 운동이 한국 교회 내에서 더 많이 생겼다. 그중에 한 중보기도그룹인 '에스더 금요철야 기도회'의 4월 21일(금) 기도 제목 가운데 '북한/국가안보'를 위한 기도를 이곳에 소개하고자 한다. 그 이유는 우리가 나라와 민족, 통일한국을 위해 어떻게 준비하고 대비해야 하는지 한 대안을 제시하는 차원에서이다.

"하나님, 한반도의 불안정한 상황을 주님께서 관할하여 주시사 하나님이 보시기에 가장 선한 길로 이 나라를 인도하여 주옵소서. 대통령 권한대행과 관련 국가 위정자들에게 바른 분별력과 판단력을 주시고 시세를 올바로 분별하며 북한의 도발에 대해 합당한 대응을 하게 하소서. 자유민주주의 대한민국을 지켜주시고 북한 구원, 통일한국을 이루어주소서."

그 후 1년이 지난 2018년 3월, 한반도의 정세에는 1년 전과 같은 전쟁 도발 분위기는 사라졌다. 한반도에 따뜻한 봄이 찾아왔다. 이것은 오로지 한국 교회 성도들이 나라와 민족을 위해 기도하면서 개인적으로는 주님을 새롭게 만나고, 한국 교회 전체적으로는 회개와 갱신, 기도 운동이 일어났기에 가능했던 일이라 믿는다. 통일한국의 주관자는 역사의 주인이신 하나님 한 분이심을 다시 한 번 기억하며 한국 교회가 한반도 평화 통일을 위한 기도를 멈추지

---

70 이일우, "대북 선제공격 준비 마친 美 위기의 한반도", 「Nownews」, '이일우의 밀리터리talk' 2017. 2. 4.
    <http://nownews.seoul.co.kr/news/newsView.php?id=20170204601001>

않기를 바라는 마음에서 1년 만에 변화된 한반도 정세를 다룬 신문기사를 이곳에 기록해 본다. "남과 북은 4월말 판문점 평화의집에서 제3차 남북정상회담을 개최하기로 했다'고 밝혔다."[71] '우리가 기도하면 하나님은 일 하신다'라는 말이 실감되는 신문보도 내용이다. 이 땅에서 드리는 성도의 기도가 '향기'라고 한다.[72] 우리의 기도는 향기가 되어 하늘에 있는 금 대접에 담긴다. 향로에 향기가 다 채워지면 부어지듯 기도 분량이 다 차면 땅으로 부어진다. 부어지는 것이 기도 응답이다. 따라서 다 채워질 때까지 기도하면 반드시 응답된다.[73] 통일한국에 대한 최선의 준비는 바로 기도이다.

2. 땅의 통일을 위한 사람의 통일

2015년 6월 16일 아현교회에서 열린 '효과적인 북한선교를 모색하는 포럼에서 발제자들은 "탈북민이 북한선교의 주체가 되어야 하며 한국 교회는 이들을 양육하고 지원해야 한다"고 강조했다.[74] 또한 2018년 6월 15일 연세암병원 서암강당에서 '보건 의료 현장에서 남북한 사람들의 상호 이해와 소통'이라는 주제로 개최한 남북하나재단과 통일보건 의료학회 공동춘계학술대회에서 대한기독간호사협회 회원인 김영인 상담사는 "현장에서 탈북민의 진솔한 애로사항을 듣는 상담자로서 볼 때 그들이 겪고 있는 작은 장애물들을 치우려고 다가가는 세심한 노력이 남북한 '사람의 통일'에 도움이 된다"고 설명했다.[75]

통일에 대한 긴박성이 점차 고조되면서, 교계도 이를 어떻게 준비할 것인지에 대한 논의가 2014년 4월 19일 신반포중앙교회에서 '민족과 기독교 신앙, 북한 사회와 북한 사람들에 대한 이해'라는 주제로 개최하였다. 이 강연에서 "지난 60여 년 동안의 분단을 통해 남북한 사람들은 완전히 단절되어 살아왔고, 그 과정에서 서로 이질화 됐다"며 "이제 남북한 사

---

71   양승식, [속보] "4월 말 판문점에서 남북정상회담 개최", 『조선일보』, 2018. 3. 6.
     <http://news.chosun.com/site/data/html_dir/2018/03/06/2018030602574.html>
72   그 두루마리를 취하시매 네 생물과 이십사 장로들이 그 어린 양 앞에 엎드려 각각 거문고와 향이 가득한 금 대접을 가졌으니 이 향은 성도의 기도들이라(요한계시록 5:8).
73   홍장빈·박현숙, 『기도는 죽지 않는다』(서울: 규장, 2018), 45~53.
74   박종언, "탈북민, 북한선교의 주체로 세워야", 제2회 북한선교 포럼(OMS·기독교통일연구소·사랑나루와 협력 진행), 서울신학대학교 한국기독교통일연구소, 1000호, 2015. 6. 25.
     <http://imm4n.cafe24.com/bbs/board/1200#0>
75   신길숙, "작은 장애물 치우고 다가가는 노력 필요", 『통일신문』, 2018. 6. 15.
     <http://www.unityinfo.co.kr/sub_read.html?uid=26366>

람들의 이질화는 군사분계선 자체보다도 더 강하게 남북한 사람들을 갈라놓고 있다"고 설명했다. 이어 "이질화를 극복하고 서로에 대한 이해를 높이는 것은 한반도 통일 과정과 통일 이후를 위하여 매우 중요한 의미를 가진다"고 했다. "진정한, 그리고 완전한 통일이란 남북한 사람들의 진정한 상호 이해와 협력, 포용과 공동의 노력을 포함하는 '사람의 통일'이 되어야 한다"고 말하고, "지금 한반도는 통일에 대한 개념에 있어 '땅의 통일'을 넘어서서 '사람의 통일'을 향하여 변화해 가는 중요한 시점에 서 있다"고 강사들은 발표했다.[76]

3. 사람의 통일을 위한 준비

땅의 통일 이전에 사람의 통일을 위해 대한기독간호사협회는 통일한국을 대비하는 간호 선교를 다음과 같이 준비하고자 한다.

가. 중보기도

통일한국 이후 간호 선교를 어떻게 할 것인지에 대한 첫 번째 일로 협회에서 현재 매주 목요 중보기도 시간을 통해 중보기도를 진행 중이다. 특히, '통일코리아를 위한 중보기도문'[77] 가운데 특히 "주님을 위하여 핍박받는 것을 기뻐하는 한반도 교회와 성도들 되게 하소서!"(마 5:10~12)라는 문구를 매주 읽고 기도하면서 다음과 같은 고백을 한다. "하나님, 북한 교회 성도들은 이미 준비되었지만 나 자신과 남한 교회들이 과연 얼마나 준비되어 있나요?" 기도를 통해서 통일을 위한 하나님의 완전한 계획이 이루어질 것이다. 2018년 4월 27일 남북정상회담도 그동안 많은, 특히 실향민들의 기도가 있었기에 가능했다. 이분들 가운데 이미 많은 분들이 세상을 떠나셨다. 고향을 그리워하며 드렸던 눈물의 기도가 '향기'가 되어 통일의 향로를 채웠을 것이다. 기도에는 분량이 있다고 한다. 이 땅에서 드리는 성도의 기도는 '향기'라고 했다.(계 5:8) 기도의 향로가 다 채워지면 반드시 부어진다고 성경은 기록하고 있

---

76 오상아, "통일의 개념, '땅의 통일' 넘어 '사람의 통일' 되어야", 제8회 샬롬나비 토마토 시민강좌 전우택 교수 초청 강연. 『기독일보』 2014. 4. 21.; 전우택, 『사람의 통일, 땅의 통일』(서울: 연세대학교출판부, 2007), xvii.
    <http://www.christiandaily.co.kr/news/%EC%A0%84%EC%9A%B0%ED%83%9D-
    %ED%86%B5%EC%9D%BC-%ED%83%88%EB%B6%81%EC%9E%90-%ED%83%88%EB%B6%81%EB
    %AF%BC-37139.html>
77 자료제공: 오테레사 선교사(NK100일 중보기도연합 대표)

다.(계 8:3~5) 그래서 성경은 "쉬지 말고 기도하라"(살전 5:17)라고 했다.[78] 지금의 통일을 향한 봄기운은 그냥 온 것이 아니라 한국 교회 성도들의 나라와 민족을 위한 기도, 특히 실향민 기독교인들의 쉬지 않고 중간에 포기하지 않고 했던 기도가 헛되지 않고 통일코리아의 기도의 향로를 차곡차곡 채웠으리라 믿는다. 향로를 빨리 채우고 싶으면 함께 기도하라고 했다.[79] 공동체(가족, 교회, 일터…)가 함께 모여서 하는 연합 기도는 이렇게 능력이 있다. 협회에서 매주 목요일 함께 모여서 중보기도하는 이유가 여기에 있다. 우리가 기도하면 하나님은 반드시 일하실 것이다. 기도는 통일을 위한 준비 세미나 및 전략보다도 우선이다.

나. 네트워킹

2017년 3월 18일 한국시그마학회의 산하로 통일간호연구회 모임을 간호학 교수와 북한 출신 간호사들로 구성되어 시작한 것은 아주 고무적이다.[80] 이 연구 모임에서 추구하는 남북 간호 교육제도의 통합 방안 모델 연구, 탈북(북향)민의 건강 문제와 실태 및 건강증진 프로그램을 개발하고 운영하여 탈북민의 건강증진 향상과 삶의 질 향상에 기여하고자 하는 사역은 통일 이후 간호 선교를 준비하는 간호 선교 모델 구축 중의 하나이다. 한편, 간호 교육기관에서 북한 이해와 화해를 위해 교육 및 돌봄을 통하여 통일세대를 준비하는 것도 필요하다. 또한 각 기독간호사회 지부가 북한의 한 지역을 품고 기도로 준비하고 통일 이후 그곳에 갈 수 있는 헌신자들을 발굴하여 네트워크 체계를 확립하고, 남북간에 가교 역할을 할 수 있는 탈북(북향)민 기독 간호사들과의 네트워킹 및 돌봄을 구축하려고 준비하고 있다.

D. 대한기독간호사협회의 미래 활동 방향

'돌봄'은 간호의 중요한 가치이다.[81] 궁극적인 치유는 간호 대상자들이 위대한 의사이신 예수님의 손에 놓여 있어야만 일어난다.(사 53:5) 특히 간호선교사를 위한 돌봄 사역 구축에

---

78   홍장빈·홍현숙, 『기도는 죽지 않는다』, 45~53.
79   위의 책.
80   김희숙, [통일의 길] "통일한국 꿈꾸며, 통일간호연구회를 시작하다", 『통일신문』, 2017. 10. 27.
      < http://www.unityinfo.co.kr/sub_read.html?uid=23466>
81   김수지, 『사람 돌봄 ― 사랑을 바탕으로 한 돌봄 이론』(서울: 수문사, 2017), 22.

있어서 총체적(wholistic), 즉 인간을 위한 육체적, 정서적, 정신 사회적, 영적인 돌봄에 그 기초를 둔다. 또한 간호는 예술적인 측면과 과학적인 측면이 있는데 간호선교사를 돌보는 데에 있어서도 적용이 되어야 한다. 간호는 또한 총체적 인간에 대한 관심을 갖고 있기 때문에 대한기독간호사협회도 그 활동 방향에 관해 여러 학문 분야에 걸친 건강관리팀들과 의사소통을 조화롭게 할 수 있는 독특한 역량이 필요하다.[82] 현재 우리는 신앙의 탈 기독교화(세속화)를 겪으며 4차 산업혁명과 한반도의 통일을 바라보는 시점에 있다. 이러한 시대에 발맞추어 대한기독간호사협회는 다음의 두 가지 활동을 집중하며 사역을 진행 중이다.

1. 다음 세대 돌봄 사역 구축
가. 국내 사역 – 간호 선교를 감당할 역량 있는 기독 간호사 사역 강화

탈 기독교화(세속화) 시대, 4차 산업혁명 시대, 미래 통일한국 시대에 삶과 신앙, 간호와 신앙을 통합하는 역량을 갖춘 기독 간호사를 양성하기 위해서 간호사를 위한 행복한 성경읽기, 중보기도, 소그룹 나눔을 통하여 32만 간호사를 주님께로 인도하는 일에 집중하고 있다. 현재 실시하고 있는 간호사 보수 교육 및 각 간호대학 동창회 선교위원회와 네트워크 구축을 확대, 강화하고 있다. 또한 기독 간호사의 정체성을 확립하는 시간인 창립기념일에 영적 간호 우수 사례자에게 격려상을 수여하여 일터에서 일터 선교사로서의 삶을 격려하고 있다.

나. 국외 사역 – 타문화권에서 간호 선교를 감당할 역량 있는 기독 간호사 사역 강화

100명 이상 간호 선교사 후원 및 매주 중보기도를 통해 보내는 선교사로서의 사명을 지속적으로 감당하고자 한다. 또한 대한기독간호사협회 후원 선교사의 각 간호대학 동창회 및 해외 동문과의 네트워크를 구축함으로써 타문화권에서 필요한 간호선교사들의 database를 구축하여 '간호를 통하여 복음을 땅 끝까지'의 간호 선교의 사명을 완주하는 데에 대한기독간호사협회가 플랫폼으로서의 역할을 감당하고자 한다. 또 20년 이상 선교지에서 사역한 간호선교사들에게 공로상과 부상으로 건강검진비를 드림으로 다음 세대 간호선교사들에게 간

---

82 Shelly, J. A., Miller, A.B, *Called to Care: A Christian Theology of Nursing,* 이원희, 이혜숙, 임현아, 정진옥, 이동구 역, 『신앙의 눈으로 본 건강과 돌봄』(서울: 대한기독간호사협회 출판부, 2002), 254~256.

호선교사로서의 부르심에 도전을 주고자 한다. 공로상 수상자의 각 간호선교사 대학 후배(간호 대학생)와 이들의 교수들과의 멘토링 및 네크워크를 통하여 간호 대학생 때부터 간호 선교에 대한 비전을 발견하도록 도와줄 수 있을 것이다.

2. 간호선교사 돌봄 사역 구축

대한기독간호사협회가 한국 간호 선교의 미래를 구체적이고 현실적인 실정을 반영하고 구축하고자 앞에서 언급한 2005년 연세대학교 학술연구비의 지원을 받아 연세대학교 간호대학과 대한기독간호사협회가 공동으로 한 "한국 간호선교사들의 지원체계 개발을 위한 요구도 조사연구"및 "3년마다 하는 후원 선교사들이 필요로 하는 요구 조사"를 기초로 하여 간호선교사 돌봄 사역을 위해 다음과 같이 지원 시스템을 구축하고자 한다.

가. 보건 의료 서비스 사업을 위한 지원

간호선교사들은 현지에서 지역 주민의 보건 교육 자료를 개발하기 위해 필요한 자원, 시간, 비용, 전문적 지식에 한계가 있으므로 이들에게 필요한 자료를 개별적으로 직접 개발하여 사용하는 것은 비현실적이며 비효율적이다. 따라서 대한기독간호사협회를 중심으로 간호선교사들의 지역 보건 의료 서비스 사업을 지원하기 위해 필요한 보건 교육 자료 등을 개발하여 제공하는 것이 필요하다. 또한 선교사들이 단기 인력의 지원을 원하고 있었다. 현재 우리나라에서 진행되는 단기 선교나 의료 봉사 등을 목적으로 하는 선교지 방문 프로그램들이 많이 있다. 그러나 선교지의 상황을 고려하지 않은 프로그램은 오히려 선교사의 일상 업무를 방해하고 부담을 주게 된다. 따라서 간호선교사들이 요청할 때, 필요한 인력과 구체적 활동 내용을 준비하여 지원을 하는 것이 바람직하다. 이를 위해서도 의료물품에 대한 수요 파악과 함께 인력 지원 요구도를 먼저 파악하고, 대한기독간호사협회 회원 병원과 회원들에 대한 적극적인 홍보와 모집을 통해 가능한 지원을 할 수 있도록 도울수 있을 것이다.

나. 영적, 정서적 지원 및 네트워크 구축

파송되는 간호선교사들의 경우 파송 교회나 단체들을 통한 후원이나 개인적 인맥을 통한 후원을 받고 있다. 후원이 필요한 간호선교사를 위해 대한기독간호사협회가 각 간호선교사들의 출신 대학 동창회별로 후원회를 조직하고 또한 회원 병원 및 개인회원들을 이러한 후원회에 연결하여 사명과 책임감을 가지고 후원하도록 돕는 역할을 감당한다. 구체적으로 정기적인 중보기도회, 후원, 신앙서적이나 생활물품 제공 등의 내용을 후원회에 제공하여 선교 사역에 있어서 플랫폼으로서의 사명을 감당한다. 또한 조사를 통해 파악된 간호선교사들의 다양한 요구들(안식년 동안의 재교육, 건강검진, 자녀 교육의 지원 등)에 대해서는 개인적 요구 수준과 시기가 다르므로, 향후 추가적인 자료 수집과 연구를 통해 다른 기관이나 단체에서 제공하는 프로그램들과의 연결을 주선하는 등 지원 방안을 모색하려고 한다.

다. 간호선교사 지원체계 구축을 위한 대한기독간호사협회의 준비

간호선교사 지원 사업은 이미 대한기독간호사협회의 주요 사업 영역 중에 하나이다. 이 사업을 확대, 발전시키기 위한 일환으로 위원회나 사업단 형태의 조직을 구성하는 것이 필요하다. 후원 의사가 있는 기관 및 단체, 각 간호선교사 출신 동창회 및 개인들을 독려하며 참여시키고 후원조직을 구성함과 동시에 활성화 할 수 있도록 지원한다. 개화기 간호선교사들의 연합 정신과 같이 1967년에 태동된 대한기독간호사협회는 학연, 지연을 초월한 초교파적인 기독 간호사들의 모임으로 이어져 오고 있다. 지난 50년 동안 예수 그리스도의 사랑이 징검다리가 되어 '간호를 통하여 복음을 땅 끝까지' 전하는 이 사역을 서로 연합해 왔다. 간호선교사 지원체계 구축에 있어서도 각 간호선교사 출신 동창회 및 대학, 각 기독간호사회가 서로 연합할 수 있도록 협회가 플랫폼으로서의 사명을 감당할 수 있을 것이다.

V. 나오는 말

한국 간호 교육과 실무의 초석은 외국에서 한국으로 파송된 외국 간호선교사들에 의해 다져졌으며, 한국 간호 선교 역사는 대한기독간호사협회의 선교 역사라고 해도 과언이 아니다. 대한기독간호사협회 발기인과 임원들은 대부분 한국에 온 외국 간호선교사들로부터 교

육과 삶에 많은 영향을 받은 간호 현장(교육, 실무)의 지도자들이었기 때문이다. 현재 대한기독
간호사협회가 후원하는 대부분의 간호선교사들도 사역하는 그 현장에서 기독간호사회를 창
립하거나 창립 준비를 소망하며 기도하고 있으며, 간호와 신앙을 통합하는 우리의 정체성이
곧 그들의 소명임을 알고 있다. 본고에서는 한국 간호 선교의 개화기 역사와 한국에 온 간호
선교사들로부터 교육받은 1세대 기독 간호사들이 대한기독간호사협회를 어떻게 시작하게
되었으며, 현재 전 세계 간호 현장으로 파송 받아 사역하고 있는 한국 간호선교사들을 이 협
회에서 어떻게 지원하고 있는지, 그리고 탈 기독교화(세속화) 시대, 4차 산업혁명 시대와 미래
통일한국 시대에 대비해 기독 간호사들이 어떻게 한국 간호 선교를 구축해 나갈 것인지에 대
한 생각들과 정보들을 수록하고자 했다. 이는 한국 간호 현장(교육, 실무)에 새로운 영적 부흥
과 변혁을 이끌어오는 데에 좋은 밑거름이 될 뿐 아니라 미래를 위한 것이기 때문이다.

한국에 온 간호선교사들은 처음부터 간호와 신앙을 통합하려고 노력하였다. 일제 강점
기의 위기 상황에서도 특히 쉐핑 선교사는 '조선간호부회'(대한간호협회 전신)를 창립하여 10년
간 협회 회장으로 있으면서, 일제 치하의 이 조직이 국제적 차원에서 독립국가의 기구로 인정
받을 수 있도록 국제간호협의회(International Council of Nurses, ICN) 가입을 위해 헌신하였다. 한
국전쟁 중에도 간호 교육을 지속하여 다음 세대들이 간호 현장(교육, 실무)에 자리매김을 할 수
있도록 했음은 물론, 간호 교육도 대학 차원에서 간호 전문성을 발휘할 수 있는 기틀을 마련해
주었다. 선교사들로부터 간호 교육을 받은 초기 한국 간호 교육자나 실무자들 중 상당수는 이
들의 영향을 받아 기독교인이 되었으며, 이러한 간호 문화는 간호 학문과 연구 그리고 실무에
많은 영향력을 끼쳤다. 그 한 예로 영적 간호, 목회 간호, 호스피스 간호 등에 종사한 간호사들
은 주로 기독교인이었고 믿지 않던 간호사들도 이 분야에 종사하면서 기독교로 개종하는 자
들이 많았으며, 이런 내용들은 점차 간호학 전공 교과목으로 개발되어 이 분야의 석사, 박사
논문들이 나왔고 현재도 이에 대한 연구가 진행 중인 것은 매우 고무적이라 하겠다 .

간호선교사들에 의해 교육받은 복음의 1세대가 거의 간호 현장을 떠나거나 정년을 앞두
고 있고 기독 간호사 숫자도 상대적으로 감소 추세 중에 있는 등 간호 현장에서의 기독 간호
사, 간호선교사의 영향력이 약화되는 위기의 추세이다. 또한 기독 간호사들은 급변하는 의료
환경과 대학 및 병원들의 주기적인 평가로 인한 지속적인 연장근무에 따른 부담감 등으로 지

치고 탈진된 상태에서 주어진 과제 및 업무를 하다 보니 기독 간호사로서의 정체성을 가지고 부르심의 자리에서 축복과 구원의 통로로서의 역할을 감당하기에는 점점 힘들어져가는 현실을 당면하고 있다. 선교사에 의해 설립된 간호대학과 병원이 탈 기독교화(세속화) 및 4차 산업혁명 시대로의 진입 그리고 통일한국을 대비해야 하는 지금이야말로 기독 간호사의 정체성을 가지고 빛과 소금으로서의 소명을 잘 감당하기 위해 끊임없이 부어지는 성령의 힘이 절실히 필요하다. 전쟁터와 같은 삶의 현장, 특히 일터 현장에서 주님과 동행하는 삶(plug-in Jesus)이 그 어느 때보다 요구되는 시대이다. 더욱이 우리의 값진 유산인 기독 간호라는 가치를 국내외 다음 세대 간호사 및 간호 대학생들에게 전수해야 할 사명이 우리 앞에 놓여 있다.

위기는 하나님 안에서는 기회일 수 있다. 미국 북장로회에서 최초로 파견한 간호선교사 제이콥슨은 세브란스병원의 초대 간호원장을 지냈지만 과로와 열악한 한국 생활 환경으로 질병을 얻어 2년이라는 짧은 삶을 마감하였다. 비록 그녀의 삶은 짧았지만 후임자로 온 쉴즈는 제이콥슨이 사역한 2년의 20배가 되는 40년을 한국 간호 교육에 기여하였을 뿐만 아니라 한국 간호 교육의 초석을 다졌다. 제이콥슨이 있었기에 쉴즈라는 간호선교사가 태어나지 않았을까? 라는 생각이 든다. 인간의 짧은 시각으로 보면 선교사로 겨우 2년의 짧은 삶을 살다가 병들어 고국에 묻히지도 못하고 선교지의 공동묘지에 묻힌 제이콥슨은 선교사로서의 삶에 대해 평가절하될 수도 있겠지만 그녀의 삶에 도전받은 쉴즈는 그보다 훨씬 오랜 기간 동안 헌신하면서 기쁠 때나 힘들 때마다 제이콥슨을 떠올려보지 않았을까 싶다. 이처럼 하나님은 제이콥슨의 죽음으로 인한 위기를 쉴즈가 척박한 한국 땅에서 한국 간호 교육을 위해 40년간을 헌신하게 한 동력이 되게 하셨다. 제이콥슨의 꿈과 비전을 향한 기도가 쉴즈의 삶 속에 살아있게 하셨고 현재 우리 모든 기독 간호사들의 삶속에서 계속 이어지게 만드신 것이다.

모든 역사에는 빛과 그림자가 있다. 마찬가지로 간호 선교 역사를 회고하면서 비록 어두운 그림자(위기)가 있더라도 그것을 빛으로(기회로) 바꾸시는 하나님의 선하신 계획이 있었음을 다시금 알게 되었다. 선교지 혹은 우리가 경험하는 일상 가운데 크고 작은 사건들 그리고 이해되지 않는 고난에 직면할 수 있지만 "모든 것이 합력하여 선을 이루느니라"(롬 8:28)는 말씀은 진리이다. 한국 교회사의 한 획을 긋는 한국 간호 선교 역사가 바로 그 증거이다. 어찌 감사하지 않으랴!

참고 문헌

| 서적 |

광주기독병원선교회. 『제중원 편지 1』. 광주: (주) 피디아이, 2015.

김강미자 (2013). "예수대학교 Margaret Pritchard 변마지". 간호 역사와 글로벌 리더십(Nursing History and Global Nursing Leadership, Network) 대한기독간호사협회 창립45주년기념학술대회 자료집.

김수지. 『사람 돌봄 ― 사랑을 바탕으로 한 돌봄 이론』. 서울: 수문사, 2017.

김영자 (2015). "일신기독 병원 설립자 매혜영(Catherine M Mackenzie) 선교사의 간호 리더십". 간호 역사와 글로벌 리더십 (Nursing History and Global Nursing Leadership, Network) 대한기독간호사협회 창립48주년기념학술대회 자료집.

김정남 (2016). "계명대학교 간호대학에서 역사하시는 하나님 뿌리를 찾아서". 간호 역사와 글로벌 리더십(Nursing History and Global Nursing Leadership, Network) 대한기독간호사협회 창립49주년기념학술대회 자료집.

대한기독간호사협회 편찬위원회. 『한국 간호 선교역사』(출판 예정), 2019.

박재표 (2013). "호남지역 선교사의 영향으로 형성된 간호 리더십". 간호 역사와 글로벌 리더십(Nursing History and Global Nursing Leadership, Network) 대한기독간호사협회 창립46주년기념 학술대회 자료집.

소향숙 (2011). "한국여성 개화에 일생을 바친 간호선교사 Ms. E. J. Shepping". 간호 역사와 글로벌 리더십(Nursing History and Global Nursing Leadership, Network) 대한기독간호사협회 창립44주년기념학술대회 자료집.

양국주. 『엘리제 쉐핑 이야기: 바보야, 성공이 아니라 섬김이야!』. 서울: Serving the people, 2012.

_____. (2016). "침노하는 자가 차지하는 천국: 성공이 아닌 섬김으로 살다간 사람 ― 서서평[쉐핑]을 그리워하며". 간호 역사와 글로벌 리더십(Nursing History and Global Nursing Leadership, Network) 대한기독간호사협회 창립45주년기념학술대회 자료집.

연규홍. 『역사를 살다: 한신과 기장의 신앙고백』. 서울: 한신대학교출판부, 2012.

연세대학교 간호대학 100년사 편찬위원회 (2008). 『한국 간호를 선도한 연세대학교 간호대학 100년사(1906~2006)』. 서울: 연세대학교 간호대학.

연세대학교 간호대학 설립 110주년 기념사업 (2016). 『한국의 나이팅게일, 한국의 천사: 에스더 L. 쉴즈 자료집 Ⅰ(1868~1911)』. 편역: 박형우. 서울: 연세대학교 대학출판문화원.

옥성득. 『첫 사건으로 본 초대 한국 교회사』. 서울: 짓다, 2016.

이원희 외 공저. 『영적간호모듈―전인간호의 완성』. 서울: 현문사, 2014.

이자형 (2012). "한국 개화기 간호교육의 시작: 보구녀관 간호원양성소를 중심으로". 간호 역사와 글로벌 리더십(Nursing History and Global Nursing Leadership, Network) 대한기독간호사협회 창립45주년기념학술대회 자료집.

임성빈. 『세계화 시대, 그리스도인의 직업윤리, 급변하는 직업 세계와 직장 속의 그리스도인』. 서울: 한국기독학생회출판부(IVP), 2013.

임희국. 『한국에 비쳐진 복음의 빛: 루터, 그리고 쉐핑(The Light of the Gospel Reflected in the History of Korea: Luther, and Shepping)』. 서울: 기독교문사, 2017.

이만열 (2011). "한국 간호의 초기 역사". 간호 역사와 글로벌 리더십(Nursing History and Global Nursing Leadership, Network) 대한기독간호사협회 창립44주년기념학술대회 자료집.

이병숙 (2014). "대구·경북 간호의 선구자 브루언 (Clara Hedberg Bruen, 1923~1941)". 간호 역사와 글로벌 리더십(Nursing History and Global Nursing Leadership, Network) 대한기독간호사협회 창립47주년기념학술대회 자료집.

장동민. 『대화로 풀어보는 한국 교회사 1』. 서울: 부흥과 개혁사, 2017.

_____. 『대화로 풀어보는 한국 교회사 2』. 서울: 부흥과 개혁사, 2017.

전우택. 『사람의 통일, 땅의 통일』. 서울: 연세대학교출판부, 2007.

홍장빈·박현숙. 『기도는 죽지 않는다』. 서울: 규장, 2018.

Katherine, H. Lee Ahn. *Awakening the Hermit Kingdom*. 김성웅 역. 『조선의 어둠을 밝힌 여성들』. 서울: 포이에마, 2012.

Schwab, Klaus. *The Fourth Industrial Revolution*. 송경진 역. 『클라우스 슈밥의 제4차 산업혁명』. 서울: 새로운 현재, 2016.

Shelly, J. A., Miller, A.B. *Called to Care: A Christian Theology of Nursing*. 이원희·이혜숙·임현아·정진옥·이동구 역. 『신앙의 눈으로 본 건강과 돌봄』. 서울: 대한기독간호사협회 출판부, 2002.

| 웹사이트 |

경남선교120주년기념관 ─ 순직 호주 선교사 묘원 ⟨https://blog.naver.com/jagger0723/220512480784⟩

김희숙. [통일의 길] "통일한국 꿈꾸며, 통일간호연구회를 시작하다". 『통일신문』, 2017. 10. 27.
⟨http://www.unityinfo.co.kr/sub_read.html?uid=23466⟩

노충헌·박용미. "한국 교회 주요 교단 정기총회 총정리 ③ 연합운동·여성·다음 세대 ". 『기독신문』, 2016. 10. 23.
⟨http://www.kidok.com/news/articleView.html?idxno=99773⟩

박종언. "탈북민, 북한선교의 주체로 세워야". 제2회 북한선교 포럼(OMS·기독교통일연구소·사랑나루와 협력진행). 서울신학대학교 한국 기독교통일연구소, 1000호, 2015. 6. 25.
⟨http://imm4n.cafe24.com/bbs/board/1200#0⟩

박형주. "4차 산업혁명이 금융시장에 가져오는 변화". 『조세금융신문』, 2018. 6. 9.
⟨http://www.tfnews.co.kr/news/article.html?no=47886⟩

신길숙. "작은 장애물 치우고 다가가는 노력 필요". 『통일신문』, 2018. 6. 9.
⟨http://www.unityinfo.co.kr/sub_read.html?uid=26366⟩

신상목. "호주 선교사 8인은… 100년 전 호주 최고 엘리트들 복음화 헌신하다 풍토병에 희생". 『국민일보』, 2009. 7. 27.
⟨http://news.kmib.co.kr/article/view.asp?arcid=0921366334⟩

양국주. "일제강점기 조선땅에 온 벽안의 선각자들 ⑩ 서양 간호사들의 활약: 에드먼즈-쉴즈-쉐핑, 트로이카 체제로 朝鮮 간호계 이끌다". 『월간조선』, 2015년, 5월호.
⟨https://monthly.chosun.com/client/news/viw.asp?nNewsNumb=201505100059⟩

양승식. [속보] "4월 말 판문점에서 남북정상회담 개최". 『조선일보』, 2018. 3. 6.
⟨http://news.chosun.com/site/data/html_dir/2018/03/06/2018030602574.html⟩

오상아. "통일의개념, '땅의통일' 넘어 '사람의통일' 되어야: 제8회 샬롬나비 토마토 시민강좌 전우택 교수 초청 강연". 『기독일보』, 2014. 4. 21.
⟨http://www.christiandaily.co.kr/news/%EC%A0%84%EC%9A%B0%ED%83%9D-%ED%86%B5%EC%9D%BC-%ED%83%88%EB%B6%81%EC%9E%90-%ED%83%88%EB%B6%81%EB%AF%BC-37139.html⟩

우병훈. "한국 교회의 '새로운 세속화'". 『국민일보』, 2018. 6. 8.
⟨http://news.kmib.co.kr/article/view.asp?arcid=0923961579&code=23111413&cp=nv⟩

이수진. "학원 선교는 다음 세대 세울 수 있는 최후의 보루". 『한국기독공보』, 2017. 2. 27.
⟨http://www.pckworld.com/article.php?aid=7329898635⟩

이승규. "기독 대학생 10명 중 3명은 가나안 교인". 「CBS 노컷뉴스」, 2017. 11. 10.
⟨http://www.nocutnews.co.kr/news/4875475⟩

이일우. [이일우의 밀리터리 talk] "대북 선제공격 준비 마친 美…위기의 한반도". Nownews, 2017. 2. 4.
⟨http://nownews.seoul.co.kr/news/newsView.php?id=20170204601001⟩

전경웅. "美해병 최소 2개 여단, 최대 2개 사단 한반도 인근 배치, 美 NBC '북핵 특집' 주목, 북폭 임박? 아니면… 2일부터 4일까지 '북한 위협' 특집보도, 日언론들 '주한 대사 귀임, 일본인 보호 목적'". NewDaily, 2017. 4. 7.
⟨http://www.newdaily.co.kr/site/data/html/2017/04/05/2017040500062.html⟩

전영혜. "호주 선교사 이야기―호주 초창기 선교사 후손과 은퇴자들을 찾아". 『아름다운 동행』 2013. 12. 1.
⟨http://www.iwithjesus.com/news/articleView.html?idxno=5487⟩

정규숙. "간호사, 인공지능과 더불어 일하는 법 배워야". 『간호사신문』, 2018. 4. 10.
⟨http://www.nursenews.co.kr/main/ArticleDetailView.asp?sSection=63&idx=22687⟩

한철호. "변화하는 세계 선교에 반응하는 한국 선교 네트", 한국컴퓨터선교회 정보지, 2010. 7. 6.
⟨http://kcm.kr/dic_view.php?nid=40948⟩

황재희. "이민화 이사장 '4차 산업혁명 시대, 간호의 미래는' 노인 간호 시스템, 개인맞춤 간호, 원격의료 등 필요성도 주문". 「메디게이트뉴스」, 2018. 3. 9.
⟨http://www.medigatenews.com/news/2548348995⟩

Korean Church History. ⟨http://kcm.co.kr/korchur/korch-history/chbook6.html⟩

| 유튜브 |

김창경. "4차 산업혁명 시대 어떻게 살 것인가002". 유튜브 강의, 2017. 9. 12.
⟨https://www.youtube.com/watch?v=Pg-7IY6XCRI⟩

| 정기간행물 |

"대한기독간호사협회 제45차 정기총회록"

하나님의 치유와
총체적 치유 선교론[1]

손영규

손영규 목사는 경희대학교 의과대학과 동 대학원을 졸업했다. 이비인후과 전문 의사이자, 의학박사(M.D., Ph.D.)이며, 미국 삼라한의대학원을 졸업한 한의사이기도 하다.

아세아연합신학대학원에서 치유 선교학(M.A.)을, 미국 International Theological Seminary에서 신학(M.Div., Th.M. & D.Min.)을 공부하였다. 총신대학교 신학대학원에서 목회학 연구과정을 다시 마치고, 대한예수교장로회(합동)에서 목사 안수를 받았다. GMS(총회세계선교회) 파송을 받아 중국 선교사로 활동하였다.

경희대 의대, 한림대 의대 그리고 총신대학교 외래교수로 활동하였고, 한국누가회 이사장과 아세아연합신학대학원 치유선교학과 주임교수를 역임했다. 현재 건양대학교대학원 치유선교학과 교수, 경주시 기독의사회 지도목사 등으로 활동하고 있다.

• 저서

『치유신학적 관점에서 바라본 하나님의 치유』, 예영커뮤니케이션, 2018.

『黃帝內經과 聖經』, 臺灣: 道聲出版社, 2018.

『황제내경과 성경』, 예영커뮤니케이션, 2014.

『한국 의료선교의 어제와 오늘』, CMP, 1999.

외 기타 공동 저서 다수

들어가는 말

하나님의 사역은 역사(歷史)의 장(場)이다. 역사 속에 나타난 하나님의 사역을 살펴봄에 있어서 역사를 주관하시는 하나님께서 당신의 뜻을 어떻게 이루어 오셨는가? 하는 '하나님의 관점'에서 살펴보는 것과 한편으로 하나님의 사역이 적용되어진 인간들은 이를 어떻게 받아들였는가? 하는 '인간의 관점'에서 살펴보는 것은 의미가 있을 것이다. 즉 하나님께서는 역사 속에서 인간의 구원을 어떻게 이루어 오셨는가? 하는 관점이 '구속사적 관점'(救贖史的觀點)으로 본다면, 이 하나님의 구원의 의지가 병들고 상처받은 인간들을 어떻게 온전히 치유하시는가? 하는 것과 또한 인간들은 이 치유하시는 하나님을 어떻게 받아들였는가? 하는 관점은 '치유사적 관점'(治癒史的觀點)으로 볼 수 있을 것이다. 이것은 결국 구원과 치유의 상관관계로 보아 '창조와 건강', '타락과 질병', '회복과 치유' 그리고 완전한 구원과 치유로서의 '완성과 온전함'의 관계로 이해할 수 있을 것이다. 그리하여 하나님의 사역을 개념 중심의 '구속사적 이해'로, 다른 한편으로는 인간 삶의 역사 속에서 체험 중심의 '치유사적 이해'로 나아가게 한다. 그러므로 '하나님의 구속 사역'을 '하나님의 치유 사역'의 관점에서 살펴봄으로서 우리는 더 깊고 풍성한 하나님의 의지와 사랑을 체험하게 될 것이다.

이러한 맥락에서, 본 글은 개혁주의적 구속사관인 기독교적 세계관에 입각하여 이명수 박사가 주장한 다음의 전제[2] 아래에서 '하나님의 치유 사역'을 살펴보고자 한다.

첫째, 기독교 세계관은 창조와 타락과 회복과 완성의 맥락에서 본다. 둘째, 치유 사역을 건강과 질병과 치유와 온전함의 과정으로 보고, 치유는 회복시키는 과정으로 이해한다. 셋째, 질병의 원인은 '하나님의 법'과 '자연의 법'을 범함에 기인한다. 그리고 '자연의 법'도 '하나님의 법'의 범주에 속한다. 그리고 이들의 법을 어기는 동인(動因)은 인간의 지나친 욕심이다. 넷째, 치유 사역의 대상은 인간과 인간이 몸담고 살아가는 사회이다. 이 사회라는 개념 속에는 인간 공동체와 환경과 자연을 포함시킨다. 다섯째, 기독교의 인간 이해는, 인간이란 하나님의 형상(Imago Dei)대로 창조되었으며(창 1:27), 몸과 마음과 영으로 구성되나 분리할 수

---

1   본 글은 필자의 저작인 『치유신학적 관점에서 바라본 하나님의 치유』(예영커뮤니케이션, 2018)를 재편집하였다.

2   Myung Soo Lee, "*Retrospective and prospective 'Manual' of Holistic Healing Ministry*" (Daejeon: Konyang University Graduate School Press, 2007), 1.

없는 전인(whole being)으로 인식한다.(살전 5:23, 히 4:12) 여기에서 '하나님의 형상'대로 창조되었다는 의미는 하나님과 같이 온전하지는 못하나 '하나님의 성품'의 영향을 받아 창조되었다는 뜻이다. 이것은 구체적으로 인간은 지적이고, 정적이고, 의지적이고, 영적이고, 도덕적이고 그리고 종교적인 존재이며 또한 모든 피조물에 대한 지배권을 갖는 존엄한 존재로 창조되었다는 것을 의미한다. 동시에 인간도 하나님으로부터 창조된 피조물로서 창조주 하나님에게 의존해야 하는 존재임을 의미한다. 여섯째, 인간의 건강 혹은 질병은 사회와 상호 영향을 주고받으며 몸의 병, 정신의 병, 영의 병 및 사회의 병 사이에는 상호관계가 있을 뿐만 아니라 이들의 병을 유발시키는 원인들은 상호작용함을 또한 인정한다. 마지막으로 치유 사역의 궁극적인 목표는 타락하고 병든 인간과 사회를 회복하여 새 하늘과 새 땅을 건설하는 데에 있다.(계 21:1~4) 즉 하나님의 나라 건설이 치유 사역의 궁극적 목표이다.

그러므로 본 글은 창조와 건강, 타락과 질병(죽음), 회복과 치유(구원) 그리고 완성과 온전함으로 이어지는 역사적 진행 속에서 성경의 기록을 통해서 창조 당시의 건강과 타락의 원인 및 과정을 살펴보고, 아울러 타락 후의 변화 및 결과에 관련된 질병과 죽음으로 이르게 한 요소들을 살펴보고 그리고 타락한 세계를 하나님께서 다시 회복시키시는 치유의 과정을 하나님의 구속사와 연관하여 어떻게 이루어져 왔는가를 살펴보고자 한다.

치유의 의미가 타락된 인간과 사회를 창조의 건강 상태로 회복시키는 사역을 의미한다면, 인간 치유를 인간 구원으로 사회 치유를 사회 구원으로 이해할 수 있을 것이다.[3]

하나님의 구속의 역사가 하나님의 구원의 언약에 의해서 이루어져온 것과 같이 하나님의 치유의 역사도 하나님의 회복과 치유의 언약에 따라 성취되어온 것으로 본다. 따라서 하나님의 치유와 회복에의 언약이 아담으로부터 시작하여 노아, 아브라함, 모세 그리고 다윗으로 이어지면서 마침내 예수 그리스도로 말미암아 완전히 성취되어진다.

그러므로 본 글은 인간 구원의 구속 사역을 '하나님의 치유'의 관점에서 건강-질병-치유-온전함의 치유 사역으로 재조명하고, 그 치유의 과정들을 하나님의 언약을 중심으로 다루고자 한다.

---

3   이명수, 박행렬 역, 『치유 선교론』(서울: 도서출판 나임, 1993), 18.

구속 사역과 치유 사역의 상관 관계표

창조	타락				회복	최후의 심판	완성
아담	노아	아브라함	모세	다윗	초림예수	재림예수	하나님의 나라
하나님		(역사의 진행)					영원한 삶
태초		(지구상에서의 인류의 역사)				세계의 종말	새 하늘과 새 땅
건강	죽음(질병)	치유(구원)에 대한 하나님의 언약			치유(구원)		온전함

1. 창조와 건강

세계의 창조

"태초에 하나님이 천지를 창조하시니라"(창 1:1). 이 말씀은 태초(시간)에 하나님(창조의 주체자)이 하늘(공간)과 땅(물질)을 창조하셨다는 것이다. 시간, 공간, 물질, 이 세 가지 실체는 우주의 존재에 필수적인 요소들이며 따라서 진정한 우주적 창조는 이 세 가지가 동시에 생성되지 않으면 안 되는 것이다.[4] 그리고 그 주체는 전능하시며, 자존하시는 하나님이시다. 그 객체는 우주인데 '태초에… 천지를'이란 문구는 시간의 틀 안에서 공간과 물질을 만드셨다는 뜻이다. 그리고 객체에 대한 주체의 행위는 '창조하다'이다. 이 행위는 계속적인 것이 아니라 일시에 완료되는 행위이다. 즉 하나님께서는 계속적으로 우주를 '창조하시고 있는' 것이 아니다. 그분은 태초에 우주를 단번에 완전히 창조하셨다.[5] 그 이후로는 이 물리적 우주는 결코 사라지지 않을 것이다. "무릇 하나님의 행하시는 것은 영원히 있을 것이라"(전 3:14). 요약

---

4   Henry M. Morris, *The Biblical Basis for Modern Science*, 이현모 역, 『현대과학의 성서적 기초』(서울: 요단출판사, 1992), 171~172.
5   성경은 창조가 계속적인 과정이 아니라 과거에 이미 완료된 사건임을 증거한다. 성경은 창조와 연관된 동사(창조하다, 만들다 등)들을 대부분 과거시제로 사용하고 있다.(느 9:6, 시 95:5, 사 40:26, 요 1:6, 행 17:24~25, 히 1:10, 계 4:11 등)

하면, 창세기 1장의 기록된 창조는 전지전능하시고 창조의 주체가 되신 하나님으로 말미암아 무(無)로부터 다음 세 가지의 창조가 이루어졌음을 보여준다.[6] 첫째, 원초적 형태의 사물 및 시간·공간·물질적 우주의 창조(창 1:1) 둘째, 생명 원리의 창조인 동물들처럼 의식을 지닌 실체의 창조(창 1:21) 셋째, 하나님의 형상을 지닌 남자와 여자의 인간 창조(창 1:27)가 그것이다. 성경에서 밝히고 있는 창조의 개념은 '창조는 삼위일체 하나님의 행동'(창 1:1, 사 40:12, 사 44:24, 사 45:12)이시다. 그러므로 만물은 단번에 성부로부터, 성자로 말미암아, 성령 안에서 나왔다.[7] 그리고 창조는 '하나님의 자유로우신 행동'(엡 1:11, 계 4:11, 욥 22:2~3, 행 17:25)이며, 근본적으로는 '어떤 것이 무(無)로부터 생기게 하는 행동'인 것이다. 따라서 창조는 세계로 하여금 구별되면서도 항상 의존적인 존재를 부여한다.[8] 따라서 모든 피조물들은 그 자신 내에서 엄연한 질서를 가지며 또한 모든 피조물 사이에서도 뚜렷한 질서와 조화를 나타내며, 더욱이 창조주 하나님과 모든 피조물 사이에도 엄격한 질서를 간직하고 있음을 볼 수 있다. 그러므로 성경적 창조는 만물이 예측을 불허하는 물질의 진화가 아니라 확실한 하나님의 의지 속에서 하나님의 말씀에 의하여 분명한 질서와 조화를 가지고 창조된 것임을 보여주고 있다. 우주가 현재처럼 존재하려면 반드시 처음 시작된 시점이 있어야 하며, 이러한 우주를 창조하신 창조주께서는 우주를 초월해계시면서 이 우주를 창조하실 수 있는 무한하시며 전능하신 영원불멸의 살아계신 분이셔야만 한다. 따라서 그분이 창조하신 모든 것은 완전한 것이며 아름다운 것이었다.(창세기 1장) 하나님께서는 창조 6일 동안에 만물을 창조하시며 만드셨다. 그 창조의 일을 마치셨을 때, 온 우주는 하나님 보시기에 심히 좋았다.(창 1:31) 하나님께서는 창조의 큰 첫 안식일, 곧 일곱째 날에 에너지 보존의 법칙(열역학 제1의 법칙)을 입법하시고, 우주의 모든 과정이 그 이후 영원토록 이 법칙에 순응하도록 하셨다. 따라서 창세기 1, 2장에서 모든 창조는 완료되었다.

> 하나님께서 행하시는 모든 것은 영원히 있을 것이라 그 위에 더 할 수도 없고 그것에서 덜 할 수도 없나니 하나님이 이같이 행하심은 사람들이 그의 앞에서 경외하게 하려 하심인 줄을 내가 알았도다(전 3:14).

---

6   성경적 근거(창 2:1~3, 출 20:11, 출 31:17, 히 4:3~4, 히 4:10, 골 1:16 등)
7   Louis Berkhof, *Systematic theology*, 권수경·이상원 역, 『벌코프 조직신학』(경기: 크리스천 다이제스트, 2001), 334.
8   위의 책, 334~337.

우주적 창조는 전지전능하시고, 영원불멸하시는 하나님께서 주체가 되셔서 당신의 선하시고 기쁘신 뜻대로 시간과 공간과 물질을 창조하셨다. 곧 성삼위 하나님께서 온 우주만물을 무(無)에서부터 말씀으로 만드셨고(요 1:3), 특히 남자와 여자를 창조하시되 당신의 형상을 따라 만드셨다.(창 1:27) 그리고 피조된 모든 것은 창조주와의 사이에 엄연한 질서와 조화를 두셨고 또한 창조주를 의존하게 하신 것이다.(창 2:17) 이러한 상태를 하나님께서는 '심히 좋아'하셨다.(창 1:31) 그러므로 '참 건강'은 '하나님 보시기에 좋은 상태'인 것이다. 나아가서 피조물들 사이에서도 '하나님께서 정하신 규례'에 따른 질서와 조화가 유지되고 보존될 때 건강을 누릴 수 있게 되었다.

그러므로 에덴동산 안에서 아담과 하와가 누리는 건강은 하나님께서 복주시면서 행하라고 명하신 '노동'과 또한 그 '일'에만 얽매이지 말고 그 '일' 자체를 주심에 대해 감사하며 그것을 기쁨으로 즐길 줄 아는 것이다. 아울러 하나님께서 본을 보여주신 대로 '안식하는 일'과 '안식 주는 일'을 행하되, 그것은 하나님께서 '창조주'되심을 기리고 예배함으로써 그날을 복되고 거룩하게 함이다. 또한 하나님의 주례 아래에서 '가정'을 이루고 생육하고 번성하여 땅에 충만케 되는 것이 참 건강한 모습이었다. 그리고 그 '금단의 열매'를 바라봄으로써 자신들이 하나님께로부터 지으심을 받은 피조물인 것을 잊지 말고 겸손히 하나님의 말씀에 절대 순종함에서 '참 건강'이 존재함을 깨달아야 했다.

• 창조적 건강이란 무엇인가?

그것은 '하나님 보시기에 좋은 것'이며, 그 모든 지음 받은 것들이 질서를 가지며, 조화를 이룬 것이며 그리고 그것들이 영원히 보존된 상태인 것이다. 그러므로 우리들이 명심해야 할 것은 건강의 진정한 판단은 하나님께 있다는 사실이다. 즉 진정한 건강은 하나님 보시기에 좋은 것이어야만 한다. 왜냐하면 건강한 삶이란 영원한 생명이며, 가장 풍성한 삶이며, 하나님이 의도하신 바의 생활이며 그것은 바로 하나님의 선물이기 때문인 것이다.

그러므로 인간의 관점에서 볼 때, 창조 당시의 건강이란 하나님과 인간의 관계에 대해,

한 인간의 육체, 정신, 영의 관계에 대해, 그리고 인간 공동체와 환경과 자연에 대해, 모든 부분이 질서를 이루며 또한 조화, 화해, 통합 및 일치를 이루어 완전하고 성공적인 기능을 감당하며 활기차고 평화로운 삶을 살며 악에 대항하여 승리할 수 있는 타락 이전의 상태(샬롬의 상태)를 의미한다. 그리고 건강이란 창조주 하나님의 주권과 규율 아래에서 질서와 조화를 이루어 더불어 평화와 희락과 활기가 충만한 삶을 사는 것이다.

2. 타락과 질병

세계의 타락

오늘날 우주 만물 모든 것은 저절로 퇴락해 간다. 삼라만상 모두가 시간의 경과에 따라 쇠퇴해 간다. 따라서 우주는 지금도 계속해서 돌이킬 수 없이 죽어가고 있기 때문에 언젠가는 죽는다는 결론에 도달한다(우주가 소멸되어 없어짐이 아니라 모든 과정이 멈춰 무질서가 극대화되는 상태를 의미한다). 그런데 이 엄연한 사실이 왜 성립이 되는지, 또 왜 과연 이 법칙이 언제 어디서든지 항상 동일하게 적용되는지 아무도 모른다. 단지 과학은 이러한 사실에 대해 인정할 뿐이다. 세계적 석학이자 생화학자이며 그 자신이 인본주의자인 아이작 아시모프 박사(Dr. Issac Asimov)도 설명하기를, "어떤 체계에서든 '엔트로피'[9]는 증가하거나(폐쇄 체계에서나 우주 전체에서) 증가하려는 경향을 갖는다(부분적인 개방 체계에서)." 즉 이것은 현상계에서 보편적인 법칙으로 '열역학 제2법칙'이라 부른다.[10]

그러므로 열역학 제2법칙에 의한다면 모든 만물은 쇠퇴해가며, '건강'을 잃어가고 있는 것이다. 결국 하나님께서 보시기에 좋지 못함이 생겨났고, 모든 조화가 깨어졌으며, 질서를 잃어버리고 점차 무질서로 나아가고 있음을 증명한다. 그러나 이러한 보편적인 사실에 대해서 그 원인을 규명함에 과학은 침묵하고 있을 따름이다.[11]

---

9   '엔트로피'란 한 작용 체계 내의 쓸모없는 에너지의 측정이며, 잘 조직된 체계 내의 무질서도(無秩序度)이며, 정보체계 내의 무질서도, 즉 정보체계 내에서의 잡음(雜音)을 가리킨다.
10 Morris, 『현대과학의 성서적 기초』, 229.
11 위의 책, 236.

한편 대부분의 진화론자들은 이러한 엄연한 보편적 법칙에 대해서도 정반대의 논리를 주장하는데, 즉 우주 만물은 보다 더 질서 있고 조직적인 복잡성을 향해 진보되며 발전되고 있다고 주장한다. 그들은 주장하기를 지구는 열린 체계로서 태양으로부터 끊임없이 에너지를 공급받고 있기 때문에 지구의 삼라만상은 지속적으로 진화되고 발달된다. 아울러 이제 인간은 미래의 진화에 대한 조정 능력을 가지게 되었기에, 우리 인류에게는 희망차고 행복한 미래가 있을 뿐이라고 주장한다. 그러나 진화론자들이나 일부 과학자들의 주장이 비록 인류의 미래가 희망차고 행복할 것을 예고하고 있음에도 불구하고 하나님의 말씀은 정반대임을 우리들은 쉽게 알 수 있다. 하나님께서 우주 만물을 아름답고 건강한 모습으로 지으셨지만, 어느 때부터인가 이 우주는 소멸되어가고 쇠퇴해져 죽어가기 시작한 것이다. 우주 만물은 무질서해지고 조화는 깨어졌다. 그 결과로 모든 피조물들이 다 이제까지 함께 탄식하며 함께 고통하게 되었다(롬 8:22)라고 성경은 기록하고 있다. 하나님의 말씀인 성경 전반에 걸쳐 삼라만상과 모든 생물들과 인간조차도 쇠퇴하고 퇴락해 감을 언급하고 있다.

인간의 타락

하나님께서 창조하시고 "심히 좋았더라"고 하신 우주 만물이 이제는 썩어짐에 종노릇하게 되어 함께 탄식하며, 함께 고통하게 된 이유가 무엇인가? 왜 하나님께서는 기쁨으로 지으신 모든 피조물들에게 죽음의 진노를 쏟아 부으셨는가? 그것은 인간의 죄의 결과라고 성경은 기록하고 있다.(롬 5:12) 인간의 죄로 인하여 하나님과 인간 사이가 분리되고 인간 내의 몸과 영혼과의 조화가 깨어지고, 인간과 인간 사이가 인간과 자연 사이가 분리되고 조화와 질서를 잃게 되었다. 인간의 범죄로 인한 타락으로 '건강'은 깨어지고 '질병'의 처절한 고통 속에서 인간과 모든 피조물들은 죽음을 향한 행군을 시작하게 된 것이다. 즉 모든 피조물들은 전적으로 부패 되었고, 필경 죽음으로 이어질 수밖에 없게 되었다.(롬 8:21~22, 롬 5:12)

죄는 어디서 왔는가? 죄로 인하여 질병과 죽음의 고통이 왔다면 그 타락에의 과정은 어떠했는가? 타락과 질병, 죽음을 초래한 요인들을 살펴보는 것은 총체적 치유를 위해 매우 의미 있는 일이 아닐 수 없다.

타락과 질병

우리는 타락이 지상적인 창조의 전 영역에 영향을 끼치고 있으며, 죄는 창조계의 일부가 아니라 창조계의 기생충이며 그리고 죄가 전 지상에 영향을 미치는 한 죄는 모든 사물을 더럽게 만들어 세상적, 세속적 그리고 땅의 것으로 만든다는 사실을 보았다.

인간에게 죄가 침투해 온 과정은 교만, 하나님의 말씀에 대한 임의적 해석, 거짓말, 탐심, 불순종 등으로 스며들었고, 따라서 범죄한 인간들은 죄악에의 눈이 밝아져 하나님의 낯을 피하여 두려운 마음으로 숨게 되었다. 그들은 이제 '빛의 아들'이 아니라 '어둠의 아들'이 된 것이다. 죄악이 찾아든 어둠 속에서 질병은 생겨난다. 진실은 왜곡되고 건강은 빛을 잃는다. 육체의 욕심을 따라 독버섯 같이 자라나는 육체의 일은, 곧 음행과 더러운 것과 호색과 우상 숭배와 주술과 원수를 맺는 것과 분쟁과 시기와 분냄과 당 짓는 것과 분열함과 이단과 투기와 술 취함과 방탕함과 또 그와 같은 것들이 모두 이에 속한다.(갈 5:19~21)

실낙원의 결과는 낙원인 에덴의 평온함과 기쁨이 사라져 버린 상태로, 불안, 공포, 절망, 분노, 증오, 질투, 적개심, 거부감, 애정결핍, 이기심, 슬픔 그리고 억압 등으로 마음의 평정을 잃어가고 썩지 않을 것이 썩어질 것으로 변했다. 곧 모든 생물계에서 그 유전체계가 변이를 일으켜 생리적인 것이 병리적인 것으로, 생명력이 부패력과 파괴력으로 그 신체적 기능들이 변해버렸음을 의미한다. 따라서 생명을 주신 창조주 하나님으로부터 분리되고 단절됨으로써 육과 혼과 영의 영역에서 모든 질병의 상태로 나타나게 되었다.[12]

• 질병이란 무엇인가?

질병이란 무엇일까? 질병이란 하나님과 인간 사이가, 한 인간 내에서 육체와 정신과 영 사이가, 인간과 인간 사이가, 그리고 인간과 사회와 자연 사이가, 정상적인 행동들을 하기에 불가능하게 하는 다양한 원인들에 의하여 소외, 분리, 부조화, 무질서 그리고 타락하게 하는 것으로 정의된다. 이것은 구체적으로 특수한 증후(symptoms)와 증상(signs)을 수반한 비정상

---

12   이명수, 『치유 선교론』,13.

적인 생의 과정이기도 하다.

그러므로 폴 투르니에(Paul Tonrnier) 박사는, "질병이란 정상의 범위를 벗어난 하나의 동요이며, 죽음은 그 조정장치의 상실이다"라고 주장했다.

• 질병의 원인들

질병을 일으키는 다양한 원인들이 오늘날 존재하지만, 모두 '하나님의 법'과 '자연의 법'을 범함에 기인한다. 그리고 '자연의 법'도 '하나님의 법'의 범주에 속한다. 그리고 이들의 법을 어기는 최초의 동인(動因)은 인간의 지나친 욕심과 교만이며, 그 근본적 원인은 '인간의 죄'임에 틀림이 없다.(약 1:15) 따라서 모든 생명들에게 적용되어진 질병과 노화와 죽음은 인간의 죄의 결과이며(롬 5:12, 6:23), 또한 모든 피조물에 대한 하나님의 저주의 직접적인 표현이기도 한 것이다.(창 3:17~20, 롬 8:20~22)

그러므로 건강이란 '하나님 보시기에 좋은 것'이라면, 질병이란 '하나님 보시기에 좋지 못한 것'이며, 생명이란 '하나님과의 사귐'이라면, 죽음이란 '하나님과의 이별'이다. 그러므로 하나님 보시기에 좋지 못한 것은 하나님으로부터 분리되어질 수밖에 없다. 따라서 질병이란 장차 다가올 죽음의 표시이며, 모든 질병은 그 안에 죽음의 싹을 내포하고 있다.[13] 우리들이 명심해야 할 것은 하나님께서 말씀하신 '죽음'이라는 것이 단지 영적 죽음에 불과하다고 생각하는 것은 잘못이다. 하나님께서 말씀하신 '죽음'은 의사가 매순간 그 진료의 현장에서 더불어 싸우고 있는 정말로 구체적인 죽음, 곧 실제적으로 육체적인 죽음이기도 한 것이다. 그러므로 범죄하여 인류 역사상 첫 환자가 된 아담은 하나님의 심판에 따라 하나님과의 영원한 사귐의 동산에서 분리되었고, 그 육신도 병들고 늙어 실제로 930세를 영위하고 죽었다.(창 5:5) 그러나 그것으로 끝이 아닌 것이다.

---

13   Paul Tournier, *A Doctor's Casebook in the Light of the Bible*, 마경일 역, 『성서와 의학』(서울: 전망사, 1978), 239.

3. 회복과 치유

하나님께서 창조하신 세계는 온전한 것이며 선한 것이었다. 그러나 인간의 타락으로 말미암아 창조의 전 세계가 모두 왜곡되고 부패하게 되었다. 이것은 소극적인 의미에서 모든 인간이 그 가능성에 있어서 철저하게 타락했다는 의미가 아니고, 죄인에게 하나님의 뜻에 관한 내적인 지식 또는 선과 악을 분별하는 양심이 없다는 의미도 아니다. 또한 죄인이 종종 다른 사람 안에 나타난 덕스러운 행위나 성격을 칭송하지 않는다거나 이웃과의 관계에 있어서 사심 없는 애정과 의지를 표현할 수 없음을 의미하는 것도 아니다. 그리고 모든 거듭나지 않은 인간이 생득적인 죄악성 때문에 온갖 유형의 죄에 빠진다는 말도 아니다.[14] 그것은 적극적인 의미에서 생득적인 부패가 인간 성품의 모든 부분, 곧 영혼과 육체의 모든 기능과 능력에까지 확대되었다는 것이다. 또한 죄인 안에는 하나님과의 관계에서 볼 때, 영적으로 선한 것이 아무것도 없고 다만 부패만이 있을 뿐이라는 것을 의미한다.[15] (요 5:42, 롬 7:18, 23, 8:7, 엡 4:18, 딤후 3:2~4, 딛 1:15, 히 3:12)

그러므로 이 모든 것은 그리스도 예수님께서 성취하신 구속이 창조계의 모든 영역의 전적 타락과 부패를 회복한다는 의미에서 다음의 명백한 두 가지 사실을 함축한다. 첫째, 구원이 회복, 즉 단순히 창조를 넘어선 어떤 것의 첨가가 아니라 손상되지 않은 창조계의 선한 상태로 돌아가는 것을 의미한다. 둘째, 이 회복이 창조계의 삶 전체에 영향을 미친다는 것이다. 이 두 가지를 확정하는 것은 온전한 성경적 세계관에 중요하며, 그리스도인의 제자도에 대해서도 중요한 함축적 의미를 지닌다.[16]

하나님의 언약과 치유

창조계의 타락과 부패는 전적으로 인간이 하나님께 대한 불순종으로 초래된 죄로 말미암

---

14   Berkhof, 『벌코프 조직신학』, 465.
15   위의 책.
16   Albert M. Wolters, *Creation regained : biblical basics for a reformational worldview*, 양성만·홍병용 역, 『창조 타락 구속』(서울: IVP, 1994), 79.

는다.(창 2:17, 롬 5:12, 고전 15:21, 22) 그러나 인간의 죄악은 하나님께서 당신의 손으로 지으신 피조물에 대한 하나님의 한결 같은 신실성을 무효로 돌릴 만한 힘이 없다. 즉 죄악의 영향이 모든 피조계에 미치긴 하였으나 창조된 질서를 유지하시는 하나님의 지속적인 신실하심은 여전히 존재한다.[17] 다시 말하자면 아담의 불순종으로 죄가 들어오고, 따라서 건강은 무너지고 질병과 죽음으로 결말지을 수밖에 없었지만 하나님의 신실하심과 그 영원하신 사랑은 치유를 통해 회복시키시는 과정 속에서 분명히 나타난 것이다. 그러므로 한때 완전히 선한 창조가 있었고 그것은 또 다시 있게 될 것이다. 그래서 창조계의 회복은 불가능한 것이 아니다. 그러므로 세상에 존재하는 어느 것도 포기되어서는 안 된다. 선한 창조계가 심각하게 침해를 받고 있는 상황 속에서도 선한 창조계가 지속적으로 존재하고 항상 유용하다는 사실에 소망이 있는 것이다.[18] 왜냐하면 하나님의 신실하심과 온전하심이 처음부터 존재했기 때문이다.

그렇다면 하나님의 신실하심과 온전하심은 어디에서 어떻게 궁극적으로 나타났는가? 그것은 하나님의 독특하신 아들 예수 그리스도 안에서 나타났다. 그러므로 비록 아담의 불순종이 죄로 물든 피조계로 변화시켜 놓았다 할지라도, 그리고 건강과 온전함을 질병과 죽음으로 바꾸어 놓았다 할지라도 그리스도 예수 안에 있는 하나님의 사랑과 그 신실하신 언약을 끊을 수도 파기할 수도 없는 것이다.(롬 8:38~39) 그러므로 질병의 치유는 언제나 하나님의 승리로, 더 구체적으로는 예수 그리스도 안에서 죄와 죽음을 이기신 하나님의 승리로 표현되어 있다.[19]

그러므로 하나님께서는 당신의 공의를 이루어가시면서도 아울러 은혜와 사랑을 베푸신다. 그 하나님의 구체적인 은혜와 사랑은 병들고 갇히고 상처받은 세상을 회복시키고 온전하게 하시는데, 그 모든 과정이 '치유하시는 하나님의 사역' 속에서 확연히 나타난다. 그리고 그 하나님의 치유는 "반드시 치유하여 회복시키겠다"(출 15:16)고 하시는 하나님의 신실하신 약속을 믿고 따르는 '믿음의 자손'들과의 언약 속에서 구체적으로 이루어졌다.

---

17   위의 책, 67~68.
18   위의 책, 72.
19   Tournier, 『성서와 의학』, 291.

1. 그리스도와 치유(회복과 치유로서의 구원)

성경에서 구원을 표현하는 기본적인 낱말들 모두가 '본래의 선한 상태' 또는 '선한 상황으로의 회복'을 함축하고 있다는 것은 매우 놀라운 사실이다. 성경에서 의미하는 '구원'의 뜻에서는 첫째, '구속'(redemption)이란 의미를 내포한다. 이것은 곧 죄인을 속박에서 해방시키는 것, 그리고 이전의 자유를 되돌려 준다는 의미이다. 둘째, '화해'(reconciliation)란 의미를 지닌다. 이것은 싸우던 사이에서 화해하고 원래의 우정과 동맹관계로 되돌아간다는 의미이다. 셋째, '새롭게 함'(renewal)이다. 이것은 문자적으로는 '다시 새롭게 만듦'을 의미한다. 고장난 것을 이제 새롭게 고쳐서 원래의 상태로 회복시킨다는 의미이다. 넷째, 헬라어 '소테리아'(sōteria)라는 의미로서 질병이나 위험 후의 '건강' 혹은 '안전'을 의미한다. 그리고 마지막으로는 '거듭남'(regeneration)이란 의미로 성경의 핵심적인 개념으로 죽음에 떨어진 후 다시 생명으로 회복하는 것을 의미한다. 그러므로 구원이란 하나님의 온전하시고 선한 창조와 건강이 인간의 타락과 죄로 말미암아 부패하여 병들고 죽어버린 것으로 변했다 할지라도, 하나님의 사랑과 은혜로 말미암아 예수 그리스도의 구속의 피 공로로 하나님과 죄인 사이에 놓인 막힌 담을 허시고(엡 2:14) 화해하게 됨으로 주님 안에서 다시금 '거듭남'으로 '본래의 선한 상태'로 회복되고 치유되어 완전한 건강을 되찾게 되는 것을 의미한다.

2. 그리스도의 회복과 치유

하나님께서 창조하신 선한 창조계는 하나님 보시기에 심히 좋았다.(창 1:31) 그러나 인간의 죄악으로 말미암아 전체 창조계는 부패되고 왜곡되어 창조의 건강은 질병과 죽음을 자초하게 되었다. 그러나 비록 인간의 죄악으로 온 천하 만물이 썩어질 것에 종노릇할 수밖에 없게 되었다할지라도 하나님의 원래적 선하신 뜻은 파기될 수 없는 것이다.

그러므로 하나님의 회복과 치유의 약속이 범죄한 첫 인간 아담에게 주어졌고, 그 언약은 하나님의 독특하신 아들 예수 그리스도로 말미암아 온전히 이루어졌다. 구체적으로는 회복과 치유를 위한 하나님의 언약이 아담으로부터 시작되었는데 범죄하여 죽게 된 아담에게 하나님께서는 여자의 후손을 통한 치유와 구원을 약속하셨다.

노아 시대에는 대홍수로 말미암아 노아와 그의 가족만이 구원받았다. 홍수 전후로 인간의 수명이 크게 달라졌고 또 그 요인들이 존재했다. 그 요인들은 음행으로 인해 하나님의 영(靈)이 떠나게 된 것과 또한 환경의 대변화와 식생활의 변화를 알 수 있다. 특히 육식과 피의 식용과 음주가 수명에 부정적 영향력을 미치고 있는 것을 볼 수 있다. 따라서 노아의 사건을 통해 치유하시는 하나님의 모습을 잘 볼 수 있다.

아브라함과의 언약 속에서 비로소 하나님의 백성 개념을 설정할 수 있게 되고, 여자의 후손이 구체화되어 아브라함의 후손으로 오실 것을 약속받으며 하나님께서 이루시는 회복을 위한 치유의 손길을 더욱 구체적으로 느끼게 한다.

모세와의 언약에서 보여지는 치유는 율법을 통해 하나님의 백성으로 지켜야 할 규례를 마련해주심으로 구체적인 건강과 장수의 비결을 깨닫게 한다. 또한 육식에 대한 바른 규례를 주심으로 건강을 잘 유지하게 하셨다.

다윗과의 언약과 치유에서는 하나님의 왕국이 다윗의 혈통 속에서 지속되고 하나님의 구속 사역이 구체화되었다. 하나님의 회복과 치유에 대한 다윗과의 언약이 그리스도 예수 안에서 완전히 이루어지는데, 때가 차매 하나님이 그 아들을 보내사(갈 4:4) 온전한 회복을 시작하셨다. 하나님께서 맺은 모든 언약들이 독특하신 '그 아들' 안에서 모두 이루어지고 회복되고 치유되었다.(요 19:30)

이와 같이 아담에서부터 다윗에게 이르기까지 하나님의 치유를 위한 언약들이 어떻게 구체적으로 이루어졌음을 살펴볼 수 있고, 그리스도의 치유 사역을 통해 하나님의 사랑을 분명히 확인하게 된다.

3. 그리스도의 치유 사역

하나님의 치유 사역은 어디에서 온전히 회복되고 완성되어 나타나는가? 그것은 모든 악한 것과 질병과 죽음을 이기시고 살려주는 영이 되시며(고전 15:45), 길이요 진리요 생명이신 예수 그리스도(요 14:6)에게서 우리들은 발견하게 된다. 이것은 곧, 첫 아담의 죄악으로 반드시 죽고 다시 소생 못할 우리 인간들에게 하나님의 언약에 따라 새로운 생명과 영생을 주시는 "나의 주님이시요, 나의 하나님"(요 20:28)이신 마지막 아담 예수 그리스도(고전 15:45), 그분 안에서, 그분의 사역 안에서 우리들은 발견할 수 있게 된다.

그러므로 예수님의 사역은 총체적 치유 사역(holistic healing ministry)의 온전한 모델이 된다. 예수님의 사역의 내용은 가르치며, 천국 복음을 전파하며 모든 질병과 약한 것을 치유하는 것이었다.(마 9:35) 그리고 주님의 사역의 동기는 인간들을 불쌍히 여기는 연민의 감정이었다.(마 9:36) 그리고 주님께서는 당신의 이 같은 사역이 당신의 제자들과 또 그 제자들의 제자들과 함께 주님께서 다시 오실 그날까지 지속적으로 이어질 것을 명령하셨다.(마 9:37, 38)

예수께서 나아와 말씀하여 이르시되 하늘과 땅의 모든 권세를 내게 주셨으니 그러므로 너희는 가서 모든 민족을 제자로 삼아 아버지와 아들과 성령의 이름으로 세례를 베풀고 내가 너희에게 분부한 모든 것을 가르쳐 지키게 하라 볼지어다 내가 세상 끝날까지 너희와 항상 함께 있으리라 하시니라(마 28:18~20).

이 말씀은 주님께서 이 세상을 떠나시면서 제자들에게 부탁하신 대위임 명령(the great commission)으로서 주님의 제자로 삶을 살기를 원하는 모든 기독인들에게 주신 말씀이다. 이 말씀이 주님께서 부탁하신 전체 사역을 의미한다. 다음 이 말씀은 특별히 치유 사역을 하고자 하는 제자들에게 부탁하시는 특수 위임 명령(the specific commission)이라고 할 수 있다.

예수께서 열두 제자를 불러 모으사 모든 귀신을 제어하며 병을 고치는 능력과 권위를 주시고 하나님의 나라를 전파하며 앓는 자를 고치게 하려고 내보내시며 이르시되 여행을 위하여 아무 것도 가지지 말라 지팡이나 배낭이나 양식이나 돈이나 두 벌 옷을 가지지 말며 어느 집에 들어가든지 거기서 머물다가 거기서 떠나라(눅 9:1~4).

1) 예수님의 치유 목적 – 메시아로서의 예수님의 자아인식

예수님께서는 자신이 메시아이신 것을 자신이 행하신 사역을 통해 분명히 말씀하셨다.(마 11:4~6, 눅 7:22, 23) 그 당시 의사였던 누가의 증언을 보면 "마침 그 때에 예수께서 질병과 고통과 및 악귀 들린 자를 많이 고치시며 또 많은 맹인을 보게 하신지라"(눅 7:21)라고 기록하고 있다. 그러므로 예수님의 기적적인 치유들은 예수님이 메시아이시며, 하나님의 나라가

20   이명수, 『치유 선교론』, 63.

메시아가 오심으로 이미 도래하였고, 그분은 죄를 용서할 수 있는 권세를 가지신 하나님의 말씀과 언약으로 약속된 '그 메시아'이심을 입증하고 있다. 진정 예수님의 치유 사역은 당신이 메시아이심을 입증하는 확고한 증거인 것이다.[21]

2) 예수님의 질병관

예수님의 생각과 가르침 속에는 이 세상이 공존할 수 없는 두 개의 나라, '하나님의 나라'와 '사단의 나라'로 나타나 있다. 전자는 "하나님께서 지으신 그 모든 것을 보시니 보시기에 심히 좋았더라"(창 1:31)고 하신 것과 같이 그 나라는 조화를 이루어 온전하고 좋았던 '하나님의 나라'이다. 그러나 후자는 창조 이후에 질병과 고통과 죽음이 하나님의 나라에 침입한 '사단의 나라'로 보았다. 이 두 나라는 결코 양립할 수 없는 적대적 관계(창 3:15)에 있기 때문에 여자의 후손으로 오신 메시아로서의 예수님은 분노와 적개심을 가지고 '사단의 나라'를 멸하시기 위하여 싸우셨다. 예수님이 질병과 죄에 대해 그토록 민감하게 반응한 한 가지 확실한 이유는 인간들이 예수께서 전 존재가 대항하고 있었던 이질적인 영들(사단과 귀신들)에게 저항할 수 없이 지배를 받기 때문임을 그분이 인식하고 있었다는 것이다. 그리고 그것들을 쫓아내는(몸과 마음과 영의 건강을 되찾는) 유일한 방법은 하나님의 영, 즉 성령에 의지하는 것이었다.

그러므로 예수님의 치유 사역의 기적들은 어둠이 빛 앞에서 말끔히 물러가듯이 사단의 권세가 성령의 능력으로 여지없이 쫓겨가고 '하나님의 나라'를 확장시키는 확실한 증거들로 나타나 있다. 물론 오늘날 질병을 일으키는 원인들이 다양한 양상으로 존재하지만 근본적으로 질병과 죽음의 권세는 '사단의 활동'으로 시작되었기 때문이다.

3) 예수님의 치유 동기

예수님의 치유에 대한 고찰에 있어서 가장 중요한 것은 치유의 동기이며 이유이다. 이는 만일 우리가 그리스도인으로서 예수님의 성육신을 믿을 경우 질병에 대한 예수님의 태도는 곧 질병에 관한 하나님의 태도를 드러내줄 것이기 때문이다.

---

21   이명수, 『치유 선교론』 26.

예수님께서 병자들을 치유해주셨던 가장 중요한 치유 동기는 '불쌍히 여기시는 마음'이었다. 예수님께서는 그들에게 깊은 관심을 가지셨으며, 그들이 고통을 당할 때 그들과 함께 고통을 당하신 것이었다. 즉 불쌍히 여기심의 가장 근원적 의미는 바로 고통을 당하는 사람들과 함께 고통을 당하는 것이다. 예수님은 바로 '하나님의 사랑의 구현자'이셨던 까닭에 자연히 그를 찾아온 병자들의 모든 질병들을 치유해 주심으로써 더 이상 고통을 당하지 않게끔 하셨다. 이러한 불쌍히 여기심은, 또 한편으로 불순종하여 고난과 죽음에 처하게 된 당신의 백성들을 그래도 불쌍히 여기시고 다시금 용서해주시는 하나님의 마음이시며, 자신의 독생자 예수를 대속의 제물로 주시기까지 돌보시는 하나님의 사랑의 표현이기도 했다.(요 3:16, 롬 5:8, 엡 2:4)

그러므로 우리들의 몸과 마음과 영의 전인적 건강을 되찾을 수 있는 길은 하나님의 영이신 성령에 의지하는 길이다. 이 성령 충만을 받는 비결은 오직 하나님이 우리들을 사랑하심 같이 우리가 서로 사랑하는 삶의 모습을 보일 때에 가능하다는 것을 주님은 자신의 삶을 통해 보여주셨다. 진실로 사랑은 능력 있는 미덕일 뿐만이 아니라 몸과 마음과 영의 치료제인 것이다. 그러므로 치유 사역에 참여하는 모든 자들은 병들어 고생하며 유리하는 자들에게 주님의 마음으로 그들을 불쌍히 여기며, 그들과 함께 고통을 나누어야 할 것이다. 그리고 주님께서 보여주신 그 사랑으로 돌보아야 할 것이다.

예수님께서 병자들을 치유해주셨던 또 다른 이유는 질병과 고통과 죽음을 하나님의 나라에 대항하는 사단의 역사로 보셨다. 온 천하를 주고도 바꿀 수 없는 하나님의 형상대로 창조된(창 1:27) 존귀한 생명(마 16:26, 막 8:36, 눅 9:25)을 가진 인간이 사단에 의하여 고통을 받고 희생당하는 것을 볼 때 분노를 느끼시어(요 11:33), 이 세력들을 꾸짖기도 하시고(눅 4:41), 비난하시고 쫓아내셨던 것이다.(막 1:25, 5:8, 9:2) 예수님께서는 결코 질병을 옹호하지 않으시고 오히려 질병과 대항하여 싸우셨다. 예수님의 이러한 태도의 밑바탕에 깔려있는 사고는 질병을 앓고 있는 사람들이 악한 세력의 영향이나 지배 아래 있다는 것이었다. 사단, 귀신들, 파괴적이며 비창조적인 것들, 하나님의 영이나 성령을 거스리는 것들과 같은 악한 세력들은 병자들을 지배하고 있거나 적어도 그들에게 부분적인 영향력을 끼치고 있는 것으로 간주되었다. 예수님께서는 그 자신의 본성상 이러한 악한 세력들에 맞서시고, 이러한 악한 세력들에 대하여 적대심을 지니고 계셨던 까닭에 그 악한 세력들을 굴복시키고 이로써 사람들을 자유롭게 하시기를 원하셨다. 예수님께서는 하나님의 창조적 권능의 구현자로서 바로 이 질병을 근절시키기 위하여 십자가를 지셨던 것이다. 그러므로 모든 기독 의료인들은 질병과 죽음의 세력에 대해서는 분노를 가지고 대항해 싸워야 한다. 그러기 위해 더욱 열심히 모든 질병들을 연구하고 질병 퇴치를 위한 훈련에 애쓰며 수고하여야 한다.

마지막으로 예수님께서는 사람들이 그들 자신의 죄를 회개하는 것을 도우시기 위하여 그들을 치유해주셨다. 예수님께서는 죄와 질병의 관계를 깊이 인식하고 계셨으며, 또한 사람들을 온전함에 이르게 하는 자극물에 대한 사람들의 욕구를 깊이 인식하고 계셨다. 그러나 주님은 결코 죄를 질병의 유일한 원인이나 가장 중요한 원인으로 간주하시지는 않으셨다. 예수님은 질병의 첫째 원인이 하나님과 그의 길을 미워하였던 세상에 풀려 있는 악의 세력[22]이라고 생각했던 것처럼 보인다.

예수님의 치유 자세는 첫째, 먼저 찾아가는 자세이다. 예수님께서는 모든 도시와 마을에 두루 다니시면서 병들고, 상처 받은 인간들에게 손수 찾아가셨다.(마 9:35, 눅 81~2) 이것은 하나님께서 범죄하여 죽게 된 아담과 하와에게 먼저 찾아와 치유하시던 바로 그 모습이셨다.(창 3:9) 예수님이 하나님의 아들인 메시아로 오셨기에 그분은 하나님의 본성을 대변하는 분으로서 그분의 치유 행위 역시 하나님의 본성으로부터 나온 것들이었다.[23] 따라서 예수님의 제자의 삶을 살아가길 원하는 기독 치유자의 모습도 "내게 와서 도움을 청하라!"라기 보다는 "내가 무엇을 도와주길 원합니까?" 하고 먼저 묻는 모습이요, 먼저 찾아가는 자세이어야 한다.

예수님의 치유의 자세의 또 다른 모습은 주님은 한 사람을 치유하기에 앞서서 그 사람이 선한가? 또는 악한가? 그가 회개를 하였는가? 또는 개전(改悛)의 기미를 보이고 있는가를 따지지 않으셨다. 주님은 그들을 있는 그대로 사랑하였으며, 그들로 질병과 고통의 불행에서 벗어나도록 돕기를 원하셨다. 예수님은 죄와 질병에 사로잡혀있는 사람을 향한 하나님의 자비를 표현하기 위하여 행동하셨던 것이다.

---

22   Morton. T. Kelsey, *Healing and Christianity*, 배상길 역, 『치유와 기독교』(서울: 기독교서회, 1986), 108.
23   위의 책, 69.

예수님의 말씀은 '하나님의 나라'를 선포하시는 것이었다. 하나님의 나라는 사망이나, 애통하는 것이나, 곡하는 것이나 아픈 것이 다시 있지 아니한 곳이다.(계 21:1~4) 그분의 치유의 기적은 '하나님의 나라'의 전진하는 세력 앞에서 '사단의 나라'의 궤멸을 의미하고, 이것은 빛 앞에서 어두움이 쫓겨 가는 것과 같은 것으로서 하나님 나라의 회복과 확장을 의미한다. 따라서 예수님의 치유 행위들은 하나님 나라에 대한 직접적 증거로 일컬어졌다. 예수님께서는 "나의 치유는 하나님의 나라가 세상에 임하고 있다는 징표"라고 명확하게 말씀하셨다.(마 12:27~28)[24]

그러므로 치유 사역의 궁극적 목표는 타락하고 병든 인간과 사회를 회복하여 '하나님의 나라' 곧, '새 하늘과 새 땅'을 건설하는 데 있다. 그러나 하나님의 나라는 이미 우리들에게 임했지만 아직 완성된 것은 아닌 것이다. 그렇다면 아직도 질병과 사망의 고통 속에 거하는 우리들에게 이미 임하신 하나님의 나라는 무엇인가? 그것은 예수 그리스도, 당신 자신이신 것이다. 그러므로 첫 아담의 타락과 더불어 병들어 죽은 우리들을 하나님의 은혜로 살리시고, 영원한 생명을 주시는 분이 예수 그리스도, 바로 그분이심을 고백할 때 우리는 이미 '하나님의 나라'를 우리 안에 소유하는 것이다. 전인 치유는 예수 그리스도를 통한 하나님의 나라 백성이 되는 관문이요, 하나님의 나라는 전인 치유의 완성인 것이다.

예수께서 모든 도시와 마을에 두루 다니사 그들의 회당에서 가르치시며 천국 복음을 전파하시며 모든 병과 모든 약한 것을 고치시니라(마 9:35).

예수님의 지상 사역은 세 가지로 크게 요약된다. 첫째는 가르치시는 일이고, 둘째는 천국 복음을 전파하시는 일이고, 마지막으로 모든 병과 약한 것을 고치시는 일이 그것이다.(마 9:35) 아울러 예수님께서는 당신이 훈련시킨 열두 제자들을 세상에 내보내시면서 당신이 행하신 일을 위임하셨다.

---

24   Morton. T. Kelsey, 『치유와 기독교』, 68.

그러므로 오늘날 예수님의 제자가 된 우리들의 사역도 이래야 한다고 생각된다. 예수님 제자의 삶을 살기를 원하는 자라면, 그의 직업이 어떠하든지 하나님 나라의 복음을 전파하고 하나님의 말씀을 가르쳐야 한다.(딤후 4:1, 2, 행 5:42) 예수 그리스도의 이름으로 모든 귀신을 내어 쫓으며 병든 자를 위해 병 낫기를 기도해야 한다.(약 5:14~16) 만일 그가 하나님께로부터 병을 고치는 은사를 받았다면 마땅히 병든 자를 치료하고 돌보아야 한다. 동시에 하나님의 말씀을 가르치고 천국 복음을 전파해야 할 것이다. 어떤 이가 기독 외과 의사로 부름을 받았다면 그는 환자의 질병을 수술하고 또한 하나님의 말씀을 가르치고 전파해야 할 것이고, 만일 기독 간호사로 부름을 받았다면 그는 환자를 간호하고 또한 하나님의 나라를 전파하고 가르쳐야 할 것이다. 그러므로 '치유 선교' 사역에 있어서 '치유'와 '선교'가 분리될 수 없는 것이다.

7) 예수님의 치유 사역의 특징과 방법

성경에는 예수님께서 그의 공생애 3년간에 모두 41건의 치유의 기적을 행하셨다고 기록하고 있다. 예수님의 치유의 특징은 대부분의 질병이 만성병이었고, 현대 의학으로는 치유하기 힘든 것들이었다. 또한 예수님의 치유는 주권적이며, 즉각적이고, 전인적이었다.(마 9:22, 15:28, 17:18) 그의 치유 방법은 축귀술, 말씀, 기도, 안수, 환자 자신 및 친척들의 믿음, 진흙 바름 등이었다. 그분은 신체의 질병뿐만 아니라 정신과 영의 병을 포괄하여 개별적으로 또는 집단적으로 온전하게 치유하셨다. 그러므로 우리들은 하나님께서 질병 치료를 위해 다양한 치료 방법을 주셨다는 사실에 감사해야 한다. 따라서 유념해야 할 것은 '의학'도 하나님께서 우리들에게 주신 '아름답고 귀한 선물'이라는 사실이다.[25]

무엇보다도 인간 치유에 대한 가장 중요한 주님의 치료 방법은 당신의 귀하신 몸을 사용하셨던 것이다. 예수님은 하나님의 뜻에 복종하사 인간들의 죄와 허물을 사하시기 위해 인간의 모든 질병과 죽음의 권세를 치유하시고, 물리치기 위해 십자가에 죽으셨다. 십자가에서 흘리신 귀하고 보배로우신 피가 인간의 모든 죄와 질병과 죽음까지도 치유하신 것이다. 예수 그리스도의 보혈! 이것이야말로 인간들의 모든 질병과 죽음조차도 치유하는 가장 확실한 양약(良藥)이요, 치료제인 것이다.

25　칼빈(John Cavin)은 "의학이란 하나님으로부터 받은 선물"이라고 했다. Paul Tournier, 『성서와 의학』, 306.

예수님의 일차적 치유 대상은 인간이었다. 특히 목자 없는 양과 같이 고생하며 기진한 무리들이었다. "무리를 보시고 불쌍히 여기시니 이는 그들이 목자 없는 양과 같이 고생하며 기진함이라"(마 9:36). 또한 갇히고, 병들고, 억압받고 소외된 자들이었다.(눅 4:18~19, 사 61:2~4)

진실로 우리들은 모든 계층의 사람들을 치유 대상으로 삼아야 할 것이다. 그러나 치유 사역에 동원할 수 있는 인적 및 물적 자원은 극히 제한되어 있기 때문에 일차적인 대상을 사회 소외계층으로 하고 그것을 점진적으로 확장시킴을 전략으로 함이 바람직할 것이다.[26]

그리스도의 초림과 치유

아담의 타락 이후 인간에게 찾아온 질병과 죽음은 일차적으로 하나님과의 관계성의 단절에서 오는 심판의 결과이며, 그 다음으로 우리들을 언제나 죄의 법 아래로 사로잡아가는 사단의 역사(役事)이며, 마지막으로 타락 이후 왜곡되고 깨어진 인간 속성의 변질, 인간 관계성의 단절, 자연과의 부조화 및 질서를 잃어버림으로서 온 결과이다. 그러므로 인간의 전인적 치유의 근본적 과제는 첫째는 하나님과의 관계 회복이며, 둘째는 사단과의 관계 단절이며, 셋째는 인간 구성 요소의 균형, 인간 상호 간의 조화 그리고 인간을 둘러싸고 있는 사회와 자연과의 질서 회복과 유지이다.

그리스도 예수께서 이 땅에 오심으로 온전한 치유를 약속하신 하나님의 언약이 이루어졌다. 그리스도 안에 거하게 된 자에게는 하나님과 그들 사이에 가로막혔던 단절의 담이 마지막 아담이신 예수 그리스도의 보혈로 허물어졌다.(엡 2:14) 그리스도의 십자가로 말미암아 하나님과의 화목이 이루어졌다.(엡 2:16) 주님께서 우리들의 허물과 죄를 위해 십자가에 달리셨기에 우리들의 죄와 허물이 사함을 받았다.(엡 1:7) 또한 모든 질병과 사망을 이기시고 다시 살아나셔서 우리들에게 영원한 생명을 가져다주셨기에 우리들의 산 소망이 되셨다.(벧전 1:3)

그러나 주님의 초림과 재림 사이에서 살고 있는 오늘날 주님의 제자로 삶을 살아가기를 원하는 우리들에게 여전히 빈곤과 질병과 죽음의 시련이 그대로 남아있는 것은 무엇 때문인

26 　이명수, 『치유 선교론』, 41.

가? 주님의 은혜로 죽었던 나사로가 다시 살아난 후 또 다시 죽은 이유는 무엇인가? 오늘날 불치, 난치병으로 죽음 직전에 있는 자들이 성령의 역사로 다시 회복되고도 또 다시 죽어야 하는 이유는 무엇인가? 예수 그리스도의 오심으로 하나님의 나라가 이 땅에 도래하였고 하나님의 치유에 관한 약속이 온전히 이루어졌다고 하면서도, 그리스도 안에서 새 사람이 되었다고 하면서도 여전히 환란과 핍박과 질병과 죽음이 우리들에게 존재하고 있다면 그리스도 예수 안에서 오늘을 살아가는 우리들이 누리는 하나님 나라의 축복이란 무엇인가? 그리스도 예수께서 무엇을 온전히 이루시고 회복시키시고 치유하셨다는 말인가?

우리들은 그리스도의 초림 이후에 누리게 된 하나님 나라의 축복이 일차적으로 영적이라는 사실을 유념해야 한다.[27] 우리들이 분명히 알아야 할 것은 예수님을 믿음으로써 현세에서 우리의 영혼이 잘되고, 범사가 잘되고 강건해진다는 것을 주님께서 보증하시지 않으셨다는 사실이다.(요한삼서 2장 참조) 그것은 주님의 바램이요, 사도들의 바램이요, 우리 성도들의 바램일 수 있다. 그리스도는 현 단계에서 모든 물리적인 악으로부터 우리를 보호하신다고 약속하지 않으셨다. 오히려 주님께서는 "사람들이 나를 박해하였으니 너희도 박해할 것이다"(요 15:20)라고 하시며, 주님을 따르는 자들은 고난과 핍박을 받으리라고 경고하셨다. 더구나 그리스도의 왕권은 현재의 물질적 부와 건강을 보증하지 않았다. 빈곤과 질병의 시련은 우리들에게 그대로 남아 있는 것이다.[28]

그러나 우리들이 질병과 사망, 빈곤과 멸시, 폭력이나 권력자, 핍박과 설움, 현재 일이나 장래 일, 귀신이나 사단 그리고 높음이나 깊음이나 다른 아무 피조물이라도 두려워하지 않고 도리어 넉넉히 이길 수 있는 것은 우리 주 예수 그리스도 안에 있는 하나님의 사랑이 있기 때문이다.(롬 8:35~39) 그것은 만왕의 왕이신 우리 주님께서 이 모든 사망의 세력들에 대해서 이미 승리를 확보해 놓으신 까닭이다.(고전 15:55~57)

그러므로 주님의 초림과 재림 사이에서 살고 있는 우리들은 때로는 우리들이 원치 않는 질병이나 예기치 못했던 사고들에 의해서 상처를 입고 육신적으로 죽어가게 될지라도 우리들은 염려하거나 두려워할 이유가 없다. 주님 안에 거하게 된 우리에게 사망이 왕노릇할 수

---

27 Richard L. Pratt, *Designed for Dignity: What God has made it possible for you to be*, 김정우 역, 『(인간 존엄을 향한) 하나님의 디자인』(서울: 엠마오, 1995), 197.
28 위의 책, 97.

없기 때문이다.(롬 5:21) 그러므로 우리들은 주님 안에서 사랑하는 이들이 여러 가지 이유로 불치병이나 난치병이나 심각한 사고를 당하여 고통을 겪거나 때로는 그 육신이 죽어 우리 곁을 떠나간다 할지라도 슬퍼하지 않을 수 있다. 영원한 생명의 주인되시는 우리 주님이 다시 오시는 날, 그들을 다시 온전한 모습으로 만날 것을 확신할 수 있기에 우리들은 도리어 슬픔 대신 기쁨을 노래할 수 있는 것이다.

하나님의 나라와 그리스도

그리스도 예수께서는 이 땅에 오셔서 온 세상을 향해 '하나님의 나라'를 선포하셨다. "회개하라 천국이 가까이 왔느니라"(마 4:17). 그러므로 '메시아 사역'이란 '그 나라를 시작하는 사역'이다.[29] 예수님은 하늘에서부터 온 은혜로운 특징을 갖지 않은 이적을 행하시는 것을 한결 같이 거부하셨다. 진정한 표적은 그 나라를 나타내는 표적이요, 하나님의 왕권을 나타내는 표적이어야 한다. 그러므로 이 능력은 양면을 가지고 있다. 즉 하나님의 원수들에게는 정복과 파괴와 심판하는 능력을 가지고 있으며, 하나님의 백성들에게는 자유와 치유와 구원하는 능력을 가지고 있는 것이다.[30]

그러므로 하나님의 나라를 구성하고 있는 축복은 첫째, 소극적인 축복으로서 모든 악으로부터의 해방이다. 따라서 가장 중요한 것은 죄 용서를 받는 것이다. 둘째, 적극적인 축복으로서 하나님의 자녀가 되는 양자의 축복과 생명을 얻는 것이다. 우리 인간들이 하나님의 양자가 되어 그 나라를 상속받아 소유함으로 얻는 축복이며 또한 이 생명은 즐거움의 근원이신 하나님과 교통하므로 지배를 받는 것이다.[31]

하나님의 나라는 인간들을 통치하시는 하나님 혹은 그 나라의 신적인 성격을 강조하며, 하나님께서 그 나라에 있어서 핵심적 위치를 차지하는 나라이다. 따라서 하나님께서는 결코 하늘 높은 곳에 초월해계시면서 고통 받는 비참한 인간들과 그의 우주를 저버리시는 그런 분

29   Johannes Geerhardus Vos, *The Kingdom of God*, 정정숙 역, 『하나님의 나라』(서울: 한국개혁주의신행협회, 1987), 67.
30   위의 책, 42.
31   위의 책, 93.

이 아니시다.[32] 그러므로 하나님께서는 당신의 백성들을 치유하시고 구속하시길 원하신다.

예수님의 기적적인 치유들은 예수님이 하나님의 언약을 따라 오실 것으로 약속된 그 메시아이시며, 하나님의 나라가 도래했음을 나타내는 증표인 것이다. 하나님 나라의 도래는 하나님 왕국의 현재성, 현재-미래성, 미래성을 보여주는 성경적 하나님의 왕국관에 입각할 때 치유 선교의 방향과 그 최종 목표가 설정될 수 있으며, 이 최종 목표하에서 치유 선교에 있어서 동시적 양면성의 복음 전파와 치유 활동의 통합적인 원리를 발견할 가능성에 접하게 되는 것이다.[33]

첫째, 하나님 왕국의 현재성은 예수님으로 말미암아 이미 우리에게 주어진 선물들 가운데 하나인 '치유'를 치유 선교 활동에서 모든 인간들에게 선물로 나누어 줄 의무를 지워준다.[34] 둘째, 하나님 왕국의 현재-미래성은 단절을 의미하는 것이 아니고 새 하늘과 새 땅을 향해 움직여가는 역사성을 보여주는 것이다. 따라서 더 좋은 세상을 위해 일해야만 한다는 점에서, 하나님 왕국이 완전하게 이루어지도록 하기 위한 이 땅에서의 인간들의 전인적 치유와 건강한 사회를 위한 활동들이 중요성을 갖게 하는 것이다. 셋째, 새 하늘과 새 땅을 보여주는 하나님 왕국의 미래성은 치유 선교에 있어서 하나님의 왕국을 선포해야 하는 예언자적 역할을 담당해야 할 것을 요구한다.

하나님의 나라는 '이미' 왔으나 '아직은 아닌' 것이다. 그런 까닭에 지금 하나님의 나라는 '오심의 도상'에 있다.[35] 그러므로 총체적 치유 사역의 방향은 궁극적인 새 하늘과 새 땅에 대한 소망을 가지고 복음을 세상 끝까지 전파하면서, 현재 임해 있는 하나님의 왕국이 좀 더 완전해지고 확장되는 일에 목표를 두고 최선의 치유 사역을 하는 것으로 설정되어야 할 것이다.[36]

---

32 Robert Recker, "*The Redemptive Focus of The Kingdom of God*" (Grand Rapids: 칼빈신학교 종신교수 취임연설문, 1979); Herman N. Ridderbos, *Redemptive History and the Kingdom of God*, 오광만 역, 『구속사와 하나님의 나라』(서울: 풍만출판사, 1986), 18.

33 김연수, "하나님의 왕국과 치유 선교" (아세아연합신학대학, 석사 학위 논문, 1988), 6.

34 위의 책.

35 Robert Recker, "*The Redemptive Focus of The Kingdom of God*"; Ridderbos, 『구속사와 하나님의 나라』, 49.

36 John Calvin, 이형기 역, 『기독교강요 요약』(서울: 크리스천다이제스트사, 1987), 347~352; 김연수, "하나님의 왕국과 치유 선교" (아세아연합신학대학 석사 학위 논문), 7.

4. 완성과 온전함

그리스도의 재림과 치유

온 우주는 하나님의 말씀에 의해 무(無)로부터 완전하고 건강하게 창조되었다. 그러나 인간의 범죄로 인해 하나님의 말씀이 저주로 임할 때 선하게 창조된 온 피조세계는 모든 영역에서 변하게 되었다.(창 3:14~19) 일군의 미생물은 병원균의 모습으로, 일군의 식물은 엉겅퀴와 가시덤불의 형태로, 뱀을 포함한 모든 가축과 들의 모든 짐승들 모두가 심지어 인간들마저도 필경은 흙으로 돌아가게 되는 모습으로 변하게 되었다.(창 3:14~19) 땅과 하늘도 불사르기 위하여 간수하신 바 되었다.(벧후 3:7) 완전한 것이 불완전한 모습으로, 선한 것이 악한 것으로, 썩지 않을 것이 썩을 것으로, 생리적인 것이 병리적인 것으로 그리고 죽지 않을 것이 죽을 것으로 변한 것이다. 이 모든 변화는 하나님의 말씀으로 무(無)에서부터 천지 만물이 본질상 순식간에 창조된 것과 같이 하나님의 저주적 선언으로 순식간에 홀연히 다 변화되었다.

이것이 사실이며 가능한 일이었을까? 성경은 어떻게 말씀하고 있는가? 우리들은 썩지 않을 것이 순식간에 홀연히 다 썩어질 것으로 변했음을 알기 위해서 하나님의 언약에 따라 온전한 회복이 이루어질 때, 썩을 것이 썩지 아니할 것으로 순식간에 홀연히 다 변하게 되는가 하는 것을 살펴봄으로 가능할 것이다.

> 보라 내가 너희에게 비밀을 말하노니 우리가 다 잠 잘 것이 아니요 마지막 나팔에 순식간에 홀연히 다 변화되리니 나팔 소리가 나매 죽은 자들이 썩지 아니할 것으로 다시 살아나고 우리도 변화되리라(고전 15:51~52).

하나님께서는 사도 바울을 통하여 분명히 말씀하셨다. 최후 심판의 날, 마지막 나팔이 울려 퍼지면서 그리스도께서 재림하실 그때에 큰 변화가 전 우주에 있을 것이라고!

그러므로 첫째, 이것은 비밀에 속한 일이다. 그러므로 이 변화의 비밀을 알게 된 자들만이 믿고 깨닫게 될 것이다. 둘째, 이 변화는 순식간에 홀연히 임할 것이다. 셋째, 이 변화는 온 세계가 다 변화할 것인데 모든 피조물이 다 변화하게 될 것이다. 넷째, 이 변화는 썩을 것이 썩지 아니할 것으로, 죽을 것이 죽지 아니할 것으로 변할 것이다. 이미 죽은 자들도 다시 살아나되 썩지 아니할 것으로 다시 살아날 것이다. 또한 살아 있는 자들도 다시 죽지 아니할 것으로 변화할 것이다. 마지막으로 이러한 변화가 일어나게 되는 것은 하나님의 측량할 길 없는 은혜로 가능하다.

마지막 아담되신 우리 주 예수 그리스도께서 '살려 주는 영'(고전 15:45)으로 오셔서 죄와 사망의 권세를 깨뜨리고 승리하심으로 말미암아 우리에게도 이김을 주신다. 그리스도의 재림으로 하나님의 치유에 대한 언약은 온전히 이루어질 것이다. 모든 연약함과 질병도 물러가고 사망의 권세도 사라질 것이다. 인간의 영과 혼과 육의 전인적 치유가 온전히 이루어질 것이며, 온 우주 만물들도 새롭게 변화될 것이다.

모든 만물은 하나님의 말씀으로 지어졌고, 인간의 죄악으로 말미암아 썩지 않을 것이 썩을 것으로 변화하였고, 노아의 홍수로 말미암아 세상이 멸망하였으되 이제 하늘과 땅이 그 동일한 말씀으로 불사르기 위하여 간수하신 바 되어 하나님의 약속을 믿지 않은 경건하지 아니한 사람들의 심판과 멸망의 날까지 보존하여 두신 것이다.(벧후 3:5~7) 그러나 말세에 빈정대며 조롱하는 자들이 와서 말하기를, "주께서 강림하신다는 약속이 어디 있느냐. 조상들이 잔 후로부터 만물이 처음 창조될 때와 같이 그냥 있다"(벧후 3:4)라고 외쳐 된다. 그리고 그들은 하늘과 땅과 모든 만물이 하나님의 말씀으로 창조되었고, 또한 인간의 죄악으로 말미암아 변화되고 왜곡되었다는 사실을 일부러 잊으려 하는 것이다.(벧후 3:5)

우리들을 위하여 '다시 오리라' 하신 주님의 약속(요 14:3)에 대하여 어떤 이들은 더디다고 생각할지 모르나 사실은 더딘 것이 아니라, 오직 우리들을 위하여 오래 참으사 아무도 멸망하지 아니하고 다 회개하기에 이르기를 원하시는 하나님의 자비하신 사랑이 있기 때문이다.(벧후 3:9) 그러나 주님의 날은 반드시 도둑 같이 갑자기 올 것이다.(벧후 3:10) 현재 그리스도께서는 우리에게 영적인 축복을 보장하시지만, 그가 다시 오실 때에는 그의 보호와 번영, 임재의 축복이 육체적인 데까지 분명히 이를 것이다.[37] 그리스도께서 재림하실 때에는 모든 질병과 슬픔은 사라지고, 하나님의 온전하게 하시는 언약의 말씀이 완전히 이루어질 것이다.

---

37   Richard L. Pratt, 『(인간존엄을 향한)하나님의 디자인』, 197.

그러므로 우리들의 모든 희망은 오직 예수 그리스도에게만 있다. 그분의 재림과 최후의 심판으로 그리스도의 다시 오심을 믿고 기다리는 모든 자들에게 모든 질병과 사망의 권세는 사라지고 하나님의 총체적 치유 사역은 완성될 것이다. 그러므로 우리들은 거룩한 행실과 경건함으로 하나님의 날이 임하기를 바라보고 간절히 사모해야 한다.(벧후 3:11~12) 그 심판의 날에 하늘과 땅은 불에 타서 녹아지려니와 우리는 주님의 약속대로 의(義)가 있는 곳인 새 하늘과 새 땅을 바라 볼 것이다.(벧후 3:12~13) 그러므로 그리스도 예수 안에서 인간과 온 우주 만물도 다시금 하나님의 선하신 뜻대로 온전히 회복되고 치유되는 총체적 치유(holistic healing)가 완성될 것이다.

새 하늘과 새 땅(치유 사역의 궁극적 목표)

인간의 타락과 죄악으로 말미암아 썩지 아니할 것이 썩을 것으로, 죽지 아니할 것이 죽을 것으로 변화된 이후에 하나님께서는 당신의 은혜와 사랑으로 당신이 창조하신 모든 선한 것을 회복하시기 위해 치유하시기 시작하셨다. 그리고 반드시 다시금 썩지 않고, 죽지 않을 것으로 회복시키실 것에 대한 신실한 약속의 언약을 맺으셨다.

오고 있으며 마침내 올 하나님의 나라는 회복과 치유의 완성의 나라이다. 그러므로 '새 하늘과 새 땅'에서 완성될 치유는 완전한 회복이며, 화해이며, 조화이며, 전체성이며 또한 구원이다.[38] 치유는 병리적 상태로부터 생리적 상태로의 회복이며, 창조 당시의 인간 존재로의 회복이며, 창조 당시 사회적 질서와 규율로의 회복이며 그 이상이다. 그러므로 치유는 자신과 이웃과 환경과 하나님과의 화해이다.[39]

그 때에 이리가 어린 양과 함께 살며 표범이 어린 염소와 함께 누우며 송아지와 어린 사자와 살진 짐승이 함께 있어 어린 아이에게 끌리며 암소와 곰이 함께 먹으며 그것들의 새끼가 함께 엎드리며 사자가 소처럼 풀을 먹을 것이며 젖 먹는 아이가 독사의 구멍에서 장난하며 젖 뗀 어린

---

38   이명수, 『치유 선교론』, 53.
39   위의 책.

아이가 독사의 굴에 손을 넣을 것이라 내 거룩한 산 모든 곳에서 해 됨도 없고 상함도 없을 것이니 이는 물이 바다를 덮음 같이 여호와를 아는 지식이 세상에 충만할 것임이니라 그 날에 이새의 뿌리에서 한 싹이 나서 만민의 기치로 설 것이요 열방이 그에게로 돌아오리니 그가 거한 곳이 영화로우리라(사 11:6~10).

이 아름답고 평화스런 정경은 예수 그리스도가 왕으로 다스리는 나라, 곧 완성된 하나님의 나라의 모습을 담고 있는 한 폭의 그림이다.[40] 이 예언적 표현은 '이리와 양', 그 두 대적인 적수들이 완전히 화해할 것을 보여주며 사자는 더 이상 피를 갈망하지 않을 것이며 황소와 마찬가지로 풀을 먹으며 만족할 것을 나타내고 있다.[41] 이 정경에의 묘사가 과연 상징적 비유일까? 아니면 이상향으로 꿈꾸는 하나의 꿈 속의 유토피아일까?

하나님께서는 이 세상을 창조할 당시, 땅의 모든 짐승과 공중의 모든 새와 생명이 있어 땅에 기는 모든 것들에게 모든 '푸른 풀'을 식물로 주셨다.(창 1:30) 그리고 인간들에게도 씨 맺는 모든 채소와 씨 가진 열매 맺는 모든 나무를 식물로 주셨다.(창 1:29) 그러므로 첫 창조의 에덴동산에서는 이리와 표범과 염소, 송아지와 사자 그리고 암소와 곰이 함께 어울려져 함께 풀을 뜯었을 것이다. 이사야 11장의 예언은 타락 이후 원수되고, 부조화하며, 병리적이며, 무질서한 자신과 이웃과 환경과 하나님과의 사이가 처음 창조 동산에서와 같이 완전히 회복되고 치유될 것을 분명하고 구체적으로 표현하고 있다고 본다.

그러므로 온전한 치유는 인간의 몸과 마음과 영이 자연과 하나님과 사이의 조화와 질서이며 치유는 온전함, 건강, 생명 그리고 구원이다.[42] 나아가서 새 하늘과 새 땅에서의 완성과 온전함은 창조 당시의 인간 존재로의 회복과 사회적 질서와 규율에로의 회복만을 의미하지 않는다. 보다 더 성숙하고 고차원적인 상태로의 회복인 것이다. 처음 하늘과 처음 땅이 없어

---

40 F. Delitzsch, 최성도 역, 『이사야(상)』(서울: 기독교문화사, 1987), 302p에서, 교부들과 루터와 칼빈 그리고 베트링가와 같은 주석가들은 동물의 세계에서 따온 이러한 비유들을 상징적으로 받아들였다. 반면에 현대의 합리론주의자들은 이 비유들을 문자 그대로 받아들이고는 그 전체를 하나의 아름다운 꿈과 소망으로서 간주해 버렸다. 그러나 그것은 예언으로서 그 실현이 시간과 영원 사이의 경계의 차 안에서 기대되어지는 것이며, 바울이 로마서 8장에서 나타내는 것처럼, 구원의 역사에 예정된 과정에 있는 총체적 연결이 되고 있다.(헹스덴 베르크, 움브라이트, 호르만, 드레쉴러)

41 위의 책, 302.

42 이명수, 『치유선교론』, 53.

지고, 새 하늘과 새 땅이 전개되어 하나님의 나라에서 우리들은 하나님의 백성이 되고, 하나님은 친히 우리와 함께 계셔서 우리들의 눈에서 눈물을 씻기시며, 다시 질병이나 사망이나 애통하여 우는 것이나 아픈 것이 완전히 사라질 것이다.(계 21:1~4) 그리고 다시는 '선악을 알게 하는 나무의 열매'에 대한 시험(test)과 같은 것도 없을 것이니 이는 '여호와를 아는 지식'이 세상에 충만하게 될 것이기 때문이다.(사 11:9) 그곳에서 하나님은 우리들의 아버지가 되고, 우리는 하나님의 백성이 되어 영원히 건강을 누리며 살 것이다. 아멘!

하나님의 치유의 궁극적 목표가 되는 새 하늘과 새 땅의 건설은 타락한 인간과 사회가 예수 그리스도를 통한 완전한 회복과 치유와 구원으로 이룩된다. 그것을 완성시키기 위해 다시 오실 메시아와 완전한 하나님의 나라를 회복하기 위해 주님께로부터 받은 위임 사항을 수행해 나가는 제자들이 만나는 때(omega point), 이미 도래한 하나님의 나라는 완성되고 하나님의 치유의 사역도 완성될 것이다.

아멘 주 예수여 오시옵소서(계 22:20).

심재두

심재두 선교사는 원동교회 파송과 개척선교회(GMP)· 소속 및 한국누가회(KCMF) 협력 선교사로 1984년에 경희대학교 의과대학을 졸업한 내과 전문의다. 1980년에 시작한 KCMF 원년 멤버 중의 한 사람으로 KCMF 간사, 간사 대표 및 사무총장을 역임하였다. 대외적으로 학원복음화협의회, 한국복음주의학생단체협의회와 선교한국운동에 KCMF를 대표하여 참여하였다.

1992년 선교사로 허입되었고, 1993년부터 알바니아에서 교회 개척과 의료 사역을 하였으며, GMP 알바니아 팀장, 필드 대표, 알바니아 선교사연합회 실행이사와 세계기독의사회(ICMDA) 실행이사 및 선교한국, 의료선교대회, 의료선교훈련원 등 각종 의료 선교 집회와 교회 선교 집회, 국제선교대회와 모임에서 다양한 강의로 섬겨왔다.

현재 KCMF 선교부 이사, 한국로잔위원회 전문인사역위원장, 의료선교협회 이사 및 하나반도의료연합 이사로 봉사하고 있다. 의료 선교 부흥을 위해 의료 선교의 시스템을 세우고, 연결과 촉진을 하며, 선교 경험을 피드백하고, 의료 선교책들을 출간 또는 기획하고, 한인 의료 선교사 네트워크를 하며 의료 선교 관심자와 헌신자들이 모이는 7000네트워크운동 (www.7000m.org)을 섬기고 있다.

• 저서

『선교 핸드북』, 비전북, 2018.

『땅끝 56개국으로 간 치유사역자들』, 아침향기, 기획/편집, 2017.

『단기 의료선교의 새로운 패러다임을 찾아서』, 좋은씨앗, 공저, 2016.

『선교사 팀 사역과 갈등 해결』, 좋은씨앗, 2016.

『의료선교의 길을 묻다』, 좋은씨앗, 공저, 2015.

『의료선교학』, 연세대학교출판부, 공저, 2004.

서론

의료 선교가 조선 말기부터 시작된 한국 내 선교에 지대한 역할을 한 것은 주지의 사실이다. 한국에 온 선교사의 수는 1,061명으로 되어 있다(중복 제외, 활동이 구체적으로 밝혀진 선교사). 그중 의료 선교사는 263명으로 의사 134명, 의사 겸 목사가 9명, 치과 의사 7명, 간호사 76명과 기타 37명이었다. 약 1/4에 해당하는 이들이 의료 선교사로 활동하며 진료와 교육에 힘썼고 많은 교육기관과 병원을 세웠고 제자 의료인들을 남겼다.

한국의 의료 선교사는 2006년에 276명으로 국민일보 함태경 기자의 보도(국민일보 2006년 7월 9일), 그리고 2103년의 통계는 402명으로 분류는 의사 128명, 간호사 94명, 한의사 13명, 치과 의사 15명, 치위생사 5명, 치기공사 3명, 임상병리 3명, 물리치료사 3명, 간호조무사 3명, 약사 6명, 의료 선교 관련 목회자 47명, 기타 82명이다. 그리고 2016년 12월의 KWMA의 선교 통계 정리에 따르면, 의료 활동은 58개국 689명이 사역하는 것으로 되어 있다.(2016년 전체 선교사 수는 172개국, 27,205명)

필자가 2017년 8월에 기획, 편집하여 출간한 『땅끝 56개국으로 간 치유 사역자들』(세계한인의료 선교사열전)을 위해 접촉한 은퇴 및 현직 선교사를 기준으로 하면 6개월 이상 일했거나 일하고 있는 선교사의 수는 약 1,300명이며 2년 이상 사역한 선교사는 은퇴와 현직 포함하여 약 800명으로 보인다. 그러나 이 통계에는 역시 잡히지 않은 의료인들이 있다. 이 책은 앞으로 2, 3권을 진행할 것이므로 후에 더 정확한 자료가 발표될 수 있을 것으로 생각한다(56개국이면 KWMA의 2016년과 2017년의 58개국과 비슷한 수치이다).

1. 한국기독교의료선교협회

한국기독교의료선교협회는 현재 79개 단체가 회원단체인 한국을 대표하는 연합적인 의료기관이라고 말할 수 있다. 79개는 크게 학생 중심의 단체, 파송기관 그리고 교회의 의료 선교부로 요약될 수 있다. 이 협회의 역사를 요약 정리하면 아래와 같다.

1969년 1월 10일 오후 3시, YMCA 회관 이사실에서 기독 의료인, 기독 실업인 및 교역자들이 모여 창립총회를 개최함으로써 시작되었고, 영문 명칭은 Korea Christian Medico-Evangelical Association(KCMEA)이다. 이후 보건사회부에 사단법인 승인 신청을 하여 1971년 6월 14일에 법인등기를 완료하였다. 이후 선교사 파송과 국내 진료와 같은 다양한 의료 선교 활동을 진행하였다. 협회가 시작부터 현재까지 중요하고 큰 역할을 해왔고, 견줄만한 연합기관이 없음에도 불구하고 대내외적으로 협회가 한국의 모든 의료 사역을 대표하는 기관으로 인정을 받는 것인지는 명확하지 않다. 대표 기관에 맞는 전체적인 책임, 의료 선교에 있어 주도적이며 충분한 역할, 의료 선교 정보의 집합과 교류의 중심적 기능, 많은 교회와 교단에서의 인정, 일반 기독 의료인이나 선교 지향 기독 의료인들이 충분히 그렇게 알고 있는지 여부의 많은 요소에서 충분하지 않은 부분이 있다. 심지어는 의료선교대회를 계속 개최해왔으나 참석자들(특히 많은 학생들과 젊은 층)이 대회를 주최하는 기관이 의료선교협회인 줄 잘 모르는 경우도 있고, 그 기관이 무슨 일을 하는지도 모른다고 할 때에 그런 간격을 크게 느끼기도 한다. 심지어는 79개 단체가 자기 단체 안에서 의료선교협회를 충분히 설명하고 홍보하는지도 불투명하여 협회 소속 기관 내의 소수만 협회에 대해 알고 있을 가능성도 있다. 그래서 이를 극복하기 위한 노력과 투자와 역할이 필요하기도 하다.

2. 의료선교대회(한국·한미·대양주)

1) 역사와 결과

의료선교협회의 큰 변화 중 하나는 의료선교대회를 시작한 것이었다. 1988년 3월 9일에 국내에서 의료 선교 활동을 하는 몇몇 기관의 대표들이 모여 의료 선교와 관련된 단체와 의료기관 및 교회들이 서로 정보를 교환하고 공동으로 의료 선교 전략을 수립할 필요가 있다는 공동의 목표 아래 기획되었다. 마침내 1989년 10월 8~9일 이틀간 소망교회와 광림교회에서 의료를 통해 "복음을 땅 끝까지!"라는 주제로 제1차 의료선교대회를 시작하게 되었고 격년으로 진행하였다. 2017년 9월에 제15차 의료선교대회를 진행하였고, 현재 79개의 교회의 의료선교부와 선교단체 및 학생단체들이 모여 있다. 그동안 많은 교회들이 장소를 제공하고 협력하였고, 전국의 기독 의료인들이 모였으며 많은 선교사들이 참여하여 강의하고 정보를 제공하고 협력하여 제14차 대회 이전까지 이미 1만 명 이상이 참석하고 2,800명 이상이 헌신하였다.

〈표 1〉 각 대회별 참석자 통계 현황 (단위: 명)

구분	1차	2차	3차	4차	5차	6차	7차	8차	9차	10차	11차	12차	13차	14차	전체
일반	339	453	354	442	667	353	340	454	626	581	710	497	791	1,092	7,699
학생	418	348	460	429	553	204	212	228	167	86	341	187	263	232	4,128
계	757	801	814	871	1,220	557	552	682	793	667	1,051	684	1,054	1,324	11,827

〈표 2〉 각 대회별 헌신자 통계 현황 (단위: 명)

구분	1차 (30.5%)	2차 (24%)	3차 (42%)	4차 (22%)	5차 (40%)	6차 (37.8%)	7차 (44%)	8차 (31.9%)	9차 (32.7%)	10차 (25.4%)	11차 (0.06%)	12차 (4%)	13차 (11.4%)	14차 (13.8%)	통계
남	83	76	124	62	127	70	83	73	91	62	3	17	36	77	984
여	148	117	221	133	363	141	160	145	169	108	4	10	84	106	1,909
계	231	193	345	195	490	211	243	218	260	170	7	27	120	183	2,893

한국의 의료선교대회가 진행되는 과정에는 이건오 전 협회 회장의 미주 4바퀴를 도는 엄청난 수고와 헌신이 있었다. 그 결과 미주 지역에 미주기독교의료선교협의회(KAMHC, Korean American Missions Health Council, www.kamhc.org)가 시작되었고, 이 열매로 제1회 한미의료선교대회가 2006년에 베델교회에서 열렸다. 약 850명이 참석하였고 2014년까지 5차 대회가 진행되었다. 이후 미주협회는 2세들 이후의 세대들이 등장하고 주로 영어를 사용하는 형태로 진행되면서 GMMA(Global Medical Missions Allaince, www.gmma7.org)로 발전하였다.

이어서 2008년 10월 9일에 제1차 대양주한인의료선교대회가 개최되었고, 대양주한인의료선교협의회(OMMA, Oceania Medical Missions Alliance, www.omma.org.au)가 창립되었다. 그리고 제2차 대회가 2016년에 시드니에서 개최되었다.

또한 이런 대회와 연합을 지속적으로 발전시키기 위해 세계한인의료선교연합이 정식으로 발족되었고, 유럽과 남미와 아프리카에도 유사한 단체와 대회가 개최되도록 노력 중이다.

2) 의료선교훈련원

의료선교대회의 결과를 구체적으로 담기 위해 전국에 순차적으로 의료선교훈련원이 시작된 것은 매우 괄목할만 일로서 서울, 부산, 대전, 경북, 대구, 경기, 인천 지역 의료선교훈련원이 진행되어 왔고, 많은 수료생을 배출하여 선교사 파송의 여러 일들로 연결이 되었다. 그러나 모든 훈련 수료자들이 다 선교사로 나가지 못했으며, 해가 지날수록 훈련원에 참가자 수가 감소하고 있는 경향을 보여 이 부분도 연구와 변화가 필요한 것으로 보인다.

3) 의료선교대회를 위한 제안들

필자는 여러 번 의료선교대회에 강사로 참여하였다. 2007년 대회에서는 프로그램 디렉터로서도 역할을 하였고, 2015년 제14차 대회에서는 전체 준비위원장으로 섬겼다. 참석할 때마다 느낀 점을 정리해둔 기록에 남은 것을 보면 아래와 같다.

첫째, 강사진을 위하여 의료 선교사 명단과 사역이 확보되어야 한다. 대회 때마다 구성된 프로그램위원회와 조직위원회에서 인맥이나 단체를 통해서 알고 있는 의료 선교사만이 아니라 전체 의료 선교사 명단이 파악되고 각 분들의 지역과 사역이 잘 분석된 상황에서 강사진을 결정해야 한다. 그리고 선교사들을 초청하기 위해서는 파송 교회와 선교기관들과도 좋은 접촉점들을 가지고 있어야 한다.

둘째, 이전 대회들의 강의들이 잘 모아져 있어야 한다. 선교 핸드북에 나온 내용 외에는 대부분의 강의들이 사장된다. 또한 핸드북에는 볼륨의 제한이 있어 보통 요약된 내용만이 실린다. 그것은 한국의 의료 선교에도 손해고, 참석한 이들에게도 손해이다. 제한지역의 어려움이 있지만 모든 강의들이 잘 정리되어 대회 이후에 책으로나 CD로 편집하고 만들어 현장의 선교를 더 이해하고 학문적으로도 사용할 수 있으면 좋겠다. 그리고 이것을 참석자들에게 대회 이후에 판매하거나 선물한다면 참석자들은 선교대회를 더욱 잘 기억할 것이고 계속적인 선교의 도전이 될 것이다.

셋째, 선교사대회가 반드시 병행되고 선교사들이 조장을 해야 한다. 제14차 대회 이전에 두 번의 의료선교사대회가 있었다. 그러나 선교사대회에 온 선교사들이 모두 선교대회에 참석한 것도 아니며 강의를 담당하지 않는 선교사들은 각자의 일을 하기 위해 참석을 안 하기도 하였다. 2015년의 제14차 대회에서는 선교사대회와 선교대회에 모두 참석하는 부탁을 했고, 이에 비행기표의 50%를 지원하였다. 상당수의 선교사들이 편성된 조에 들어가서 조장 역할을 하여 관계 형성이 이루어졌고 이런 관계는 대회 이후에도 계속되었다. 선교사대회는 선교사들이 모이는 장을 제공하여 한국 의료 선교의 부흥을 위한, 그리고 선교지의 의료 사역의 활성화를 위한 토론과 제언과 연구와 설문조사들이 이루어져야 하고 대회를 위한 사전 준비를 해야 한다. 그러기에 반드시 대회 이전에 선교사대회를 개최해야 한다. 2015년 대회에는 88명이 2017년에는 95명의 의료 선교사들이 참석하였다.

넷째, 선교대회가 교회와 기독의료단체들과 진정한 협력과 연결이 되어야 한다. 의료선교대회가 초기에는 교계, 실업계와 의료계 삼위일체로 시작하였지만 이제는 의료계가 대부분이고, 교계가 약간 그리고 실업계는 없는 현실이다. 선교에는 교회 중심의 모달리티(modality)와 선교단체 중심의 소달리티(sodality)가 있다. 의료선교대회가 양측의 균형을 유지해야 하는데 모달리티는 줄고 소달리티만 남은 것은 아쉬운 일이다. 다시 의료선교협회가 교회와의 좋은 관계를 형성하고 협력과 동역으로 일할 수 있어야 하고, 실제적으로 서로 주고받는 것들이 있어야 한다. 선교대회에 참석하는 이들은 교회와 선교단체에 속해 있다. 헌신한 이들이 교회와 선교단체에서도 계속 선교적으로 잘 인지되고 성장해가도록 참석한 이들의 명단을 교회와 선교단체에 알려주고 상호적인 관리와 케어가 이루어지도록 해야 한다.

다섯째, 의료선교협회가 한국의 의료 선교를 진정으로 대표하는 대표성을 갖춰야 한다. 각 교회에 있는 의료 선교부와 계속적이고 확장적인 연결이 이루어져야 하고 기독 병원들과도 연계가 되어야 하며, 모든 의료 선교사들도 같이 모이고 협회의 조직에 의료선교사회가 있고 각 지역의 모든 의료 선교사 사역과 정보가, 그리고 국내의 의료 선교 관련 일들도 통일되어 대회와 협회로 모일 수 있도록 해야 한다. 일원화되면 분명히 의료 선교 부흥에 있어 시너지가 발생할 것이다. 각 교회와 의료선교단체의 중복되는 일들이 줄어들고 사역별과 지역별로 더 효과가 있을 것이고, 의료 선교 관련한 연구와 투자와 개발이 그리고 대외관계가 더 활발해 질 것이다. 또한 한국 선교를 논의하는 모임과 대회에서도 의료 선교를 대표하여 적극 참여하고 다양한 전략과 사역을 공유하고 공급할 수 있어야 할 것이다.

3. 몇 단체들 소개

79개 단체들은 각 단체의 전문성과 독립성을 가지고 다양한 선교 사역을 진행해왔다. 그중 몇 단체를 소개한다. 치과의료선교회는 1982년 3월에 창립하여 1992년 8월에 제1차 치과의료선교대회를 양재동 햇불선교회관에서 실시한 이후, 매 4년마다 대회를 하며 2016년에 제7차 치과의료선교대회를 실시하였다. 장기 선교와 임팩트(impact) 단기 선교 사역과 타 선교단체와의 협력 사역을 선교 전략으로 그동안 많은 장·단기 치과 선교사를 파송하여 협력하였다. 제42차 치과의료인학생선교수련회를 진행하였고, 학술대회를 시작하였으며 외국인 근로자와 독거노인들에 대한 봉사도 병행하였다. 대한기독간호사협회는 대부분의 간호사 선교사들이 소속되어 있는 큰 단체로서 100여 명이 넘는 간호사들이 선교 일선에서 수고하고 있다. CCC 아가페의료봉사단은 일찍 1974년부터 의료 선교를 시작하여 1984년 9월에 제1회 아가페의료선교대회(최초의 의료선교대회로서의 의미)를 개최하였고, 1997년 2월에 P국에 선한사마리아병원을 설립하면서 다양한 선교를 감당해왔다. 한국누가회(KCMF)는 1980년 2월에 설립되어 학생 사역과 선교를 중심으로 확장하여 여름과 겨울의 학생수련회에 약 1,000여 명이 참석하는 단체로 성장하였다. 현재 협력으로 의사 선교사들을 많이 파송하였고 산하 선교부에서 단기 선교와 선교 훈련을 병행 중이다. 비교적 많은 의료 선교사들을 파송한 WEC와 인터서브코리아도 다양한 지역에 의료 선교사들이 사역하고 있다. 각 단체들은 홈페이지를 가지고 있어 각 사이트에서 연혁과 활동을 확인해볼 수 있다. 이미 여러 단체들은 자체 내의 선교수련회와 세미나를 진행하고 있는데 이런 내용들이 의료선교협회 홈페이지나 다양한 연락망을 통하여 서로에게 알려져서 많은 정보와 지식들이 공유되면 좋겠다. 최근에는 한의 선교사가 많이 일어나는 만큼 치과선교대회와 같이 한의선교대회를 따로 개최하는 것도 필요할 것으로 보인다.

4. 의료선교사대회

의료 선교사들이 증가함에 따라 의료 선교사들이 모여 교제하고 협력하며 정보와 자원을 나누는 모임의 필요가 대두되었다. 이는 2009년에 부산의 호산나교회에서 제11차 의료선교대회가 시작되기 전에 수영로교회의 후원으로 첫 대회를 시작했고, 이후 광림수련원에서 제2차 그리고 2013년에는 하지 못했다가 2015년에 제3차 대회(선교대회 포함하여 88명 참석)를 분당 샘물교회에서, 그리고 2017년 9월 21~22일에 제4차 대회(선교대회 포함 95명 참석)를 대구 내일교회에서 개최하였다.

제3차 대회부터 일어난 변화는 선교사대회에서 설문조사를 진행하였고, 대회 전후로 선교사 네트워크를 위한 카톡방이 시작되어 서로 간에 교류가 많이 시작되었다. 그리고 제3차 대회의 설문조사를 기초로 제4차 대회를 준비하였고, 제4차 대회에서 다시 설문조사를 하여 이전과 비교함으로써 선교사들의 현황에 대한 이해가 더 깊어졌다. 특별히 제4차 대회에서는 선교사 성찰 프로파일 조사도 하여 선교사들의 성품, 영성, 사역과 직능, 팀 및 조직에 관해 많은 질문을 하여 깊이 살펴볼 수 있는 기회를 가졌다.

앞으로도 선교사대회는 계속 유지하면서 선교사들 간의 깊은 교제와 나눔 그리고 전략 개발과 의료 선교의 변화의 역사를 만들어 가면 좋을 것이다.

5. 의료 선교의 새로운 변화들

한국과 한인의 의료 선교의 연합과 부흥을 위하여 새로운 움직임들이 시작되었다.

1) 7000의료선교네트워크운동(7000운동) www.7000m.org

2015년 2월에 하나님의 부르심과 명령을 따라 시작한 운동으로서 의료선교협회의 산하 운동으로 자리를 잡았다. 의료 선교를 사랑하는 7000명을 모아서 준비하고 하나님의 명령을 기다리는 모임이다. 엘리야 시대의 바알과 아세라에 무릎을 꿇지 않은 7000명과 같이 주님에게 순종하는 이들을 찾아서 모이게 하는 것이다.

이 운동은 19세기의 학생자원자운동(Student Volunteer Movement)을 모델로 4가지 원칙 ─ 자율적 전임 헌신, 재정 헌신, 시간 헌신, 동원 헌신 ─ 을 가지고 있다. 약 660여 명이 모여 있고 다양한 일들을 하고 있다. 모여 있어 교제하는 것, 의료 선교 관심자와 헌신자가 이렇게 많이 있다는 것을 서로 아는 것, 소식을 듣는 것, 자료를 보는 것, 선교 세미나 같은 정보를 아는 것, 선교사의 질병과 필요를 돕는 것, 남는 것을 나누는 것 같은 다양한 일들을 진행 중이다.

단체 카톡방에 660여 명이 참여하고 있지만 실제로는 2,000명 이상의 모임이라고 볼 수 있다. 왜냐하면 각 분들이 자신이 출석하는 교회의 의료선교부와 관계가 있거나 선교단체와 연결되어 있고, 자신의 출신 대학과 의료기관과 관계가 있고 자신들만이 네트워크를 가지고 있어 카톡방에서 해결하지 못하는 주제들은 다른 네트워크의 도움을 받아서 우리에게 전달할 수 있기 때문이다.

2년 6개월 후 이 운동에 대한 평가는 아래와 같다.

• 가치와 의미
  - Partnership, Relationship, Synergy의 연합운동

- 공통 관심사 및 주요 관심사로서의 의료 선교의 가치

- 의료 선교에 대한 계몽과 도전 및 헌신과 참여

- 의료 선교 소통의 장

- 많은 지역의 다양한 이들이 열심히 하고 있다는 것을 알게 되어 격려와 응원

- 의료선교협회와 의료선교대회 및 의료 선교 정보와 상황을 직·간접으로 홍보

참여한 이들

- 의료인

- 비의료인: 목사, 방송국 PD, 선교사 케어 담당자, 선교단체 간사, 교회 의료선교부 담당

- 선교사(의료인 + 일부 비의료인)

기능과 역할

- 연결과 촉진: 교회, 교단, 단체, 지역, 의료인 및 비의료인들의 연결, 관계와 교제 촉진

- 교류와 협력: 서로를 알게 되고 협력 − 단기 의료 선교에 서로 참여

- 세대 간 소통: 학생부터 고령 의료인 사이의 자연스런 교제와 대화의 장

- 나눔과 지원: 정보, 소식, 물자, 현장

- 선교사 케어: 건강과 질병, 상담, 안식년, 재정과 기타 지원들

- 홍보와 동원: 선교사 요청, 단기 선교 요청, 선교대회, 각종 세미나와 모임들

- 소개와 교육: 선교 세미나, 선교 강의 및 기고문들 제시

그러나 이 운동이 진정한 운동으로 진행되려면 카톡의 한계를 극복하는 일, 참여자들의 교류와 연합, 선교적 계몽과 고취, 실제적인 사역들과의 연결, 선교사로서의 헌신과 참여 같은 여러 문제점들을 극복해야 할 것이다.

2) 네트워크와 카톡방을 통한 교류들과 장점들

2015년 제14차 의료선교대회 전후로 일어난 변화는 많은 카톡방이 생겼다는 것이다. 위

의 7000운동 카톡방 외에 의료 선교사들 카톡방이 처음으로 시작되어 많은 의료 선교사들이 기도 제목과 현지 소식과 필요와 지원을 나누게 되었다. 협회의 이사들을 초청해서 시작한 카톡방과 협회의 단체회원들이 모인 단체 카톡방에서도 소식과 나눔이 진행되었다. 그동안 오프라인 모임에 참석해야만 교제할 수 있던 것이 온라인에서 교제하고 나눔으로써 서로 간에 가까워짐과 협회와 선교에 대한 관심이 증가하였다. 제14차 의료선교대회에서는 183명이 헌신하였는데 이들의 모임 카톡방도 시작되었다. 2015년 이후에 이런 카톡방들은 일상이 되어 다양한 교류와 네트워크를 가능하게 해주었다.

3) 의료 선교책 출간

20년 현장 선교를 하면서 여러 아쉬움 중의 하나는 내가 필요로 할 때 도움을 받을 수 있는 정보와 내용이 구체적으로 없다는 것이었다. 한국의 선교가 성장하고 발전하려면 많은 선교책들이 출간되어야 한다. 예를 들어 한 선교사가 적어도 한두 권 이상의 책을 출간해야 한다고 생각한다. 그리고 각 지역의 선교사들은 서로 모여서 그 나라의 선교 전략과 사역에 관한 여러 구체적인 모델을 담은 통합적인 책을 만들어야 한다. 최근에 나온 선교책 몇 권을 소개하려고 한다. (이것은 책 판매를 위한 홍보가 아니며 선교의 변화와 발전을 위해 안내하려고 한다.)

『의료선교의 길을 묻다』(좋은씨앗)는 2015년 10월에 출간된 책으로 민형래 일반외과, 심재두 내과, 양승봉 일반외과, 최정규 치과 선교사들이 헌신과 삶에 대하여 간증한 책이다. 많은 의대생들과 의료인들이 읽어보았다고 한다.

『선교사 팀 사역과 갈등 해결』(좋은씨앗)은 2016년 6월에 출간한 필자의 책이다. 이 책은 의료 선교사가 쓴 20년의 일기를 중심으로 직접 겪은 여러 번의 갈등과 그 외 다른 선교사들의 다양한 갈등을 관찰한 것을 담아 어떤 종류의 갈등이 있고 어떻게 대처하는지, 그리고 갈등을 넘어서 어떻게 팀 사역을 해야 하는지에 대한 강조를 담았다.

『단기 의료 선교의 새로운 패러다임을 찾아서』는 2016년 9월에 6명의  선교사와 2명의 한국 의료인이 공동으로 출간한 책이다. 8명 외에 13명의 단기 의료 선교 경험자의 글과 현지인의 반응 글, 12개 교회의 단기 의료 선교 프로그램을 넣었다. 한국 교회는 그동안 단기 의료 선교를 많이 하면서도 이를 종합적인 관점에서 살펴본 적이 거의 없다. 이 책은 단기 선교의 총론, 필요, 역할, 자세, 다양한 문제점들과 제언들을 담았다. 특별히 단기 선교(의료)의 좋은 모델로 사마리아 수가성 여인의 회심과 변화를 담았고, 아놀드 고르스케(Arnold Gorske)의 '단기 선교 의약품 사용의 피해'(Harm from drugs in short-term mission)라는 글에서 33가지의 문제점 제기를 기록해 놓았다.

그동안 의료 선교사들의 기록을 담은 책이 거의 없었다. 『땅끝 56개국으  로 간 치유 사역자들』은 현장에서 6개월 이상 일한 230명 의료 선교사들(부부 44가정 포함)이 56개국에서 사역한 자료를 모아 편집한 기록책이다. 소천하신 네 분의 의료 선교사도 포함되었으며 다양한 간증과 선교 보고와 사진들은 큰 은혜가 된다.

『선교 핸드북』은 2018년 3월에 출간된 책으로 필자가 25년 차 의료 선  교사로 그동안의 일기와 관찰한 것들을 정리한, 선교 임상에 도움이 되는 책이다. 강의와 세미나에서 같은 질문들이 반복되어 그것을 답하는 형식을 담으면서 동시에 선교사들이 현장에서 실제로 일할 때 도움이 되는 내용을 담았다.

4) 의료 선교 지원 시스템 구축

의료 선교사들의 필요는 매우 다양하다. 필자가 직접 선교사로, 의료 전문인으로 일하였기에 실제적인 필요를 느껴왔고 그것을 정리해왔다. 의료선교대회와 의료선교사대회에서 선교사들끼리 정보를 교환하고 요청해왔지만 카톡방이 시작된 이후로 좀 더 실제적인 지원이 시작되었다.

예를 들어 2015년에 이동식 초음파를 지원해줄 수 있는 힐세리온 회사에 요청하여 20대를 기증받았다. 기증받은 것을 의료 선교사 카톡방에 올리고 신청을 받았다. 2시간도 안되어 34명이 신청했다. 신청을 마감한 후에 자기 지역은 인터넷이 잘 안되어서 신속히 신청할 수 없었다는 하소연을 담은 카톡이 계속 올라왔다. 난감하였다. 지혜를 발휘하여 일단 신청한 순서대로 하고, 다음에 신속히 기증을 더 받아서 나누겠다고 카톡에 올렸다. 20대 중 18대를 신청한 순서대로 전 세계 선교사들에게 배분하고, 2대는 의료선교협회에 두어 단기 의료 선교팀이 대여해서 사용하도록 하였다. 감사하게도 2016년에 6월에 20대를 더 기증받아서 전년도에 못 받은 14명의 선교사들에게 줄 수 있었고 새로 신청한 이들에게도 분배가 가능하였다. 한번은 온누리교회의 간사가 수술용 장갑이 5만 개 남았다고 필요하신 분은 알려달라고 하여 의료 선교사 카톡방에 올렸다. 몇 시간도 안 되어 여러 국가에서 신청한 것이 10만 개도 넘었다. 적절히 분배하여 각 선교사들의 국내 후원 주소로 온누리교회에서 발송하였다. 아이티에서 클리닉을 시작하는 의료 선교사는 전기가 부족하여 발전기로 x-ray 촬영을 할 수 있는지를 카톡에 올렸다. 얼마안 되어 마다가스카르의 의료 선교사가 카톡에 올렸는데, 발전기로 촬영할 수 있으며 한국 내이를 전문으로 하는 회사와 사장의 연락처도 제공해주었다. 단기 의료 사역 후 남은 약들이 있다는 것을 올려 다른 교회나 선교사가 연락하여 받아서 사용하는 일들도 진행되었다.

5) 선교사 질병 케어

그 사이 현장 선교사들의 질병에 관한 치료 요청이 카톡방에 수시로 올라왔다. 대표적인 것은 탄자니아의 임신한 여성 선교사의 출혈 소식이었다. 밤에 사역을 마치고 집에 가는데 광주에서 전화가 왔다. 갑작스런 여성 선교사의 출혈 소식이어서 바로 차를 멈추고 소식을 전한 내과 의사를 의료 선교사 카톡방에 초대하여 내용을 올리도록 하였다. 이어서 많은 선교사들이 그 지역의 아는 산부인과 의사들을 추천하기 시작하였다. 마침내 서울대 의대 산부인과를 나온 의사 선교사가 다음 날 오전에 경비행기로 온 여성 선교사를 수술해주었다. 많은 출혈로 인해 생명을 잃을 뻔한 위험한 하루를 무사히 넘길 수 있었던 것은 카톡의 결과였다. 이렇게 카톡방은 현장의 요청을 바로바로 해결했다. 의료 선교사 카톡방과 7000 운동 카톡방 등에서 그동안 수백 건이 넘는 지원과 질병 상담과 연결이 이루어졌다.

6) 연합 의료선교세미나와 단기 의료 선교 홈페이지의 필요

2014년에 영락교회 의료선교부가 기획하여 교회 연합 의료선교세미나가 시작되었다. 단기 선교를 주제로 2014년과 2015년 진행했고, 2016년에는 아프리카의 선교와 보건을 주제로 진행되었다. 전남 광주에서는 동명교회를 중심으로 수년째 단기선교보고세미나를 진행하였고, 대구에서도 2016년 11월에 동신교회에서 단기의료선교보고포럼을 가졌다.

여러 지역의 단기의료선교포럼과 세미나에 참석하면서 단기 의료 선교 홈페이지를 만들어야 한다는 것을 강하게 주장하여 실천하고 싶다. 이 홈페이지는 단기 의료 선교를 하는 모든 교회들이 행한 사역들을 보안을 최대로 고려하여 홈피에 올리면서 시작되는 것이다. 그러면 같은 국가와 지역을 가려고 준비하는 다음 팀들이 그 내용을 보고 많은 최신 정보와 도움을 얻게 된다. 현장의 필요와 정치·사회적인 상황과 세관 문제들을 미리 알 수 있어 준비에 큰 도움이 된다. 그리고 현장에서 사역한 의료팀은 사용하고 남은 약을 한국을 가져올 필요가 없이 약들과 소모품을 현지의 선교사에게 맡겨놓고 이를 홈피에 알리면 다음 팀은 많은 약을 가져가지 않아도 되고 필요한 약들과 의료품만 가져가면 된다. 더 많은 정보는 직접 그 교회나 기관에 전화해서 물어보고 얻을 수도 있다. 최근에 아시아 지역의 단기 의료 선교에서는 세관에서 의료품 모두를 압수당하거나 세금을 크게 물었다는 보고들을 계속 듣고 있다.

더욱이 남는 약들을 의료 선교사가 아닌 현지의 목회자 선교사들에게 남기게 되는데 이를 남용하면서 항생제 내성률이 올라갔다는 보고들도 있다. 우리가 연합한다면 이런 일을 많이 줄일 수 있을 것으로 생각된다.

부흥을 위한 제안들

1세대 기독 의료인부터 현재까지 귀한 분들이 의료 선교를 위해 함께 많은 노력하며 경주해오셨다. 이런 기도와 헌신으로 많은 발전을 이루었지만 이제 더 정밀하고 전문적인 발전이 필요한 시대가 되었다. 이에 의료 선교의 부흥을 위해 아래와 같이 제안해 본다.

1) Research & Development

의료 선교에 관해 연구가 진행되고 이를 기초로 전략이 만들어지면 좋겠다. 3,000명 이상이 헌신하였는데 왜 의료 선교사는 크게 늘지 않았을까부터 헌신자들이 어떤 과정을 거치는가 하는 추적 연구가 반드시 필요하다. 그리고 의료 선교에서 무엇이 부족하고 어디서 어떻게 그 부족을 채울 수 있을 것인지, 그리고 현장 의료 선교사들에 대해 종합적이고 세부적인 연구를 제안하고 싶다. 또한 단기 의료 선교도 홈페이지를 만드는 것을 넘어 이를 전략화해서 선교 현장의 제자화와 전문화에 구체적으로 활용할 수 있는 제안들이 많이 일어나기를 바란다.

예를 들어 연구와 개발이 필요한 내용들을 아래에서 제시해 본다.
- 의료 선교는 목적인가 수단인가?
- 의료 선교의 성육신과 동화가 얼마나 어떻게 잘 이루어졌는가?
- 의료 선교가 전인적인(영,육,정신,사회) 역할을 하였는가? 아니면 신체 질병에만 우선하였는가?
- 우리 중심의 의료 선교였는가, 아니면 현지화되고 토착화된 의료 선교로 진행하였는가?
- 의료 선교의 제자화는 잘 이루어졌는가?
- 의료 선교는 소위 선교 전략이 있으며 어떤 전략을 사용하는가?
- 진료 중심에서 보건과 교육 중심으로 변화하고 있는가?
- 고급 기술을 전해주는 것을 선교라고 하지는 않았는가?

– 많이 가진 자로서 제국주의적으로 시혜를 베풀며 선교하는 것은 아닌가?

– 프로젝트성 의료 선교로서 진행은 적절한가? 재정 투자와 유지는 적절한가?

– 왜 의료 선교사들의 동원이 적은가? 헌신자들은 많았는데 실제 선교사로의 연결은 왜 적었는가? 그리고 왜 적지 않게 중도 탈락하고 있는가?

– 의료 선교사들은 선교적으로 의료(사역)적으로 잘 케어 받고 있는가?

– 의료 윤리는 지키고 있는가?(장기 및 단기 의료 선교에서 무면허 진료, 약과 장비의 허가없는 반입과 사용, 진료기록 작성과 보관, 부작용의 문제들, 진료 후 관리)

– 단기 의료 선교는 필요한 목적에 적절히 사용되고 있는가? 진료보다는 현지 의료와의 연결 및 보건과 교육에 우선적으로 집중되어야 하지 않은가? (단기 의료 선교를 갔다온 의료인들의 만족도가 높지 않다.)

– 한국에 연수 온 현지 의료인들에 대한 분석과 관리

위와 같은 질문들에 대한 적절한 논의와 답신들을 만들어가는 과정이 있기를 희망한다.

그 외 아래와 같은 연구들도 함께 진행되기를 바란다. 예를 들어 의료 선교훈련원에 참여하는 이들이나 선교대회에서 헌신한 이들을 약 10~15년간 지속적이며 반복적으로 관찰하고 추적해보는 소프트웨어 개발이 필요하다. 훈련받고 그 뒤에 어떻게 살고 있는지, 어떤 준비를 하고 있는지, 단기 선교와 다른 선교의 경험들을 갖고 있는지, 영적인 것과 심리적인 것과 신체적인 변화를, 그리고 언제 선교단체와 연결되어 파송 준비를 시작하는지와 같은 다양한 항목을 넣은 설문조사와 관찰카드들을 계속적으로 축적하고 연구하면 좋겠다. 그런 자료들을 근거로 헌신과 훈련, 교육과 세미나, 관리와 파송의 모든 단계에 적절한 변화를 만들고 개인 맞춤형으로 잘 돌보면 좋을 것이다. 현재는 그런 자료들이 없어서 일반적으로 감이나 불연속적이거나 부정확하게 선교 프로그램들을 만들고 있어 효과가 떨어진다. 구체적으로 정확하게(specific) 하지 못하고 있어 시간과 에너지를 소모하고 있으며 많은 열매를 거두지 못하고 있다. 동물 연구에 있어서도 돌고래나 북극곰에게 GPS(위치추적기)를 붙여서 이동을 연구하고 혈액을 채취하여 유전자 연구와 기타 연구를 하는 것처럼, 우리의 선교에도 이런 연구를 통한 데이터들이 많아야 한다.

2) 하드웨어를 넘어서 소프트웨어의 개발

그동안 선교대회 같은 대회 중심으로, 그리고 협회를 중심으로 조직적인 일들이 진행되어왔다. 모두 의미가 있지만 이는 주로 하드웨어적 접근으로서 이제부터는 그 안의 내용을 우선하는 실제적인 변화가 일어나면 좋겠다. 온라인의 개발, 홈피의 활성화, 헌신자들의 온라인 연결과 관리, 대회 참가자의 관리, 설문조사와 반영, 책자와 소책자 발간 같은 내용들이 활성화되기를 바란다. 하드웨어인 조직체를 유지하면서도 운동체인 소프트웨어가 온라인에서나 오프라인에서 실제적으로 더 이루어질 필요가 있다.

3) 세대 교체를 위한 투자와 우선순위

첫 의료선교대회 이후 의료인들 중에서 전임 사역자가 나와서 지속적인 선교 행정과 사역을 했더라면 의료 선교가 어떻게 변했을까를 가끔 생각해본다. 아마도 상당한 차이가 있었을 것이다. 한국 선교와 유사하게 의료 선교도 고령화가 진행 중이다. 대부분의 교회의 의료선교부에는 장년층 이상이, 그리고 의료 선교 모임과 대회에서도 젊은 층은 매우 부족한 것이 현실이다. 그나마 한국누가회 같이 학생단체가 활성화된 곳에서는 학생들과 젊은 의료인들을 많이 볼 수 있지만 이는 보편적인 현상은 아니다. 이제는 의료 선교의 중심축이 젊은 세대가 될 수 있도록 어느 시점을 정하여 과감한 세대교체와 이를 위한 투자가 이루어지면 좋겠다. 또한 의료 선교의 경험이 있는 현장의 선교사들이 의료선교협회 내에 더 많이 참여하여 선교대회나 내용의 실제적인 것들이 선교 현장적으로 기획하기를 바란다. 제14차 의료선교대회부터 선교사들이 직접 조장을 하여 참여자들과 조모임을 하면서 교제하고 카톡방들을 만들어 지속적인 대화를 하는 좋은 연결을 앞으로의 선교대회에서도 더 활성화 시키면 좋을 것이다.

4) 더 많은 기관들과의 협력과 시너지

국제 선교는 이런 방향으로 진행되어 왔고 실제 선교지에서도 그런 필요가 매우 증가하였다. 이를 위해 교단과 교회들과 교회 의료선교부들과의 더 많은 교류와 협력을 만들어가야겠고 한국세계 선교협의회(KWMA), 로잔운동, 세계기독의사회(ICMDA) 및 다른 선교단체들과도 더 다양한 관계를 통한 시너지를 만들어야 할 것이다.

맺음말

한국의 의료 선교 부흥을 위해 많은 노력을 경주해 온 모든 기관들과 의료인들에게 감사를 드린다. 실제로 대회와 모임과 장·단기 의료 선교에 많은 노력을 하였다. 그럼에도 불구하고 의료 선교사의 많은 동원과 파송, 적절한 의료 선교 모델 연구와 개발, 문제점을 찾아내서 개선, 개 교회주의와 개 기관주의를 넘어선 연합과 협력에서는 많이 부족해 보이는 것도 사실이다. 오랫동안 이런 일에 대해여 깊은 문제의식을 갖고 도전하지 못했다.

새로운 의료 선교 부흥을 위해서 의료 선교의 현황을 이해, 분석하고 새로운 역사를 위한 모험과 용기가 필요한 시대이다. 특별히 한국 교회와 선교가 위축되어 있는 이 시기에 휴지기를 갖고 믿음과 지혜로 잘 준비하여 축적하면 다가오는 시대에 성령의 역사에 연결되어 큰 선교 부흥을 견인할 귀한 역사를 만들 수 있을 것으로 기도한다.

참고 문헌

손영규. 『한국 의료 선교의 어제와 오늘』. 서울: CUP, 1999.
심재두 외 7인. 『단기의료 선교의 새로운 패러다임을 찾아서』. 서울: 좋은 씨앗, 2016.
심재두(기획/편집). 『땅끝 56개국으로 간 치유 사역자들』. 서울: 아침향기, 2017.
전우택 외 17인. 『의료 선교학』. 서울: 연세대학교 출판부, 2004.
한국기독교의료선교협회. 『한국기독교의료선교협회 40년사』. 서울: (사)한국기독교의료선교협회, 2009.
_____. 『한국기독교의료선교협회 제49차 정기총회』. 서울: (사)한국기독교의료선교협회, 2017.
_____. 『한국기독교의료선교협회 제15차 의료선교대회 평가서』. 서울: (사)한국기독교의료선교협회, 2017.

| 웹사이트 |
대양주한인의료선교협의회(OMMA), Oceania Medical Missions Alliance, www.omma.org.au
미주기독교의료선교협의회(KAMHC), www.kamhc.org
미주의료선교협회(GMMA, Global Medical Missions Alliance), www.gmma7.org
치과의료선교회(DMC, Dental Mission for Christ, www.dentalmission.org)
한국세계선교협의회. www.kwma.org, 『2016년 12월 한국 선교사 파송 현황』
7000의료선교네트워크. www.7000m.org

3

의료 선교 역사

한국 초기
의료 선교 역사와 실제

08

손영규

손영규 목사는 경희대학교 의과대학과 동 대학원을 졸업했다. 이비인후과 전문 의사이자, 의학박사(M.D., Ph.D.)이며, 미국 삼라한의대학원을 졸업한 한의사이기도 하다.

아세아연합신학대학원에서 치유 선교학(M.A.)을, 미국 International Theological Seminary에서 신학(M.Div., Th.M. & D.Min.)을 공부하였다. 총신대학교 신학대학원에서 목회학 연구과정을 다시 마치고, 대한예수교장로회(합동)에서 목사 안수를 받았다. GMS(총회세계선교회) 파송을 받아 중국 선교사로 활동하였다.

경희대 의대, 한림대 의대 그리고 총신대학교 외래교수로 활동하였고, 한국누가회 이사장과 아세아연합신학대학원 치유선교학과 주임교수를 역임했다. 현재 건양대학교대학원 치유선교학과 교수, 경주시 기독의사회 지도목사 등으로 활동하고 있다.

• 저서

『치유신학적 관점에서 바라본 하나님의 치유』, 예영커뮤니케이션, 2018.

『黃帝內經과 聖經』, 臺灣: 道聲出版社, 2018.

『황제내경과 성경』, 예영커뮤니케이션, 2014.

『한국 의료선교의 어제와 오늘』, CMP, 1999.

외 기타 공동 저서 다수

들어가는 말

오늘날 한국 교회가 세계 교회 역사상 괄목할 만한 성장을 가져오게 된 배경에는 의료 선교의 영향이 지대했다. 그러나 지금까지 한국 선교 역사를 논함에 있어서 의료 선교의 역할을 충분히 다루지 못했던 점이 적지 않다. 그러므로 한국 교회의 각 분야에 미친 의료 선교의 역할은 새로운 각도에서 재조명되어야 할 것이다. 하나님의 역사를 통해 펼쳐진 한국 초기 의료 선교 실제와 현황을 살펴봄으로써 이러한 노력들이 한국 의료 선교 내일의 발전을 향한 도전이 되기를 소원한다.

1. 한국 초기 의료 선교 역사[1]

한국 개신교 선교의 시작과 의료 선교

1) 한국 개신교 선교의 시작과 의료 선교사 알렌

의사 알렌(Dr. Horace N. Allen, 1858~1932)은 한국 선교의 문을 연 장본인이다. 그는 1884년 9월 20일, 중국에서 조선으로 들어옴으로 공식적 개신교 선교사로서 한국 선교의 첫 문을 열었다. 1884년 12월 4일, 갑신정변으로 부상당한 민영익을 치료한 것이 계기가 되어 고종 황제의 시의(侍醫)로 임명받았다. 그에 의해 세워진 광혜원(제중원으로 개칭)은 한국 개신교 선교의 교두보를 구축했다. 1886년 3월 29일, 알렌에 의해 '제중원의학교'가 개교함에 따라 의사 알렌과 헤론 외에도 언더우드 목사가 교육에 참여하였다. 의사 알렌은 한국 선교의 효시이자 처음으로 개신교 선교본부를 구축했다.

2) 언더우드 목사와 의료 선교사 릴리아스 언더우드

언더우드 목사(Rev. Horace G. Underwood, 1859~1916)는 1885년 4월 5일, 장로교 목사로서

---

[1] 본 글은 필자의 저작인 『한국 의료 선교의 어제와 오늘』(서울: CMP, 1999)을 재편집하였다.

는 최초로 장로교 선교사가 되어 인천에 상륙했다. 그는 제중원의학교의 교사 자격으로 학생들을 만나 화학과 물리학을 강의하면서 선교를 시작했다. 더욱이 언더우드 목사가 사역에 힘을 얻어 새문안교회, 연희전문학교 등을 세워 '언더우드 선교의 꿈'을 실현시킬 수 있었던 것은 그가 이 삭막한 선교지에서 1889년에 여의사 릴리아스 호튼(Dr. Lillias S. Horton)과 결혼하여 부부가 됨으로서 가능했다. 언더우드 목사의 위대한 사역은 부인 릴리아스 언더우드의 의료 선교 사역의 영향이 컸다.

3) 최초 민간 병원 — 시병원과 의료 선교사 스크랜튼

의사 윌리엄 스크랜튼(Dr. William B. Scranton, 1856~1922)은 1885년 5월 3일, 미국 북감리교 의료 선교사로 조선에 두 번째로 들어 온 의사였다. 그는 민중, 특히 빈곤층을 주 대상으로 삼고 활동했다. 1885년 서울 정동에 최초의 서양인 민간의료기관을 세웠고 1886년 6월 15일, 시병원(施病院)을 설립했다. 1887년에는 여의사 하워드(Dr. Meta Howard)와 함께 여자와 아이들을 위한 부인 전용 병원(보구녀관의 전신)을 세웠다. 그는 민간 계층을 위해 시병원을 남대문 빈민 지역으로 이전하여 민중 선교의 교두보가 된 '남대문 상동병원'을 설립했다. 그는 1892년 상동병원 내에 상동교회를 설립하고 담임목사가 되었다. 그는 22년간 한국에 머물면서 가난하고 헐벗은 자들의 친구로서 헌신하였다.

4) 양화진과 의료 선교사 헤론

의사 헤론(Dr. J. W. Heron,1856~1890)은 미국 북장로교 선교사로서 한국 선교의 도전에 가장 먼저 반응하고 제일 먼저 내한하려 했었다. 그러나 태풍의 영향으로 일본에서 체류하다 1885년 6월 21일에 의사 알렌과 스크랜튼에 이어 세 번째로 조선에 들어왔다. 그는 제중원에서 알렌에 이어 원장이 되어 혼신의 힘으로 환자들을 진료했다. 언더우드, 아펜젤러 선교사 등과 성경번역위원으로 공헌했다. 1890년 6월 '대한성교서회'를 창설하고 문서 선교를 시작했다. 선교사 공의회를 조직하여 회장직을 맡았다. 제중원 진료 및 농촌 순회 진료와 복음 전도에 열중했다. 그러나 무리한 선교 사역으로 과로하여 이질로 인해 순직했다. 의료 선교사인 그가 첫 순직자가 됨으로서 양화진이 생겨나게 된 것이다.

5) 세브란스병원, 세브란스의학교와 의료 선교사 에비슨

올리버 에비슨(Dr. O. R. Avison, 1860~1956)은 토론토 약대 및 의대 교수로서 또한 토론토 시장 주치의로 활동하다가 하디와 언더우드의 영향으로 1893년에 내한했다. 그는 미국의 석유회사 중역인 루이스 세브란스의 도움으로 제중원을 발전시켜 한국 최초의 근대 종합병원인 '세브란스병원'을 세웠다. 또한 제중원의학원을 발전시켜 최초의 전문 의학 교육기관인 '세브란스의학교'를 세웠다. 그가 세운 세브란스병원과 의과대학교를 통하여 수많은 의료 선교사뿐만 아니라 복음 선교사들이 한국 교회와 선교를 위하여 헌신하였고, 이들 기관을 통해 세계 선교를 위한 많은 활동이 전개되고 있다.

한국 의료 선교를 위해 많은 분들이 헌신하셨지만 한국 의료 선교의 위대한 '에비'(아버지)는 '에비슨 박사'라고 생각한다. 올리버 R. 에비슨의 회고록을 편역한 연세대학교 의과대학의 박형우 교수는 에비슨 박사가 의학 교육과 고등 교육을 병행하며 한국에 기여할 수 있었던 배경을 다음과 같이 주장한다.

"첫째, 올리버 R. 에비슨은 타고난 성품이 낙천적이며, 일을 조급하게 처리하지 않으며, 좀처럼 화를 내지 않았다. 둘째, 종교에 대한 포용력이다. 그는 자신이 속한 교파의 신조를 고집하거나 경직되지 않았다. 그는 자신이 감리회 신자로 지내왔지만 장로회 선교사로 파송 받음에 주저하지 않았다. 그는 진정 교파를 초월한 교회 연합 운동의 선구자였다. 셋째, 선교에 대한 생각이다. '하나님을 경외하고 이웃을 사랑하라'는 십자가 정신을 평생 품고 사역했다. 하나님을 경외하는 일과 이웃 사랑을 실천하는 일에 균형을 잃지 않았다. 넷째, 한국인에 대한 사랑이다. 특히 그는 젊은이들에게 지식의 힘을 키워주는 것이 최선의 방책이라고 생각하여 두 학교(세브란스의학교, 연희전문학교)를 통해 의학과 과학을 가르쳤다. 다섯째, 교육에 대한 생각이다. 그는 교육을 통해 (자국민) 인재를 양성하고 나면 선교사들은 결국 '출구'라고 표시된 문을 통해 퇴장해야 한다고 생각했다. 이런 목표를 이루기 위해 에비슨 선교사가 기울였던 노력은 결국 서양 의학의 토착화였다."

---

2   O. R. Avison, *Memorise of Life in Korea*, 박형우 역, 『올리버 R. 에비슨이 지켜본 근대 한국 42년 (상)』(서울: 청년의사, 2010), 9~12.

6) 조선의 초상 — 의료 선교사 홀 일가

윌리엄 J. 홀(Dr. William James Hall, 1860~1894)은 캐나다에서 출생했다. 1891년 미국 감리회 의료 선교사로 내한했다. 1892년 의료 선교사 로제타 셔우드(Dr. Rosetta Sherwood Hall, 1865~1951)와 결혼했다. 윌리엄 홀은 평양을 중심으로 병원, 광성학교, 남산현교회 설립 등 사역을 활발히 전개했다. 1894년 청일전쟁 때 부상자 치료에 헌신하다 너무 과로했고, 학질에 걸려 순직했다.

부인 로제타 셔우드 홀은 1890년 미국 감리회 의료 선교사로 내한했다. 1897년 2월 평양에 '기홀병원'을 설립했다. 1897년 11월에 다시 내한하여 서울의 보구녀관을 맡았다. 1898년 평양으로 가서 부녀자와 아동을 위한 '광혜여원'을 설립하여 의료 사역을 전개했으며, 처음으로 맹인교육(평양맹아학교)을 실시했다. 1917년 서울로 이주 후, 동대문 부인병원에서 근무하면서 1920년 여자 의학반을 조직했다. 이 여자 의학반은 1928년 경성여자의학전문학교로 발전했다(현 고려대학교 의과대학 전신).

아들 셔우드 홀(Dr. Sherwood Hall, 1893~1991)은 1893년 서울에서 출생했다. 1923년 토론토 의과대학을 졸업하고, 1926년 4월 미국 감리회 의료 선교사로 내한했다. 해주 구세병원(노튼 기념병원)에서 진료하며, 1928년 한국 최초의 결핵요양원인 '구세요양원'을 건립하고 결핵위생학교를 설립했다. 1932년 한국 최초로 크리스마스 씰을 발행하여 결핵 퇴치 운동에 전념했다. 1991년 소천하였으며 유언에 따라 양화진에 안장되었다. 실로 홀 일가는 진정 한국을 사랑하고 한국인을 섬긴 귀한 의료 선교사 일가였다.

교육 선교와 의료 선교

1) 벙커 목사와 의료 선교사 엘러즈

벙커 목사(Rev. Dalziel A. Bunker, 1853~1932)는 1886년 7월 4일, 미국 북장로교 교육 선교사로 내한하여 고종 황제의 요청에 의해 세워진 육영공원(영어교습소)에서 영어 교수로 활동하였다. 그는 같은 해에 첫 여자 의사로 내한한 엘러즈(Dr. Annie Ellers)와 결혼했다. 미감리회로 옮겨 배재학당 등에서 교육 사역에 전력했다. 독립협회사건(1902~1904년)으로 투옥된 이상재, 이승만 등 12명을 기독교 신자로 결신시켰다. 의사 엘러즈는 제중원의 부인부를 맡아 왕실 부인들을 진료하며 전도했다. 1888년 4월에는 부인 전용 병원인 보구녀관(이화여자대학교 의과대학 부속병원: 동대문병원 전신)을 세워 원장으로 봉사했다. 벙커 목사와 엘러즈 의사 부부는 한국 초기 교육 선교와 의료 선교에 많은 공헌을 했다.

평양신학교와 의료 선교

1) 사무엘 마펫 목사 일가와 의료 선교

사무엘 마펫 목사(Rve. Samuel A. Moffett, 마포삼열)는 1890년 미국 북장로교 선교사로 내한하였다. 그해 서울에서 언더우드로부터 예수교학당(경신학교 전신)을 인수하여 교육 사업에 몰두하였다. 1893년 사역지를 평양으로 옮겨 평양 선교 지부를 설립하였다. 그는 1899년 6월 1일, 의사 선교사 메리 앨리스 피쉬(Dr. Mary Alice Fish)와 결혼하여 의료 사역에 함께 동참하게 됨으로서 더욱 뜨겁게 선교에 임하게 되었다.

1901년 평양에서 신학 교육을 시작하였고, 1904년에 정식으로 평양신학교 초대 교장에 취임했다. 1907년 9월 17일, 그는 대한예수교장로회 독노회 회장으로 재직하면서 평양신학교 출신 한국인 최초의 목사 7명에게 안수하였다. 그는 평양신학교 교장으로서, 조선예수교장로회 총회장으로서 헌신하여 혼란기에 처한 한국 교회를 이끌어갔다. 그의 이러한 활동의 배경에는 그의 아내 의사 선교사 앨리스 피쉬 마펫의 공헌이 컸다. 그녀는 1912년 의료 선교 사역 중 과로하여 순직했다.

1915년 마포삼열 목사는 먼저 세상을 떠난 부인의 사촌 여동생인 루시아 피쉬(Lucia H. Fish)와 재혼하였다. 이들 사이에는 세 아들이 태어났는데 사무엘 마펫(Samuel Hugh Moffett), 하워드 마펫(Howard Fergus Moffett, 마포화열), 그리고 토마스 마펫(Thomas Fish Moffet)이다.

1948년 4월 하워드 마펫(마포화열)은 31세의 나이에 미국 북장로교 의료 선교사로 한국에 파송되었다. 그는 한국이 일본 압제에서 해방이 되자, 자신이 태어났던 한국으로 의료 선교사가 되어 다시 돌아왔던 것이다. 그는 대구 동산기독 병원의 제7대 원장으로 취임한 이후, 은퇴하여 미국으로 귀국할 때까지 45년 동안 의료 선교사로서 활동했다. 그는 대구 동산기독병원장, 대구 애락보건병원장, 학교법인 계명기독대학 이사장, 계명대학교 동산의료원 협동의료원장 등을 역임하면서 불과 60병상이던 동산기독병원을 1천여 병상의 대형 의료원으로 발전시켰다.

평양대부흥운동과 의료 선교

1) 원산기도회와 의료 선교사 하디

한국 선교에 있어서 가장 중요한 사건 중의 하나는 '평양대부흥운동'이다. 이는 1903년 원산기도회가 도화선이 되어 전국으로 요원의 불길같이 번져나갔다. 이 원산기도운동의 주역이 바로 1890년에 내한한 캐나다 출신 의료 선교사 로버트 하디(Dr. Robert A. Hardie)였다. 그는 미국 '학생외지선교자원단' 출신으로 1890년 캐나다 기독청년회(YMCA) 소속 독립 선교사로 내한했다. 처음 부산에서 활동하다가 동문 출신인 의사 에비슨과 협력하여 제중원에서 근무하였다. 1898년 YMCA와의 계약 기간이 만료됨으로 미국 남감리교 선교사로 이적하면서 목사로 활동하였다.

1903년 8월 원산에서 기도와 성경사경회를 개최함으로서 원산기도운동을 이끌었다. 이 원산기도회 때에 그는 성령의 감동하심으로 주님 앞에 간절히 회개하는 역사가 일어났다. 이를 계기로 1907년 평양대부흥회가 열리기까지 연합사경회의 부흥강사가 되어 전국적인 회개운동의 주역이 되었다.

2) 평양대부흥운동과 한의사 길선주 목사

1907년 일어난 평양대부흥운동의 한국 측 주역은 길선주 장로였다. 그의 회개운동은 한국 교회의 부흥의 초석이 되었다. 그로 인하여 새벽기도운동이 시작되었고 백만 구령운동이 펼쳐졌다. 그는 1907년 평양신학교를 제1회 졸업하고 목사가 되었다. 그는 3·1 독립만세운동의 민족대표 33인 중의 한 사람으로 활동하는 등 한국 교회와 사회에 지대한 영향을 주었다. 그러나 우리는 그가 한의사 출신의 의료인이었던 것을 잘 알지 못하고 있다.

2. 한국 초기 의료 선교의 실제

내한 의료 선교사들의 활동

19세기에 일어났던 미국 대각성운동의 영향으로 조직된 전국신학교연맹(1880년 시작)은 신학생들의 선교 열의를 고조시켰고, 일반 대학생들에게도 큰 영향을 끼쳤다. 한국으로 온 많은 선교사들도 이 운동에 적극 참여했던 사람들이었다. 내한 의료 선교사들의 활동은,

첫째, 의료 사역(의료를 통한 그리스도의 사랑을 전하는 봉사 사역)으로서 진료, 연구 그리고 교육 사역이 주를 이루었다. 그 내용들은 (1) 고정 또는 순회 진료소 및 병원의 개설과 운영으로 한 환자 진료 사역. (2) 동역 직원과 후학을 위한 의학 교육 실시(인재 양성)와 연구 및 의학 서적 편찬 사역. (3) 특수 의료 사업 실시(지역사회 보건 위생 증진 사업, 의료 사회 사업, 특수 질환 진료) 등이었다.

둘째, 선교 사역(기독자로서 그리스도의 복음을 전하는 구령 사역)으로서 예배, 성경 공부 그리고 전도(선교) 사역이었다. 그 내용들은 (1) 성경 공부반 운영, 기도회 주관, 예배 인도 및 순회 전도 여행. (2) 문서 선교 시행, 기독교 문화 보급과 교회 설립에 참여. (3) 각종 선교모임 참가(초교파적 협력 선교를 위한 연구 등) 및 선교를 위한 제반 행정 처리. (4) 기타 자신들의 생계와 진료소 및 병원 개설과 운영에 따른 모금 활동 등을 행하였다.

내한 의료 선교사들의 갈등

한국 의료 선교의 역사는 개신교 선교본부들의 간접 선교 정책에 따라 교회 개척 사업 및 교육 사업과 함께 시작했다. 복음 전도 사업에 있어서 교회 설립이나 교육 사업은 쉽게 연관을 가질 수 있지만 의료 사업은 그렇게 용이하지 않았다. 의료 선교사는 복음 선교사나 교육 선교사와의 사이에서 또 다른 외부적인 갈등을 느끼고 있었다. 실례로 당시 한국 선교 전략에 있어서 의사 알렌이 담당한 의료 선교를 우선적으로 실시함이 효과적임을 건의했으나 받아들여지지 않았다. 미국 북감리회의 아펜젤러 목사와 미국 북장로회의 언더우드 목사는 한국에 공식

적으로 한국 최초의 복음 선교사들이었다. 이들은 모두 서양 교육을 위한 교사 자격으로 입국했다. 따라서 한국 개신교 선교 활동은 교육 선교와 복음 선교에 치중되었던 것이다.

한편 내부적 갈등도 심각했었다. 곧 의료 선교에 대한 본질적 문제로서, "의료 선교사는 근본적으로 의사이어야 하나? 아니면 선교사이어야 하나?" 하는 것들이었다. 대부분 위 의료 선교사들은 의료 활동이 복음 전도 사역의 한 도구로, 또는 사람들을 교회로 나오게 하는데 쓰이는 한 미끼로만 활용되는 것을 원하지 않았던 것이다. 그러나 많은 목사 선교사들은 의료 선교에 대한 이해를 복음 전도 사역의 한 도구로서 의료 선교를 이해하였던 것이다. 뿐만 아니라 그 밖에도 '의료'라는 특수한 전문적 사역 때문에 다른 선교사들보다도 더욱 많은 갈등 속에서 그 사역을 담당해야만 했었다.

내한 의료 선교사들의 고난

많은 의료 선교사들은 넘쳐나는 환자들에 대한 의료 사역과 복음 전파 사역으로 누적되는 과로와 열악한 환경 속에서 오는 질병 등으로 건강이 악화되어 쓰러져갔다. 의사 헤론은 제중원 봉직 중 활발한 문서 선교 사역과 무리한 농촌 순회 진료를 행하다 과로하여 이질로 인해 순직했다. 여의사 헤리스(Dr. Lillian S. Harris)는 평양 부인병원에서 일하다 장티푸스에 전염되어 순직했다. 의사 랜디스(Dr. Eli B. Landis)는 인천에서 일하다 장티푸스로 순직했고, 의사 윌리엄 홀(Dr. William J. Hall)은 청일전쟁 후 평양에서 부상자들을 돌보다 순직했다. 또한 사무엘 마펫 목사의 부인 된 여의사 마펫(Dr. Alice Fish Moffett)도 평양에서 일하다 과로로 인하여 순직했고, 의사 오웬(Dr. C. C. Owen)도 광주를 중심으로 복음을 전하며 순회 진료를 펼치던 중 과로로 순직했다. 주님을 사랑하는 마음과 한국 국민을 사랑하는 마음으로 이역만리를 떠나 '땅 끝'으로 찾아왔던 이들은 전국 각지에서 이렇게 죽어갔다. 또한 의사 샤록(Dr. A. M. Sharrocks), 소든(Dr. J. E. Sawdon), 브라운(Dr. Hugh Brown), 포사이드(Dr. Wiley H. Forsythe) 등은 힘든 일로 건강이 악화되어 강제로 본국에 송환되어 죽음을 맞이했다.

의료 선교사들은 많은 고난과 역경 속에서도 의료인으로서, 또한 선교사로서 그 역할을 훌륭히 수행했다. 그 결과로 대중 속에서 기독교의 전파는 훨씬 효과적이고 역동적으로 전개되었다. 의료 선교사들은 의사로서 뿐만 아니라 먼저 그리스도의 대선교명령(마 28:18~20)에 충실한 용사들이었으며, 그리스도의 뜨거운 사랑을 전하려는 열정에 찬 전도자들이었다.

3. 내한 의료 선교사들에 대한 통계적 고찰

지난 한 세기(1884~1984) 동안의 활동 자료 및 분석

본 자료 분석은 1994년 한국기독교역사연구소에서 발간한 자료총서 제18집인『내한 선교사 총람』을 중심으로 자료 분석을 한 것을 바탕으로 하여, 1996년 발간된 최제창의『한미의학사』에 수록된 의료 선교사 명단과 1995년 발간된 마서 헌트리의『한국 개신교 초기의 선교와 교회의 성장』에서 수록하고 있는 주한 선교사 일람표를 참고하여 내한 외국인 의료 선교사 총람을 작성하였다.

1884년부터 1984년까지 지난 100년 동안 내한한 외국인 선교사들을 살펴볼 때, 활동이 구체적인 기록으로 밝혀진 선교사, 즉 '내한 활동 선교사' 총수는 1,061명으로 나타나 있다. 중복을 포함한 통계로는 1,094명인데, 목사 선교사 302명(목사 269명, 목사 겸 의사 9명, 목사 겸 교사 24명), 의료 선교사 263명(의사 134명, 의사 겸 목사 9명, 치과 의사 7명, 간호사 76명, 기타 37명), 교육 선교사 305명(교사 281명, 교사 겸 목사 24명), 그리고 기타 일반 선교사 224명으로 보고되었다. 전체 선교사의 수(1,061명)에 대한 의료 선교사의 비율은 24.7%에 해당했다. 그리고 의료 선교사로 사역한 기간이 15년 이상된 의료 선교사의 비율은 49.1%로 거의 절반에 이르렀다.

내한 활동 선교사 분포

내한 의료 선교사 직능별 분포

* 내한 활동 선교사 총수: 1,061명(중복 제외)—활동이 구체
  적인 기록으로 밝혀진 선교사

중복 포함한 총수 : 1,094명

(1) 의료 선교사 : 263명
   (의사 134명, 의사 겸 목사 9명,
치과 의사 7명, 간호사 76명, 기타 37명)

(2) 목사 선교사 : 302명
   (목사 269명, 목사 겸 의사 9명, 목사 겸 교사 24명)

(3) 교육 선교사 : 305명
   (교사 281명, 교사 겸 목사 24명)

(4) 기타 일반 선교사 : 224명

〈도표 1〉
내한 활동 선교사 분포

내한 의료 선교사 총수: 263명

(1) 의사 선교사 : 143명
   (의사/목사 : 9명 포함)

(2) 치과 의사 선교사 : 7명

(3) 간호사 선교사 : 76명

(4) 기타 의료 선교사 : 37명

〈도표 2-a〉
내한 의료 선교사 직능별 분포

◆ 내한 의료 선교사 성별 분포

〈도표 2-b〉 내한 의료 선교사 직능별 및 성별 통계

순위	직능	선교사 수	비율	남자	여자	비고
1	의사	134	50.9 %	102	32	높은 여의사 참여
3	의사/목사	9	3.4 %	8	1	
2	간호사	76	28.9 %	1	75	높은 20대 미혼여성률
4	치과 의사	7	2.7 %	6	1	
5	물리치료사	4	1.5 %	0	4	
6	행정가	3	1.1 %	2	1	
7	공중위생사	2	0.8 %	0	2	
8	수의사	1	0.4 %	1	0	
8	약사	1	0.4 %	1	0	
8	임상병리사	1	0.4 %	0	1	
	기타	25	9.5 %	7	18	
계		263	100 %	128	135	

◆내한 의료 선교사 국적별 분포

〈도표 3〉 내한 의료 선교사 소속 국가별 통계

순위	국적	선교사 수	비율	국가별 내한 전체 선교사에 대한 의료 선교사 비율
1	미국	220	83.7 %	69.3%
2	영국	14	5.3 %	13.0%
2	캐나다	14	5.3 %	6.4%
4	호주	13	4.9 %	5.6%
5	스위스	1	0.4 %	
5	독일	1	0.4 %	
	합계	263	100 %	

◆내한 의료 선교사 소속 단체별 분포

〈도표 4〉 내한 의료 선교사 소속 단체별 통계

순위	소속 단체명	선교사 수	비율	소속 단체별 내한 전체 선교사에 대한 의료 선교사 비율
1	미국 북장로회	75	28.5 %	22.1%
2	미국 북감리회	66	25.1 %	16.4%
3	미국 남장로회	36	13.6 %	12.4%
4	미국 남감리회	27	10.3 %	11.9%
5	호주 장로회	14	5.3 %	5.5%
6	캐나다 장로회	9	3.4 %	5.4%
7	구세군	8	3.0 %	8.3%
7	미국 남침례회	8	3.0 %	
9	영국 성공회	7	2.7 %	
10	캐나다연합교회	5	1.9 %	
11	해외 선교회	2	0.8 %	
11	연합 장로회	2	0.8 %	
13	극동사도선교회	1	0.4 %	
13	동양선교회	1	0.4 %	
13	정통 장로회	1	0.4 %	
13	안식교	1	0.4 %	
	합계	263	100	

◆ 내한 의료 선교사 활동 지역별 분포

〈도표 5〉 내한 의료 선교사 활동 지역별 통계 (중복 포함)

순위	활동 지역	선교사 수	비율	비고
1	서울·경기도	138	32.4 %	대개 중복 활동
2	전라도	69	16.2 %	
3	경상도	66	15.5 %	
4	평안도	51	12.0 %	
5	충청도	23	5.4 %	
5	강원도	23	5.4 %	
7	함경도	22	5.2 %	
8	황해도	21	4.9 %	
9	만주·간도	6	1.4 %	
10	울릉도	1	0.2 %	
	기타	6	1.4 %	
계		426	100 %	

◆ 내한 의료 선교사 활동 기간별 분류

〈도표 6〉 내한 의료 선교사 활동 기간별 통계

순위	활동 지역	선교사 수	비율	누적 비율
11	1년 이하	4	1.5 %	1.5 %
1	2~5년	52	19.8 %	21.3 %
2	6~10년	43	16.3 %	37.6 %
3	11~15년	35	13.3 %	50.9 %
5	16~20년	24	9.1 %	60 %
4	21~25년	33	12.6 %	72.6 %
6	26~30년	18	6.9 %	79.5 %
7	31~35년	17	6.5 %	86 %
9	36~40년	11	4.2 %	90.2 %
8	41~50년	14	5.3 %	95.5 %
12	51년 이상	3	1.1 %	96.6 %
10	미상	9	3.4 %	100%
계		263	100 %	

5. 내한 의료 선교사들의 사역의 의의

한국을 찾은 의료 선교사들은 그들이 본국에서 누릴 수 있었던 부와 영화를 버리고 "목자 없는 양과 같이 고생하며 유리하는"(마 9:36) 한국 민족을 향해 이곳을 '땅 끝'으로 믿고 오직 그리스도 예수의 복음 전파에 대한 최후의 지상명령에 따라 주님의 복음과 사랑을 가지고 찾아왔다. 그리고 그리스도의 복음과 사랑을 심었다. 그들의 땀과 눈물과 피는 그리스도의 복음이 이 땅에 뿌려지고 뿌리를 내리는데 지대한 공헌을 했다. 아울러 이들 의료 선교사들을 통해 미신과 질병이 물러갔으며, 이 땅에 새로운 의학 교육의 장이 열려 국민 보건 증진의 새로운 계기가 마련되었고 복음 전도 사역의 교두보를 구축하였다. 이렇듯 의료 선교사들은 의료를 통하여 그리스도의 사랑과 복음 전파에 큰 기여를 담당했으니 이는 복음 전파가 엄격히 통제된 상황 속에서 효과적인 간접 선교 방법의 일환으로 그 역할을 최대한 감당하였던 것이다.

이렇듯 내한 외국인 의료 선교사들의 활동 현황을 살펴볼 때, 오늘날 우리들은 많은 교훈을 얻을 수 있었다.

첫째, 의료 선교는 간접 선교 형태로서 한국 개신교 선교 발전에 큰 역할을 담당했다. 의료 선교 자체의 의미뿐만 아니라 한국 교회 설립과 기독교 교육 사역을 발전시킴에 교두보로서 한국 개신교 선교 전반에 지대한 영향력을 끼쳤다.

둘째, 많은 의료 선교사들이 참여했음을 알 수 있다. 의료 선교사는 내한하여 활발한 활동을 한 선교사 1,061명 중 263명으로 전체의 24.8%를 차지하였다. 이는 목사 선교사가 302명이었던 것과 비교할 때 많은 수에 해당한다. 더욱이 당시 문화, 관습상 제약이 많은 시대에 많은 여의사들의 참여는 특히 귀한 것이었다.

셋째, 내한 의료 선교사들은 대체로 신앙이 투철한 헌신된 자들이었으며, 전문영역에서도 잘 훈련받은 자들이었다. 그들은 신실한 신앙인으로서 목사 선교사 못지 않게 복음 전파에 큰 기여를 하였으며 복음 전파가 엄격히 통제된 상황 속에서 병원 설립 등으로 복음 전도 사역의 교두보 역할을 감당하였고, 특히 1907년 평양대부흥회와 같은 영적 대각성운동의 견인차 역할을 감당했다. 그리고 각 전문영역에서 자신들의 고국에서도 대학 교수급에 해당하는 자들이 많이 파송되었다.

넷째, 국민 보건 증진과 선진 학문 소개 및 교육에 지대한 역할을 담당했다. 즉 의료를 통해 미신과 질병을 퇴치하고 선진 학문(의학, 자연과학 등)을 소개하고 계몽했다. 특히 신식 병원 개설과 특수 사업(지역사회 보건, 의료 사회 사업, 무의촌 진료, 암환자 및 만성병 치료 등) 등으로 개신교의 신뢰성을 구축하는데 결정적인 역할을 담당했던 것이다.

다섯째, 그들이 보여준 사역은 그리스도의 사랑과 헌신적 봉사 정신으로 펼친 의료 선교였다. 환자들과 보호자들을 그리스도의 사랑으로 형제로 여기어 동정 어린 관심으로 인격적으로 진료하고 복음 전파함으로서 기독교에 대한 편견을 제거했으며, 일제 식민지하에서 새로운 민족 정신 함양에 깊은 영향력을 끼치게 되었다.

여섯째, 인재 양성 및 교육에 큰 기여를 했다. 의사, 간호사를 비롯한 많은 기독 의료인들을 양성하여 의료계, 교육계 및 사회 지도적 인물들을 많이 배출하였고, 환자 및 일반인을 대상으로 하는 교육도 활발했었다.

그러므로 내한 의료 선교사들의 역할은 의료적인 영역을 초월하여 선교적인 영역인 복음 전파에 대한 지대한 공헌과 아울러 사회, 문화, 교육 등 우리 민족의 총체적 발전에 확실한 기반을 닦고 그 기둥을 세우는데 핵심적인 역할들을 감당했던 것이다.

이상과 같이 한국 교회사를 통해서도 알 수 있듯이 내한 외국인 선교사들의 활동 중에는 한국 기독교에 좋은 영향력을 끼친 점이 너무나도 많았지만, 한편으로는 많은 시행착오와 편견과 욕심들에 의해 야기된 수많은 문제점들이 있어 온 것도 사실이다. 그들에 의해 전파되어진 것은 하나의 복음이지만 이를 해석하고 적용하는데는 교리와 교파의 문제로 많은 갈등과 문제점들을 가지게 된 것도 사실이었다. 의료 선교에 있어서도 이와 같은 점은 마찬가지였던 것이다.

"선교사들은 스스로가 부서진 질그릇이었다. 그래서 결코 완전할 수 없었고, 자신들이 자라고 자신들이 파송 받고 온 모국의 문화 그 이상을 넘어설 수는 없었다. 역사를 파헤치고 보면 우리는 많은 비리도 찾아볼 수 있고, 많은 결점과 죄에 물든 완악한 인간상도 종종 찾아 볼 수 있다. 그들도 이러한 실정을 깨닫기 때문에 자신을 과도하게 복종시켜 보려고 노력을 했다. 그러나 실제에 있어서 이들의 가장 큰 결점은 그렇게도 여유 있게 외쳤던 하나님의 용서를 그렇게도 헤프게 설교했지만, 자신들과 동료들에게는 인색하여 나누어주지 못했다는 점이다. 그렇다해도 선교사들의 삶은 놀라왔고 그들의 업적 또한 놀라왔다."[3]

맺는 말

우리는 이제 세계를 향한 의료 선교의 기치를 높이기에 앞서 이 땅에 그리스도의 사랑과 복음을 전하기 위해 그 젊음과 목숨조차도 아끼지 않고 찾아왔던 내한 의료 선교사들의 그 열정과 사명으로 되돌아가야 한다고 본다. 따라서 모든 기독 의료인과 기독 의료기관에서 '의료 선교'에의 재각성 운동이 뜨겁게 일어나야 한다고 본다.

우리는 기독 의료인으로서 하나님께 받은 '치유의 은사'를 그리스도의 사랑으로 행하되, 때를 얻든지 못 얻든지 주님께서 주신 생명의 복음, 이 구원의 복음을 전하는 일에 더욱 노력해야 할 것이다. 따라서 우리는 한국 초기 선교 역사에서 의료 선교가 보다 효과적인 선교 전략의 일환으로 귀하게 쓰임 받았던 것 같이 그 발자취를 본받아 우리들의 사역의 현장에서 의료 선교사적 삶을 살아감으로서 민족복음화와 세계 선교를 위해 더욱 노력해야 할 것이다. 새 하늘과 새 땅의 하나님 나라가 도래하는 그날까지!

---

3   Marth Hantley, *Caring, Growing, Changing*, 차종순 역, 『한국 개신교 초기의 선교와 교회성장』(서울 : 목양사, 1985), 395.

한국인 최초의
전문인 선교사 송예근*

* 송예근 선교사는 경성제국대학 의학부를 졸업했다. 대한예수교장로회 선교사로 파송 받아 1964~1968년 태국에서 사역했으며, 동산기독병원 전도회에서 후원, 태국에서 사역 후 4년간 에티오피아 한센씨병 전문 병원에서 사역했다.

들어가는 글

송예근 선교사는 1964년부터 1968년까지 태국 치앙마이에 있는 맥케인(McKean) 병원에서 의료 사역을 했던 한국인 최초의 전문인 선교사이다. 당시 전문인 선교에 대한 의식이 특별히 없을 때였지만, 주님의 부르심을 받아 자신의 전문 기술을 통해 태국의 영혼들을 섬김으로 한국 전문인 선교의 선구자적 발자취를 남겼다. 송예근 선교사는 1964년 대한예수교장로회에서 선교사로 파송 받아 태국에 부임했는데, 1968년 태국 사역을 정리하고 임지를 옮길 때까지 태국기독교총회(CCT)에 소속되어 치앙마이를 중심으로 의료 선교 활동을 하였다.

가족 사항

송예근 선교사(영어명: John Song)는 1916년 2월 24일생이며, 경성제국대학 의학부를 졸업하고 의사가 되었다. 한국에서 장로 직분을 받고나서 1964년 4월 대한예수교 장로회에서 한국인 최초의 전문인 선교사로 파송을 받았다. 그의 의료 사역을 지원하기 위해 대구 동산기독병원 전도회에서 후원을 결정, 같은 해 12월에 태국 치앙마이로 부임하여 맥케인 병원에서 의료 선교 사역을 시작했다. 가족은 아내 전정화 선교사(영어명: Grace Song, 1925. 11. 28.)와 슬하에 1남 2녀 세 자녀를 두었는데 장녀는 송혜련(영어명: Helen Song, 1953. 7. 3.), 장남은 송일영(영어명: Eillion Song, 1954. 6. 20.), 그리고 차녀는 송혜미(영어명: Hemmie, 1959. 8. 22.)이다. 처음 송예근 선교사가 태국에 도착했을 때는 태국어를 몰라 어려움이 있어서 시내에 있는 학교에서 언어를 배우며 사역을 병행하였다. 1년 정도 지난 후에는 의사소통에 문제가 없을 정도로 태국어를 구사할 수 있게 되어 더욱 활발한 사역을 펼쳤다.

송예근 선교사

아내 전정화 선교사

가족사진 (사진 출처: 송예근 선교사의 차녀 송혜미)

맥케인 병원

송예근 선교사가 사역했던 맥케인 병원은 미국에서 파송 받은 맥케인 의사에 의해서 세워진 한센씨병 전문 병원으로 영국의 'Leprosy Mission in Thailand'라는 단체와 관계되어 사역하였다. 현재도 선교사들이 장·단기로 파송 받아 병원 및 교회에서 사역을 하고 있으며, 송예근 선교사가 사역했을 당시에도 여러 명의 서양 선교사들이 함께 사역했다.

맥케인 병원에서 사역했던 외국인 선교사들

송예근 선교사가 사역했던 당시 병원 원장은 Dr. Jinda Singhanet으로 10년 정도를 재임하였으며(소천), 현재는 과거 1981~1984년까지 맥케인 병원에서 재직했고, 2007년에 다시 부임한 Azzan Somchai Obboon이 원장으로 있다.

맥케인 병원은 크게 직원 숙소동, 환자 숙소동, 병원동으로 나누어져 있으며 송예근 박사는 병원 입구에 위치한 직원 숙소동에서 가족들과 함께 거주했다. 당시 김순일 선교사도 직원 숙소동에서 거주하고 있었다. 병원의 마스터 플랜은 뒤로는 핑강(River Ping)이 위치하게 하고, 병원 주변으로도 물웅덩이를 만들어 환자들의 외부 출입이 엄격하게 통제되도록 설계되었다. 입구는 하나만 두었고, 경비가 지켰다.

병원 배치도

| 환자 숙소동에 위치한 교회 | 환자 숙소동 | 송예근 선교사 가족과 김순일 선교사가 거주했던 직원 숙소동 |

(사진출처 : 치앙마이 맥케인 병원)

의료 선교사

송예근 선교사는 일본에서 같이 공부했던 친구 의사의 소개로 맥케인 병원을 알게 되었다. 선교사로 파송 받아 태국에 온 후, 의사직을 수행하기 위해 1964년 태국 의사면허를 취득하였다. 송예근 선교사의 사역은 크게 4가지로 나눌 수 있다.

(1) 태국 치앙마이 소재 맥케인 병원에서 한센씨병 환자를 위한 담당 의사

　　- 수용된 한센씨병 환자의 치료

　　- 수용 환자 가족의 건강 관리

(2) 한센씨병 환자와 미감염 아동들을 위한 2개 학교의 건강 관리

(3) 맥케인 병원 인근 주민의 건강 관리(진찰, 치료, 예방 등)

(4) 매 주말 치앙마이 시 주변 촌락 선교 및 의료 지원

| 병원 인근 습나티탐 학교 | 학교 전경 | 학교 건물 |

송예근 선교사가 사역할 당시 한센씨병 환자들에 대한 인식과 처우는 상당히 좋지 않았다. 의사나 직원들이 환자들과 대면할 때면 환자들이 고개를 약간 돌리고 손으로 입을 가린

후에 말을 하도록 했다. 하지만 송예근 선교사는 직접 대면하여 상담해주면서 환자들에게 "균이 나가서 다른 사람에게 좋지 않다면 차라리 손으로 가리지 말고 말하여 균이 다 나가도록 하는 것이 좋다"라고 하며 환자들이 입을 가리지 않게 하고 대화를 했다. 이런 송 선교사의 모습 때문에 당시 병원에 있던 3명의 의사 중 가장 인기가 좋았으며, 환자들을 많이 사랑하는 의사로 인정받았다. 또한 진료 시간 외에도 환자들은 통증이나 어려움이 있으면 항상 송예근 선교사를 찾아가 도움을 요청하기도 하였다.[1] 송예근 선교사는 환자들뿐만 아니라 병원 단지 안에 살고 있는 환자 가족들의 건강도 함께 관리해주었으며, 병원 근처에 있는 2개 학교를 방문하여 학생들과 인근 주민들에 대해서도 예방접종이나 진찰, 치료를 함께 병행하였다. 주말이 되면 치앙마이 주변에 있는 촌락으로 전도 및 의료 지원을 나가기도 하였다.[2]

이런 그의 열심 때문에 송예근 선교사는 학생들 사이에서도 젊고 능력 있는 의사로 인정받았으며, 흰색 바지와 흰색 구두를 즐겨 신었던 의사로도 기억되었다.[3] 송예근 선교사는 병원에서 직원들의 건강을 생각하여 일과를 시작하거나 마칠 때 직원들과 함께 맨손체조를 하고, 건강 캠페인을 벌이기도 했다. 그뿐 아니라 병원에 운동기구를 가지고 와서 휴식 시간이 되면 직원들과 함께 스트레칭을 하거나 역기와 아령을 드는 등 운동을 통해 신체 단련도 병행하였다. 또한 일 년에 한두 차례 일본에서 같이 공부했던 친구 의사를 초청해서 한 달 동안 함께 진료를 보기도 했다.[4]

맥케인 병원 입구   병원 내 환자 개인 숙소동   송 선교사가 일했던 병리실 내부

1   간호사 쌈앙과의 인터뷰.
2   부인 전정화 선교사가 신홍식 선교사에게 쓴 편지 내용 중.
3   현재 병원장인 Azzan Somchai Obboon과의 인터뷰.
4   간호사 쌈앙과의 인터뷰.

송예근 선교사는 하루 일과를 시작할 때 집무실에서 먼저 성경을 읽고 기도를 하였으며, 병실에서도 환자들을 위해 기도해주고, 하나님에 대한 말씀과 믿음을 전해주었다. 또한 직원들과 성경 공부를 하면서 모범적인 그리스도인으로서의 삶을 증거하였기에 그의 영향을 받은 직원들이 많았다.

특별히 송예근 선교사는 의료 사역을 하면서 '의료 기술을 가진 전도자'라는 개념을 가지고 환자들 중에서 선발하여 의료 기술을 가르쳐주고, 그들이 병원 안에서 병리 기사나 간호사로 일할 수 있도록 도와주었다. 그중 Azzan Thawat은 환자로 병원에 왔다가 송 선교사가 젊은 환자들 중에서 선택해서 훈련시킬 때 가장 탁월한 학생이었는데, 그는 송 선교사가 담당했던 병리실에서 조수로 일하면서 의료 기술과 지식을 훈련받고 병원에서 병리 기사로 일을 했다. 송 선교사가 태국을 떠난 이후에는 Azzan Thawat이 세균병리실을 책임 맡아 일하며 탁월한 실력으로 여러 곳에서 세미나를 인도하고 표창을 받기도 하였다. Azzan Thawat은 의료 사역에 열심을 다하는 뛰어난 병리사였다. 그뿐만 아니라 신앙적으로도 진심으로 주님을 사랑하고 교회를 섬겼으며, 1980년대 초반에는 제14노회의 서기로 8년간 재직했고 2006년에 소천했다. Azzan Thawat은 생전에 한국 사람을 만나면 자신을 한국 의료 선교사 송예근 박사의 제자라고 소개하며 감사를 표했다고 한다. 뿐만 아니라 선교사 가정들의 건강 검진과 세균 검사도 해주었다.

Azzan Thawat   병원 모임에서   병원 건물 앞에서

5   양병화 선교사 인터뷰.

간호사 쌈앙의 경우에도 처녀 시절 병이 들어 환자로 병원에 들어왔을 때, 송예근 선교사가 보조 간호사로 선택하여 훈련시킨 후에 송 선교사의 병실과 병리실에서 함께 일을 했다. 현재는 병원에서 은퇴하여 병원 단지 내에 있는 마을에서 입양한 자녀들과 함께 살고 있다. 쌈앙은 송예근 선교사의 가족사진을 가지고 있던 유일한 연고자인데, 그만큼 송 선교사 가족 모두를 그리워하며 송 선교사와 사모 전정화 선교사가 소천했다는 소식에 많이 아쉬워했다. 간호사 쌈앙은 송예근 선교사가 병원에서 근무하던 시절, 송 선교사의 집에도 초대받아 간 적이 있었으며 자녀들과도 함께 시간을 보내기도 했었다. 쌈앙은 전정화 선교사는 마음이 좋고, 기회만 되면 환자들과 직원들의 어려운 사정을 많이 도와주었을 뿐만 아니라 또한 예쁘고 멋있는 사모로 기억하고 있었다.

간호사 쌈앙

간호사증

맥케인 병원 직원들

교회와의 관계 및 다른 선교사들과의 관계

송예근 선교사는 사역 초기에 가끔 병원 내에 위치한 산띠탐 교회에 출석하였다. 산띠탐 교회는 맥케인 병원의 환자들과 직원들이 주로 모이는 교회로 태국 기독교총회 제14노회에 속한 교회다. 가족들은 시내에 있는 외국인 교회에 나갔으나, 송예근 선교사는 언어 공부를 한 후에 싼띠탐 교회에서 설교를 한 적도 있었다. 현재 산띠탐 교회에는 송예근 박사에 대한 공식적인 기록은 없지만, 오래 전부터 출석했던 성도들 중 송 선교사를 기억하는 이들이 아직까지 남아있다.

태국에 오기 전부터 유능한 의사로 박정희 전 대통령의 신임을 받았던 송예근 선교사는 산띠탐 교회와 관계를 가지면서 한국 정부에 연락하여 청와대로부터 피아노를 기증 받아서 교회에 기증했다. 피아노에는 '대한한국 청와대 육영수'라고 이름이 새겨져 있으나, 현재 교회 성도들은 한글을 읽을 수 없기 때문에 어떤 스토리를 가지고 있는 피아노인지 잘 모르고 있다. 피아노는 내부의 부품들이 오래되어 더 이상 사용이 불가능하자 원래 있던 부품은 뜯어내고 전자피아노 부품을 구입하여 부품을 교환한 후에 여전히 교회에서 사용하고 있다.

산띠땀 교회 전경   산띠땀 교회 내부   찬양 연습 중인 성가대

후원 관계

장로교총회 외지선교부가 송예근 박사 부부를 파견할 때 동산기독병원 전도회에서 선교비의 절반인 3만 원을 부담하기로 하였다. 그러나 나머지 3만 원을 내기로 한 기관에서 선교비를 내지 못할 형편이 되자 선교비 전액을 동산기독병원 전도회가 전부 부담하게 되었다. 그러나 동산기독병원 전도회에서 후원금 전액을 감당하기는 어려움이 있어 안동 성소병원, 경주 기독병원, 포항 선린병원, 대구 애락보건병원이 합동으로 태국의료선교후원회를 조직하여 지원하기로 결정하고 후원하였다.[6]

태국 사역 이후

송예근 선교사는 1968년 12월, 4년간의 태국 사역을 정리하고 한국으로 귀국했다. 그는 병원을 떠나면서 당시에 새로 부임한 스미스(Smith) 의사에게 정확한 자료를 의뢰하거나 정

---

6   『동산의료원 100년』, 계명대학교 동산의료원.

보를 알아봐주는 등 인수인계도 정확하게 해주었다.

귀국 후, 한국에서 여러 교회 및 의료기관에 의료 선교 사업에 대한 보고를 하였을 뿐만 아니라, 일본을 방문하여 재일교포 교회에서 태국에서 맡았던 의료 선교에 대한 보고를 했다. 태국 사역 이후에는 에디오피아 Addis Alala 시에 소재한 한센씨병 병원인 Alter Call Africa Leprocy and Rehabilitation Training Conter에서 staff physician으로 4년간 사역 하였다.[7]

이후 송예근 선교사 가족은 미국으로 건너간 후 송예근 선교사는 1982년 10월에, 전정화 선교사는 2001년 7월 17일에 소천하여 네바다주 라스베가스에 있는 Bunkers Eden Vale Memorial Park에 묻혔다. 현재 장녀 송혜련은 약사로 애틀란타에서 1녀 1남의 자녀를 두고 있고, 장남 송일영은 필리핀에서 공부 중이며 1남 2녀의 자녀가 있다. 그리고 차녀 송혜미는 약사 직업을 가지고 로스 가토스(Los Gatos)에서 1남 1녀의 자녀를 두고 지내고 있다.

송예근 선교사 가족사진(사진 출처: 간호사 쌈앙)

---

7   부인 전정화 선교사가 신홍식 선교사에게 쓴 편지 내용 중.

나가는 글

송예근 선교사는 1964년에 태국으로 파송된 한국 최초의 전문인 선교사이다. 송예근 선교사가 했던 의료 선교 사역에 대해 송 선교사를 파송했던 대한예수교장로회나 대구 동산기독병원 전도회에서도 자료를 많이 보관하고 있지 않았다. 그럼에도 불구하고 많은 정보를 얻을 수 있었던 것은 태국 현지에서 송예근 선교사와 가족에 대해 좋은 기억을 가지고 있는 연고자들이 있어서 가능했다. 빛도 없이 이름도 없이 예수 그리스도의 발자취를 따라 자신의 사역에 묵묵히 충성했던 한 선교사의 섬김이, 소외되어 있던 이웃들에게 복음의 빛이 되어 예수 그리스도가 전해지게 된 것이다.

한국 기독교 선교 역사도 이제 50년이 넘어가면서 '선교한국'이라는 이름을 내걸 정도로 많은 선교사들이 파송 받아 곳곳에서 섬기고 있다. 송예근 선교사는 이 시대의 선교사들에게 자신의 이름을 드러내기보다 예수 그리스도의 사랑과 덕을 선전했던 선배 선교사로서 좋은 모범이 될 것이다.

지속적으로 故 송예근 선교사에 대한 자료를 더 수집 및 보완할 것이며, 송예근 선교사에 대한 자료가 있으신 분은 주태한인선교사회 선교역사편찬위원회나 양병화 선교사, 혹은 임희재 선교사에게 연락주시기 바랍니다.

- 양병화 선교사 (Tel: 089-015-4894)
- 임희재 선교사 (Tel: 085-569-6815, e-mail: hojack@empal.com)

■ 연락처
- Mckean Hospital 053-817-170
- Azzan Sandee Kaewoo 086-910-6838
- Azzan Surin 노회장 081-028-8600 / 14노회 사무실 053-124-263 ex: 153
- 간호사 쌈앙 053-280-601

■ 연고자들

• 성경학교 출신 Azzan Prachai Chipneeran

• 싼티탐 교회 목회자 Azzan Sang

• 제2노회 서기(故 김순일 선교사 노회장 당시) Azzan Somphong의 아들 Azzan Deng

• 맥케인 병원에서 같이 일했던 직원 2명

• 송예근 선교사 사역 당시 간호부장 Mae Teng

• 당시 치료받은 환자 3명

• 송예근 선교사 장녀 송혜련, 차녀 송혜미

4

의료 선교 부르심과 경험

선교의
부르심

장재성

장재성 선교사는 2006년 울산대학교 의과대학을 졸업했다. 간담췌외과 전임의 수련을 했으며, 2017년 인터서브코리아에 허입되었다. 2019년에 네팔의 선교 병원인 탄센 병원에서 사역을 시작할 예정이며, 현재는 선교 훈련 중이다.

1. 자기소개

저는 2006년에 울산의대를 졸업하고 간담췌외과 전임의 수련을 마친 장재성이라고 합니다. 2017년에 인터서브코리아에 허입이 되었고, 네팔의 선교 병원인 탄센 병원에서 2019년에 사역을 시작하는 것을 예정으로 선교 훈련을 받고 있습니다.

제가 선교로 부름받은 과정을 나누게 된 것을 큰 영광으로 생각합니다. 하지만 아직 지난 경험에 대한 저의 해석이 검증되지 못한 측면이 있고 생각도 지리멸렬한 부분이 많습니다. 아무쪼록 제 부족한 나눔을 통해 죄의 뿌리가 깊은 저를 신실하게 인도해주신 하나님의 선하심과 크신 사랑이 드러나길 바랍니다. 더불어 선교의 비전이 있지만 구체적 실행에 대해 막막함을 느끼던 분들께 다음 한 걸음을 내딛는데 조금이나마 도움이 되길 바랍니다.

2. 하나님을 만남

제가 선교로 인도함을 받기까지의 과정을 말씀드림에 있어 성령님께서 저를 찾아와주셨던 과정을 먼저 말씀드리지 않을 수 없습니다. 왜냐하면 주님으로부터 주님의 살아계심에 대한 증거를 명확하게 받은 것이 제가 선교로 인도함을 받은 주요한 시작점이기 때문입니다.

무신론자의 예수님 인정

저는 1999년 의과대학에 입학하기까지는 철저한 무신론자였습니다. 그러나 의예과 1학년 때 유난히 착하고 평온하고 균형 잡힌 인격을 가진 동기와 선배님들을 만나게 되어 그들을 유심히 살펴보게 되었습니다. 그리고 그들의 공통점이 기독교 신앙을 가진 것이라는 것을 알게 되면서 저도 그들을 따라 교회를 다니며 성경 공부를 시작하게 되었습니다. 제가 그들의 성품을 닮고 싶었기 때문에 그들처럼 될 수 있다면 저도 하나님을 믿겠다는 생각을 하였습니다. 그러던 중 예과 1학년 겨울방학 때 한국누가회(Christian Medical Fellowship, CMF) 학생

수련회에 참석하게 되었습니다. 저는 감정에 이끌려서 결정을 내리고 싶지 않았고, 납득할 수 있는 논리적 설명을 원했던 탓에 예수님을 영접하는데 시간이 걸렸습니다. 수련회 기간 5일 동안 몹시 치열하고 힘든 시간을 보냈습니다. 가까스로 수련회 마지막 날에 '예수님은 하나님의 아들이시고 인류의 죄를 대속하기 위해 십자가에서 돌아가셨다'는 명제를 참(true)으로 인정하게 되었습니다. 그러나 당시는 거기까지였습니다. 예수님에 대한 명제를 논리적인 참(true)으로 인정하는 것과 예수님을 나의 개인적인 주님(LORD)으로 모시는 것은 다른 것임을 3년이 지난 후에야 깨닫게 되었습니다. 수련회를 다녀온 이후에도 제 마음과 생활에 특별한 변화가 생기지 않았습니다. 일요일에 교회를 가고 틈틈이 성경을 읽는 것 외에, 저의 세계관에 총체적인 변화가 있을 줄 알았는데 그렇지 않았습니다.

주님께 항복

저는 예수님을 지적(知的)으로는 받아들였지만 마음에 뚜렷한 변화가 없어 답답하고 불안정한 상태였습니다. 본과에 들어가면서 힘든 공부를 시작하게 되고 기숙사 생활을 하는 가운데 여러 가지로 스트레스를 받으면서 저는 곧 한계에 도달하게 되었습니다. 이윽고 본과 2학년 2학기 때, 하나님 앞에 항복을 선언하고 백기를 들고 투항하게 되었습니다. 당시 저는 시험을 앞두고 있었는데 도서관 구석자리에서 하나님께 간절히 기도했습니다.

'하나님, 당신께서 참으로 살아계시다면 저를 이대로 버려두지 마시고 제발 살려주세요. 저는 더 이상 제 힘으로는 살 수 없습니다. 저에게 찾아와주시고 저를 홀로 버려두지 말아주세요.'

이렇게 간절히 항복의 기도를 드리던 중 성령님의 임재를 느낄 수 있었습니다. 갑자기 제 몸을 감싸고 제 마음을 꽉 채우며 임하신 성령님으로 인해 저는 단 한 번도 경험하지 못한 평안함을 느낄 수 있었습니다. 그때 그 순간 이후로 꾸준히 지속된 성령님께서 함께하시는 경험은 그 자체가 제 생명을 걸더라도 부인할 수 없는 살아계신 하나님에 대한 증거가 되었습니다. 그 이후로 저는 다시 교회를 출석하게 되었고, 교회 대학부 생활을 통해 착하고 순전한 친구들과의 교제 가운데 하나님 나라의 첫 맛(foretaste)을 경험할 수 있었습니다. 그리고 캠퍼스에서는 매주 CMF 예배 때 손정숙 간사님의 설교를 통해 골수가 쪼개어지고 깨달음이 새로워지는 경험을 하게 되었습니다

3. 하나님의 부르심

단기 선교

본과 2학년 2학기에 시작된 주님과의 밀월 기간(honeymoon period)은 본과 3학년 때까지도 이어졌습니다. 본과 3학년 여름방학 때 교회를 통해 일주일간 영국 웨일즈에서 아웃도어 팀워크 선교 훈련을 받게 되었습니다. 이 훈련을 통해 저는 비로소 '위대하신 주님, 당신이 허락하신 인생이 이렇게도 좋은 것이었군요!'라는 감사를 드리게 되었습니다.

본과 3학년 겨울방학 때는 CMF의 네팔 비전 트립에 참여하게 되었습니다. 백은성 간사님과 함께 네팔에 도착한 우리 팀은 카트만두의 한 의과대학 생화학 교수님이셨던 손건영 선교사님과 사모님 이은자 선교사님의 인솔하에 여러 선교 병원을 탐방하였습니다. 낡은 버스를 타고 울퉁불퉁하고 구불구불한 네팔의 산길을 매일 다섯 시간에서 열 시간 정도 다니는 여정은 고생스러웠지만 신앙 안에서 만나 사귀어가는 친구들이 있어 늘 기뻤습니다. 또한 하나님께서는 탄센 병원에서 파탄 병원으로 옮겨 사역하고 계시던 양승봉 선교사님과 사모님 신경희 선교사님과의 만남도 허락하셨고, 두 분과의 교제는 한국에 돌아온 이후에도 꾸준히 이어졌습니다. 비전 트립을 통해 짧게 경험한 한국 선교사님들과 서양 선교사님들의 삶의 모습은 돈을 벌지 못함에도 불구하고 주님께서 공급하여주심으로 인해 궁핍하지 않고 오히려 주님과 동행하는 기쁨이 있는 풍성한 삶으로 느껴졌습니다. 비전 트립의 막바지에 백은성 간사님이 우리 팀원들에게 "의료인으로서의 인생 중 적어도 1년은 네팔에서 일함으로써 하나님께 드릴 것을 약속하겠는가?"라는 도전을 주셨습니다. 저는 '하나님께 1년은 꼭 드리겠고 가능하면 더 오랜 시간을 드리고 싶다'고 기도를 드렸습니다. 비록 네팔에서 심한 장염으로 고생하였고 돌아온 후 6개월간은 진드기에 물린 자리가 낫지 않아서 피부과를 다녀야 했지

만, 하나님과 약속을 하였기에 언젠가 네팔에 꼭 다시 가야 한다는 것을 그 이후로 잊지 않았습니다.

외과 의사가 부족한 선교 병원

제가 서울의료원에서 외과 수련을 받고 있을 때였습니다. 네팔에 함께 비전 트립을 다녀온 친구들과 잠시 한국에 들어오신 양승봉, 신경희 선교사님이 함께 모인 자리에서 신경희 선교사님이 "탄센 병원에 외과 의사가 없어서 환자들이 수술을 못 받고 있대요. 나라도 외과 의사가 되고 싶은 마음이에요"라고 안타까워하시며 말씀하셨습니다. 그때 '주님, 제가 그 곳에 가서 일할 수 있다면 큰 영광이겠습니다'라고 기도하게 되었습니다. 당시에 양승봉, 신경희 선교사님은 건강상의 이유로 탄센 병원에는 가시기 어려운 상황이었습니다. '주님께서는 내가 외과 의사가 부족한 곳으로 가서 일하시는 것을 기뻐하시지 않을까?'라는 생각을 하며 기도를 시작하게 되었습니다. 그래서 전공의 3년 차 때부터 선생님들께 네팔에 가고 싶다고 말씀드렸고, 전임의 수련 기간에도 전임의 수련이 끝나면 네팔에 가고 싶다고 교수님들께 말씀드렸습니다. 저는 수련이 힘들 때마다 네팔에 갈 것을 생각하며 힘을 낼 수 있었습니다.

4. 하나님의 준비하심

가정

하나님께서는 단기 선교를 통해 선교사가 되고 싶은 마음을 주신 이후에 실제적인 준비를 하게 하셨습니다. 어느 날 갑자기 선교를 가겠다고 하는 것보다 부모님께도 미리 마음의 준비를 하실 시간을 드려야 한다는 CMF 백은성 간사님의 조언대로 네팔에 다녀온 이후로 꾸준히 부모님께 선교사가 되고 싶다고 말씀드렸습니다. 또한 하나님께서는 결혼도 선교의 비전을 가진 자매와 하게 하셨습니다. 그렇게 만난 저희 부부는 선교에 대한 비전이 일치했기에 전임의 수련을 마치면서 선교 훈련을 바로 시작하는 것에 대해 이견이 없었습니다. 아내는 중학생 때부터, 저는 10여 년 전부터 각자의 부모님과 가족들에게 선교사의 비전을 말씀드려왔기 때문인지 양가 부모님께서도 아쉬워하기는 하셨지만 선교에 동의해주신 이후로는 지속적으로 기도와 사랑으로 지지해주고 계십니다.

전문성

제 경험을 말씀드리기에 앞서 의료 선교사의 전문성 추구에 대한 제 생각을 간략히 말씀드리고자 합니다. 의료의 전문성을 어느 수준까지 추구할 것인가에 대해서 누구에게나 적용할 수 있는 원칙을 제시하는 것은 불가능하다고 생각합니다. 마찬가지로 무슨 과를 선택하는 것이 의료 선교에 유리한가에 대해서 특정과를 지목하여 대답하는 것도 오류를 범할 수밖에 없다고 생각합니다. 과를 선택하는 것에 대해서는 이미 다양한 과를 전공하신 분들이 다양한 곳에서 하나님께 쓰임 받고 있는 실례(實例)가 많이 있기 때문입니다. 전문성에 대해서는 특정 세부 영역에서 오랜 시간 연구와 진료에 매진하여 대가의 반열에 올라서신 선생님들께서 선교에 참여하시는 경우도 있고, 반대로 일반의(general practitioner)로서 선교하시는 분들도 계시기 때문입니다. 더러는 전공 분야와 다른 영역에서 활동하시며 선교지의 보건 의료의 개선에 크게 이바지하고 계신 분들도 계십니다.

저는 간담췌외과를 전공했습니다. 현재로서는 제가 간담췌외과 수련을 받은 것이 네팔에서 유용하게 쓰일 것 같습니다. 우선 개인적으로는 전공의 수련 때 충분치 않았던 수술 경험을 분과 전문의 과정을 통해 많이 경험할 수 있었고, 담석 환자가 많은 탄센 병원은 수년 내에 ERCP(내시경적 역행성 췌담관 조영술)를 시작할 계획인데 이 경우 간담췌 영역의 응급 수술이 가능해야 하기 때문입니다. 또한 제가 탄센 병원에 가게 되면 탄센 병원에서 근무하고 있는 다른 외과 선생님들께 배워야 할 부분이 있을 것으로 예상되는데 이때 저도 그들에게 배울 뿐 아니라 가르쳐줄 수 있는 영역이 있다는 것이 감사합니다. 마지막으로 얼마 전 기독교 신앙을 가진 네팔인 소아과 전문의와 얘기할 기회가 있었는데 그는 제가 간담췌외과를 전공한 것이 네팔에서 장기적으로 사역하는데 유리할 것이라고 말하였습니다. 점차 네팔 정부에서 외국인들에게 비자를 제한하고 있는데 간담췌외과를 전공한 의사는 희소가치가 있어 장기적으로 비자 발급에 유리할 것이라고 했습니다.

그렇지만 사실 저의 전문성은 간담췌외과 교수님들께 비한다면 병아리 수준에 불과할지도 모릅니다. 그래서 앞으로 더 배우고 연구하기를 힘쓸 것입니다. 부족하지만, 저의 '딱 이만큼의 전문성'이 오병이어의 기적과 같이 주님 손에 드려졌을 때 주님께서 유용하게 사용하여 주시기를 기도합니다.

동역자

여호와 이레 하나님께서는 오래 전부터 저에게 많은 동역자들을 연결해주셨습니다. 우선 CMF를 통해 많은 동역자를 만나게 해주셨습니다. CMF 전국 동기 모임을 통해 사귄 친구들, 2005년 네팔 비전 트립을 함께 다녀온 네팔 친구들, 그리고 울산의대 CMF 선후배님들이 든든한 동역자입니다. 그리고 제가 학생일 때 울산의대 담당 간사님이셨던 손정숙 간사님은 지금까지도 제 신앙의 멘토이고, 저보다 앞서 탄센 병원에서 사역하셨던 양승봉, 김동욱 선교사님은 선교를 준비하는데 있어 실제적인 충고를 아끼지 않으시며 저의 롤모델이 되어 주셨습니다. 가족, 파송 교회, 모교회, 선교훈련원 동기들과 교수님들, 소속 선교단체 식구들과 이사님들 그리고 주님께서 때마다 연결시켜 주시는 분들이 큰 도움과 격려로 저희 가정과 한걸음 한걸음 동행해주고 계십니다.

파송 교회

한국선교훈련원(Global Mission Training Center, GMTC)에서 선교사는 교회로부터 파송 받은 자라고 배웠습니다. 또한 선교사에게는 사역지가 두 곳인데, 한 곳은 선교지이고 다른 한 곳은 파송 교회라고 배웠습니다. 즉 선교사는 교회와 긴밀한 관계에서 중요한 결정을 함께 내리고 선교지에서 사역을 해야 함과 동시에 선교사를 파송한 교회가 선교적인 교회가 될 수 있도록 노력할 의무가 있다는 것입니다.

파송 교회는 선교사가 임의로 정하는 것이 아니라 하나님께서 정해주신다고 저희 가정에 말씀해주신 분이 있는데 돌이켜보니 맞는 말씀인 것 같습니다. 저희의 경우에는 전임의 수련을 위해 서울에서 경기 남부로 이사를 해야 했는데 자연스럽게 모교회를 떠나 새로운 교회에서 정착하게 되었고, 저희가 구체적인 선교 준비를 시작하게 되었을 때 감사하게도 그 교회에서 저희를 파송해주겠다고 하였습니다. 또한 모교회에서는 저희의 협력 교회가 되어 주었습니다. 건강하고 선교지향적인 교회를 만나 파송을 받는 것은 하나님께서 주신 큰 복이라 생각합니다.

선교단체

선교사가 선교단체를 만나는 것은 결혼과 비슷하다고 합니다. 선교라는 긴 여정에 있어 긴밀한 동반자 관계가 유지되기 때문입니다. 따라서 선교사는 소속될 선교단체를 결정함에 있어 기도 가운데 주님의 인도하심을 간절히 구해야 합니다. 각 선교 단체마다 전략적으로 더 집중하는 국가들이 있기 때문에 선교사가 인도함 받은 사역지가 있다면 그에 맞추어 선교단체들을 두루 접촉하는 것이 필요합니다. 또한 선교단체마다 사역지뿐만 아니라 선교에 대한 철학, 사역지에서 사역하는 모습 그리고 중점 사역이 다르다는 것을 잘 고려해야 합니다.

국제 선교단체는 선교지에서의 원만한 적응과 서구권 선교사와의 적절한 협력을 위해 선교사 부부에게 일정 수준 이상의 영어 능력을 요구하는 경우가 많고, 타문화 훈련을 국내 선교단체보다 더 강조하는 경향이 있습니다. 그래서 선교사는 국제 선교단체에 지원할 경우 국내 선교단체에 지원하는 것보다 훈련 기간이 길어질 수 있고 훈련 비용도 더 많이 필요할 수 있다는 것을 고려해야 합니다. 저희는 어느 정도 탄센 병원으로 사역지가 결정되면서 자연스럽게 선교단체도 국제 선교단체인 인터서브로 인도함을 받았습니다. 탄센 병원은 네팔에서 약 65년 전에 인터서브가 적극적으로 참여하여 세운 연합 선교단체인 'United Mission to Nepal'에서 운영하는 병원이었기에 인터서브 소속으로 가는 것이 여러모로 자연스럽다는 충고를 받았기 때문입니다. 선교단체가 인터서브(Interserve International)로 결정되자 그 이후의 훈련은 자연스럽게 결정되었습니다.

5. 하나님의 훈련

선교사에게 훈련은 필수입니다. 선교는 이미 오랜 역사를 가지고 있기에 선교사는 선교의 선배들로부터 배워서 시행착오를 줄이기 위한 노력을 하는 것이 겸손한 태도라고 생각됩니다. 또한 선교는 선교사의 것이 아니라 하나님의 것(Missio Dei)이므로 선교사는 본인의 판단과 지식으로 사역을 할 것이 아니라 하나님께서 기뻐하시는 선교가 무엇인지를 배워야 합니다.

병원에서의 수련 과정을 통한 훈련

하나님께서는 수련 과정을 통해 제가 범사에 사람이나 상황을 두려워하지 않고 하나님을 의지하도록 저를 훈련시키셨습니다. 저는 인턴을 마치며 소아청소년과 수련을 시작하였는데 저의 약함과 죄가 드러났습니다. 저는 주님을 의지하지 못하여 불안해하였고 몇 개월 지나지 않아 수련을 그만두게 되었습니다. 그러나 감사하게도 주님께서 저에게 다시 기회를 주셔서 외과 수련을 받는 동안에 주님께서 저를 지켜주셨고 제 힘으로 극복하기 어려운 순간들을 이겨낼 수 있었습니다.

감사하게도 전공의를 마쳐갈 무렵에는 저를 지켜주시는 하나님에 대해 고백하며 담대하게 간담췌외과 전임의도 지원하게 되었습니다. 그러나 간담췌외과 전임의에 합격한 이후에 다시 큰 두려움이 몰려왔습니다. 제 힘으로는 도저히 감당할 수 없을 것 같았기 때문입니다. 그러나 주님께서는 여호수아서 말씀을 통해 승리의 약속을 주셨고 저는 그 약속의 말씀을 붙잡으며 2년간의 수련을 마칠 수 있었습니다. 하나님께서는 모든 수술뿐만 아니라 논문 작성 과정까지도 세세하게 개입하셨고 좋은 결과가 있을 때마다 제가 아니라 주님께서 행하신 것임을 부인할 수 없게 하셨습니다.

이 훈련은 지금도 계속되고 있습니다. 저는 아직도 때로는 제 연약함에만 집중하여 주님을 바라보지 못하는 죄를 범하기도 합니다. 하나님께서는 제 연약함을 통해 하나님의 강함과 영광이 드러나기 원하십니다. 저의 연약함을 전혀 인정하지 않는 어리석고 무모한 자가 되어서도 안 되겠지만, 반대로 저의 연약함에 눈이 가려져 하나님의 도우심을 보지 못하는 자가 되어서도 안 된다는 생각을 하게 되었습니다. 이것을 기억하면서 앞으로 선교지에서 순전하고 지혜롭게 하나님의 사역에 쓰임 받기를 바랍니다.

선교 훈련

선교 훈련을 받을 수 있는 곳은 다양합니다. 많은 경우에는 선교단체가 정해지고 선교단체에서 권유하는 훈련을 받게 됩니다. 저희 부부는 인터서브의 권유대로 지난 1월부터 6월 초까지 서울 목동에 위치한 한국 선교훈련원에서 합숙 훈련을 받았습니다. 함께 훈련을 받는 분들 중에는 목회자 선교 훈련생과 BAM(business as mission) 사역이나 의료 선교를 준비하는 평신도 선교 훈련생도 있었습니다. 선교 역사, 선교 철학, 선교 신학 등을 깊이 있게 배우기에는 충분하지 않은 시간이었지만 개괄적인 내용들을 배울 수 있었고, 더 깊은 내용은 선교사가 평생 공부하고 연구해야 한다는 것을 배웠습니다. 이러한 선교에 대한 포괄적인 훈련은 비단 신학을 공부한 경험이 없는 저와 같은 선교사뿐만 아니라 목회자 분들에게도 꼭 필요한 과정으로 생각됩니다.

앞서 말씀드렸듯이 국제 선교단체는 선교 후보생의 영어와 타 문화 적응 훈련을 강조합니다. 선교단체가 영어권 국가에 소유하고 있는 선교훈련원이 있어 그곳에서 훈련받는 경우도 있고 위탁 훈련을 시행하는 경우도 있습니다.

선교단체에 따라 해외 선교훈련원의 입학을 위해 IELTS 등의 영어 능력 시험에서 정해진 점수 이상을 받아야만 하는 단체도 있고, 그렇지 않은 단체도 있습니다. 저희 부부는 전남 여수에 위치한 MTI(Missionary Training Institute)에서 5개월 과정의 선교사 영어 훈련을 받고 있으며, 내년에 영어권 국가에서의 타 문화 적응 훈련과 영어 훈련을 계획하고 있습니다.

6. 선교 훈련이라는 새로운 경험

저는 아내와 지난 1년간 국내에서 선교 훈련을 받았습니다. 선교 훈련 과정은 병원에서의 생활과는 아주 다른 경험이었습니다. 여러 가지 어려움도 있었지만 뜻밖의 기쁨도 경험하였습니다.

어려움

제가 개인적으로 느낀 어려움으로는 다음과 같은 것들이 있었습니다. 자식과 손주들을 먼 나라로 보내는 것을 안타까워하시는 부모님께 죄송한 마음, 몇 달 후를 예측할 수 없는 불확실성, 잦은 이동과 이동에 따른 자녀의 스트레스, 공인이 된다는 부담감, 평신도였을 때는 느낄 수 없었던 교회와의 관계에 대한 부담감, 도움을 주던 삶에서 도움을 받는 위치로의 변화, 선교사의 내적·외적 자격 요건에 대해 스스로 느끼는 부담감, 가난해짐, 후원 요청, 병원에 있을 때에 비해 이웃과 사회에 기여하지 못하고 있는 것은 아닌지에 대한 부담감, 그리고 인문학적 소양을 갖추는 것에 대한 부담감 등입니다.

뜻밖의 축복

뜻밖의 축복으로는 다음과 같은 것들이 있었습니다. 병원 일만 힘든 것이 아니라는 것을 배워 이웃들을 더 잘 이해하게 된 것, 아내의 수고에 대한 이해, 부부 관계의 성숙, 가족과 함께하는 시간이 늘어난 것, 자녀의 등굣길과 하굣길을 함께 해보는 것, 영육의 회복, 전인 치유의 경험, 하나님께 더욱 집중하는 시간, 성경 말씀에 대해 깊어진 이해, 선교에 대한 이해, 예배의 기쁨 그리고 죄를 발견하고 회개하는 은혜 등입니다.

7. 맺음말

선교 훈련을 받으면서 저희 부부의 죄와 부족함을 더욱 발견하게 되고, 때로는 제가 선교사로서 자격이 너무나 부족한 것은 아닌가 하는 생각이 들곤 했습니다. 그러나 그동안 저희를 신실하게 인도하신 주님은 실수가 없으시기에 그런 생각은 옳지 않다는 것을 알게 되었습니다. 주님께서는 함께 선교하기 위해 저희를 부르시기도 하셨지만 동시에 주님의 첫 번째 선교지가 저희들이라는 것도 알려주셨습니다. 또한 주님께서 저희와 동행하시며 예수님의 모습을 닮아가도록 인도하신다는 것을 신뢰합니다. 앞으로 저희가 넘어질 수는 있지만 포기하지 않는다면 성령님께서 다시 일어날 힘을 주실 것을 믿습니다. 아멘!

우리가 선을 행하되 낙심하지 말지니 포기하지 아니하면 때가 이르매 거두리라(갈 6:9).

의료 선교의
실제 경험과 교훈

장철호

장철호 선교사는 1986년 서울대학교 의과대학을 졸업했다. 1991~1999년 인제의대 상계백병원 소아과 교수로 재직했다. 1999~2004년 개원했던 소아과를 그만두고 2006~2011년 중국에서 의료 선교사로 사역했다. 2012년부터 미얀마 의료 선교사로 일신 베데스다 병원에서 헌신하고 있다.

들어가는 말

저는 2006년부터 지금까지 의료 선교사로서 '하나님의 선교'에 동참하고 있습니다. 지난 12년의 시간 동안 하나님은 저로 하여금 다양한 분야의 의료 선교를 경험하게 하셨습니다. 좋은 결과가 있었던 적도 있었지만 실패한 아픈 경험도 없지 않았습니다. 이 글을 통해 제가 실제로 겪었던 다양한 의료 선교의 경험과 그 경험을 통해 깨닫게 된 교훈들을 나눔으로써, 의료 선교를 꿈꾸고 있지만 어떤 방향으로 가야 할지를 고민하고 있는 선교사 후보생들이나 지금 하고 있는 의료 선교 사역에 발전적인 변화를 꿈꾸며 발버둥치는 동료 선교사들에게 조금이나마 도움이 되기를 바라는 마음으로 이 글을 씁니다.

1. 의료 선교 여행과 하나님의 부르심(2000~2005)

제가 처음 해외로 의료 선교 여행을 간 것은 소아과 전문의 시험을 마치고 시간적 여유가 있었던 1991년 필리핀 바기오 지역이었습니다. 그 후 대학병원 교수로 봉직하고 있다가 의료 선교 여행을 자유롭게 다니기 위해 1999년에 교수직을 사임하고 개인 소아과를 개원하여 2000년부터 본격적으로 의료 선교 여행을 다니기 시작했습니다. 지금까지 15차례, 12개국으로 선교 여행을 다녔는데 선교 여행을 할 때마다 저에게 말씀하시는 하나님의 음성을 통해 하나님의 마음을 조금씩 알아갈 수 있었습니다.

그중에서 가장 기억에 남는 것은 2002년 아프가니스탄 난민촌에서의 경험입니다. 한 무슬림 여인이 7~8개월 정도 된 아이를 데리고 와서 아침부터 아이가 계속 우는데 어디가 아픈지 봐달라고 했습니다. 진찰을 해보니 약간의 영양실조 상태 외에는 특별히 아픈 곳은 없고 배가 고파서 우는 것 같아 아침에 아기에게 무엇을 먹였냐고 물었더니 주머니에서 크래커 같은 과자를 꺼내며 젖도 나오지 않고 분유도 없어 크래커를 물에 개어 먹였다고 했습니다. 그 말을 듣는 순간 저는 망연자실했고 저 자신이 소아과 의사지만 그 당시 그 아이를 위해 할 수 있는 것이 아무것도 없다는 사실이 저에게는 너무나 큰 충격이었습니다. 난민촌에 있는 그 아이에게 당장 필요한 것은 분유였지만 우리가 가져간 것은 약밖에 없었습니다. 이 경험을 통해 저는 단기 선교 여행의 한계를 깨닫게 되었고 동시에 저를 장기 선교사로 부르시는 하나님의 음성을 들었습니다.

단기 선교 여행은 필요한 것이지만 현지의 필요를 잘 파악해서 그 필요를 채워주지 못하면 자기만족을 위한 사역이 될 수 있다는 것을 기억해야 합니다. 그리고 저도 그렇지만 많은 경우 단기 선교 여행을 통해 장기 선교사로 헌신하게 되기 때문에 단기 의료 선교 여행은 의료 선교에 있어서 없어서는 안 될 중요한 사역입니다. 하나님은 지금도 탄식하고 계십니다.

내가 누구를 보내며 누가 우리를 위하여 갈꼬(사 6:8).

그러므로 하나님의 마음을 알고 또 하나님의 음성을 듣고 "내가 여기 있나이다 나를 보내소서"라고 응답하는 사람은 누구든지 선교사가 될 수 있습니다.

2. 심양사랑병원과 비즈니스 병원 사역(2006~2007)

아프가니스탄 난민촌 선교 여행을 마치고 한국에 돌아온 저는 장기 선교사가 되기 위한 준비를 시작했습니다. 2004년 말 선교사로 훈련을 받기 위해 저는 개원하고 있던 소아과를 그만두고 가족을 모두 데리고 미국으로 건너갔습니다. 미국에서 신학교를 다니고 있는데 2006년 초에 미국 SAM 복지재단 본부에서 연락이 왔습니다(미국 SAM은 제가 2000년과 2001년 두 차례 SAM 주최 단기 선교 여행에 참여한 적이 있어서 잘아는 단체로 단동복지병원을 중심으로 대북 지원 사역을 하고 있었는데 무료 자선 병원인 단동복지병원 운영비를 충당하기 위해 비즈니스 병원인 심양사랑병원을 세웠습니다). 심양사랑병원에서 사역하던 내과 선생님이 갑자기 사임을 하게 되어 의사가 필요하니 가서 도와주면 좋겠다는 요청을 저에게 하는 것이었습니다. 그 말을 듣는 순간 저는 중국 선교사로 가라는 하나님의 부르심이라는 생각이 들었고, 기도하고 아내와 상의한 후 심양사랑병원으로 가기로 결정했습니다.

2006년 5월 저는 가족을 미국에 두고 혼자 중국으로 가서 심양사랑병원에서 의료 선교사의 삶을 시작했습니다. 거기서 저의 주된 사역은 심양에 살고 있는 한국 교민을 대상으로 진료를 하는 것이었고, 그 외에 병원 직원들과 함께 정기적으로 한족 양로원을 방문하여 무료 진료를 하였고, 또 당시 심양 주재 한국대사관 내에 기숙하고 있던 탈북민들의 진료가 필요할 때마다 대사관을 방문하기도 했습니다. 하지만 지난 3년간 심양사랑병원의 운영 성적을 분석했을 때 기대치에 미치지 못해 결국 심양사랑병원과 단동 복지병원을 다시 합쳐서 단동복지병원을 활성화하는 것으로 결론이 났습니다. 그래서 저는 1년 만에 사역지를 심양에서 단동으로 옮기게 되었습니다.

선교사 초년생으로 심양사랑병원에서 사역하는 동안 매일 아침 직원 조회 시간에 성경 말씀을 나누며 복음을 전할 수 있었던 것이 나름 의미 있는 일이었던 것 같습니다. 그리고 선교지에서 비즈니스 병원을 개원하여 수익을 창출하는 일이 얼마나 어려운 것인가를 눈으로 목도한 소중한 경험이었다고 생각합니다.

3. 단동복지병원과 마을 왕진 사역(2007~2011)

단동복지병원은 2000년에 SAM 복지재단(안양 샘병원과는 관계가 없음)이 중국 정부 병원과 합작으로 설립한 기독병원입니다. 단동 시내와는 좀 거리가 있는 농촌 지역에 위치해 접근성이 좋지 않아 제가 2007년에 처음 갔을 때 병원이 활성화가 되지 않아 환자가 그다지 많지 않았습니다. 그래서 병원에 있는 선교사들이 함께 모여 병원 활성화를 위해 열심히 기도하면서 마침내 방법을 찾아낸 것이 '물댄동산' 사역이었습니다. 물댄동산 사역은 환자가 병원으로 오지 않으면 환자들이 있는 마을로 직접 가서 환자를 찾아서 치료를 해주자는 취지로 시작한 일종의 왕진 사역이었습니다. 처음에는 걸어서 갈 수 있는 단동복지병원 주변 마을부터 시작해서 점차 그 지경을 넓혀갔습니다. 우리의 선행이 널리 알려지면서 여러 농촌 마을에서 진료 요청이 들어왔고, 그래서 나중에는 정기적으로 농촌 마을에 있는 정부 병원에서 공식적으로 진료를 할 수 있게 되었습니다. 입원이 필요한 경우는 환자를 단동복지병원에 데리고 와서 입원 치료를 해주었습니다.

물댄동산 사역을 시작한지 2년이 되었을 때 단동시 공회(도시 빈민을 지원해주는 중국 정부기관)에서 연락이 왔습니다. 단동복지병원을 단동시 공회 협력 병원으로 지정할 테니 단동시 도시 빈민을 대상으로 무료 건강검진과 진료를 해달라는 내용이었습니다. 중국 정부가 외국인이 설립한 병원, 더욱이 기독병원에 자국민 진료를 요청하는 일은 매우 이례적인 일인데, 그런 믿을 수 없는 기적이 일어났던 것입니다. 물론 공회 직원이 항상 안내를 하고 동행했지만 저는 조선족 인턴 의사를 데리고 도시 빈민이 사는 집을 가가호호 방문하며 진료를 했을 뿐 아니라 정기적으로 공회 회원들을 단체로 버스에 태워 병원으로 데리고 와서 건강검진을 하는 일도 했습니다.

물댄동산 사역 외에도 저는 병원에서 단동에 사는 교민들과 조선족들뿐 아니라 압록강 철교를 건너 합법적으로 단동을 방문한 북한 주민들을 진료하기도 했고, 또 단동에서 조금 떨어진 봉성이라는 도시에서 어떤 여선교사님이 장애를 가진 고아들을 돌보는 보육원을 정기적으로 방문해서 진료하는 일도 했습니다.

중국에서 5년 남짓의 기간 동안 가장 기억에 남는 일은, 물댄동산 사역을 처음 시작했을 때 조선족 인턴 의사와 함께 단 둘이서 진료 가방을 들고 눈이 오는 시골길을 걸으며 가가호호 한족 가정을 방문해 아무런 치료를 받지 못한 채 집에서 고통당하고 있는 환자들을 찾아내어 그들을 치료해주었던 일입니다. 정기적으로 그들의 집을 방문하여 약을 갖다 주고 혈압과 혈당을 체크해주면서 기회가 되면 복음도 전하고 함께 기도도 했습니다. 물댄동산 사역은 의료 기반 시설이 갖추어지지 않은 선교지 어디에서나 의료 사역 초기에 시도해 볼 수 있는 좋은 사역 모델이라고 생각합니다.

4. BAM 의료 사역(2012)

2011년 8월 저는 단동복지병원을 사임하고 한국으로 들어와 안식년을 갖게 되었습니다. 안식을 하는 동안 아내는 무릎의 퇴행성관절염 때문에 수술을 받았는데, 수술을 해 준 정형외과 병원장과 교제하면서 그 병원장이 미얀마 양곤에 BAM 병원을 설립할 계획이 있음을 알게 되었습니다. 선교사로 헌신했을 때, 원래 저는 중국에 갈 마음이 없었지만 SAM 복지재단과의 인연 때문에 중국으로 가게 된 것입니다. 그래서 저는 안식을 가지며 다음 사역지를 위해 기도하고 있었고 저 또한 그 당시에 BAM에 대한 관심이 있었기 때문에 그 정형외과 병원장의 미얀마 양곤 BAM 병원 설립에 마음이 끌렸습니다. 또한 단동복지병원에서 2년 동안 같이 지냈던 치과 의사와 한국 SAM 본부 사무실에 있었던 간사가 갑자기 선교사로 헌신하여 함께 동역한다는 사실 때문에 환상적인 팀을 하나님이 만들어주셨다고 굳게 믿고 미얀마에서 두 번째 선교 사역을 시작하기로 했던 것입니다.

2012년 3월 미얀마 양곤에 들어와서 사역을 시작했습니다. 먼저 BAM 병원을 할 장소를 물색하는데 미얀마가 개방이 되면서 외국인들이 갑자기 많이 들어와 건물 임대비가 엄청나게 올라 초기 투자비용이 예상보다 많이 들게 되었는데, 이 사실을 알게 된 병원장이 저에게 BAM 병원이 자리를 잡을 초기 몇 년 동안 선교 사역은 좀 보류하고 병원 안정화에만 전념해달라는 요청을 했습니다. 하지만 저는 선교사로 왔기 때문에 선교 사역을 하지 않고 병원을 위해서만 일할 수 없다는 입장을 밝히고, 2012년 9월 양곤을 떠나 한국으로 돌아왔습니다.

그렇게 해서 BAM 병원 프로젝트는 무산되었는데, 이 일을 통해 저는 선교지에서 BAM 병원을 운영하는 것은 결코 쉬운 일이 아니며 어쩌면 불가능하다는 생각을 하게 되었습니다. 저의 개인적인 생각은 BAM 사역은 선교지에서 선교사가 하는 선교 방식이기보다는 후방, 즉 본국에 있는 크리스천 전문인들이 할 수 있는 효과적인 전도 방식의 하나라고 생각합니다.

5. Global Image Care(NGO)와 전문 의료 사역(2013~2017)

하나님의 뜻이라고 굳게 믿고 시작했던 BAM 병원 프로젝트의 무산으로 한국으로 다시 돌아온 저는 허탈감에 빠졌지만, 다시 마음을 추스르고 다음 사역지와 사역을 위해 작정기도에 들어갔습니다. 하지만 한 달, 두 달이 지나도 아무런 응답이 없었습니다. 3개월이 지나갈 무렵 GIC(Global Image Care)의 한 이사님으로부터 연락이 왔습니다. GIC가 미얀마에서 구순구개열 무료 수술 장기 프로젝트를 계획하고 있는데 코디네이터로 일할 수 있는 선교사를 찾고 있다고 했습니다. 기도하는 중에 받은 제의여서 하나님의 인도하심이라고 생각하고 일단 수락을 했습니다. 2012년 말 미얀마에 다시 들어와서 구순구개열 무료 수술 프로젝트를 한 번, 두 번 진행하면서 수술 후에 회복된 온전한 모습을 보며 기뻐하는 환자들과 그 가족들을 보고 이 사역이 매우 귀하다는 생각이 들었습니다.

구순구개열 무료 수술은 지금까지 16차에 거쳐 400명이 넘는 환자들을 수술했습니다. 양곤뿐 아니라 여러 이유로 양곤까지 올 수 없는 환자들을 위해 만달레이, 네피도, 힌따다와 같은 지방도시까지 찾아가는 수고도 아끼지 않았습니다. 구순구개열 무료 수술 프로젝트를 진행하면서 구순구개열 환자 외에도 여러 심각한 기형과 질병을 가진 환자들을 만나게 되었습니다. 그래서 미얀마에서 수술하기 힘든 항문폐쇄증, 선천성 심장병, 심한 화상 후유증이 있는 환자 7명을 한국으로 데리고 가서 무료로 수술을 해주었습니다.

미얀마에서 GIC와 함께 사역하면서 하나님의 선교에 대해 다시 생각하게 되었습니다. 하나님이 이 땅에 보내신 첫 번째 선교사이신 예수님의 사역을 묵상하면서 하나님이 원하시는 선교는 단순히 타문화권에 가서 복음을 전하고 교회를 세우는 것만이 아니라, '하나님의 마음(긍휼)을 가지고 복음과 함께 그들의 육체적, 정신적 필요를 채워주는 전인적인 사역을 하는 것'임을 깨닫게 되었습니다. 특히 미얀마와 같이 불교 문화가 강한 나라에서는 무작정 복음만 전해서는 아무런 효과가 없기 때문에 전문인 사역을 통해 지속적으로 현지인들을 만나서 관계를 맺고 삶으로 하나님의 사랑을 보여주는 것이 매우 중요합니다. 그래서 저는 GIC가 하는 구순구개열 수술과 같은 전문적인 의료 사역을 통해 하나님의 긍휼을 미얀마 사람들에게 보여줄 수 있다는 사실이 정말 감사했습니다.

6. 한국국제보건의료재단(GO)과 공중 보건 사역(2014)

국제 구호단체에서 활동하는 동기 소아과 의사의 소개로 한국국제보건의료재단이 있음을 알게 되었는데, 때마침 재단에서 미얀마 사업을 새로 시작하려고 보건전문자문위원을 채용하는 공고가 나와 지원했는데 합격이 되었습니다. 사실 보건 분야는 의료의 한 부분이지만 임상 분야와는 내용과 성격이 많이 다른 것이어서 의사인 저도 새로 공부하고 배워야 할 것이 많아 처음에는 무척 힘들었습니다. 미얀마 사업의 내용은 1차 보건 의료체계의 역량을 강화하는 것이었는데, 사업을 구체적으로 준비하면서 미얀마 보건 의료의 실상에 대해 잘 알게 되었고, 국제 개발 분야에서 하고 있는 프로그램이 선교 사역과 유사한 점이 많음을 알게 되었습니다. 주체가 정부냐 교회냐와 사업의 규모가 크고 작고의 차이가 있을 뿐이고, 또 목적이 지역개발이냐 복음 전파냐만 다를 뿐이었습니다.

하지만 재단 사업을 진행하면서 깨달은 것은 국제 개발과 선교를 병행하는 것은 불가능하며 또 그렇게 해서는 안 된다는 사실입니다. 물론 저 자신의 역량이 부족한 탓도 있겠지만 보건전문자문위원으로 재단 일을 하는 동안 저는 선교사로서의 정체성을 상실하고 영적 침체에 빠지게 되었습니다. 그래서 1년 만에 하나님은 저로 하여금 재단 일을 그만두게 만드셨고 다시 선교사의 삶을 살도록 인도해 주셨습니다.

7. 베데스다 클리닉과 무료 병원 사역(2015~2017)

2014년 말 한국국제보건의료재단을 사임하고 2015년 새해를 맞이하면서 하나님은 저에게 새로운 비전, 즉 미얀마 의료 사역의 거점이 되는 병원을 설립하라는 마음을 주셨습니다. 사실 그때까지 저는 선교지에 병원을 세우고 싶은 마음은 추호도 없었습니다. 왜냐하면 단동복지병원에서 사역을 하는 동안 선교 병원의 허와 실을 직접 보았기 때문입니다. 나는 선교지에 병원을 설립하는 것도 쉽지 않지만 설립 후 그 병원을 병원답게 유지하고 운영하는 것이 얼마나 어려운 일인지를 잘 알고 있었습니다. 그런데 하나님이 그런 저에게 미얀마에 선교 병원을 세우라는 강한 마음을 주셨기 때문에 순종하는 마음으로 일단 기도를 시작했습니다.

병원을 지으려면 먼저 땅이 필요한데 미얀마가 개방되면서 양곤 부근의 땅값이 엄청나게 올라 땅을 사서 하기에는 돈이 너무 많이 들었습니다. 그래서 땅을 가지고 있는 선교사님에게 부탁해서 땅을 빌려서 병원을 짓기로 하고 기도를 계속했습니다. 2월 초 미얀마 선교사

모임에 참석했는데 거기서 양곤 도시 빈민들이 밀집한 지역에서 공부방 사역을 하며 선교센터를 운영하고 있는 선교사님을 만나게 되어 병원 설립에 대한 비전을 나누었습니다. 그랬더니 그분도 반가워하며 선교센터가 있는 부지에 같이 건물을 지어 나누어 쓰자고 했습니다.

다음은 병원 건축비였습니다. 병원 건축을 위한 기도 중에 2월 말 한국 CTS 방송국 PD에게 연락이 왔는데 저의 사역을 소개하는 다큐를 촬영하고 싶다는 내용이었습니다. 방송에 출연하는 것이 썩 내키지 않았지만 PD의 강청으로 촬영을 하기로 했습니다. 3월 초에 양곤 현지에서 촬영을 하고 4월 중순에는 한국에 나가서 스튜디오에서 녹화를 했는데 녹화를 끝나기 전 사회자가 기도 제목을 말해달라고 했습니다. 그래서 양곤 외곽에 현지인들을 위한 기독 자선 병원 건축을 준비 중에 있다고 했는데 놀랍게도 그 방송이 나간 다음, 병원 건축을 위한 지정 헌금으로 1억 원이 들어왔습니다. 그래서 병원 건축을 2015년 11월에 시작한 후 아무런 어려움 없이 2016년 5월에 건축을 마칠 수 있었습니다. 그 후에 치과 장비를 비롯하여 병원에 필요한 의료 장비는 개인과 NGO 단체에서 기증을 해줘서 기본적인 의료 장비를 다 갖추게 되었습니다. 그래서 베데스다 클리닉은 2016년 9월부터 일반 클리닉(의원) 허가를 받고 현지인 대상으로 내과, 소아과, 치과 중심으로 무료 진료를 시작하였습니다.

제가 베데스다 클리닉의 설립 과정을 상세하게 기술한 이유는 클리닉을 세우신 분은 제가 아니라 하나님이라는 것을 보여주기 위함입니다. 처음에 클리닉을 설립하라고 하신 분도 하나님이시고, 클리닉을 완공할 때까지 필요한 모든 것을 하나님이 다 채워주셔서 조금도 부족함이 없게 하셨습니다. 베데스다 클리닉을 위해 제가 한 것은 기도 외에 아무것도 없습니다. 그리고 저는 앞으로도 하나님이 이 클리닉을 운영해 가실 거라고 확신합니다.

하나님이 '왜 나에게 이런 큰 선물을 주셨을까'를 곰곰이 생각해보았습니다. 미얀마에서 사역하는 동안 저는 구순구개열 무료 수술 프로젝트를 통해 구순구개열 환자들이 인간다운 삶을 살게 했고, 또 미얀마에서 수술받기 어려운 환자들을 한국으로 데려가서 무료로 수술받게 하여 그들이 보다 나은 삶을 살도록 도와주었습니다. 그렇게 하나님의 마음인 긍휼의 마음을 가지고 그들의 고통을 같이 아파하고 그 고통을 덜어주기 위해 제가 할 수 있는 일을 자원해서 한 것을 하나님은 기쁘게 보셨기 때문이라고 생각합니다.

일신기독병원은 6·25전쟁의 상처가 도처에 산재해 있던 1952년에 가난하고 보호받지 못하는 여성들을 위해 호주 선교사에 의해 시작된 병원입니다. 이 병원에서는 복음의 빚을 갚기 위해 2014년부터 미얀마에 선교 병원을 세우려고 선교사 한 명을 보내 준비를 하고 있었고, 아직 병원이 지어지기 전인 2015년에는 산부인과 전문의와 조산원 자격이 있는 간호사를 선교사로 파송했습니다. 저는 처음부터 일신기독병원에서 파송 받은 선교사들을 만나고 있었기 때문에 병원 설립 과정이 순탄하지 않음을 알고 있었습니다.

반면에 저는 어떤 교회나 단체의 지원 없이 2015년부터 시작했지만 베데스다 클리닉 건축을 완공하고, 2016년 9월부터 진료를 시작했습니다. 개원한 지 1년 만에 병원이 자리를 잡아가고 점점 더 많은 환자들이 찾아오는 것을 보면서 지금까지 제대로 된 의료 혜택을 받아보지 못한 환자들에게 양질의 포괄적인 진료를 제공할 수 있는 병원으로 만들고 싶은 마음이 생겼습니다. 병원 확장을 위해 기도하는 중에 선교 병원을 준비하고 있는 일신기독병원이 떠오르면서 미얀마에 두 개의 선교 병원이 있을 필요가 없다는 생각이 들었고, 베데스다 클리닉과 일신기독병원이 힘을 합하여 미얀마 땅에 훌륭한 선교 병원을 만들면 하나님이 정말 기뻐하실 거라는 확신이 들었습니다.

그래서 2017년 9월에 일신기독병원 선교팀을 만나서 베데스다 클리닉에 대한 저의 모든 기득권을 다 내려놓겠으니 일신기독병원과 베데스다 클리닉이 연합해서 좋은 선교병원을 만들어보자고 제안을 했습니다. 일신기독병원 측에서 그런 저의 제안을 받아들였고, 2018년부터 병원 이름을 '일신 베데스다 병원'으로 변경하기로 합의하였습니다. 일신 베데스다 병원은 현대식 수술실과 입원실, 게스트 하우스 등의 시설을 갖춘 스테이션 병원으로 만들 계획입니다. 그래서 세계 각 나라의 의사들이 와서 마음껏 진료할 수 있는 병원으로서 이 의사들과 현지 미얀마 환자들을 연결해주는 역할을 하게 될 것입니다.

나가는 말

하나님은 선교의 하나님입니다. 그래서 하나님은 이 땅에 최초의 선교사로 예수님을 보냈습니다. 선교사로 오신 예수님은 천국 복음을 전하셨을 뿐 아니라 병든 자를 고쳐주셨습니다. 예수님의 사역은 사람의 영과 혼과 몸의 필요를 충족시키는 '전인 사역'(holistic ministry)이었습니다. 물론 복음을 전해서 영혼을 구원하는 일이 중요합니다. 하지만 그에 못지않게 사람들의 절박한 필요, 즉 마실 물을 주고, 먹을 것을 주고, 입을 옷을 주고, 질병을 치료해주는 일의 중요함도 잊어서는 안 됩니다. 선교란 이 모든 것을 아우르는 총체적인 사역입니다. 그렇기 때문에 하나님의 선교에 있어서 의료 선교는 선교의 도구가 아니라 선교에 없어서는 안 될 필수적 요소입니다. 하나님은 우리를 선교사로 부르시기 전에 하나님의 자녀로 부르셨습니다. 하나님의 자녀로 우리가 해야 할 가장 중요한 일은 '하나님의 마음을 아는 것'입니다. 선교사로서 우리가 선교지에서 할 수 있고 해야 할 일은 '하나님의 마음을 가지고 신실하게 살아가는 것'입니다. 하나님의 마음은 '긍휼'입니다. 긍휼이란 단순히 고통받는 사람들을 불쌍히 여기는 것이 아니라 고통 가운데 있는 사람들에게 다가가서 그들의 고통에 동참하는 것입니다.

우리를 향한 위대한 부르심은 '긍휼의 삶'을 살아야 한다는 것입니다. 선교에 몸담아 온 저의 삶을 돌이켜 보면, 하나님은 저를 긍휼의 삶을 살도록 인도하셨음을 깨닫게 됩니다. 2002년 아프가니스탄 선교 여행에서의 경험을 비롯해서 중국 단동에서의 물댄동산 사역, 미얀마에서 무료 수술 사역 및 베데스다 무료 클리닉에 이르기까지 모두 하나님의 마음인 긍휼을 깨닫고 삶으로 살아냄으로써 하나님의 긍휼을 세상에 드러내는 일이었습니다.

우리에게 주어진 위대한 과업은 '긍휼의 길을 따라 사는 것'입니다. 하나님은 크리스천들만의 하나님이 아니라 온 세상의 창조주시며 만민의 하나님이십니다. 하나님은 신자와 불신자를 막론하고 모든 사람이 인간답게 살아가기를 원하십니다. 모든 족속에게 복음이 증거되기까지, 모든 사람이 인간다운 삶을 사는 때가 오기까지, 이 땅에 하나님의 나라가 임하고 '하나님의 평화'(창조 당시의 완전한 상태)가 이루어질 때까지 하나님은 쉬지 않으실 것입니다. 그리고 하나님은 반드시 완성하실 것입니다. 우리 주님이 오시는 그날까지 의료 선교라고 하는 긍휼의 길을 따라 하나님의 선교에 동참하는 우리 모두가 되기를 소망합니다.

5

주제별 의료 선교

교회 개척과
의료 선교

정홍화

정홍화 선교사는 1992년 고신대학교 의과대학을 졸업했다. 1993~1996년 고신대학 복음병원 가정의학과 수련, 1996~1999년 국제협력의사(KOICA), 가나에서 봉사(AkosomboVRA 병원, Kpandu 병원), 1999~2001년 고신대학교 선교대학원 선교학(M.A.), 2005~2006년 브니엘 신학교(M.Div.), 2009년 호주 Worldview Intercultural Studies(Graduate Certificate), 2010년 벧엘의료선교회와 국제WEC선교회에서 가나로 파송, 2010~2016년 가나 북부 볼가탕가(Bolgatanga)에서 프라프라 부족교회 개척(Church Planting), 2016년 Grace Mission University(D.Miss), 2017년부터 타말레(Tamale)에서 ECG(Evangelical Church of Ghana) 교단의 Leadership Development와 Church Planter Training과 가나 WEC Branch Leader로 섬기고 있다.

신약 성경의 많은 서신과 기록들 중에서 의사 누가가 아픈 사람을 진료했다든지, 회당에서 가르쳤다든지, 복음을 전했다든지 하는 기록이 전혀 없다. 그는 단지 바울로부터 "나의 동역자"(몬 1:24), "사랑받는 의사 누가"(골 4:14)라고 불렸고, 바울의 마지막 서신에 "누가만 나와 함께 있느니라"(딤후 4:11)라고 기록되어 있다. 그의 활동이나 결과를 자세히 알 수 없지만, 그는 바울과 함께 있는 동역자였고 교회 개척 선교팀의 한 사람이었다. 이처럼 교회 개척과 의료 선교의 관계를 생각할 때 멀고도 가까운 관계일 수 있다. 이 주제로 들어가기에 앞서 몇 가지 전체적인 그림을 그리는 질문을 하고자 한다. 우선은 '선교의 정의와 목표는 무엇인가?' 그리고 '교회 개척은 선교에 있어 어떤 위치를 차지하는가?', '교회 개척과 의료 선교는 어떤 관계에 있는가?', '실제적으로 현장에서 의료 선교사로서 교회 개척에 관여한다면 어떻게 할 수 있는가?' 같은 질문들이다. 이런 질문들에 답하는 과정을 통해 교회 개척과 의료 선교의 관계를 살펴보고자 한다. 이 글에서 필자는 교회 개척에 대해 더 많이 나누고자 한다.

1. 선교, 교회 개척 그리고 의료 선교

선교

성경에는 선교, 'Mission'이라는 단어가 성경에 사용되지 않지만, 그것은 "보내다, 파견하다"라는 라틴어 'Mitto'에서 유래된 단어이고, 그것은 사도라고 번역한 헬라어 'Apostello'와 같은 단어이다. 예수님은 "아버지께서 나를 보내셨다"(요 12:45)라고 했고, 히브리서는 예수님을 "우리가 믿는 도리의 사도"(히 3:1)로 표현했다. 즉 예수님은 하나님으로부터 보냄을 받아 우리에게 온 선교사였다. 이렇듯 선교는 하나님에게서 시작되고 하나님은 바로 선교의 하나님이시다. 그리고 부활하신 예수님께서는 제자들에게 "아버지께서 나를 보내신 것처럼 나도 너희를 보낸다"(요 20:21)라고 하셨다. 'Missio Dei' 곧 '선교의 하나님'은 선교가 사람들의 고안이나 책임, 프로그램이 아니라 하나님의 성품과 목적에서 나온다는 의미인 것이다.[1] 성경적으로 선교를 본질적 의미에서 넓게 정의하면, "예수님께서 하나님의 보내심을 받아 오신 것처럼 예수님의 보냄을 받아 세상으로 가서 하나님을 보여주는 것이 선교이다."

한편 교회가 보편적으로 받아들여 사용되는 선교의 개념은 주님의 명령인 '땅끝'(행 1:8), '모든 족속'(마 28:19)에게 가는 것과 관련되어 자신이 속한 경계를 넘어선 타문화의 사역에 해당된다. 즉 '복음을 전하고, 제자를 삼고 교회를 세우는 타문화 사역'을 교회는 선교로 받아들인다.

그래서 현대 선교에서는 이 두 개념을 조화시켜 전자를 하나님께서 교회를 통해 광범위하게 하시는 선교를 'mission'이라 하고, 후자 곧 교회와 선교회가 선교사를 통해 구체적으로 타 문화에 복음을 전하는 선교를 'missions'라고 설명한다.[2]

패트릭 존스톤은 "이제 선교는 모든 곳에서 모든 곳으로(from everywhere to everywhere) 가는 시대가 되었다"라고 했다.[3]

선교의 세계화(globalization)와 다중심화(multicentricity)가 일어나고 있어 그만큼 마지막 시대로 갈수록 타문화 사역이 선교라는 개념과 모든 곳이 선교지라는 두 개념이 더 가까워지고 있음을 생각할 수 있다.

교회 개척

'Missio Dei', 즉 '선교의 하나님'(mission of God) 개념에서 간과하지 않아야 할 것은 선교의 하나님께서 그 선교를 혼자 하시는 것이 아니라 교회를 선교 파트너로 부르신다는 것이다.[4]

예수님은 땅 위의 사역을 통해 제자들에게 교회와 성령을 남겨두셨다. 이제 세상에는 세상을 위해, 선교를 위해 교회와 성령이 있다. 선교의 목표는 복음을 전하는 것에서 시작하여 교회를 세우고 세워진 교회가 그리스도의 장성한 분량으로 충만하도록 자라가는 것을 목표

---

1   A. Scott Moreau et al., *Introducing World Missions* (Baker Academic, 2015), 17.
2   위의 책, 17, 재인용.
3   Patrick Johnstone, *The Future of the Global Church* (IVP Books, 2011), 228~235.
4   앞의 책, 18.

로 해야 한다. 그 과정을 선교사가 다 감당할 수는 없다고 하더라도 선교 사역은 교회가 그렇게 자랄 수 있도록 현지 지도자를 세우는 것을 포함한다. 바울은 자신이 세운 갈라디아 교회를 향해 "그리스도의 형상을 이루기까지 … 해산하는 수고"(갈 4:19)를 한다는 고백에서 선교사의 교회를 향한 목표 의식을 볼 수 있다. 이렇듯 교회는 선교의 목표이면서 가장 중요하고 효과적인 도구이며 주체이다. 이런 의미에서 교회 개척은 선교의 핵심인 것이다.

성경에는 교회를 세우는 4~5가지의 은사와 직임들이 언급되고 있는데(엡 4:11) 이들은 사도, 예언자, 복음 전도자, 목사와 교사이다. 사실 사도는 보냄을 받은 자라는 의미에서 선교사와 언어적 의미가 같고 목사와 교사는 거의 같은 역할을 한다고 본다.[5] 교회의 생성 단계에는 사도와 전도자가, 교회의 확립과 구조화에는 목사와 교사가, 그리고 교회의 재생산 단계에는 다시 사도와 전도자가 역할을 한다.[6] 필자가 사역했던 선교지 ECG(Evengelical Church of Ghana) 교단의 쿨비아 교회에는 여자 전도자(evangelist)가 한 명 있었다. 그 전도자는 이웃 마을을 집집마다 다니며 소외된 여자들에게 개인 전도를 했다. 어느 날 노회장과 우리는 그 소식을 듣고 마을의 추장과 장로들을 만나 교회 시작을 위한 허락을 받고 그들을 모았다. 한 사람의 전도자를 통해 나무 아래 모인 여자만 40명이나 되었다. 우리는 그들의 이름을 적고 데리고 간 리더를 세우고 기도와 찬송과 성경을 하나하나 가르치면서 모임을 시작했다. 전도소를 시작한 것이다.[7]

의료 선교

이 단락에서는 선교에서 의료 선교에 대해 생각해보고자 한다. 마태복음에는 예수님이 사역을 가르치시고, 하늘나라 복음을 전파하시고, 질병과 아픔을 고치신 것으로 요약했다.(마 9:35) 여기에 질병과 아픔을 고치는 것을 의료 선교와 관련된 것으로 이해할 수 있다. 고치는 사역을 하나님 나라의 표현이고 선교의 한 부분으로 이해하는 것이 좋다고 생각한다. 동시에

---

5   David F. Hesselgrave, *Planting Churches Cross-Culturally* (Baker Academic, 2000), 73.
6   Craig Ott and Gene Wilson, *Global church planting* (Bakers Academic, 2011), 163~164.
7   WEC Ghana가 낳은 ECG(Evangelical Church of Ghana)는 거주 혹은 방문하는 장로가 있고, 15명 이상의 세례 받은 사람들이 정기적으로 예배, 교제, 성경 공부, 기도, 전도 그리고 교회의 예식(세례와 성례)을 하는 상태가 되어야 지역 교회의 조건을 갖춘 것으로 하며, 거기 충족 못하는 신자들의 모임을 'outreach point'라고 정의한다. *ECG Constitution*. 3.

의료 선교가 전도와 복음 사역을 여는 방법이 되기도 한다는 것을 부인할 필요는 없다. 의료 선교는 치유하고 온전하게 한다는 측면에서 하나님 나라의 고유한 사역이면서 동시에 다른 사역과 상호보완적이라고 이해하는 것이 바람직하다.

이런 논의와 관련되어 선교 신학에서는 선포와 봉사에 대한 대립적 노선이 있었다. 이것은 "빵이 먼저냐 복음이 먼저냐?"와 같이 표현되기도 한다. 때론 이를 지켜본 선교사와 현지 목사 사이에서도 서로 의견이 달랐다. 우리는 이 둘을 대립 관계나 경쟁 관계에 놓지 않아야 하며, 하나를 취하고 하나를 버리는 어리석은 논쟁을 하지 않아야 한다. 인간에게는 둘 다 필요하다. 우리에겐 때로는 빵이 먼저이기도 하고, 복음이 먼저이기도 하다는 열린 생각이 필요하다. 두 가지가 조화를 이루고 통합이 되어야 아름답다. 우리가 사람을 진정 사랑한다면 한 팔보다는 양팔로 안는 것이 더 나을 것이다. 선포와 봉사는 서로 분리되지 않고 말씀이 육신이 되는 것처럼 하나가 되는 것이 성육신적 선교이다. 의료 선교는 말씀이 육신이 되는 것을 보여줄 수 있는 좋은 모델이다.

2. 교회 개척에 대해

이 장에서는 선교사가 교회 개척을 할 때 해야 할 질문들, 역사적 측면에서 본 교회 형태의 유형, 교회 개척 모델, 교회 개척자의 유형, 교회 개척과 세계관, 개척 과정 그리고 교회 건물 등에 대해 간략하게 살펴보고자 한다.

어떤 교회를 개척할 것인가?

교회 개척을 생각할 때 선교사는 다음과 같은 질문들을 먼저 해야 할 것이다.

첫째, 선교사인 나는 '어떤 교회관을 가지고 있고', 또 '어떤 교회를 경험했는가' 하는 것이다. 선교사의 교회에 대한 이해는 성경 이해를 통해 형성되는 신학적 부분과 실제 삶에서 교회 생활의 경험을 통해 체득하는 부분이 있다. 교회 개척 선교사는 교회에 대한 올바른 성경적 이해와 건강하고 아름다운 교회의 체험이 필요하다.

둘째, 선교지에서 '어떤 형태의 교회를 세울 것인가'라는 것이다. 그것은 선교사 자신의 이해와 경험을 넘어서 이전에 경험하지 못한 선교지 상황과 문화에 맞는 교회를 세우는 것을 의미한다. 이것은 각 선교지의 독특한 정치, 사회, 경제, 종교, 문화, 세계관 그리고 특수 상황 등을 이해하는 것이 선행되어야 한다. 선교지에 적합한 교회를 생각하게 될 때 비로소 선교사의 교회관을 다른 세계의 측면에서 생각할 수 있는 좋은 기회를 가질 수 있다. 이런 과정을 거치지 않고 본인이 보고 자랐던 형태의 교회를 선교지에 그대로 세우려고 할 때 오해와 갈등을 경험하게 된다.

셋째, '기본적으로 어떤 교회가 영적으로 건강한 교회인가?'라는 질문이다. 이런 것은 구성원들이 말씀을 배워가는 것, 기도의 깊이를 체험하는 것, 공동체를 이루는 협력적인 태도, 외부인과의 관계 방식 등이 관련될 것이다. 문맹률이 높은 곳에서는 이런 것들이 생각보다 쉽지 않다. 신앙 생활을 몇 년을 해도 예수님의 제자를 모세와 베드로, 둘만 알고 있다고 말하기도 한다.

넷째, '어떤 교회가 토착적인 교회(indigenous church)인가'라는 것이다. '토착 공동체의 방식은 어떤 것인가?', '어떻게 의사 결정이 이루어지는가?', '3자 원리가 이곳과 맞는 가치인가?', '외부의 힘으로 할 수 있는 것과 자신들의 힘만으로 할 수 있는 것은 어떤 것인가?', '선교사로서 어떤 자원을 어느 정도 지원을 하는 것이 좋은가?', '선교사의 도움이 없다면 어떻게 하는가?' 같은 질문들이다.

다섯째, 재생산하는 교회, 즉 '선교적인 교회로 자라는가?', '자기 교회의 영적, 물질적 성장에만 만족하는가?', '재정을 어디에 사용하는가?', '선교사가 떠나면 또 도움을 줄 다른 선교사를 기다리는가?', '교회 개척을 하는 것이 자연스러운 것인가?', '선교사로 세우는 교회들이 선교적 DNA를 가지고 있는가?' 하는 질문을 할 수 있다.

교회 개척의 역사적 유형

교회 개척을 역사적으로 구분하는 것이 무리가 있지만, 역사적인 관점을 이해하는 것이 교회 개척의 유형을 이해하는데 도움을 줄 수 있다고 생각하고 스튜어트 머레이(Stuart Murray)의 분류를 참고로 했다.[8]

- **선구자적 개척(pioneer planting)**: 복음이 들어가지 않고 교회가 없는 곳에 교회를 개척하는 것이다. 역사적 측면에서 초기 기독교 역사는 이러한 선구적인 교회 개척의 역사였다.
- **대체 개척(replacement planting)**: 교회가 앞 세대들에서는 번성했다가 박해와 쇠퇴로 더 이상 존재하지 않는 곳에 교회를 세우는 것을 의미한다.
- **교회론적 개척(sectarian planting)**: 교회가 이미 존재하는데 그곳에 교리적인 혹은 교회론적인 이유로 새로운 교회가 들어서는 것이다. 그것은 과거 수백 년간 많이 이루어졌는데 과거 가톨릭의 독점적인 지위를 무너뜨리고, 현재 루터교, 개혁교, 감리교, 침례교, 재세례파, 오순절 교회들이 다른 형태의 교회를 세우기 위해 시작한 것들을 예로 들 수 있다.
- **포화 개척(saturation planting)**: 이미 기존 교회가 있는 곳에 교회를 세우는 것이다. 개척 초기 선구자적 개척(pioneer planting)이 일어나서 반응이 좋으면 그곳에 많은 교회가 들어가는 것이 예이며, 또 현대의 한국 내 많은 교회 개척은 이런 교회 개척이다.

교회 개척 사역의 모델들

모든 상황에 적용할 수 있는 표준화 선교 전략이지만 교회 개척 모델은 없다. 상황에 따라, 또 개척자에 따라 다양하고 창의적인 방법을 사용하는 것이다. 교회 개척의 모델은 Louie와 Gustavo가 남미에서 경험한 나사렛 교회의 교회 개척 경험을 참고로 설명하겠다.[9]

- **모자 관계 모델(the mother/daughter church model)**: 이러한 교회 개척은 한 교회에서 교회 개척팀을 보내어 교회를 개척하고 리더들을 보내거나 그곳의 리더를 세우는 일이다. 자교회가 독립할 때까지 지원이 이루어지는데 비교적 흔하고 자연스러운 교회 개척 방식이다.

---

8   Stuart Murray, *Church Planting* (herald Press, 2001), 87, 105.
9   Louie Bustle, Gustavo Crocker, *Principles of Church Planting* (Premier Publishing, 2010), 14~24.

• 허브 모델(the hub model): 모자 관계 모델과 비슷하지만 한 교회가 중심이 되어 여러 교회를 거의 동시에 개척하는 경우도 있다. 이런 개척을 허브 모델이라 부른다. 허브 모델과 모자 관계 모델의 주의할 점은 모교회가 조종하거나 지배적인 구조가 될 수 있다는 점이다. 가능하면 초기부터 자체 리더들을 세우고 스스로 다시 교회를 개척하도록 해야 한다.[10]

• 소그룹 교회 모델(the small group/cell group model): 유럽, 호주, 북미 같이 기존 교회 건물이 낡은 이미지를 주는 기독교 후기 국가나 도시 사회에서 소외되고 외로운 사람들에게 관계를 통해 소속감을 가진 공동체를 이루는 형태이다. 이것은 소그룹을 통해 교회로 인도하든지 그 자체가 교회가 된다. 한국에서는 큰 교회에서 소속을 유지한 상태로 자율성이 부여된 셀그룹을 통해 친밀한 관계를 제공하면서 성장하는 방법으로 병행 사용되기도 한다.

• 가정 교회 모델(the house church model): 가정 교회는 이동하는 유목민이나 특히 사람들이 모이는 것을 정치적으로 견제하거나 종교적인 이유로 박해를 받거나 하여 모임의 비밀성을 유지하기 위해 이루어지는 교회의 모델이다. 선교사가 교회를 직접 섬기지 못하고 현지 리더들이 교회를 섬기며, 선교사는 리더를 개인적으로 만나서 섬기는 일을 한다. 이런 곳에서의 교회 개척 형태는 주로 가정 교회 형태일 수밖에 없다. 예를 들어 예수 영화를 보여주고자 할 때, 기독교에 대한 반대가 심한 곳일수록 공공 장소보다 신뢰가 쌓인 가정 단위로 할 수 있다.

• 복도식 모델 (the corridor model): 이 모델은 긴 길을 따라 있는 마을에 주말마다 리더들을 내려주고 사역을 하고 나면 월요일에 다시 태워서 오는 방식으로 개척을 한데서 나온 것이다. 마을이 위치한 그 길을 따라 교회를 개척하는 방식이다.

• 교회 개척 운동(church planting movement, CPM): 이 모델은 2000년대에 나온 모델로 1990년대 동질 집단 안에서 현지인들에 의한 자발적인 확산을 통해 교회가 짧은 기간에 퍼져 나가는 것을 관찰하여 연구된 모델이다.[11] 초기에 선교사들이 영향을 줄 수 있지만 전략을 개발하고 실천하는 전략적 조정자(strategic coordinator)의 역할을 하며 대부분은 현지인들에 의해 비슷한 동일 그룹 내에서 빠르게 퍼져나가도록 돕는 것이다.[12]

---

10   Ralph D. Winter, Steve Hawthorne, *Perspectives on the World Christian Movement Notebook*, 김동화·이현모 역, 『퍼스펙티브스 2』(서울: 예수전도단, 2010), 281~283.
11   David Garrison, *Church Planting Movement* (WIGTake Resources LLC, 2004), 15~18.
12   위의 책, 17.

이 모델은 교회의 빠른 확산이 특징인데, 오랫동안 신학 훈련을 받아야 하거나 사례를 필요로 하는 목회자보다 보수 없이 자발적인 평신도 리더를 세우는 것을 통해 이루어져 간다.

교회 개척자의 유형

교회 개척자는 크게 2~3가지로 나눈다. 여기서는 구분을 분명하게 하도록 Louie Bustle과 Gustagus Crocker의 2가지로 분류를 참고로 하겠다.[13]

• **목회적 교회 개척자**(pastoral church planter): 개척자가 교회를 개척하고 자립이 될 때까지, 선교사인 경우 안식년이 올 때까지 목회를 하다가 현지 목회자에게 이양을 하는 것이다.
• **사도적 교회 개척자**(apostolic church planter): 개척자가 교회를 개척한 뒤 목회자나 리더에게 교회를 맡기고 다른 지역에 교회를 개척하여 다시 리더에게 목회를 맡기는 식의 교회 개척이다. 이것은 미리 여러 명의 훈련한 리더들을 가지고 있고, 또 이런 교회 개척을 위해 가능하면 평신도를 세워 교회를 사역하도록 하고 목회자는 그들을 지원하고 감독을 한다. 선교사의 삶에는 자연스럽게 목회적 삶을 포함하지만 현지인들이 목회를 할 수 있도록 도와주어야 하며, 현지 문화와 상황과 언어에 완벽한 현지인이 목회자로 적합하다. 교회를 빨리 개척하고 성도들이 사역에 참여의식을 갖도록 하려면, 훈련에 시간과 지원, 비용이 드는 목회자보다는 평신도를 사역자로 세우는 사도적 교회 개척 방식이 필요하다. 반면에 오랜 관계가 요구되고 많은 훈련을 받은 리더를 원하는 지역들에는 목회적 교회 개척 방식이 필요하다. 그러나 이 방법은 교회 구성원의 참여도가 줄어들고, 개척이 느려지고 성직 중심의 교회가 된다.[14]

교회 개척과 리더십의 형태

교회 개척은 리더십의 다양한 형태에 대해서 생각을 해야 한다. 어떤 리더십을 지향하느

---

13   Louie Bustle, Gustavo Crocker, *Principles of Church Planting*; Craig Ott and Gene Wilson, *Global church planting*, 90~106. 위에 것을 더하여 catalytic CPer로 3가지로 나누었다.
14   Craig Ott and Gene Wilson, *Global church planting*, 90.

냐에 따라 교회의 구조가 달라진다. 교회의 구조는 선교사의 영향이나 현지 문화의 영향도 받는다. 이미 교단의 틀이 정해져 있는 곳이 많지만 신중하게 리더십의 형태에 따른 장단점을 이해해야 한다.

리더십에 대해 필자의 경험을 나누면, 사람들이 모이는 도시 교회에는 배웠거나 경제적으로 나은 일군들이 많이 있지만 아프리카의 시골 교회는 한두 명 정도의 글을 읽을 수 있는 리더들에게 절대적으로 의존해야 한다. 잘못된 리더를 세우면 시골 교회는 절대적인 영향을 받았다. 또 한 리더에게 교회를 맡기기에는 리더 개인의 역량도 한계가 있었다. 그래서 교회와 전도소의 리더들이 주기적으로 목사가 있는 모교회에 모여 각자가 은혜받은 말씀과 성경구절을 적고 나눈 뒤 이것을 2달간 설교 말씀으로 정하여 각 교회가 같은 본문과 참고 구절을 동시에 설교했다. 그리고 리더들은 스케줄을 따라 주일이나 주중에 교회를 약간씩 이동하며 섬겼다.

이 방식은 아프리카 공동체 사회에 적합했고 또 자원이 없는 곳에서 한 사람이 목회를 하는 데 따르는 부담과 한계를 극복하고 일정한 수준을 유지할 수 있고, 서로 교회 사정을 알고 리더십을 어느 정도 공유하는데 도움이 되었다. 한 리더가 결원하게 되면 다른 리더들이 대체하는 데 어려움이 없었다. ECG 교단에서는 목회자를 교회의 필요에 따라 4년에 한 번씩 순환 배치했다. 그러나 필요에 따라 한 부족 내에 10년 이상 목회하도록 두는 경우도 많았다. 헌금은 전국에서 중앙으로 모은 다음에 나누었다. 시골에는 사례를 받지 못하는 목회자가 많았기에 목회자 순환 배치와 헌금의 중앙화로 동일한 사례를 주는 것은 도시나 시골에 관계없이 일정하게 기회와 자원을 나누기 위한 형제애에서 나온 조치였다. 아프리카도 교단마다 다르지만 필자는 우리 WEC 선교회가 낳은 이 ECG 교단이 비록 가난하지만 이러한 공동체 정신을 유지하도록 교단을 격려했다. 순환 배치 반대와 헌금을 개 교회가 사용하는 것을 지지하는 선교사들도 많았지만 필자는 소속한 교단의 이 정책을 지지했다. 그 배경에는 아프리카 공동체 정신 속에 어려움을 나누며 형제애를 유지하고 4년마다 일부 목회자에 대한 순환 조치로 목회자 간의 차이뿐 아니라 성도와의 장기적 갈등을 해소하고 교회의 개 교회주의와 빈익빈 부익부 같은 양극화, 그리고 사유화를 방지하고 교회의 공공성을 지키기 위해 필요하다고 믿었기 때문이다.

선교지 교회의 리더십 형태와 관련하여 한국 교회 상황을 생각해보면, 한국 사회와 교회는 유교의 영향을 받아 수직 구조다. 이런 사회에서는 목회자 중심의 교회가 생기기 쉬운 토양이다. 공동체 전체보다는 한 명 목회자의 의견 비중이 크고, 성도들이 교회를 지키지 않고 목회자 명성에 따라 이동하기도 한다. 필자가 호주 Worldview 센터에 있을 때, WEC 선교회 국제 총재를 했던 에반 데이비스(Evan Davis)가 수업 시간에 필자에게 "만약 WEC 선교회가 한국에 교회를 세운다면 어떤 교회를 세워야 한다고 생각하느냐?"라는 질문을 했다. 그러면서 그는 필자에게 "한국에는 형제 교회를 세워야 한다"고 말했다. 그러나 이미 한국은 교회가 많아 선교지가 아니지만, 에반 데이비스가 말한 형제 교회는 한국 사회 구조와 반대인 수평 구조의 교회다. 초기부터 그런 교회를 개척했다면 한국 교회는 유교 사회의 영향 아래서 쉽게 되기 어려웠을 것이다. 현재 한국은 성장했지만 성직주의와 수직화된 교회 형태만 보이기에 반대로 그런 형태의 교회가 필요하다고 본 것이다.

세계관을 이해하는 것

선교사는 선교지 사람들의 세계관을 이해해야 한다. 세속주의자와 힌두교도, 무슬림의 세계관은 매우 다르다. 그러므로 세계관에 따라 전도와 교회 개척에서도 차이가 난다. 필자가 사역한 아프리카인들의 세계관에는 최고 위로부터 절대적인 존재, 영들과 조상들, 주주와 점쟁이가 있고 그 아래 인간이 있다. 그 세계관 속에는 성경의 진리와 비교할 때 최고신이라는 연속성을 가진 부분이 있고 조상들, 주주, 점쟁이 같은 비연속성을 가진 부분이 있다. 교회 개척을 하다보면 이들의 세계관 부분과 비교해서 기독교 세계관에서 빠져 있는 부분인 주주와 점쟁이 부분을 교회의 목회자에게 기대하거나 목회자가 스스로 그런 역할을 하는 것을 관찰할 수 있다. 이런 것이 교회 개척에서 세계관이 교회에 영향을 주는 예이다.

선교사의 대화는 연속성 부분에서부터 시작해서 진리의 비연속성 부분으로 나아가야 한다. 대화를 비연속성부터 들어가면 관계맺기가 어려우며, 처음부터 그들의 믿음 세계 전부를 부정하는 것은 선교사의 섬세하지 못함에서 비롯되는 것이다. 바울이 아덴에서 '알지 못하는 신'을 발견하고 그것을 '하나님'으로 연결했듯이 그들의 세계관에서 복음의 진리로 연결되는 부분을 찾아서 들어감으로 자신의 것이 되도록 도와주어야 한다. 필자가 사역한 부족의 현지 노인들은 선교사가 외부 종교를 가져와서 젊은이들을 공동체로부터 데리고 나가 다른 가치관을 가르친다고 생각하여 공동체의 가치 단절과 정신적 공백을 우려한다는 글을 읽은 적이 있다.[15] 그 후 필자는 현지인들이 너무 높아서 잘 알지 못하는 절대신이 바로 선교사가 전하는 하나님과 같은 분임을 연결시켜야 한다고 생각하게 되었다. 무슬림과 대화를 해보면 개인에 따라 하나님에 대한 이해가 조금씩 다르다. 필자가 만나는 무슬림 가운데는 무슬림이나 기독교인이나 같은 하나님을 믿는데 무슬림은 모하메드를 통해, 그리고 기독교인은 예수님을 통해 믿고 있고 각자가 선을 행한대로 구원을 받는다고 생각하는 사람들이 있다. 예수 외에 다른 길이 없다고 다른 사람의 신앙을 부정하기 전에 그들이 하나님을 어떻게 생각하는가를 먼저 이해해야 한다.[16]

교회 개척의 과정

교회 개척은 보통 목표지 선정, 개척팀 구성, 전도와 예비 모임, 교회 공식 시작, 제자 양육과 훈련, 리더십 계발, 재생산 같은 순서로 진행된다. 필자가 있던 볼가탕가(Bolgatanga)에서의 교회 개척은 건기(10~5월)에 대부분 이루어진다. 건기에는 사람들도 한가하고 모기도 적고 풀도 말라서 야외 공간이 생긴다. 보통 목사들과 함께 교회를 개척할 장소를 찾았다. 교회가 없는 마을이 대상인데 믿는 사람이 없을 때도 있었고, 가끔 먼 마을에서 오는 한두 가정이 있으면 그 가정이 시작점이 된다. 노회장 목사와 지역 목사, 선교사는 함께 지역을 탐방하고 가능한 리더를 1~2명 정도 정하고 그 마을의 man of peace를 찾았다. 그 사람을 통해 추장과 장로와의 약속 시간을 받고 찾아가 인사를 하고 모임 허락을 받았다. 선교사는 최소한 앉을 수 있는 의자와 랜턴을 준비했다. 모임은 늘 덜 더운 밤에 야외에서 처음에는 주 1회 이루어졌고 성경을 가르치고 노래를 가르치고 기도를 가르쳤다. 이렇게 밤 모임을 한 번 하다가 필요에 따라 두 번으로 늘렸고, 사람들이 꾸준히 오고 모임이 잘 되면 주일 아침에도 모임을

---

15 Peter Barker, *Peoples, Languages and Religion in Northern Ghana* (Ghana Evangelism Committee in association

16 경험이 중요하지만, 데이비드 W. 솅크의 『무슬림과 친구되는 열두 가지 방법』(대장간, 2018), 그리고 미로슬라브 볼프의 『알라』(IVP, 2016)라는 책을 읽을 것을 권한다.

가졌다. 처음에는 목사와 선교사가 많이 지원하고 인도를 하지만 점차적으로 리더에게 더 많은 위임을 하게 된다. 목사와 선교사는 다른 교회도 돌아봐야 하고 어느 정도 시간이 지나면 다른 리더를 데리고 또 다른 지역에 개척을 준비하기 때문이었다.

이렇게 또 다른 마을에서 교회를 시작하면 새로운 곳에 더 집중하면서 이전에 개척한 곳은 주기적으로 방문을 한다. 이렇게 교회는 들판에 난 길을 따라 다음 마을로 차례로 개척되었다. 기존 교회가 있는 곳에서 너무 먼 곳에 개척하는 것은 현실적으로 어려웠고 교회의 생존율도 떨어졌다. 리더들은 교회에서 한 시간 되는 거리를 자전거를 타고 주야로 다니며 목회했고, 선교사로서 그들이 목회를 잘하도록 오토바이도 사주고, 필요한 것도 공급해주고, 아픈 사람들을 치료하거나 병원으로 데려다 주었다. 모임은 늘 나무 아래에서 시작했는데 우기엔 비가 내리기도 하고 돌아볼 교회가 너무 많으면 힘이 들었다. 10년이나 나무 아래 있는 교회도 있었다. 비를 피하고 모일 수 있는 예배 처소를 지으면 더 안정이 되었고 다른 곳을 개척할 여유도 가질 수 있었다.

교회 개척 과정에는 각자의 역할도 중요하다. 우리는 그것을 의논하지는 않았지만 각자의 역할을 자연스럽게 감당했다. 노회장은 선교사가 그들과 함께 있는 시기가 중요하다는 것을 알고 교회 개척을 격려했고, 개척 시 추장에게 인사할 때나 교회 내부에 큰 갈등이나 교회 외부와 문제가 생기면 늘 같이 갔다. 지역 목사는 선교사와 가장 많은 시간을 보내고, 리더들을 감독하고, 멘토하고 선교사와 함께 리더 훈련을 계획했다. 선교사는 리더를 같이 훈련하고, 목회 자료를 공급하고, 목회적 필요를 지원하고, 성경을 보급하고, 아픈 사람을 치료하거나 병원으로 데리고 갔다. 처음에는 개척한 곳을 목사와 더불어 혹은 나중에는 교대로 방문했다. 리더들은 심방과 모임을 인도하면서 교회의 조직을 만들고 목회자로서 역할을 했다. 선교사는 부족 내 개척 교회를 우선으로 순환 방문했고, 목사는 지역 내 교회들을 순회했고, 노회장은 노회 내 교회를 1년 계획표를 따라 순환을 했는데 본인이 섬기는 교회에는 1/3만 출석하고 나머지는 노회 내 교회를 순환했다.

교회 개척의 전 과정에서 가장 중요한 요소는 좋은 리더다. 리더의 중요한 자질은 성도들의 삶에 관심을 갖고 심방하는 삶과 말씀을 성실하게 잘 가르치는 이 두 가지가 가장 중요하다. 개척할 땐 선정한 믿을 만한 리더를 데리고 갔고 때론 개척된 곳에서 좋은 리더를 얻기도

했다. 리더 가운데는 이성 문제가 생긴 경우가 있었고 어떤 경우는 그 문제가 교회 생존에 큰 타격을 주었다. 리더의 부담을 줄이기 위해 가능하면 2명 이상의 리더를 세웠다. 이들은 서로 잘 세워주고 우애했고 경쟁하지 않았다. 리더들에게는 아무런 경제적인 보상이 없었고 매주 3일 이상 먼 곳에 개척된 교회의 공적 모임을 섬기는 것, 그리고 아픈 자를 심방하는 것은 적지 않는 희생이었다. 선교사는 이들이 개척할 수 있도록 이동 수단 제공과 가난한 리더나 그들의 자녀가 공부하고자 할 때 학비를 도와주었다.

교회 개척과 건축

건물이 선교에 도움이 될 것인가? 교회 건물을 갖게 되는 것의 장·단점이 무엇인가를 생각해야 한다. 건물을 갖게 되는 것이 도움이 되기도 하고 장애가 되기도 한다. 건물을 갖게 되는데 가장 큰 문제점은 건축 비용이다. 그리고 그 외 성직주의가 생기고, 만인제사장 의식의 약화, 지역사회와 분리, 가는 구조가 아니고 오는 구조 같은 것들을 들 수 있다. 현지 수준을 넘어서는 건물은 자발적으로 하든 외부 후원으로 하든 교회 개척보다는 교회 성장에 더 중심이 가게 할 수 있다. 또 다른 고려 점은 어떤 곳에서는 교회 건물로 인해 정치적, 종교적 이유로 충돌과 박해가 더 심해질 수 있다. 또 이슬람 배경의 신자들(muslim background belivers)은 건물로 인해 신앙이 구분되면 압력을 견디기 어렵게 되고 내부자 운동이나 제자 사역(disciple making movements)과 같은 일을 일으키는데 오히려 장애가 된다.

종교 활동이 자유로운 지역이라면 교회 개척 후 계속 적당한 공간이나 건물이 없으면 선교지에서도 국내와 마찬가지로 현지 목회자와 선교사에게 현실적으로 부담이 된다. 교회가 건물을 가질 수 있는 상황이라면 선교지에서도 안정적 모임을 위해 공간이 필요하다. 교회는 오는 구조와 가는 구조를 동시에 지니며 모임을 더 안정적으로 할 수 있고 건물을 사치스럽지 않고 검소하게, 그리고 교회의 선교적 목적에 맞게 다양하고 창의적으로 활용하도록 해야 한다.

3. 의료 선교를 중심으로 한 교회 개척

이제 마지막으로 교회 개척과 의료 선교에 대해 언급하고자 한다. 의료 선교는 근대 선교의 시작과 함께 중요한 역할을 했다. 복음을 받아들이기 어려운 지역에 사랑을 실천함으로 지역사회가 복음을 받아들이도록 돕는 플랫폼 역할을 하고 지역에 따라서는 의료 선교로 인해 많은 교회와 성도가 생겨났다. 가나에서도 WEC 선교회가 1940년 초기에 사역한 판다이(Kpandai)라는 곳에 작은 클리닉이 있는데 그곳에서 ECG 교단 내 가장 많은 교회와 목사들이 나왔다. 남침례교회 나린리구(Narenligu) 병원이 있는 곳은 무슬림이 더 많았던 부족인데 그 지역은 병원의 오랜 영향으로 그리스도인이 더 많아졌다.

한편 도날드 맥가브란이 이 위대한 선교의 시대가 끝이 나고 있음을 말하면서 선교 기지 중심의 접근법(mission base approach) 선교가 한계에 이르렀다고 말했다.

과거와 달리 이제는 정부에서도 좋은 학교와 병원을 짓고, 현지 의사들을 많이 배출하고 있기 때문이다. 선교사가 세운 기독교 학교나 병원이 과거 아시아와 아프리카에서 처음에 가졌던 독점적인 위치를 상실하고 있는 것이다. 그러면서 그는 선교 기지 밖에서 일어난 교회 개척 운동인 종족 운동(people movement)에 관심을 돌렸다.[17] 이런 것을 조금은 염두에 둔 가운데 의료 선교를 중심으로 교회 개척을 볼 때 다음과 같은 것들을 생각해 볼 수 있다.

선교 병원을 활용하는 방법

앞에서 살펴본 교회 개척 모델 가운데 허브 모델이 있는데 그것을 선교 허브 병원에 적용하는 것이다. 그러나 수도나 큰 도시에서는 도날드 맥가브란의 말처럼 이미 정부에서도 병원에 투자하여 발전을 하기에는 과거의 선교 병원이 가졌던 위상과 의미를 찾기가 어렵다. 그리고 그렇게 많은 재원을 요하는 선교는 과거처럼 쉽지 않을뿐 아니라 시대와 상황

---

17 Donald A. McGavran, *The Bridges of God*, 이광순 역, 『하나님의 선교전략』(서울: 한국장로교출판사, 1994), 94~100. 도날드 맥가브란이 말하는 선교 기지 접근법은 과거 선교사들이 한 곳에 거주지를 정하고 그곳에서 학교, 병원, 교회당 등을 짓고 운영하면서 그 사역으로 사람들이 들어와서 개종하고 개종된 사람은 그곳에서 일하는 식의 선교를 말한다. 그러나 그는 그 밖에서 현지인에 의해 같은 종족 간에 교회가 빠르게 퍼지는 것을 보고 새로운 접근법에 눈을 뜨게 된다. 그는 이렇게 두 접근법으로 나누었는데 참고할 만한 내용들이다.

의 흐름에 어느 정도 적합한지 정직한 평가가 필요하다. 선교 병원을 통한 교회 개척은 의료가 소외되고 의료의 혜택이 절대적으로 부족한 곳에 의미가 있을 것이다.

선교 병원을 통해 복음 전파나 교회 개척을 하는 것이 정부 병원에서 일하면서 하는 것보다는 지역사회 선교에는 더 효과적일 수 있다. 병원을 하면서 교회 개척을 둘 다 하기가 힘이 들어 전도나 개척을 위한 동역자가 같이 있어야 한다.

정부 병원이나 일반 병원을 활용하는 방법

선교 현지의 의료 발전 상황과 선교 병원 투자 비용의 부담과 유지 그리고 선교사의 장기 헌신의 어려움 등을 생각할 때, 정부 병원 등에서 일하는 것을 고려해볼 수 있다. 이것의 장점은 병원 설립과 운영에 쓸 시간과 자원을 절감하고 남은 에너지를 사용하여 복음을 전하고 지도자들을 세우고 교회를 세우는데 사용할 수 있다. 보통 선교사가 제한 지역에서도 사역할 수 있는 방법이다. 이런 경우 주로 수도에서 사역을 하게 되지만 의료인이 부족한 지방 정부 병원을 찾아 사역할 수도 있다. 그리고 필자가 있는 무슬림 마을에 현지 기독 의료인의 개인 병원이 있는데 이렇게 현지 기독 의료인과 함께 일하는 방식도 가능하다.

CHE(Community Health Evnagelism) 개념을 교회 개척과 접목하는 방법

기존 진료실과 병원 안에서의 사역을 넘어서 지역사회 개발이나 보건을 통해 지역사회와 연관을 맺고 교회를 개척하는 방법이다. 지역사회 보건을 하면서 함께 교회를 개척하도록 힘쓰는 것인데, 마치 catalytic church planter가 허브 모델에서 어느 지역을 중심으로 다른 지역에 교회 개척자를 보내듯[18] 필요하다면 작은 허브를 두고 교회를 개척과 의료 보건을 함께 보내는 것이다. 이런 개념이 성공하기 위해서는 전략에 대한 이해, 의료와 교회 개척 두 가지에 조건 충족, 팀의 헌신, 적합한 대상 선정 등이 요구된다.

---

18 Craig Ott와 Gene Wilson은 그의 책 *Global Church Planting* p93~95에서 3개의 교회 개척자 유형으로 나누고 모교회에서 여러 자교회를 개척하는 것을 'Catalytic CP'라고 했다. Catalytic CP는 허브 모델과 같은 유형의 교회 개척에 적합하다.

이 장에서는 의료 형태에 관계없이 어떻게 의료인이 교회 개척에 기여할 수 있는지에 대해 생각해 보겠다.

팀 사역의 일원

우선 중요한 것은 교회 개척은 팀으로 이루어진다는 점이다(team play). 교회 개척 선교사도 늘 현지인들과 함께 한다. 마찬가지로 의료 선교사도 교회 개척의 부분을 감당하는 팀원이 되면 된다. 누가는 바울과 조용히 한 팀으로 사역했다. 그의 존재는 팀의 안정에 기여했고, 누가복음과 사도행전을 기록하여 시대를 넘어서는 영향력을 남겼다. 팀원이 되면 자연히 역할이 생기고 확장된다. 의료의 치유적 성격은 멤버를 케어하는 역할을 할 기회를 가진다.

촉진자 혹은 조직자 역할

교회 개척을 하기 위해서는 누군가 그 일이 일어나도록 촉진하는 사람이 필요하다. 개척 대상지를 연구 선정하고, 개척을 위한 팀을 구성하고 전략을 구상해야 한다. 이 역할은 팀 멤버가 되는 정도를 넘어서 좀 더 주도적인 역할을 하는 것으로 팀을 구성(organizer)하거나 팀을 만들어 개척하도록 촉진자(facilitator)가 되는 것이다. 교회 개척은 저절로 일어나는 것이 아니고 선교사가 교회의 리더와 함께 새로운 지역을 품고, 비전을 나누고, 함께 목표를 정하고 격려하면서 실천해야 가능하다. 그 역할을 의료 선교사도 교회 개척에 열심과 안목을 넓히면 할 수 있다. 필자도 이런 교회 개척의 촉진자 역할을 했다.

후원자와 자원 제공자 역할

의료 선교사는 현지인들이 교회를 개척할 수 있도록 후원자나 자원 제공자(resource

person 혹은 supporter)가 됨으로 교회 개척에 참여할 수 있다. 교회 개척을 위해서는 필요한 인적, 물적, 영적 자료 같은 것을 공급하는 것이 중요하다. 이런 일은 우연히 연결이 되기도 하지만 선교사가 교회 개척에 헌신적인 사람들을 찾아 계속 교제를 하면서 개척을 하도록 격려하고, 자원을 제공하고 연결함으로 일어나게 해야 한다. 필자는 지금은 리더의 일을 하면서 교회 개척에 직접적인 일을 하는 시간이 많이 없지만 현지 교회 개척자들을 돕기 위해 유익이 될 만한 자료와 훈련을 제공하고, 재정적 후원을 연결시키고 정서적 지원을 하는 역할을 하고 있다. 현지 목회자들 가운데 전략적인 부족 사역을 하는 사람들을 포함하여 돕고 있다. 유목민인 플라니족을 사역하시는 분과 토고에서 교회 개척을 하는 사람들의 교회 개척을 지원하고 있다. ECG 교단은 특정 부족을 사역하는 교회 개척자나 목회자를 돕기 위해 MOU를 맺어주며 사역자를 지원하고, 그 사역에 대해서는 교단이 책임(accountability)을 가지고 감독과 보고를 한다.

우리는 이런 일에 연결고리가 되기를 원한다. 한번은 총회 기간에 개척 사역자들에게 무엇이 가장 필요한지 설문조사를 했더니, 임마 알라하산 목사는 한 달에 20가나시디(5달러) 정도가 더 있으면 좋겠다고 하면서 그 돈으로 오토바이에 기름을 채워 전도소를 가고 싶다고 말했다. 알라하산 목사의 한 달 사례비는 60달러이다. 선교 훈련이나 교회 개척 훈련을 시키는 것만으로는 충분하지 않으며 사역에 힘을 실어주어야 한다.

5. 필자의 교회 개척 사역

필자는 1996년부터 1998년 가나에서 협력 의사(KOICA)로 있을 때 의료 사역에 빠졌던 기억이 난다. 낮엔 외래를 하고, 밤엔 수술과 당직을 하고 나면 예배드리러 갈 힘과 시간이 없었다. 그래서 의료에만 완전히 묶이지 않기를 바랐다. 2010년에는 가나 프라프라 부족에서 WEC 선교사로 전적으로 교회 개척 사역부터 시작했는데 당시에는 의료 사역보다 교회 개척이 더 필요하였다. 선교지 삶이 익숙해졌을 때 사무엘 노회장 목사와 함께 사역의 목표를 의논했는데, 15개의 교회와 전도소를 30개의 교회가 되도록 하는 것과 그 교회들을 돌보도록

100명의 장로와 리더들을 훈련하는 것을 목표로 정했다.

우리는 몇 개 교회가 한 지역(zone)으로 묶인 4개 지역에서 지역별로 한 교회를 더 개척하도록 격려했다. 대부분 밤을 이용하여 전도소(outreach point)를 시작했고 부르키나파소와 접한 국경 근처에서 교회 개척을 하였다. 우리는 그들에게 동역자만이 아니라 그들의 친구가 되었다. 현지 목회자와 뜨거운 태양 아래에서 일하며 생긴 우정과 가끔 그들 속에 겹쳐지는 그리스도의 모습은 필자의 마음에 가장 오래 남아 있다.

새롭게 개척된 교회에서는 모두 장로나 리더들이 목회를 했다. 이들은 목사의 직임은 없지만 은사나 기능적 측면에서 목사로 섬겼고 아무런 보상을 바라지 않았다. 이런 순수함이 교회 개척에 큰 힘이 된 것 같다. 해마다 교회와 같이 노력한 결과, 2016년에 교회가 목표한 30개가 되었고 믿는 자는 800명에서 3,200명이 되었다. 또 한마음으로 후원하신 분들의 도움으로 15개의 교회 처소를 건축할 수 있도록 도울 수 있었다. 우리와 교회의 공동 사역의 목표는 달성되었고, 우리는 안식년을 가진 후 사역을 타말레 다곰바 부족으로 옮겼다. 현재 필드 리더의 역할과 교단의 리더십 개발을 돕고, 현지 교회 개척자들을 훈련하고 후원하여 현지인들의 교회 개척을 돕고 있다. 의료는 WEC 지부에서 의료 자문(medical adviser) 역할을 하고 있다.

맺음 말

하나님은 선교의 하나님이시며 그 선교에 교회를 파트너로 삼으시고 교회를 통해 일하신다. 선교에 있어서 교회는 선교의 도구이자 목표이다. 그러므로 교회 개척은 선교의 핵심이다. 선교사는 교회 개척을 하기 전에 어떤 교회를 세울 것인가라는 질문을 해야 하며 그것은 선교사의 교회관, 선교사의 역할, 교회의 형태, 리더십 형태, 교회의 영성, 토착성과 선교적 교회와 관련이 있다. 선교사는 교회 개척에 있어 특히 세계관의 깊은 이해와 통찰이 필요하다. 그들의 세계관 안에서 진리적인 요소의 공통적인 것을 발견하고 그곳에서 시작해야 한다.

교회 건축의 양면성과 현실성에 대해 생각해야 한다. 교회 개척에서 가장 중요한 것은 좋은 자질의 리더이며 그런 리더들을 적절히 지원하는 것이다. 만약 빠른 교회 개척을 하기

원한다면 사도적 교회 개척을 해야 한다. 그리고 목회적 교회 개척이든 사도적 교회 개척이든 선교사는 현지 리더가 목회를 하도록 세워나가야 한다. 교회가 성장하여 자립하고 리더십을 이양하고 선교지를 떠나는 것이 목표가 아니라 스스로 재생산하는 교회, 선교적 교회(missional church)로 만드는 것을 목표로 해야 한다.

의료 선교와 교회 개척의 관계는 명시적이지 않지만 바울과 누가의 관계와 같다. 그들은 서로를 아끼는 동역자였고 끝까지 함께한 개척의 팀이었다. 의료 선교에는 교회 개척과 연관 짓지 않더라도 수많은 아름다운 헌신과 간증들이 있다. 그리고 의료 선교사들은 의료 사역을 통해 선교의 문을 열고 교회 개척에 플랫폼을 제공했다. 이제 제3세계 의료가 발전하는 세상에서 의료 선교는 기존 선교 병원을 활용하거나 혹은 비용과 부담을 줄이기 위해 정부 병원 등을 이용하는 방법을 고려해보아야 한다. CHE를 활용하거나 개념을 이용한 교회 개척도 할 수 있다. 그리고 교회 개척을 위해 병원 조건 여부와 관계없이 언제나 팀원, 촉진자, 후원자가 되는 방법이 있다.

이제 글을 마치면서, 다시 교회의 본질을 생각한다. 하나님은 공동체로 존재하시고 그 공동체 관계는 하나님의 속성이다. 하나님은 자신의 존재를 반영하고 하나님의 속성을 계시하는 공동체로서 교회를 세상에 두셨다. 교회는 하나님의 사랑의 성품과 하나님의 형상의 영광을 반영하는 존재로 세상 속에 보냄을 받은 것이다. 그 공동체인 교회를 세우는 교회 개척은 인간에 의해 고안된 하나의 기술이나 프로그램이 아니라 하나님의 선교적 성품에서 나온다. 교회는 하나님의 가족이며 우리의 확대 가족이다. 이 시대에 가장 중요한 선교적 목표는 죄와 개인주의로 깨어진 관계, 가족 공동체에서 상처받은 사람들을 이제 하나님의 더 높고 새로운 가족 공동체 안에서 회복하는 일이라고 믿는다. 그리스도의 몸에 난 상처는 바로 그것을 위한 것이다. 교회를 개척하면서 하나님의 새 가족을 꿈꾸며 아프고 슬프고 기쁜 경험을 갖는 것은, 하나님의 형상을 세상에 계시하는 공동체를 이루는 과정에 동참하는 우리에게 주어진 특권이고 인생을 영원에 투자하는 가치 있는 일이다.

교회 개척과 의료 선교

최정규

최정규 선교사는 서울대학교 공과대학과 모스크바 국립 치과대학을 졸업했다. 치과 보철 전문의이며 캄보디아 선교사, 치과 의사, 목사이다. 치과의료선교회 파송, 2005년부터 캄보디아 선교사로 사역하고 있다.

1. 예수님의 복음 전파에서의 병자 치료의 의미

예수께서 모든 도시와 마을에 두루 다니사 그들의 회당에서 가르치시며 천국 복음을 전파하시며 모든 병과 모든 약한 것을 고치시니라(마 9:35).

이 말씀은 예수님의 선교 사역을 요약한 것이다. 여기에서 병자를 치료하는 사역은 다른 전문 사역들(예를 들어 교육, 급식, 지역개발, 소득 향상, 기타 여러 비즈니스 등)과는 비교할 수 없는 독보적인 지위로 서술되어 있다. 예수님의 사역 큰 두 줄기는 복음 전도와 병자 치료였다.

다른 전문 사역과 병자를 치료하는 의료 사역은 같은 의미와 무게를 가지는가? 아니면 의료 사역은 다른 전문 사역보다 더 특별한 의미를 가지는가? "그렇다"라고 대답할 수 있다면 그 이유는 무엇인가? 나는 "그렇다"라고 자신 있게 말한다. 의료 선교에 특별한 의미를 부여할 수 있다면 그것은 이 질문에 "그렇다"라고 자신 있게 말할 수 있는 그 대답에 기초를 둔다. 그 근거는 성경이며 사복음서를 예수님의 선교라는 관점에서 읽는다면 누구도 부정할 수 없는 예수님의 사역과 가르침에 근거하고 있다.

세례 요한이 자신의 제자를 예수님께 보내어 "기다리던 메시아가 당신입니까?"라고 물었을 때 이사야서 35장을 인용하시면서 "소경이 보고 앉은뱅이가 걸으며 문둥이가 깨끗함을 받으며 귀머거리가 들으며 죽은 자가 살아나고 가난한자에게 복음이 전파된다"(누가복음 7장)라며 하나님 나라가 시작되고 있음을 말씀하신다. 여기서도 복음이 전파되는 것과 함께 나오는 하나님 나라의 시작을 알리는 내용은 거의 모두가 병자를 치료하는 사역들이었다.

이런 이유로 해서 모든 직업이 성직이라는 소명의식에 근거한 전문인 선교, 그중의 하나로 의료 선교를 보고자하는 관점에 동의하기 어렵다. 선교의 영역과 개념이 넓어지고 확장되어 가는 것은 바람직한 것이다. 그러나 그것이 예수님께서 분명하게 보여주신 복음 전파의 그림을 흐리게 하는 것이라면, 또는 하나님 나라의 복음을 전파하는 곳에서의 의료 사역의 의미를 희미하게 하는 것이라면 분명 경계해야 한다.

예수님께서 70명의 제자를 파송하시면서 몇 개의 그룹으로 나누시고 이렇게 지시하는 것이 바람직하지 않았을까?

"너희들은 주민들을 조직하여 사마리아 시골 마을을 개발하는 운동을 하고, 너희들은 주민들의 건강을 증진시키는 프로그램을 하고, 너희들은 가난한 마을 주민 소득 향상을 위한 일들을 추진하고, 너희들은 가난과 배고픔을 해결하는 여러 사역들을 하고 그리고 열두 제자는 기도와 말씀을 전하는 것에 집중하면서 서로 협력하여 하나님 나라 복음을 전하라."

선교학을 공부하시지 못한 예수님의 한계였을까? 70명의 제자를 두 명씩 각기 다른 곳으로 파송하시면서 명하시기를 "병자들을 고치고 또 말하기를 하나님의 나라가 너희에게 가까이 왔다 하라"(눅 10:9). 예수님은 제자들에게 하나님 나라의 시작을 선포하면서 병자를 고치라고 명령하신다. 이 명령을 시대적·역사적·문화적인 해석에 재해석 없이 따를 수 있는 의료선교사의 특권적 은혜와 자부심을 나는 이론적으로도 실천적으로도 포기하고 싶지 않다.

2. 의료 선교의 지향

예수님께서 한 마을에서 10명의 문둥병자를 만나셨다. 그들을 긍휼히 여기시고 고쳐주셨다. 그들은 병의 나음을 받았다. 그런데 그중에 사마리아인 한 명만 주님께 돌아와 하나님께 영광을 돌렸다. 예수님께서는 안타까워하시며 "그 아홉은 어디 있느냐 … 네 믿음이 너를 구원하였느니라"고 하셨다.(눅 17:17, 19)

예수님께서는 아픈 자를 치료하시면서 치료받은 사람들이 하나님께 돌아오고, 그들이 예수를 믿어 구원에 이르기를 간절히 원하셨다. 사람들은 항상 치료만 받기를 원한다. 그들은 복음 듣기를 원하지 않으며 치료해준 사람에게 감사할지라도 하나님께 영광을 돌리려고 하지 않는다. 잘 사는 나라의 착한 사람의 자비를 찬양할지라도 예수를 믿어 구원에 이르기를 온몸을 다해 거절한다.

그럼에도 의료 선교는 포기하지 않고 집요하게 치료하시고 사랑하시고 부르시는 예수님을 전한다. 우리의 진료는 병든 몸의 나음을 넘어 하나님 나라와 영원한 생명을 위한 것임을 선포하고 하나님을 바라보고 하나님께 영광 돌리기를 간절히 권한다.

복음이 전파되는 그 현장에서 치료받는 한 사람 한 사람이 하나님께 돌아오기를 기도하고, 그곳에서 하나님 나라가 시작되기를 소망하고, 그것을 위한 힘찬 발걸음으로서의 의료 선교라야 한다.

그래서 의료 선교가 앞선 의술, 뛰어난 장비를 통해 부유한 그리스도인의 자비를 보여주는 것이 되어서는 안 된다. 가난한 나라는 부유한 나라로부터 또 많은 국제기구로부터 원조와 지원을 받고 있다. 우리가 그들에게 예수의 복음을 전하지 못한다면 의료 선교 사역은 의료 선교의 규모보다 수백 배 수천 배되는 국제 원조 중의 작은 한 부분이 될 뿐이다.

우리는 선교지의 열악한 환경을 개선하기 위해 노력한다. 어려운 환경 가운데도 고통당하는 사람을 돕고자 한다. 하지만 진정으로 원하는 것은 그들을 향한 하나님의 사랑이 전해지기 원하는 것이며, 그래서 어떠한 환경 속에서도 하나님 나라를 이루어갈 하나님의 백성을 불러 모으는 것이다.

이것은 정치 경제적 억압이라는 환경하에서도 마찬가지이다. 선교사는 선교지의 정치적 폭압과 무자비한 경제적 착취에 저항하며 그것을 개선하기 위한 노력을 지지한다. 하지만 우리가 원하는 진정한 혁명은 이 땅에 하나님 나라가 이루어져 가는 것이다. 그런 의미에서 "진정한 혁명은 하나님으로부터 오는 것이지 인간의 반란으로부터 오지는 않는다"(바르트) 는 것을 분명히 한다. 병자를 치료하는 사역은 하나님 나라의 도래를 가장 분명히 보여주는 사역이다.

하나님의 형상이 회복되고 새사람과 새 생명의 의미가 가장 선명하게 보여지는 사역이다. 죽은 나사로를 다시 살리신 이유도 여기에 있다. 믿음이 가지는 부활의 능력을, 영원한 생명과 하나님 나라의 도래를 보여주시기 위함이다. 가장 선명히 보여줄 수 있다는 의미에서 의료 선교는 복음의 전파에서 가장 독보적이고 소중하다.

그렇기 때문에 이 복음 전파가 빠진다면, 하나님 나라를 선포하고 예수님을 바라보게 하는 지향이 빠져버린다면 의료 선교의 많은 사역들은 그 핵심을 잃어버리는 것이며 수많은 해외 원조의 한 부분이 될 뿐이다.

3. 의료 선교의 열매 — 신자들의 공동체 — 교회

사도 바울이 선교 사역을 마치고 떠나고 난 뒤 그곳에는 교회가 남았다. 사도 바울이 고린도에서 1년 6개월을 머물며 천막 만드는 사업을 하면서 복음을 전하고 하나님 말씀을 가르쳤다. 그리고 고린도를 떠났다. 그 이후 생겨난 고린도교회와 관련된 기록들이 성경에 남아있다. 성경은 사도 바울이 떠난 뒤 고린도교회의 자립 선교를 위한 바울 천막 비즈니스에 대해서 아무런 언급이 없다. 그것은 바울과 일행의 생계와 사역을 위한 것이었다. 그들이 고린도를 떠난 뒤에는 선교적 의미를 가지는 것이 아니었다. 성경은 사도 바울에 의해 시작된 고린도교회가 그 이후 어떤 문제를 만나게 되고, 그것을 어떻게 극복하면서 주어진 선교적 사명을 감당해야 하는가라는 교회의 성숙과 성장에 초점을 맞추고 있다.

이것은 지금의 선교 현장에서도 마찬가지이다. 다양한 방법을 통해 복음이 전파된다. 그리고 복음을 받아들이고 믿음으로 새롭게 태어난 신자들은 신앙 공동체를 이루어야 한다. 이 공동체를 통해서 그들의 신앙이 성숙되어 성장하게 되며 이 공동체를 통해 선교적 사명을 감당하게 된다. 이 신앙 공동체의 가장 보편적인 형태는 교회이다. 신앙 공동체의 다른 형식으로 직장의 신우회나 직능별 모임이나 학생 선교 모임 등이 있을 수 있다.

분명한 것은 복음 전파의 열매는 그 안에서 스스로 양육되고 성숙되고 성장하는 신앙 공동체, 그것의 가장 보편적이고 성경적인 형태인 교회로서 교회의 개척과 성장이라야 한다는 것이다.

4. 오스와이 마을에서의 치과 진료와 교회 개척 사례

캄보디아의 시골 마을에는 초중학생이 많다. 중학교만 졸업하면 마을을 떠나 도시로 취직을 하러 떠나는 사람이 많기 때문이다. 그래서 시골에서 복음 전파의 주된 관심은 이 초중학생들을 향하게 된다.

2014년 2월부터 동오스와이와 서오스와이 두 곳에 교회 개척을 하면서 두 마을의 어린이들이 다니는 오스와이 초등학교(학생 수 275명, 7개 반)에서 매주 토요일 영구치 살리기 치과 진료를 했다. 진료 중에는 진료만 열심히 했다. 진료하면서 따로 복음을 전하지 않더라도 바로 근처에서 우리가 교회를 시작한 것을 모두 알고 있었기 때문이다.

3년이 지난 지금 70~80명의 학생이 두 마을의 어린이 예배에 출석을 한다. 충치 예방의 효율을 따졌다면 더 많은 학교에 더 많은 학생들에게 칫솔질 교육을 하고, 내가 가기보다 훈련된 사역자를 파견하는 것이 더 좋겠지만 교회가 자리를 잡기까지 3년을 이 마을 어린이들의 아픈 이빨 치료하는 것에만 집중했다.

치료를 했기 때문에 주일학교 학생이 더 많아진 것도 아니다. 오히려 주일예배마다 간식만 두둑이 준비했더라면 지금보다 훨씬 많은 아이들이 모였을 것이다. 그럼에도 꾸준히 3년간 치과 진료를 지속했던 이유는 아픈 이빨의 치유를 통해 그들의 아픈 몸과 영혼이 온전히 회복되기 원하시는 하나님의 마음이 조금이라도 전달되기를 소망했기 때문이고, 그중 한두 명이라도 주일학교를 꾸준히 출석하면서 믿음의 생활을 시작하기를 바라기 때문이었다.

앞으로 1~2년 동안 사역자와 세례교인들이 교회를 자립적으로 이끌어갈 수 있도록 선교사 사역은 점차 줄여갈 것이다. 그리고 복음이 전파되지 않은 또 다른 마을에서 진료와 교회 개척을 시작할 것이다.

오스와이 마을에서 사역한 것을 시간과 양으로 따진다면 성경을 가르치고 설교한 시간보다 치과 진료한 시간이 훨씬 많다. 하지만 의료 선교사가 떠나면 진료 사역은 중단되지만 교회를 통해서 예배와 전도와 양육은 지속될 것이다. 오스와이 교회는 수십 년, 수백 년 동안 자신의 사명을 감당하며 수백, 수천, 수만의 어린 영혼들이 주님께 돌아오는 사역을 지속할 것이다.

나는 오스와이 교회의 시작에 시동을 걸어준 한 명의 의료 선교사의 영광을 가짐에 감사하고 그것을 허락해주신 주님의 은혜를 찬양한다.

개척 초기 오스와이 교회에서 예배드리는 모습   오스와이 초등학생의 영구치 살리기 진료 모습

변화하는 세상 속의 의료 선교

14

박경남

박경남 선교사는 연세대학교 원주의과대학(M.D.) 및 동 대학원(M.M.S.)을 졸업했다. 원주 세브란스기독병원 수련 및 일반외과 전문의 취득, 뉴질랜드 Eastwest College(신학, 선교학)를 수료했다. 2003~2007년 서남아시아 A국에서 사역, 2008~2010년 한국WEC국제선교회 부대표를 지냈으며, 현재 한국WEC국제선교회 대표이다.

50년간 아프리카의 작은 소도시에서 운영되었던 선교 병원이 있었다. 24시간 365일 그리스도의 사랑으로 환자들을 돌보겠다는 정신으로 운영되었지만 장기 사역자의 부족으로 더 이상 병원 운영이 어려울 정도가 되었고, 근처 도시에는 정부에서 세운 현대식 병원이 들어서고 있다. 이 병원은 어떻게 해야 하는가? 더 발전시켜서 살아남도록 해야 하는가? 아니면 어떤 다른 길이 있는 것인가?

아시아의 한 클리닉은 의료 선교사의 부재로 인해 현지인들이 병원을 운영하게 되었다. 그나마 서구에서 오던 원조는 끊어지고 병원 시설은 정부 병원보다도 열악해진 상태이다. 이양 받은 현지인도 기독교 정신으로 운영하기보다 자기 생활 유지가 먼저라는 느낌도 든다. 어떻게 하는 것이 바람직한 해결 방안인가? 지금 이웃 나라에서 건설 중인 클리닉의 운명도 이와 같이 될 것인가?

새로 선교지에 도착한 의료 선교사 A는 현지인들로부터 제안을 받았다. 넓은 땅을 보여주며 자신들이 속한 의과대학에 부속 병원이 없는데 병원을 건설해달라고 했다. 한국에 왔었던 의료 선교사들처럼 나도 이 나라에 도움이 되겠구나 생각되어 열심히 추진해보고 싶지만, 주변의 서양 의료 선교사들은 병원 운영이 불가능하게 될 것이라며 만류하고 있다. 우리가 직접 병원을 세워 운영하는 것이 과연 최선일까? 다른 방법은 없을까?

이 세 가지 이야기는 필자가 직·간접적으로 경험한 실제 상황에 근거한 이야기이다. 왜 이런 현실에 부딪히는 것일까? 아마도 19, 20세기에 지속된 선교 모델을 변화된 21세기에도 계속하려고 하기 때문은 아닌지 모르겠다. 실제로 우리는 한국에 와서 병원을 세우고 운영했던 서양식 의료 선교에 익숙해있다. 의료 선교를 생각하면, 병원이나 클리닉을 세우거나 왕진 가방을 들고 더 먼 시골로 다녔던 서구 선교사들의 모습이 첫 번째로 떠오를 정도로 20세기 패러다임의 의료 선교 모델에 친숙하다. 그러나 변화하는 선교지의 상황은 이런 전통적 의료 선교의 모델이 21세기에도 효과적인 것인지에 대해 도전받고 있다. 이 소고에서는 이런 변화 속에서 우리는 어떻게 대처해나가야 할지를 고찰해보고자 한다.

1. 변화하는 세상

세계의 변화

패트릭 존스톤(Patrick Johnstone)은 『세계 교회의 미래』에서 21세기의 키워드를 대륙별 인구 변화, 이주, 세계화, 도시화, 세계화의 부작용(불균형, 에너지 고갈, 환경 문제, HIV와 보건 문제), 정치권력의 균형 변화와 같은 문제를 꼽았다. 21세기 초에 발표된 많은 논문들도 21세기를 설명하는 흐름으로 이동, 세계화, 도시화를 꼽았다.[1] 이와 더불어 2010년대에는 종교근본주의에 따른 테러, 급속한 정보통신기술(IT)의 발달로 인한 디지털 혁명(혹자는 4차 산업혁명이라고 부른다)을 첨부할 수 있을 것 같다. 그렇기 때문에 2010년 남아공에서 열린 로잔 3차 대회에서도 같은 인식을 갖고 적극적으로 선교적 노력을 할 것을 세계 교회에 촉구하였다.[2] 이런 변화는 국소적으로 진행되는 변화가 아니라 전 세계적으로 동시다발적으로 벌어지고 있는 현상이기 때문에 이에 따른 선교 지형 변화는 불가피해 보인다. 심지어 미래학자들은 이런 흐름은 가속화될 것으로 예측하며 그 후폭풍은 가히 짐작하기 어려울 것이라고 보고 있다. 따라서 패러다임의 변화가 절실히 필요하며 이미 그 변화는 시작되고 있다.

다원주의와 원리주의

포스트모더니즘은 21세기를 지배하는 시대정신이 되었다. "모든 것이 상대적이고 절대적 진리가 없다는 것만이 유일한 진리라고 믿는 이 세대"[3]는 그리스도의 유일성을 믿는 그리스도인들의 설 자리를 위협한다. 뿐만 아니라 21세기 상황은 그리스도의 복음이 진리라는 우리의 메시지를 받아들이기 더 어려운 여건으로 바뀌고 있다. 더 나아가 선교지에서는

---

1   Patrick Johnstone, *The Future of the Global Church: History, Trends and Possiblities*, 정옥배·한화룡, 『세계 교회의 미래』(서울: IVP, 2013), 15~34.
2   The Lausanne Movement, *The Cape Town Commitment, Study Edition*, 최형근 역, 『케이프타운 서약』(서울: IVP, 2014).
3   위의 책, 69.

종교별 원리주의가 강화되고 있다. 이는 20세기 포스트모던 시대에 접어들면서 어느 정도 예측되었던 일이기도 하다. 그러나 그 속도는 예측보다 훨씬 빨리 일어나고 있다. ISIS(이슬람국가)나 동시다발적으로 일어나는 테러, 힌두교나 불교에서도 나타나는 원리주의의 모습은 선교지에서 더 어려운 도전에 직면할 미래를 보여 준다. 이런 상황 속에서 우리가 취해야 하는 자세나 메시지는 무엇이어야 하는가?

전 세계 교회의 변화

20세기 말 서구 기독교는 몰락이 가속화되었고 선교 동력이 급속하게 약화되기 시작했다. 서구의 구호기금에 의존했던 선교지 병원의 이야기는 이와 무관하지 않다. 대신 피선교지였던 2/3 세계 교회가 성장하고 선교에 참여하게 되면서 선교의 무게 중심이 옮겨가는 현상이 일어났다. 패트릭 존스톤은 2050년이 되면 복음주의자가 많은 상위 20개국 중에서 19개는 비서구권 국가가 될 것으로 예측했다. 이 중 11개는 아프리카가 될 것이다. 실제 2010년 현재 선교사 파송국 상위 20개 중에서 비서구권이 12개에 달하며(아프리카 3개), 2050년이 되면 피선교지의 국가가 선교의 주된 흐름을 형성할 것이다. 결국 "모든 곳에서 모든 곳으로(from everywhere to everywhere)"라는 표어가 현실이 되었고, 선교지와 피선교지의 경계를 넘는 변화는 이미 시작되었다. 선교지와 피선교지의 구분이 점점 불명확해지는 가운데 우리에게 필요한 접근법은 무엇이어야 하는가?

한국 교회의 변화

1990년대 중반을 정점으로 한국 교회는 정체기를 지나 하향 곡선에 접어들었다.[4] 실제 대학가 캠퍼스 단체들의 조사에 의하면, 2010년대 대학생들의 복음화율은 5% 아래로 내려갔다. 보건 의료 계통의 학교는 이보다는 비율이 조금 높지만 비슷한 흐름을 보인다. 저출산과 젊은 층의 이탈, 교인의 고령화 현상은 선교 헌신자를 발굴하거나 보내는 동력을 확보하

---

4   최윤식, 『한국교회 미래지도 2』(서울: 생명의말씀사, 2015), 51.

는 것을 점점 더 어렵게 만들고 있다. 물론 아직도 건강하게 선교를 왕성하게 하는 교회들이 많이 있기 때문에 이런 진단이 너무 부정적이라고 지적할 수도 있을 것 같다. 그러나 실제 통계는 전체 교인의 60~70%가 은퇴자가 되는 2028년경에는 명백한 역동성 저하를 초래하게 될 것임을 예측하게 만든다.[5]

2. 불변하는 현실[6]

인간은 상실을 경험한다
— 죄로 인한 고통은 그대로 남아 있고, 그리스도 없이는 우리에게 아무런 희망이 없다

로잔 케이프타운 선언서대로 죄로 인한 육체의 고통은 여전히 존재한다. 의료인이 감당해야 할 영역은 기술의 진보로 발전하겠지만 동시에 기독교 윤리적 고민을 우리에게 던질 것이다. 심지어 인공지능(AI)이 인간을 대신해서 환자를 돌보는 세계가 올 것이라는 섣부른 예측도 있지만, 여전히 의료는 그리스도인들이 감당해야 할 중요한 영역이며 선교의 방법으로 남을 것이다. 또한 의료의 불균형과 복음 전파에 있어서 불균형은 지속될 것이다.

복음은 좋은 소식이다
— 불변하는 복음을 어떻게 신선한 방식으로 전해야 할 것인가?

다원주의 사회라도 진리는 진리이다. 이 세대가 변한다고 해도 복음의 속성과 그리스도의 유일성은 변할 수 없다. 그리스도인의 숫자가 줄어들고 심지어 박해를 당한다고 하더라도 우리의 메시지는 변할 수 없고, 오히려 어떻게 신선한 방식으로 다리를 놓고 전달할 것인가를 고민하는 것이 다를 뿐이다. 예수님의 제자들도 헬라인에게는 어리석어 보이는 '십자가의 도'를 전했다. 당시 지혜를 추구하던 헬라 문화에 맞지 않고 다양성을 인정했던 문화와도 배

---

5   최윤식, 『한국교회 미래지도 2』, 53.
6   The Lausanne Movement, 『케이프타운 서약』, 14~15. 각 제목은 직접 인용, 내용은 요약 후 필자의 의견을 첨가하였다.

치되었지만, 제자들은 예수님께 배운 그대로 전했다. 복음의 핵심은 변하지 않는다.

교회의 선교는 계속된다
— 하나님의 선교는 땅 끝까지 그리고 세상 끝날까지 계속된다

하나님은 선교하시는 하나님이시다. 그리스도의 제자는 하나님의 선교에 참여하는 하나님 나라의 백성으로 부름 받았다. 그리고 그 선교는 세상 끝날, 예수님께서 가신 그대로 오시는 그날까지 지속될 것이다. 상황이 어떻게 바뀌어도 우리 삶의 궁극적인 목적은 달라지지 않는다.

아무리 세상이 변하고 인공지능이 사회를 바꾸어도 죄로 말미암아 죽을 수밖에 없으며, 타락으로 인해 발생한 고통은 예수 그리스도의 복음 없이 해결될 수 없다는 불변의 진리는 바뀌지 않는다. 세계의 교회가 무너지는 것 같고 믿는 자들이 없어지는 것처럼 보인다 하더라도 하나님의 통치는 영원하며 하나님은 자신의 이름을 위하여 하나님의 구원 계획을 열방 중에서 계속해나가신다. 뿐만 아니라 모든 열방이 하나님을 예배하는 그 일에 동참할 이들을 부르신다. 의료 선교는 변함없는 하나님의 구원 계획을 위한 예비하심이며 의료인은 동일한 부르심 가운데 살아간다.

3. 21세기의 의료 선교는…

첫째, 이동과 이주를 염두에 두라

20세기까지 지속되었던 산간벽지의 선교지를 방문하여 진료를 위주로 진행했던 의료 선교는 점점 역할이 축소될 것으로 전망된다.[7] 오히려 선교지에서의 교육과 훈련, 장기 선교사와

---

7   새로운 패러다임이 온다는 것은 의료 선교사들의 공통적인 시각이었다. 심재두 외, 『단기 의료선교의 새로운 패러다임을 찾아서』(서울: 좋은씨앗, 2016).

협동하는 특수 분야에 집중하는 선교 전략으로 단기 의료 선교를 재정립할 필요가 있다. 나아가 우리 곁으로 이동해서 거주하고 있는 이들에게 눈을 돌릴 필요가 있다. 1990년대 초반부터 진행되었던 주 1회~월 1회의 이주자를 위한 진료에서 지역 사회의 이주자를 내가 일하고 있는 병·의원에 적극적으로 등록해서 먼저 찾아가는 의료 선교의 모델을 생각해 볼 필요가 있다. 2016년 통계상 이주자 200만 명 시대에 다다른 한국은 이미 다민족 사회로 접어들었다. 그렇다면 어떻게 이들을 섬길 것인가를 고민하는 것은 멀리 찾아서 나가는 방식 못지않게 중요한 의료 선교가 될 것이다. 다른 말로 한다면 바로 내 일터가 선교 현장이 되는 시대가 도래했다.

뿐만 아니라 우리도 이주하여 선교적 삶을 계속해나갈 수 있다. 케이프타운 서약도 일터 사역과 텐트메이커의 선교적 중요성을 역설했다.[8] 손창남 선교사는 이를 '풀뿌리 선교 모델'이라고 칭하기도 했는데 초대 교회 제자 공동체의 특징이 일터를 기반으로 자신이 거주하는 곳에서 제자를 삼고 공동체를 이루는 것이었다는 것에 착안한 발상이다. 그렇다. 우리 의료인들도 의료인이 넘쳐나는 한국이 아니라 북아프리카나 중동, 동남아시아와 같은 미전도 종족이 살고 의료인들도 필요한 곳으로 자발적으로 흩어지는 노력이 필요하다. 꼭 선교사라는 신분으로서가 아니더라도 이주해 살아가는 그리스도인으로서 제자 삼는 삶을 살기 위해서 자발적 이주자로 사는 노력이 필요하다.

둘째, 세계화와 도시화를 고려하라

2050년이 되면 세계 인구의 71%는 도시에 거주하며 이 중 85%가 전통적인 피선교지에 위치하게 될 것이다. 그러나 정부와 비정부기구의 노력에도 불구하고 빈민가 거주자는 거의 변화가 없을 것으로 예상된다. 이는 1950년과 2000년의 비교 통계에서 빈민가 거주자의 수가 거의 변하지 않았다는 데에서도 잘 드러나고 있다. 이런 현상과 예상을 고려한 보건 의료 측면에서의 접근이 필수적이다. 도시 빈민 선교의 핵심은 치료에 국한될 것이 아니라 어떻게 예방하고 보건 증진을 이룰 것인가의 문제다. 지금까지 그런 노력은 치료 중심의 의료 선교에 비해서 상대적으로 미미했다. 선교지 교회가 빈민을 돌보는 공동체가 되도록 세우고, 우

---

8   The Lausanne Movement, 『케이프타운 서약』, 72.

리 스스로도 도시를 분석하고 그 도시의 여러 민족들에게 나아가 사랑으로 섬기는 노력이 점점 더 필요하다.

세계화는 복음 전파를 가속시키는 도구로 쓰임 받고 있다. 위성을 통해 가까워진 세계, 방송과 인터넷을 통한 연결, 실시간 소통 방식으로서의 소셜 네트워크 서비스(SNS)는 세계인을 동시간대에 살도록 만들었다. 우리가 제공하는 의료 정보나 컨설팅은 실시간으로 선교지와 소통된다. 바로 이런 점을 적극적으로 활용해서 의료 정보 제공에서 개인 관계망 구축에 이르는 다양한 관계를 통해 복음을 전할 수 있는 많은 기회들이 있다. 선교지의 의료인과 한국의 의료인이 연결되면 의학적 소통만이 아니라 영적 교류로 이어질 수 있다. 얼굴도 모르는 다국적 게이머들과 게임을 하는 젊은이들의 모습은 이런 시대가 열릴 것을 유추할 수 있게 한다.

셋째, 변혁적 의료인과 기관으로 변화를 촉진시키라

20세기 후반까지 의료 선교의 핵심 모델은 병원이나 대학의 설립이었다. 서구화된 의료 시설이 없는 곳에 가서 시설을 건립하고 새로운 선진화된 시스템을 장착한 병원과 대학을 만듦으로써 현지 의료 수준을 향상시키고 보건 의료에 이바지할 수 있다는 패러다임이다. 물론 이것은 효과적으로 사용되었기 때문에 우리가 여전히 해보고 싶은 모델이다. 그러나 이제 조금만 눈을 들어보면 선교지에도 훌륭한 병원(우리 표준에는 맞지 않을 수도 있지만 서구적인)이 들어서 있고, 아무리 빈곤한 나라에서도 교육받은 의료인들이 자신들의 방식으로 환자를 돌보고 있다. 변변한 병원이 없었던 수십 년 전과는 전혀 다른 상황이 선교지의 상황이다.

여전히 뒤떨어진 병원이라고 말할 수도 있을 것이다. 그러나 현지인들 입장에서 더 필요한 것은 적정 의료 기술의 확충, 현지인 의료체계의 변화, 이런 변화를 이끌 그리스도의 사랑으로 무장된 변혁적 의료인이다. 시설 투자보다 현지인들 속으로 들어가서 한국의 병원에서 제자로 사는 것처럼 그들과 함께 살면서 변혁적 의료인을 양육하는 것이 필요하다. 물론 이것은 우리가 병원의 고용주로 사역하는 것보다 훨씬 어렵다. 하지만 진정한 변화를 원한다면 일터를 기반으로 현지인들 속에서의 제자 삼음과 변화의 촉매제가 되는 길이 우리가 가야 할 길이리라.

원격 진료와 컴퓨터를 활용한 비거주 의료 선교 모델을 활용할 것을 제안한다. 선교 현장에도 원격 진료 시스템이 보급되기 시작했다. 한국에서 선교지와 연결해서 진단과 치료법을 함께 연구할 컨설팅그룹을 만듦으로써 선교 사역에 적극 참여할 수 있다. 그러기 위해서는 헌신이 필요하다. 비근한 예를 들어 보자. 나 자신의 클리닉을 위해서 주 58시간을 근무한다고 가정할 때 이 중 몇 퍼센트의 시간은 선교지 환자 컨설팅을 위해서 내가 특정 시간을 정해서 섬기기로 하는 것이다. 컨설팅그룹이 편성되면 매일 순번을 정해서 컨설팅을 할 수 있다. 너무 이상적인가? 아니 조금만 다르게 생각한다면 아주 손쉽게 적극적으로 선교에 참여할 수 있다.

이런 이상을 현실로 옮기는 것이 바로 네트워킹과 협동(collaboration)이다. 2015년부터 시작된 7000운동은 네트워킹을 가능하게 했다. 물론 아직 아주 초기 단계의 네트워킹이지만 앞으로 더 발전된 네트워킹이 나타나리라 생각한다. 그런데 네트워킹보다 더 중요한 방법이 있는데 바로 그것은 서로의 부족을 도와서 하나로 합력하여 선을 이루는 협동이다. 흔히 음악에서 콜라보라고 불리는 형태가 있는데 바로 협동 작업의 단적인 예를 보여주는 것이다. 같은 분야의 사람들이 함께 네트워킹한 후에 선교지의 의료 보건을 위해서 서로 배우고 도와주고 마음을 나누어서 문제를 같이 풀어나가는 형태로 발전해간다면 훨씬 많은 영역에서 선교지나 한국의 이주자를 섬길 수 있다.

네트워킹과 협동의 대상자는 한국 의료인에 국한되는 것은 결코 아니다. 피선교지였던 남미나 동남아에서 배출되는 의료 선교사나 텐트메이커들과 우리는 어떻게 협동하여 사역할 수 있을까?

다섯째, 복음의 핵심에 굳게 서라

현 시대 상황은 사도 바울 당시 로마 제국의 종교적 상황과도 비슷하다. 로마는 국가에 위협이 되지 않는 모든 형태의 종교를 허용하고 수용했다. 다만 다른 나라(하나님 나라)가 있고, 주인(예수 그리스도)이 있다고 고백하는 기독교는 예외적으로 핍박을 당했다. 그러나 사도 바울이 고백한 것처럼, 그 당시의 그리스도인들은 예수 그리스도의 남은 고난을 채우는 것을 당연히 기쁨으로 여겼다.(골 1:24) '어떻게 이런 제자도를 우리도 가질 수 있는가?' 하는 것이 21세기 의료 선교의 성패를 좌우한다. 왜냐하면 우리가 전달하고자 하는 것은 궁극적으로 총체적 의료(전인적 의료와 + 총체적 복음)이기 때문이다.

필자가 생각하기에 그 비밀은 사도 바울 선생님의 고백과 삶에서 찾을 수 있다. 그리스도와 합하여 나는 죽고 그리스도가 내 안에 사는 삶, 십자가의 복음 외에 그 어떤 것도 알지 않기로 결단한 모습, 그리스도 외에 그 모든 것을 배설물로 여기고 나아가는 고백과 결단의 삶, 우리가 더 철저하게 그리스도의 십자가 복음과 그리스도의 십자가가 내 삶의 중심이 되고 십자가를 통과해 부활 생명의 삶을 누리고 살아가는 것, 즉 온전한 제자도의 회복과 실천이 그리스도의 유일성을 증거할 수 있는 유일한 길이다.

4. 의료 영역에서 제자로 살기 — 선교적 삶

일과 영성의 조화 — 일터 영성

의료는 내가 어떤 직종이든 상관없이 총체성에 근거하고 있다. 사람을 전인격적으로 보고 질병과 사람을 분리시키지 않고 마음과 영혼의 안녕을 추구하는 기독교적 관점의 의료는 시작부터 총체적이다. 복음이 우리 삶의 전 영역과 맞닿아 있는 총체성을 띠는 것처럼 일터와 복음, 십자가의 영성은 분리시킬 수도 없고 해서도 안 된다. 제자도와 선교도 마찬가지이다. 선교는 어떤 이벤트나 프로젝트가 아니라 제자로서 살아가는 자연스러운 총체적 삶의 귀결로서 행해지는 것이며, 제자로서의 정체성 안에 모든 민족을 제자 삼는 선교적 삶(마 28:19~20)이 들어 있다.

우리는 자문해봐야 한다. '나는 일터에서 온전한 제자로서 생각하고 말하고 행동하는가?' 진료와 복음 선포는 동전의 양면과 같다. 필자는 병원에서 일할 당시 이런 통합성을 가지지 못했다. 교회에서 기독단체에서의 활동은 매우 성숙한 것 같았으나 개인의 일상과 삶은 그런 활동을 따르지 못하고 겉과 속이 다른 사람과 같을 때가 많았던 것 같다.필자도 1999년 여름에 경험한 내 자아의 죽음과 그리스도와의 온전한 연합함을 깨닫지 못했다면 아직도 온전함을 향해 나아가지 못했을 것이다. 내가 그리스도 안에 거하고 그리스도가 내 안에 거하는 것이 진료실에서 내 개인의 삶에서 24시간 반복적으로 경험되는 연합함의 영성이 필요하다. 주변의 신실한 의료인들과 함께 어떻게 이런 건강한 일터 영성을 지닌 제자로 살아갈 수 있는지 머리를 맞대고 기도하며 찾아 나아갈 때, 더 깊은 차원의 선교적 삶으로 나아갈 수 있다.

궁극적인 목표 — 제자 삼기

일과 영성이 조화를 이루는 총체성은 제자 삼음으로 완성된다고 할 수 있다. 그 제자 삼음의 내용은 세례를 베푸는 것과 가르쳐 지키게 하는 것이라고 주님은 말씀하셨다. 다시 말해 주님을 말씀에 근거해서 고백하고 믿음을 가짐으로 신앙 생활을 시작하게 하며, 동시에 주님이 말씀하신 것을 성령의 도우심 가운데 따라 살도록 하는 것이 제자 삼음의 내용이다.

지금까지 우리는 신앙고백을 하게 하고 교회에 나오게 하는 것에만 초점을 둘 때가 많이 있었다. 일단 함께 일하는 동료들에게 교회에 다니라고 강권하는 경우도 있었다. 그런데 21세기에는 그런 방식을 넘어서서 내가 그리스도의 모습으로 동료들을 사랑하고 발을 씻기는 제자가 됨으로 동료들이 자연스럽게 그리스도의 사랑을 깨닫도록 하는 것이 더 필요한 것 같다.

어떻게 하면 가능할까? 이미 살펴본 대로 그리스도와의 연합함을 통한 일터 영성을 가지고 포도나무이신 예수 그리스도의 가지로서 살아갈 때, 가능하다. 사도 바울은 고린도전서 11장 1절에서 증언한다.

내가 그리스도를 본받는 자가 된 것 같이 너희는 나를 본받는 자가 되라.

우리가 보고 배운 대로 의료 행위를 하고 또 타인에게 가르치는 것처럼, 먼저 예수 그리스도 안에 거함으로 그리스도가 표현되는 삶이 되어야 하겠다.

일터에서 제자를 삼는 것은 출발점이다. 예수님도 사도행전 1장 8절에서 동일한 개념을 말씀하셨다. 나의 삶의 근거지인 예루살렘과 유대와 사마리아와 땅 끝으로 동시다발적으로 퍼져 나가는 증인됨과 모든 민족을 제자 삼는 분명한 방향성을 가지라고 주님은 말씀하셨다. 일터에서 세상을 향해서 이미 보내심 받은 자로 살고 열방을 향해 나아가는 자로의 부르심을 확인할 때 사도행전 1장 8절의 증인됨은 바로 우리 삶 속에서 구현되게 된다.

우리가 삶의 익숙함과 내 일상을 벗어나서 우리의 소외된 이웃들과 정서적으로 육체적으로 어려움을 겪고 있는 이들을 향해 나아가고, 우리에게 이웃으로 찾아온 열방의 사람들을 향해 가는 것이 주님이 말씀하신 방향이다. 그래서 내가 구속받은 백성으로 하나님의 사랑을 경험했듯이 다른 이들도 그 사랑을 경험하고 살도록 돕는 것이 주님이 말씀하신 새 계명을 지켜 살아가는 것이다. 주님은 말씀하셨다.

첫째는 이것이니 이스라엘아 들으라 주 곧 우리 하나님은 유일한 주시라 네 마음을 다하고 목숨을 다하고 뜻을 다하고 주 너의 하나님을 사랑하라 하신 것이요 둘째는 이것이니 네 이웃을 네 자신과 같이 사랑하라 하신 것이라 이보다 더 큰 계명이 없느니라(막 12:28~31).

예수 그리스도의 사랑을 모르고 죽어가는 모든 민족을 제자 삼으라는 예수 그리스도의 유언과 같은 대위임령은 바로 이 말씀의 연장선에 있다고 할 것이다.

5. 변화는 계속된다

이 소고가 출판되어 글이 읽힐 즈음에는 또 어떤 변화가 이미 일어났을지 모르겠다. 이런 변화를 즐기는 사람도 있을 수 있지만 지속적인 변화가 가져오는 불확실성은 우리를 불편하게 만든다. 하지만 변화는 하나님의 통치와 계획이 실현되는 것을 볼 수 있는 기회가 되고,

이런 불확실성은 신실하신 하나님을 더 바라보게 하는 동기가 되리라 생각한다. 특히 앞으로 어떤 변화가 일어날지 점점 예측하기 어려워지고 있고, 21세기는 이전과 비교할 수 없는 변화가 있으리라 예상되기에 공동체적으로 함께 기도하며 생각하고 대처해나가야 할 것이다. 그렇게 할 때 의료인으로서 선교적 삶을 계속 살아갈 수 있을 것이다.

예수님이 한 자리에 머무르지 않고 계속 움직이신 것처럼, 바울이 자신의 여정을 계속해 나갔던 것처럼, 초대 교회 성도들이 성령님의 음성에만 귀 기울이는 삶을 살았던 것처럼, 우리도 성령 하나님의 인도하심을 전적으로 의지해 나아가자. 그래서 변화 속에서도 변하지 않는 진리인 예수 그리스도의 복음을 붙잡고 그리스도 안에 굳게 거하며 그리스도의 사랑을 흘려보내어 제자 삼는 의료인으로 믿음의 길을 걸어가자.

참고 문헌

심재두 외. 『단기 의료선교의 새로운 패러다임을 찾아서』. 서울: 좋은씨앗, 2016.

최윤식. 『한국교회 미래지도 2』. 서울: 생명의말씀사, 2015.

Johnstone, Patrick. *The Future of the Global Church: History, Trends and Possiblities*. 정옥배·한화룡 역. 『세계 교회의 미래』. 서울: IVP, 2013.

The Lausanne Movement. *The Cape Town Commitment, Study Edition*. 최형근 역. 『케이프타운 서약』. 서울: IVP, 2014.

(의료)선교에서
성령의 사역

강영식

강영식 선교사는 조선대학교 의과대학과 광신대학교 신학대학원(M.Div.)을 졸업했다, 산부인과 전문의, 의학박사, 목사(예장합동)이다. 조선대학병원, 아산재단 정읍병원, 강영식 산부인과의원, 광주 보훈병원에서 근무했다. 현재 파키스탄 카라치 선한사마리아병원 원장으로 재직하고 있다. 광주 팔복교회(예장합동 광주노회) 파송으로 대학생선교회(KCCC) 소속이다.

마지막 때 우리에게 공통적으로 주어진 사명 중 무엇보다도 중요한 것은 전도와 선교, 구제임이 자명하다. 먼저 이렇게 글을 쓸 수 있게 인도하신 우리 아버지께 감사드리면서 부족한 글을 읽어주실 여러분께도 감사를 드린다.

우리가 전도와 선교의 정의에 대해 질문하기는 쉽지만 막상 정확한 답변을 하려면 주저할 것이다. 또한 선교의 이론과 전략에 있어서도 우리 각자에게 주어진 달란트에 따라서 여러 방법(비즈니스, 의료, 교육, 건축, NGO 등)으로 하나님 나라 확장과 영광을 위하여 현장에서 수고하며 복음을 전하고 있다. 그러나 먼저 우리가 선교 사역에 더욱 쉽게 접근하기 위하여 이에 대한 간단한 지식으로 정의를 알고 성령은 어떤 분이신가와 선교와 성령의 사역에 대한 지식을 나누면 유익할 것이다. 그리고 이보다 먼저 기본적으로 선교의 성경적 기초(구약적, 신약적)와 선교의 교리적인 기초, 선교의 역사, 전략과 세계 선교의 흐름과 실제적인 현장 선교 상황과 전략에 대한 지식에 대해서도 역시 깊은 이해가 필요할 것이다.

1. 선교의 정의(定義)

역사적으로 선교란 용어는 해외에 나가서 땅 끝까지 이르러 복음을 전파하는 것과 관련된다고 생각해왔다. 또한 지역에서는 복음 전도와 동일한 용어로 쓰여지기도 했다. 우리가 사용하고 있는 '선교'란 용어는 선교에 관한 말로 '선교'(宣敎, mission)와 '전도'(傳道, evangelism)가 있으며, 선교는 라틴어 'mitto'(보낸다, 파견한다)에서 유래되었고 헬라어 'ἀποστέλλω'와 'πέμπω'에 해당되는데, 이 뜻은 파송을 의미하며 mission은 용법상 '사명'이라고 번역하는 것이 옳다고 말하는 학자도 있다. 한자로 宣敎(선교)는 곧 "가르침을 베푼다"라는 다분히 유교적 의미로 번역해놓았다.

전도, evangelism은 라틴어 'euangelion'으로 "복음 또는 기쁜 소식"이라는 뜻을 가지고 있다. 선교와 전도에 대하여는 여러 학자마다 다른 언어(개념)로 표현하지만 일반적으로 "하나님 나라 밖에 있는 사람들을 하나님의 나라로 인도하는 일"이라고 말한다.[1]

---

[1]　이현모, 『현대선교의 이해』(대전: 침례신학대학교, 2003), 52.

전도는 주로 동일한 언어권, 문화권, 생활권에서 수행된다고 말할 수 있으며, 선교는 비기독교 국가 또는 타문화권, 또 비서구화 세계에 복음(예수가 그리스도라는 기쁜 소식)을 전파하고 영혼 구원을 위하여 선교사 파송 및 교회 설립 그리고 교육, 의료 사업, 사회 사업 등등의 사역을 하는 것이라고 말할 수 있다.

선교에 대한 정의는 1961년 이전의 고전적 정의는 한 마디로 선교란(mission) 곧 복음 전파(evangelism)를 의미하는 것이다. 복음주의 진영의 선교에 대한 정의로 '영혼 구원'을 말하며, 존 스토트는 선교란 "복음 전파와 그리스도인의 사회적 책임을 감당하는 것 양자 모두다"라고 정의했다. 또 에큐메니칼(ecumenical) 진영의 선교에 대한 정의는 어원의 의미를 보면 'oikoumene'는 "함께 사는 세상과 인간"이라는 '조화와 일치'를 지칭하는 의미로 오늘날은 전 세계의 교회가 하나가 되자는 교회일치운동(ecumenical movement)을 가르키며 1910년 에딘버그 세계선교대회부터이다. 세계교회협의회(WCC) 창설 후 고전적인 선교 정의와 결별하게 된 결정적인 것은 1968년 WCC 제4차 총회였던 스웨덴 웁살라 대회였으며, 고전적 선교 개념은 하나님→교회→세상의 도식이었으나 WCC는 하나님→세상→교회로 도식을 바꾸었다. 최근의 선교 신학적인 발전은 상황화 신학(contextual theology)으로 토착화의 의미를 포함한 상황 속에서의 사역을 말하고 있다.

현대 교회 성장학의 창시자이며 권위자인 도날드 맥가브란(Donald A. McGavran)은 선교의 정의를 다음과 같이 말한다. "선교란 예수 그리스도에게 아무런 충성을 바치고 있지 않은 상태에 있는 사람들에게 복음을 문화권을 초월해 전하는 것이며, 그들을 고무하여 예수 그리스도를 그들의 구주와 주로서 받아들이게 하며, 그 예수 그리스도의 소유인 교회의 책임적인 구성원들이 되게 하며, 성령의 인도하심에 따른 전도와 정의의 실천에 함께 사역하며 그리고 하늘에서 하나님의 뜻이 성취된 것처럼 이 땅에서도 그를 이루도록 하는 것이다.[2] 또한 바빙크(Bavinck)는 선교란 "성령을 의존하여 말씀과 행위로 교회는 모든 인류에게 복음과 율법을 전하는 것으로 볼 수 있다"[3]라고 말한다. '선교에서의 성령의 역할과 사역'에 대하여 알기 전에 성령님에 대한 간단한 이해가 필요하다.

---

2   Arthur F. Glasser, Donald A. McGavran, *Contemporary theologies of mission*, 고규환 역, 『현대선교신학』(서울: 성광문화사, 1985), 50.
3   손석원, 『성경과 현대선교』(서울: 도서출판 잠언, 2001), 43.

2. 성령

성령은 누구신가? 삼위일체의 제3위에 속하는 하나님이시며, 인격을 가지고 계시지만 영이시기 때문에 보이지 아니하시는 분이시며, 성령 하나님은 성부 하나님과 성자 하나님과 분리될 수 없는 거룩하신 하나님이심을 우리는 잘 알고 있다. 사역면에서는 구별되게 사역하시고, 지금 이 시간에도 성도들과 함께 하시며, 예수님을 믿도록 감동하시고, 우리를 느끼고 깨닫고 변화되게 하신다.

요한복음에서는 예수님께서 승천하신 10일후 성령으로 다시 각 사람들의 심령 속에 임하셨는데 보혜사(parakletos)라고 소개하였으며 변호자, 중재자, 조력자, 위안(위로)자란 의미를 가지고 있다. 이 말은 요한복음에 네 번(14:16, 26, 15:26, 16:7), 요일(2:1)에 한 번 나타난다.

성령은 히브리어(רוח, 루아흐), 헬라어(πνευμα, 프뉴마)로 하나님의 영(성령)을 지칭하기 위해서 주로 사용된다. 루아흐는 대기, 특히 바람을 가리키는데 이는 때로는 온화하고 유익을 주며 때로는 광포하고 파괴적인 불가시적이며 저항할 수 없는 힘이다.(창 8:1, 출 10:13, 19, 14:21, 민 11:31 등) 이 단어는 인간의 숨(호흡)에 적용되며, 또한 인간의 호흡은 동물적 생명력의 증거이며 동시에 사상과 열정의 매개이므로 이 단어는 인간에 있어서 생기의 원리 및 독특한 영적 원리를 뜻하게 된다.(창 6:17, 욥 17:1, 겔 37:6) 또한 구약의 저자들은 인간이 신적 형상으로 창조되었으며, 하나님으로부터 생명있는 숨을 받았을 뿐더러 마지막으로 숨을 멈출 때, 즉 죽을 때 영을 하나님께 돌려준다고 믿었다. 그러므로 하나님은 루아흐 자체 혹은 루아흐를 가지고 계신 분으로 묘사된다. 즉 그분은 본질적으로 영이시며, 모든 살아있는 피조물들이 생명력을 얻는 생명의 호흡의 원천이시며 또한 인간을 그 자신과 같이 만드는 독특한 품격의 수여자이시다.[4] 그러므로 우리에게는 성령의 역사하심을 알고 느끼고 깨닫는 것이 중요하다.

---

4   성서백과사전편집위원회, 『성서대백과사전』(서울: 성서교재간행사, 1982), 840~841.

3. 성령의 사역

성경에 나타난 성령의 사역은 세상에 행하시는 사역, 그리스도와 관계된 사역, 성경에 관계된 사역, 성도에게 행하신 사역, 교회에 행하신 사역으로 크게 나누어 볼 수 있다.

자세히 살펴본다면 첫째, 세상에 행하시는 사역은 창조하심(욥 33:4), 죄를 책망하심(요 16:3~11), 마음을 감동시킴(대하 36:22)을 통해서 나타난다. 둘째, 그리스도와 관계된 사역으로 잉태되게 하시고(눅 1:35), 기적을 행하게 하시고(마 12:28), 성령으로 세례를 받으심(마 3:16), 그리스도를 이끄시고(눅 4:1), 충만하게 하시고(눅 4:1), 하나님께 드리게 하시고(히 9:14), 부활하게 하시고(롬 1:4), 의롭다 함을 얻게 하심(딤전 3:16)이다. 셋째, 성경에 관계된 사역으로는 선지자를 통해 말씀하시고(행 28:25), 시편에서 말씀하시고(행 1:16), 모든 성경을 감동하게 하시며(딤후 3:16), 성령이 검인한 성경(엡 6:17)으로. 넷째, 성도에 행하신 사역으로 거듭나게 하시고(요 3:3, 5), 성도 안에 임재하시고(롬 8:11), 세례를 주시고(행 2:17~41), 인도하시고(요 16:13), 권능을 주시고(미 3:8), 거룩하게 하시고(롬 15:16, 살후 2:13), 하나님의 자녀임을 증거하시고(롬 8:16, 히 10:15), 위로하시고(요 14:16~26), 기쁨을 주시고(롬 14:17), 분별력을 주시고(고전 2:10~16, 요일 4:1~6), 열매를 맺게 하시고(갈 5:22, 23), 은사를 주신다(고전 12:3~11). 마지막으로 교회에 행하신 사역으로 성령이 충만하게 하시고(행 2:4 그들이 다 성령 충만함을 받고 성령이 말하게 하심을 따라 다른 언어들로 말하기를 시작하니라), 세례를 주시고(고전 12:13 우리가 유대인이나 헬라인이나 종이나 자유인이나 다 한 성령으로 세례를 받아 한 몸이 되었고 또 다 한 성령을 마시게 하셨느니라), 선교사를 파송하시고(행 13:4 두 사람이 성령의 보내심을 받아 실루기아에 내려가 배 타고 구브로에 가서), 전도(선교)를 명하시고(행 8:29 성령이 빌립더러 이르시되 이 수레로 가까이 나아가라 하시거늘), 위로하시고(행 9:31), 거룩하게 하시는(롬 15:16) 등의 사역을 하심을 볼 수 있다.[5]

---

5   오픈성경편찬위원회, 『오픈성경』(서울: 아가페출판사, 1988).

4. 선교와 성령의 사역

우리 모두가 알고 있듯이 성령의 사역은 우리들의 삶 속에서 뿐만 아니라 선교에 있어서도 없어서는 안 될 하나님의 활동이시다. 그래서 성령을 '선교의 영'이라 하는데 성령의 역사는 세계 곳곳에서 계속해서 나타나고 있다. 특히 데이비드 바렛(David Barrett)에 의하면, 성령운동의 바람을 일으키는 오순절/은사주의 사람들(Pentacostal/Charismatics)의 숫자는 1996년만도 약 4억 8천만 명, 2000년에는 약 5억 5천4백만 명에 이르렀고 그 이후에도 계속 늘어나고 있다고 한다.[6]

선교는 삼위일체 하나님의 선교이며, 구약적인 기초도 있지만 예수 그리스도께서 이 땅에 육신으로 오시고 승천하심으로써 시작되었다고 볼 수 있다. 예수께서는 승천하시기 전에 "내가 내 아버지께서 약속하신 것을 너희에게 보내리니 너희는 위로부터 능력으로 입혀질 때까지 이 성에 머물라 하시니라"(눅 24:49)라고 말씀하시며 또한 "오직 성령이 너희에게 임하시면 너희가 권능을 받고 예루살렘과 온 유대와 사마리아와 땅 끝까지 이르러 내 증인이 되리라"(행 1:8)라고 말씀하셨다. 이 말씀의 약속대로 성부 하나님과 성자 예수 그리스도께서 성령님을 보내주심으로 우리가 위로부터 능력과 권능(power)을 받아 그의 증인으로 예수가 그리스도임을 전파하게 하셨다. 또한 예수님께서는 "…아버지께서 나를 보내신 것 같이 나도 너희를 보내노라"(요 20:21)고 말씀하시며 "…그들을 향하사 숨을 내쉬며 이르시되 성령을 받으라"(요 20:22)하심으로 제자들을 성령의 능력으로 선교사로 파송하셨다.

예수님의 사역은 성령의 능력 가운데서 수행되었고 제자들도 능력을 받을 것을 말하시며 사도행전 1장 8절에서 성령의 능력(권능)을 받아 증인이 된다고 말하고 있다. 즉 누가복음 24장 49절을 통하여 아버지께서 약속하신 것을 보내주리니 예루살렘을 떠나지 말고 머물며 승천하신 후 열흘 동안 머물게 하시고 기도에 전념하게 하셨다. 그 결과 "오순절 날이 이미 이르매 그들이 다 같이 한 곳에 모였더니 홀연히 하늘로부터 급하고 강한 바람 같은 소리가 있어 그들이 앉은 온 집에 가득하며 마치 불의 혀처럼 갈라지는 것들이 그들에게 보여 각 사람 위에 하나씩 임하여 있더니 그들이 다 성령의 충만함을 받고 성령이 말하게 하심을 따라

---

6   David Barrett, *International Bulletin of Missionary Research*, vol. 20 (January, 1996), 25.

다른 언어들로 말하기를 시작하니라"(행 2:1~4)라는 기록처럼 오순절 날에 성령께서 강림하셨고, 그들이 성령의 충만함을 받았다. 우리가 시행하는 복음주의적 선교를 하는 목적은 그리스도를 알지 못하는 영혼들을 회심시키고, 교회의 설립과 이 모든 것을 하나님께 영광으로 올려드리는 것이다. 그러므로 죄인들이 거듭나서(중생) 거룩한 그리스도의 신부가 되며 하나님의 자녀가 되는 것이다. 전도와 선교를 하는 것은 예수가 그리스도라는 기쁜 소식을 만방과 땅 끝까지 전파하여 예수 그리스도께서 성육신하여 오셔서 우리들의 죄를 구속하시기 위해 십자가에 못 박혀서 피와 물을 흘리시고, 죽으시고 죽은 자 가운데 다시 사셔서(부활) 보혜사 성령님을 우리에게 보내주신다는 것을 전하는 것이다.

신약성경에서는 그리스도께서 이 땅에 오심으로 기독교 선교가 시작되었고 예수의 나심이 성령으로 잉태되었음으로(마 1:18), 그런 의미에서 신약의 선교는 성령의 사역으로 시작되고 있다. 그리고 예수 그리스도의 공생애 사역이 성령의 능력으로 인한 악한 영과의 능력 대결(power encounter)임을 보여주고 있다.

사복음서 및 사도행전과 고린도교회에 있었던 영적 은사들은 그리스도와 제자들의 선교 사역이 근본적으로 신적인 사역인 것을 입증하기 위한 방편이었다.

선교 초기에 개척 교회를 시작하는 단계에서 사도행전적인 비상한 현상들이 있을 수 있는데, 그것은 어디까지나 과도기적인 은혜의 역사이지 계속되는 통상적인 현상이 아니므로 그런 것들을 일반화시키고 객관적인 은사 운동으로 해석하는 것은 조심해야 한다. 예를 들어, 선교 현장에서 '성령의 치유'라는 말을 사용하는데, 하나님의 능력이나 성령의 능력은 어느 시대를 막론하고 제한할 수 없기 때문에 항상 그 역사가 나타나지만 오늘날은 인간 개개인 자체를 높이기 위해서 신유와 능력의 은사를 주시는 시대가 아니다. 그래서 사역을 맡기실 때 그 복음 사역을 도우시기 위하여 간절히 부르짖으면 기도 응답으로 신유(divine healing)의 역사가 나타나는 것이지 하나님의 능력을 의지하고 기도하지 않았는데 사도 시대처럼 이적적인 능력이나 신유의 역사가 자신에게 주어지는 것이 아니다. 아직도 그렇게 생각하기 때문에 은사주의자들 가운데 영적으로 교만하고 탈선하는 자가 많은 것이다.[7] 이러한 관점에서

---

7   조봉근, 『조직신학과 성령으론 논의』(광주: 복음문화사, 2006), 399~401.

볼 때 선교에 있어서 성령은 선교의 주도자(the initiator), 선교의 전략가(the strategist), 선교의 능력자(the empower), 선교의 동력자(the motivator)임을 알 수 있다.

1) 선교의 주도자(主導者, the initiator of mission)

이디오피아 내시와 사마리아 사람들에게 복음을 전했던 빌립 집사나 안디옥교회에 바울과 바나바를 파송한 것도 성령의 주도로 이루어진 것이다. 성령께서 선교의 주도자가 되셔서 인도하시고 안디옥교회를 이방 선교의 본거지가 되게 하셨다. 이렇듯 선교에 있어서 주도자는 항상 성령이셨다. "성령이 아시아에서 말씀을 전하지 못하게 하시거늘 그들이 브루기아와 갈라디아 땅으로 다녀가 무시아 앞에 이르러 비두니아로 가고자 애쓰되 예수의 영이 허락하지 아니하시는 지라 … 밤에 환상이 바울에게 보이니 마게도냐 사람 하나가 서서 그에게 청하여 이르되 마게도냐로 건너와서 우리를 도우라 하거늘"(행 16: 6~9)에서 바울이 아시아로 가기를 원하였으나 예수의 영(성령)께서 아시아로 가는 것을 막으시고 마게도냐로 가게 했음을 알 수 있다. '현대 선교의 아버지'라 불리는 윌리엄 캐리(William Carey)는 폴리네시아로 가기로 했으나 성령께서는 그를 인도로 가게 했다. 리빙스턴(David Livingstone)은 처음 헌신할 때 중국 대륙에 가서 복음을 전할 계획이었지만 성령의 주도하심으로 아프리카로 갔으며, 저드슨(Judson Philip J. Arthur)도 인도로 가려던 인간적인 계획이 성령의 주도하심으로 미얀마로 가게 되었다. H. N. 알렌 선교사도 처음에 중국으로 갔으나 성령께서 1884년 한국으로 오게 하셨고, 언더우드 선교사도 처음에는 질병과 고통에 시달리는 인도로 가려했으나 "한국으로 가지 않겠느냐?"라는 주님의 음성을 듣고 1885년 한국 땅을 밟게 되었다[8]

2) 선교의 전략가(戰略家, the strategist of mission)

성령은 선교의 전략가이시다. 현대 선교학자들 간에 바울이 선교 전략을 갖고 있었는지 갖고 있지 않았는지에 대한 논쟁이 있었다. 마이클 그린(Michael Green)은 "복음은 성령의 인도하심에 순종하는 사람들로서 분명히 예상되지 않는 방법으로 전파되었고 그리고

---

8   송용조, "성령과 선교", 「한국기독교신학논총」, vol. 16, 1998.

그가 열어놓은 문들을 통하여 움직였다"[9]고 함으로 바울이 선교 전략이 없었음을 시사하였다. 루이스 벌코프(Louis Berkhof)는 바울 사도의 선교 사역의 전략적인 요소를 연구하면서 이를 하나님의 주권적이고 경륜적인 측면의 하나님의 전략(divine strategy)에 속한다고 말했다.[10] 롤란드 앨런(Roland Allen)은 *Missionary Methods: St. Paul's or Ours?*에서 "이제는 이 지방에 일할 곳이 없고 또 여러 해 전부터 언제든지 서바나로 갈 때에 너희에게 가기를 바라고 있었으니"(롬 15:23)라는 말씀의 근거가 바울에게 선교 전략이 있었다고 했다. 도날드 맥가브란도 바울이 안디옥 교회에서 큰 지역에 복음을 전하기 위하여 전략을 세웠다고 말했다. 베드로가 환상을 보고 고넬료의 집에 가서 복음을 전한 것도 성령의 전략으로 볼 수 있는데, 성령은 환상을 통하여 고넬료에게 욥바의 시몬 베드로를 초청하라고 하셨다.

선교를 위해서 전략을 세워야 하느냐? 아니면 전략 없이 성령의 인도만 기다려야 하느냐? 하는 문제에 부닥친다. 만약 전략이란 말이 성령의 인도 아래서 개발된 운용법, 성령의 지시와 통제에 복종하는 융통성 있는 운용법을 의미한다면 바울에게는 전략이 있었다고 볼 수 있을 것이다. 바울은 그의 전략도 성령의 인도 아래서 개발하고 사용했다. 그러므로 선교 전략도 성령이 세웠음을 알 수 있다.[11]

결과적으로 선교는 하나님의 선교이며 우리들은 그분의 도구일 뿐이다. 우리가 계획과 전략을 세우지만 성령의 인도하심과 능력을 구하는 것을 소홀히 한다면, 결국 하나님의 선교를 그르치고 말 것이다. 그리스도인이 복음을 전할 때에는 언제나 성령에 대한 순종이 수반되어야 한다.[12]

3) 선교의 능력자(能力者, the empower of mission)

성령 강림을 통해서 성령 충만함을 받았던 제자들의 사역을 살펴보자. 성령은 베드로로 하여금 가이샤라의 고넬료에게 세례를 주게 하셨다. 성령은 바울을 이방인의 선교사로 세우

9   J. D. Douglas, ed, "Evangelism in the early Church" in *Let The Earth Hear His Voice*, (Minneapolis: World Wide publications, 1975), 174.
10   Louis Berkohof, *Paul the missionary* (Grand Rapid: Eerdmans, 1959), 24~40.
11   이재범, 『성령과 선교』(서울: 보이스사, 1985), 20.
12   Ralph D. Kane, Steven C. Hawthome, *Perspectives on the world Christian movement*, 정옥배 역, 『미션 퍼스펙티브』(서울: 예수전도단, 2001), 338.

시고 소아시아를 거쳐서 마게도니아로 가도록 인도하셨는데, 이것이 유럽 대륙 선교의 시작이 되었다. 도마는 파키스탄을 거쳐서 인도로, 바돌로매는 아라비아로, 마태는 에티오피아로, 마가는 알렉산드리아로 가서 복음을 전파하였다. 이들이 선교를 하게 된 동기는 오순절 성령 강림으로 능력을 받았기 때문이다.[13] 그렇다면 피전도자를 위한 성령의 역사하심은 무엇일까? 성령에 의하여 준비된 전도자가 복음을 전할 때, 성령은 피전도자를 위해서도 동일하게 역사하신다. 그렇지 않다면 어떤 영혼도 회심을 경험할 수 없기 때문이다. 피전도자의 회심을 위하여 어떤 역사를 이루실까? 예수님께서는 성령이 오실 때에 하실 사역에 대하여 "그가 와서 죄에 대하여, 의에 대하여, 심판에 대하여 세상을 책망하시리라 죄에 대하여라 함은 그들이 나를 믿지 아니함이요 의에 대하여라 함은 내가 아버지께로 가니 너희가 다시 나를 보지 못함이요 심판에 대하여라 함은 이 세상 임금이 심판을 받았음이라"(요 16:8~11)고 하심과 동시에 새로운 의를 제시하신다. 또한 성령은 동시에 심판을 받지 않는 길을 알려주신다.[14]

결론적으로 성령은 피전도자가 복음을 들을 때 삼중적으로 역사하신다. 먼저 죄에 대하여 책망하심으로 그로 하여금 슬프고 또 괴로워하게 하신다. 그러나 의에 대하여 책망하심으로 피전도자가 그의 의가 아니라 예수그리스도의 의를 받아들일 수 있는 사실에 대하여 기쁘게 하신다. 마지막으로 성령은 심판에 대하여 책망하심으로 그가 받을 심판이 영원히 지나갔다는 사실 때문에 안도감을 갖게 하신다. 이는 "믿는 자는 영생을 얻었고 심판에 이르지 아니하나니 사망에서 생명으로 옮겼느니라"(요 5:24)고 예수님께서 말씀하시므로 성령께서 피전도자에게도 역사하심을 알 수가 있는 것이다.[15]

맺는 말

선교에 있어서 성령의 역사하심은, "오직 성령이 너희에게 임하시면 너희가 권능을 받고 예루살렘과 온 유대와 사마리아와 땅 끝까지 이르러 내 증인이 되리라 하시니라"(행 1:8), "그

---

13   정흥호, "선교와 성령, 성령세례와 성령충만", 「신학과 선교」. vol. no. 9, 2005.
14   홍성철, 『신학과 선교, 복음전도와 성령의 역할』(서울: 서울신학대학교출판부, vol. 31, 2005), 399~400.
15   위의 책, 406.

러므로 너희는 가서 모든 민족을 제자로 삼아 아버지와 아들과 성령의 이름으로 세례를 베풀고, 내가 너희에게 분부한 모든 것을 가르쳐 지키게 하라…"(마 28:19~20)는 위의 두 말씀은 선교에 대한 하나님의 명령으로 선교는 마지막 시대에 하나님의 교회가 그 무엇보다도 우선적으로 수행하여야 할 하나님의 사역임을 보여주고 있다. 선교는 성령 하나님의 역사와 인도로 이뤄지는데 성령님이 '선교의 인도자'시며 '선교의 수행자'이심을 기억해야 할 것이다,

우리에게 주어진 지상 명령은 "하나님 나라 밖에 있는 사람들을 하나님의 나라로 인도하는 일, 비기독교 국가 또는 타문화권, 비서구화 세계에 복음(예수가 그리스도라는 기쁜 소식)을 전파하며 영혼 구원을 위한 선교사 파송, 교회 설립 그리고 교육, 의료 사업 등과 비즈니스를 통하여 사업을 수행하므로 다양한 방법으로 이뤄지고 있다. 그러나 이 선교는 '인간적인 생각과 의와 열심'이 아닌 성령님의 인도하심으로 이루어짐을 다시 한 번 명심해야 한다.

선교는 선교의 정의에서도 말했듯이 크게 복음주의 선교와 에큐메니칼 선교로 나눌 수 있다. 이 중에서 우리가 추구하는 '복음주의적 선교'는 "그리스도를 알지 못하는 영혼들을 회심시키고, 교회를 설립하는 등 이 모든 일을 통하여 하나님께 영광으로 올려드리는 것"이다. 이 글에서 필자가 논하는 것은 '성령님이 역사'하시는 선교를 통하여 전적으로 부패하고 타락한 인간들을 유효적으로 부르셔서 죄로부터 거듭나게(중생) 하고 회심하게 하셔서 회개와 신앙(믿음)을 통하여 하나님께로 돌아오게 하며, 믿음으로 의롭다 칭함을 받게 하여 죽을 죄인이 의인이 되고, 거룩한 그리스도의 신부가 되며, 하나님의 자녀가 되어 점차적으로 하나님의 형상을 닮아가게 인도하시는 '성령의 역사하심'을 전하는 것으로 이 모든 일을 성령님이 하시는 일이라는 것이다.

전도와 선교를 하는 것은 예수가 그리스도시라는 기쁜 소식을 만방과 땅 끝까지 전파하는 것이다. 우리가 전하는 예수님은 성육신하시고 우리들의 죄를 구속하시기 위하여 십자가 못 박혀서 피와 물을 흘리시고 죽으시고 죽은 자 가운데 다시 사셔서(부활) 승천하신 분이시다. 예수님께서 보혜사 성령을 보내주신다고 약속하셨는데 이 성령께서 선교의 대명령을 수행하도록 베푸신다.

성령은 하나님의 신(창 1:2), 심판하는 영(사 4:4), 모략의 신, 지혜, 지식, 총명의 신(사 11:2), 여호와의 신(사 11:2), 주 여호와의 신(사 16:1), 성신(시 51:11), 그리스도의 영(벧전 1:11), 대언의

영(계 19:10), 보혜사(요 14:16), 성결의 영(롬 1:4), 생명의 성령(롬 8:2), 양자의 영(롬 8:15), 아들의 영(갈 4:6), 아버지의 성령(마 10:20), 영광의 영(벧전 4:14), 영원하신 성령(히 9:14), 지극히 높으신 이의 능력(눅 1:35) 등으로 호칭되고 있다. 이 성령은 우리가 하나님을 경외하게 하고 성령 충만함으로 나라와 종족과 신분과 사상을 초월하여 교회의 사명인 선교를 가능케 하시는 원동력이며 수행자이시다. 교회와 선교는 분리될 수 없으며 성령의 하시는 일이 바로 선교이다.[16]

그러므로 성령이 없는 선교는 불가능하며 동시에 선교와 성령을 분리하여 생각할 수 없다. 오순절 성령 강림 사건은 초대 교회의 시작이자 기독교 선교의 시작이었다. 예수님께서는 하늘에 오르시기 전에 제자들에게 성령을 보낼 때까지 예루살렘에 머무를 것과 성령의 능력을 받지 못하면 자신이 명하신 일을 할 수 없다고 말씀하셨다. 즉 예수의 부활 사건은 선교의 메시지가 되었고 성령은 그 메시지를 전달하는 원동력이 되는데 이런 의미에서 교회의 역사적 선교의 주역은 성령님이다. 스데반의 죽음으로 초대 교회의 신도들에게 디아스포라가 일어났으며 이를 통하여 사마리아 같이 예루살렘 밖으로 선교가 시작되었다.

예수님께서 십자가에 죽으신지 사흘 만에 부활하셔서 "예루살렘을 떠나지 말고 내게 들은 바 아버지께서 약속하신 것을 기다리라"(행 1:4)고 하셨는데, 여기서 약속하신 것이란 구약 성경 요엘 2장 23절에서 '이른 비와 늦은 비'라는 은유로 표현된 '성령 강림'을 말한다. 이른 비는 오순절 성령 강림이요, 늦은 비는 말세 지말에 나타날 성령의 역사를 말한다. 요엘 2장 28~29절에서는 "그 후에 내가 내 영을 만민에게 부어 주리니 너희 자녀는 장래 일을 말할 것이며 너희 늙은이는 꿈을 꾸며 너희 젊은이는 이상을 볼 것이며 그 때에 내가 또 내 영으로 남종과 여종에게 부어 줄 것이며"라고 했다. 주님은 제자들에게 "이 약속이 곧 이루어질 것인데, 너희들은 이 약속을 굳게 믿고 흩어지지 말고 예루살렘에 모여서 이 약속을 받아라"고 말씀하셨고, "성령이 너희에게 임하시면 너희가 권능을 받고 예루살렘과 온 유대와 사마리아와 땅 끝까지 이르러 내 증인이 되리라 하시니라"(행 1:8)고 명령하셨다.[17] 또한 선교사를 파송하시는 성령에 대하여 사도행전 13장 2~3절에 "성령이 이르시되 내가 불러 시키는 일을 위

---

16   Hendrikus Berkhof, *The Doctrine of the Holy Spirit*, 이창우 역, 『기독교와 성령의 역사』(대구: 기독교문화협회, 1982), 52.

17   최정만, 『세계선교 역사 I』(서울: 쿰란출판사, 2007), 19~20.

하여 바나바와 사울을 따로 세우라 하시니 이에 금식하며 기도하고 두 사람에게 안수하여 보내니라"는 말씀에서 성령이 뽑아서 세우시고 보낸 것을 볼 수가 있다. 선교는 시대적 전환기에 기존 가치관이 흔들리고 이교도적인 월드뷰(worldview, 세계관)가 도전받을 때 하나님 중심, 성경 중심의 월드뷰(world view)를 가지게 해줌으로써 이루어져 나가며 그 과정에서는 반드시 성령의 함께하심이 있어야 한다.[18]

지금의 선교 현장에서 함께 일하시는 성령님이 선교의 주도자(initiator)이시고, 전략가(strategist)이시고, 능력자(empower)이심을 다시 기억해야 한다. 또한 이것은 의료 선교사들과 의료 선교 현장에서도 동일하다.

필자는 최전방 개척 선교 현장인 P국에서 사역하면서 26년 역사의 본 병원의 시작이 미약하였지만 이제 본 괘도에 올라서 병원을 통한 의료 선교가 온전히 이루어질 때 이를 전초기지로 수많은 다양한 방법의 사역들을 우리에게 부어주심을 체험하고 있다. 이는 본 병원이 온전한 의료 선교를 기초(base)로 진료뿐만 아니라 교회 사역, 영어 컴퓨터 학원, 응급 재난 구조팀 운용, 무료 이동 진료, 문맹 퇴치, 빈민 구제, 장학 사업 등등 다양한 사역이 파생을 진행하고 있으며 이는 온전히 성령님의 인도하심으로 우리에게 지혜와 시간과 때를 허락하셨음을 체험한다. 다시 한 번 인간적인 생각에 의지하지 않고, 오직 성령님께서 인도하시고 주도하시고 함께 하심을 깨닫고 의지하며 나아가는 우리가 되길 기도하고 있다.

• 참고로 이 글은 본인의 2010년 광신대학교 신학대학원 목회학 석사(M.Div.) 논문에서 발췌, 재정리하여 기록하였다.

참고 문헌

강병도. 『톰슨성경』. 서울: 기독교지혜사, 1986.
강영식. "선교에서 성령의 역할에 관한 고찰". 광신대학교 신학대학원, 석사 학위 논문, 2010.
김정규. "선교 전략적 관점에서 본 성령의 역사". 성결대학교 신학전문대학원, 석사 학위 논문, 2004.

---

18   최정만, 『월드뷰와 문화이론』(서울: 도서출판 이레서원, 2006), 332.

박관호. "선교에 있어서 성령의 역할에 대한 성서적 이해". 전주대학교, 석사 학위 논문, 1999.

박영호. 『선교학』. 서울: 기독교문서회, 1988.

박장욱. "성령의 사역". 대한신학교, 졸업 논문, 1987.

박형룡. 『박형룡박사저작전집』, 제5권. 서울: 한국기독교교육원, 1977.

성서백과대사전편집위원회. 『성서대백과사전』. 서울: 성서교재간행사, 1982.

손석원. 『성경과 현대선교』. 서울: 도서출판 잠언, 2001.

송용조. "성령과 선교". 「한국기독교신학논총」, vol. 16. 1998.

신성종. 『신약성서』. 서울: 한국개혁주의신행협회, 1985.

「신학지남」, 제52권, 제2집. 서울: 신학지남사, 1985.

오픈성경 편찬위원회. 『오픈성경』. 서울: 아가페출판사, 1988.

이현모. 『현대선교의 이해』. 대전: 침례신학대학교, 2003.

전우택 외. 『의료선교학』. 서울: 연세대학교출판부, 2004.

정인영. "선교에 있어서 선교사와 성령의 관계". 대한신학대학 신학연구원, 석사 학위 논문, 1992.

정흥호. "선교와 성령, 성령세례와 성령충만". 「신학과 선교」, vol. 9. 2005.

조봉근. 『조직신학과 성령론 논의』. 광주: 복음문화사, 2006.

_____. 『성경적 교의신학』. 광주: 복음문화사, 2004.

최정만. 『세계 선교 역사 II』. 서울: 쿰란출판사, 2008.

_____. 『비전선교』. 경기: 크리스챤출판사, 2006.

_____. 『월드뷰와 문화이론』. 서울: 도서출판 이레서원, 2006.

_____. 『선교 이해』. 광주: 광신대학교출판부, 2004.

한경철. 『한국교회와 한국선교사』. 서울: 그루터기, 1986.

한국선교신학회. 『선교학개론』. 서울: 대한기독교서회, 2005.

홍성철. "복음전도와 성령의 역할", 「신학과 선교」, vol. 31. 2005.

Allen, Roland. *The ministry of Spirit*. Grand Rapid: Eerdmans, 1962.

Berkhof, Hendrikus. *The Doctrine of the Holy Spirit*. 이창우역, 『기독교와 성령의 역사』. 서울: 기독교문화출판사, 1980.

Berkohof, Louis. *Paul the missionary*. Grand Rapid: Eerdmans, 1959.

Calvin, John. 『사도행전주석』. 서울: 성서교재간행사, 1981.

Douglas, J. D, ed. "Evangelism in the early Church" in *Let The Earth Hear His Voice*. Minneapolis: World Wide publications, 1975.

Glasser, Arthur F. and McGavran, Donald A. *Contemporary theologies of mission*. 고규환 역. 『현대 선교신학』. 서울: 성광문화사, 1985.

Kane, Ralph D. & Hawthome, Steven C. *Perspectives on the world Christian movement*. 정옥배 역. 『미션 퍼스펙티브』. 서울: 예수전도단, 2001.

Thomas, Norman. *Missionary Theology*. 박영환 역, 『선교신학』. 서울: 도서출판 서로사랑, 2000.

Walvoord, John F. *The Holy Spirit*. 이동원 역. 『성령』. 서울: 생명의 말씀사, 1982.

선교적 공동체로서
선교 병원에 관한 이해

허통 · 최은주

필자인 허통과 최은주는 2006년 대한예수교장로회(통합) 세계선교부의 파송을 받아 몽골에서 사역했고, 현재는 캄보디아에서 사역하는 선교사 부부이다.

허통 선교사는 목사이며, 장로회신학대학교 신학대학원 및 동 대학원 신학석사(Th.M), 풀러신학교 목회선교학 박사(D.MinGM)를 졸업했다.

최은주 선교사는 산부인과 전문의이며, 계명대학교 의과대학 졸업, 경북대학교 의학박사(Ph.D.), 계명대학교 의과대학 부속 동산의료원 산부인과를 수료했다.

들어가는 말

올해로 133년이 된 한국 개신교 선교 역사에서 의료 선교는 중요한 역할을 수행해왔다. 한국에서 선교 병원은 근대 의료체계를 수립해 사회적 요구와 시대적 필요를 채워주었고, 지역사회 복음 증거에 크게 기여를 하였다.(배성권·오창석 2006: 26) 이러한 선교 병원[1]의 역할에 대한 좋은 기억은 의료가 하나님의 선교에 참여하는 가장 적극적이고 효과적인 방편 중 하나라는 인식을 한국 교회[2]가 갖게 하였다.

한국 교회는 선교 병원에 대해 이야기할 때, 역사적인 경험과 의료라는 전문성을 기준으로 선교 병원의 현재와 미래를 긍정적으로만 평가하는 경향이 있다. 그러나 실제 현장에서 선교 병원이 경험하고 있는 것들은 기대만큼 긍정적인 것들만은 아니다. 선교 병원이 경험하고 있는 변화는 그 속도와 규모면에서 이전 세대의 선교 병원이 경험하지 못했던 강력한 것이다. 선교지 현지의 법과 의료체계 역시 선교 병원의 사역에 제약을 가하기 시작했다. 가장 큰 문제는 이런 변화와 제약의 상황에서 선교 병원이 이 문제들을 적절히 해석하거나 대처하지 못하고 있다는 점이다.

하지만 한국 교회의 선교 병원에 대한 긍정적 태도는 선교 병원이 직면한 문제와 이에 따라 발생하는 위기를 인식하지 못하게 방해하고 있다. 뿐만 아니라 선교 병원 자체에 대한 불명확한 이해 때문에 변화된 상황에서 자신의 역할과 사역을 제대로 이해할 수 없는 형편에 처해 있다. 선교 병원이 위기를 인식하지 못하고 스스로의 정체성이 불분명하다면 선교 병원이 가진 선교적 역량은 무용지물이 되거나 비선교적으로 사용될 가능성이 크다. 선교 병원이 하나님의 선교에 효과적으로 참여하기 위해서는 분명한 정체성을 가져야 하고, 변화에 대해 적절한 역할과 사역을 해석할 수 있어야 한다.

이를 위해 선교 병원의 정의와 정체성에 관한 연구가 필요함에도 불구하고 이에 대한 연구가 부족한 상황이다. 비록 여러 의료 선교사들을 중심으로 선교 병원이 하나님의 선교에

---

1   이 글에서 다루는 선교 병원은 한국 의료 선교사들이 세운 선교지의 병원이며, 한국에 설립된 선교 병원과 맥락을 같이 한다는 전제를 가지고 있다.

2   한국 교회의 의미는 선교 병원에 참여하는 모든 선교적 주체를 통칭하는 의미로 사용된다. 교회, 선교단체 및 기관, 개별 그리스도인 등 모두를 포함한다.

효과적으로 기여하기 위한 연구와 노력이 이루어져왔지만, 그러한 연구들은 주로 선교 병원의 역사, 사역에 대한 분석과 진단에 대한 것들을 다루어왔고, 선교 병원의 정의와 정체성에 관한 연구는 제대로 이루어지지 않았다.

이 글은 이런 문제 인식에서 출발했다. 선교 병원의 선교적 역량이 하나님의 선교에 올바르게 사용되도록 돕기 위해 선교 병원이 무엇인지 정의하고 선교 병원의 정체성을 확립하는 연구가 필요하다. 필자는 이러한 작업이 선교에 대한 신학적 이해의 틀에서 진행되어야 한다고 보고, 하나님의 선교(Missio Dei)[3]의 관점을 기반으로 하여 선교 병원(mission hospital)을 선교적 공동체(missional community)[4]로 보려고 한다.

1. 선교 병원은 무엇인가?

성경, 역사신학적 관점

선교 병원에 대한 이해가 너무 다양하기 때문에 선교 병원에 대한 정의는 쉽지 않다. 선교 현장에 선교사가 세운 병원을 선교 병원이라 할 수 있고, 장소와 상관없이 선교를 지향하는 병원을 선교 병원이라 할 수도 있다.(이건오 2005) 이처럼 외적으로 나타나는 선교적 특성과 내적으로 지향하는 선교적 방향성에 대한 강조점에 따라 다양한 이해가 나타난다. 필자는 이러한 다양한 이해들 중 성경을 바탕으로 한 이해, 역사신학적인 맥락에서의 이해를 제시하고, 한국의 선교 병원 특히 필자가 사역한 두 병원의 모습을 제시함으로써 선교 병원에 대한 이해를 돕고자 한다.

성경은 인간 역사 가운데 펼쳐지는 하나님의 선교 활동을 계시하고 있다. 하나님의 선교 활동은 구원을 위한 구체적인 활동으로 창조 세계, 즉 인간과 피조물의 회복을 위한 하나님의 치유의 역사이다.(Glasser 2011: 22) 창조주 하나님은 자신이 창조주이심을 알리시기 위

---

3   하나님의 선교(Missio Dei)란, 하나님이 선교의 주인이란 의미이다.(George Vicedom 1980: 16)
4   이 글에서는 선교적 공동체로서 선교적 교회(missional church or missional congregation)와 구분을 위해 선교적 공동체로서의 선교 병원은 'missional community'의 용어를 사용한다.

해 치유하시는 것이 아니라 창조주이시기 때문에 치유를 통해 회복하고 구원하신다.(Kelsey 1973: 7)

구약성경에서 치유자되시는 하나님은 세상을 구속하고 회복하는 하나님의 치유를 증거하는 대리자로 이스라엘 백성을 택하셨다.(Glasser 2011: 208) 신약 성경에서 예수 그리스도의 치유는 하나님 나라에 대한 직접적인 증거였고, 치유는 하나님 나라가 세상에 임하고 있는 증표가 되었다.(Kelsey 1973: 68) 예수 그리스도는 치유 사역을 하심과 동시에 치유 사역을 사람들에게 위임하셨다.(Jones 1991: 110) 교회는 구약의 이스라엘을 대체하는 새로운 언약의 공동체인 하나님의 백성으로서 성령을 통해 하나님의 선교를 위한 능력을 받았다.(Glasser 2011: 420) 이 새로운 공동체는 성령 강림으로 인한 놀라운 체험과 치유의 경험을 통해 하나님의 나라를 선포하며 치유하는 역사를 이루어갔다. 성경은 창조자요 치료자이신 하나님이 창조 세계의 회복과 구속을 위해 공동체를 선택하시고 그분의 치유 사역에 동참하게 하셨음을 알려준다. 그러므로 질병과 죽음을 치유한 예수 그리스도를 본받아 치유를 통해 하나님의 성품을 제시하는 선교 병원은 치유자되시는 하나님의 부름을 받은 공동체로 이해해야 한다.

35년간 전주 예수병원에서 의료 선교사로 사역한 설대위(David Seel)는 선교 병원이 그리스도의 사랑을 증거하는 가장 효과적인 방법이지만 본질적인 선교 전략은 아니라고 한다. 교회 성장의 도구로 사용되었지만 교회 성장을 위한 기관도 아니라고 한다. 사회적 책임을 가지고 있지만 사회적 책임을 위해 설립되지 않았다고 하면서 예수 그리스도께서 치유하셨다는 역사적 사실이 선교 병원의 존재 이유라고 설명한다.(1997: 32) 그는 선교 병원을 복음 증거와 사회적 책임을 이루는 목적과 수단으로 이해하지 않고 예수 그리스도를 통한 하나님의 치유를 보여주는 존재로 이해한다.

그러므로 선교 병원을 질병과 죽음을 치유한 예수 그리스도를 본받아 치유를 실천하는 삶을 구현하는 존재이며, 자기 백성을 구속하고 회복시키기 원하시는 하나님의 뜻을 보여주는 존재로 정의할 수 있다.

전통적으로 선교에 있어 하나님의 대리자는 교회라고 인식해왔다. 역사신학적 관점에서 교회에 대한 이해는 교부 시대부터 20세기의 교회 시대까지 변화를 거듭해왔다.(Newland 1984: 24~31) 교회는 시대적 상황과 변화에 따라 다양하게 해석되어 왔는데, 교부 시대에서 중세 시대는 교회를 교권적이고 성례전적으로 제도화하여 해석하였다.(Jay 1980: 99~101) 종교 개혁 시대와 계몽주의 시대에는 제도화된 교권주의와 제도주의에 대한 반작용으로 교회의 본질을 추구하는 신앙 운동과 갱신 운동이 등장했다.(George 1988: 31)

20세기에는 하나님의 선교 신학 개념 안에서 교회를 '선교적 공동체'[5]로 인식하는 것으로 확장되었다.(이후천 2008: 52) 교회가 선교적 공동체로 자신을 인식하는 이 개념은 레슬리 뉴비긴의 영향으로 등장한 선교적 교회(missional church)운동을 통해 잘 이해할 수 있다. 교회에 대한 역사신학적 해석은 교회를 조직과 제도에서 선교적인 본질과 사역을 갖는 공동체로 해석할 수 있는 신학적 의미를 제공해 준다.

선교 병원이 성경에 직접 언급되지는 않았지만 이는 현재 역사 가운데 임하고 있는 하나님의 치유와 미래에 임할 하나님 나라의 현현을 가시적으로 보여주는 구체적인 실제이다. 그러므로 선교 병원은 하나님의 선교에 있어 치유의 대리자와 선포자로 부름 받은 공동체로 볼 수 있다. 선교 병원이 교회(church)는 아니지만, 세상을 구속하고 회복하시는 하나님의 치유를 증거하는 대리자와 선포자로서 선교 병원이 가지는 특성은 교회가 가지는 선교적 공동체의 특성, 즉 세상 가운데 살면서 본질적으로 하나님의 선교를 위한 존재의 목적과 삶의 방식에 관심을 기울이며 세상에 참여하고 세상을 변혁한다는 교회의 정체성과 같다고 이해할 수 있다.

우리는 교회에 대한 역사 신학적 해석을 통해 교회가 공동체로서 갖는 선교적 본질과 사역이 선교 병원의 공동체적 특성과 연결됨을 알게 된다.[6] 그러므로 선교 병원을 선교적 공동체로 이해하는 이 개념은 성경적으로나 역사신학적으로 타당한 접근이라고 할 것이다.

---

5   선교적 공동체는 증인 공동체인 동시에 실천 공동체이다. 존재(being)에 대해 증인 공동체로 사역(doing)에 대해 실천 공동체로 해석한다.(Roxburg and Boren 2009: 71) 선교적 공동체의 존재로서의 특징은 선교적으로 재조명 된 통일성, 거룩성, 보편성, 사도성이다.(Van Engen 2004: 114~159) 그리고 사역으로서의 특징은 코이노니아(koinonia), 케리그마(kerygma), 디아코니아(diakonia), 말투리아(martyria), 리투르기아(leitourgia)로 존재를 증거하는 활동이다.(Bosch 1993: 269~270)

6   벤 겔더(Craig Van Gelder)는 교회론과 선교학은 신학적인 훈련에 의해 분리되는 것이 아니라 상호 관계적이며 보충적이라고 보았다.(2000: 31)

1990년대 이후 한국 교회의 급격한 성장은 선교에 대한 열정적인 헌신으로 나타났다. 복음에 빚을 진 한국 교회가 복음의 빚을 갚아야 한다는 보은 의식도 한국 선교의 급성장에 영향을 끼쳤다.(김상근 2007: 182) 그 결과 한 때 한국 교회는 세계에서 두 번째로 많은 선교사를 파송하였다.

이 시기에 해외 선교지에 한국 의료 선교사들이 주축이 된 선교 병원들이 세워졌다. 선교 병원은 독특하게 의료라는 전문성을 기반으로 하고, 한국 교회는 이미 역사를 통해 이 전문성이 갖는 영향력을 경험하였다. 그래서 한국 교회는 한국의 선교 병원을 모델로 삼고 동일한 선교의 열매를 이루기 위한 기대를 가지고 해외 선교지에 선교 병원을 세웠다. 선교 병원들을 통해 한국 교회의 의료인들은 하나님의 선교에 참여하기 위해 다양한 사역에 헌신하고 있고, 한국 교회는 여러 가지 방법을 통해 선교 병원에 대한 지원과 후원을 아끼지 않고 있다.

이러한 헌신과 지원 아래 한국 교회와 그 구성원인 고신의료원, 동산의료원, 선린병원, 안양 샘병원, 연세의료원, 원주 세브란스기독병원, 전주 예수병원 등이 선교지에 의료 선교사를 파송하고 선교 병원을 설립하였다.(배성권·오창석 2006: 32~25) 그 결과 몽골 연세친선병원, 에바다 치과병원, 캄보디아 헤브론 병원, 명성 MCM, 말라위 대양누가병원, 우간다 베데스다 병원, 방글라데시 꼬람뽈라 병원, 베트남 롱안 세계로병원, 네팔 탄센 병원, 알마티 동산병원, 단동복지병원, 파키스탄 선한사마리아병원 등이 세워졌다.

필자는 몽골에 설립된 선교 병원에서 6년간 사역하였고, 현재는 캄보디아에 설립된 선교 병원에서 사역하고 있다. 몽골의 선교 병원은 구 소련의 붕괴로 사회주의에서 문호를 개방한 지역에 시정부와의 합작 형태로 현지 의료진과 함께 시작되었으며, 전문성을 갖춘 의료진을 양성하기 위한 한국 연수 프로그램을 중점적으로 실시하였고 2014년 20년간의 사역을 마치고 문을 닫았다. 캄보디아의 선교 병원은 킬링필드 이후 절대 빈곤의 상황에서 NGO 형태의 무료 진료소로 시작되어 외래 진료와 외국 수술팀의 방문 수술을 중심으로 운영되고 있으며

---

7   1989년 해외 여행이 자유화되면서 한국의 해외 선교사 수는 폭발적으로 증가 했다.
8   위에 열거한 선교 병원 중에는 계속 사역을 하는 병원도 있지만, 문을 닫았거나 현지에 이양한 병원도 있다.

2017년, 10주년을 맞이하며 건물을 확장하는 등 외형을 키워가고 있다.

두 선교 병원의 모습은 달랐지만 그 목적에 있어서 복음에 빚진 자로서 의료를 통해 복음을 전한다는 공통분모를 가지고 있었다. 두 선교 병원은 항상 크고 작은 일들을 결정해야 하는 상황과 그것을 어떻게 결정할 것인가에 대한 고민에 직면했는데 이런 결정에 영향을 미치는 요소는 여러 가지가 있었다. 의료 전문성의 효과를 크게 하기 위한 합리적 판단, 과거 한국 선교 병원을 성공적 모델로 평가하고 절대적인 비교 모델로 간주해버리는 막연한 생각, 복음을 전하는 수단으로 의미가 있어야 한다는 이원적 사고, 헌신과 희생이 있다면 무엇이든 할 수 있다는 맹목적인 열정 등이 그것이다. 이런 요인들 때문에 선교 병원이 '선교'만을 강조해 교회의 신앙 결단처럼 결정하거나 '병원'만을 강조해 일반 의료기관의 행정적인 방법으로 결정하는 상황들을 경험하면서, 필자는 복음과 의료를 두 손에 들고 있는 선교 병원이 무엇인지 이해하고 어떤 정체성에 근거해 스스로의 판단과 사역을 돌아보아야 하는지에 대한 연구의 필요성을 느끼게 되었다.

3. 선교 병원의 제약과 한계

선교 병원이 문제에 직면하게 되는 주요한 원인은 선교 현장의 변화에서 비롯된다. 이러한 변화는 선교 병원이 예측하기 어려운 법적, 구조적, 경제적 제약에 직면하게 만들고 이 때문에 선교 병원의 선교적 역량은 축소되어간다.[9]

또 다른 원인으로는 변화에 적절하게 대응할 수 없는 불확실한 자기 정체성이 있다. 선교 병원에 대한 편협한 개인적 이해, 이분법적 신학적 정의, 정체성의 변질은 변화에 의해 발생한 문제를 적절하게 해결하지 못함으로 위기에 처하게 한다.

---

9 데릴 구더(Darrell L. Guder)는 복음이 위험과 도전을 받으면 본질이 왜곡되고 분열이 일어나며, 다양한 문화적 상황에서 증인의 삶을 살지 못하는 상황이 일어나는데 이를 축소주의라 정의한다.(2005: 117~180) 선교 병원도 변화와 도전에 직면한 상황에서 사역과 방향을 해석하고 풀어낼 분명한 기준이 없다면 데릴 구더가 지적하는 축소주의라는 위기에 처해있다고 볼 수 있다.

선교 병원이 직면하는 상황적 제약은 크게 세 가지로 설명할 수 있다.

첫째, 선교지 현지법의 변화나 강화이다. 선교 병원은 개별 해당 국가의 병원과 관련된 현행법과 종교법의 영향 아래 있다. 이런 영향 아래서 선교 병원을 세우고, 환자를 치료하고, 복음을 증거하는 것은 쉽지 않은 일이다. 과거에 많은 선교지 국가들은 선교 병원의 설립과 외국인 투자에 대한 경험이 없었고, 관련 법령도 제도로 마련되지 않았기 때문에 법이 큰 문제가 되지 않았다.(전우택 2004: 22~23) 하지만 최근 선교지의 의료 수준 상승과 함께 해당 국가 정부는 외국인 의료인의 진료 행위를 제한하고 있다. 자국의 이익에 따라 특정 분야의 전문의를 선호하며 자국 의료법의 강화로 선별적으로 제한된 인원에 한해서 진료를 허용한다.(김민철 2004: 108) 이 때문에 선교지에 병원을 설립하고, 치료와 다른 사역을 통해 복음을 증거 하는 일이 점점 더 어려워지고 있다.

둘째, 선교지 내의 의료 수준의 향상이다. 여기에는 생존을 위한 경쟁력이 압력으로 작용한다. 선교지의 정부가 자국 의료에 투자하면서 수익을 목적으로 하는 다양한 병원들이 세워지고 있다. 이 병원들은 상대적으로 노후한 건물과 시설을 가진 오래된 선교 병원과 경쟁하게 되는데 주로 외부의 후원에 의존해 운영되는 선교 병원은 다른 병원과의 경쟁에서 뒤쳐지고 있는 상황이다. 1994년 몽골에 설립된 연세친선병원은 초창기 최고 수준의 의료 시설과 의료 기술로 영향력을 인정받았지만 지하자원의 개발을 통한 경제성장과 외국 자본의 투자로 몽골의 의료 환경이 변화하면서 연세친선병원은 낡고 오래된 선교 병원으로 전락했다. 선교 병원이 선교적 정체성을 유지하기 위해서는 경쟁력 또한 확보해야 하고 이를 위해서는 현장의 의료 정책과 의료 환경의 변화에 적합한 구조를 갖춰야 한다. 선교지 의료 기관은 갈수록 종합병원의 형태로 발전하는 상황에서 선교 병원은 특성화된 병원의 구조를 갖출 수 있는 전략적인 준비가 필요하다.(김민철 2004: 109~114) 선교 현장의 의료 환경의 변화는 선교 병원이 대처할 수 있는 이상의 구조적 변화를 요구하고 있다.

셋째, 재정에 대한 인식이다. 선교 병원에는 환자를 치료하고 복음을 증거하는 '이상'뿐만 아니라 인력과 시설을 관리하고 운영하는 현실적인 '일'이 있다. 선교 병원을 설립하고 운영하려면 시설 비용, 물자 비용, 인건비 등을 고려해야 한다. 그래서 후원에 의존해 무료 진료를 실시하는 선교 병원과 자립을 위한 최소한의 수익을 목표하는 선교 병원 모두에게 재정의 뒷받침은 중요한 이슈이다.

그러다보니 선교 병원을 위한 재정의 중요성을 지나치게 강조하여 의료 장비와 건물을 위해 본질을 양보하고, 복음의 정신을 대신해서 경제의 논리로 환자들을 치료하고 보다 많은 재정을 확보하기 위해 스스로를 과장하여 홍보하는 일들이 나타나고 있다. 이러한 재정을 우선시하는 인식은 선교 병원의 설립 이념과 가치를 상실하게 하는 위협이 되고 있다.(배성권 2006: 130) 눈에 보이는 재정의 중요성이 눈에 보이지 않는 선교 병원의 본질을 대신할 수는 없다. 무료 진료로 시작한 선교 병원이 유료 병원으로 전환하는 것이나 선교 병원의 자립에 관한 고민에는 항상 이런 위험이 있음을 알아야 한다.

정체성의 한계

선교 병원의 정체성이 불분명하면 선교 병원의 본질은 변질되기 쉽다. 한국에 설립된 선교 병원의 변질에 대해 설대위의 말을 빌리자면 첫째, 선교 병원이 상황적 법적 문제로 세속화된 의료 기관으로 변해 버렸다. 둘째, 그리스도의 사랑으로 행해지던 의술이 임상의 우수성을 추구하는 의술로 대치되었다. 셋째, 의사와 환자 상호 간의 인격적인 치료 관계가 첨단 장비와 기술로 상징되는 비인격적 생명과학으로 바뀌었다. 넷째, 복음 증거의 열정이 우수한 기술적 교만으로 대치되었다.(설대위 1997: 17~20) 그는 불분명한 병원의 정체성이 이런 변질을 가져왔다고 진단한다.

필자가 생각하기에 불분명한 정체성의 원인은 두 가지로 볼 수 있다.

첫째, 합의된 개념의 부재 때문이다. 선교 병원에 대한 각각의 주관적 이해가 정체성의 혼동을 가져온다. 전우택은 선교 현장에서 나타나는 혼동을 구체적으로 설명하면서 그가 선교 병원에서 사역하면서 가장 힘들었던 부분이 의료 선교에 대한 근본적인 개념의 혼동이라고 하였다. 의료 선교사들은 각각 다른 개념과 정의를 가지고 있었다는 것이다. 어떤 사람은 소외된 사람에게 무료 진료하는 슈바이처식의 의료 선교 개념이 강하였다. 어떤 사람은 서구적 병원을 몽골에 빨리 정착시켜 몽골 의료체계의 모델을 만드는 것을 중요하게 보았다. 어떤 사람은 의료를 통해 결국은 교회를 세우는 것을 중요하게 여겼다. 어떤 사람은 의과대학에서 학생과 젊은 교수들을 양성하는 것을 가장 중요하게 여겼다.(전우택 2004: 24) 이처럼 통일되지 않은 개념들이 선교 병원의 방향과 정책을 정하는 일에 투영되어 결정을 어렵게 하거나 혼란스럽게 하였다.

둘째, 의료를 복음 전파보다 하위에 두고 보조적 수단으로 이해하는 이분법적 신학 이해가 바른 정체성의 형성을 방해했다. 전통적으로 의료 선교는 복음적 영지주의 배경으로 이루어졌다.(서원석 2004: 36~38) 이러한 이분법 위에 보은 의식의 결과로 나타난 열정주의가 덧입혀져 선교 병원의 정체성에 대한 고민을 가볍게 여기도록 했고, 선교 병원의 기능적 극대화를 위한 헌신만을 강조하는 경향으로 나타났다.[10] 의료 선교사들은 개인의 선교적 헌신을 실현하는 장소로 선교 병원을 도구적으로 이해하고 있다. 이 때문에 선교 현장에서 선교 병원은 하나의 질서를 이루고 우선순위를 결정하고 미래를 예측하기 어려운 상황이다.

그러므로 선교 병원에서 다양한 개념과 활동을 질서와 조화를 이룰 수 있게 할 원칙이 필요하고 그 원칙은 '선교 병원의 정체성', 즉 선교 병원에 대한 성경적 이해일 것이다. 선교지 현장에서 선교 병원이 경험하는 변화와 혼동 앞에서 선교 병원은 신학적 해석을 통한 분명한 자기 정체성을 확립해야 한다.

4. 선교적 공동체로서의 선교 병원[11]

선교 병원은 총체적인 치유를 이루시는 하나님의 선교에 부름 받은 증인 공동체인 동시에 세상에서 치유를 실천하는 하나님의 선교 대리자의 삶을 사는 실천 공동체로서 존재(being)와 사역(doing)으로 하나님의 선교에 동참하는 선교적 공동체이다. 이 선교적 공동체는

10   이러한 이분법 위에 보은 의식과 그 결과로 나타난 열정주의가 덧입혀져 선교 병원의 정체성에 대한 고민 자체를 가볍게 여기도록 했고, 선교 병원의 기능적 극대화를 위한 헌신만을 강조하는 경향이 나타났다.(김상근 2007: 177~178)

하나님의 나라의 확장을 위해 자기 성찰과 개혁을 추구하며, 사랑으로 세상을 변화시키기 위해 노력하며, 세상을 이해하고 세상과 소통하기 위한 새로운 시도를 두려워하지 않으며 성경에 대한 확신 속에서 하나님의 선교에 깊이 헌신한다.

선교 병원이 선교적 공동체라는 정체성을 확립할 때 선교 병원은 불확실한 미래와 불분명한 정체성에서 오는 위기에 적절하게 대응할 수 있게 된다. 또한 각각 다양한 선교 현장의 의료 환경에서 적절한 실천 방향과 역할에 대해 깊이 연구할 수 있는 기회를 준다. 선교 병원을 선교적 공동체로 인식하면 다음과 같은 유익이 있다.

첫째, 선교 병원 내에서 영적 구원과 육적 치유를 구분하는 이분법적인 사고를 극복할 수 있도록 해준다. 이 이분법적 사고 아래 선교 병원을 복음 전도의 도구나 수단으로만 생각하는 경향이 강했다. 이는 하나님의 치유를 육체적인 것으로만 제한하는 잘못된 인식에 기인한다. 앞서 언급한 바와 같이 하나님의 치유는 전인적인 것이다. 따라서 선교 병원 역시 육체적인 것에만 제한되지 않은 총체적인 치유의 기관이 되어야 한다. 선교 병원이 선교적 공동체라는 인식은 선교 병원에 대한 이분법적인 인식을 하나님의 총체적인 사역으로 전환시키는 방안이 될 것이다.

둘째, 선교 병원에 대한 교회의 인식을 변화시켜준다. 전통적으로 교회는 선교 병원을 교회에 속한 선교기관 정도로 이해해왔다. 선교지에서 선교 병원은 의료를 통해 기능적인 역할을 감당하고 선교적 해석과 신학적 판단은 교회를 통해 이루어졌다. 그 결과 선교 병원은 선교 현장에서 주체적으로 사역하고 있지만 선교 현장을 해석하는 주체는 되지 못하였다. 선교 병원이 선교적 공동체라는 것은 선교 병원이 교회에 소속된 선교 기관이 아니라 선교 현장을 해석하고 적극적으로 선교 현장에 참여하는 주체가 됨을 말한다. 선교 병원은 교회와 동등한 지위에서 교회와 협력하고 교회와 함께 하나님의 선교를 위해 사역할 수 있는 장으로서의 역할을 해야 한다.

---

11   벤 엥겐(charlse Van Engen)은 선교적 공동체가 세상의 변화에 직면할 때, 선교적으로 적절하게 반응하여 하나님의 선교에 동참하기 위해 선교 신학의 재정립이 필요하다고 말하며, 공동체의 사역 저변에 깔린 신학적 전제들을 재검토해야 함을 주장한다.(Van Engen 2004: 16~18) 선교 병원에 선교적 공동체라는 개념의 적용은 선교 병원의 문제를 선교 신학적 관점에서 재정립을 시도하는 것이다.

셋째, 선교 병원이 직면한 축소주의를 극복하게 해준다. 선교 병원은 점차 역량을 약화시키는 법적, 구조적, 경제적 변화라는 도전에 직면해있지만, 이 도전에 어떻게 대응해야 할지 분명한 판단 기준을 찾지 못하고 있다. 선교 병원이 선교적 공동체라는 인식은 도전 앞에서 선교적 공동체로서 본질을 실현할 수 있도록 깊은 고민을 하게 한다. 그리고 구체적인 장소와 시간이라는 현장성 속에서 선교 병원의 사역과 방향을 해석하고 결정하게 하여 변화에 따른 제약을 장애물이 아닌 새로운 기회로 만들 것이다.

넷째, 맹목적 열정주의를 하나님의 선교에 참여하는 깊은 헌신으로 바꿔준다. 열정주의는 선교 병원의 설립과 성장에 기여하였지만 선교 병원의 존재와 본질에 대한 고민보다는 사역의 열매를 위한 헌신과 희생을 강조했다. 선교를 위한 열정만 있다면 모든 것이 선교에 도움이 된다는 이 인식이 때로는 선교라는 이름으로 원칙을 무시하고 지나치게 경쟁해 문제를 일으키는 비선교적 모습으로 나타났다. 선교 병원을 선교적 공동체로 인식하면 선교를 향한 열정이 바르게 사용되도록 할 수 있다. 선교 병원이 죄의식에 근거한 맹목적 헌신이 아니라 성경의 정신을 깨닫고 성경에 중심을 둔 개방성을 바탕으로 더 깊이 헌신하여 하나님의 선교에 참여하는 기쁨을 줄 것이다.

다섯째, 선교 병원이 의료 패러다임의 변화를 수용하고 해설할 신학적 이해를 제공한다. 1978년 알마아타 선언 이후 전통적인 치유 개념은 예방의학을 포함한 전인적 치유 개념으로 변화되었다.(서원석 2004: 44~46) 그러나 기존의 패러다임은 이러한 전인적 치유 개념을 포함한 변화에 적절히 대응하지 못하였다. 이런 변화에 따라 선교 병원의 사역 범위도 확대되었고 다양한 역할이 요구되고 있지만 이 또한 적극적으로 반응하지 못하였다.(심재두 2004: 57) 이는 과거 치료를 중심으로 한 의료 선교의 패러다임의 수동성 때문이다. 선교 병원이 선교적 공동체라는 인식은 이 과거의 패러다임을 전환해 적극적으로 총체적, 전인적 치유 개념을 수용하고 이를 사역에 적용할 인식의 틀을 제공한다.(허통 2005)

여섯째, 선교 병원의 연합을 강화시켜준다. 선교 병원에는 다양한 분야의 사람들이 함께 사역하고 있음에도 불구하고 사역의 특성상 의료인이 주체가 되고 비의료인은 보조적인 역할을 한다는 인식이 강했다. 선교 병원이 선교적 공동체라는 인식은 선교 병원 내에 '의료인/비의료인'의 구분을 극복하고, 공동체라는 정체성 속에서 다양한 전문성과 역할을 가진 사람들이 선교 병원에서 함께 사역하게 돕는다. 뿐만 아니라 선교 병원을 중심으로 지역 교회와 현지 지도자, 후원하는 교회, 선교사들이 협력하게 할 타당성의 기반을 제공한다.

일곱째, 선교 병원 평가에 대한 방향을 제시한다. 선교 병원을 평가하는 것은 쉽지 않고, 그 기준도 각각 다르다. 첫 번째 사역지 몽골에 있던 선교 병원은 20년간의 사역을 마치고 병원 문을 닫았다. 어떤 의료 선교사는 문을 닫았으니 실패라고 하였다. 과연 실패일까? 두 번째 사역지 캄보디아에 있는 선교 병원은 시설 확장과 외형적 성장에 전력을 다하고 있다. 병원 홍보와 후원 개발을 통해 하나둘씩 병원 건물을 늘려가고 있다. 어떤 의료 선교사는 성장이 하나님의 일하심의 증거라고 하였다. 선교 현장에서 사람들의 마음은 얻었지만 상황의 변화로 문을 닫은 선교 병원과 건물은 늘어가지만 선교 현장에서 인클레이브화[12]되어가는 선교 병원에 대한 평가는 기준에 따라 다를 수 있다. 선교 병원에 대한 평가는 현장에서 사역한 선교사 공동체의 판단과 평가가 존중되어야 하고, 성경의 본질적인 정신에 따라 평가되어야 한다. 그리고 선교사의 판단과 평가는 성령의 인도하심과 기도하는 가운데 선교 병원의 존재와 사역을 성경의 선교적 본질에 비추어 이루어져야 한다. 따라서 선교 병원이 선교적 공동체라는 이해는 이러한 평가에 선교적 공동체로서 존재와 사역이라는 기준을 제시한다.

여덟째, 선교 병원의 미래에 대한 논의의 장을 제공한다. 미래는 확정된 것이 아니라 성경에 중심을 두고 하나님의 뜻 안에서 개방성을 가진 시간이다. 선교적 공동체는 성경에 근거해 공동체의 존재와 사역을 해석함으로 미래의 하나님의 선교에 깊은 헌신으로 참여한다.(Van Engen 2004: 46~54) 그렇기 때문에 선교적 공동체는 상황의 제약에서 새로운 시도를 통해 유기적이며, 재생산 가능하며, 지속 가능성을 추구한다는 특성을 가지고 있다. 선교 병원이 변화의 도전, 불확실한 정체성, 예측할 수 없는 미래에 직면해 있다 하더라도 선교 병원이 선교적 공동체라는 이해는 이러한 제약을 넘어설 수 있는 용기를 제공한다. 본질적인 하나님의 선교에 참여하도록 선교 병원 내에서의 사역들의 의미와 사역의 방향성을 새롭게 하는 기능을 할 것이다.

위에서 살펴본 바와 같이 선교 병원을 선교적 공동체로 이해할 때, 선교 병원은 이분법적이고, 수동적이고 기능적이었던 기존의 정체성을 극복할 수 있다. 뿐만 아니라 사역에 있어

---

12   인클레이브(enclave): 타국 영토에 고립된 국가 등의 뜻으로 일반적으로 '고립된 소수집단'의 의미로 사용된다.

서도 전인적이며 통합적인, 그리고 연합의 한 축으로서 선교지 상황에 적극적으로 대응할 수 있게 된다. 이러한 전환이 쉽지는 않겠지만 점점 더 어려워져가는 선교지의 상황을 극복하고, 하나님의 선교에 동참하기 위해서는 선교적 공동체의 개념에 대한 더 깊은 고민과 연구가 뒤따라야 할 것이다.

나가는 말

선교 병원은 새로운 변화에 직면해 있지만 이에 적절하게 대처하지 못하고 있다. 과거 한국에 세워진 선교 병원들이 경험했던 것과는 전혀 다른 이 변화는 선교 병원의 사역과 정체성, 심지어는 존립 자체를 위협하기도 한다. 필자는 그래서 이 변화를 적극적으로 대처하고 이를 넘어 선교 병원의 건전한 정체성 확립, 미래에 대한 적극적인 준비를 위해 선교 병원을 선교적 공동체로 보는 인식의 대전환이 필요하다고 주장했다. 이를 통해 성경 안에서 선교 병원의 존재와 사역을 확인하고 말씀으로 자기를 갱신하고 사랑으로 세상과 과감하게 소통해야 한다. 또한 선교적 공동체라는 렌즈를 통해 새로운 변화를 읽으며 성경 가운데 미래에 대한 통찰과 가치를 찾아서 변화가 가져온 도전과 위협을 새로운 기회로 만들어가야 한다.

선교 병원이 위기를 새로운 성찰과 회개의 기회로 삼고 복음에 대한 자신감을 회복하여 새로운 헌신으로 하나님의 선교에 진실하게 참여하게 될 때, 선교 병원을 통해 하나님의 선교가 세상에 풍성하게 드러나게 될 것이다. 의료인들뿐만 아니라 한국 교회가 깊은 헌신으로 선교 병원을 통해 하나님의 선교에 참여할 수 있게 되기를 소망한다.

참고 문헌

김민철. "세계의 변화와 선교의료의 대응", 『의료선교학』. 서울: 연세대학교출판부, 2004.
김상근. "위대한 치료자(The Great Physician)를 본받아: 의료 선교의 현주소와 선교학적 과제" 「신학논단」, 2007.
배성권. "기독교세계관 입장에서 보는 한국 기독교병원의 경영과제". 한국로고스경영학회, 2006. 4(1).

배성권, 오창석. "기독교세계관에서 본 한국 기독교병원의 방향". 한국로고스경영학회 2006. 4(2).

서원석. "의료 선교 개념의 역사적 발달 과정", 『의료선교학』. 서울: 연세대학교출판부, 2004.

심재두. "의료 선교의 이론적 고찰과 새로운 변화", 『의료선교학』. 서울: 연세대학교출판부, 2004.

이건오. "위기의 선교 병원 돌파구를 찾아라", 『크리스천투데이』, 2005. 11. 1.
〈http://www.christiantoday.co.kr/news/232101〉.

이후천. 『현대 선교학의 이슈들』. 서울: 대한기독교서회, 2008.

전우택 편. 『의료선교학』. 서울: 연세대학교 출판부, 2004.

한경철. "의료 선교의 기본이해와 단기의료 선교의 중요성 및 장단점", 『의료와 선교』, 1992.

허통. "의료 선교의 일차 보건의료에 대한 분석연구(알마아타선언을 중심으로)". 장로회신학대학교 석사 논문, 2005.

Bosch, David J. *Witness to the World: The Christian Mission in Theological Perspective*. 전재옥 역. 『세계를 향한 증거』. 서울: 도서출판 두란노, 1993.

Engen, Charles Edward van. *Mission on the Way*. 박영환 역. 『미래의 선교신학』. 인천: 도서출판 바울, 2004.

Gelder, Craig Van. *The Essence of the Church*. Grand Rapids: Baker Books, 2000.

Jay, Eric G. *The Church*. Atlanta: John Knox Press, 1980.

Glasser, Arthur F. *Announcing the Kingdom*. 임윤택 역. 『성경에 나타난 하나님의 선교』. 서울: 생명의말씀사, 2011.

Guder, Darrell L. *The Continuing Conversion of the Church*. 조범연 역. 『교회의 선교적 사명에 대한 신선한 통찰』. 서울: 미션툴, 2005.

Jongeneel, Jan Arie B. *Mission and Missiology*. 김경재, 백종구, 안재웅 편. 『선교와 선교학』. 서울: 한들출판사, 2005.

Kelsey, Morton T. *Healing and Christianity*. 배상길 역. 『치료와 기독교』. 서울: 대한기독교출판사, 1973.

Lloyd-Jones, D. Martyn. *Healing and Medicine*. 정득실 역. 『의학과 치유』. 서울: 생명의말씀사, 1991.

Roxburgh, Alan J., Boren, M. Scott. *Introducing the Missional Church*. Grand Rapid, MI: Baker Books, 2009.

Seel, David J. *Challenge & Crisis in Missionary Medicine*. 김민철 역. 『상처받은 세상 상처받은 치유자들』. 서울: 한국기독학생회출판부, 1997.

Vicedom, George. *The Mission of God*. 박원근 역. 『하나님의 선교』. 서울: 대한기독교출판사, 1980.

의료 선교
교육 훈련

17

이혁진

이혁진 전문의는 부산대학교 의과대학을 졸업했다. 전주 예수병원에서 외과 수련과정을 마친 일반외과 전문의이다. 모태신앙으로 자란 그는 대학 시절 '더불어 사는 삶'의 기초 훈련을 통해 공동체적 삶을 살고자 하는 소망을 끈질기게 실천하려 애썼다. 전주 제자교회와 진안이랑 공동체 멤버로 공동체를 섬기며 외과 의사로 일하던 중, 삼위일체 하나님 안에서의 선교와 공동체의 통합에 대한 신학적 성찰과 성장을 경험하면서 더 넓은 공동체와 선교의 통합을 배우고 경험하기를 원하여 영국 All Nations Christian College 유학길에 올랐다. 함께 사는 삶의 기초가 진정한 선교적 leadership의 바탕이 됨을 몸으로 경험하게 되었고, 한국에 돌아와 부산의료선교회라는 전문인 의료 선교 공동체와 산하의 세계로병원에서 유방 전문 외과의로 또한 선교회의 director로 섬기고 있다.

여러 곳에서 선교와 공동체에 대하여 강의와 교육으로 섬기고 있으며 선교적 공동체 교회의 연장선상에 있는 전주 열린가정교회에서 공동체 멤버로, 또 설교자로 섬기고 있다. 매년 수차례에 걸쳐 베트남, 캄보디아, 네팔, 중앙아시아, 아프리카 등지로 단기 의료 선교 활동 및 선교와 말씀 강의 사역을 감당하고 있으며 계속하여 field를 개발하며 선교사와 사역의 facilitator의 역할을 감당하고 있다.

1. 하나님 나라를 지향하는 행위로서의 의료 선교 교육 및 훈련

모든 교육과 훈련은 그것을 통해 도달하고자 하는 지향점 혹은 목표가 있다. 의료 선교 교육 및 훈련도 예외는 아니다. 교육과 훈련의 세부적인 사항들과 노하우, 지침 등은 매우 중요하지만 이 모든 것들은 그것을 통해 궁극적으로 이루고자 하는 큰 그림과 목표를 향하여 가지 못하면 결국은 실패한 교육과 훈련이 될 것이다. 의료 선교 교육 및 훈련을 통해서 결국은 의료 선교가 지향하는 큰 그림과 목표를 먼저 다루는 것이 그래서 가장 중요하다고 본다.

교육과 훈련이 의료 선교를 감당하기 위해 이루어져야 함은 자명하지만 의료 선교가 지향하는 더 크고 근원적인 목표와 지향점을 우리는 하나님의 말씀을 기반으로 하여 말할 수 있다. 그것은 '하나님의 나라'이다. 성경 전체에서 '선교'라고 하는 단어 자체가 등장하지는 않지만 '선교'라는 단어가 가지는 어원 및 함의, 즉 '무언가를 이루기 위해 보내고 보내심을 받는 연속적인 행위들'을 떠올리면 우리는 성경 전체가 역사 속에서 이 선교적인 인격의 행위와 사건으로 충만한 '큰 하나의 이야기'라는 것을 알 수 있다. 예수님께서 자신의 선교적 정체성을 진술하신 대표적인 말씀인 누가복음 4장 43절을 살펴보자.

> 내가 다른 동네들에서도 하나님의 나라 복음을 전하여야 하리니 나는 이 일을 위해 보내심을 받았노라.

다른 동네로 다니시는 예수님의 동선은 우리가 아는 바 타문화권으로 향하시는 예수님의 선교적 활동이다. 그런데 그 활동은 아버지 하나님의 '보내심' — 선교의 어원 — 을 순종하신 예수의 선교적 정체성이 근거가 되고, 이 선교적 정체성과 활동을 통해 궁극적으로 이루어지는 것은 하나님의 나라이다. 하나님의 나라는 성경의 전체를 관통하는 대주제로 구조적인 실체를 가지고 있는데, 그것은 (1) 하나님의 주권과 (2) 하나님의 다스림을 받는 백성 공동체 그리고 (3) 이러한 선교적 행위가 이루어지는 영역이다.

의료 선교 교육 훈련이 하나님 나라라는 대주제를 지향하고 이 구조적인 실체와 연결되면서, (1) 자신의 왕국 건설(반역, 죄) 의 관점에서 하나님 나라와 그분의 주권이 이루어지는 것을 소망하는(주기도문의 내용) 세계관의 변혁이 일어나며 (2) 하나님의 나라를 중심으로 살아 가는 선교적 공동체를 형성하고 (3) 의료 혹은 좀 더 광범위한 개념인 치유, 회복이 구체적인 선교의 영역에서 어떻게 하나님이 왕이심을 증거하는 방식으로 일어나는가를 몸으로 실천 하는 이 세 가지 측면을 다루어 나갈 때 바람직한 방향성을 가지게 된다고 본다.

2. 세계관의 변혁의 장으로서의 의료 선교 교육 및 훈련

교육과 훈련을 통한 즐거움과 그 달콤한 열매, 땀과 눈물의 보람을 느끼는 때는 언제일 까? 아마도 내 생각과 관점에 혁명적인 변화를 경험하는 때일 것이다. 필자가 속한 부산의료 선교교육훈련원 과정을 마치고 훈련생들로부터 다음과 같은 이야기를 들을 때 스태프들은 가장 큰 보람과 기쁨을 느낀다. "아! 이전엔 선교가 이런 것인 줄 꿈에도 몰랐습니다.", "의료 가 단순히 약주고 병원 세우는 일인 줄만 알았는데 더 포괄적인 것들을 담고 있군요.", " 한국 에 복음을 전하기 위해 하나님께서 역사를 이렇게 운행하시고, 많은 의료 선교사님들이 엄청 나게 헌신하셨다는 것에 대한 감격과 함께 제 삶이 한없이 부끄러워집니다.", " 이제는 나의 왕국이 아닌 하나님 나라를 삶의 중심에 놓으렵니다."

한 사람 인생의 변화는 그의 내면의 생각과 관점의 근원적 변화가 일어날 때 비로소 시작 된다. 의료 선교에 있어서의 변화 역시 단순히 기능적인, 혹은 과업지향적인, 지식적인 업그 레이드를 통해 일어나지 않는다. 의료 선교 교육 훈련의 콘텐츠가 목표물로 삼아야 하는 것 이 내면의 생각과 사고방식을 이루고 있는 핵심 가치, 세계관이어야만 진정한 교육과 훈련의 목적을 이루어갈 수 있다. 강사, 커리큘럼, 스태프, 필드 트레이닝, 공동체 다이내믹, 식사, 간 식, 교제, 경건 훈련, 필독서, 리포트… 셀 수 없이 많은 교육 훈련의 요소들이 어우러져 결국 '세계관의 변혁이 일어나고 있는가?'가 성패를 좌우한다.

많은 요소들 중 가장 핵심적인 커리큘럼의 예를 들어보자. 부산의료선교훈련원의 기초 과정은 1년 2학기로 되어있고, 큰 흐름은 미션 퍼스펙티브의 구조를 따라 4가지 관점의 변화 를 목표로 하고 있다.

성경적 관점

구약과 신약을 관통하는 하나님 나라와 선교의 큰 그림을 볼 수 있는 선교적 성경 해석을 통해 자기중심적이거나 부수적인 주제에 매인 성경 읽기를 넘어서는 교육 훈련을 매 학기의 초반부에 배치함으로써, 우리의 모든 선교적 존재와 행위의 기초를 성경의 거대 서사에 뿌리 박게 하는 훈련이 이루어지도록 한다.

역사적 관점

주로 2학기 전반부에 연속 강의 형태로 2주를 배치하여 신약 교회 이후 기독교 선교의 역사, 그리고 그 연장선상으로서의 한국 기독교 선교 역사를 다룸으로써 우리의 선교적 부르심의 역사적 연속성을 깨닫고 선교적 관점으로 역사를 해석하는 방식을 배워나간다.

문화적 관점

매 학기의 중간에 연속 강의 형태로 타종교, 타문화의 이해 및 장벽 넘기를 비교종교학, 세계관 비교, 문화인류학적인 접근을 통해 배워나감으로써 복음의 핵심인 예수 그리스도의 성육신과 십자가, 오순절 성령 강림으로 시작된 신약 교회의 본질인 다양성 속의 일치, 예수 그리스도의 몸 공동체로서의 우주적 교회의 실제를 이해하고 선교 현장에 접목, 적용하는 기반을 다져나간다.

전략적 관점

2학기 후반부에 지역사회 보건 전략 및 개발 사역을 주제로 '의료 선교'의 정형화된 틀인 단기 의료 봉사와 선교지 병원 설립, 슈바이처로 상징되는 초인적인 영웅으로서의 의료 선교사의 이미지를 넘어서 의료 선교의 다양한 모델을 소개하고 다양한 공동체의 팀워크로서의 예방, 보건, 치유 및 개발의 이론과 실제를 함께 다루고 비전 트립을 통해 선교 현장을 연결한다.

커리큘럼이 교육 훈련의 모든 것은 아니지만 컨텐츠를 어떤 의도와 목적으로 배치하고,

합당한 교육자를 세우며, 전체 커리큘럼의 메시지가 계속 일관성과 연속성 있게 반복 및 점층적으로 내면의 깊은 곳을 터치하는가를 훈련원 스태프 모두가 고민하면서 섬기고 있다.

현재 한국 의료 선교 교육 및 훈련 공동체가 몇몇 대도시를 중심으로 사역들을 감당하고 있으나 각자의 커리큘럼을 함께 내어놓고 교육의 목표와 공통 커리큘럼의 표준화, 구조화, 교육자, 강사들의 효율적인 협업과 공유 같은 이슈들을 함께 다루었던 적은 없었던 것 같다. 세계관의 근원적인 변혁은 궁극적으로는 하나님께서 우리의 마음과 생각을 새롭게 하시는 사역이지만 우리 인간의 말과 소통, 교육과 훈련의 방법을 하나님의 주파수에 맞추는 것이 동일하게 중요한 일이라 생각한다. 선교의 동력이 예전 같지 않다고 모두 걱정이 많다. 하지만 오히려 이러한 작업들을 함께 고민하고 근원적인 변화를 담을 수 있는 새 그릇을 만들어 냄으로써 새로운 의료 선교의 운동성을 이끌어 낼 수 있지 않을까 하는 소망을 담아 의료 선교 교육 훈련의 변화와 개혁을 주제로 하는 지속적인 모임을 제안해본다.

3. 공동체 형성의 장으로서의 의료 선교 교육 및 훈련

선교적 세계관의 변화는 '그러면 어떻게 살아갈 것인가?'라는 질문으로 우리를 자연스럽게 이끌어간다. life together 공동체로 살아가는 것이야말로 의료 선교 교육 훈련의 정수가 아닐까? 창세기 1장 26~28절의 이른바 '선교적 명령' – '문화 명령'이라고도 한다 – 은 삼위일체 공동체로서 존재하시고 일하시는 하나님의 형상을 닮아가며 그 영광을 세계에 나타내는 것이라 볼 수 있다. 그래서 인간은 삼위일체 하나님의 형상을 닮아 남자와 여자라는 복수의 인격적 공동체로 지음을 받았다. 엄밀하게 따지고 보면 '선교'라는 것은 내가 타자를 만나고 서로 알아가고 살아가고 받아들이고 의존하면서 새로운 한 몸을 이루어나가는 공동체의 형성 – 성경은 결혼과 가정을 공동체의 기본 단위요 출발로 보고 있다 – 에 다름이 아니다. 그러니 우리가 의료 선교 교육 및 훈련으로 모여서 함께 부대끼면서 가는 것이야말로 이러한 선교적 활동과 돌파가 일어나는 시공간이 된다. 타문화, 타민족이라 하는 것도 본질적으로는 이러한 타자와의 인격적 공동체 경험의 확장인 것이다.

공동체 경험의 또 하나의 선교적 함의는 우리의 죄성과 한계가 드러나는 시공간으로서의 공동체이다. 선교의 메시지 복음의 중심에 십자가가 있다. 십자가는 하나님과 나와 너와 우리, 피조 세계가 함께 더불어 사는 샬롬을 거절하고 자신만의 세계를 구축하겠다는 죄악의 본질, 공동체 파괴에 대한 고발이요 폭로다. 더불어 지내는 훈련 자체가 죽기보다 어려운 이유가 바로 여기에 있다. 그래서 사람들은 마치 학원 코스를 마치고 또 다른 스펙을 쌓는 것처럼 훈련을 후딱후딱 해치우고 옮겨가기도 하며, 교회나 선교단체를 쇼핑하기도 한다. 거기에는 자기의 꿈과 환상, 자신의 경력 쌓기를 오롯이 만족시켜 줄 공동체 — 사실은 자신의 욕망의 확장적 투사에 불과한 — 를 찾아 헤매는 방황 외에는 없다. 거창하게 타문화, 타언어, 타민족을 향해 나아가기 전에 의료 선교 교육 및 훈련 공동체에서의 삶에서 동일하게 넘어야 할 장벽의 본질을 경험해 보았는가? 그리고 거기서 십자가가 정말 우리들을 고발하고 우리의 죄악의 본질이 무엇인지를 폭로하는 것을 경험하고 있는가? 십자가를 통해 이렇게 산산이 나누어지고 부서진 공동체 해체의 폐허 위에서 예수 안에서 나타난 하나님의 팔 벌림 안으로 들어오기를 경험하고 타자에게 내 팔을 벌리고 나도 타자가 벌린 팔 안으로 들어가는 받아들임과 용서의 경험을 통해 새로운 '공동체'를 형성해나가고 있는가? 하는 것이 어쩌면 의료 선교 교육 훈련을 통해 진정 이루어가야 할 모습이라 본다.

이러한 시각으로 보면 교육 훈련의 핵심은 마치 빙산과 같이 수면 위로 보이는 외형적 구조나 커리큘럼보다 수면아래 존재하고 있는 공동체로서의 형성 과정에 있다. 필자가 속한 부산의료선교회와 세계로병원을 돌이켜 보면, 1992년 부산의료선교교육훈련원으로 시작해 25년을 함께 훈련 받고 이때까지 선교적 삶을 살아온 작은 공동체가 바로 그 교육과 훈련의 실체라고 할 수 있겠다. 공동체 형성으로서의 의료 선교 교육 및 훈련에 대한 나름대로의 생각과 제안을 두 가지로 정리해보면,

first who, then what (짐 콜린스의 책 *Good To Great and the Social Sector*에서)

훈련이나 교육 과정을 사역 중심이나 기능적으로만 생각하는 사고에서 다른 무엇보다도 사람을 알아가고 잘 놀고 잘 먹고 함께 삶의 다양한 측면을 나누는 '친정 같은' — 우리 공동체가 지향하는 모습을 종종 이렇게 표현한다 — 공동체로서 어떻게 갈 것인가 하는 점을 공

동체의 구조, 프로그램 만들기, 단기 선교나 봉사 같은 공동 활동, 커리큘럼, 비공식적인 만남 등에 녹여내면 좋겠다. 훈련 과정을 마치고도 공동체와의 관계를 지속적으로 가져가는 것은 'Who'의 관점에서 매력이 있기 때문이라고 본다. 사람들에게 인간적이고 인격적인 매력이 있는 공동체가 훈련과 교육, 사역의 지속 가능성(sustainability)의 면에서 매우 중요하다고 본다. 예수님 제자단 경우에도 우선 예수님과 함께 지내며 그분의 인격을 경험하는 가운데 훈련과 교육, 사역이 함께 하였던 것을 사복음서에서 발견할 수 있다.

• '의료'가 가지기 쉬운 폐쇄성을 직시하고 다양한 공동체의 네트워크를 개발하라

기독 의사로서 항상 가지는 부족함과 아쉬움은 의료인의 폐쇄성이다. 사실은 매우 다양한 공동체의 협업과 관계가 필수적인 '의료'의 영역임에도 불구하고 직능 간의 장벽과 홀로 영웅적인 사역 모델에 익숙해 있는 것이 우리의 자화상이 아닌가 한다. '의료 선교'에 대한 정형화된 모델 관점 ─ 약주고, 병원 짓는, 의사 중심의 ─ 과 '의료'에 대한 협소한 개념이 공동체를 형성하고 의료가 진정 이루고자 하는 목표를 지향하는데 걸림돌이 되고 있다는 것이 필자의 주장이다. 부산의료선교교육훈련원에서 의료의 개념을 포괄적으로 다루는 이유는 훈련 공동체를 좁은 의미의 의료 영역으로 가두지 않고 소위 말하는 비의료인들도 하나님 나라의 사상적 기반 위에 세워지는 포괄적인 의료 선교에 함께 훈련받고 동역하는 한 공동체로서의 구조가 되어야 온전한 선교를 이룰 수 있을 것이라는 믿음 때문이다. 그래서 우리 공동체는 선교 교육 훈련생이 비의료인일수록 환영한다. 처음에 의료 선교라는 말에 장벽을 느꼈다는 비의료인 훈련생이 훈련을 마친 후에도 계속 우리 공동체와 함께하는 예가 적지 않다. 다양한 선교 공동체 네트워크를 지향하면서 12년 전 만난 캄보디아의 한 선교 공동체는 농업 개발 사역을 하고 있지만 지금까지 우리와 다양한 영역에서 아름답게 동역하고 있다. 즉 하나님 나라를 지향하는 직능의 다양성을 가진 유기적인 한 몸 공동체를 서로가 경험하면서 나아가는 과정에서 교육과 훈련이 일어난다고 볼 수 있다.

4. 의료 선교 영역에서의 하나님의 주되심을 실천하도록 구비시키는 의료 선교 교육 및 훈련

군대의 교육과 훈련 목적이 실전에서 정신적이고, 기능적인 면에서 정예 병사를 만드는 것과 마찬가지로 의료 선교 교육 및 훈련의 목적은 선교 현장 및 삶의 현장에서 하나님 나라 의 가치(윤리적 면)와 탁월함(기능적인 면)을 구비한 의료 선교사를 양육, 파송함으로써 악의 권 세에 빼앗긴 의료 영역을 탈환하는 영역 주권의 회복이 일어나도록 하는 것이라 할 수 있다. 이것은 종교 개혁 이후의 하나님 주권 사상, 만인 제사장주의, 일터 신학과 깊이 연결되어 있고 세계관의 변화가 가시화, 육화되는 장소이다. 그러나 실제로는 훈련과 실전의 불일치 (mismatch)가 심심치 않게 일어난다. 예를 들어, 의료 선교 교육 및 훈련 과정을 잘 이수한 것 으로 여겨지는 훈련생이 정작 선교지 병원이나 의료 선교 사역 현장에서 동역하면서 일에 대 한 책임감이나 기능의 전문성이 떨어져 더 이상 함께 할 수 없게 되는 경우를 겪게 되면, 이러 한 불일치를 어떻게 최소화시키면서 교육과 훈련을 해야 할지 고민이 된다.

필자는 현재 한국에서 이루어지고 있는 의료 선교 교육 및 훈련 과정 가운데 이러한 부분 을 점검하고 채워주며 선교 현장으로 파송하기 전, 혹은 현장에서 한국으로 복귀한 선교 자 원을 재교육하는 말하자면 '전 생애 의료 선교 교육과 훈련'의 장을 열고 모델을 만들어나가 는 것이 정말 필요하다고 본다. 필자가 사역하는 세계로병원은 의료 선교 기지 병원으로서, 특히 의료 선교 교육 및 훈련과 선교 현장의 징검다리의 역할을 감당하기 위해 나름 노력을 많이 하고 있다. 예를 들어, 의료 선교 교육 및 훈련 과정을 통해 선교에 더 깊이 헌신하길 원 하는 선교 지망생들이 선교 현장으로 가기 전에 우리 병원에서 적어도 2~3년(선교사로서의 한 팀과 같은) 을 함께 일하면서 환우, 동료 직원, 자신의 일에 대한 책임감(accountability)과 직능 의 전문성, 윤리성 등을 매일의 병원 일상을 통해 점검하게 되고 이에 대한 피드백은 선교사 파송 결정에 결정적인 요소가 된다. 또한 선교 현장에서 병원과 선교회로 복귀한 선교사들이 본부 사역 순환 재배치(re-positioning circle)를 통해 병원에서 의료적인 재교육과 선교적인 업 그레이드 교육 및 훈련을 받을 수 있도록 우선적으로 배려하는 시스템을 구축하고 있다.

결국, 이 문제는 의료 선교 교육 및 훈련 파트에 국한되지 않고 최전방의(battle-field) 의료 및 의료 선교를 감당하고 있는 의료선교기관과 얼마나 유기적인 연관을 갖느냐에 따라 실전에 바로 써 먹을 수 있는 교육 훈련 과정을 만들어 나갈 수 있고, 훈련생이 정말 의료 영역의 일터에서 취약한 부분이 어디인지를 체크하고 그 부분을 강화시키는 맞춤형 훈련을 할 수 있게 된다.

필자는 한국에서 선교적 마인드로 경영되는 크고 작은 여러 의료 기관들이 (1) 지역의 의료 선교 교육 및 훈련 공동체들과 연계해서 훈련 받은 자원들을 받아들이고, (2) 각각의 의료 기관 안에서 선교적인 마인드로 일하는 것이 구체적으로 어떤 것인지를 함께 살아가고 배워 가면서, (3) 양성된 선교 자원들을 여러 다양한 해외 의료 선교 현장과 연결하는 이른바 '의료 선교 연장 교육 훈련'(extended training)에 헌신하는 모델이 많아지길 소망한다.

마치는 글

한국 교회와 한국 선교에 위기가 왔다고 말한다. 하지만 하나님께서는 언제나 한 사람, 한 작은 공동체가 하나님 나라의 꿈에 사로잡히는 것을 통해 일하셨고, 지금도 일하고 계신다. 의료 선교 교육 및 훈련은 씨를 뿌리는 일이요, 생명을 잉태하는 일이요, 아이를 낳는 일이다. 생명을 낳고 그 생명을 기르는 곳에는 항상 미래의 소망이 있다. 한국에 의료 선교 교육 훈련이 시작된 지 이제 거의 한 세대가 되었다. 하나님이 준비하고 계시는 의료 선교의 새로운 세대를 보길 원한다. (1) 세계관의 변혁, (2) 더불어 살아가는 삶, (3) 우리가 서 있는 땅에서 왕의 직분 수행하기를 통해 주님의 나라가 임하시길 기도한다.

(사)부산의료선교회(Medical Mission Fellowship) 이야기

1. 한국 의료 선교의 태동

한국 개신교 선교에 있어서 몇 가지 특징 중 하나는 의료 선교의 중요성이다. 손영규의 『한국 의료 선교의 어제와 오늘』(CMP, 1999)에서 인용된 통계를 보면, 개신교 선교의 문을 연 1884년 알렌의 제중원 사역으로부터 1984년까지 100년 동안 한국을 섬긴 외국 선교사 총 1,058명 중 263명(24%)이 의료 선교사였다는 점이다. 즉, 한국 개신교의 형성과 발전에 있어서 의료 선교가 매우 중요한 역할을 감당하였고, 이 큰 흐름의 연속선상에서 한국 교회의 타문화권 의료 선교의 태동과 발전, 그리고 본 (사)부산의료선교회(이하 MMF)의 걸어온 길에 대해 간략하게 이야기하고자 한다.

첫 1세기 동안의 의료 선교는 그야말로 외국 의료 선교사 중심의 소위 '받는 선교'로서 외국 의료 선교사들이 세운 선교 병원의 활동을 중심으로 이루어졌다. 이러한 한국 의료 선교의 전환점은 1988년 1회 선교한국 다음 해에 열린 1989년 제1회 의료선교대회라고 할 수 있는데 선교한국에서 큰 도전을 받은 한국의 기독 의료인 및 의료 계열의 학생들이 최초로 전국대회로 모여 지금까지 100년간 받는 의료 선교에서 '보내는 선교'로의 전환을 모색하였다. 산발적이고 극소수만이 감당하였던 '보내는 의료 선교'를 의료 선교의 비전을 품은 국내의 다양한 공동체(학교, 병원, 기관 등)가 주체적으로 연합, 체계화하는 작업이 이때부터 본격화되었다. 1991년 서울에서 처음으로 체계적인 의료 선교 훈련을 위한 '서울의료선교훈련원'이 탄생하였고, 그 이듬해 1992년 부산에서 동일한 비전을 품고 '부산의료선교훈련원'이 시작되었는데 이것이 MMF의 씨앗 공동체가 되었다.

2. MMF 태동기

두 번의 의료선교대회를 거치면서 부산 지역에서 의료 선교의 비전을 품은 의료인, 학생, 교역자들이 정기적으로 모여 기도하기 시작했고, 그중 10명이 1991년 12월 2일과 1992년 1월 6일 부산의료선교훈련원 개원 준비 모임 및 설립 설명회를 통해 1992년 3월 7일 '부산의료선교교육훈련원'을 개원하게 되었다.

1년 2학기 과정으로 선교 일반 및 의료 전문인 선교에 대한 주제로 시작한 의료 선교 훈련은 초창기에는 소수의 인원으로 시작하였으나, 이 훈련 과정을 거치면서 지속적으로 모임에 헌신하게 된 멤버들을 중심으로 1995년 우즈베키스탄에 첫 의료 단기 선교팀을 보내면서 공동체는 새로운 전기를 맞게 되었다. 이 단기 의료 선교 후 1995년 6월 26일 부산·경남 지역의 기독 의료인을 중심으로 "의료를 통하여 복음을 땅 끝까지"라는 비전을 지향하고 구체화하는 의료 선교단체 '부산경남의료선교회'(Medical Mission Fellowship)를 창립, (구)청십자병원 내에 사무실을 열고 전임 간사를 두어 공식적인 사역을 시작하게 되었다.

이후 의료선교훈련원 과정을 이수한 훈련생들과 함께 필리핀, 베트남, 미얀마, 라오스, 캄보디아 등의 지역에 해외 단기 의료 선교 및 정기적인 국내 의료 봉사 활동을 하면서 공동체는 질적·양적으로 성장을 거듭하게 되었고, 의료 선교 훈련 과정도 1년 2학기 과정에 이어 mission perspectives를 중심 교재로 훈련하는1년간의 leadership training course를 2000년 9월부터 열게 되었다. 이러한 공동체의 성장 과정 중 1999년 7월 공동체 연수회에서 지속적(sustainable)이고 독립적(self-supportive)인 의료 선교를 해나가기 위하여 본국에 선교기지병원을 설립하는 문제를 논의하기 시작하였고, 마침내 1999년 12월 27일 공동체의 주요 리더 그룹이 선교 기지 병원 설립에 합의, 2000년 3월 11일 선교 기지 병원 설립준비이사회를 결성하게 되었다. 병원의 이름을 정하는데 선교적인 함의를 지니면서 참신한 이름을 공동체 전체의 의견 개진과 투표로 결정하여 2000년 10월 7일 '세계로병원'으로 최종 합의 결정하게 되었다. 병원 설립의 준비 과정에서 장소를 물색하는 일과 자본을 조달하는데 여러 난관이 있었으나 최종적으로 사직동에 병원 부지를 마련하게 되었고, 2001년 8월 4일 세계로병원 기공예배를 드리면서 공사가 시작되었다. 공사가 진행되는 와중에도 공동체는 지속적으로 단기 의료 선교를 시행하였고, 2002년 2월 24일 우석정, 이희정 선교사 가정을 베트남으로 파송하는 예배를 드림으로 공동체 소속 해외 선교사 파송의 첫 장을 열게 되었고, 선교사 공동체 훈련과 안식, 멤버 트레이닝을 위한 MMF 연수원을 2003년 4월 5일 양산 배냇골에 개원하게 되었다.

* MMF 구조

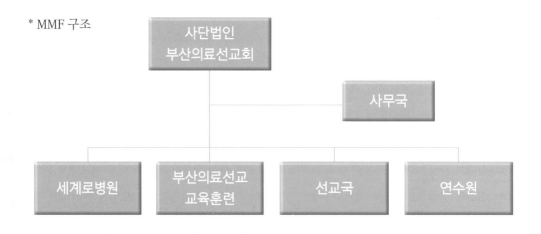

MMF 선교회는 삼위일체 하나님의 형상을 따라 지음 받은 인류에 대한 성경적인 기초 위에 복음을 통한 개인의 회심, 변화와 함께 구체적인 지역사회의 공동체의 총체적인 변화를 목표로 사역하며, 협의의 의료 활동을 넘어서 복음이 인류와 모든 창조 세계를 하나님과 화목하게 하는 '치유'를 통해 '샬롬'을 지향하는 포괄적인 치료 사역임을 고백하고, 이 큰 흐름 속에서 우리의 의료 선교를 자리매김하는 세계관에 따라 (1) 지역사회 보건 중심의 포괄적 의료 선교, (2) 전방 개척 및 미전도 종족 중심, (3) 지속 가능한 의료 선교 구조의 모델 확립, (4) 다양한 선교 공동체와의 협력과 연대의 원칙을 의료 선교 전략의 틀로 삼고 이를 현장에서 구체화하고 실천하기 위해 노력하고 있다.

2004년 병원 개원 이틀 후 캄보디아에 이영희 선교사를 파송한 것을 시작으로 현재까지 베트남, 네팔, 몽골, 우즈베키스탄, 시에라리온, 아프가니스탄, 인도, 캄보디아, 예멘, 키르기스스탄, 카메룬, 파키스탄 등 전방 개척 미전도 종족 지역을 중심으로 MMF 소속 및 의료선교훈련원 동문 선교사 다수를 파송, 지원, 케어하고 있는데, 현재 MMF 주 파송 선교사 11units, MMF 협력 선교사 15units, 의료선교훈련원 동문으로 세계 각지에서 사역하는 선교사가 약 80여 명에 이르고 있다.

세계로병원 개원 후 2004년 9월 9일 선교회 내에 의료 선교 사역을 조율하고 섬기는 기구로 '선교국'을 두어 의료 선교 전문인 선교단체로서의 체계를 잡아나가기 시작하였으며(선교국은 법인 설립 이후 선교본부로 변경됨) 투명하고 공식적인 선교회의 운영과 구성을 위해 2008년 8월 26일 부산의료선교회 사단법인 설립추진위원회 모임을 시작하여 여러 가지 준비를 거친 후 2009년 1월 15일 (사)부산의료선교회 창립총회를 개최함으로써 선교회 공동체가 공적 기관으로 자리매김하게 되었다. 현재 선교회의 구조는 (사)부산의료선교회(MMF) 산하에 (1) MMF 선교본부 및 산하의 지역 선교부, R&D part (2) 선교 기지 병원 세계로병원 (3) 부산의료선교훈련원 (4) MMF 연수원 등의 기관이 있고, 법인 사무국이 법인의 행정 업무를 수행하고 있다.

MMF 선교회의 씨앗 공동체였던 의료선교훈련원은 1992년 개원 이래로 매해 양적·질적 성장을 거듭하고 있으며, (사)한국의료선교협의회 산하 주요 도시의 의료 선교훈련원들과 연대하여 한국 의료 선교 훈련의 한 축을 감당하고 있으며, 한국 선교를 선도하는 다양한 국내외 강사진들과 선교회 스태프들의 섬김을 통해 2015년 1학기 현재까지 701명의 훈련원 기초과정 1년 수료자, 133명의 LTC (mission perspectives) 수료자를 배출하였다.

양산 배냇골의 연수원은 선교사의 국내 공동체 훈련 및 안식을 위해 건립되었고, 현재 부산·경남 지역의 교회, 선교단체 및 선교 병행 단체의 훈련과 안식의 공간의 역할을 감당하고 있다.

4. 의료 선교 기지 병원 세계로병원

병원 공사에 주도적인 역할을 했던 한 멤버가 벌인 불미스러운 일로 인하여 공사 및 개원 준비 과정 중 많은 시련이 있었으나, 2004년 2월 21일 세계로병원 개원 예배를 드림으로 의료 선교 기지 병원 '세계로병원'이 시작되어 병원 설립의 목적인 의료 선교 기지로서의 역할과 함께 의료에 있어서 4대 암(유방, 갑상선, 위, 대장)에 특화된 전문 병원으로서의 역할을 수행하게 되었다. 병원 개원 초창기에 위 불미스러운 일의 후유증으로 극심한 고난이 있었으나 설립의 근본 이유인 해외 선교, 선교사 훈련, 파송 및 한국 국적의 해외 선교사에 대한 무료 의료 서비스에 대하여 현실에 타협하지 않고 공동체가 온 힘과 기도로 원칙을 지키고 순종한 결과 재정적인 압박이 기적적인 방법으로 해결되고 부당한 소송에서 승소하게 되었다. 이후 보건복지부 공인 국내 유일 유방암 전문 병원, 위 대장암 1등급 병원으로서 암 전문 병원의 실력과 전문성을 인정받게 되었고, 선교사 대상 무료 의료 서비스를 통해 매해 약 2,000여 명의 선교사들의 건강을 돌보는 선교 기지 병원의 역할을 감당하고 있다. 또한 부산·경남 지역의 의료 선교 선도 병원으로서의 역할을 감당하면서 지역의 400여 교회와의 협약을 통해 선교 동역과 협력의 네트워크를 이루며 병원 원목실이 주관하는 정기 신학강좌를 통해 지역 교회 목회자들을 섬기고 있다.

의료 선교와
제자 사역

최원규

최원규 선교사는 1992년 연세대학교 의과대학(M.D.)과 동 대학원(M.S.)을 졸업했다. 1997~2000년 코이카 협력 의사(몽골), 2000~2004년 미국 바이올라(Biola) 대학교 Talbot 신학대학원(M.Div.)을 졸업했다. 2001~2005년 미국 캘리포니아 소재 21세기교회 전도사/부목사, 2005년 미시간 소아병원(Wayne State University) 연수, 2005~2017년 몽골 의료 선교사(연세의료원 몽골 사역 책임자, 인터서브선교회 파송), 2005~2014년 연세친선병원 소아과 자문 의사, 이사, 원장(2011~2014)으로 사역했다. 2005~2017년 몽골 국립의과학대학 교수, 의과대학 부속병원 원장(2015~2016), 명예박사(2017), 2018년 현재 연세의료원 의료선교센터 본부 선교사, 인터서브선교회 파트너로 사역하고 있다.

1. 다른 삶의 만남

어느 날 몽골 국립의과대학의 한 교수가 내 방에 찾아왔다. 그 교수는 최근 한국에서 간염과 간경화 질환에 대해 6개월간 연수[1]를 받았으며, 전문적인 부분에 있어서 성장할 수 있는 시간을 가졌다. 좋은 저널에 연구 논문을 게재하고 학술대회에서 연구 내용을 발표하는 등 큰 성과를 거두었다. 몽골의 한 신문에 한 면 절반 크기에 해당하는 분량으로 그에 대한 기사가 실렸다. 그는 그 신문을 들고 기쁜 얼굴로 내 방을 찾아온 것이었다. 나는 그의 전문적인 영역의 발전을 축하하며, 다음과 같이 물었다. "인생에 두 가지 기둥이 있는데, 그게 무엇인지 압니까?" 그러자 그는 모른다며 나의 대답을 기다렸다. 나는 이렇게 대답했다. "하나는 당신이 지금 세우고 있는 전문적(professional)인 기둥입니다. 우리의 삶에는 전문적인 성장이 필요합니다. 또 다른 하나는 영적(spiritual)인 기둥입니다. 하나님과 영적으로 올바른 관계를 맺음으로써 성장하는 영적인 기둥입니다. 내게 있는 전문적인 지식과 능력을 올바르게 사용할 수 있는 지혜를 줄 뿐만 아니라, 전문 영역을 더욱 탁월하게 합니다." 그 교수는 내 말을 듣고는 어깨와 팔을 한쪽으로 뚝 떨어뜨리며 몸을 옆으로 기울여 굽혔다. 그리고 이렇게 말했다. "저는 불균형한 두 개의 기둥을 가지고 있습니다. 저의 영적인 기둥은 거의 보이지 않습니다." 이후에 그는 복도에서 나와 마주치면 웃으면서 어깨를 씰룩 기울이며 인사를 건넨다. 영적인 상태가 자라야 한다는 사실을 기억하고 있다는 그의 인사가 나를 기쁘게 한다.

엥겔의 척도(Engel's scale)[2]로 말하면, 이 몽골 교수는 이제야 비로소 하나님에 대한 존재를 어렴풋이 알게 되는 단계를 지나고 있다. 앞으로 가야할 길이 멀지만 그 영적인 여정에 함께 하는 특권을 누리는 것이다. 서로의 삶을 가까이 나누고, 신뢰를 쌓아가며, 좋은 친구로 동반자로 관계성이 발전되길 기대한다. 복음을 들을 수 있는 귀와 마음이 열리며, 주님의 영광을 위해서 제자로 살기를 원하는 소원이 그에게 생기기를 기도한다.

'하나님께서 그의 인생의 구원자이자 주인이 되셔서 그를 영적으로 자라나게 하실 것을

---

1   연세의료원의 학술 교류 프로그램으로 1993년부터 연수를 받은 몽골 국립의과대학의 교원이 약 150여 명에 이른다.
2   James F. Engel에 의해서 개발된 것으로, 주님을 전혀 모르고 대적하던 사람이 영적으로 주님을 알고, 영접하며, 성장하는 과정을 척도로 표시한다.

민습니다'라고 나는 마음속으로 기도를 드린다. 하나님 없는 그 몽골 교수의 삶이 얼마나 영적으로 공허와 혼동과 흑암 가운데 있을지 나는 안다. 내가 아는 것이 아니라 내 안에 계신 성령님의 탄식이라는 것을 믿는다.

내가 그 교수와 삶을 나눌 때, 내 안에 계신 성령님이 나의 삶을 통해 일하시기 때문이다. 의료 선교사는 전문적으로 공통점이 있는 의료 영역에 종사하는 사람들과 삶에서 만나게 된다. 의료라는 공통점으로 만나는 삶에서 서로 '다른 삶'을 발견하게 되고, 그 다른 삶을 주님을 '닮은 삶'으로 인도하는 제자 선교 사역이 시작된다.

2. 의료 선교, 선교, 총체적인 선교 그리고 그리스도인의 삶

통상적으로 의료 선교는 "의료의 전문성을 가진 자, 혹은 전문 의료 행위를 훈련받은 자에 의해서 이루어지는 선교적인 의료 행위" 혹은, "의료를 통한 섬김과 의료를 통한 복음 전도"를 의미한다. 일반적으로 의료 선교의 전통적인 사진은 '의료 선교사가 열심히 환자를 진료하고 수술하며 치료하는 장면'이다. 아름다운 모습임에 틀림없지만 의료 선교와 제자 훈련이라는 관점에서 또 다른 사진 하나를 소개한다. 이는 '의료 선교사가 현지의 의료인들과 함께 삶을 나누는 모습'이다. 환자가 옆에 있을 수도 있고 없을 수도 있다.

이 의료 선교사의 관심은 다른 의료인의 삶에 있다. 서로의 삶이 만나는 현장은 단지 의료 전문 지식이나 기술로만 이루어지는 것이 아니다. 의료 전문성뿐만 아니라 육체적, 사회적, 정서적, 영적인 모든 영역에서 서로에게 영향력을 미치는 선교, 총체적인 선교의 현장이 된다. 결국 그리스도인의 삶과 다른 삶이 만나 서로를 알아가게 된다. '친구'라 부르는 관계로 발전하며 전문적이고 영적인 필요를 나누게 된다.

나는 이러한 필요를 하나님께서 하나님의 방법으로 채우시는 것을 목격하고 증거하는 것이 선교라 믿는다.

3. 날마다 제자로 사는 삶

주님께서 주신 위대한 사명(마 28:19~20)의 네 가지 동사 ─ 1) 가라 2) 제자로 삼으라 3) 세례를 주라 4) 가르쳐 지키게 하라 ─ 중에서 핵심은 '제자를 삼는 것'이다. 제자를 삼기 위해서 꼭 필요한 조건은 '내가 먼저 제자가 되는 것'이다. 위대한 사명을 이루기 위해서는 내가 먼저 제자로 사는 것이다. 즉, 날마다 자기를 부인하고 (내 뜻이 아닌) 주님의 뜻을 따라 사는 제자의 삶(눅 9:23)[4]이 위대한 사명을 이루어가는 길이다.

또 주님께서 주신 위대한 명령(마 22:37~40, 요 13: 34~35)[5, 6]을 요약하면, 하나님 사랑과 이웃 사랑이다. "사랑하라"라는 위대한 명령과 "제자가 되라"라는 위대한 사명은 어떠한 관계가 있는 것인가? "너희가 서로 사랑하면 이로써 모든 사람이 너희가 내 제자인 줄 알리라"(요 13:35), 즉 제자로 살 때 맺게 되는 열매가 사랑인 것이다. 제자의 삶이 하나님 사랑과 이웃 사랑의 위대한 명령을 이루는 길이다. 따라서 '날마다 제자의 삶을 사는 것'은 위대한 사명과 위대한 명령을 이루는 삶이고, 하나님 보시기에 위대한 그리스도인의 삶임이 틀림없다.

위대한 사명(마 28:19~20) + 위대한 명령(마 22:37~40)

= 위대한 삶 = 날마다 제자로 사는 삶(눅 9:23)

'날마다'의 의미는 어제 제자로 살았다고 해서 오늘도 제자됨을 보장해주지는 않는다는 뜻이다. '제자의 삶'이란 매일 매일 자기를 부인하고, 그분의 뜻을 따르는 삶이다. 다시 말해서 위대한 사명, 위대한 명령을 이루는 삶은 "매 순간 자기를 부인하고, 그리스도를 따르는 삶이다"(갈 2:20). 이것은 모든 그리스도인들에게 적용되는 부르심이다. 나의 삶이 매 순간 예

3　그러므로 너희는 가서 모든 민족을 제자로 삼아 아버지와 아들과 성령의 이름으로 세례를 베풀고 내가 너희에게 분부한 모든 것을 가르쳐 지키게 하라 볼지어다 내가 세상 끝날까지 너희와 항상 함께 있으리라 하시니라(마 28:19~20).

4　또 무리에게 이르시되 아무든지 나를 따라오려든 자기를 부인하고 날마다 제 십자가를 지고 나를 따를 것이니라(눅 9:23).

5　예수께서 이르시되 네 마음을 다하고 목숨을 다하고 뜻을 다하여 주 너의 하나님을 사랑하라 하셨으니 이것이 크고 첫째 되는 계명이요 둘째도 그와 같으니 네 이웃을 네 자신 같이 사랑하라 하셨으니 이 두 계명이 온 율법과 선지자의 강령이니라(마 22:37~40).

6　새 계명을 너희에게 주노니 서로 사랑하라 내가 너희를 사랑한 것 같이 너희도 서로 사랑하라 너희가 서로 사랑하면 이로써 모든 사람이 너희가 내 제자인 줄 알리라(요 13:34~35).

수 그리스도의 삶이 되기를 소원한다. '날마다 제자로 사는 삶'이 다른 삶에 선한 영향력을 주는 삶이다. 그것이 '선교'라 믿는다.

4. 삶으로서의 의료 선교, 총체적인 선교

선교를 특별한 사람, 특별한 지역에서 일어나는 것으로 구별하지 않기를 바란다. 현대인들은 속도와 이동성이 매우 증가된 글로벌 시대를 살고 있다. 선교는 지역적인 국한과 특정인의 부르심을 넘어서 모든 그리스도인들에게 적용되는 명제가 되었다고 생각한다. 최근의 선교는 살고 있는 지역이 중요하지 않다. 파송 국가와 선교지의 구분이 불분명해진 것이다. 많은 민족들이 이동, 이주해 살고 있는 것을 쉽게 접하게 된다. 내가 살고 있는 곳이 어느 곳이든 주위에는 선교적인 헌신의 요구가 뒤따른다. 따라서 선교는 어느 곳에서든지 이루어질 수 있다고 믿는다. '하나님께서 각 사람을 부르시고, 부르신 그곳에서 순종하며 사는 것'이 선교의 시작인 것이다.

선교는 프로그램이나 프로젝트가 아니다. 선교는 복음을 전하는 인간 기계의 역할도 물론 아니다. 선교는 '사역'이라는 단어로 국한되어 정의되지 않고 '삶'이라는 단어로 정의되어야 한다. 선교가 그리스도의 삶 자체이기 때문이다. 믿는 자의 몸을 빌어서 예수 그리스도의 삶이 드러나는 현장이기 때문에 선교가 삶이라면 선교의 모양은 매우 다양할 것이다. 선교는 그리스도께서 내 안에 사시는 모든 삶의 모양을 포함하고 있기 때문이다. 선교의 주체가 삼위일체 하나님이시며, 의료 선교도 하나님의 선교가 되어야 한다.

> 내가 그리스도와 함께 십자가에 못 박혔나니 그런 즉 이제는 내가 사는 것이 아니요 오직 내 안에 그리스도께서 사시는 것이라. 이제 내가 육체 가운데 사는 것은 나를 사랑하사 나를 위하여 자기 자신을 버리신 하나님의 아들을 믿는 믿음 안에서 사는 것이라(갈 2: 20).

또한 선교와 총체적 선교를 분리하지 않기를 바란다. 선교는 총체적인 선교가 전제되어야 하기 때문이다. 총체적이라는 말은 전 인격적이고, 삶의 전 영역을 포함한다. 따라서 선교는 삶과 삶이 만나는 영역에서 이루어지는 역사이다. 그러기에 '나의 삶은 어떠한가, 내가 어떻게 주님과 관계를 맺고 있는가, 가족과 교회 그리고 이웃과의 관계는 어떠한가, 내가 어떻게 복음에 합당한 삶을 살아가고 있는가…' 자문해 보아야 할 것이다.(갈 2: 20)

5. 나의 삶과 그리스도의 삶

나는 의과대학의 교수이며, 소아과 의사로서 몽골 국립의과대학에서 일하고 있고, 의과대학과 부속병원의 경영에 참여하며 나의 삶이 쓰임을 받고 있다. 나의 삶은 의료 영역에 있는 많은 다른 삶들과 만나고 있다. 전문적인 영역에서 만난다. 소아과 레지던트와 강의로 만난다. 석·박사 학생들과 연구를 하며 논문을 쓰면서 만난다. 그러나 그 만남은 간단히 지식과 기술을 전달하는 데에서 그치지 않는다. 그들은 나의 전반적인 삶을 보고 읽는다. 몽골 교수, 의사들과 성경 훈련을 하며 영적인 영역에서 만난다. 그 만남은 성경적인 지식과 그리스도인의 삶을 이론적으로 가르치는 것에 머무는 간단한 것이 아니다. 지속적으로 서로의 삶이 만나며 나의 모든 삶의 영역이 다른 삶과 만나 영향을 준다. 그들에게 나의 삶이 그들 눈에 보이냐 보이지 않느냐 하는 것은 중요하지 않다. 그들이 나의 삶을 모두 알지 못하더라도 나의 삶은 그들에게 영향을 주기 마련이다.

나는 나의 알량한 전문적인 지식과 능력으로 몽골 의료인들을 만나길 원하지 않는다. 명쾌하게 성경을 가르치고, 복음을 제시하는 능력이 내게 있다 하더라도 그것으로 그들을 만나길 원하지 않는다. 많은 환자를 정확하게 진단하고 치료할 수 있는 실력과 능력이 있다하더라도 그것으로 그들을 만나길 원하지 않는다. 내 안의 예수 그리스도께서 그들을 만나시길 원한다. 그러기 위해서, 나의 삶이 아니라 그리스도의 삶이 드러나길 소원한다. 성령님께 순종함으로 그분께 온전히 지배되며 그분의 능력으로 살기를 원한다. 나의 삶이 그리스도의 삶이 되지 않고서는 만나는 수많은 삶에 선한 영향력을 줄 수 있는 소망이 전혀 없기 때문이다. 전문적인 것과 영적인 것 모두 하나님과의 올바른 관계에서 나오는 것이기를 바란다.

6. 하나님의 관심은 모든 삶의 영역에 있다

따라서 하나님의 관심은 나의 모든 삶에 있다고 믿는다. 나의 삶은 여러 관계로 정의된다. 하나님과의 올바른 관계, 아내와 한 몸된 관계, 자녀와의 관계, 교회로 그리스도의 몸을 이룬 관계를 어떻게 복음에 합당하게 이룰 것인가에 관심이 있다. 이웃과 세상의 어떠한 관계로 하나님께 영광을 올려드리는 삶을 살 수 있을 것인가에 관심이 있다. 내 안에 계신 성령님께 복종함으로 그리스도의 형상을 닮아가는 신비와 모든 관계에 있어서 화평하고자 하는 소망이 있다. 나의 모든 삶의 영역에 하나님께서 관심을 가지시듯이 나와 만나는 사람들의 모든 삶의 영역에 나는 관심이 있다. 한 사람의 일부만 떼어서 생각할 수 없다. 전문적인 지식과 기술을 전하고 그들의 물질적인 필요를 채우는데 그칠 수 없다. 영적인 말씀만 공급하고 도전하는 것도 한 사람을 전인격적으로 대하는 것은 아닐 것이다. 또 한 사람만을 떼어서 생각할 수 없다. 그가 삶에 있어서 이루어지는 모든 관계에 관심이 있다. 그가 학교나 병원에서 이루는 삶의 모습을 넘어서 가정과 세상에서 이루는 삶의 영역에 관심이 있다. 내 안에 계신 성령님의 소원은 나의 삶과 나와 만나는 이들의 삶이 '복음에 합당한 온전한 관계의 삶'으로 주님께 영광을 올려드리는 것이다.

7. 과부의 설움, 홀아비의 사정

"과부의 설움은 과부가 알고, 홀아비의 사정은 홀아비가 안다"라는 말이 있다. 서로 비슷한 상황에서 살고 있기 때문일 것이다. 같은 상황에 있기에 동병상련(同病相憐)으로 서로가 통하게 된다. 그러나 같은 상황에 있더라도 그들의 근본적인 문제를 해결할 수 있는 능력은 없다. 과부와 홀아비의 마음을 정확히 아시는 이는 예수님이시고, 그것을 해결하실 수 있는 분도 그분이시기 때문이다. 만약 과부와 홀아비의 모습으로 오신 예수님이 있다면 그들에게 쉽게 다가가서 관계를 맺을 수 있을 것이다. 그들의 마음을 알고 해답을 주실 수 있을 것이다. 그들의 삶을 통째로 바꿀 수 있는 길을 보여주실 것이다. 나는 몽골의 의료 전문 영역에서 살고 있는 의사의 모습으로 오신 예수 그리스도의 삶이 되길 소원한다.

내가 많은 시간을 보내고 있는 의료 영역에서 만나는 교수들과 의사들의 마음을 다른 이들보다는 좀 더 이해할 수 있는 것 같다. 그들은 전문적인 영역의 고민들과 그들의 삶에 있어서 수많은 문제들을 내게 가지고 온다. 과부가 과부를 만났고, 홀아비가 홀아비를 만난 것이다. 그러나 내게는 이를 해결할 수 있는 능력이 없다. 내게 전문적이고 영적인 경험들이 있지만, 그 경험들에 의지하는 것이 얼마나 위험한 일인지 잘 알고 있다. 전문적인 영역도 계속 바뀌고 있고, 영적인 원칙을 그대로 적용하기에 여러 상황이 간단하지 않다. 창의적인 지혜가 계속적으로 요구된다. '내 안에 계신 예수님만이 하실 수 있다'라는 것을 안다.

그러기에 오늘도 나를 부인하고 제자로 살기를 소원한다. 내가 죽고 내 안의 예수 그리스도께서 온전히 사시기를 소원한다. 전문적인 영역과 영적인 영역을 포함한 나의 모든 삶이 그분을 통해 지배될 때, 총체적인 삶으로 선교의 열매를 거두리라 믿는다. 날마다 자기를 부인하고 주님의 뜻이 내 삶 가운데 취해지는 제자의 삶을 살게 될 때 나와 함께 삶을 나누는 주위의 의료인들이 제자로 세워질 줄 믿는다.

의료 선교의 관점에서 보는 지상 명령(마 28:19~20)의 재해석

19

— 중앙아시아 무슬림 상황에서의 포괄적 제자 삼기[1]

문누가

문누가 선교사는 1983년에 서울대학교 치과대학 졸업했다. 1983~1990년 예수전도단 캠퍼스 사역 책임간사로 섬겼고, 1986~1991년 누가치과의원 원장으로 재직했다. 1993년 풀러 선교대학원에서 선교학 석사(M.A.), 2004년 선교 신학 - 전문인 선교로 선교학 박사 학위(Ph.D.)를 취득했다. 2006~2007년 12월까지 국제인터서브선교회 국제 이사, 메림 교육치과병원 설립자 및 디렉터, 카이로스·카리마스 치과병원(BAM) 설립자 및 컨설턴트, 인터서브선교회 및 중앙아시아 지부 책임자, 한국인터서브선교회와 치과의료선교회 선교사로 섬기고 있다.

중앙아시아의 상황에서 대부분의 시간을 병원에서 근무하는 무슬림 직원들 가운데 보내는 치과 의사로서 '제자 삼기'(제자 훈련)라는 단어에 대한 반응은 '과연 나에게 현 상황에서 제자 삼기가 가능한 일인가?' 하는 것이다. 다시 말해서 과연 나의 처해 있는 전문인 선교의 상황에서 제자 삼기가 가능할 것인가 하는 질문에 대한 명확한 답을 할 수 없는 것이 선교사로서의 내적 갈등이 되어 왔다. 그 이유는 선교 사역을 하기 시작하여 오랜 시간 동안 나는 제자 훈련이나 제자 삼기라는 것을 치과 의사로서의 전문인 사역 현장 밖에서 할 수 있는 어떤 것으로 생각해왔기 때문이다.

중앙아시아에 오기 전, 나는 한국에서 YWAM이라는 단체와 함께 10년 동안 대학생들을 대상으로 사역했다. 그 사역에서 나의 주된 책임은 대학생들을 '제자 훈련' 하는 것이었다. 당시 나에게 제자 훈련이 의미하는 것은 헌신되지 않았거나 성경적 지식이 미약한 기독 대학생들을 선발 훈련하여 다른 사람을 제자 삼을 수 있는 진정한 제자가 되게 하는 것이었다. 이것을 위해 체계적 성경 공부, 규칙적 기도, 개인 경건 시간, 그리스도인의 교제, 전도 등의 주제들을 중점적으로 가르쳤다.

그러나 이슬람권인 중앙아시아 선교지로 온 후 전문직 직원들이 대부분인 교육 병원에서 일하면서 한국에서와 같은 '덜 헌신되고 성경적 지식이 미약한 명색뿐인 그리스도인'을 찾기가 힘들었다. 직장에서의 나의 동료들은 대부분 회교 배경을 가졌거나 또는 무신론 공산주의 이념에 물든, 복음에서 멀리 있거나 적대감마저 가지고 있는 자들이었다. 그러므로 병원 안에서는 제자를 삼는 것이 불가능하다고 생각하여 직장 밖에서 구도자들이나 초신자들을 찾아 그 소수의 사람들을 대상으로 '제자 훈련' 하는 것을 내가 지상 명령을 순종하는 것으로 생각했다. 병원은 다만 전도 대상을 찾고 복음 제시를 위한 기회를 기다리는 곳일 뿐이었다.

그러던 어느 날 아침, 출근길 병원 복도를 걸어가면서 나는 수년간 이 병원에서 일했음

---

1   이 글은 2016년 5월 17일 현장 선교학자 학회에서 발표한 미출간 논문을 수정한 것이다.

에도 병원의 직원들을 제자 삼을 가능성이 여전히 불투명한 현실에 심한 실망감이 들었다. 그때 성령께서 요한복음 10장 16절 말씀을 기억나게 하시며 지금 이 병원에서 함께 일하는 현지인 동료들 모두가 아직 우리에 들지는 않았지만 예수님께서 나에게 맡겨주신 그분의 소유된 양들임을 볼 수 있게 하셨다. 그리고 그들을 돌보며 먹이라는, 즉 그들을 제자 삼으라는 명령을 하고 계신다는 것을 깨닫게 하셨다.(요 21:15~17) 그때 나는 비로소 불신자 직원이나 동료가 대부분인 의료 선교의 상황에서 지상 명령을 수행할 가능성에 대해 심각하게 고려하기 시작했다.

한국에서 10년간 대학생 제자 훈련의 경험이 있었음에도 나는 이 '우리 밖의 양들'을 대상으로 하는 제자 삼기에 대해 전혀 아이디어가 없었다. 왜냐하면 한국에서 사용했던 제자 훈련의 경험과 지식을 이 새로운 상황에서 새로운 대상자들에게 직접 적용하는 것이 전혀 효과가 없었기 때문이었다. 다시 말해서 나는 제자 삼기나 제자 훈련에 대한 새로운 관점을 가져야 했고 마태복음 28장의 지상 명령의 핵심이 되는 모든 족속을 제자 삼으라는 의미를 새로이 정의했어야 했다.

1. 한국에서의 제자도에 대한 이해

앞에서 언급했던 바와 같이 한국에서 그리스도인들은 제자 훈련이라는 용어를 많이 사용하며, 그것을 이미 믿지만 잘 훈련되지 않은 신자들을 하나님의 말씀으로 양육함으로써 보다 성숙한 신자가 되게 하여 그들이 다른 사람에게 복음을 전하며 새 신자들을 양육하도록 하는 것으로 일반적으로는 이해한다.

그런데 대부분의 사람들이 아직 신자들이 아닌 상황에서 또는 이슬람과 같은 다른 종교를 믿는 상황에서 제자 삼는 일이 가능할까? 이러한 도전을 극복하기 위하여 우리는 제자도에 대한 새롭고 폭넓은 이해를 필요로 한다.

2. 마태복음 28장의 대위임령에서의 제자도에 대한 이해(마 28:19~20)

그러므로 너희는 가서 모든 민족을 제자로 삼아 아버지와 아들과 성령의 이름으로 세례를 베풀고 내가 너희에게 분부한 모든 것을 가르쳐 지키게 하라…(마 28:19~20).

헬라어 원문에서 이 구절의 주된 동사는 'matheteuo'로서 '제자 삼는 것'을 의미한다. 이 구절은 또한 다른 세 가지 분사형 동사를 포함하고 있는데, '가서 poreuomai'와 '세례를 베풀고 baptizo', 그리고 '가르쳐 didasko'가 그것이다.

이 구절은 교회의 주된 과업을 명시하고 있는데 그것은 아직 복음화되지 않은 무슬림과 힌두, 공산주의 무신론자들을 포함하는 모든 민족을 제자 삼는 것이다. 이 지상 명령을 대하며 많은 그리스도인들은 제자도(discipleship)에 대해 "하나님의 말씀을 이미 믿는 신자들에게 가르쳐서 순종하도록 하는 것"이라는 좁은 관점으로 이해한다. 그러나 실제로 이 구절은 제자 삼기에 대한 보다 넓은 관점을 제시하고 있다.

참 '제자'에 대한 새로운 비전

위의 지상 명령에서 예수님은 제자의 이미지를 예수 그리스도의 가르침을 배우는 자로서뿐만 아니라 그의 모든 말씀을 그들의 삶에 순종하여 실천하는 성숙된 성도로 바라보고 있다. 아마도 이런 제자상은 마태복음 9장 35절에 나타나는 추수하는 일군으로 그들에게 주어진 삶의 현장에서 하나님의 나라를 이루어가는 자 — 변혁의 일군(transformational agent) — 이라고 할 수 있을 것이다.

'제자 삼기' 개념에 대한 시간적 확장 (chronological expansoin)

지상 명령의 핵심인 제자 삼기에 대해 마태복음 28장의 이 구절은 세 가지 시간적 과정을 제시한다.

먼저, "세례를 베풀고"라는 분사는 영적으로 예수님을 영접할 준비가 된 자들을 결신으로 인도하는 과정을 의미한다. 우리는 자주 이 과정을 좁은 의미에서 '전도'[2]라고 일컫는다.

둘째, "가르쳐 지키게 하라"는 분사는 교회에서 보통 제자 훈련으로 이해하는 것으로서 신자들을 하나님의 말씀으로 양육하는 과정을 의미한다. 그러나 위의 세례를 베푸는 과정과 가르치는 과정이 이 지상 명령에서 제시하는 제자 삼기를 위한 모든 것을 의미하지는 않는다. 이제 '가서poreuomai'라는 동사에 주의를 기울여보자. 우리는 이 동사를 지상 명령의 핵심어인 '제자 삼기matheteuo'의 주요 과정 중 하나로서 포함할 수 있을까? poreuomai의 원어는 "가다, 여행을 하다, 다니다"라는 의미를 지니고 있다. 그러면 우리가 제자를 삼을 때 왜 우리는 이 '가서'라는 과정을 간과해서는 안 되는가?

그의 부활하시기 전 마지막으로 주신 대위임령에서 예수는 그의 제자들에게 사람들이 오기를 기다리기만 하기보다는 '가서' 제자를 삼으라고 명하셨다. 예수님에게 '가는 것'은 제자 삼기에 있어 첫걸음이요 가장 중요한 과정이었다. 모든 족속을 제자 삼기 위해 교회는 기다리기보다는 먼저 찾아가야만 한다. 다른 말로 만일 교회가 잃어버린 민족에게 다가가는 적절한 방법을 알지 못한다면 우리는 제자 삼으라는 그의 지상 명령을 온전히 성취할 수 없다는 뜻이다.

그렇다면 왜 이 '가는' 단계가 제자 삼기의 과정에서 중요할까? '간다'는 말은 복음으로부터 멀리 있는 아직 제자가 되지 않은 자들을 의도적으로 찾아다니는 행위이며, 그들이 진리에 대해 마음을 열기까지 그들과의 관계를 형성해나가는 과정을 포함한다. 이런 의미에서 어떤 사람들은 이 과정을 '사전 복음 전도'(pre-evangelism)라고 말하기도 한다.

연속성과 불연속성

그러나 만일 '가는 과정'이 다만 '사전 복음 전도'일 뿐이라면 이 과정을 위한 모든 행위들은 의미 있는 유일한 목적인 전도를 위해서만 필요성과 중요성을 가질 것이다. 다른 말로

---

2 엥겔(James F. Engel)은 전도는 한 사람이 예수를 영접할 때 일어나는 순간적 사건이 아니라고 주장한다. 그는 전도를 한 사람이 복음을 이해하지 못하는 때부터 회개하고 예수님을 믿으며 영적으로 성숙해가는 전 과정으로 이해한다.(James F. Engel, *Contemporary Christian Communication*, 1979)

제자도는 한 사람이 믿은 이후, 즉 신자가 된 이후에만 시작될 수 있을 것이다. 그러나 내가 35년 이상 제자 훈련을 하며 관찰한 바에 따르면 한 사람이 성숙한 제자 또는 성숙한 하나님 나라의 일군이 되는 과정은 그가 믿기 이전부터라도 시작될 수 있다는 것이다. 반면, 믿는 자가 된다고 해서 반드시 그 사람이 좋은 제자가 될 것임을 보장하지도 않는다는 것이다.

물론 사람들이 믿기 전에 그들에게 직접 성경을 가르치는 것은 매우 제한적이다. 그러나 그들이 믿기 전 일지라도 그들에게 성경적 가치와 원칙들을 가르치고 훈련하는 것은 여전히 가능하다. 그러기에 '가는 단계'에서의 훈련은 나중에 그들이 믿은 후 미래의 제자 훈련에 있어 유효성을 가진다.

성경에서 사도 바울은 이러한 종류의 제자도에 있어 좋은 사례가 될 수 있을 것이다. 다메섹 도상에서 예수를 만난 후 바울의 구약 성경에 대한 관점은 완전히 변화되었다.(엡 3:1~9) 그리고 그리스도를 만난 후 그의 가치 체계에 있어 큰 변화도 경험했다.(빌 3:4~9) 이러한 것은 믿기 전후에 일어난 바울의 삶의 불연속성 사례들이다. 그러나 하나님은 바울이 믿기 전 가말리엘 문하에서 습득한 성경 지식과 훈련을 사용하셨다.(행 22:3) 그리고 그의 선교에 있어 하나님이 중요하게 사용하셨던 천막 깁는 기술도 그가 사도가 되기 훨씬 전, 그가 예수를 믿기도 전에 준비된 것이었다.[3]

그리고 하나님은 바울이 믿기 전부터 발전시켜온 성품인 언행일치의 일관성과 자신이 옳다고 믿는 일에 대한 열성을 그가 믿게 된 후에도 사용하셨다.(갈 1:13~14, 빌 3:6, 10~14) 여기서 우리는 한 사람이 그리스도의 좋은 제자로 세워지도록 하기 위해 그가 믿기 전에 받은 훈련을 믿은 후에도 하나님이 계속 사용하시는 연속성을 엿볼 수 있다.

이런 관점을 가질 때 지상 명령을 수행하기 위한 '가는 단계'는 다만 전도 전 단계(pre-evangelism)의 의미뿐 아니라 한 사람을 제자 삼는 과정에 있어 보다 완전한 의미를 가지게 된다. 또한 이러한 이해의 기반을 가질 때에야 비로소 아직 복음에 멀리 있는 불신 동료들과 함께 일하며 대부분의 시간을 보내는 우리의 전문 직업인 의료 현장에서 제자도, 보다 정확히

---

3   Ronald F. Hock에 따르면 바울은 이 천막 깁는 기술을 그가 어렸을 때 그의 아버지로부터 배웠을 가능성이 크다고 한다.(Hock. Ronald F. *Social Context of Paul's Ministry: Tentmaking and Apostleship.* 1980)

말하여 제자 삼기라는 지상 명령과 우리의 현실을 연관하여 논의할 수 있게 된다.

정리하자면, 지상 명령의 기본적 과제인 제자 삼기는 가는 단계, 세례 주는 단계, 가르치는 단계의 세 과정으로 이루어져 있다. 그리고 이 논문에서 나는 특히 가는 단계를 중점적으로 논하고자 한다.

'제자 삼기' 개념에 대한 사역적 확장

제자 삼기의 궁극적 목적에 대하여 보통 우리는 한 그리스도인을 교회와 관련된 사역, 즉 전도나 교회 개척, 교회 봉사 등을 위해 훈련하고 구비하는 것이라고 생각한다. 그러나 이러한 사역에 대한 축소된 개념은 한 예로 마태복음 4장 23절, 9장 35~38절에 반복적으로 요약된 예수님 사역의 다양한 측면을 대변하지는 못한다. 예수님의 사역은 보다 통전적인 것이었다. 그의 사역은 가르침뿐 아니라 하나님 나라 복음에 대한 선포, 그리고 병들고 약한 자들을 치유하는 것을 망라하는 것이었다. 예수는 그의 제자들이 하나님 나라의 추수할 일군으로서 자신의 사역 방법을 따르기를 기대했다.

나는 내가 일하는 클리닉에서 아직은 예수를 믿고 있지 않은 많은 잠재적 제자들과 함께 일하고 있다. 이들이 처한 영적인 상황을 고려하면 단순히 일련의 성경적 지식을 전달하는 것은 적절하지도 효과가 있지도 않다. 이 단계에서 제자 삼는 과정을 보다 효과적이며 집중적이 되게 하기 위해서는 먼저 한 사회 내에서의 전문 직업 상황에서 좋은 제자의 자질이 무엇인지에 대한 구체적인 비전을 갖는 것이 도움이 된다.

나는 전문 직업 분야에서의 좋은 제자란 자신의 전문 분야에서 주위의 동료들에게, 그리고 나아가 고객들과 지역 공동체에 성경에 기반한 변혁적 변화(transformational change)를 유발하는 예수 그리스도의 추종자로서 전문적 탁월성을 가지고 사랑, 긍휼, 공평, 신의, 정직 등 성서적 가치에 기반하여 자신의 전문 분야와 지역사회에서 지도력을 발휘하는 자라고 이해한다. 이런 의미에서 제자 삼는 과정은 각 전문 분야에서 좋은 그리스도인 지도자를 개발하는 과정과 크게 다르지 않을 것이다. 이러한 과정은 아직 믿지 않는 자들 가운데 충성된 자를 찾아 발견하는데서 시작되며 그들을 전문 분야에서 성숙된 기독 전문인 지도자로 세움으로써 마치게 된다. 그러면 전문 분야에서 성숙된 제자상을 결정하는 기준은 무엇이 될 수 있을까? 그리고 전문 분야에서 포괄적인 제자 삼기는 어떠한 과정을 통해 진행될 수 있을까? 선교학자 엥겔(James F. Engel)은 이를 위한 논의의 기반이 될 수 있는 귀한 통찰력을 제공한다. 이에 대해서는 다음 단락에서 논하고자 한다.

3. 엥겔의 과정으로서의 제자 삼기

선교학자 엥겔은 그의 저서[4]에서 대형 전도 집회와 그를 통한 구원에로의 초대와 개인적 결단을 마태복음 28장 19절과 20절에서 교회에 주어진 지상 명령을 가장 효과적으로 수행하는 것처럼 강조하는 당시의 경향에 대한 한계점을 지적하고 있다.(Engel, 1979, 64) 가서 모든 족속으로 제자 삼으라는 지상 명령을 교회에 주어진 과업으로 심각히 간주하면서 엥겔은 '제자 삼는다는 진정한 의미가 무엇인가?', 다른 말로 '언제 한 사람이 진정한 제자가 되는가?' 라는 질문을 던진다.(Engel, 1979, 65) 당시 많은 사람들은 한 사람이 그리스도를 주로 영접할 때 제자가 된다는 관점을 가지고 있었다. 그러나 엥겔은 제자를 삼는다는 것의 진정한 의미는 한 사람을 영접시키는 것 이상이며 믿는 자의 평생에 걸쳐 일어나는 지속적인 과정임을 주장한다. 즉 제자가 된다는 것은 한 사람이 예수를 영접함에서 시작하여 그의 전 생애에 걸쳐 예수의 형상을 닮아 가는 부단한 과정이며(빌 1:6) 따라서 지상 명령도 완성될 수 있는 것이 아니고 항상 완성의 과정에 있다고 주장한다.(Engel, 1979, 66) 이런 의미에서 지상 명령을 진정으로 수행하려면 전도와 양육은 불가분의 과제임을 명시한다.

그러면서 엥겔은 지상 명령에서 양육을 분리하고 전도만을 강조하는 결과, 다음의 두 가지 불행한 결과가 일어날 수 있음을 우려한다. 첫째, 전도와 교회 개척에 대한 과도한 강조이다. 영혼 구원을 지나치게 강조하는 나머지 그리스도인의 영적 성숙은 이차적인 과제가 되는 것이다. 둘째, 이러한 왜곡된 강조의 결과 교회는 새신자의 수나 교회의 크기에 따라 성공을

---

4   James F. Engel, *Contemporary Christian Communications: Its Theory and Practice* (Nashville, NY: Thomas Nelson Publishers, 1979).

가늠하며, 그리스도인들이 그들이 소속된 사회나 문화 속에서 어떠한 역할을 감당해야 할 것인지에 대해 거의 무관심한 심각한 윤리적 결함을 가지게 된다고 말한다.(Engel, 1979, 68)

제자 삼는 과정

엥겔은 위의 주장을 근거로 제자 삼는 과정에 대해, 다른 말로 한 사람이 예수의 제자가 되는 과정에 대해 다음과 같이 요약한다.[5]

- −8: 절대자에 대한 인식이 필요한 단계: 이 단계에 있는 자들에게 죄라든가 그리스도의 보혈은 의미가 없으며 유일신의 존재 자체에 대한 의문을 가진 자들이다.
- −7: 복음에 대한 어느 정도의 지식을 소유한 단계: 이 단계와 다음 단계에서조차 영접의 결단을 요구하고 초청하는 것은 전혀 부적절하다.
- −6: 복음에 대한 기본 지식을 아는 단계: 이 단계까지는 복음의 내용에 대한 지식은 있으나 자신의 삶에서의 의미는 인식하지 못한 채 살아가는 자들이다.
- −5: 복음의 의미를 개인적 삶에 비추어 파악하는 단계: 이 단계에 이르러서 사람들은 전도에 마음을 열고 받아들일 준비가 된다.
- −4: 그리스도인이 되는 결단에 대한 긍정적 태도를 갖는 단계
- −3: 자신의 문제를 인식하고 그리스도를 영접할 준비가 된 단계
- −2: 그리스도를 영접하는 결단을 하는 단계
- −1: 회개하고 그리스도를 믿는 단계
- 0: 거듭난 단계
- +1: 결단 후 평가 단계: 많은 경우 예수를 영접한 후 사람들은 자신이 행한 일에 대해 의심하고 혼동에 빠지게 된다. 이때 적절한 양육이 동반되지 않으면 믿음이 자라지 않거나 심지어 믿음을 잃게 된다.

---

5   물론 엥겔은 갑작스런, 점진적인 그리고 무의식적인 회심 등 여러 형태의 믿음에의 결단이 가능하다고 한다.(James F. Engel, *Contemporary Christian Communication*, 1979, 68~69) 그러나 그중 점진적인 회심이 가장 보편적이라고 주장한다.

+2: 지역 교회의 책임 있는 일원이 되는 단계: 교회성장학파 사람들은 이 단계를 참 제자가 되었다고 말한다.

+3: 이후 지식과 행동의 성장이 이루어지는 단계: 하나님과의 교제, 청지기로서의 섬김 그리고 교회 내외에서의 재생산을 통해 그리스도를 닮은 제자로 성숙해가는 단계이다. 이 엥겔의 제자 삼는 과정을 도표로 표시하면 다음과 같다.

〈도표 1〉

-10	-8	-5	-3	0	+3	엥겔 지표
	절대자 인식	적대감 감소	영접할 준비	거듭남	영접 후 성장	제자됨의 과정

지상 명령의 보이지 않는 열매

엥겔은 제자 삼는 과정의 지표를 -8, 즉 절대자 인식에서 시작하고 있다. 그러나 본인이 사역하고 있는 중앙아시아의 토속민들은 이슬람 배경을 가진 자들로서 절대자 인식은 있으나 복음에 적대적인 자들이다. 뿐만 아니라 오늘날 남아 있는 미전도 족속의 대부분인 회교도와 힌두교도 그리고 공산주의 무신론자들은 대부분 복음에 적대적인 상황에 살고 있다. 따라서 나는 엥겔 지표에 복음에 적대적인 단계인 -10을 추가하고자 한다.

〈도표 2〉

-10	-8	-5	-3	0	+3	엥겔 지표
복음에 적대적		적대감 감소	영접할 준비	거듭남	영접 후 성장	제자됨의 과정

이 과정을 보면서 또 하나의 질문은 만일 어떤 사람이나 그룹이 복음에 적대적이다가 (-10) 주변의 그리스도인이나 그리스도인 공동체의 선한 행위나 증거를 통해 복음에 대한

적대감이 감소했다면 (-5) 눈에 보이는 결신의 열매가 없더라도 지상 명령을 수행하여 제자 삼는 사역을 수행했다고 볼 수 있는가 하는 것이다.

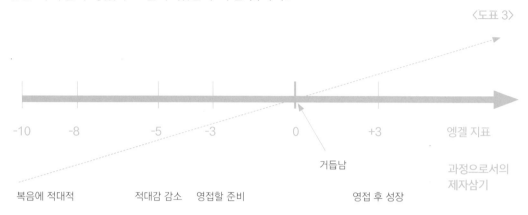

〈도표 3〉

-10   -8   -5   -3   0   +3   엥겔 지표

거듭남

과정으로서의
제자삼기

복음에 적대적   적대감 감소 영접할 준비   영접 후 성장

위의 〈도표 3〉에서는 한 사람의 영적 변화의 단계를 점선으로 표시해 보았다. -10에서 -1 까지의 변화는 외적으로 나타나지 않는 비가시적(invisible) 영역에서 일어나는 변화이다. 엥겔은 이 단계의 사역에 대해 언급하면서 만일 그리스도인의 증거를 통해 복음에서 멀리 있었던 사람들이 복음 진리를 깨닫고 복음에 가까워지며 그를 통해 나중에 그들이 그리스도를 영접하는 단계로 인도하게 된다면 그 사역은 성공적인 제자 삼는 과정이라고 말한다.(Engel, 1979, 78)

복음에 적대적이었던 한 사람에게 그 적대감이 감소하고 복음에 마음이 열리게 될지라도 어떤 경우에는 영접하기 직전에 그의 내적 갈등으로 해 더욱 복음에 부정적인 반응을 보이게 된다. 즉 영접 이전의 내적인 영적 발전 과정은 눈에 보이지 않게 이루어지는 것이며 이것을 무시한 채 가시적인 결신자 수로만 사역의 성공 여부를 판단하는 것은 지상 명령 수행에 대한 정확한 평가가 될 수 없다.

4. 전문인 포괄적 제자 삼기 관점에서 본 엥겔 지표 이해

엥겔이 주창한 제자 삼기 과정의 지표는 의료를 포함한 전문 분야에서 제자 삼기 사역을 하려는 자들에게 몇 가지 귀한 통찰을 제공한다. 나는 그중 제자를 삼는 각 단계별 선교 전략

의 다양화에 대한 필요성, 지상 명령에 대한 사회적 차원의 이해, 그리고 전문 분야에서의 이상적 제자상을 위한 필수적인 요소들에 대해 논의를 발전시키고자 한다.

사역 대상자의 영적 단계별 선교 전략의 다양화

많은 사람들은 복음 자체에 능력이 있기 때문에 사영리나 전도 폭발 등 잘 정리된 복음을 제시하여 영접의 결단으로 인도하는 것이 복음 전도의 모든 것이라고 생각한다. 그러나 엥겔 지표는 복음에 대한 수용성과 개방성에 있어 사람들은 각각 다른 단계에 있음을 보여준다. 그리고 그들의 영적 단계에 따라 그들에게 접근하는 방법도 달라져야 한다. 예를 들어 사람들을 결신으로 인도하는 것에 초점을 맞춘 여러 개인 전도를 위한 도구들은(사영리, 브리지 전도, 전도 폭발 등) 엥겔 지표에서 -5 이전에 있는 복음을 받아들일 준비가 되어 있지 않은 사람들에게는 효과가 거의 없고 역효과까지 일어나게 된다. 따라서 마태복음 28장에서는 모든 족속을 제자 삼으라는 지상 명령을 수행하기 위해 3가지 사역의 과정이 있음을 말한다.

먼저, 복음에 멀리 있는 자들에게는 '찾아가는(going)' 전략이 필요하다. 예를 들어, 구제나 의료 사역, 교육 사업, 농업 개발 사업, 지역사회 개발 사업 등을 통해 그들의 육체적 그리고 물질적 필요를 채워주며 그리스도의 박애와 사랑을 실천함으로 그들의 이웃이 되는 것이다. 이 단계에서는 말로서의 복음 전도보다는 삶과 행위로서의 복음 전도가 더 효과적이다.

그리고 복음을 들을 준비가 된 자들에게는(엥겔 지표 -5에서 -1) 구체적으로 복음을 제시하여 믿음의 결단으로 인도하는 것이 필요하다. 이것을 지상 명령에서는 '세례 주는(baptizing)' 사역으로 축약한다. 전도지를 통한 개인 전도, 방송 전도, 전도 집회 등은 이 단계에서 효과가 있다.

그러나 예수를 믿고 영접했다고 해서 지상 명령을 다 이룬 것이 아니다. 더구나 어떤 사람들이 말하는 것처럼 모든 사람에게 방송이나 쪽 복음, 또는 개인 전도를 통해 복음에 관한 정보에 접하게 했다고 세계 선교를 완성할 수 있는 것도 아니다. 마태복음 28장의 지상 명령은 믿고 예수의 제자가 된 사람들에게 예수의 말씀하신 모든 것을 '가르쳐 지키게 하여(teaching)' 그리스도의 장성한 분량에 이르게까지 하는 지속적인 과정을 포함하고 있다. 이것이 지상 명령의 세 번째 단계이다.

지상 명령을 수행함에 있어 각 단계별로 효과적인 제자 삼는 사역의 세 단계를 〈도표 4〉에 정리했다.

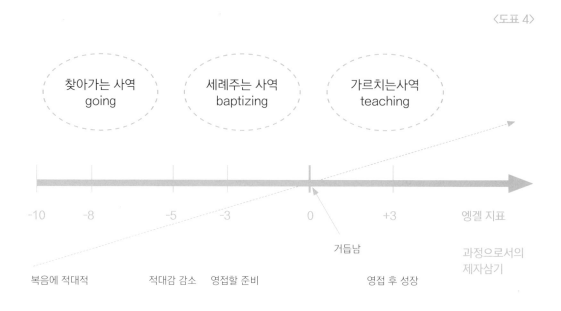

〈도표 4〉

지상 명령의 사회 변혁적 의미 — 영적 상황 곡선 (moon's curve)

마태복음 28장에서 언급된 지상 명령은 우리가 흔히 생각하는 개인들을 전도하여 구원받게 하는 것, 그리고 그들을 통해 교회를 개척하는 것 이상을 이야기한다. "모든 족속으로 제자 삼아"라는 명령은 한 사회, 한 공동체를 대상으로 하는 교회의 선교적 사명을 또한 암시한다. 우리는 이것을 사회 변혁 사명(transformational mandate), 또는 하나님 나라 사역(kingdom ministry)이라고 할 수 있을 것이다. 즉 지상 명령은 그 범주가 개인의 구원에 국한되지 않고 한 사회에 하나님의 사랑과 공의가 이루어지도록 하는 사명을 포함하고 있음을 의미한다. 그리하여 기독교에 대해 적대감을 가진 사회를 기경하여 복음에 호의적인 사회로 변화시키는 것까지를 그 사명의 범주에 내포하고 있음을 의미한다.

필자가 사역하고 있는 중앙아시아의 주된 종족들은 이슬람 배경을 가진 무슬림들로서 복음에 호의적이 아니거나 심지어 적대적인 사람들이 대다수이다. 엥겔 지표의 수평선에 인

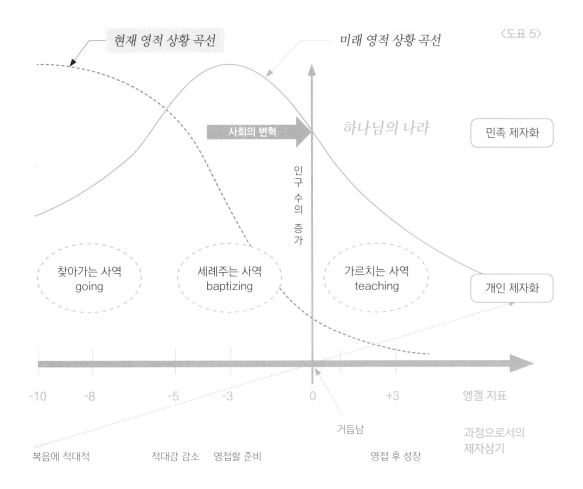

구수를 나타내는 수직선을 추가하여 곡선을 그린다면 〈도표5〉에서 점선으로 표시된 것과 같이 중앙아시아의 '현재 영적 상황 곡선'이 그려진다.

　만일 전문인 사역, 즉 비즈니스를 통해, 의료나 교육을 통해, 지역사회 개발을 통해, 구제나 구호를 통해 사람들의 마음 밭을 기경하여 아직 영접하지는 않았으나 복음에 호의적인 자들의 수가 증가하는 사회로 만든다면 현재의 영적 상황 곡선은 보다 오른쪽으로 이동하여 실선으로 표시되는 중앙아시아의 '미래 영적 상황 곡선'이 될 것이다. 이러한 제자 삼기의 사회적 측면을 나타내는 것이 '영적 상황 곡선'(moon's curve)이다. 이러한 사회적 변화가 적극적이며 의도적으로 유발될 때 그곳에서 보다 많은 전도의 열매들이 맺힐 것이며, 보다 많은 교회들이 개척될 것이며, 개척된 교회들이 사회적 저항이 비교적 적은 환경에서 그 사회에 깊숙이 뿌리를 내려 성장하게 될 것이다. 의료 선교사나 텐트메이커, BAM 선교사를 포함한 전문인 사역자들은 교회 내에서보다는 교회 밖 사회 깊숙한 시장이나 각 전문 분야에서 믿지 않는 사람들과 대부분의 시간을 보낸다. 그들에게 직접 개인 전도를 하거나 성경 공부를 할 기회는 많이 주어지지 않는다. 그러나 moon's curve는 그러한 상황이 전문인 사역의 중요성을 경감시키지는 않음을 보여 준다. 전문인들은 그들의 사역을 통해 더욱 넓은 선교적 관점에서 그 사회나 국가를 성경적 가치와 원칙으로 변혁시키고 제자화하는 노력을 함으로써 그 사회에 하나님의 나라를 건설하며 교회가 그 사회에 뿌리내릴 수 있는 환경을 마련할 수 있는 것이다. 다시 말해서 한 사회나 나라의 복음화를 위한 기반을 세우기 위한 결정적인 역할을 할 수 있다.

지상 명령의 재해석에 따른 전문 분야에서의 이상적 제자상

예수님의 지상 명령인 제자 삼는 사역을 올바로 완수하기 위해 먼저 우리는 어떠한 제자를 양성할 것인가에 대한 분명한 기준을 필요로 한다. 이제까지 많은 교회와 복음주의 선교 단체에서 상정했던 제자상은 앞서 언급했던 바와 같이 전도와 교회 내 사역 중심의 협소한 기준에 근거했던 경우가 많았다. 반면 전문 분야에서의 성숙한 제자상의 기준은 보다 포괄적이며 통전적일 필요가 있다. 다른 말로 이 기준들은 교회와 관련된 소위 '영적인' 영역에만 제한되어서는 안 되며 오히려 전문직 상황에서의 삶과 업무의 모든 영역을 포괄하는 것이어야만 한다. 그렇다면 제자 삼기를 위해 '찾아가는' 단계에서부터 '세례 주는' 단계와 '가르치는' 단계를 포괄하여 적용할 수 있는 의료를 포함한 전문 분야의 성숙된 제자 양성을 위한 필수적 기준들은 어떤 것이 되어야 할까? 나는 다음의 네 가지를 전문인 선교 상황에서 제자도와 그를 위한 이상적 제자상의 기준으로 제안하고자 한다.

1) 전문적 탁월성

전문직 상황에서 전문적 탁월성은 하나님께 받은 직업에 대한 청지기로서의 충성됨을 나타내준다.(눅 12:42~48) 또한 그 결과 얻어진 전문적 지식과 경험은 전문 분야에서 지도력을 발휘하는데 기반을 제공해준다. 다른 말로 전문 분야에서 전문성을 인정받지 못하면 지도력을 발휘하는데 있어 심각한 제한 요인이 된다.

2) 성품의 성숙도

성숙한 성품은 영적 지도자/제자의 주요한 특성 중 하나이다.(딤전 3:1~13) 경건한 성품은 성령의 역사로 이루어지는 열매이긴 하지만 우리가 제자 삼고 있는 믿는 자와 믿지 않는 모든 사람들을 대상으로 이를 도전하고 장려할 수 있다. 다른 사람의 유익을 위해 자신을 희생하는 것, 자기 훈련, 헌신, 신실함, 관용, 배려, 긍휼 등은 모든 인간에게 공통적으로 요구되는 지도자로서 필수적으로 갖추어야 할 성품들이다. 이런 의도적 노력을 통해 우리가 궁극적으로 제자 삼는 과정 중에 있는 불신자 동료들은 경건한 성품의 아름다움에 노출되며 그를 추구하는 과정에서 그들의 능력의 한계를 인식하게 되며 위로부터 주어지는 신성한 능력을 찾기 시작하게 될 것이다.

3) 재정적 책임감

19세기 말 루퍼스 앤더슨(Rufus Anderson)과 헨리 벤(Henry Venn), 그리고 그 이후 존 네비우스(John Nevius)는 삼자 원칙이라는 선교학적 용어를 제시했다. 이 이론에서 그들은 토착민 지도력 개발에 있어 자치, 자전과 아울러 재정적 자립의 중요성을 주창했다. 직업 현장에서 아직 믿지 않는 자들을 지도자로 세워가는 지난 20여 년간 선교지에서의 경험에 비추어 현지 전문인들의 지도력 개발에 있어 재정적 책임감을 부양하는 것의 중요성에 대해 강조하지 않을 수 없다. 재정에 대한 태도는 그 사람이 지도자로 세워질 잠재력을 나타낸다. 예수님도 그의 제자들에게 제자도에 있어 재물에 대한 태도의 중요성을 가르치셨다.(눅 16:10~13) 자립을 위한 재정적 책임감을 고양함으로써 우리는 전문 분야에서 보다 지속성 있는 지도력을 발휘하고 그 분야에 복음적 변혁을 일으킬 수 있는 제자들을 세울 수 있게 된다.

4) 영적 성숙도

말할 필요도 없이 영적 성숙은 모든 기독 공동체에서 좋은 제자 됨의 주요한 기준 중 하나이다. 이것은 하나님을 알고 사랑하는 것, 예수님과 개인적인 그리고 친밀한 관계를 갖는 것, 균형 있는 성경 지식을 가지며 성경적 가치와 원칙을 자신의 삶과 일에 적용하는 능력을 갖추는 것, 주변의 사람들에게 긍휼을 베푸는 것, 그리고 복음을 말과 행위로 증거하는 것 등의 모습으로 나타난다. 영적 성숙도는 신앙의 기간이나 경험, 성경과 신학에 대한 지식의 문제가 아니라 성경의 가르침을 얼마나 자신의 삶에 적용하여 실천하는가로 평가될 수 있다.

전문 분야에서 이상적 제자상의 처음 3요소들은 만일 사역자들이 자신이 소속된 직업 현장에서 현지 동료들에게 이 요소들을 개발하기 위한 의도적인 노력을 기울인다면 그들이 회심하기 이전 일지라도 훈련이 가능하다. 다만 영적인 성장은 믿은 후에 가시적이 되며 가속화될 수 있을 것이다. 이를 다음의 도표에서 제시한다.

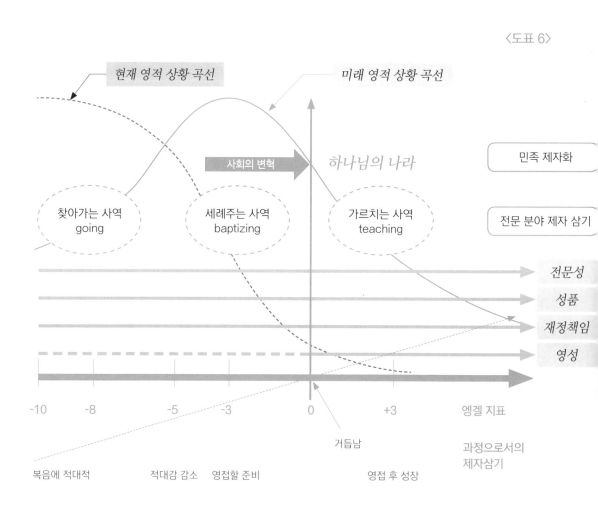

〈도표 6〉

그러면 전문 분야에서 그곳을 그리스도의 가르침에 따라 변혁시킬 제자와 지도자 양성을 위한 위의 4가지 기준 중 무엇을 먼저 훈련해야 할까? 많은 사람들은 영적 성숙이 먼저이어야 한다고 생각한다. 그렇다면 우리가 처한 현실에서 항상 그렇게 제자들이 세워지고 있는가? 나의 사역 현장에서의 경험에 따르면, 믿는 자들이 믿지 않는 자들에 비해 그들의 전문성, 성품 그리고 심지어 재정에 대한 태도에 있어서도 항상 더 진보를 보이는 것은 아니었다. 그러면 무엇이 먼저이어야 하는가?

필자가 관찰한 바로는 전문인들에 대한 포괄적 제자 양성을 위한 위의 네 가지 기준은 동시에 추구될 수 있고 또 동시에 추구되어야 한다. 굳이 순서를 따지자면 전문 분야에서의 진보가 가장 먼저일 경우가 많고 그 이후 성품 개발과 재정적 책임감 개발이 뒤따른다. 저자가 처한 상황, 즉 무슬림 배경의 현지인 직원들 가운데서 영적 영역의 발전은 일반적으로 가장 천천히 이루어진다. 따라서 그들의 영적 영역에서의 진보를 보기 위해 인내와 소망을 잃지 않기 위한 믿음의 훈련이 그들을 제자 삼기 위해 노력하는 사역자들에게는 늘 필요하다.

전문 분야에서 제자 삼는 사역을 위해 또 한 가지 질문은 이러한 제자 양성을 위한 훈련은 언제부터 가능한가, 즉 앞서 논의했던 믿기 전과 믿은 후의 훈련의 연속성에 관한 것이다. 이 중 영성 훈련을 제외한 다른 세 가지 영역의 훈련은 믿기 전부터 가능하다. 다만 영성 훈련과 성장은 믿은 후에 성령의 도우심으로 가능하게 될 것이다. 그러나 용서, 정직, 긍휼, 관용, 공의 등의 성경적 가치와 원칙에 대한 지식은 믿기 전이라도 전달할 수 있을 것이다. 다만 그 원칙과 가치를 생활 중에 실현하는 성숙은 믿은 이후에 본격화될 수 있을 것이다.

나가는 말

한국 교회는 마태복음 28장 19~20절의 지상 명령을 선교의 기반이 되는 말씀으로 삼아 선교사를 동원하고 훈련하며 선교를 수행해왔다. 그러나 이 말씀에 대한 편협한 이해로 인해 선교사의 과반이 넘는 전문인 선교사들은 자신들의 직업이나 직업 현장을 참된 선교를 수행하는 장이 아닌 참된 선교를 위한 보조적인 역할을 하는 것으로 생각할 수밖에 없었다. 따라서 지상 명령의 핵심인 제자 삼는 사역은 그것이 전도이든지 양육과 훈련이든지 자신이 대부분의 시간을 사용하고 노력을 쏟는 업무 시간이 아닌 업무 외의 시간에 이루어지는 사역으로 이해해왔다. 이러한 이해는 전문인 선교사들이 자신들을 참된 지상 명령을 수행하는 주체자로서 이해하는데 걸림돌이 되어왔으며, 또한 그들에게 주님께서 맡기신 사업이나 전문인 사역에 전심으로 집중하지 못하게 함으로써 보다 효과적인 선교의 잠재력을 최대한 발휘하지 못하게 하는 안타까운 결과는 낳게 되는 경우가 많았다.

나는 이 논문을 읽는 교회 지도자들과 특히 의료 선교사를 포함하는 전문인 선교나 비즈니스 선교에 헌신하는 자들이 승천하시기 전 예수님이 교회에 마지막으로 부탁하신 "모든 족속으로 제자 삼으라"는 지상 명령에 대한 보다 성경적이고 보다 포괄적인 이해를 가지게 되길 기도한다. 그를 통해 아직 복음을 듣지 못하거나 복음에서 멀리 있거나 심지어 복음에 적대적인 많은 잃어버린 민족들, 잃어버린 영혼들에게 지상 명령에 근거한 보다 명백하고 의도적인 선교적 목적을 가지고 찾아가기를 바란다. 그리하여 그들의 삶의 현장에서 만나는 동료들과 이웃들에게 전문인 선교사들의 성령과 함께 하는 삶과 직업, 그리고 말과 행위를 통해 복음이 전해지고 예수를 만나며 그 전문 분야와 그 사회를 변화시키는 하나님 나라의 일군, 예수님의 말씀을 지켜 행하는 참된 제자들이 아직 남아 있는 미전도 족속들과 그들이 속한 사회의 각 전문 영역마다 수없이 일어나는 그날을 꿈꾼다.

참고 문헌

Engel, James F. *Contemporary Christian Communications: Its Theory and Practice*. Nashville, NY: Thomas Nelson Publishers, 1979.

Hock, Ronald F. *Social Context of Paul's Ministry: Tentmaking and Apostleship*. Philadelphia, PA: Fortress Press, 1980.

하나님의 선교를 위한
단기 의료 선교

강재명

강재명 선교사는 인제대학교 의과대학을 졸업했다. 서울 아산병원에서 내과 전문의, 감염내과분과 전문의 과정을 마쳤으며, 포항 선린병원에서 감염내과 과장을 역임했다. 장기 선교사를 준비하며 7개국에 20여 회 단기 의료 선교를 다녀왔다. 2010년 포항 선린병원, 인터서브, 포항 충진교회에서 파송 받아 캄보디아 헤브론 병원을 섬겼다. 현재 한국누가회 파송으로 캄보디아 기독의료인모임(Cambodia Christian Medical Fellowship)을 섬기며 의료 선교를 하고 있다.

서론

해마다 여름과 겨울이면 캄보디아 프놈펜 공항에는 수많은 교회와 기관에서 온 단기 선교팀이 넘쳐난다. 매년 10만 명이 넘는 그리스도인들이 하나님의 복음을 위해 선교지를 다녀오고 있다고 한다. 뜨거운 열정과 헌신이 아름다운 열매를 맺기도 하지만 부정적인 시각도 있다. 의료 선교라는 미션을 위해 단기간 선교지에 오고 있지만, 개 교회와 기관을 중심으로 이루어지기에 정보와 경험들이 공유되지 못하여 비슷한 실수들이 반복되기도 하고 수년이 지나도 개선되지 않는 모습들을 보게 된다. 그런가 하면 성령님의 인도하심을 받는 하나님의 선교가 되기 위해서 겸손한 마음으로 언제든 우리의 방법을 포기할 자세가 되어야 하는데, 인간적인 열정이 앞서거나 오랜 기간 축적된 경험과 시스템을 더 의존하기도 한다.

선교지는 하루가 다르게 변하고 있다. 세계화(globalization)로 1~2일이면 세계 어디든지 갈 수가 있고, 인터넷과 소셜 네크워크 서비스(SNS)의 발전으로 언제 어디서든지 선교지의 사람들과 소통이 가능한 시대가 되었다. 이러한 변화를 지혜롭게 바라보며 한 번 방문하는 단기 의료 선교가 아니라 현지 교회, 선교사님들과 협력하면서 현지인들과 관계를 맺어 장기적인 영향을 주고받는 선교로 발전할 필요가 있다. 비교적 단기 의료 선교가 자유롭고 힌두교의 영향이 많은 불교 국가 캄보디아의 경험을 통해 하나님의 선교가 되기 위한 단기 의료 선교에 대해 살펴보려고 한다.

우리의 지식, 경험, 시스템, 네트워크, 자본 등을 통해 세련된 단기 의료 선교를 만들 수 있지만 하나님의 선교가 되기 위해서는 성령님의 인도하심을 받는 것이 가장 중요하다. 그리고 지역의 상황, 종교, 문화에 따라 접근 방법이 다르고, 성령님의 인도하심이 팀마다 다를 수 있기 때문에 특별한 형태의 단기 의료 선교 모델을 찾기보다 이 글을 참고하여 기도하면서 주님께서 팀을 통해 일하시도록 열린 마음으로 준비할 필요가 있다.

1. 단기 의료 선교의 다양한 형태

단기 의료 선교는 일반적으로 2년 미만의 기간 동안 의료를 통하여 이루어지는 선교라고 할 수 있다. 단기 선교는 팀의 목적과 내용에 따라 다양한 형태로 접근할 수 있다.

1) 의료 사역

선교지에서 선교사, 선교 병원 혹은 현지 교회 및 교단의 요청으로 의료 활동을 통해 현지의 환자들을 치료한다.

2) 구호

세계 곳곳에서 발생하는 다양한 재난 상황을 돕는 활동이다. 지진이나 수해를 입은 지역 혹은 난민이 있는 지역에 NGO(비정부기구)와 협력하거나 현지 선교사의 활동을 도울 수 있다.

3) 현지인 교육

현지 병원이나 선교 병원에서 세미나를 열거나 수술을 시연하여 현지 의료인들을 교육하는 사역이다. 현지 주민들에게 보건 교육을 할 수도 있다.

4) 훈련

선교단체나 교회에서 일정 기간 선교 훈련을 받은 후에 시행되는 프로그램이거나 향후 장기 선교사의 부름을 확인하기 위해 단기로 선교 병원 등에서 의료로 섬길 수 있다.

5) 해외 선교사 건강검진 사역

선교사들이 많이 모이는 선교대회에 참석하거나 선교지에서 선교사들을 초청하여 선교사와 그 가족들의 건강을 진단하고 상담한다. 간단한 혈액검사와 초음파를 이용하면 효과적이다.

2. 단기 의료 선교의 목적

1) 복음 증거

단기 의료 선교는 개인적인 만족이나 교회나 기관의 성과를 위한 것이 아니라 복음이신 예수님이 우리의 전도와 의료 사역을 통해 현지인들에게 증거 되어 하나님께 영광을 돌리기 위해 이루어져야 한다.

2) 질병의 치료

가난한 환자들이나 의료의 혜택을 받지 못하는 환자들이 치료받을 수 있도록 섬긴다.

3) 현지인과 친밀한 관계를 맺는 것

복음 증거에만 지나치게 몰두하면 목적 지향적인 우리의 태도 때문에 때때로 현지인들이 상처를 받을 수도 있다. 또한 사역에만 중심을 두어 분주하게 많은 환자를 진료하거나 많은 수술에만 초점을 맞추면 정작 현지인들과 눈도 마주치지 못할 때가 있다. 짧은 시간에 한 명이라도 의료 혜택을 전하려는 열정은 이해가 되지만 사역 중심으로 단기 의료 선교가 운영되면 현지인들이 만족하지 못하고 동참한 팀원들도 은혜를 경험하지 못할 수 있다. 분주함을 내려놓고 하나님의 형상대로 지어진 고귀한 사람들을 사역의 대상자가 아닌 사랑하고 섬겨야할 지체로 접근하는 자세가 필요하다. 많은 사람들을 전도하거나 진료하겠다는 목표보다 한 사람이라도 깊이 교제하고 진심으로 치료하려는 노력이 중요하다. 예를 들면 환자들과 충분한 대화를 하여 관계를 맺어가고, 진료 후에 진료했던 환자나 함께 사역했던 현지인의 집을 방문하여 식사 교제를 나눈다면 특별한 경험을 하게 될 것이다. 귀국 후 페이스북이나 카카오톡으로 연락을 유지하는 것도 좋은 방법이다.

선교지의 복음화는 복음으로 변화된 현지인들이 주도할 때 이루어질 수 있다. 선교지의 소수 그리스도인들은 대부분 외로우며 그런 가운데서도 핍박을 받으며 믿음을 지키는 경우가 많다. 짧은 만남이지만 좋은 교제를 이어가고 격려하며 함께 기도하는 것은 단기 선교를 통해 섬길 수 있는 최고의 선물이다.

4) 참여한 사람들의 변화와 성숙

단기 선교를 준비하고 다녀오는 과정을 통해 하나님의 크신 사랑을 경험하고 선교지 현장에서 이루어지는 하나님의 선교를 배우는 것이 중요하다. 믿지 않는 팀원들이 단기 의료 선교에 동참하면서 하나님을 믿게 되는 좋은 계기가 되기도 한다. 이러한 변화와 성숙을 위해서 적어도 3~6개월 전부터 준비모임을 정기적으로 갖고 팀 안에서 하나 되고 서로 사랑하는 분위기를 조성하며 열심히 기도하는 것이 필요하다. 단기 선교 이후에도 선교지를 위해 정기적인 기도모임을 갖고 팀원들이 서로를 섬기며 모임이 다음 단기 선교팀으로 이어지도록 연결해주어야 한다.

5) 현지 선교사와 교회를 돕는 협력

가끔 단기 선교를 통해 성급하게 성과나 열매를 얻으려는 팀을 만나게 된다. 또 현지의 문화나 상황을 잘 알고 있다고 자신하면서 선교사의 조언도 무시하고 사역을 진행하는 팀도 있다. 단기 의료팀은 하나님의 선교를 바라보며 장기적으로 심는 역할을 하고 현지 선교사와 현지 교회가 계속 물을 주어서 결국 하나님께서 자라게 하시도록 협력하는 것이 바람직하다. 수년간 같은 지역을 방문하더라도 짧은 기간 동안의 방문을 통해 선교지의 필요와 문화를 알기 어렵다. 단기 의료팀이 선교 사역을 주도하려고 하지 말고 오랜 시간 그 지역을 섬기고 있는 선교사들과 현지 교회를 겸손한 마음으로 섬기고 하나님께서 그들을 통해 일하시도록 도울 때 하나님의 선교가 이루어질 것이다.

3. 하나님의 선교가 되기 위해 고려해야 할 점들

단기 의료 선교를 통해 이루어진 많은 주님의 열매들과 간증들이 있다. 그러나 하나님께서 우리를 사용하시는 보다 나은 단기 의료 선교가 되기 위해 개선이 필요한 점들을 중심으로 나누고자 한다.

1) 하나님의 선교 vs. 우리의 선교

오직 성령이 너희에게 임하시면 너희가 권능을 받고 예루살렘과 온 유대와 사마리아와 땅 끝까지 이르러 내 증인이 되리라 하시니라(사도행전 1:8).

많은 그리스도인들이 잘 알고 있는 구절이지만 주로 복음 증거에 초점이 맞추어지는 경향이 있다. 그러나 증인이 되기 이전에 성령님이 임하시는 것이 중요하다. 왜냐하면 복음의 증거는 사람의 힘과 지혜와 말이 아닌 하나님의 능력으로만 가능하기 때문이다. 이 말씀을 받은 예수님의 제자들은 바로 증인된 삶을 산 것이 아니라 오순절 성령님이 임하시기까지 기도에 힘을 기울였다. 가끔 현장에서 기도하지 않는 팀들을 보면서 당황스러울 때가 있다. 의료 선교는 하나님의 선교(Missio Dei)가 되어야 하고 이를 위해서 성령님의 임재와 인도하심에 대한 간절한 기도가 필요하다.

하나님의 선교를 위해 떠나지만 실재 사역을 하면 개인이나 단체의 목적과 프로그램이 앞서는 것을 종종 보게 된다. "선교지에서는 되는 것도 없고 안 되는 것도 없다"라는 말이 있다. 우리나라와는 달리 선교지에서 예상치 못했던 상황이 발생하여 계획했던 일들이 틀어지는 경우가 많다. 한번은 버스가 고장 나서 시골 도로에서 차가 서버렸다. 1~2시간이면 고칠 줄 알았지만 점심이 지나도록 고치지 못했다. 대부분의 팀원들이 좋은 차를 빌리지 못한 선교사의 잘못이라고 책망했다. 하염없이 기다리다가 그늘에 앉아 찬양과 나눔의 시간을 가졌다. 팀원 중의 한 사람이 심각한 고민을 눈물로 고백하게 되었는데 팀원들이 함께 기도하며 치유를 경험하는 시간이 되었다. 약속했던 마을에서 진료를 할 수는 없었지만 하나님께서는 한 형제의 치유와 회복을 위해 이 하루를 사용하신 것이다. 선교지에서 예상치 못한 어려움이 생기면 누구의 잘잘못을 가리거나 원망하기 전에 하나님께서 왜 이러한 일들을 허락하셨는지를 생각하며 함께 기도하는 것이 중요하다. 우리의 계획이 우선되거나 우리가 주인공이 되려는 자세를 내려놓을 때 하나님께서 일하심을 바라볼 수 있다.

2) 우월감

대부분의 선교지는 우리나라보다 가난하거나 의료 시설이 낙후되었다. 단기 팀원들이 대부분 겸손한 모습으로 섬기지만 가끔 거만한 태도로 선교를 어렵게 만드는 경우도 있다. 6개월간 선교 훈련을 받고 선교지로 와서 어린이 사역을 진행하는 팀이 있었다. 하지만 팀원들의 얼굴은 더위로 짜증이 난 표정이었고 자신들의 발표시간이 아니면 현지 아이들에게 관심도 보이지 않고 나무 그늘 아래에서 삼삼오오 모여 대화를 나누었다. 마지막 시간이 되어 준비했던 선물들을 나누어주었다. 고가의 학용품들을 보면서 '많은 예산을 투자하며 선교를 위해 노력하시는구나'라는 생각을 했지만 팀원들은 냄새나고 더러워보이는 아이들에게 다가가지 못하고 선물을 던져서 나누어주었다. 이러한 모습들을 바라보던 마을 어른들은 큰 상처를 받았고 마을 회의를 통해 다음부터 선교팀을 받지 않겠다고 결정하였다.

가끔 언어를 알아듣지 못한다고 생각하여 진료나 수술을 하면서 현지인들을 폄하하는 이야기를 할 때가 있는데 보이지 않는 언어인 표정이나 모습을 통해 현지 의료인들이나 환자들이 상처를 받을 때가 있다. 근무했던 선교 병원 직원 중 일부는 실망스런 한국인들 때문에 예수를 믿고 싶지 않다고 얘기하는 직원도 있었다.

겸손의 참 모습을 보여주셨던 예수님을 기억하며 단기 의료 선교 기간 동안 현지인들을 존중하고 그들에게 배우고 받아들이는 자세를 갖는 것이 필요하다.

3) 의료 선교에 대한 막연한 환상

대부분 사람들은 단기 의료 선교의 결과는 해피엔딩이라고 생각한다. 선한 의도로 진행되고 하나님께서 평소와는 다른 특별한 일을 행하실 것이라고 기대하기 때문이다. 때로는 기도를 많이 했기 때문에 신유도 일어날 것으로 믿는다. 실재로 불가능해보이는 치유가 일어나는 것을 종종 경험하였다. 하지만 현장에서 많은 팀들을 받고 이후의 모습들을 보면서 당황스러울 때가 가끔 있다. 소독을 제대로 하지 않고 침술 사역을 하다가 10여 명이 봉와직염이 발생하여 이후에 마을에서 선교팀을 받지 않는 일이 있었다. 한국에서 오신 외과 선생님이 수술실에서 마스크, 가운, 모자 등을 착용하지 않고 장갑만 끼고 수술을 하셔서 감염 관리 원칙을 지키셔야 한다고 말씀을 드렸더니 소리를 지르면서 나를 야단치셨다. "내가 10년 넘게 여러 선교지를 다니면서 이렇게 수술해도 한 번도 문제가 없었어. 우리 교회에서 얼마나 많이 기도하고 있는데 감염이 생길 리가 없어. 걱정하지마." 하지만 그 선생님이 떠나신 후 많은 환자들이 수술 후 감염이 발생하여 오랜 기간 고생을 하였다.

그런가 하면 우리가 최선을 다해 진료를 하였지만 약물 부작용이 발생하기도 하고, 심장병 환아를 위해 열심히 기도하고 수술을 하였지만 사망하는 일도 생긴다. 선교에 대한 막연한 환상과 과도한 기대를 내려놓고 겸손하게 하나님의 뜻이 이루어지기를 기도하며 의학적으로 지켜야 할 원칙들을 준수하며 최선을 다하는 것이 필요하다.

4) 현지 의료법 준수

선교지마다 그 나라의 의료법이 있다. 가능하면 선교사나 현지 교회를 통해 사전에 의료활동을 허가를 받고 의료 기자재와 의약품을 합법적으로 통관시키는 것이 필요하다. 나라에 따라서는 현지 의사와 함께 의료 활동을 해야 할 수 있다. 캄보디아를 방문하는 팀들에게는 현지에서 약을 구입하는 것이 비용도 적게 들고 환자들이 모국어로 된 약전을 읽을 수 있어서 유리하며 법적인 어려움도 피할 수 있기 때문에 현지 구입을 권유한다.

또 의료 선교를 위해 약품을 기증받게 되면 유효기간이 임박한 경우가 많은데 가난한 나라일수록 의약품 유효기간에 대해 매우 민감한 경우가 많다. 캄보디아 사람들은 유효기간이 지난 약을 먹으면 건강에 심각한 문제가 생기는 것으로 알고 있고 그러한 약을 사용하는 의료인들을 부도덕한 사람으로 생각한다. 그래서 가난한 환자들을 섬겨주고 좋은 일을 하였지만 유효기간이 지난 약들로 인해 비난을 받고 선교에 어려움을 줄 수도 있다.

5) 의료 사역 후의 부작용들

*New England Journal of Medicine*에서 아담 울프버그(Adam J. Wolfberg)는 "해외 자원봉사 ― 수술단체의 교훈"(Volunteering Overseas - Lessons from Surgical Brigades)라는 글에서 단기 의료 사역의 문제점들을 지적하였다. 익숙하지 않은 환경과 언어로 합병증 가능성이 높고, 수술 전 검사 및 수술 후 관리가 부실하며 자국과 장비, 의료 인력 등 의료 환경이 다르기 때문에 주의가 필요하다고 하였다. 근무하던 선교 병원에서도 방문한 외과팀이 정신없이 많

은 수술을 하다가 언어 소통이 되지 않아 환자에게 병력 청취를 하지 못했고, 바쁜 일정으로 수술 전 검사 결과를 제대로 확인하지 못해 어려움이 있었다. 복수가 있는 간경화 환자를 탈장 수술하여 수술 후에 계속 복수가 흐르면서 감염이 발생하였고, 한 달 이상 입원 치료를 받게 되었다. 수술 후에 합병증이 생겼는데 팀은 모두 한국으로 돌아가야해서 외과 의사가 아무도 없는 선교 병원에 환자가 맡겨지는 어려운 상황들도 종종 있었다.

*Best Practices in Global Health Missions*의 아놀드 고르스케(Arnold Gorske)는 "단기 선교 의약품 사용의 피해"(Harm from drugs in Short-term mission)라는 글에서 단기 의료 선교 때 약물 치료의 문제점들을 지적하였다. 모든 환자들이 신환인데 적정 진료를 위한 병력 청취, 신체검사 등의 시간이 부족하고, 언어 소통 장애로 약물 알레르기 동반 질환 등을 모르고 복용 중인 약제를 몰라 약물 상호작용의 위험이 있다. 통역이 있어도 언어와 문화적 차이로 의사 소통이 어려워서 오진할 가능성이 많다. 실제로 선교 병원에 근무하면서 단기 의료팀의 약을 복용하고 약물 과민 반응이 발생하거나 위궤양 등의 합병증이 발생하는 경우도 가끔 보았다. 이러한 부작용과 합병증 등을 잘 대처하기 위해 단기 의료 선교는 가능하면 선교 병원이나 현지 병원과 연계하여 섬기는 것이 필요하다.

4. 하나님의 선교를 위한 필수적인 요소들

1) 예수님의 마음

스리랑카 내전 지역에 단기 의료 선교로 방문한 적이 있었다. 힌두교가 무척 강한 지역이어서 기독교 의료팀을 받지 않았던 마을에서 갑자기 우리 팀을 초청하여 진료를 하게 되었다. 현지 교단에서 가정 교회를 개척하고 부지를 마련한 후 교회 설립을 위해 기도하던 마을이었지만 힌두교인들의 반대로 수년간 공사를 시작하지 못하고 있었다. 소아심장 전문의 선생님이 선천성 심장병 환아를 발견하였고, 수술을 받지 않으면 수개월 안에 사망할 수 있는 심각한 아이였다. 아이 어머니에게 수도로 가서 심장 수술을 받으라고 하였지만 수도로 갈 교통비도 없다고 하였다. 안타까운 마음으로 진료를 마치고 팀 전체가 이 아이를 두고 하나님의 치유를 구하며 기도하는 시간을 가졌다. 하나님께서 아이를 향한 긍휼의 마음을 팀원들에게 허락하시면서 울면서 간절히 기도하였고 해가 지도록 기도가 끝나지 않았다. 일주일 후에 선교사님께서 연락을 주셨다. 그 아이의 아버지가 기도하는 우리들의 모습을 보면서 '힌두교에 3억 3천만의 신들이 있지만 어떤 신도 내 아이에게 관심을 두지 않았는데 만약 이 세상에 신이 있다면, 울면서 부르짖는 처음 보는 한국인들이 믿는 신이 진짜 신이 아닐까?' 하는 생각을 갖게 되었다고 한다. 그래서 주일에 20여 명의 가족을 교회에 데리고 와서 예수님을 믿기로 하였다고 했다. 더 놀라운 일은 그 아버지가 마을의 대표였고 이후 마을 사람들을 설득하여 교회를 세울 수 있었다. 하나님께서는 예수님의 마음으로 기도하고 섬기는 사람들을 통해 짧은 단기 선교라고 할지라도 하나님의 선교를 이루어가신다.

2) 지속적인 방문과 교제

대구경북누가회는 2010년부터 매년 겨울에 캄보디아를 방문하고 있다. 2015년 캄보디아 의료진들과 연합 수련회를 처음으로 가졌는데 현지 의료인들에게 큰 은혜의 시간이 되었다. 선배 기독 의사의 롤모델이 없는 캄보디아 의료인들이 기독 의료인의 삶을 배우고 자체적인 기독 의료인 모임의 필요성을 깨닫는 중요한 계기가 되었다. 이후 2016년 9월에 캄보디아 기독의료인모임(Cambodia Christian Medical Fellowship)이 시작되었다. 짧은 수련회 기간이지만 이후 페이스북을 통해 소식을 주고받다가 1년 후에 다시 만나서 더욱 깊은 교제와 기도를 나눌 수 있었다. 대구경북누가회는 매년의 섬김을 통해 캄보디아 기독 의료인들에게 믿음의 친구가 되고 신앙의 모델이 되어주었다.

인터넷과 소셜 네트워크 서비스(SNS)의 발전으로 언제 어디서든지 선교지의 사람들과 소통이 가능한 시대가 되었다. 한국에 돌아와서 현지 의료인들과 카카오톡, 페이스북 등을 통해 증례 토론을 하며 현지 의료에 도움을 줄 수도 있고 기도 제목과 일상을 나눌 수도 있다. 병원 연수나 학회에 초청하여 배움의 기회를 제공하는 것도 좋은 방법이다. 이러한 관계 형성은 현지 제자 양성 및 리더를 세우는데 큰 도움을 줄 수 있다.

3) 팀워크

성공적인 단기 의료 선교를 위해 팀워크는 매우 중요하다. 사랑 안에서 하나된 팀은 매우 능력 있게 하나님의 은혜를 전달한다. 언어의 장벽 때문에 현지인들은 팀원들의 표정, 분위기 등으로 팀을 평가하게 된다. 사랑이 넘치는 팀은 그 사랑이 자연스럽게 현지인들에게 흘러가고 갈등과 분열이 있는 팀은 좋은 않은 영향을 남기게 된다. 팀 안에서의 팀워크뿐만 아니라 선교사, 현지 사역자, 현지 병원과의 팀워크도 중요하다. 협력하는 선교사와 신뢰의 관계를 오랜 기간 쌓아가면 더 효과적이다. 처음 동역하게 된다면 준비 모임에 영상통화를 하거나 자주 소통을 하며 미리 친해지는 것이 좋다.

선교지에 따라 기후, 열악한 환경, 위험한 상황, 개인 성향의 차이 등으로 쉽게 갈등이 생길 수 있다. 단기 선교 기간 동안 팀장과 리더들은 팀원들이 서로를 위해 기도하고 어려운 점을 잘 소통하도록 도와야 한다.

4) 네트워킹

캄보디아에 매년 수백 개의 단기팀들이 오고 있지만 수년간의 노하우나 정보를 서로 공유하거나 협력하는 사례는 별로 없는 것 같다. 많은 준비와 수고를 하지만 비슷한 실수와 실패를 팀들마다 반복하기도 한다. 효과적인 단기 의료 선교를 위해 교회와 기관들이 서로 연합하고 경험과 정보를 공유하면 이러한 단점들을 극복할 수 있다. 교회와 선교 기관을 초월하여 관심 있는 선교지의 지역이나 종족으로 모여 세미나를 통해 경험들을 나누고 수년간 축적된 자료들을 공유한다면 큰 발전을 이룰 수 있을 것이다. 현지의 필요에 따라 연합팀을 만들고 현지 선교사, 현지 교회와 함께 협력한다면 능력 있는 하나님의 선교가 이루어질 것이다.

5) 전공을 통한 선교

단기 의료 선교에 참여하는 의료인들이 선교지에서 열악한 환경으로 각자의 전문성을 살리지 못하고 단순히 약만 나누어주고 오는 경우가 많다. 선교 병원이나 현지 병원과 협력하면 전문성을 최대한 사용할 수 있다. 예를 들면 탈장 수술, 구개열 수술, 심장 수술, 백내장 수술, 초음파, 위내시경, 대장 내시경 등을 현지 병원과 협력하여 할 수 있다. 또한 현지 의료

진들이 이러한 수술이나 시술을 잘 할 수 있도록 가르쳐주고 온다면 추후에 더 많은 환자들이 혜택을 받을 수 있다. 감염 관리, 중환자 관리, 심폐 소생술 및 응급 처치 교육 등 전문 분야에 대한 특강이나 세미나를 통해 현지 의료인들을 교육하는 것도 좋은 방법이다.

5. 단기 의료 선교의 준비

교회 혹은 기관에서는 늦어도 1년 전에 단기 선교 계획을 세우는 것이 좋다. 선교 현지와 긴밀한 연락을 통해 팀이 원하는 방향과 선교지의 필요를 서로 조정하여 준비하는 것이 필요하다. 사역지를 정할 때도 복음 증거를 원한다면 그것이 가능한 나라로 가야 하고, 전문적인 의료 사역을 원한다면 현지 병원과 협력해야 한다. 팀의 성격에 따라 선교지를 결정하고 적절한 인원으로 3~6개월 전에 팀을 구성해야 한다. 정기적인 모임을 가지면서 선교지의 역사, 종교, 문화, 언어, 현지의 질병 양상과 풍토병 등을 공부하고 구성원들이 서로 친해지고 하나 될 수 있도록 충분한 나눔과 교제가 필요하다. 선교지에서 환자 발생의 빈도가 높은 질병에 대해 의약품을 준비하면 효과적인 단기 선교가 될 수 있다. 그리고 간단한 현지어를 배워서 진료나 나눔에 활용하는 것이 좋다. 현지어를 사용하면 현지인들의 마음이 쉽게 열리고 친구가 되기 쉽다. 이는 현지인들을 존중하는 표현이기도 하다.

의약품과 물품을 어떻게 준비하고 통관할 것인지를 현지 선교사와 상의하고 면허와 통관 서류 등을 미리 준비해야 한다. 교회와 기관의 단기 선교에 참여하지 않는 구성원들이 한 마음으로 기도하고 참여할 수 있도록 공동체와의 소통도 소홀하지 않아야 한다. 교회나 기도 후원자들의 기도를 많이 받는 팀은 특별한 은혜를 경험하는 것을 자주 보았다.

그리고 해외 단기 선교를 다녀온 후 열대열말라리아로 심각한 상황에 이르거나 장티푸스, 뎅기열 등으로 고생하는 경우를 종종 보았다. 하나님께서 지켜주신다는 마음으로 선교지를 쉽게 생각하는 경향이 있고 경비 절감을 위해 필요한 예방접종을 하지 않는 경우도 있다. 단기 선교 후의 이러한 사고나 질병이 팀이나 교회에 시험이 되거나 선교에 걸림돌이 될 수도 있다. 단기 선교 출발 1~2개월 전에 필요한 예방접종과 주의 사항에 대해 준비를 하는 것이 필요하다.

그리고 선교 일정을 계획할 때 가능하면 위험이 있는 곳을 피하고 안전한 교통편을 이용하며 여행자보험에 가입하여 선교지에서 발생할 수 있는 여러 가지 상황을 대비하는 것이 좋다.

결론

선교는 하나님의 마음에서 시작되어 우리의 마음으로 전달되는 것이다. 단기 의료 선교는 짧은 기간 동안 선교 현장에 보냄을 받아 예배가 없는 땅에서 하나님을 예배하고 주님의 마음으로 기도하며 의료라는 은사를 사용하여 현지인들에게 예수님의 복음과 치유를 나누는 것이다. 하나님의 선교를 위한 단기 의료 선교가 되기 위해서 적절한 전략, 현지 정보, 사전 준비, 선교사 혹은 현지 교회와의 협력, 네트워킹 등에 노력하는 것이 필요하다. 그러나 무엇보다 선교의 주인은 예수님이심을 고백하고 예수님의 뜻에 대한 순종과 사랑이 우선순위가 되어야 한다.

참고 문헌

심재두 외. 『단기 의료 선교의 새로운 패러다임을 찾아서』. 좋은씨앗, 공저, 2016.

Gorske, Arnold. Harm from Drugs in Short-Term Missions.
    〈www.bpghm.org/wp-content/.../07/HarmFromDrugsinSTM.pdf〉

Kim, Hust., Chris Eaton. Vacation With A Purpose. 정소영 역. 『목적이 있는 휴가』. 예수전도단, 2011.

Mack, J. & Stiles, Leeann. Short-term missions. 최동수 역. 『위대한 도전 단기선교』. 죠이선교회, 2003.

Wlofberg, Adam J. Volunteering Overseas: Lessons from Surgical Brigades. N Engl J Med 2006.

Wright, Christopher J. H. Mission of God. 한화룡 역. 『하나님의 선교』. IVP, 2010; The Mission of God's People. 한화룡 역. 『하나님 백성의 선교』. IVP, 2012.

해외 한인 교회와 의료 선교

– 참조은 광성교회를 중심으로: 의사와 목사로서 선교 사역의 새로운 가능성

문병수·강영미

문병수 목사는 중앙대학교 의과대학을 졸업했다. 마취통증의학과 전문의이며, 총신대학교 선교대학원과 장로회신학대학원을 졸업하고 평택대학교 피어선 신학대학원에서 신약학박사(Ph.D.)를 받았다.

강영미 목사는 서울교육대학교, 총신대학교 선교대학원과 장로회신학대학교 신학대학원(선교학 Th.M.)을 졸업했다.

서론

　필자들은 1999년 12월 26일 장로교총회(PCK) 선교부 파송으로 베트남에서 사역하고 있는 부부 선교사이다. 처음 임기 기간은 베트남 현지인을 대상으로 가정 교회 지도자 양성 사역과 이동 진료 사역을 주로 하였다. 그 후에는 안식년에 부족한 신학 공부를 하기 위하여 문병수는 신약학 박사 학위를 취득하였고, 강영미는 그동안에 신학대학원을 졸업하고 선교학 석사를 취득하였다. 그 뒤로 다시 베트남에 돌아와서 베트남 호치민 시에 해외 한인 교회(참조은 광성교회)를 개척하여 현재까지 선교 사역을 하고 있다. 의료 선교사로서 한인 교회와 의료 사역을 함께 하고 있는 것이다. 지금까지 섬겨온 교회를 통한 의료 선교 사역을 함께 나누고자 한다.

1. 참조은 광성교회[1]의 지나온 길

　2012년 3월 3일 토요일 저녁에 필자는 이서용 목사[2] 집에 커피를 마시러 갔다. 커피를 마시고 이야기하다가 갑자기 세 명이 교회를 개척하기로 결정했다. 그래서 월요일부터 임대할 건물을 찾아보기 시작하였다. 아는 집사님으로부터 1만 5,000불을 빌려서 건물 한 칸을 계약하고 2012년 3월 11일 주일에 14명이 모여서 첫 예배를 드렸다. 이렇게 참조은 광성교회가 시작되었다. 갑자기 교회가 시작되어 강대상도 없었고 헌금 주머니도 없었다. 마침 문 닫은 학원이 있어서 보면대와 의자와 책상을 가져와서 교회 강대상과 의자로 사용하였다.

　그 뒤로 2012년 5월 초에 새로운 교회 개척을 위하여 준비하고 있던 일단의 성도들로부터 참조은 광성교회에 가도 되냐고 전화를 해서 오라고 대답하였다. 그리고 참조은 광성교회에서 한 달 동안 예배드리고 교회에 계속 나올 것인지 결정하겠다고 하였다. 2012년 5월 말에 일단의 성도들이 교회에 계속 나오기로 결정하였다. 그래서 교회가 한 단계 발전하

1　2012년 3월 11일에 창립된 베트남 호치민 시에 있는 한인 교회이다.
2　이서용 목사는 1960년생으로 중앙대 의대를 졸업한 가정의학과 전문의이며 침례교 신학대학원을 졸업하였다.

는 계기가 되었다. 마침 옆집이 이사를 가게 되어 그 집을 얻어 성전을 확장하였다. 교회 인테리어 공사와 각종 교회 물품을 성도들이 자발적인 헌금으로 교회 확장 공사가 끝났다. 그 뒤로 이○○,[3] 서○○[4] 선교사 부부도 교회에 사역자로 합류하였다. 교회는 개척 초기부터 사역자 5명 중에 4명의 의료 선교사로 시작하여 의료 선교에 특화된 한인 교회가 되는 기초가 마련되었다. 그 뒤로 이서용 목사가 2012년 12월에 한국으로 귀국하였고 나머지 사역자들이 현재까지 열심히 목회 및 의료 선교 사역을 하고 있다. 2012년 3월에 14명으로 시작한 교회는 현재는 하나님의 은혜로 매주일 아이들 포함하여 350명 이상 모이는 교회로 성장하였다.

2. 심장병 수술비 지원 사역

안식년에 한국으로 신학을 공부하러 들어와서 안식년을 보내면서 첫 임기 기간의 선교 사역을 다시 돌아보게 되었다. 근데 첫 임기 중에서 아쉬운 점이 두 가지 있었다.

선교 사역 중에서 공단 지역에 시골에서 상경한 베트남 청년들이 거주할 수 있도록 방 하나를 얻어주면서 거주하게 하였다. 우리 부부가 성경을 가르쳤던 청년들을 위한 배려였다. 그러나 시간이 지날수록 자취방에 거주하던 청년들이 교회를 다니지 않게 되자 과연 계속 방세를 내주어야 하는가를 고민하다가 더 이상 방세를 내주지 않았다. 얼마 되지 않은 돈이었지만 당장 교회를 다니지 않는다고 바로 돈을 끊어버린 나 자신을 생각하고 많은 부끄러움을 느꼈다.

또 다른 아쉬움이 있었다. 그 당시 우리 집에 거주하는 베트남 청년들에게 성경 공부를 가르쳤다. 하란이라는 여자 청년의 친구 투이가 우리 집에 와서 함께 성경 공부를 하였다. 투이 역시 가난해서 학비를 지원해주고 있었다. 그런데 투이가 성경 공부하러 잘 나오지 않다

---

3   이○○ 의료 선교사는 1969년생으로 경상대 의대를 졸업한 외과 전문의이다. 장로교 고신신학원과 부산의료선교훈련원을 졸업하였다.

4   서○○ 의료 선교사는 1973년생으로 진주보건대학교를 졸업한 간호사이다. 장로교 고신신학원과 부산의료선교훈련원을 졸업하였다.

가 꼭 학비를 내야할 때면 나오곤 하였다. 그래서 마음이 상하여 얼마 되지도 않은 학비를 중단하고 도와주지 않았다. 지나고 나니 필자 스스로 너무나 창피했다.

그리고 2012년 다시 베트남에 들어와서 첫 번째 한 일이 우리 집에서 거주하던 청년들과 성경 공부를 가르쳤던 청년들을 다시 만난 것이었다. 대부분 청년들을 다시 만나게 되어 기뻤다. 그런데 성경 공부에 출석을 안 한다고 학비 지원을 끊었던 투이란 청년을 찾았으나 끝내는 찾지 못했다. 투이라는 청년은 항상 우리 부부 마음의 짐이 되고 있었던 차에 만나지 못하게 되니까 더욱 안타까웠다.

2013년 창립 1주년에 교회 운영위원회에서 1주년 기념으로 어떤 선교 사역을 할까 논의하다가 부활절에 심장병 수술비를 지원하기로 결정하였다. 주님이 부활하신 부활절에 새로운 생명을 살리는 것이 의의가 있을 것 같아서 운영위원들이 그렇게 결정하였다. 그래서 2013년 1월에 평소에 친하게 지내던 베트남 목사에게 심장병 수술 환자를 추천해달라고 얘기 하였다. 그런데 부활절은 다가오는데 베트남 목사가 심장병 수술 환자를 추천하지 않아서 다시 한 번 전화하여 재촉하였다. 베트남 목사는 베트남 교회 총회에 얘기했으니 곧 연락이 올 거라고 하였다.

베트남 목사가 총회에 연락했다는 얘기를 듣고 난 후 1주일 만에 연락이 왔다. 심장병 수술 환자가 결정되었다고 했다. 그래서 수요일 오전 예배 때 인사하러 오겠다고 해서 오라고 하였다. 수요일에 베트남 목사 사모가 베트남 여자를 데리고 교회에 왔다. 그런데 진짜 깜짝 놀랐다. 우리 부부가 그렇게 만나고 싶어 하던 투이가 심장병 환자가 되어 우리 앞에 나타난 것이다. 투이는 아마 우리 부부를 생각도 하지 않았을 것이다. 그러나 우리 부부는 얼마 되지 않는 학비 지원을 중단한 것에 대한 미안함이 항상 우리 마음속에 자리 잡고 있었다. 그래서 베트남에 들어와 투이를 다시 만나고 싶어서 여러 청년들에게 물어보았는데 어디서 무엇을 하고 있는지 도저히 찾을 수가 없었다. 그런데 이게 웬일인가? 투이가 우리 앞에 심장병 환자로 나타난 것이다. '오, 하나님 어떻게 이럴 수가 있습니까?' 그때 하나님께서 내 마음에 주시는 확신이 있었다. 참조은 광성교회의 심장병 수술비 지원은 하나님의 계획이었다. 그래서 그때 결심하였다. 참조은 광성교회가 존재하는 한 심장병 수술비 지원을 계속하겠다. 우리 부부가 그렇게 만나보고 싶은 아이를 하나님께서 못 만나게 하신 것은 교회 의료 선교의 방향을 제시하기 위한 것이라는 것을 나중에 깨닫게 된 것이다.

그 뒤로 심장병 수술비 지원을 계속했다. 2017년 6월까지 약 50여 명의 심장병 수술 환자를 도왔다. 그런데 2017년 6월에 이○○ 의료 선교사가 의대 병원에 갔다가 돈이 없어서 심장병 수술비 지원을 기다리고 있는 사람들이 300명 이상이나 된다는 소식을 코디네이터에게서 들었다고 했다. 그때 이○○ 선교사가 생각하기를 우리 교회에서 일 년에 15명 정도를 지원해주니까, 이 환자들이 전부 수술받으려면 20년을 기다려야 한다고. 그래서 이○○ 선교사가 2017년 수술 환자 100명을 채우자고 교회에서 광고를 하였다. 그때 많은 사람들이 생각하기를 4년에 50명을 도와주었는데 6개월에 어떻게 50명 수술비를 지원할 수 있겠느냐고 의아해했다. 그러나 그것은 우리의 믿음이 없는 의심이었다. 그 뒤로 심장병 수술 환자를 돕겠다고 한국의 여러 교회에서 연락을 했다. 그리고 우리 성도들도 열심히 심장병 수술 헌금을 해서 2017년 11월 현재 100명의 수술비가 비축되었다. 6개월 만에 50명 수술비가 확보된 것이다. 하나님이 하시는 일은 우리의 상상을 초월하신다는 것을 다시 한 번 느꼈다.

심장병 수술비 지원 방법

처음에는 심장병 환자 수술비 전액을 지원해주었다. 베트남에서는 의료보험이 되므로 보통 성인 수술비는 3,000~5,000불 정도 지원하였고 아이들의 선천성 심장 질환은 1,000~2,000불 정도 지원해주었다. 수술비 지원 요청이 들어오면 수술비와 상관없이 무조건 전액 지원해주었다. 그런데 그렇게 지원해주다 보니까 경제적 여유가 있는 사람도 있어 무조건 전액 지원해주는 것은 바람직하지 않아 적절한 가이드라인을 설정하였다.

교회에서 추천하는 사람들은 담임목사의 추천서를 요구하였다. 그리고 수술비도 일 인당 1,500불 지원하는 것으로 결정하였다. 교회에 나가지 않는 일반 환자는 호치민 의대병원과 연결하여 수술 환자 일 인당 1,500불을 지원하였다. 호치민 의대에서 추천하는 환자는 베트남 남부 지역의 어려운 아이들이었다. 각 지역 인민위원회에서 추천하는 선천성 심장 질환이 있으나 돈이 없어서 수술을 못 받아 기다리고 있는 가난한 아이들이었다.

내년에는 심장병 환자 수술 목표를 100명으로 잡고 있다. 한국 돈으로 1억 5천만 원 이상이다. 해외 한인 교회에서는 작은 돈이 아니지만 하나님께서 시작한 일이므로 하나님께서 채워주실 줄 믿는다.

심장병 수술비 지원과 의료 선교

필자 부부가 처음으로 총신대 선교대학원에서 선교학을 배울 때 현장에서 선교 사역을 마치고 들어오신 선교학 교수님들이 하는 말이 있었다. 건물을 짓지 말라는 것이다. 우리 부부는 베트남에 들어오면서 건물은 짓지 않겠다고 생각하며 들어왔다. 물론 건물을 짓는 것이 잘못됐다는 것은 아니며 필요에 따라 건물도 지어져야 한다고 생각한다. 그러나 우리 부부의 선교 방향은 항상 건물이 있는데 가서 함께 사역하겠다는 생각을 했다. 첫 사역 기간에 사회주의 국가 베트남에서 의료 선교를 하며 고민을 많이 하였다. 클리닉 개원에 대한 고민도 많이 했으나 처음 방향대로 클리닉은 개원을 안 하기로 하였다.

2000년도에 베트남에 처음 들어왔을 때 일 인당 국민소득이 450불 정도였는데 국민소득에 비하여 의료 환경은 잘 되어있는 편이었다. 그러나 2016년 베트남 일 인당 국민소득이 2,500불 정도 되는 중진국으로 발전을 하고 있다.

현재 한국 선교사가 파송되어 나가는 나라들은 상황에 따라 다르지만 현지 의료 기관이 있으나 경제적 여유가 없어서 의료 혜택을 받지 못하고 있는 사람들이 많이 있다. 베트남도 역시 돈이 있으면 충분히 수술을 받을 수 있는 의료기관이 있음에도 불구하고 경제적인 이유로 치료를 못 받고 있는 사람들이 많이 있다. 따라서 의료기관을 세워서 의료 사역을 하는 것도 한 방법이나 오히려 수술비를 지원하여 병원에서 수술받게 하는 것이 비용이 더 적게 들어가므로 의료 선교의 하나의 대안이라고 생각한다. 의료기관을 짓고 유지하는 비용이면 차라리 그 돈으로 현지인들에게 의료비를 지원하여 현지 의료기관에서 치료받게 하는 것도 좋은 방법이라고 생각한다. 그리고 필자가 현지인에게 심장 수술비 지원을 하고 있을 때도 다른 단체에서는 심장병 환자를 한국에 데려가서 심장 수술을 시키고 돌아오는 경우가 있었다. 그러나 이것은 비용이 많이 들어가고 가족과 떨어져지내야 하므로 불편한 점이 많다. 베트남 현지에서 1,500불 정도면 심장 수술을 충분히 받을 수 있는데 현지 수술비에 10배 이상의 비용으로 한국에 가서 수술받고 돌아오는 것은 비용면에서도 생각해볼 일이다.

3. 한인 교회 무료 진료실 운영

의사들이 함께 시작한 교회여서 개척 초기부터 질병이 있을 때 많은 한인들이 교회에 와서 진료 상담을 하였다. 그러다가 2013년 초부터 이○○, 서○○ 선교사가 교회에 무료 진료실을 개설하여 무료 진료하기 시작하였다. 정기 진료는 주일예배가 끝나고, 그리고 수요 오전 예배가 끝나고 지금까지 해왔다. 그리고 부정기적으로 응급 환자를 진료했다. 매달 약값을 교회에서 지원하고 있고 한인들이 무료 진료실 헌금을 할 때도 있다.

4. 베트남 교회에서 무료 진료

베트남 교회에서 한 달에 두 번 주일예배가 끝나고 환자들을 진료하였다. 베트남 교회에서 진료실을 마련해주어 그곳에다 간단한 진료 시설과 약장을 설치하여 진료를 하였다. 베트남 교회에 나가고 있는 현지 약사 및 간호사들이 진료하는 것을 도와주었다. 둘째 주일은 필자가 진료하고 넷째 주일은 이○○ 선교사가 진료하였다. 약값은 한인 교회에서 지원하였다. 현지 교회와 협력하여 진료실을 운영하여 베트남 교인들에게 작은 도움이 되었다.

5. 무료 치과 진료

교회에 나오고 계신 치과 의사인 집사와 협력하여 하고 있다. 치과 의사 집사는 현재 베트남에서 치과 의원을 하고 있고 본인 치과 의원에서 치료를 해주었다. 경제적으로 어려운 환자를 한 달에 두 명씩 임플란트만 제외하고 틀니를 포함하여 나머지 모든 치료를 해주었다. 베트남 교회 목사에게 어려운 환자 추천을 부탁하여 베트남 교인들 가운데 어려운 환자들 위주로 치료해주었다.

6. 국내 이동 진료

이○○, 서○○ 선교사 부부가 주로 이동 진료에 관여하였다. 호치민 농아교회와 협력하여 일 년에 두 번 무료 진료를 하고 있다. 이때 중고등부 학생들과 함께 방문하여 학생들이 준비한 율동이나 연극을 보여주기도 한다. 그리고 2017년 11월에 처음으로 비행기를 타고 1시간 정도 가야 하는 냐짱 농아교회에도 무료 진료를 나가기 시작하였다.

한인 교회가 매달 정기적으로 100불을 지원하는 현지인 고아원이 있다. 이 고아원에 두 달에 한 번 무료 진료를 나가고 있는데 물론 참조은 광성교회 교인들과 함께 나간다.

그리고 부정기적으로 현지 교회의 요청이 있을 때 시골 베트남 교회에 가서 무료 진료를 하고 있다. 현지 교회에서 진료할 준비를 하고 환자들을 모아두면 우리는 가서 무료 진료를 하였다. 모든 이동 진료에 교회 성도들이 함께하고 교회에서 무료 진료 비용을 제공하고 때로는 교인들이 회비를 낸다.

7. 해외 이동 진료

매년 8월에 캄보디아로 무료 진료를 간다. 가기 전에 함께 갈 사람들을 교회에서 먼저 모집하여 몇 달을 준비하여 진료를 간다. 단체로 버스를 타고 국경을 넘어서 보통 2박 3일 정도의 일정으로 진료하고 돌아온다. 교회에서 무료 진료 비용과 선물 비용을 지원하고 나머지 차비와 숙식비는 참가자들이 지불한다.

8. 해외 한인 교회와 의료 선교 협력

필자는 한인 교회를 통하여 베트남에서 의료 선교를 하고 있는 선교사이다. 첫 사역 기간에는 주로 가정 교회 지도자 양성과 NGO 선교단체와 협력하는 이동 진료 사역을 하였다. 그 당시는 선교비가 적어서 NGO 단체가 모든 사역을 준비하면 개인으로 참가하여 진료를 해주었다. 2012년부터는 참조은 광성교회 대표목사로서 한인 교회 사역을 하고 있으면서 동시에 이○○, 서○○ 선교사와 더불어 의료 선교 사역을 하고 있다. 한인 교회를 섬기고 난 이후에는 한인 교회에서 의료 선교 비용을 감당하고 있다. 그리고 우리 부부는 한인 교회 사역에 전념하고 있고, 이○○과 서○○ 의료 선교사 부부가 한인 교회 모든 선교 사역과 의료 선교를 담당하고 있다. 해외 한인 교회는 의료 선교에 매우 중요한 협력 기관이고 의료 선교에 많은 도움이 된다.

첫째, 의료 선교를 하려면 비용이 많이 드는데 한인 교회에서 의료 선교 비용을 담당하고 있어서 한인 교회가 의료 선교에 매우 중요한 협력기관이다. 특별히 참조은 광성교회는 개척 초기부터 교회 예산의 30% 정도를 선교비로 지출하고 있는데 많은 부분이 의료 선교비로 사용하고 있다.

둘째, 의료 선교에 협력할 인적 자원이 많다. 의료 선교는 절대로 의료 선교사들만 할 수 있는 것이 아니다. 다른 많은 인적 자원이 필요한데 이런 인적 자원을 한인 교회와 협력할 수 있다. 교회 성도들 중에는 정형외과 의사도 있고, 치과 의사도 있고, 간호사들도 있다. 이 분들이 교회 무료 진료실에서 도움을 주기도 하고 이동 진료갈 때 함께 하여 의료 사역에 많은 도움을 주고 있다. 그리고 일반 다른 교인들도 은사에 따라 의료 선교를 나갈 때 함께 동역하고 있다.

셋째, 한인 교회 교인들의 기도 후원이다. 한인 교회 성도들은 의료 선교를 위하여 열심히 기도를 한다. 새벽기도 시간이나 중보기도 시간에 항상 의료 선교를 위하여 기도하고 있다. 이런 영적 후원으로 열심히 의료 선교사들은 의료 사역에 전념할 수 있다.

해외 한인 교회는 의료 선교에 좋은 협력기관이다. 한인들은 전 세계 곳곳에 나가서 살고 있다. 그리고 한인들이 있는 곳에는 반드시 한인 교회가 있다. 전 세계 곳곳에 있는 해외 한인 교회는 의료 선교를 위한 좋은 협력기관이다. 해외 의료 선교사들은 혼자 힘들게 선교하기보다는 해외 한인 교회와 협력하여 선교를 하는 것이 좋다고 생각한다. 해외 한인 교회의 목회자들은 의료 선교사들과 협력할 준비가 되어 있고 교인들도 의료 선교에 함께 참여하는 것을 매우 기쁘게 생각하고 있으니 의료 선교사들은 당연히 해외 한인 교회와 협력해야 한다고 생각한다.

결론

해외 한인 교회와 의료 선교 협력에 대하여 참조은 광성교회의 의료 선교를 통하여 함께 살펴보았다. 한인 교회는 의료 선교에 매우 중요한 협력기관이다. 한인 교회의 인적, 물적, 영적 자원을 함께 사용하면 의료 선교를 더욱 효과적으로 할 수 있다고 생각한다. 해외에 나가 있는 의료 선교사들이 해외 한인 교회와 협력하여 하나님이 우리에게 주신 의료라는 선물을 통하여 하나님 나라가 더욱 확장되는데 쓰임 받는 선교사들이 되기를 바란다.

현지에 이양된 선교 병원 운영의 위기와 선교사의 역할

22

— 나이지리아 빙햄 의과대학병원을 중심으로

이재혁

이재혁 선교사는 1999년 충남대학교 의과대학을 졸업하고 동 대학원에서 박사 학위를 받았다. 이화의료원에서 전문의 수료 후, 샘안양병원에서 외과 과장으로 재직하였다. SIM(Serving In Mission)과 한국누가회 파송 선교사로 2010년부터 현재까지 나이지리아에서 활동 중이다. 빙햄 의과대학병원 외과에서 근무하며 교육과 치료, 그리고 현지인 지도자 양성 사역을 하고 있다.

들어가는 말

SIM(Serving In Mission)은 북부 나이지리아 선교의 교두보인 나이지리아 중부 도시 조스(Jos)에 1959년 이반젤(Evangel) 선교병원을 세웠다. 병원은 격동하는 나라의 역사 속 발전을 거듭하여 이미 40년 전인 1979년 현지 교단 ECWA(Evangelical Church Winning All)에 이양되었고, 2010년에는 빙햄 의과대학병원(Bingham University Teaching Hospital)으로 확장하며 나이지리아 최초 기독교 사립대학 병원이 되었다.[1] 현재 230여 베드 규모에 400여 명의 정규 직원이 근무하고 있다. 병원이 시작될 당시에는 대다수의 의료진들이 선교사였으나 지금은 필자를 포함한 세 명의 선교사만이 자신의 전문 분야(외과, 산부인과, 임상병리과)에서 일하며 병원 경영자문 역할을 하고 있다. 빙햄 의과대학병원에서는 1981년부터 탄탄하게 지속되고 있는 가정의학과 의사 레지던트 프로그램을 통해 젊은 기독 의사들을 양성하고 있으며, 2014년부터는 매년 40명 정도의 의과대학 졸업생들이 배출되고 있다. 2015년에는 44,919명의 외래 환자가 다녀갔으며 2,531개의 수술이 행하여졌다.[2]

한편, 무리한 확장에 적자가 누적된 병원에서는 직원들 월급을 넉 달째 지급하지 못해 2017년 5월에는 병원 역사상 처음으로 총파업이 있었던 가슴 아픈 날들도 있었다. 필자는 2010년부터 빙햄 의과대학병원에서 외과 의사로 일하며 SIM 대표 자격으로 병원 경영 회의에 참여하는 특권을 누렸다. 본 글을 통하여 선교사에서 현지인 중심으로 리더십이 이양된 선교 병원의 운영을 어렵게 만드는 이유들을 생각해보았다. 그리고 SIM 북부 나이지리아 의료 선교와 구세군 의료 선교의 역사적 성찰을 통해 배울 점들을 찾아보았다. 마지막으로 현지인 리더십과 함께하는 선교사의 역할에 대하여 고찰해 보았다.

---

[1] Bingham University Teaching Hospital. http://www.bhuth.org.ng/HISTORY.html; Accessed on November 15, 2017.

[2] Mikah Samaila. Chief Medical Director Update to BHUTH Board Meeting on the 9th February 2016. Jos: Bingham University Teaching Hospital, 2016.

1. 빙햄 의과대학병원의 운영을 어렵게 만드는 이유들

빙행 의과대학병원의 운영을 어렵게 만드는 이유를 크게 네 가지의 요인으로 나누어 보았다. 앞부분의 정치·경제·치안은 외부적 요인으로, 뒷부분의 현지 리더십의 공백, 선교 자원과 선교사는 내부적인 요인으로 분류할 수 있다.

정치·경제 위기

수출의 90%인 원유가 주 수입원인 나이지리아는 국제 유가의 하락으로 전 국가가 경제적 위기 상황을 겪고 있다. 특별히 2015년 국제 유가가 최저치를 기록하며 악화되었는데, 예를 들면 달러당 환율은 150Naira/1$(2010년)에서 360Naira/1$(2017년)로 두 배 이상으로 뛰었다.[3] 이러한 가운데 나라의 부패는 168개국 중 136위(2016년)[4]로 공공 기반 시설의 질(quality)은 140개 국가 중 132위(2017년)[5]로 세계은행이 발표한 기업환경 지수는 190개국 중 169위(2016년)[6]로 집계 되었다. 일반적으로 나이지리아에서는 외환위기와 함께 공공 기반 시설 공급 부족, 부패, 열악한 전력 공급 등이 큰 경제 활동의 위험으로 알려져 있으며 이 외에도 자금 확보의 어려움, 정책 불안정, 정부 관료주의의 비효율성, 고급 노동력 부족, 인플레이션 등이 저해 요인으로 있다. 이 중 일반 사람들에게 가장 크게 영향을 미치며 이전과 비교되는 요소는 물, 전기 그리고 교육이다. 20년 전까지만 해도 나이지리아 도시에는 상수도 시설과 비교적 안정된 전기 공급이 있었고 신뢰할 수 있는 공교육 시스템이 있었다. 그러나 지금은 망가져 유명무실한 상수도 시설로 인해 자신의 집 안에 우물을 파야 한다. 전기를 만들지 못하는 발전소 때문에 소형 발전기가 있어야 한다. 잦은 임금 체불로 시작된 공립학교의 장기 파업은 정상적인 교육을 불가능하게 만들었다. 그래서 할 수 없이 비싼 사립학교에 아이

3　XE. http://www.xe.com/currencyconverter/; Accessed on November 15, 2017.
4　XE. http://www.xe.com/currencyconverter/; Accessed on November 15, 2017.
5　Klaus Schwab. World Economic Forum. The Global Competitiveness Report 2017~2018. Geneva: the World Economic Forum, 2017.
6　The World Bank Doing Business 2017. Washington, DC: 2017 International Bank for reconstruction and Development.

들을 보내야 한다. 결국 이전에는 선교 병원에서 월급을 적게 받아도 참고 살 수 있었지만 지금은 적은 월급이 가정과 생활에 너무도 큰 불안 요인이 된다. 이러한 사회 상황은 병원 유지, 직원 고용, 소모품 구입 등의 병원 경영에 직·간접적인 악영향을 미치고 있다.

치안의 불안

빙햄 의과대학이 있는 조스는 2000년부터 시작된 무슬림과 기독교인의 갈등으로 1만 명 이상의 사람들이 살해당한 나이지리아 중부에 위치한 플라토 주정부의 수도이다. 이 중 2001년과 2010년에는 1,000명 이상의 사람들이 살해당하는 큰 충돌이 있었다. 이러한 아픔과 증오는 각 사람들 마음속 깊이 새겨져 있어 언제든지 폭발할 수 있고, 지금도 갈등은 반복되고 있다. 여기에 2010년부터 보코하람 사태가 더해졌다. 과격 이슬람 무장단체인 이들로 인해 북부 나이지리아에서 2만 명 이상이 살해당하고 3백50만 명의 난민이 발생했으며, 나이지리아는 세계에서 세 번째로 테러 위협이 많은 국가(2015년, Global Terrorism Index 9.213)가 되었다. 이러한 이유로 조스는 2011~2013년 기간을 계엄령(state of emergency)하에서 지내야 했다. 조스에서는 통행금지가 수시로 발표되었고 직접적인 테러와 살해의 위협 속에서 살아가야 했다. 일상적인 사람들의 이동이 위험해져 북부 원근에서 오는 환자가 줄게 되었고, 또한 병원 가는 길에 지나는 다른 부족 마을에서의 살해 위협 때문에 인근에서도 병원에 가지 못하는 상황이 반복되었다. 직원들도 출퇴근의 어려움이 있었으며 상황에 따라 숙식을 병원 안에서 해결해야 했다. 이렇게 치안의 문제는 환자 수 감소로 이어져 직접적인 경영 압박의 원인이 되었고 직원들의 근무 환경 또한 열악하게 만들었다.

현지 리더십의 공백

개인 병원과는 달리 선교 병원은 선교사가 떠난 후 주인 없는 병원이 되기 쉬운 취약한

---

7   Jana Krause, *A Deadly Cycle: Ethno-Religious Conflict in Jos, Plateau State, Nigeria* (Geneva: Geneva Declaration Secretariat, 2011).

8   Institute for Economics and Peace. *Global Terrorism Index 2015* (Sydney: Institute for Economics and Peace, 2015).

구조이다. 선교사의 카리스마와 권위를 대신해야 할 자리에 있는 현지 교단은 의료와 병원에 대한 이해가 부족하고 현지 의료진은 충분한 리더십을 발휘하기엔 너무 많은 교단과 다른 직원들의 견제를 받는다.

제대로 된 병원 운영을 위해서는 병원장뿐만이 아닌 간호, 행정, 재정 등 각 전문 직종의 성숙한 리더십이 요구되는 현실은 이러한 권위의 부재를 악화시킨다. 빙햄 병원은 오래전에 현지 교단 ECWA에 이양된 교단 산하의 병원이다. 선교적 열정은 있지만 의료를 이해하지 못하는 교단과 의료 선교를 원하지만 현실적인 대우에 어려움을 겪는 현지 기독 의료진 사이에 괴리가 있었다. 모두가 원하는 양질의 의료 서비스를 위하여 좋은 의료진과 장비가 필요한데 어려운 사회 상황 속에서 병원 수입으로는 감당하기 어렵다. 교단에서는 희생을 강조하며 정부 병원보다 두세 배 정도 낮은 월급으로 일할 것을 전문 직종들에게 요구하였다. 그러다 보니 안타깝게도 꼭 함께 하고 싶었던 신실한 직원들이 생활고로 병원을 떠나 이직하는 것을 보아야만 했다.

떠나는 직원들과 얘기해보면, 이상이나 비전보다는 전기, 물, 자녀 교육 등의 실제적인 삶의 문제로 이직을 결정한다. 물론 대다수의 직원들은 어려운 현실에도 하나님의 뜻을 구하며 묵묵히 자리를 지키고 있다. 하지만 저학력 등의 개인적인 이유로 원하는 곳에 취직하지 못하거나 병원 내 지위를 유지하기 위해 할 수 없이 남은 사람들도 있는 것이 사실이다. 이러한 리더십의 공백은 병원 안에서 부적절한 의료 행위, 복지부동, 책임 회피 등의 도덕적 해이를 가져왔다.

선교 자원과 선교사

21세기에 들어서며 주로 서구에서 오던 물적, 인적 선교 자원은 급속한 쇠퇴를 가져왔다. 빙햄 병원도 2012년 전체 예산의 91%를 자체 의료 수입으로 충당하며 표면적으로는 자립하고 있다. 하지만 이러한 수입의 89%가 직원들의 월급으로 쓰여 병원 유지와 장비 개선에 사용할 수 있는 금액은 턱없이 부족했다.[9] 보통 병원 전체 예산에서 직원 월급이 차지하

---

9   Bingham University Teaching Hospital. Dept. of Finance. *BHUTH Highlights from Finance Department* (Jos: Bingham University Teaching Hospital. Dept. of Finance, 2014).

는 비율이 50~60%를 넘어가면 경영 위기라고 판단한다. 이것을 감안하면 자립하는 병원으로 가기까지 아직 갈 길이 남았다는 것을 알 수 있다. 기존 선교사의 성숙성도 중요한 요인 중 하나이다. 현 국제 SIM 의료 사역팀의 리더 폴 허드슨(Paul J. Hudson, MD)은 'A history of medical missions in SIM since 1893 ― and a look to the future'(2016)라는 강의에서 1993년 SIM 의료 사역에서 발견된 문화적 맹점(cultural blind spots)에 대하여 8가지를 말했다.

- 우월의식(superior attitude)
- 열린 마음의 부족(Lack of openness)
- 문화적 존중의 부족(lack of respect for culture)
- 편애(favoritism)
- 현지 의사들을 인정하지 않음(no recognition of national doctors)
- 이해관계 충돌 명시 않음(No financial disclosure)
- 경험을 숨김(hiding experiences)
- 시스템을 나누고 통제함(divide and rule system)

이제 나이지리아 의료 선교가 시작된 지 125년이 지난 시점에서도 여전히 이런 부끄러운 선교사의 모습이 나 자신일 수도 있는 것을 부정할 수 없다. SIM 의료 사역에서 만난 이러한 문화적 맹점은 지금도 선교사들이 주의해야 할 태도라고 생각된다. 또한 아지쓰 페르난도(Ajith Fernando)가 지적한 대로 연약한 선교사의 문제가 있다. 선교지에서 발생하는 고난과 고통에 성숙하게 반응하지 못하고 자기 연민에 쉽게 빠지는 선교사에게 급속한 세속화와 다원주의 시대 흐름 속에서 미래를 내다보고 의료와 행정 전문 영역에서 대안을 찾아가는 지혜로운 안목이 부족했다.

2. 의료 선교 역사를 통한 성찰

이러한 빙햄 의과대학병원의 현실적인 어려움들을 더욱 깊이 이해하고 선교적인 대안을 찾기 위하여 북부 나이지리아 의료 선교 역사와 구세군의 의료 선교 평가를 찾아보았다.

SIM 북부 나이지리아 의료 선교 사례

21세기 나이지리아는 세계에서 7번째 기독교인이 많은 나라로, 그리고 선교사를 가장 많이 파송하는 20개 국가 중 하나로 자리매김하고 있다.[10] 하지만 그 이면에는 전체 인구 약 1억 8220만 명 중 50%에 달하는 무슬림이 있으며, 그들의 대부분이 살고 있는 북부 나이지리아 12개 주는 강한 이슬람으로 남아 있어 1999년에는 샤리아(Shari'a)법을 도입시켰다.[11] 북부 나이지리아에서 의료 선교는 그동안 중요한 역할을 담당해왔다. SIM 나이지리아 사역은 1893년 시작되었으며 1900년대 초반에는 영국 식민지 정부에 의해 해방된 많은 노예들을 돌보았다. 1930년대에는 나병환자를 격리하고 돌볼 사회적인 필요성이 대두되며 북부 나이지리아 여러 지역(Kano, Katsina, Bauchi, Niger, and Sokoto)에 세워진 대규모 나병환자 치료센터를 타선교단체와 함께 위탁 운영하게 된다. 이 나병치료소는 수많은 개종자를 낳으며 북부 나이지리아 부흥의 중심이 되었다. 1943년 카노에는 안과 전문 병원이 세워져 많은 안과 질환을 치료하며 복음을 전하게 된다.

이러한 의료 선교에 힘입어 1950년대 SIM에서는 「나이지리아 북부 이슬람 왕국으로의 평화로운 침입」이라는 제목의 소식지를 발간하게 되는데 당시 기독교인을 55만 명으로 헤아렸다. 하지만 1960년대 식민지 해방과 함께 시작된 이슬람 민족주의 운동으로 많은 사람들이 다시 이슬람으로 돌아가게 되고 내전으로 인한 혼란 속에 많은 선교 병원들은 정부에 귀속되었다. 1970년대는 전 세계적으로 1차 진료와 공중 보건의 중요성이 강조되어 알마타 선언(Declaration of Alma-Ata)을 하게 되었다.[12] SIM에서는 이미 1960년부터 SIMMATs(SIM

---

10   The Study of Global Christianity, *Christianity in its Global Context, 1970~2020: Society, Religion, and Mission* (South Hamilton, MA: The Study of Global Christianity, 2013).

11   권유경, 2016 아프리카 국별연구 시리즈: 나이지리아 (서울: 아프리카미래전략센터, 2016).

12   World Health Organization, *Primary Health Care* (Geneva: World Health Organization, 1978).

Medical Auxiliaries Training School)라는 2년 과정을 통해 1차 진료를 할 수 있는 공중 보건 인력을 키우고 있었으며 이는 1977년 정부로 귀속이 되어 나이지리아 보건 인력 교육의 기틀이 된다. 1982년 ECWA는 카고로 보건대학을 세워 지속적으로 보건 요원들을 길러내었으며 이들은 졸업 후 나이지리아 각지에서 일하게 되었다. 지금도 북부와 중부 나이지리아에 산재된 80개 이상의 소규모 클리닉이 ECWA 의료분과 산하에서 운영이 되고 있다. 1959년에 세워진 이반젤 병원은 1982년부터 가정의학과 의사를 훈련하기 시작하였으며 2010년부터는 빙햄 의과대학병원으로 확장되어 의과대학생들을 길러내고 있다. 현재 SIM은 ECWA로 이양된 세 병원(빙햄 의과대학병원, ECWA 안과병원, 엑베 병원)과 엑베 조산사간호대학, 그리고 ECWA가 세운 두 학교(카고로 보건대학, 빙햄 의과대학) 운영을 돕고 있다.[13]

이러한 역사를 통하여 첫 번째 배울 점은 시대에 따라 각각 다양한 요구와 필요가 있었고 그에 대응하는 SIM 의료 선교가 있었다는 것이다. 이와 같이 현 시대의 필요를 자세히 관찰하고 숙고할 필요가 있다. 현재의 나이지리아는 장기간의 치안 불안으로 인하여 발생한 170만 명 난민, 520만 명의 기아, 그리고 340만 명의 급성 영양실조 사태를 맞고 있다.[14] SIM 의료 선교는 이러한 시대적 필요에 주의를 기울이고 반응하여야 할 필요가 있다. 또한 SIM 의료 선교가 초기의 직접적인 치료 중심에서 현지 의료 인력을 양성하는 방향으로 온 것을 관찰할 수 있다. 구체적인 사역을 함에 있어 선교사의 직접적인 치료보다는 이미 존재 하는 현지 의료 인력과 함께 일하는 것이 요구된다.

두 번째, 선교사는 자기 시대에 열매를 보지 못할 수 있다는 것을 감안하고 긴 안목에서 사역하여야 한다는 것이다. 노예 보호, 나병치료센터, 안과 병원, 보건 요원 교육, 전문의 양성 그리고 대학병원으로 이어진 SIM 의료 선교는 각 단계가 충분히 발전하여 다음 단계로 갔다고 하기보다는 필요에 따라 도약을 했다고 보여진다. 이전 사역의 열매로 발생한 현 지인의 시너지를 가지고 다음 사역으로 수월하게 넘어간다면 이상적이지만 대부분의 경우 각 단계 초기에는 선교사들의 큰 헌신이 요구되었다. 대학병원 사역 초창기 필자는 학생들과 현지 의료진들을 통해 의료의 혜택을 받지 못하는 지역민들에게 다가가려는 시도를 하였으

---

13   Phil Andrew, *Traning Health Workers in SIM: The Quiet Revolution in Medical Missions Strategy* (Sydney: Phil Andrew, 1993).

14   United Nations Office for the Coordination of Humanitarian Affairs, *North-East Nigeria Humanitarian Situation Update: September 2017*, United Nations: United Nations.

나 실패하였다. 먼저 솔선수범하기보다는 억지로 시너지를 만들려다가 되지 않았던 경우였다. 대학병원 사역이든 새로운 난민 사역이든 현지인과 함께함에 있어 긴 호흡으로 일하고 조급하거나 실망하지 않아야 한다.

마지막으로, 한때 부흥의 중심지였던 나병치료소의 쇠퇴 원인이다. 쇼나나 샨카(Shonana Shankar)는 그 원인을 선교사와 현지 기독교인들 안에서 발견된 우선순위의 불일치, 기대하지 않았던 불만족이라고 지목하였다. 당시 새로 믿게 된 많은 아프리카 기독교인들은 의료 사역을 통해 무슬림 지도자들과 함께 일하려는 선교사들의 관심을 따르지 않았다. 또한 선교사들을 통한 혜택을 지역 무슬림들과 나누는데 있어 인색했다. 이러한 선교사와 선교사 사역을 돕는 개종자 사이의 불만족은 점점 깊어졌고 결국 종교적인 힘도, 의료적인 힘마저도 약해져서 부서지고 흩어진 사역이 되고 말았다. 오늘날에도 선교사는 사역을 함께하는 현지인들의 기대에 신중하게 접근해야 한다. 또한 선교사의 자원을 나누는데 있어 함께 일하는 현지 기독교인들과 사역의 대상자가 되는 비기독교인들 간의 균형을 유지해야 할 필요가 있다. 쉽게 안으로 향하는 아프리카 종족 중심의 성향과 갈등의 역사는 이해하고 배려하여야 한다. 하지만 미래지향적이고 성경적인 사역 관계가 무엇인지 주의할 필요가 있다.

구세군 의료 선교 사례

구세군에서는 딘 팔란트(Dr. Dean Pallant) 박사에게 구세군 전체 의료 사역을 평가하고 급변하는 21세기에 알맞은 새로운 비전과 전략을 세울 것을 요청하였다. 2007년 구세군은 120개 나라에 걸쳐 일반 병원 29개, 산부인과 병원 25개, 기타 전문 병원 19개, 특수클리닉 56개, 보건소 135개, 이동 진료소 64개, 보건 요원을 1만 5,000명이 있었다. 평가를 통해 발견한 것은 신앙의 가치와 신념에 따르기보다는 일관성 없고 조각난 세계관 속의 생존을 위한 사역들의 집합이었다. 선교 병원에서 제공되는 의료 서비스의 질은 감소하였으며 재정적으로 자립하지 못하고 있었다. 발전된 나라의 구세군 병원들은 고비용, 의료 소송, 정부 지원의 어려움 등으로 이미 철수했고, 개발도상국에 있는 남은 병원들도 같은 이유도 정리해야 한다는 말이 나오고 있었다. 딘 팔란트는 "만약 단체의 믿음(faith)이 믿음 기반 조직(faith based organization)을 움직이지 못한다면 누구의 믿음이 움직이는가?"라는 질문을 하며 대안을 찾았다. 이러한 내용은 *Keeping Faith in Faith Based Organization* 제목의 책으로 묶여 나왔다. 그는 21세기 구세군 의료 사역이 세상의 '자율적이고 이성적인 개인'(autonomous, rational, individuals)보다는 성경적인 '건강한 사람들'(healthy persons)을 추구할 것을 주장한다. 여기서 건강한 사람들이란, 구원받아 하나님과의 관계를 누리며 세상에서 믿음의 공동체 구성원으로 살아가는 사람들을 말한다.

좀 더 구체적으로 말하자면,

첫째, 성령의 능력 안에서 예배하는 일상의 습관과 실천으로 형성되고 유지되는 사람들
둘째, 신학적으로 성찰하는 사고를 하며 병원, 가정, 기관들을 섬기는 사람들
셋째, 신실함으로 살고 하나님이 원하는 방향으로 사회와의 관계를 변화시켜 가는 사람들이다.

병원 사역에 대한 실제적인 조언도 있다. 그중 한 가지는 큰 규모의 병원에서 짧은 기간 고도의 기술로 치료해야 하는 질환보다는 장기간의 상호관계를 맺으며 치료해나갈 수 있는 질환에 의료 사역의 우선순위를 놓을 것을 제안한다. 중독, 당뇨, 장애, 호스피스, 안과, 에이즈, 고혈압, 감염병, 나병, 모자보건, 정신병 그리고 영양이 대상이 될 수 있다. 이러한 경우 지역사회 기반과 관계를 맺으며 교육, 예방, 치료가 함께 행해질 수 있고 집-병원-집(home-to hospital-and-back)의 연결된 체인 방식으로 여러 사람에게 지속적인 돌봄이 이루어질 수 있다. 또 다른 조언은 신앙 기반 기관이 정부기관이나 세속기관과 함께 일을 하는 경우 조심해야 할 점이다. 공통의 관심사인 인간의 필요를 돌보지만 성경적인 건강한 사람을 추구한다는 더 근본적인 목적을 놓치지 않아야 기관의 아이소몰피즘(institutional isomorphism, 신앙 기반 기관과 비신앙 기관의 차이가 없어지는 현상)을 막을 수 있다.

3. 선교사의 역할 제언

정치적, 경제적인 어려움 가운데 무슬림과 기독교인의 갈등으로 많은 아픔이 있는 나이지리아 조스에 건강한 선교 병원을 통한 의료 사역은 계속되어야 한다. 역사를 통한 성찰을 가지고 빙햄 의과대학병원에서 가능한 선교사의 역할을 고민해 보았다.

지속 가능한 운영을 보조하여야 한다

현 재정 위기 상황의 해법 중 하나로 지속 가능한 방향으로 수익 구조를 개선하는 것을 고려할 수 있다. '지속 가능성'은 "미래 세대의 필요를 충족시킬 수 있는 가능성을 보존하면서 현 세대의 필요를 충족시키는 개발"이라고 정의된다.[15] 나이지리아에서 미래와 현재 세대의 필요를 반영하는 의료적 시도는 진료비 차등 지급(지불 능력이 있는 외국인과 부유층을 대상으로 차별화된 진료를 하여 수입을 늘리고 저소득층에게 혜택을 주는 방안)과 특수클리닉(내시경, 당뇨, 고혈압 클리닉 등)의 운영이다. 또한 투명한 기부자 소통 중심의 후원금 관리를 통해 나이지리아 안과 밖에서 꾸준히 후원을 받을 수 있는 체계를 만들 수 있다.[16] 그 외 외부 프로젝트들의 개발[17]도 도움을 줄 수 있다.

지속 가능한 운영을 위한 또 다른 방법은 교육이다. 직접하는 교육도 필요하지만 선교사는 통로의 역할을 함으로 더욱 풍부한 외부의 자원이 흘러가도록 해야 한다. 나이지리아 의료진들에게 한국 또는 다른 나라의 의과대학과 병원을 연계하는 교육과 연구의 기회를 제공함으로 시야를 넓히고 스스로 나이지리아의 미래를 준비할 수 있도록 도와야 한다. 모든 의료의 영역에서 준비가 필요하겠지만 특별히 지역사회 기반을 가지고 교육, 예방, 치료가 함께 행해질 수 있는 영역에 관심을 기울이고 더욱 관계적이고 예방적인 사역들(당뇨, 고혈압, 에이즈, 호스피스, 모자보건 등)이 개발될 수 있도록 지지하여야 할 것이다. 선교사 역시도 계속되는

---

15   Gro Harlem Brundtland. Report of the World Commission on Environment and Development: Our Common, 1987.

16   후원금 관리의 투명성과 기부자 소통 중심성에 대한 자세한 설명은 본 논문을 참고할 수 있다. 김슬기. "비영리 선교 병원의 지속 가능성 디자인(Design Convergence Study)", 48 vol.13. no 5. 2014.

17   현재 빙햄 의과대학병원에서는 방광질루(Vesicovaginal fistula) 프로젝트만이 외부 후원으로 운영되고 있다.

자기계발과 발전이 없이는 이러한 역할을 수행하기 어려울 것이다. 전문 영역을 심화시키고 외부와 지속적으로 커뮤니케이션을 통해 네트워크를 유지하고 변화를 읽을 수 있어야 섬길 수 있을 것이다.

responsible-to하여야 한다

셔우드 링겐펠터(Sherwood G. Lingenfelter)는 'responsible-for'와 'responsible-to'를 구분하여 이야기한다. A be responsible for B이면 A가 B를 책임지는 것이다. A be responsible to B이면 B에 대해 A가 책임 있는 행동을 하는 것이다.[18] 선교사는 현지인을 책임질 수(responsible-for) 없으며 그것은 오직 현지인 자신만이 할 수 있는 일이라고 설명한다. 대신 선교사는 현지인에 대하여 책임 있는 행동(responsible-to)을 해야 한다. 이는 특히 현지인에게 이양된 기관의 중간 관리자로 일하는 선교사에게 적용된다. 〈표 1〉 빙햄 의과대학병원 선교사는 responsible-to의 역할을 할 수 있어야 하겠다.

〈표 1〉 responsible-for 와 responsible-to 태도[19]

선교사 업무	responsible-for	responsible-to
목표	목표를 정함	비전을 나누고 목표를 상의함
업무 계획	업무를 나누어 줌	은사를 발견하고 업무에 연결함
감독	피고용인 관리	팀원들의 멘토가 되어 줌
예산	예산을 정함	예산 책정을 도움
지출 보고	지출을 통제함	지출 보고를 격려함
결과 보고	원하는 결과를 만들어 냄	결과를 확인해주고 지지함
현지단체와 연락	기대하는 현지단체의 질적 수준을 요구함	현지단체의 의견을 해석함
국제단체와 연락	국제단체의 목표를 맞춤 국제단체의 목표를 해석함	팀 활동 결과 보고

18 저자는 어려웠던 사춘기 딸과의 관계를 고백하며 자신이 딸을 책임져야 한다고(for) 생각했었는데, 그것을 딸에 대한 책임 있게 행동하는 것으로(to) 바꿔야 했다고 고백한다. 책임지는(for) 것은 감정적으로 밀착되어 가장 잘 아는 내가 파워를 가져야 하고 좋은 결과를 위해 상대를 조정(control)해야 한다. 책임 있는 행동을(to) 하는 것은 상대를 독립된 인격으로 존중하며 지지하기에 감정적으로 분리되어 자신의 자리를 지키는 역할을 하고 상대에게 선택권을 주는 것이다(Sherwood G. Lingenfelter, *Leading Cross-Culturally: Covenant Relationships for Effective Christian Leadership*, 2008).

19 위의 책, 영어 원본 표를 필자가 임의로 번역하였다.

이슬람 개종자였다가 다시 이슬람으로 돌아간 북부 나이지리아 출신 외교관 존 맘만 가르바(John Mamman Garba)는 1989년 이렇게 말했다.

"북부 나이지리아에서 기독교는 단지 80년 되었습니다. 반면에 이슬람은 14세기 이후로 우리와 함께 있었습니다. 우리에게 있는 기독교는 단지 피상적이라고 말할 수 있습니다. 이는 큰 저수지에 던진 작은 조약돌이 다시 물위로 올라오지 않는 것에 비유할 수 있겠습니다."[20]

나이지리아는 비서구권 부흥의 대표적인 나라로 비서구권 국가 중 선교사 파송 상위 10개국에 들어간다. 하지만 북부 나이지리아에서의 기독교 선교는 아직 피상적인 깊이에서 더 들어가지 못하고 있는 것인지도 모른다. 선교사는 현재 눈에 보이는 상황과 문제에만 급급하지 말고 나이지리아에서 일하시는 더 큰 하나님의 선교를 이해하고 기대하며 참여해야 한다. 역사를 이끄시는 하나님의 손길이 지금의 현실을 지나 어떻게 나이지리아의 다음 세대에게로 이어질지 끊임없이 질문하여야 한다. 여전히 강한 이슬람 지역인 북부 나이지리아는 아직도 복음을 들어보지 못하고, 주님의 이름으로 나아가는 따뜻한 손길 한번 느껴보지 못한 많은 영혼들이 있다. 수년에 걸친 보코하람의 테러로 자신의 땅에서 농사를 지을 수 없었던 520만 명의 사람들이 기아의 위협에 있으며, 많은 생명이 기본적인 의료의 혜택도 받지 못한 채 사라져가고 있다. 하나님께서는 빙햄 의과대학을 통하여 놀랍게 일해오셨고 앞으로도 하실 일을 기대한다. 또한 빙햄 의과대학 밖에서도 일하시는 하나님의 경륜을 인정하며 시야를 넓혀야 한다.

---

20 John Garba, *The Time Has Come...: Reminiscences and Reflections of a Nigerian Pioneer Diplomat* (Ibadan: Spectrum Books, 1989).

맺는말

이미 현지에 이양된 선교 병원 위기의 대부분은 선교사 개인이 감당할 수 있는 수준을 넘어섰다고 생각한다. 이러한 어려움은 지구적으로 진행되는 세속주의와 포스트모더니즘 속에서 더욱 악화될 가능성이 있다. 하지만 그러한 가운데 하나님께서 선교사를 부르신 이유를 들을 수 있어야 한다. 엄주연 교수는 GMTC 설교에서 다음과 같은 두 가지 질문을 하였다.21

"누군가가 선교사를 만났다는 것은 어떠한 의미가 되어야 하는가?"
"선교사가 떠난 자리에 무엇이 남아야 하는가?"

이 두 질문에 스스로 답해 봄으로 과연 선교사가 상황에 관계없이 하나님의 영광의 도구가 되고 있는지 돌아보는 것이 중요할 것이다.

선교 병원은 지속적으로 변하는 시대에 반응하는 지혜를 가짐과 동시에 변하지 않는 목표인 성경적인 건강한 사람을 신실히 추구함으로 하나님의 영광을 나타낼 수 있다고 생각한다. 구체적인 방법으로 선교사는 현지인의 지속 가능한 병원 사역을 지지하며 그 과정 중에 'responsible-to'해야 함에 대해 나누었다. 선교는 우리의 것이 아니다. 선교는 하나님의 것이다.22 선교의 방법 또한 우리의 것이 아닌 하나님의 것으로만이 가능할 것이다. "서로 사랑하라"23 하신 말씀을 의료 선교사가 얼마나 더 구체적인 섬김과 의술로 써내려 갈 수 있는지가 우리 시대 하나님의 선교를 가능하게 할 것이다.

참고 문헌

권유경. 2016 아프리카 국별 연구 시리즈: 나이지리아. 서울: 아프리카미래전략센터, 2016.
Andrew, Phil. *Traning Health Workers in SIM: The Quiet Revolution in Medical Missions Strategy*. Sydney: Phil Andrew, 1993.

21   엄주연. 'Finishing well', GMTC 수요예배, 2017. 8. 30.
22   Christopher J. H. Wright, *The Mission of God*, 한화룡 역, 『하나님의 선교』 (서울: IVP, 2010).
23   내 계명은 곧 내가 너희를 사랑한 것 같이 너희도 서로 사랑하라 하는 이것이니라(요 15:12, 개역개정).

Bosch, David J. *A Spirituality of the Road*. Scottdale, PA: Herald Press, 1995.

Fernando, Ajith. *The Call to Joy and Pain*. Wheaton, IL: Crossway Books, 2007.

Garba, John. *The Time Has Come…: Reminiscences and Reflections of a Nigerian Pioneer Diplomat*. Ibadan: Spectrum Books, 1989.

Krause, Jana. *A Deadly Cycle: Ethno-Religious Conflict in Jos, Plateau State, Nigeria*. Geneva: Geneva Declaration Secretariat, 2011.

Lingenfelter, Sherwood G. *Leading Cross-Culturally: Covenant Relationships for Effective Christian Leadership*. Grand Rapids, MI: Baker Academic, 2008.

North-East Nigeria Humanitarian Situation Update: September 2017. United Nations: United Nations 2017.

Pallant, Dean. *Keeping Faith in Faith-Based Organizations: A Practical Theology of Salavation Army Health Ministry*. Eugene: Wipf and Stock publishers, 2012.

Reken, David R. Van. *Mission and Ministry: the Christian Medical Practive in Today's Changing World Cultures*. Wheaton, IL: Billy Graham Center, 1987.

The Study of Global Christianity. *Christianity in its Global Context, 1970~2020: Society, Religion, and Mission*. South Hamilton, MA: the Study of Global Christianity, 2013.

United Nations Office for the Coordination of Humanitarian Affairs, 2017.

Who Shall Enter Paradise?: Christian Origins in Muslim Northern Nigeria, ca. 1890-1975. Athens: Ohio University.

Wright, Christopher J. H. *Mission of God*. 한화룡 역. 『하나님의 선교』. 서울: IVP, 2010.

6

지역별 의료 선교

네팔에서 일하시는
하나님의 복음

김안식

김안식 선교사는 1974년에 가톨릭대학교 의과대학을 졸업했다. 일반외과 전문의로 하늘문감리교회 장로이다. 2000
년 10월 감리교단의 파송을 받아 네팔 선교사로 도티 지역에서 사역했으며, 2016년 이후부터는 카트만두 소재 네
팔-한국 친선병원에서 사역하고 있다.

많은 친구들로부터 "왜 네팔인가? 하필 도티인가?" 등의 질문을 받곤 합니다. '하나님의 부르심'이라는 답에 고개를 갸우뚱하는 그들을 보며 마음속 깊이 '왜?'라고 수없이 자문해보 았습니다. 네팔에 온 이후 기왕이면 이 나라에 어떻게 기독교가 전파되었는지 알고자 많은 관련 서적을 뒤적이다가 이 답에 합당한 부르심이 있었다는 깨달음이 있었기에 함께 나누며 은혜의 시간이 되기를 빌며 이 글을 적습니다.

하나님의 일은 우리가 전혀 알지 못하고 깨닫지도 못한 때에 그분만의 방법으로 진행되 기에 그 하나의 방편으로 우리 부부를 들어 써주시기를 기도하며, 한편 하나님 아버지의 동 역자로 부름받았다는 사실에 황송하게 생각하며 이 땅에 그리스도의 푸른 계절이 속히 임하 기를 기도하며 그동안의 자료들을 정리해봅니다.

1951년 이전에는 공식적인 기독교인이 네팔에 한 명도 없었습니다. 현재는 결신자가 많 이 생기고(통상 200여만 명 이상으로 추산) 전국 곳곳의 중요한 도시마다 교회가 세워짐을 봅니다. 힌두와 라마 불교의 온상지인 이곳에 어떻게 이런 일이 가능했는지? 그 발자취를 더듬어 보 렵니다.

1. 네팔 선교와 교회 역사의 개요

네팔의 선교 및 교회 역사를 보면 몇 가지 특징이 있음을 알게 됩니다. 이들은 특이하게 도 외부 선교사들의 도움이 아닌 네팔인들 스스로에 의해 복음이 전해졌으며, 교회 개척 또 한 그러하며 대부분 교회에 교파의 색깔이 없다는 점입니다. 먹고 살기 위해 인도로 갔다가 복음을 접한 이들이 박해와 핍박을 감수하고 네팔로 돌아와 복음을 전파했으며, 외국 선교사 들의 간섭(?)이 배제된 채 스스로에 의해서 복음 전파가 시작된 점입니다. 이들의 찬송가를 보면 번역 번안곡보다는 이들 특유의 음률을 잘 나타내는 곡들이 주종입니다. 이 점이 그 사 실을 잘 나타내고 있습니다.

또 다른 특징 중 하나는 대부분의 선교사들이 UMN과 INF라는 연합선교단체에 적을 두고 함께 사역하고 있다는 것입니다. 이에 반해 한국 선교사들은 개 교파, 개 교회주의를 표방하며 각개 약진을 꾀하고 있어 대조를 이루고 있습니다. 서로의 장단점에도 불구하고 우려가 되는 것은 우리들의 저돌적이고, 무계획적인 방법이 어떤 결과를 가져올지 모를 정도로 어지럽다는데 있습니다. 또 시행착오를 범할 수 있다는 사실입니다.

이들의 역사를 간략하게나마 살펴보는 것이 이해를 돕는 한 방법이라고 생각됩니다. 1760년대 중서부 산악지대에 살던 체뜨리(우리에게는 주로 크샤뜨리아로 불림) 중심의 구르카(Gorkha) 지방의 샤(Shah) 왕조가 카트만두 지방을 중심으로 살고 있던 네와르(Newar) 족속의 말라(Malla) 왕조를 무너뜨리고 이 땅을 통일하였습니다. 이 과정에서 영국의 동인도 회사와 전쟁이 있었으며, 1850년 영국-네팔전쟁에 패하여 국토의 절반을 잃는 수모 끝에 150여 년의 긴 폐쇄 정치를 펼치게 됩니다. 이때 네팔에는 영국의 소수 인원을 제외하고는 어떤 외국인도 살 수 없었습니다. 당시 추방당한 선교사들은 국경에서 걸어서 3일 거리의 곳에 정착하여 신학교와 병원을 세우며 다시 선교의 문이 열리기를 기다리며 대를 이어가며 긴 세월을 기다리는 인내를 보여주었습니다.

1951년 트리뷰반왕의 결단으로 나라의 문이 열리며 거의 중세 시대의 그 모습 그대로의 이 나라도 현대화의 물결을 타게 되는데 이 과정에서 국경 가까운 곳에서 정착하여 문이 열리기를 기다리던 선교사들이 하나님이 주신 절호의 기회를 연합하여 선교할 수 있도록 지혜를 모을 수 있었던 것 또한 자랑입니다. 1952년에 결성된 INF는 포카라를 중심으로 중서부 지역의 결핵과 나병 관리를, 1954년 형성된 UMN은 카트만두를 중심으로 보건, 교육, 농촌 개발, 산업 개발 등의 사역을 하며 오늘에 이르고 있습니다.

한국 선교사는 1982년 이성호 선교사를 필두로 개인 자격으로 들어와 선교 사역에 참가하며 외국 선교단체에 합류하여 오거나 호산나재단, 장미회 등의 일원으로 참가하여 오늘에 이르렀습니다.

1990년의 민주화 운동의 결실로 네팔에 종교의 자유가 선포되며 활발해진 선교 역사는 급격히 기독교인 숫자가 늘게 됨에 따라 안팎의 고민을 안게 됩니다. 밖으로는 힌두 골수분자들의 박해와 핍박, 안으로는 물량주의와 몰지각한 일부 개 교단주의에 밀려 아름다운 이들의 전통이 무너지게 됩니다. 기독교인들은 돈이 많다는 인식으로 돈을 바라고 교회에 나오는 일이 벌어지고, 박해를 견디며 교파 구분 없이 하나로 뭉쳐 있던 교회가 서서히 분열되기 시작하는 부작용이 그것입니다. 그 일에 한국 교회가 한몫을 했다는 부끄러운 사실도 지적하고 넘어가야 할 부분입니다.

2. 닫혀진 나라, 네팔의 역사

여명기

1) 첫 결신자 — 미카엘

1700년대 중반 티베트의 수도 라사에 네팔에서 일 때문에 이주해 온 노동자들의 감독관으로 고위 카스트에 속하는 한 젊은이가 있었습니다. 당시 말라 왕조의 네팔은 티베트로부터 도움을 받고 있었습니다. 그 젊은이는 그곳에서 기독교라는 새로운 종교를 접하고, 많은 가르침을 받은 끝에 당시로써는 파격적인 세례를 받고 미카엘이라는 세례명을 얻으며, 네팔의 첫 기독교인이 되었습니다. 1745년 1월 6일에 일어난 사건입니다.

세례 직후 라사에서 추방당하는 로마 신부를 따라 네팔에 돌아온 미카엘은 부정함을 정화하는 예식을 강요하는 당국과 가족들의 권유를 거절하고 기독교인으로 남기를 선언한 뒤, 인도 북부(당시 힌두스탄 왕국)에 정착하여 기독교 공동체의 초석이 됩니다. 유감스럽게도 세례명 외에 네팔 이름은 알려지지 않았습니다. 이 티베트 선교회의 이야기는 1976년에 발간된 *The Bell of Lhasa*(by FulgentiusVannini)에 자세히 나와 있습니다.

로마 가톨릭 소속 카푸친 선교회의 티베트 선교회가 1579년을 시작으로 1600년대에 인도 북부와 네팔을 오가며 복음을 전했습니다. 1628년 비아시아인으로는 처음으로 예수회 소속의 죠안 카브랄 신부가 카트만두 왕국에 들어갔으며, 다음 해 두 명의 다른 사제 역시 입국할 수 있었습니다. 1661년 크리스마스이브에 그루버 신부는 당시 카트만두 왕인 프라타파말라(PratapaMalla)왕을 알현하고 집과 필요한 자재, 복음 전파까지도 허용하는 환대를 받기도 했습니다. 물론 망원경이나 나침반 등의 선진문물 때문이기도 했지만. 1721년엔 예수회 소속의 데시데리 신부에 의해 네팔 상인 회심자를 얻기도 했습니다. 이때부터 티베트 선교회는 티베트-네팔 선교회로 이름을 바꾸고 적극적으로 선교에 나섰습니다. 1722년 카트만두의 말라 왕조 때 두 명의 사제가 거주를 허락받아 의료 선교를 행하다 스파이 혐의로 추방당하는 일도 있었습니다. 인원과 지원의 부족으로 몇 차례 해산과 재출범의 곡절 끝에 1760년 3월 24일 카트만두 타멜에 두 개 교회와 이들의 묘지가 생기기도 했습니다.

초기 신자에 대해서는 네왈 부족들 중 소수의 땅이 없는 농민들, 미카엘처럼 티베트에서 개종하고 돌아온 사람, 일자리를 찾거나 장사하기 위하여 개종한 소수의 남자들이 알려졌습니다. 그들 모두 믿음과 카스트, 가족 친지로부터 배척, 추방으로 고통을 받았습니다. 하지만 비록 가난하지만 정직하고 하나님을 두려워하고 열심히 일하는 부지런한 사람들이라고 알려졌습니다.

당시 네팔은 고르카의 프리트비 나라얀 샤(Prithiwi Narayan Shah)가 카트만두의 작은 왕국들을 합하여 통일 왕국을 이루었습니다. 그러나 이 과정에서 카트만두 왕의 원조를 요청받고 출전한 영국 벵갈 부대 킨록 대위의 부대와 전쟁을 치루게 되는데 선교적인 어려움을 겪는 시기입니다. 결국 1769년 네팔 내 모든 외국인과 기독교인을 국외로 추방하는 정책으로 200여 년의 긴 암흑기에 들어가게 됩니다. 이러한 정책의 배경에는 정치적으로 독립 국가를 지향하고, 종교적으로 힌두 근본주의의 유지와 그 통치하에 두려는 기득권자의 주장 때문이었습니다.

암흑기

1814~1816년의 영국-네팔전쟁에서의 패전으로 인해 폐쇄 정책은 더욱 굳어지고 세굴리 조약으로 국토의 절반을 떼어주고, 처음으로 영국인의 카트만두 체재 허가를 주었음에도 불구하고 외부 세력에 대한 빗장은 더욱 굳게 드리워졌습니다. 1846년 정 바하두르 라나(Jung Bahadur Rana)에 의한 쿠데타로 Rana 통치에 들어간 네팔은 "선교는 대포와 함께"라는 말을 인용하며 외국 선교사 및 기독교에 대한 빗장을 강화했습니다. 또한 내국인의 외

국 종교(기독교, 무슬림 등)로의 개종도 철저하게 막았습니다.

이 기간에도 하나님은 당신의 방법으로 복음 전하기를 계속하셨습니다. 권서인, 성경 매매인을 통한 전도, 새 관찰을 통한 복음 전파 등 여러 가지 방법으로 그 나라를 확장하신 것입니다. 인도 다질링에서 어떤 성경 매매인은 700~800여 권의 성경을 메고(정식으로 세관을 통과한 합법적인 것임) 들어가 카트만두에서 서점을 개설하기도 했습니다. 그러나 상류층 남녀의 환영을 받음도 잠시, 당국에 의해 성경 판매를 금하는 명령에 의해 인도로 돌아간 적도 있습니다. 그럼에도 불구하고 주님의 그루터기는 여전히 남아서 커가고 있었고 국경을 사이에 두고 복음의 불꽃은 다시 피어오를 그날을 숨을 고르고 기다렸습니다.

문이 열리기를 기다리며(100년의 준비)

1835년 킴 왕국으로부터 주로 림 부족들의 거주지였던 다질링을 불하받고, 이 지역에 대규모 차 재배 농장을 시작하면서 인구가 폭발적으로 증가하였습니다. 수천 명의 노동자들이 필요했으며, 대부분이 네팔 사람들로 채워졌습니다. 오래지 않아 이 지역의 대부분이 네팔 사람들로 채워지고, 자연스럽게 복음을 접할 기회를 얻게 됩니다.

이곳은 독일 모라비안 교도에 의해 복음이 전파되기 시작했으며, 영국의 앵글리칸 채플렌(Anglican chaplain)의 스타트(Start) 선교사, 니벨(Niebel) 선교사, 페이지(Page) 선교사 등이 차례로 섬겼습니다. 실제 이곳의 교회는 스코틀랜드 선교회의 윌리엄 맥팔래인(William Macfarlane) 선교사에 의해 시작되었습니다. 학교를 세우고, 네팔말로 설교하며, 선임 선교사들의 일들을 이어받아 쪽 복음을 번역하는 일들을 시작했습니다. 주로 학교 ― 성경학교 ― 를 통해 아이들의 관심을 끌고 세례를 베풀기에 이릅니다.

선구자, 첫 번째 목사

강가 프라사드 프라단(Ganga Prasad Pradhan)은 네팔의 첫 번째 안수 목사, 네팔어 성경 번역자 및 네팔 문화의 선구자 등 다양하게 불렸습니다. 그는 1851년 카트만두 타멜에서 태어났으며, 대대로 농부였으며, 그의 아버지가 브라만 석학으로부터 글을 배웠으며, 그의 형 역시 글을 배웠으나 그는 농부로써 일을 해야만 했습니다. 다질링의 노동자들 감독관으로 일하던 형의 초청으로 모든 식구가 다질링으로 이주한 것이 그의 나이 10세 때이고, 하급 노동일을 하던 그가 맥팔래인 목사를 만났으며 19세 생일인 1870년 6월 4일 집을 나와서 학교에 다니게 되었습니다. 그는 배우는 속도가 빨랐으며 일 년 내에 성경학교의 선생이 될 정도로 빠른 진보를 보였습니다.

성경학교 시절 힌디어로 성경을 읽은 뒤 예수님을 구주로 영접하고 과거의 모든 잘못된 것에서 돌이켜 우상을 멀리하였습니다. 그는 계속 성경을 읽다가 '온 세상을 얻는다 해도 나의 영혼이 잘못된다면 무슨 소용이 있나?'며 세례를 받게 됩니다. 그의 나이 24세 때였습니다. 이후 맥팔래인 목사와 함께 성경 번역과 전도자로서 일하다가 1914년 그간의 공로로 목사로 안수 받는 영예를 누리게 됩니다.(British and Foreign Bible Society로부터)

그는 교사, 설교자, 번역가, 저자일 뿐 아니라 헌신적인 한 가장으로서 모범을 보였으며, 1874년 리찌 라이(Lizzi Rai)와 결혼, 2남 6녀의 자녀와 더불어 행복한 삶을 영위했습니다. 자녀들을 하나님을 경외하도록 키웠으며, 가정 예배, 성경 암송, 성경 퀴즈 등 다양한 방법의 가정교육의 효시자였습니다. 1914년 60살을 넘긴 나이에 삼대에 걸친 40명의 가족을 끌고 다시 네팔로 돌아가 전도자로서 마지막 불꽃을 태우려 했으나, 카트만두 왕의 반대에 부딪혀 다시 다질링으로 돌아와 인도에서 그의 마지막 사업을 행하다 1932년 3월 28일 소천하였습니다.

그는 진정 거인이었으며 소망과 비범한 재능의 소유자요, 하나님의 영광을 위해 살다간 다질링 네팔 교회의 진정한 선구자요, 오는 세대에 네팔 교회사에 큰 족적을 남긴 위대한 분들 중 하나로 기억될 것입니다.

1950년대 이후의 발전사

1950~1951년 혁명기를 거치며 200년 만에 처음으로 기독교에 문을 연 네팔은 네팔 기독교인과 선교단체가 함께 공존했습니다. 당시엔 카트만두, 포카라와 네팔건즈 세 군데에 선교센터가 있었습니다. 하지만 차례로 네팔 기독교인들에 의해 분가해 나갔습니다.

3. 의료 선교

일단의 선교 거점을 확보한 UMN은 '지방으로 지방으로'의 정책을 펴며, 기존 세 군데 외에 동부의 오켈둥가, 중부의 암피팔, 서부의 탄센, 극서부의 도티를 정책 지구로 정하고 선교지 확장을 시도하게 됩니다.

먼저 암피팔에 병원이 생겼습니다. 이 병원은 토마스 헤일의 『신식 의사 산촌에 오다』(생명의말씀사, 1993)에 잘 소개되어 있습니다. 그 다음 탄센 병원은 UMN의 거대 조직을 태동시킨 원동력이기에 잘 운영되어 왔습니다. 그리고 카트만두 계곡의 정상에서 동쪽을 바라보며 제일 높은 산 sagarmata(외국에서는 '에베레스트'로 더 알려짐)를 기준하여 약간 남쪽의 분지에 위치한 곳, 오켈둥가에 세 번째 선교 병원이 세워졌습니다. 하지만 극서부의 도티 지역은 지원자가 없어서 이때부터 소외된 지역(?)이 되었습니다. 정책 지구의 하나였지만 극서부 오지라는 이유와 도로의 미비로 인한(많은 강을 건너야 했기에 인도의 북부를 통과하여 네팔로 재입국해야 하는 어려움 외에 선교지까지의 길 또한 없었음) 어려움 때문이었습니다.

이들의 선교 원칙 중 '의사 한 명에 간호사 두 명, 그리고 네팔인 직원'으로 구성된 팀으로 이 일들을 할 수 있었습니다. 초기에는 병원 문을 닫고 전 직원이 한꺼번에 휴가를 가야할 만큼 인력난을 겪기도 했습니다. 점차 발전기, 검사실, 약국, x-ray, 수술실 및 직원들의 재교육을 위한 시설들로 확장해 나갔습니다. 더 진행되어 네팔인 의사 그리고 선교사들로 채워졌습니다.

주로 감염병, 보건 교육, 이동 진료를 통한 결핵 퇴치 운동 등이 초기의 주요 업무였습니다. 이때나 지금이나 시골의 풍경은 똑같아서 출생 직후의 아이의 몸 전체와 귀와 눈에도 기름을 바르고 햇볕이 잘 드는 곳에 눕혀 놓고 이웃 아낙의 도움으로 벌거벗은 몸을 마사지 받으며 쉬는 모습을 종종 보게 됩니다. 주변에는 물소 떼들이 아무렇게 똥을 싸고, 아이 주변은 물론 집에도 튀기는 것을 봅니다. 여인들은 오염된 물에 발을 담근 채 그 물로 빨래하고, 아이들은 머리에서 이를 잡고, 헝클어진 머리에 더러운 콧물, 반 벌거숭이의 옷에 집에서 만든 공을 쫓아다니는 아이들, 흙을 먹으며 그 가운데 살아가는 아이들, 이 모두가 오늘의 네팔 풍경입니다. 심지어는 소똥으로 식기들을 닦기도 합니다.

이들을 향한 "가정 중심의 health care"가 지향 목표였습니다. 또 당시 만연된 나병 퇴치와 재활 교육에도 열심이었고 집 없고, 헐벗고, 굶주리고, 교육 받지 못한 이들을 위한 노력도 병행하였습니다.

4. 농업 발전 프로젝트

선교 거점 지역 확보 후, 농업 발전을 위한 팀이 투입되어 좋은 선교의 접촉점을 이룰 수 있었습니다. 이 팀은 좁은 경작지에도 불구하고 채소의 시험 재배, 과수 재배, 초지 재배, 해충 박멸 작업 등을 지역의 토양, 계절, 기후와 관련하여 파악하였습니다. 또한 닭, 돼지, 물소 등의 사육도 가르쳤으며 이스라엘 산양을 수입하여 입양하게 하는 등 지역민을 위한 여러 가지 노력을 기울였습니다. 학교에서 농민을 위한 교실 또한 개설하여 가르쳤으며, 마침내 수의사를 팀에 합류시켜 그들의 가축을 돌보며 부의 축적을 도왔고 농축산물의 유통과정에도 도움을 주었습니다.

이 팀은 가게를 열어 씨앗에서 과일의 유통 판매, 쥐나 해충 박멸, 농민을 위한 교육 등 실제적인 도움을 통해 삶의 질을 높이고, 선교의 접촉점을 극대화시켰습니다.

5. Mountain 프로젝트

상기의 두 가지 프로젝트에서 소외된 도티 지역 등 산악 지역을 겨냥한 이 계획은 1960년대 중반에 원대한 출발을 했습니다. 지역적으로 극서부 마하깔리와 세띠 지역은 인도의 북부를 통하여 재입국해야 할 정도의 오지입니다. 지금은 15개의 다리가 놓여 육로로 다닐 수 있지만 당시엔 우기 때가 되면 며칠이고 물이 빠지기를 기다렸다가 가야 했기에 많은 어려움이 있었습니다. 이를 극복하고자 오지의 격리된 지역을 위하여 계획된 귀한 프로젝트입니다.

이 계획은 초기에는 비행기와 라디오 방송을 동원하여 일시에 이루고자 하였습니다. 그러나 많은 검토 끝에 엄청난 비용과 정부의 민간 비행기, 비행장 및 방송국의 불허 시책에 따라 무산되었습니다. 동시에 교육부의 "더 이상의 미션 프로젝트는 허용하지 않는다"는 정책에 밀려 이 원대한 계획은 말 그대로 계획에 그치고 말았습니다. 결국 도티 지역을 위한 사역의 한계를 노출시킨 셈입니다.

6. 선교의 지향점

이후 모든 선교는 교육에 목표를 두고 하나하나 진행해 나갔습니다. 진행하면서 가장 값진 투자는 사람을 키우는 일이라는 걸 과정 가운데 알게 되었습니다. 결국 교육이었습니다.

교육에는 어떤 지적 수준을, 어떤 방법으로, 무슨 목적을 가지고, 그 다음에는 어떤 유익이 있을 것인가? 등을 고려하여 결정해야 합니다. 역사적으로 종교가 모든 학문의 기초가 되었듯이 우리에게 고매한 이상을, 고상한 윤리 의식을, 도덕규범을, 영적 가치를 또는 삶의 수단과 방법을 알려줄 수 있습니다. 그러나 네팔에서 종교는 철저히 배제하는 것이 타당하리만큼 이들의 삶에 큰 부분을 차지하고 있었습니다. 그래서 교육의 목표를 '사람 만들기'에 둘 수밖에 없었습니다. 당시 왕인 머헨드라의 어록에 "나의 정부는 국민을 지도하고 가르칠 규범(법)들을 잘 만들어 그것을 잘 따라 좋은 사회를 만드는데 그 목표를 두고 있습니다. 그러나 규범 자체가 우리들을 훌륭하게 만들지 않습니다. 각자의 마음속에 변화를 받아 자기의 행동을 절제하여 보다 나은 사회를 만들어나가야 합니다"라고 천명했듯이 교육의 중요성을 강조하고 있었습니다.

네팔은 한국에 비해 여러 가지 장점들을 갖고 있습니다. 식량 자급자족이 가능한 비옥한 토지, 수려한 경관, 눈 덮인 산들, 열대 지역의 태양, 풍부한 물 그리고 엄청난 원시림을 포함한 숲들이 그 무엇보다 자랑이 아닐 수 없습니다. 이 중 물과 삼림은 엄청난 자산이 아닐 수 없습니다. 실제 개방 후 지금까지 네팔은 만들어지고 있습니다. 누가, 어떻게, 어떤 방법으로가 중요합니다.

7. 왜 도티인가? 어떻게 오게 되었나?

1988년 대한민국 기업 삼부토건이 세티 지역의 도로와 교량 건설을 의뢰받고 처음으로 이 지역에 들어왔습니다. 길이 없어 길을 닦으며 이곳 도티까지 왔습니다. 지금 이곳의 세띠 강을 가로지르는 훌륭한 다리를 건설하는 삼부토건의 본부 사무실이 현재 이 지역 'road office'로 당시 의무실로 쓰였던 건물이 현재 수정학교의 사무실로 쓰이고 있습니다.

이 지역의 도로 공사를 마치고(1993년) 철수하는 회사에 이 지역 주민들의 진정이 들어왔습니다. 의료 혜택을 맛본 이들이 의무실의 존속을 강하게 요구한 것입니다. 회사 당국자는 카트만두의 선교사에게 문의하였고, 호산나재단 소속의 백종윤 선교사와 연결되었습니다. 수차례 탐방 결과, 의무실만 두기 보다는 의무실은 병원으로 승격시키고 동시에 학교를 개설하여 선교의 접촉점을 찾기에 이릅니다. 이것은 네팔 선교 역사에서 소외받은 이 지역에 한국 선교사들이 들어오는 역사적 사건이 되었습니다. 하나님의 한결같으신 섭리하심과 백종윤 선교사의 결단과 역사를 꿰뚫는 혜안이 있었기에 가능한 조치였습니다. 그동안 철저하게 소외되고 배제되었던 이 지역에 처음으로 민간 병원이 건설되고, 한국인이 운영하는 기숙사가 있는 English Boarding School이 문을 열게 됩니다.

1994년 서울 수정성결교회(담임목사 조일래)의 전폭적 지원으로 지금의 수정영재학교가 세워졌으며, 2017년 현재 유아원에서 대학교 과정(from nursery to class 12)의 870명 학생들이 열심히 공부하고 있습니다. 병원도 2000년 4월 정부와 병상 50개 규모의 병원을 5년 이내에 세우기로 합의하고, 이 지역 유일의 민간 선교 병원으로 그 역할을 감당하고 있습니다.

서두에서 했던 첫 번째 질문인 '왜 도티인가?'에 대해 답을 내려야 할 시점이 되었습니다. 50년이 넘는 이 나라 선교 역사상 소외 받은 채 지금까지 남아 있던 이곳에 한국 선교사가 들어온 것은 우연한 일이 아닙니다. 어느 나라, 어느 누구도 꺼려하는 이 지역에 의료 봉사를 다녀가며 알게 된 것은 저희 부부에게 남겨 주신 하나님의 준비된 곳이라는 확신이 우리 부부를 이곳으로 불렀다고 믿습니다.

카트만두에서 약 950km 떨어진 이곳에 오기 위해서는 지금도 이틀이 걸립니다. 하지만 땅 끝까지 이르러 내 증인이 되라는 주님의 지상 명령에 순종하고, 이곳을 허락하신 주님으로부터 황송하게도 선교사(2000년 10월)로 부름을 받는 이 영광, 그리고 우리보다 앞서 일하시는 그분의 뒤를 좇으며 우리와 함께 하시는 그분의 발자취를 간증케하시는 그분만을 오직 높여드립니다.

8. 우리들이 머물러야 하는 이유

이곳도 미국, 영국, 노르웨이, 덴마크, 프랑스, 일본을 비롯하여 우리나라의 NGO 단체에서 파견된 많은 인원들이 나름대로의 일을 하고 있습니다. 그러나 아직까지 수정학교와 병원을 견줄만한 시설이나 인원이 없는 실정입니다. 또한 십수 년 경력의 노하우를 갖고 있는 기관이 전무합니다. 가장 중요한 것은 이곳 주민들로부터 많은 신뢰를 받고 있는 우리들이 이곳에서 할 일이 너무나 많습니다. 어떤 곳보다도 오지 중의 오지인 이곳이야말로, 우리들의 관심이 모아져 기독교인의 빛을 드러내고 선교 낙후지로서의 도티의 모습을 바꾸어야 할 책임이 있습니다.

실제로 현재 많은 인원이 필요하지만 네팔 사람들조차 오기를 꺼려하여 수도인 카트만두의 봉급보다 1.5~3배를 주어도 인원 보충이 어려운 실정입니다. 과거 유배지였던 슬픈 역사, 정치적 불안, 오가는 길의 위협 그리고 오지의 불편함 등이 원인이라고 생각됩니다.

이제 네팔 전역에서 미전도 지역은 거의 없지만, 부족 사회로 대표되는 곳곳에서 부르는 복음의 손길은 얼마나 간절한지…. 우리들이 할 일이 너무나 많음을 절감합니다.

실제로 많은 인력들 — 의사, 목사, 엔지니어, 간호사, 공중보건 같은 분야의 — 을 공들여 지금까지 키워왔습니다. 이들이 다시 도티로 돌아오는 그날이 기대됩니다. 도티를 변화시킬 다음 세대의 주력들이(일부는 지금도 도티에 들어와 활발하게 일하고 있습니다) 할 일들을 그려보며 선교의 한 페이지를 채웠다는 기쁨을 맛봅니다.

그러기에 앞으로도 더욱 우리들을 필요로 하며 할 일들이 많습니다. 앞으로 학교, 병원만이 아니라 주변 산간벽지에 보건지소 설립과 주민들을 위한 수도와 화장실 개선 같은 서비스 차원의 일을 전개하여 선교의 접촉점을 계속 찾으려 합니다. 이곳이 어느 곳에 견주어도 부끄럽지 않은 선교지가 될 수 있게 되기를 소원합니다. 반드시 이루어질 것입니다. 그 일을 시작하신 그분께서 이루실 것입니다. 그날을 기대하고 그리며 우리 한국인 선교사들은 맡은 바소임을 열심히 할 것을 약속드립니다.

그리스도의 푸른 계절이 속히 임하기를 빌며….

도티 수정병원과 수정학교 (from google map 사진)

참고서적

Hale, Thomas. *Don't let the goats eat the loquat trees*. Grand Rapids: Zondervan, 1986.

_____. *On the Far Side of Liglig Mountain*. Grand Rapids: Zondervan, 1989.

John, Barclay. *The Church in Nepal: Analysis of Its Gestation and Growth*.

Lindell, Jonathan. *Nepal and the Gospel of God*. Books Faith, 2002.

Perry, L. Cindy. *A Biographical History of the Church in Nepal, Kathmandu*. Nepal: Nepal Church History Project, 1993.

Thomas, P. A. *The Mustard Seed: An Investigation into the unique missionological insights from the church growth in Nepal*.

* 한국 측 자료는 백종윤 선교사님과 네팔 한인회 회장인 이경섭님의 도움에 힘입었음을 밝혀드립니다.

베트남 남부 지역 의료 선교

우석정

우석정 선교사는 경북대학교 의과대학을 졸업했고, 흉부외과와 응급의학과 전문의로 롱안 세계로병원에서 섬기고 있다. 베트남 선교사로 목회학박사,의학박사이며 목사이다.

들어가는 말

제목은 지역 의료 선교라 칭했지만 베트남 북부와 캄보디아 지역과 라오스의 중남부 이외 지역에 대한 사역 논의는 제외함을 먼저 말씀드린다. 함께하는 의료 선교 공동체는 동인도차이나 반도의 관문 도시들에 의료 거점을 설립하여 의료를 표방하지만 각종 사회사업을 행하고, 최종 목표는 교회 개척에 두는 종합 사역을 행하고 있다. 현재 남부 베트남의 관문 도시 호치민 근교에 첫 플랫폼으로서 롱안 세계로병원을 설립하여 사역한지 11년이 되었다. 베트남 중부 지방의 관문 도시 다낭과 라오스 중남부 관문 도시 사바나켓에 거점 설립을 진행 중이다. 이곳은 북위 14~16도의 인도차이나 동서 경제 회랑[1]의 중심 관문들이다. 또한 캄보디아 북동부 지역에 교두보를 마련할 수 있다면, 동인도차이나 반도 하부 삼각지의 소수 부족을 섬기는 상황으로 나아갈 수 있는 지역이다. 이런 배경하에서 활동 중인 곳들의 의료 일반과 현재까지의 사역들, 그리고 향후 방향들을 논하며 하나님께서 기억하시고 길을 열어주시길 기도하는 마음으로 이 소고를 작성해가고자 한다.

1. 의료 일반 상황들

동인도차이나 반도를 이루는 나라들에서 베트남, 캄보디아, 라오스를 단편적으로 같이 논할 수 없는 상황이다. 베트남은 15세기에 이미 서방 의학이 프랑스로부터 도입되어 상당한 서방 의학의 기초를 갖추고 있는 나라이다. 파스퇴르 박사가 베트남에서 직접 일한 적이 있어, 그의 이름을 딴 기관이 현재도 임상 검사 부분에서 최고의 권위를 가진 기관으로 활동하고 있다. 의료체계가 프랑스를 본 딴 사회주의 보험 의료를 유지하며 베트남 공산당이 의

---

1   **동서 회랑**: 회랑(回廊, corridor)은 건축물의 주요 부분을 연결하는 지붕 있는 긴 복도를 말한다. 주요 경제권을 물류망을 중심으로 연결하는 모습을 회랑에 비유한 것이다. 프랑스가 인도차이나를 개발하던 시절부터 비롯된 경제 중심축 형성을 이르는 말이다. 오늘날은 일본이 그 역할을 수행한다고 보는 것이 일반적이다. 베트남 다낭에서 라오스를 거쳐 서쪽인 미얀마 항구도시 모울메인을 잇는 경제 벨트를 만든 상태다. 일본은 이 국가들의 동서 간선도로와 교량, 공항 건설에 지원을 아끼지 않고 있는데 '동서 경제 회랑'을 굳히려는 조치로 풀이된다. (위키피디아 외)

료의 직접 공급자로서 위상을 유지하기를 원한다. 의료진을 길러내는 학교 제도나 이후의 수련의 제도, 병원 진료체계, 의료보험체계, 의약 분업체계 등에서도 독자적인 면들을 나타낸다. 아직 서방식 자본주의 의료가 본격화되지는 않았지만 일부 고위층들을 대상으로 한 고급 서비스들을 제공하고 높은 수가를 취하는 방식들이 도입되고 있다. 한의학과 지방별 민간 의학도 나름의 영역을 유지하고 있다.

캄보디아는 시설들은 만들어져가고 있지만 폴 포트 정권의 지식인 없애기 만행에 기인하여 의료 부분을 이끌 지식인들의 그룹이 아직도 많이 형성되지 못한 상황이며, 라오스는 소위 세계 최빈국 중의 하나로서 의료 부분의 기반은 참으로 취약하다. 의료 수준을 말하는 여러 지표가 있겠지만 현재 한국이 OECD 국가로서 이들 나라들에 베푸는 ODA 자금들의 소모처들을 살펴보면 대충 그들의 현재 수준을 가늠할 수 있다고 보인다. 베트남은 보다 선진 기술 이식 부분에, 캄보디아는 실제적인 인력 훈련 쪽에, 라오스는 모자보건과 전염병 관련 사업들이 많다. 베트남은 서구 의학의 오랜 역사와 나름대로의 사회주의 보건과 원리에 기초한 의료를 만들어가고 있으며, 전 국민 의료보험 혜택의 기치를 이미 내걸었고 국민 4대 보험과 연금을 통합한 형식의 복지 기금을 구성하여 이미 실행하고 있다. 캄보디아는 그야말로 과거 한국에서 이루어졌던 미국 측의 미네소타 프로젝트[2] 같은 프로그램이 절실히 요청된다. 많은 의료 인재들을 체계적으로 훈련하는 일이 속히 이루어져야 할 것이다. 라오스는 모든 면에서 기반이 너무 취약한데 시설 구축과 함께 우선 기초적인 모자보건과 전염병들을 주 대상으로 하는 영역에서 기초 발전이 시급히 요구된다.

---

2 **미네소타 프로젝트**: 미네소타 프로젝트는 한국전쟁 이후 미국 정부가 한국 원조 프로그램의 일환으로 미네소타 대학교에 의뢰해 1954년부터 1961년까지 약 7년간 서울대학교 의과대학의 젊은 교수 요원들의 자질 향상 목적으로 진행한 교육 지원 사업이다. 당시 미네소타 대학은 서울대 의대와 공대, 농대 교수 226명을 초청해 짧게는 4개월, 길게는 2년씩 새기술을 가르쳤다. 뿐만 아니라 총 59명의 미네소타 대학 교수 자문관들이 15일에서 길게는 3년여 동안 한국에 상주하면서 대학 교육체계 전반을 자문하고 지원하였다. 해당 프로그램을 위해 미 정부 산하 해외 활동본부가 내놓은 총 1,000만 달러의 지원금은 신(新)지식에 목마른 한국 젊은 의사들에게 가뭄 속 단비와 같은 것이었다. 이렇게 교육을 받은 '미네소타 출신'들은 국내 전문 학회를 이끌고, 대학병원 원장을 맡았으며, 한국 의료를 선진화시킨 주역이 되었다. 위키피디아. jwleecenter.org/2015/05/22/미네소타 — 프로젝트를 — 기억하다/

병원은 2006년 10월부터 진료를 시작하였다. 현재는 각 직능의 12단위의 선교사들이 함께 사역하고 있다. 의료인, 목회자, 사회사업가, 행정가들로 구성되었다. 공동체는 생활, 예배, 사역 공동체로 함께하고 있다. 선교 취지는 '의료를 통한 교회 설립'이다. 구체적으로 3가지의 큰 사역 줄기를 가지고 동역하고 있다. 의료를 매개로 하는 기초 사역들과 사회사업실을 중심하는 중간 매개 사역, 그리고 현지 베트남 기존 교회와 협력하여 교회를 개척하는 직접 사역이다. 공동체는 협력 사역을 위한 공동체 연합팀의 형태 중 다기능 연합팀의 형태이다.

가장 친밀도가 강한 형태라고 할 수 있다. 각 사역의 전반적인 상황을 소개한다.

1) 기초 사역으로서의 의료는 선교 병원 사역이다

병원은 베트남 남부 롱안성 득화군 미한남면(My Hanh Nam, Duc Hoa, Long An)에 위치하여 베트남 농촌 지역의 사람들을 대상으로 한다. 선교사 공동체 외에 베트남 현지인 직원 70여 명과 함께 진료에 임하고 있다. 진료 과목은 내과, 외과, 정형외과, 흉부외과, 응급의학과, 산부인과, 소아과, 이비인후과, 재활의학과, 치과를 포함하는 종합병원의 내용이다. 수술실, 입원실 및 응급실을 운영하고 있다. 인근의 베트남 환자들이 주요 대상자이지만, 호치민 시가 비교적 가까운 편이라 한국인들의 진료도 일부 감당하고 있다. 병원은 합법적인 외국인 투자 법인

---

3   **고신 선교부 지역 매뉴얼**
팀의 유형: 팀으로서 선교 공동체는 획일적이기보다는 다양성을 인정한다.
A. 실제적 팀(virtual team): 현재의 일반적인 교단 선교부들은 대부분 이 형태에 속한다. 이것은 서로 다른 지역(도시 혹은 나라)에 거주하면서도 공동의 비전과 목표를 가지고 일하는 팀이다.
B. 현장팀(field team) 혹은 사역팀(track team): 이것은 동일 지역 (도시)거주형인데, 가까이 살면서 공동의 사역을 위해 늘 만나며 서로 돌보며 함께 사역하는 팀이다.
C. 기능적팀(functional team): 특별한 사역 영역에서 효과의 극대화를 위하여 비록 다른 지역에 소속되어 있더라도 새로운 기능적 팀을 조직하여 사역하는 것을 권장한다.
D. 다기능 연합팀(cross-functional/multi-functional team): 자신의 고유한 기능들을 사용하면서 한 목적을 달성하기 위하여 구성된 팀이다.

의 자격을 가지고 있어서 이하의 사회사업들을 하는데 별 다른 장애를 겪지 않고 일들을 진행하고 있다. 이 기관을 근거로 사역자들이 장기 비자를 취득하고 있다. 고용된 베트남인들에게 임금을 주어야 하는 현실적인 문제가 있어왔지만 지금까지도 함께하신 선교의 주인 되신 분을 의지하고 나아가고 있다. 병원이 위치한 곳은 행정 단위로는 면 단위이다. 롱안성 도청 소재지를 기준하면 후미진 골짜기 지역이지만 호치민 시내에서는 가장 가까운 지역이다. 이곳은 베트남전쟁 때 수많은 포격으로 인한 피해와 특히 고엽제가 다량으로 뿌려진 지역으로서 두 차례의 황폐지 재개발 정책을 통해서 새로운 사람들이 찾아와서 거주지가 형성되었다. 최근에는 공업단지의 집중 개발이 이루어지는 곳으로서 젊은 연령대의 새로운 인구들이 많아지고 있는 신흥 논공단지이다. 주변 30km 반경에는 공식적인 교회가 없었다.

2) 중간 매개 사역으로서의 사회사업실은 병원 시작 때부터 현재까지 개발, 고정된 여덟 가지의 제목들이 있다

의료 봉사를 중심으로 하며, 주민들과 특별한 질환자들을 상대로 무료 봉사 사역들을 감당하고 있다. 순회 의료 봉사 사역, 고엽제 환자 사역, 심장병 환자 수술 돕기 사역, 언청이 환자 수술 사역, 사랑의 집짓기 사역, 장학 사역, 한글 교육 사역, 축구 클럽 사역이다. 전체 사회 사업의 내용은 10년간의 사회사업 내용을 모아둔 도표(참고 자료)로서 대신하고자 하지만, 특별히 고엽제 관계는 의료 연구적인 필요를 따라 비교적 상술하려고 한다.

3) 고엽제 환자 돌보기 사역은 현재의 위치에서 선교 병원 진료를 시작하면서 체감하고, 현지인들의 소망을 읽게 되어 조그만 노력들을 하고 있는 사역이다

이는 베트남 전쟁 종전 후 최대의 후유 사회 문제로서 고엽제에서 파생된 염색체 변화가 대대로 유전되어 내려가며, 현재 4대째의 각양 형태의 유전 질환들이 발견되고 있다. 베트남 정부의 공식 발표와 여러 문헌들[4]에서 나오는 자료들이 조금씩 다르긴 하지만 일반적으로는

---

4   Hậu quả chất độc da cam tại Việt Nam - Wikipedia tiếng Việt
      https://vi.wikipedia.org/.../Hau_qua_chat_doc_da_can_tai_Viet_...
      Tìmhiểu về chất độc màu da cam và nỗi ám ảnh sau chiến tranh Việt ...genk.vn > kham pha
      2016.12.22.

그 변형된 염색체가 대물림되며, 병을 일으킬 수 있는 상태로서 영향을 받고 있는 사람들을 가정별로 지정해두었고 전체 수가 500~600만 명을 헤아리고 있다. 나타나는 양상은 너무나 다양하고 나타나는 시기나 진행도 종잡을 수가 없다. 미국, 한국, 호주 등에서는 자국 군인들로서 베트남전 참전 후 돌아와서 후유증을 보이는 전역 군인들을 상대로 등급을 나누어 전쟁에서의 수고를 위로해주는 기조로서 관련된 연구, 치료, 보상 정책들을 마련하였다.

한국의 경우 보훈처 중심으로 현재까지 직접 연관이 있다고 인정되는 18가지 병에 속하는 병을 가진 고엽제 후유증 환자는 국가유공자 대우를, 그 외 다른 병들을 앓고 있지만 참전 사실이 확실한 경우는 원호 대상자로서 지정하여 월 생활비와 치료비 등을 보조하고 있다. 이러한 보상은 참전했던 나라들 중 그나마 나라의 경제가 괜찮은 경우를 말하는 것이고, 바로 그 독극물이 뿌려진 직접 피해 현장인 베트남의 피해자들은 여전히 내버려져 있다. 잠재적 피해 환자군이 너무 많지만 나라의 경제 지표가 낮아 대책 마련이 아직 없고 특히나 다산 국가로서 계속해서 변형된 염색체가 내려갈 확률이 높은 것이 가장 문제이다. 이에 대한 국제 사회의 관심도 미미한 형편이다. 실제 이 독극물을 만든 제약 회사들을 상대로 공식적인 재판을 제기했지만 현재의 나타나는 현상들과 당시에 뿌려졌던 고엽제의 실제적이고 직접적인 인과(因果) 관계를 역학적으로 증명하지 못하여 패소했다.

이미 40여 년 이상의 세월이 흘렀고, 이 고엽제의 잔류 불순물로서 인체에 해를 일으키는 다이옥신은 모든 환경 가운데 잔류하면서 재순환하고 있는 상태이며, 개인 내성과 발현 양상이 모두 정해진 형태가 없으며, 다녀간 타국 군인들은 대개 남성들이었지만 이곳은 남녀가 함께 노출되었다는 점은 기본적인 상이점으로서 당시 뿌려진 약품과 현재의 임상 양상의 직접 연관성을 증명하는 것은 과학적 사고하에서는 불가능한 것으로 판단된다. 단지 그 반대 논리로서 개연성의 원리를 적용하는 바, 즉 지금의 임상 양상들이 다른 곳과는 달리 유독 이 곳에서만 나타나고 있는데 이것이 당시의 고엽제와는 전혀 관계가 없다는 직접적인 증거 또는 없지 않느냐는 반대 개념의 사회적 논리를 적용하고 있는 것이다. 아이러니하게도 몇 나라들에서 자국 군인들의 보상 체계를 적용하는 가장 기본은 이 개연성의 논리[6]이다.

공동체는 특별히 관절 이상 경직, 변형 환자들에 대한 교정 수복 수술과 이어지는 재활

5   고엽제 질병-보훈대상자 www.mpva.go.kr/support/support152.asp

치료를 제공하고 있다. 따로 이 환자들을 위한 구별된 사역 장소 − 고엽제 센터를 병원 구역 내에 상설 운영하고 있다. 재활 치료의 1차적인 목표는 정상적이지는 않더라도 자신의 발바닥으로 혼자서 기립이 가능한 상태로서 조그만 생산 활동이라도 하게 하는 것이다. 현재 득화군 안의 20개 읍면의 고엽제 환자로 정부가 확인한 명단 안의 환자 300여 명에 대해 평생무료 진찰권을 발급하고 계속 치료를 제공하고 있다. 이들은 장기간의 재활 치료가 제공되어야 어느 정도의 치료 효과를 기대할 수 있는 만성병 그룹이므로 보호자의 협조가 절대적으로 필요하지만 현실은 일정 기간 치료 후 치료 포기가 많은 형편이다. 이에 집에 찾아가서 치료를 제공하는 재택 재활을 시행하고 있다. 이는 치료를 매개로 하여 가족 단위의 접근이 가능한 형태로서 장차 가족 단위 복음 접근의 귀중한 통로가 될 것이다. 또한 고엽제는 다이옥신 불순물로서 피폭 당세대로부터 염색체에 고착된 독극물이 대물림이 되면서 태아 발생 단계에서부터 각종 선천성 이상을 초래하는 것으로 이해하여 염색체와 약물 연구가 기본인데, 이 과제를 해결하기 위해 현재 기초적인 염색체 연구실과 독극물 연구실을 구성하고 있다.

재활 치료는 장애아들을 위한 특별 선교 유아원의 형태로 진행되어 갈 것을 기대한다. 일과시간에 아이들을 맡아 치료와 특수 교육 등을 제공하며 보호자들의 노동력 상실을 극소화해주는 방법이며, 물론 내부적으로는 장차 특수아와 정상 일반아들까지 포함하는 어린이들을 대상으로 하는 전도센터를 구성하는 것이다. 이 제목에 함께 할 베트남 현장을 대상으로 하는 의료 과학 전문가 외 여러 교육 부분의 협력자들의 합류를 요청하고 있으며, 1차 재활센터를 연계하는 2차적인 최종 고엽제 종합 연구, 치료센터, 어린이센터를 기도하고 있다. 이런 시설들과 노력들을 통하여서 상처받고 버림받은 이 땅의 영혼들이 조그만 위로라도 받기를 소망한다.

4) 직접 사역

공동체는 명실공히 예배 공동체이다. 매일 새벽 기도회로 함께 모인다. 수요일 저녁, 주일 저녁에 정기적인 예배 모임을 가진다. 주일 오전에는 함께 근처의 베트남 교회 중 여러 외국인

---

6   **고엽제 후유증 및 후유의증 환자 진단의 원칙**: 고엽제에 폭로된 사실이 있는 자로 고엽제의 위해 증상으로 알려진 제 증상 중 하나 이상을 가지고 있으면서 다이옥신에 의한 증상이 아니라는 명확한 근거가 없는 한 다이옥신의 증상으로 판정 (개연성의 논리). www.mpva.go.kr/support/support152.asp

이 출석해도 신변에 문제가 없는 공인 받은 교회에 참석하여 베트남어 예배를 드리고 있다.

∙ 소수 부족 전도자 자립 돕기 사역 ― 베세메스 사역 ― 은 소수 부족 전도사들의 가정 살림을 돕기 위한 것이다. 베트남은 54개 족속으로 구성되어 있고, 1개는 주 지배 종족으로서 비엣족(수도를 뜻하는 京자음을 베트남 발음으로 아낀족이라 부른다)이고, 53개는 지배를 당하고 있다고 평가되는 소수 부족이다. 이 소수 부족들에게는 비교적 복음이 잘 전해져 있는 상태이고, 전도자들이 있다. 이는 베트남 선교 역사상의 선교기관들의 정책 협의에 따른 것이다. 당시의 주 선교기관인 CM&A는 도심지 중심으로 바닷가를 끼고 중부에서 시작하여 남과 북으로 사역을 진행하였다. 반면에 WEC 등은 중부 산간 지방을 주 대상 지역으로 하여 소수 부족들을 주목표로 삼고 동에서 서로 전진하였고, 많은 고초를 겪었지만 산간 지방 개발 등과 함께 여러 의미에서 차별 대우와 지배를 받고 있던 소수 부족들에게서 많은 결신자들을 만나게 되었다. 이들의 경제 상황은 지금도 극도로 어렵다. 이 베세메스 사역은 증인을 세우고 정식 계약서를 만들어서 진행한다. 양돈, 양계 등을 하도록 주선한 경우들이 있었고, 결과적으로는 소를 제공하는 내용을 가지게 되었다. 1년이 지나면 새끼를 낳을 수 있는 암소를 기초 자금을 주어서 마련하게 했다. 이후 첫 번째 새끼는 전도자 가정에, 두 번째 새끼는 교회에 십일조로 바치고, 세 번째 새끼는 다른 전도자에게 주어야 하고, 네 번째 새끼는 다시 기른 전도자가 갖게 하는 식으로 진행한다. 이 사역의 시작도 사실 환자가 관련된 것이었다. 간 질환을 중하게 앓다가 소천한 한 소수 부족 전도자의 임종 시의 소망이 남아 있는 가족들을 위해 소를 살 수 있도록 도와달라는 것이었다. 현재 100두 이상이 보급되었다. 과거 한국에서도 집 안에 소가 있으면 희망을 키우는 것으로 인식했었는데 이곳에서도 마찬가지이다.

5) 교회 개척 사역

∙ **득화(Duc Hoa Thuong) 교회:** 공동체는 병원을 개원한 이래 첫 열매로 득화 지역에 득화(Duc Hoa Thuong) 교회를 개척하였다. 득화 교회는 '떤쑤언'(Tan Xuan) 교회에 출석하고 있는 풍(Phuong) 집사와 함께 개척한 교회인데, 풍 집사는 득화 지역에서 병원이 개원하기 오래전

부터 이곳에 교회가 세워지기를 원하여 부부가 자전거를 타고 다니며 전도하며 기도해오던 분이었다. 현재 베트남 내에서 교회를 새로이 허가받아 신축하는 것은 불가능하다. 기존 교회의 비공식 조그만 기도소로서 실제 활동을 시작하고, 법적으로는 불법인 상태이지만 인근 주민들의 인식과 해당 행정 관청의 비공식적인 묵인이 이루어지기까지 어려움을 이겨내야 한다. 일정 시간이 지난 후 지방 각급 행정 단위의 허가(면, 군, 도)를 차례로 취득해야 한다. 현재 득화 교회는 7여 년을 지나며 최종 도청 허가와 종교성의 공인을 거치면서 개신교 예배 모임 장소로서의 모든 면모를 공개적으로 갖추게 되었다. 이 처소는 2009년 11월 17일 건축 부지 1,717m²를 매입하였고, 2010년 4월 8일에 설계도가 완성되어 5월 6일에 일반 주택 건축 허가를 받았다. 대지 조성, 담장 공사, 회집을 위한 예배당 모양의 건물을 약 6개월 걸쳐서 공사한 후에 2010년 11월 11일에 완공하였다. 모든 재산을 베트남 복음성회 남부 총회 재산으로 귀속시키는 절차를 완료하였으며, 호치민 시내에 있는 '빈찌동'(Binh Tri Dong) 교회의 지교회로 등록되어 시작되었으며 공인된 이후에는 정식 지교회로서 베트남 복음성회 롱안 노회의 정식 교회가 되었다. 현재 매주 약 50명의 득화 인근의 성도들이 모여서 예배를 드리고 있고, 총회에서 파송한 정식 담임 목사님이 부임해와서 사역을 감당하고 있다. 이 교회는 고신 측 김해 중앙교회를 비롯한 많은 분들의 기도와 후원으로 세워진 교회이다. 공동체의 모토인 '의료를 통한 교회 개척'의 첫 번째 샘플을 보여주신 것이다.

• '쑤언 트이'(Xuan Thoi Thuong) 교회: 공동체는 두 번째 처소 교회 개척을 시작하였다. 이 지역은 호치민 특별시에 속한 지역으로서 이미 법 인정을 받고 있는 호치민 소재 기성 교회와 행정적 연결이 되어야 하는데 호치민 시 북서부의 '떤빈'(Tan Binh) 구내에 소재한 떤빈 교회와 협력이 이루어져서 함께 개척 처소의 장소를 마련하였다. 그 교회를 섬기고 있던 한 집사님 가정이 최초의 인적 구성이 되었다. 2016년 부활절을 계기로 모임 공간 내부를 교회로 꾸미고 사람들을 초청하여 구체적으로 예배와 성경 공부가 이루어지고 있다. 이렇게 시작하여 공인화로 가는 과정에서 첫 번째 관문은 세례 교인 20명을 형성 후 종교 모임 신청서를 내고 확인서를 받는 일인데, 그간의 노력으로 인해 구성 인원으로 세례 교인 20명이 형성되어 현재 호치민 각급 행정부에 기독교 처소 교회(diem nhom)로 인정해달라는 신청서를 제출한 상태이다.

• **'미한박'(My Hanh Bac) 교회:** 공동체는 병원이 위치한 미한남(My Hạnh Nam) 지역과 인접한 미한박(My Hanh Bac) 지역에 세 번째 개척 교회를 세우기 위하여 기도하고 있다. 이 지역은 특별히 신흥 공업 지구로서 많은 노동자들이 새로이 모여들고 있는 지역이다. 이곳에 기숙사 형태로 공간을 만들고, 교회의 관리하에 기숙사에 들어온 사람들을 대상으로 각종 양육 프로그램을 진행하여 복음을 듣도록 하는 방법을 구상하고 있다. 고향을 떠나와서 심적, 영적으로 힘든 상황에 놓여 있는 젊은이들을 상대로 특화된 사역을 하는 것이다. 인근 기존 베트남 기성 교회의 브랜치로서 등록되어야 하므로 득화군 군청 소재지에 위치한 '흐우응이아'(Hau Nghia) 교회와 협력하여 이 일을 추진하고 있다. 위의 예들처럼 기존의 공인 교회와의 행정적 연결이 된 상태에서 장소를 고정하고 세례 교인 20명을 만드는 일을 진행하여야 한다. 인적 구성은 이미 형성이 되어있는데 이 흐우응이아 교회가 공단 지역의 노동자로 오게 된 이들 중 소수 부족 신자들을 섬기는 별도의 프로그램을 이미 진행하고 있기 때문이다. 이들 젊은이들을 성경 공부 프로그램과 케어 프로그램을 동원하여 신실한 신자로 만들어가면서 장소와 설비적인 것도 점진적으로 구성해나가야 한다. 그러면 위의 두 번째 처소 쑤언트이의 경우를 거쳐 종국에는 첫 번째 처소 득화의 경우로 나아가 결국 공인을 받고 편하게 예배하며 모이는 환경으로 발전해나갈 것이라 생각한다.

• **응웬반 브아(Nguyen Van Bua) 길과 띤로 소 찐 9번(Tinh Lo So 9) 지방 국도를 주님의 대로로:** 호치민 국제공항에서 본 선교 캠프에 이르는 길은 몇 가지가 있지만, 가장 편리하게 접근하는 길은 국로 22(캄보디아 프놈펜으로 접근하는 국가 간 대표 도로)를 거쳐 응웬반 브아 길과 9번 지방 도로를 거치는 것이다. 병원 설립 당시에는 이 길을 달리는 동안 주변의 교회들은 찾아보기 어려웠다. 병원을 기준해서 반경 30km 안에는 외국인으로서 주일에 출석할 만한 교회가 없었다. 호치민 시내 쪽으로 30분 정도 이동해야 한군데가 있었는데, 그곳이 지금도 주일 아침이면 출석하고 있는 떤수언(Tan Xuan) 교회이다. 또 반대쪽 득화군 군청 소재지 쪽으로 30분 이상 들어가야 흐우응이아(Hau Nghia) 교회가 있는데 이 두 교회 사이의 60km 상간에는 공식적인 교회가 없었다. 지금은 위의 언급한 첫 번째 처소 교회인 득화 교회와 두 번째인 쑤언트이 교회가 자리 잡았다. 세 번째로 계획 중인 미한박 교회도 길의 중간에 위치하는 셈이다.

특별히 감사할 것은 병원 주변에도 그 동안 두 군데의 자생 모임이 발전하여 면 단위에서 인정받고 모임을 공식화한 경우들이 생겼다. 이 두 군데는 시작 단계에서 공동체가 연관을 가진 적이 없었지만 지금은 사안별로 협력하고 있는데, 하나는 '미한남 침례교회'(Hoi Thanh Bap tit My Hanh Nam)이고, 다른 하나는 '연합 기독 교단 미한남 교회'(Chi Hoi My Hanh Nam Lien Hiep Co Doc)이다. 그 외에도 파악되기는 아직 면 단위의 인정도 못 받은 상태이지만 자발적인 모임들이 3~4군데가 더 된다.

다낭 의료 거점 — 신설 중

공동체는 이제 베트남 중부 지방의 사역 교두보를 마련하기 위한 노력을 하고 있다. 이 제목은 오래전에 시작된 것으로서 하나님의 인도하심이 참으로 요청되는 사안이다. 베트남 중부 지방 '다낭, 후에-동하-라오스 사바나켓-태국 묵다한'(Danang-Hue-Dong Ha-Savannaket-Muc Da Han) 라인은 경제적인 측면에서 말하는 동남아시아 동서 회랑을 이루는 곳으로 동부 인도차이나 관문 도시 선교의 주요 지표가 된다. 복음에 저항적인 지역들이 대부분으로서 이들 관문을 통한 사회 발달상과 도시화에 맞추어 복음과 새로운 것들의 유입과 접목, 변화 유도들을 기대할 수 있다.

또한 베트남 중부 지방은 한국과의 관련이 많은 지역으로서, 일반적인 창의적 접근 지역의 특성과 함께 과거 피해 지역들에는 상처가 여전히 남아 있고 선교 접근적으로 한국인 사역자로서 눈여겨볼 수 있는 여러 접촉점이 있다. 베트남전쟁 당시, 한국군 전투부대에 의해 발생된 피해 지역들로서 당시 대치점이었던 북위 17도선 아래의 4개 도청 단위에 배치된 한국군 전투부대가 주둔한 곳들이다. 그중에서도 격전지였던 다낭(Danang) 인근의 디엔반(Dien Ban) 지역과 꽝응아이 빈화(Quang Ngai, Binh Hoa) 지역 등은 아직도 마음의 상흔들이 남아 있고, 피해 양상을 큰 비석이나 시멘트 조형물을 만들어 추모비라는 이름과 때론 '한국군 증오비'라는 이름으로 당시 상황을 고발하고 있다. 특별히 전쟁 동안 직접적인 피해를 입은 지역의 노인들은 여전히 적대적이기도 하다. "과거를 접고 미래를 함께 한다"는 슬로건을 내세우지만 그들은 결코 과거를 잊지는 않는다. 많은 위로가 필요한 곳이라 느껴진다.

또한 지금은 한국 내 다문화 가정을 이루는 주요 파트너 국가로서 자리를 매김하고 있으므로 함께 세워가는 것이 참으로 요청된다. 또한 중부 지방에서는 보다 더 적극적인 교회 멤버 수용과 협력을 기획하고 있다. 복음이 베트남 최초로 들어온 곳이 이 중부 지방으로서 인적 저변이 깊다고 보이며 많은 건전한 교단들과 협력할 수 있고, 특히 소수 부족 접근의 교두보가 된다. 이곳을 공략하여 이루어갈 선교 기지 병원의 1차적인 의미는 플랫폼으로서의 사역터이고 현지인과 처음부터 함께하는 예배, 생활, 특화된 사역 공동체의 모델을 구축하는 것이다. 남쪽에서의 모토였던 '의료를 통한 교회 개척'의 기조가 이곳에서도 적용될 것이라 믿고 나아간다. 허가와 관련된 법 연구들과 현장 상황들을 고려하여 내린 잠정적인 결론은 현재의 롱안 세계로병원의 브랜치로서 전문 병원을 표방하는 것이다. 중부 지방의 의료 실태와 경제적인 전망을 생각하여 안면부 특화 병원, 즉 안과, 이비인후과, 구강악안면 외과, 성형외과들을 설치하여 종합적인 안면부 진료를 제공하는 기관을 생각하고 있다. 장소는 다낭-후에-동하 라인의 베트남 중북부와 라오스 가는 길의 베트남 중부 지방 어디라도 좋겠지만, 실제적으로는 대지 가격이나 베트남 중북부 라오스 접근성 등을 고려하여 신흥 중부 중심 도시(인구 100만) 다낭이 가장 적합하다고 생각된다. 땅 임대자는 이미 법 인정기관인 롱안 세계로병원 자체 이름을 사용하며 그 브랜치 병원을 구축하는 형태이다. 현재 다낭 시의 신도시 개발 구역에 속한 한 곳을 정했고 설립 허가, 건축 허가, 실제 건축, 진료 허가 및 가동 허가 등의 수순을 밟게 될 것으로 예측한다. 즉 외부적으로는 '다낭 안면 전문 수술 병원'을 구상하는 것이며 내부적으로는 남쪽 롱안 기지와 마찬가지로 체계적이고 지속적인 사회사업실 구조를 병행하여 기존 교회의 사회 부조 활동을 조직적으로 도와 궁극적으로 전도를 돕고 공동체의 선교 모토인 교회 개척에 비중을 두는 것이다. 현장에 경력 안과 전문의 선교사 한 가정이 이미 NGO 활동 중이며 협력하여 진행하게 하심을 감사하고 있다.

라오스 개척 사역

2008년부터 라오스 중부 사바나켓에 선교 캠프를 설립하여 운영하고 있다. 법적으로는 탁구장 허가를 받아 운영 중이다. 교회 공간, 탁구장 시설, 사역자 숙소가 약 700평 대지에 조성되었다. 이곳도 베트남과 비슷한 환경으로 주민들에 대한 복음 접촉이 공개적으로 이루어지지는 못하지만 직·간접 방법들로 복음 전파의 연결점들을 찾고 있다. 성탄 절기에 정부의 허가로 주민 초청 성탄 축하 파티를 전도 집회의 형식으로 두 차례에 걸쳐 개최하였다. 이 경우도 베트남의 경우와 마찬가지로 집안의 좋은 일을 이웃들에게 알리고 함께 기쁨을 나누는 의미이다. 이곳은 인도차이나 반도 가운데 부분을 가로지는 동선 중심부에 위치한 관문 도시이다. 이 거점 도시에 의료 캠프가 이루어진다면 좀 더 인도차이나 전체를 아우르는 통합 선교 사역이 이루어지리라 생각하고, 특별 경제 구역 안에 외국인 자본을 인정해주는 경우에 대한 연구 조사를 진행하고 있다.

10/40 Window Lower East Gate를 주님께

상기한 인도차이나 관문 도시 호치민, 다낭, 사반나켓과 캄보디아 북동부의 거점을 포함하면 사각형의 창문(윈도우)이 형성된다. 이 거점들은 10/40 윈도우(window)의 가장 동쪽 아래쪽 창문을 형성하게 된다. 이 창문을 열며 복음의 물결을 이어간다는 것은 우선 전통적 의미에서의 복음이 서진하는 부분과 연결된다. 이사야서 말씀처럼(5:4) 그 땅의 "문지방의 터가 흔들리는 것"으로 이해하며 전략적 요충지가 될 것으로 생각한다. 조상신 숭배와 호치민 신격화의 기치가 더 높은 베트남 땅이 열리는 시작점이 되어 명실공히 가장 복음화율이 낮은 지역 10/40 윈도우에 복음이 편만히 흘러가는 창구가 될 것이다.

또 다른 전략적 의미는 실제 중부 베트남과 라오스의 사반나켓과 팍세(Pakse), 캄보디아의 라타나끼리(Rathnakiri)는 삼각을 이루는 지역으로서 동부 인도차이나 반도의 상, 하부 두 개의 대표적인 삼각지대 중 하부로서(상부 삼각지는 중국, 베트남, 라오스로 구성) 많은 소수 부족들이 국가 간 경계를 넘어서 함께 살고 있는 지역들이라는 점이다. 이는 현대 선교에서 중요시하는 국가 간 접근 전략보다는 언어적 기초에 따른 종족별 접근의 개념이 적용될 지역이라는 점이다. 현재의 국적이 어떠하더라도 종족 간 사역자가 개발된다면 대상 국가에 가서 자기 종족을 상대로 사역할 수 있는 타국 내 동 종족 선교사에 대한 개념과 실제 적용이 가능한 곳이라는 점이다. 소수 부족과의 접촉이 극단적으로 제한적인 현지 상황을 극복해 볼 수 있는 하나의 방법이 되리라 생각해본다. 이 창문을 열어젖히는 통합적인 사역들이 왕성하게 일어나서 이 창문이 열리고, 이 땅이 흔들리고, 이 땅의 견고한 진들이 무너지고 성령의 바람이 인도차이나 반도를 가득 메울 수 있기를 아뢰며 나아간다.

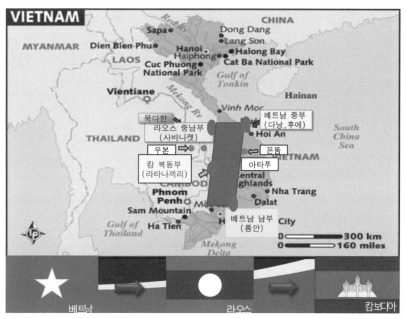

10/40 WINDOW LOWER EAST GATE의 거점들

나가는 말

원래 소고의 제목은 지역별 의료 선교에 대한 것이었다. 그러나 실제 지역들을 나라별 명칭을 사용하기엔 너무나 광범위해서 사역터 중심으로만 이야기해야 하는 제한점이 있었음을 말씀드린다. 또한 나라별 지표가 너무 차이가 많은 상황이라 일반화하기가 어려웠다. 사실 이 소고는 의료 선교학이라는 주제보다는 '의료를 통한 교회 개척' 케이스 보고에 해당한다. 향후 사역 영역들이 더 넓어져서 지역을 논할 수 있다면 참 좋을 것이다. 발전 계획들에 기름 부으심이 있어 많은 종들이 함께할 수 있기만 기도한다.

사회 사업별 연간 실적

년도	순회 의료 봉사 (의료, 이미용,구제 사역)		사랑의 집짓기		고엽제 피해 환자 진료		장학금 사역		선천성 심장병 수술 돕기 사역				성형외과 사역 (언청이, 반흔 외)				합계	
	건수	금액(베트남동)	건수	금액(베트남동)	건수	금액(베트남동)	건수	금액(베트남동)	건수 한국	건수 베트남	금액 USD	금액 베트남동	건수 한국	건수 베트남	금액 USD	금액 베트남동	USD	베트남동
2006	900	135,000,000	-	-	-	-	-	-	17	8	204,000	116,000,000	-	-	-	-	204,000	251,000,000
2007	4,800	720,000,000	11	165,000,000	89	53,400,000	-	-	32	2	384,000	67,100,000	-	-	-	-	384,000	1,005,500,000
2008	2,750	412,500,000	11	165,000,000	30	18,000,000	-	-	17	11	204,000	356,781,000	-	-	-	-	204,000	952,281,000
2009	5,220	783,000,000	9	135,000,000	155	15,500,000	-	-	12	7	144,000	179,100,000	-	8	-	50,160,000	144,000	1,162,760,000
2010	2,400	360,000,000	13	260,000,000	-	-	-	-	27	4	324,000	140,361,000	-	-	-	-	324,000	760,361,000
2011	1,200	180,000,000	16	320,000,000	-	-	-	-	12	5	144,000	173,497,000	-	-	-	-	144,000	673,497,000
2012	1,800	299,515,500	21	525,000,000	284	118,200,000	28	25,000,000	16	4	192,000	313,791,000	-	52	-	327,600,000	192,000	1,609,106,500
2013	3,400	510,000,000	23	600,000,000	15	48,000,000	29	26,000,000	13	6	156,000	414,352,000	-	20	-	126,000,000	156,000	1,724,352,000
2014	2,600	513,860,000	16	640,000,000	-	-	24	20,000,000	6	17	72,000	592,759,000	2	54	18,080	351,500,000	90,080	2,118,119,000
2015	2,000	355,651,500	16	492,660,000	-	-	32	27,000,000	1	17	45,455	537,797,000	-	43	-	283,800,000	45,455	1,696,908,500
2016	3,300	462,894,000	23	759,000,000	1,300	189,496,000	38	73,000,000	-	7	-	301,266,000	2	36	15,080	252,000,000	15,080	2,037,656,000
총계	30,370	4,732,421,000	159	4,061,660,000	1,873	442,596,000	151	171,000,000	153	88	1,869,455	3,192,804,000	4	213	33,160	1,391,060,000	1,902,615	13,991,541,000

라오스와
의료 사역

25

이휘선

이휘선 선교사는 경희대학교 간호전문대 간호학과를 졸업했다. 예장(백석) 예은선교회에서 파송 받아 캄보디아(2003. 6.~2013. 11.)에서 사역했고, 현재는 라오스에서 선교하고 있다.

1. 라오스 개요

1) 국토와 지형

라오스의 공식 명칭은 '라오 인민민주주의 공화국'이다. 라오스는 동남아시아의 대륙부 인도차이나 반도 중심부에 위치한 바다가 없는 내륙 국가다. 동쪽은 베트남, 서쪽은 태국, 남쪽은 캄보디아, 북쪽은 중국, 북서쪽으로 미얀마와 접하고 있으며 전체 길이가 약 1,700km에 달하는 남북으로 긴 국가다. 산악지대가 70%이고, 메콩강(총 4,200km) 1,898km가 라오스를 지나간다.

2) 정치

1975년 12월 2일 '라오 인민혁명당'이 무혈 혁명으로 '라오 인민민주공화국'을 수립했다. 라오스는 단일 정당 사회주의 공화국이다. 주권은 단일 정당인 라오 인민혁명당을 중심으로 하는 정치 제도를 통해서만 행사된다.

3) 민족

라오스 행정구역은 수도 비엔티엔을 포함한 17개 주로 구성되어 있다. 인구는 약 680만 명으로 동남아시아 내에서 인구 밀도가 가장 낮다. 국민의 약 80%가 농업에 종사하고 있다.

4) 종교

테라바다 불교가 60%, 애니미즘과 그 외 종교가 40%이지만 불교와 애니미즘이 혼합되어서 나타난다. 불교는 라오스인의 생활과 밀접하게 관련되어 있으며, 라오스인들의 사고방식 속에 불교 사상이 잠재되어 있다. 불교 사원은 전통적으로 촌락 생활의 중심 역할을 하고 있고, 승려는 가장 존경받는 계층이다. 승려단, 불교협회 등은 당 조직에 연계되어 있다.

공산주의 정권 집권 이후 종교의 자유를 억압했지만 1991년 헌법에 종교의 자유를 인정했고, 기독교에 대한 억압도 2003년 미국과의 협정 이후 현지 교회의 예배를 허용하는 등 조금씩 완화되고 있다. 가톨릭, 바하이, 이슬람도 활동폭을 넓혀가고 있다.

2. 라오스 의료 현황

1) 보건 환경

오랜 기간 불교 사상과 전통 종교인 정령신앙 등으로 당면한 상황을 업보로 받아들이거나 무당의 푸닥거리로 귀신을 달래려고 한다. 나라가 가난하고 의료 수준이 낮아 병원이 있어도 심각한 증상은 치료받기 힘들다.

돈이 있는 사람은 주로 태국에 가서 치료를 받지만 일반인들은 어렵다. 외국 의료인들이 치유 사역을 하고 있지만 아직 외국인이 병원을 세우는 것은 허가받기가 어렵다. 그래서 의료 봉사팀이나 NGO를 통해 지정된 지역에서 허가받아 치료를 한다.

2) 전통 약품과 민간요법

라오스의 아열대 우림은 지구의 약방이라고 불리며 다양한 약용식물들이 분포되어 있어서 대부분의 가정에서 허브 약품, 사우나, 마사지, 침 같은 전통 치료 방법을 급성 및 만성 질환에 적용하고 있다. 정부는 의약품 대신 민간요법을 이용한 전통 약품 소비를 장려하고 의약품 수입을 일정 수준으로 제한하고 있다.

3) 라오스의 의료기관

비엔티엔의 가장 큰 4대 중앙병원은 Mahosot, Mittiphab, Setthathirath National Mother and Child Hospital이며, 라오스 내에서 운영 중인 민간의원은 약 254곳에 이른다. 이 중 108개가 비엔티엔에 있다.

4) 라오스 내의 국제 의료기관

• The Alliance International Medical Center: 라오스의 New Chip Xeng Company와 태국의 Wattana Hospital Group 간 합작으로 설립되어 라오스 내에서 가장 현대적인 외관을 갖추고 있다. 의료진 대부분은 태국 출신이며 일부 라오스 출신이 포함되어 있으나 대부

분이 해외에서 교육받았다.

・Australian Embassy Clinic: 호주 대사관 내에서 운영하고 있는 가정일반의학 클리닉이다. 대사관 클리닉은 호주 외교통상부가 아태 지역에 설립한 6개 클리닉 중 하나로 호주 대사관 직원과 그 가족을 대상으로 한다.

・French Clinic: 24시간 응급실을 운영하고 있으며 의사들의 왕진도 가능하다. French Clinic은 의료 상담, 실험실 연구 분석/병리학, 치과 진료, 물리 치료, 언어 치료, 심리 치료 등을 제공한다.

・**의료 교육**: 라오스의 가장 높은 고등의학 교육기관은 보건과학대학(University of Health Science)이다. 보건과학대학은 의대, 치대, 약대로 구성되어 있으며 의대는 6년, 치대와 약대는 5년 과정이다. 매년 50~80명의 졸업생을 배출하고 있다. 졸업생들은 4개 중앙병원 중 한 곳에서 인턴십을 거친다. WHO는 인구 1,000명당 2.5명 이상의 의료 전문 인력이 보급되도록 규제하고 있지만 라오스는 현재 1,000명당 0.53명에 불과하다. 라오스의 의료 직원은 의사, 간호사, 조산사, 1차 보건 의료사, 의료 보조사, 다양한 종류의 기술직 등으로 구분된다. 현재 8개의 간호/조산 교육 기관(NMEI)에서 간호사/조산사를 양성하고 있다. 이들 기관은 중간 레벨 간호사 교육을 제공하나 졸업생들의 수준은 개선의 여지가 있어 2008년부터 JICA의 지원으로 105명의 중간 레벨 간호사를 높은 수준의 간호사로 양성하는 계획이 수립되었다. 일반적으로 의료 보조사는 중간 레벨 간호사보다 적은 트레이닝을 받는다. 의료 보조사는 보통 의대에서 약 3년간의 교육과 트레이닝 이후 마을 보건소에 배치된다.

3. 라오스 의료 선교

1) 라오스에서의 개신교 역사

라오스 북쪽으로 장로교단이 들어왔고 남쪽으로는 형제단(브레드런)이 있었고, 그 이후로 CMA 교단이 중부 지방으로 들어왔다. 아짠 난티야 교수의 M.504 과목의 교재 자료에 의하면 "라오스에 복음을 들고 들어온 최초의 선교사는 박사이며 목사였던 다니엘 맥길버리였는데, 그는 치앙마이를 거점으로 사역하던 미국 선교사였다." 또 다른 자료인 싸앗 차이완 박사의 교재 『아시아 교회 역사』에서는 "라오스에 복음이 처음 들어간 것은 1880년이었고, 라오스 북쪽이었다"라고 기록하고 있다. 그러나 1900년까지도 상주하는 선교사는 한 명도 없었다. 그 후 1908년 선교사 7명이 들어와 사역을 지속하게 되었다.

2) 한국인 의료 선교 역사

한국인 선교사 사역은 1994년부터 시작되었다. 라오스에서는 정치적 상황 때문에 자유로운 활동이 불가능하다. 그래서 의료 선교사들도 내놓고 자유롭게 의료 활동을 할 수 없다.

현재 라선협(라오스 선교사협의회)에 가입되어 있는 의료 선교사는 모두 7명이다. 이들의 사역에 대해서 간략히 살펴보고자 한다.

단, 보안상의 이유로 이름과 구체적인 사역은 서술하지 못함을 미리 밝혀둔다.

• **의사 1명:** NGO를 설립하여 활동 중이다. 직접 진료를 하기보다는 지방에서 병원 진료가 필요한 환자들을 데려와 현지 병원에서 진료받을 수 있도록 연결한다. 이렇게 만나는 환자들에게 복음을 전하는 기회를 삼는다.

• **치과 의사 1명:** 베트남 치과병원에 협력 의사로 취업하여 일하고 있다. 그리고 현지 대학생들에게 영어를 가르치며 복음을 전하는 통로로 삼고 있다.

• **한의사 1명:** 한의원을 개업하여 침, 뜸, 탕 등의 한방 치료를 하고 있다. 한의원 같은 건물 2층에는 한인 교회로 예배를 드린다.

3) 한국 간호 선교사

라선협에 가입되어 있는 간호 선교사들은 모두 4명이다. 두 명은 각각 남편 선교사 사역에 협력하여 학교 사역과 태권도 사역에 집중하고 있다. 동시에 1차적인 의료 도움이 필요한 현지인들과 선교사들에게 조언과 도움을 제공하고 있다. 또 한 명은 사립예술학교 안에 양호실 겸 학생들 쉼터를 운영하고 있다. 정기적으로 학생들에게 마약 검사를 비롯하여 기본 건강검진을 실시하는 등 학생들의 영육 간의 건강 증진 향상을 위해 일하고 있다. 필자는 현지 국립병원과 협력 방안을 찾고자 현재 조사 중이다.

Mittiphab 병원 부원장은 병원 기계들의 사용법과 판독법 교육, 그리고 간호사들의 교육이 가장 절실하다 말하고 있다. Mahosot 병원에는 룩셈부르크에서 지어준 심장센터가 있다. 그리고 2018년까지는 룩셈부르크에서 1년에 2회 라오스를 방문하여 모두 15명 정도의 심장 환자를 수술해주는 것으로 MOU가 체결되어 있다. 이때 룩셈부르크에서 수술 및 입원에 필요한 모든 비용을 부담하고, 오직 룩셈부르크 의사만 수술할 수 있도록 협약이 되어 있다. 이에 병원장은 현지 의사들과 간호사들이 자체 수술을 할 수 있도록 교육해주기를 요청을 하고 있다. 보건복지부 장관도 라오스 현지 병원 의료진들의 실력을 높여줄 교육을 가장 절실히 필요로 하고 있다.

그리고 또 하나의 사역을 위해 준비 중이다. Pakpasak Technical College 안에 한국문화센터와 양호실 운영을 시행하고자 한국에 있는 대학교와 MOU 체결 준비 중이다. 이 기술대학교에는 자동차 정비학과, 요리학과, 의상학과, 건축학과, 토목학과를 비롯하여 17개의 학과들이 있다. 학과 수업 중에 외상을 입을 위험 요소들이 많이 내재되어 있음에도 학교에는 아직 양호실이 없어 많은 도움을 필요로 하고 있다.

필자는 간호사다. 필자 혼자서 할 수 있는 일은 없지만 다른 의료 파트너들과 함께 한다면 라오스 의료 선교에 꼭 필요한 일들을 감당할 수 있으리라 본다.

라오스가 지금까지는 개방과 변화를 원하지 않았기에 오랜 시간 동안 발전 없이 지나왔다. 그러나 요즘 조금씩 변화를 갈망하는 움직임들이 일면서 선교 분야와 의료 분야에도 조금씩 변화와 발전이 일어나리라 본다. 그러기에 아직은 할 수 있는 것이 없지만 미래를 바라보고 철저히 준비를 해나가야 할 것이다.

참고 문헌

라지연(라오스지역연구회). 『라오스 지역 연구』. 2015, 창간호.
인도차이나 한인선교사 신학분과. 「인도차이나 지역의 교회자립 」
비엔테엔 무역관. 「라오스 의료 환경」. 2013.
KOTRA. 「라오스 병원 환경 보고서」. 2013.

몽골과
러시아 사역

오사라

오사라 선교사는 연세대학교에서 간호학을 전공했고, 백석대학교에서 상담학 석사 학위를 받았다. 미국 HIS University Family Ministry에서 박사 학위(Ph.D.)를, VINE University에서 선교학 석사 학위를 받았다. 대전 영락교회 소속으로 KAICAM의 파송을 받았다. 세브란스병원에서 일했고, 몽골 국제대학교에서 교양 교수로 사역했으며, 몽골 HOME의 설립자이다. 2002~2015년까지 몽골에서 사역하였다. 현재 러시아 시베리아(노보시비리스크, 톰스크)에서 사역하고 있다.

1. 선교사 소명과 훈련

대학 시절 선교사가 세운 대학을 다니면서 어렴풋이 들었던 생각은 선교의 빚을 갚아야 한다는 것이었다. 그러나 졸업 후에 결혼하고 아이를 낳고 일상적인 삶에 묻혀 살고 있을 때, 주변의 친구들이 일본이나 연변으로 선교를 나가기 시작했다. 이때 내 나이 35세로 인생의 절반을 살았다고 생각하니 앞으로 삶의 남은 시간은 주님을 위해 올인하고 싶은 생각이 들었다. 그러나 주님은 그때 우리 가정을 부르시지 않았다. 2000년, 내 나이 45세에 우리 가정은 카자흐스탄에서 개최된 무슬림을 위한 기도 모임에 참석하였다. 남편은 그때 교회에서 장로로서 선교위원장을 맡고 있었기에 젊은 청년들을 선교사로 보내고 싶은 마음이 있었다. 하지만 주님은 그 장소에서 우리 가정을 선교사로 부르셨다. 한국으로 돌아와서 우리는 인터콥에서 선교 훈련을 받고 몽골 선교사로 파송되어 2002년에 몽골 국제대학을 설립하는데 함께하게 되었다. 그때 두 아들은 대학 1학년과 고2였다. 학교를 그만두고 몽골 국제대학으로 입학하였다.

2. 사역 경험

사실 나는 학부에서 간호학을 전공했고 졸업 후에 정신과에서 근무를 했었다. 그런데 많은 환자들이 단골 환자가 되어서 재입원하는 모습을 보면서 완치는 안 되는 것일까? 하는 회의가 있었다. 그리고 결혼해서 자녀를 키우고 살면서 주 안에서 어떻게 살아야 하나? 생각하며 더 잘 살고 싶고 또 배우고 싶었다.

그 무렵부터 나에게 기독교 상담을 기초로 한 가정 사역에 대한 공부를 할 수 있는 기회가 주어졌고 그 공부를 하면서 가정 상담 사역을 했다. 그리고 선교사로 나가기 전에 상담학 석사 과정을 백석대학에서 마치고, 박사 과정을 선교지에서 미국의 HIS 대학에서 마쳤다. 처음에는 몽골 국제대학에서 학생들을 대상으로 '결혼과 가정'이란 제목으로 교양과목 강의를 했다. 그 당시 이런 과목은 몽골에서 처음 있는 강의였고 학생들도 꽤 흥미를 느꼈다. 선교지는 기독교적인 가치관이 없기 때문에 이들의 결혼관, 성 윤리, 가정의 기초는 거의 전무한 상태였고, 이런 상황에서 복음을 전해주어도 복음은 힘을 잃고 그들의 삶은 곧 무너졌다. 우리는 이렇게 무너지는 것을 사역하면서 자주 보았다. 몽골의 복음 초창기에 오신 선교사님들도 이 문제로 고민을 하고 있던 터이기에 나는 선교사님들과 함께 상담과 가정 사역에 대한 공부하는 장을 만들고 가르치며 함께 사역을 장을 열었다. 러시아로 떠나기 전까지 12년을 매 학기마다 선교사님들이 모여 공부하고 기도하면서 아름다운 몽골 선교의 공동체가 되었다.

사역의 정착기

초기에는 몽골 HOME(K)(한국 선교사 그룹)에 나오는 한국인 선교사가 개척한 교회 중심으로 사역이 일어나기 시작하면서 이미 정착한 선교사들의 도움을 받았다. 또한 이미 와 있던 선교사들은 그동안의 사역에서의 한계를 느꼈던 부분이 해소되기 시작하였다.

한국인 선교사들이 가정 사역에 대해 공부하면서 팀을 이루어 현지인들을 향한 팀 사역을 시작했다. 팀 사역이 어느 정도 안정기에 들어서자 갈등이 나타나기 시작했고, 이 갈등은 사역의 주체가 선교사로부터 현지인에게로 전환되는 계기가 되었다.

몽골 가정 사역의 확장기

한인 선교사들은 중보기도팀으로 물러나서 기도로 현지인들을 돕는 사역으로 변화되었다. 현지인들에게 재정과 운영의 주도권을 넘겨주었고, 오직 강의와 훈련을 통하여 사역의 정신을 전달하였다. 최초로 단계별 '가정 사역 지도자 훈련 교육 과정'을 유료로 전환하였다. 몽골 교회, 복음주의협회, 몽골 극동방송, Eagle TV 등의 여러 복음적인 매체와도 연결되면서 몽골 HOME(M)(몽골 현지인 그룹) 교육이 많은 사람들에게 알려지게 되었다. 오히려 한인 선교사들이 모든 것을 맡아서 할 때와는 비교도 되지 않게 사역의 폭이 넓어졌다. 첫 세미나에 몽골인 90명이 등록했다.

단계별 '가정 사역 지도자 훈련 과정'이 진행되면서 먼저 교육을 받은 수료자들이 다음에 교육받는 참가자들을 섬기게 되었다. 이로 인해 자원봉사 개념이 도입되면서 스태프들이 생겨나고, 기도 모임이 생기면서 몽골 HOME(M) 공동체가 힘을 얻게 되었다. 몽골 HOME(M)은 몽골 현지 문화에 맞는 교육 프로그램으로 연구되고 조금씩 바뀌기 시작하였다. 즉 몽골 사회가 모계 사회임을 인식하여 모계 사회가 갖는 아버지 부재의 문제점과 공산주의 시대에 탁아소에서 성장한 아이들이 커서 성인이 된 지금, 결과적으로 성 중독과 알코올 중독으로 고통받는 것을 보고 현지에 맞는 가족 치유와 중독 프로그램을 삽입하였다.

한편 월드비전과 함께 하는 이런 사역이 비그리스도인을 대상으로 지방에서부터 전개되었다. 월드비전은 몽골 전 지역에 지부가 있기 때문에 지방으로의 확산이 용이했다. 아동을 대상으로 하는 월드비전은 가족의 문제를 다루어야 할 필요성을 알게 되었고, 몽골 HOME(M)과의 연합은 서로에게 윈윈 전략이 되었다.

월드비전과 함께 하는 사역은 비그리스도인들에게 복음의 내용과 정신을 가지고 사회로 깊숙하게 들어가는 효과를 가져왔다. 몽골에서도 유래 없는 모임이 되어서 교육이 끝나면 오히려 이들은 HOME의 스태프들을 위로하는 노래와 춤으로 화답하곤 하였다. 세미나를 마치며 시편 133편 말씀, "형제가 연합하여 동거함이 어찌 그리 선하고 아름다운고… 헐몬의 이슬이 시온의 산들에 내림 같도다 여호와께서 복을 명령하셨나니 곧 영생이로다"를 기억하며 가정 사역이 복음의 통로가 되는 것을 확신하였다.

또한 울란바타르 11개 중고등학교에 상담실을 여는 일이 월드비전을 통해 이루어졌다. 월드비전은 상담실을 열어주고, 몽골 HOME(몽골 가정선교교육원)의 스태프들은 상담 선생과 상담자로 전문적인 직업을 갖게 되면서 현지 NGO와의 연합 사역이 자리 잡게 되었다

각 지역마다 열린 상담실의 상담 사례를 통해 지역의 특성을 알게 되었다. 또한 상담실은 각 지역이 속한 중고등학교에서 '이성 교제와 성'에 대한 강의와 청소년들을 위한 예방 교육과 함께 각 학교마다 요일별로 상담자가 주둔하여 상담해주는 형식을 갖추게 되었다. 월드비전과의 연합 사역은 선교에 있어서 현지인들이 자신의 전공을 살려서 일자리를 가질 수 있도록 하는 선교 자립의 모델을 보여주었다. 뿐만 아니라 몽골 HOME의 재정도 자립형으로 갈 수 있는 토대를 마련해주었다.

이런 자립은 선교사가 떠나도 이들이 재정적으로 채움을 받으면서도 그들의 삶과 가정을

변화시키며, 지역사회를 복음으로 변화시키는 일들을 감당하는 자리에 설 수 있게 하였다.

몽골에 있는 현지 연합신학교에서의 가정 상담 교육 과정은 몽골 교회를 직접적으로 도울 수 있는 계기가 되었다. 아무리 교회 지도자라도 자신의 가정 문제는 어렵고 누구에게도 도움을 받을 수 없는 상태이기 때문에 신학교 강의와 상담은 현지 교회 목회자들을 도울 수 있는 좋은 기회가 되었다.

몽골 연합신학교는 몽골에서 서구 선교사와 한국 선교사가 함께 설립한 제일 오래된 신학교이다. 여기서 영적 변화 과목과 가정 사역 상담자 과정을 교육하였고, 신학생들은 학기마다 나가는 지방 사역에서 이 과목을 충분히 활용했다.

몽골 가정 사역의 이양기

HOME(M) 스태프들을 중심으로 한 몽골 HOME(M) 공동체가 든든히 서게 되면서 큰 가족이 되었다. 이 공동체는 함께 기도하며 사역을 나누고 자신의 가족에게서 얻지 못하는 부분을 보충하는 큰 가족의 역할을 해내고 있다. 서로 만나면 즐겁고 팀 사역에 힘이 나는 에너지를 주기 시작하였다.

그러면서 점차 현지인들이 사역에 동참하기 시작하였다. HOME(M) 스태프들은 장로교 신학교 강사로 각 교회의 가정 사역자로 초청되어서 몽골 HOME(M)의 이름으로 강의하고 있다. 그리고 Eagle TV의 「안녕하십니까?」라는 프로그램에 주 2회 편지 상담을 4명의 상담자가 상담해주면서 그동안 배운 것을 마음껏 발휘하고 있다. 성경적 가치관으로 부부 문제, 자녀 문제, 낙태 문제, 성 문제, 중독 문제, 가정 폭력 문제 등 몽골의 지방까지 전국으로 전해지는 방송을 통해 어떻게 살아야 할 지 모르고 방황하는 사람들에게 상담뿐만 아니라 마지막으로는 복음을 소개하는 전파 선교사의 역할을 잘 감당하고 있다.

HOME(M) 스태프들은 이제 몽골 안에 속한 동족만을 바라보지 않았다. 몽골 민족은 몽골 안에 사는 사람들보다 외국에 나가 사는 사람들이 더 많다. 그들을 디아스포라 몽골리안이라고 한다. 그들은 징기스칸 이후에 내몽골, 시베리아, 중앙아시아 등으로 퍼져있는 사람도 있지만 근래에 몽골을 떠나서 한국과 일본, 중국, 중앙아시아와 전 유럽 및 미국 등으로 퍼져나가 살고 있는 사람도 포함된다. 이들에게 찾아가서 복음을 전하는 것이 몽골 HOME(M)의 비전이다. 이미 중국의 내몽골에 사는 자신의 동족에게 찾아가서 상담과 가정 사역을 통해 복음을 전하였다. 그 결과 내몽골의 지방 2곳에 교회가 세워졌다. 앞으로는 시베리아와 내몽골, 중앙아시아에도 단기뿐만이 아닌 장기로 선교하는 꿈을 꾸고 있다.

몽골 HOME(M)의 비전은 세계 선교이다. 몽골 HOME(K)의 한국인 선교사들은 HIS University Mongol Site 석사 과정을 통해 가정 사역을 통한 선교의 전문성과 자격을 갖추는 기회를 갖게 되었다. 몽골 HIS Educational Site에서 교육받은 두 명의 선교사가 중국과 말레이시아로 사역지를 옮기면서 그 곳에서 가정 사역이 진행되고 있다.

· 몽골 도시 빈민촌의 '진리의 집 교회'

'진리의 집 교회'는 세워진지 10년이 넘어간다. 주로 청소년들이 많은 우리 교회는 아버지가 없거나 의붓아버지 그리고 엄마는 돈을 벌거나 아니면 엄마조차도 알코올 환자인 경우가 대부분이다. 그러나 이들의 모습은 여느 청소년들과 다르지 않다. 이들에게 복음이 들어가면서 이들이 변화되는 모습은 너무도 놀랍다. 다니엘 같은 일군이 길러지길 소망하면서 기도하고 있다. 현지인 제자는 자신도 동일한 아픔이 있었기에 이들을 사랑으로 잘 양육하고 있다. 예배시간 전에 우리의 구호는 이것이다. "우리는 벌거벗고 와서 벌거벗고 갑니다. 또한 우리가 내일 내가 살아있다는 것을 오늘 아는 사람 있어요?" 하고 묻는다. 그러면 아이들과 성도들은 어깨를 으쓱하면서 "몰라요" 하고 대답한다. 그러면 지도자는 이렇게 말한다. "그러면 오늘이 나의 마지막 날인 것처럼 이웃을 사랑하고 원수를 용서합시다. 옆에 사람에게 오늘 처음 만난 사람처럼 그리고 마지막 볼 것처럼 사랑으로 인사합시다." 이것이 예배 전에 우리 교회의 구호이다.

몽골에서 사역 중인 필자

2기 사역 확장 — 러시아 사역

우리 부부는 몽골에서의 가정 사역과 교회 사역을 2015년 7월에 현지인에게 이양하고 시베리아의 수도인 노보시비리스크로 사역지를 확장하였다. 그곳도 몽골과 마찬가지로 가정들은 다 깨어졌고 마약중독자들이 많은 곳이다. 나는 좀 더 따뜻한 곳으로 가고 싶었지만 주님은 이곳으로 부르셨다.

현재는 노보시비리스크의 성바울 신학교 상담 교수로 섬기고 있으며, 교회들과 연합 '마약치료센터' 5곳을 섬기고 있다. 섬기는 과정에 하나님께서는 마약중독자를 치유하셔서 교회의 일군으로 삼으시는 주님의 복음의 비밀을 보게 하셨다. 가난한 자에게, 눌린 자에게, 갇힌 자에게 복음이 전해지는 비밀이다. 그곳에서도 주님의 쉬지 않으시는 열심으로 인해 이루어지리라 확신한다.

러시아에서 사역 중인 필자

3. 정리하면서

후배들에게…. 간호사는 생명을 다루는 사람들이기에 직업 자체가 영적인 생명과도 직결되어 있다. 그래서 우리 간호사 직업은 스트레스가 다른 어떤 직업보다도 더 많다. 그러나 사실 주님께서 우리에게 주시는 보상은 말할 수 없이 더 크다. 하지만 우리가 이것을 영적인 눈으로 보지 않는다면 너무 쉽게 지쳐버릴 수가 있다. 선교도 쉬운 일은 아니다. 가난하고 지치고 힘든 자들에게 생명의 복음을 나누고 그들을 주님의 제자로 길러내는 일은 생명을 드리겠다는 헌신이 없으면 이 사역은 너무나 큰 짐이 된다.

그러나 주님을 사랑할수록 우리의 일은 짐이 아니라 기쁨이 된다. 왜냐하면 모든 자원이 주님께 있기 때문이다. 우리는 더 많이 똑똑해지고 더 많이 가지려고 하지 않아도 된다. 그저 지혜와 명철과 사랑의 원천이신 예수님을 더 사랑하고 그분 안에 거하기만 하면 된다. 그러면 그분의 지혜와 부요와 사랑이 나를 통해 흘러가기 때문이다. 어렵고 힘든 간호 현장에서 더 많은 쉼과 기쁨을 주시고, 또한 주님이 주실 상급을 바라보면서 나아가는 우리 후배들이 되길 소원한다.

선교는 주려고 간 것 같지만 오히려 받는 것이 더 많다. 우리는 영적인 자녀들을 얻으면서, 그리고 이들이 아름답게 성장하는 것을 보면서 이들이 주는 기쁨과 위로는 말할 수 없이 크다. 우리는 이곳에서 얼마나 더 풍성한 삶을 사는지…. 또한 선교사의 자격을 갖추고 들어오는 사람은 아무도 없다. 이곳 현장에서 우리는 조금씩 선교사가 되어간다. 주님께서 우리를 얼마나 신실하게 훈련시켜 가시는지….

이것이 감사함이다. 이렇게 부족하고 연약해도 우리 주님께서 우리를 만들어서 쓰시니 때로는 주님도 얼마나 답답하시고 고생이 되실까? 하고 생각해본다. 이런 생각이 들면 오히려 현지인들이 더 훌륭하다는 생각이 든다. 이 글을 쓰면서 과거 15년간의 삶을 돌아볼 때 신실하게 응답하시고 인도하시고 은혜주신 주님의 손길이 얼마나 큰 지를 느끼게 된다. 그 은혜가 얼마나 큰 지… 이제 곧 오실 주님 앞에 설 때 주님이 매겨주시는 점수는 얼마나 될까? 생각하면 정말 두렵고 떨린다. 날마다 나의 두루마리 옷을 빨아서 주님의 거룩한 신부로 준비되길 소원한다.

우리 가족은 선교지에서 이미 주님께서 주신 은혜와 선물로 풍성함을 누린다. 함께 들어왔던 두 아이는 이제 장성하여 자신의 몫을 잘 감당하는 주님의 자녀가 되었다. 이제는 부모의 선교를 기도와 물질로 도우며 본인들도 선교에 쓰임받기를 원하며 준비하고 있다. 우리 가족을 선교사로 불러 사용하여 주시는 주님의 은혜가 얼마나 큰지를 생각하면서 오히려 선교지가 더 주님의 은혜가 풍성한 곳이고 감사가 넘치는 곳임을 날마다 고백한다.

• HOME 사역

몽골 HOME: 몽골 가정선교교육원

HOME(K): 한국 선교사 그룹

HOME(M): 몽골 현지인 그룹

• 연도별 사역 요약

2002. 8.~2005. 6. 몽골 국제대학교 교양 교수

2002. 10.~2015. 7. 몽골 홈 설립 및 대표

'가정사역상담지도자훈련학교' 운영(연 2학기로 13년째 운영)

알코올 중독 치유 회복 프로그램 운영

몽골 울란바타르 11개 중고등학교 상담 교사 파견 운영

몽골 연합신학교, 장로교신학교, 감리교신학교, 하비스트 신학교, 다르항 신학교 가정 사역 상담 지도자 훈련 교육 과정 운영

Eagle-TV 「센베노 안녕하십니까」에서 상담 프로그램 10년째 운영 중

(성경적 가치관으로 부부 문제, 자녀 문제, 낙태 문제, 성 문제, 중독 문제, 가정폭력 문제 등)

현재 몽골 현지인 사역자들이 운영하고 있으며, 현재는 멘토로 현지 지도자를 중심으로 섬기고 있음

울란바타르 '진리의 집 교회'를 남편과 함께 설립 및 섬김

2015. 8.~2017. 11. 러시아 홈 설립 및 대표

노보시비리스크 성바울 신학교 상담 교수

마약중독자 치유센터 5곳 섬김

참고 문헌

고병인. 『중독자 가정의 가족치료』. 서울: 학지사, 2003.

김남식. 『네비우스 선교방법』. 서울: 성광문화사, 1981.

양은순. 『결혼과 가정생활 상담 세미나』(초급, 중급, 고급). 서울: 도서출판 HOME, 1986.

Archibald, D. Hart. *Healing Life's Hidden Addictions*. 온누리 회복사역 본부 역. 『참을 수 없는 중독』. 서울: 두란노, 2005.

Kim, G. B., Oh, M. K. "Mission Model of Creative Access Nations through Family Ministry-Focused on Mongol HOME & HIS Site". Ph.D. Dissertation. HIS University, CA. 2011.

Lingenfelter, J. *Cross-Cultural Education ISCL721, class lecture notes*. Unpublished manuscript, Biola University. 1996.

Yang, E. S. "An Experiential Approach to Korean Family Ministry Leaders Training". Ph.D. Dissertation. Biola University, CA. 1999.

미얀마 의료 상황과
의료 선교사의 사역

김정혜

김정혜 선교사는 1977년 이화여자대학교 의과대학을 졸업했다. 1984년 부산 일신기독병원에서 수련 과정을 마치고 산부인과 전문의를 취득했으며, 1984~2015년까지 일신기독병원과 화명일신기독에서 근무했다. 일신기독병원 재단인 한호기독교선교회에서 미얀마로 파송 받아, 현재 양곤 노동자병원 산부인과 의사로 근무하고 있다.

1. 미얀마 의료체계

병원체계

미얀마의 의료는 영국 시스템을 본떠 공공 의료로 되어 있다. 모든 국민은 정부 병원에서 무료로 진료를 받을 수 있고 치료 및 수술 시 약값을 지불하는 정도 비용으로 치료받을 수 있다. 하지만 정부 병원의 시설이나 의료진이 충분치 않고 몇 개 병원에 집중되어 있어 오래 기다려야 하고 서비스도 좋지 않아 여유가 있는 사람들은 사립병원을 많이 이용한다. 그러나 개인 클리닉이나 사립병원 이용 시 모든 돈을 지불해야 하므로 부담이 큰 편이다.

1) 보건부 소속

보건부 소속의 의료체계는 동네 의료소로 시작하여 16~25병상의 Station Hospital, 100병상 병원, 200병상 병원, 300병상 병원, 500병상 병원, 1,000병상 병원, 2,000병상 병원들로 구별되며 양곤 시의 경우 2개의 대학 병원을 포함한 4개의 District 병원이 있으며 Children's Hospital, Central Women's Hospital이 따로 있다. 산부인과를 중심으로 보면 양곤 제 I 의과대학 소속의 Central Women's Hospital은 1,000병상 규모로 산부인과 의사들이 수련의를 포함한 100여 명이 근무하며 한 달에 1,500명의 분만이 있는 대규모의 병원이다.

양곤 제 II 의과대학인 North Okalar Par General Hospital도 1,000병상 규모이며 분만은 월 1,000명 정도 있고 산부인과 의사는 수련의를 포함한 50여 명이 근무하고 있다. 이외에도 몇몇의 General Hospital에서 한 달에 500~600명의 분만을 오로지 6명의 산부인과 의사들이 하고 있어 한 명의 산부인과 전문의가 한 달에 100여 명의 분만을 책임지는 것으로 보여진다. 대개 cesarean rate(제왕절개 비율)는 수련 병원의 경우 22~25%이나 개인 병원이나 필자가 근무하는 Worker's Hospital인 경우 40% 정도로 높은 비율은 보인다. 이러한 이유는 무통분만과 같은 진통을 도와주는 시스템이 없어 분만을 무서워하는 경향이 있고, 조금 여유가 있으면 수술을 선호하며 우리나라와 비슷하게 원하는 시간, 원하는 요일에 분만을 원하기 때문이다.

2) 노동부 소속

한편 필자가 근무하고 있는 Yangon Worker's Hospital은 노동부 소속 병원으로 노동부 산하 Social Security Board(사회보장 부서)에서 운영하는 보험 성격을 띄고 있는 병원이다. 2012년 사회보장법에 의거 5인 이상의 사업장에서 일하는 직장인 및 공무원, 정부 기관 회사나 조직, 내외국인의 투자 사업 외에도 공업, 매장, 무역, 연예, 운송, 부두 노동, 광물, 보석, 석유, 천연가스, 금융 등 모든 산업에서 일하는 사람들을 위해 보험을 시행하는데 보험비를 직장에서 월급의 3%를 직원이 2%를 내어 5%를 납부하게 되면 건강보험뿐 아니라 실업보험, 산업재해, 사망보험, 자연재해에도 보장을 해주며 직원 자녀 교육비 보조, 퇴직보험들을 보장해주는 정부 부서의 보험으로 운영되는 병원이다.

전국에 96개의 복지 클리닉이 있으며 이곳에서 병원 진료를 받고 싶으면 의뢰서를 가지고 3개의 노동자 병원(양곤에 2개, 만달레이에 1개)을 찾아가면 모든 진료 및 검사와 수술이 무료로 진행된다. 하지만 병원의 많은 직원들 중에서 의사와 간호사는 복지부 소속으로 노동부에 파견 근무하기 때문에 인력이 적어서 여러가지 어려움이 있다.

의료인 교육체계

1) 의과대학 및 수련

미얀마의 의과대학은 모두 국립대학으로 전국에 5개가 있고(양곤 2개, 만달레이 1개, 마궤 1개, 따웅지 1개) 국방부의 의과대학(Military Medical School)이 따로 하나 있다. 각 대학의 학생은 전국에 한 학년이 1,300명~1,500명으로 양곤Ⅰ, Ⅱ의과 대학생이 각각 500명씩 약 1,000명 가량으로 많고 나머지 대학들이 남은 인원을 차지한다. 의과대학은 7년제로 6년간 공부하고 마지막 1년은 인턴같이 각 과에서 실습을 한 후에 시험을 통과하여야 의사 면허증을 받을 수 있다.

그 후 정부 병원에서 2~3년간 assistant surgen으로 일해야만 각 과의 레지던트 같은 master course에 해당하는 시험을 볼 자격을 갖추게 되는데 원하는 과에 지원해도 경쟁이 심해 합격하기가 쉽지 않다. 산부인과 경우 전국적으로 60명 정도의 post graduate student를 받아 3년간 training을 마친 후 시험을 통과하면 스페셜리스트가 된다. 스페셜리스트로 정부 병원에서 5~6년 일하면 junior consultant가 되고 그 후 4~5년 지나면 senior consultant가 된다. 그 후 doctor degree를 하면 assistant professor, associate professor, professor로 승진한다.

대부분의 전문의들은 모두 적은 월급으로 정부 병원에서 일하다 보니 이른 아침이나 저녁에 개인 병원에서 수술이나 외래를 보면서 과외로 돈을 벌고 있어 정부 병원 진료가 소홀해질 수밖에 없다. 또한 정부 병원에서 일하는 의사들은 전국적으로 로테이션을 시켜서 개인이 원하는 곳에서 일할 수가 없다. 심지어 부부가 모두 의사인 경우 서로 로테이션을 하게 되어 결혼 20여 년간에 3년 동안만 함께 지냈다는 황당한 이야기를 듣기도 했다.

60세가 되면 은퇴하게 되는데 은퇴 후에는 연금이 나오고 본인이 원하는 개인 병원에서 일하며 돈을 벌 수 있다. 60세 이전에 먼저 은퇴를 원하면 사유서를 제출하여 정부에서 허락을 받아야 하며 허락없이 은퇴하면 면허증을 빼앗긴다고 한다.

2) 간호사체계

간호사는 2년 코스의 조산(midwife) 과정을 마치면 전국에 있는 보건소 같은 곳에서 근무하면서 분만을 돕는다. 3년 코스의 간호학교는 training school이라 하며 전국에 200개가량 되는데 이곳을 졸업한 후에 시험을 통과하면 간호사가 된다. 그 후 3년을 정부 병원에서 근무하고 4년제 간호대학(전국에 2개, 400명 정원)에 편입하여 2년을 더 공부하면 학사가 될 수 있다.

그 후 정부 병원에서 6~7년을 근무하고 시험을 통과하면 수간호사(sister)가 되고 그 후에도 계속 정부 병원에서 일하며 간호부장(matron) 과정을 통과하면 간호부장이 된다. 간호사들도 승진할 때에 로테이션을 시키며 간호사들도 개인 병원에서 과외로 일을 하여 돈을 벌고 있다.

3) 약사와 약국

4년제 약학대학은 350명을 뽑으며 양곤과 만달레이 2곳이 있다. 현재 미얀마에는 제대로 교육을 받은 약사의 수가 상대적으로 적다. 약국이 있어도 약사가 없이 판매만 이루어지는 상황이 많아 처방전이 없어도 약을 살 수 있는 오남용이 쉽게 이루어진다.

4) 의료 기사

의료 기사들을 위한 대학도 4년제로 양곤과 만달레이 2곳에 있으며 486명을 뽑는다. 정부 병원에는 기사와 병리 의사가 있어도 아주 기본적인 검사만 하고 있고 여러 검사 기계나 시료가 부족한 상태이다. 외부에 외국 자본에 의한 진단 검사만을 위한 큰 규모의 클리닉이 있어 대부분의 많은 검사들은 환자들이 그곳에서 하고 결과를 가져온다.

2. 미얀마 산부인과 현황

2017년 미얀마 산부인과학회 주소록에 의하면 산부인과 전문의가 620여 명 가량으로 되어 있어 인구 수 약 5,500만 명에 비해 현저히 적은 숫자이다. 미얀마 산부인과의 현주소는 우리나라의 80년대 말이나 90년대 초반과 비슷한듯이 보인다. 하지만 조사에 의하면 2012년 기준 미얀마의 모성 사망율이 인구 10만 명당 200명으로 세계에서 가장 높은 편에 속하며 10만 명당 9.9명인 한국의 20배가 넘는다. 5세 미만 아동 사망률도 인구 1,000명당 62명으로 한국의 30배 이상이다. 그 이유는 넓은 국토와 인구에 비해 현저히 적은 수의 산부인과 의사들만 있으며, 마을에서 병원까지 응급 환자의 이동 수단 역시 부족하여 병원에 도착했을 때에는 이미 너무 늦어 손을 쓸 수 없는 경우가 많기 때문이다.

분만의 경우 시골에서는 집에서 분만하는 수가 많고 보건소에서 조산사들이 파견되어 분만을 돕는 것이 보편화되어 있다. 그렇지만 출산 중 일어날 수 있는 응급 상황에 대처할 수 있는 시설이 구비되어 있지 않아서 어려움을 겪고 있는 상황이다. 도시에서는 주로 정부 병원에서 분만 수술을 하며 여유있는 사람들은 개인 병원을 이용한다. 산전 검사는 규칙적으로 진료받는 경우가 드물고 중반기까지 병원에 한 번도 가지 않는 사람들도 많아 분만 예정일이 정확하지 않은 사람들이 많다. 또한 deport 주사(작용 시간이 긴 프로제스테론 주사)로 피임을 많이 하는데 그런 중에 임신을 하는 경우도 많고 마지막 월경일을 알 수 없는 경우도 많아서 신환이 오면 분만 예정일을 잡아주는 것이 가장 중요하다. 문제는 산부인과 의사가 초음파 검사를 하지 않고 방사선과 의사가 하기 때문에 report지에 매번 분만 예정일을 바꿔 가져오는 수가 많다. 특히 부인과 질환에 대한 이해가 부족한 방사선과 의사들의 복부 초음파 소견만을 믿고 의지하여 수술하는 산부인과 의사들은 여러모로 어려움을 겪고 있다. 현재 대학병원을 중심으로 산부인과 의사들도 초음파 사용을 넓히려 시도하는 중이지만 보편화되기에는 아직 시간이 많이 걸릴 것 같다.

부인과 질환은 피임 주사로 인한 부정 자궁 출혈 등이 많고 결혼하지 않은 여성들의 자궁내막증이 많아 수술이나 호르몬 치료를 많이 하고 있다. 자궁암 검진은 보편적으로 증상이 있을 때만 하며 screening의 개념이 아직 보편화되어 있지 않아 조기 발견이 어려운 형편이고, 때문에 암에 대한 공포심이 많아 생리적인 조그만 난소의 혹에도 걱정을 하여 방문하는 사람들도 많다. 불임 환자 수도 역시 많은데 체계적인 진단 및 치료가 제대로 이루어지지 않고 있어 안타깝고 가끔 갱년기 증상을 호소하는 분들이 있는데 호르몬 치료제(HRT)가 도입되어 있지 않아 치료가 힘든 상황이다. 비뇨 부인과 영역은 학회에서 이야기되는 정도로 요실금 수술 등은 아직 도입되지 않고 있다. 복강경 수술 역시 이제 시작하는 단계로 대학 병원에서 복강경 수술 시연을 주도하고 있고 몇몇 교수들이 개인 병원에서 가끔씩 복강경 수술을 하는 정도이다.

미얀마 의료의 가장 큰 문제점으로는

첫째, 의료 교육이 정부 주도하의 국립대학에만 있다는 점이며, 그로 인해 정부 병원에서만 수련이 이루어지고 있어 더 많은 의사들을 훈련하여 배출하는 데 문제가 있고 그 시설 또한 열악하여 제대로 훈련을 받을 수 없다는 점이다.

둘째, 의사들이 모두 공무원화되어 있어 경쟁 구도가 형성되어 있지 않으므로 위험을 감수하면서 새로운 수술이나 기술을 배울 필요를 느끼지 않는다.

셋째, 의사들은 정부 병원에서 저임금(한 달에 약 20~35만 원)으로 일해야 하므로 정부 병원 외 개인 병원에서 과외로 돈을 벌 수밖에 없어서 시간을 짜내 일하는 과정에서 많은 과로에 시달리고 있어 효율적인 시스템이 매우 부족한 편이다.

넷째, 마지막으로 더욱 많은 의사를 배출해도 부족한 이 시점에 훈련이 힘들다고 의대 정원을 줄이고 있어 문제가 되고 있다 현재 필자는 양곤(Yangon)에 위치한 Worker's Hospital에서 근무하면서 외래 및 수술을 1명의 senior consultant와 함께 하고 있다. 한국에서 초음파 기계를 가져와 함께 환자를 보는데 그동안 방사선과 초음파에만 의지하던 것을 직접 초음파를 같이 보며 진찰을 하게 되니 신속하고 정확하게 진단할 수 있게 되어 환자와 의사들이 모두 기뻐하고 있다. 하지만 초음파를 배울 의지가 보이지 않아 조금은 답답한 심정이다

한편 2016년 12월부터 3개월 동안 부산 일신기독병원에서 연수를 마친 미얀마 여성 junior consultant 1명, 수술실 간호사 1명과 지난 2년간 미얀마 양곤 Worker's Hospital에서 일을 함께 할 수 있었다. 이를 계기로 미얀마 의사들의 생각의 전환을 가져왔고 함께 생활하는 동안 조금은 기독인의 봉사 정신을 느끼게 할 수 있었다고 생각한다. 또한 지난 2016년 10월에 일신기독병원의 수술팀이 Worker's Hospital에서 복강경 수술을 시행하는 것을 현지 대학 교수들이 참관하여 좋은 반응을 얻었으며, 2018년 2월에는 양곤 대학병원에 초청되어 강의와 함께 복강경 수술을 시연하기로 하였다.

기독교 정신을 전하기 위한 노력으로는 Worker's Hospital에서 근무하는 기독인 형제, 자매들을 모아 한 달에 한 번씩 성경 공부와 예배를 드리며 우애를 다지고 있고, 크리스마스 즈음에는 병원에서 예배를 드리고 작은 크리스마스 선물을 환자들과 전 직원들에게 선물하면서 나눔의 모습을 보여 주었다.

불교가 주된 종교인 미얀마에서 기독교를 전하는 것은 분명 쉬운 일은 아니지만 필자의 직업이자 사명인 의료 사역을 통해서 비록 종교는 다르지만 공통의 의료 안에서 지속적인 가르침과 나눔으로 끈끈하고 진실된 관계를 맺으면서 의료인이자 기독인의 모습을 보여주기 위해 많은 노력을 하고 있다. 시작은 의술을 가르치는 선생일지라도 후에는 직업을 떠나 기독 신앙과 믿음도 함께 전할 수 있는 친구이자 동료가 되길 소망하며 매일 열심히 일하고 있다.

방글라데시의 통전적 의료 선교의 모델 LAMB 프로젝트

김동연 · 안미홍

김동연 선교사는 1998년 연세대학교 원주의과대학를 졸업했다. 내과 전문의이며, 2003~2005년까지 한국국제협력단 파견 국제 협력 의사(방글라데시)로 사역했다. 2006~2007년에 세브란스병원 심장내과 전임의로 근무했고, 2007년부터 LAMB Hospital에서 사역하고 있다.

안미홍 선교사는 1999년 연세대학교 의과대학을 졸업했다. 가정의학과 전문의이며, 2007년부터 LAMB Hospital에서 사역하고 있다.

들어가는 글

필자는 대학 때부터 한국누가회 활동을 하면서 '통전적'이라는 말을 많이 들어왔고, 한국 인터서브를 통해서 선교지로 왔지만 정작 통전적 선교를 어떻게 해야 하는지에 대해서는 이해가 많이 부족했다. 의료 선교는 의료 활동에 복음 전도가 더해진 것 정도로 이해하였지만 그것은 두 가지가 녹아서 온전히 하나된 진정한 의미에서의 통전적인 선교는 아니었다.

LAMB(Lutheran Aid to Medicine Bangladesh) 병원에서 일하면서 처음 3년간은 의사로서는 많은 일을 했지만 선교사로서는 '내가 무슨 일을 하고 있는 건가' 하는 질문을 하게 되었다. 나는 뭔가 좀 더 역동적인 일을 기대했는데 매일 평범한 일상이 펼쳐지면서 이런 의문이 생긴 것이다. 그러나 시간이 더 지나면서 환자들, 이웃들과 많은 관계들이 생기게 되었고, 그들의 삶의 어려움 속에 의사로서 함께 있으면서 자연스럽게 그리스도의 사랑을 나누고 복음을 전할 기회들이 열리는 것을 보았다. 어떤 환자에게는 좋은 처방과 치료만으로는 어떤 희망과 위안을 줄 수 없다는 것이 나에게나 환자에게도 너무나 분명했다. 그만큼 가난으로 인한 고통과 절망은 너무나 거대했고 나의 의학적 능력은 미미하게 느껴지는 순간이 많았다. 그러나 오히려 그런 순간들은 그러한 고통과 절망 속에 있는 인간을 구원하시기 위해 바로 그 고통과 절망 속으로 찾아오신 구주에 대해 나눌 수 있는 좋은 기회가 되곤 했다. 때로는 그러한 고통과 절망에 함몰되어 가기도 했다.

돌아보니 아내와 나는 항상 burn-out의 경계선에서 일해 왔다. 필요는 너무나 컸고 지칠 때가 많았다. 같은 시기에 LAMB에 있는 공동체는 그런 우리에게 너무나 큰 힘이 되었다. 다른 나라와 다른 배경을 가진 사람들이었지만 복음의 능력 때문에 그 능력을 믿기 때문에 함께 서로를 위로하고 격려하며 함께 일했다. 매주 일주일에 두 번씩 기도와 성경 공부를 위해 모두가 함께 만났다. 그리고 기도 파트너를 정해서 일대일로 함께 기도하고 교제하는 시간도 따로 만들었다. '통전적 선교'는 거대한 과업이었다. 그래서 통전적 선교는 함께 일해야 했고 팀 사역이어야 했다.

이렇게 방글라데시의 시골에서 살아가면서 머리로 잘 정리가 되지 않던 통전적인 선교를 LAMB 병원에서 온 몸으로 배우게 되었다. 통전적인 선교에 대해 이해하면서 선교사로서의 나의 부르심도 더 분명하게 알게 되었고 선교사로서의 만족감과 기쁨도 누리게 되었다.

LAMB 프로젝트는 가난한 자들과 함께 하는 통전적인 선교를 통해 복음을 전하는 모범적인 기관이다. 한국 교회도 이러한 의료 선교의 모델을 통해 배우고 더 온전하고 선명하게 복음을 전할 수 있게 되기를 바라는 마음으로 LAMB 프로젝트를 소개한다.

1. 방글라데시 의료 선교의 시작

윌리엄 캐리(Wiliam Carey, 1761~1834)가 벵골어로 성경을 번역한 19세기 초반에 복음이 벵골 지역에 처음으로 그들의 언어로 전파되었다. 대부분은 힌두교 배경에서 복음을 듣고 믿음을 가지게 되어 초기 벵골인 교회가 시작되었으나 교회의 성장은 미미한 편이었다. 오랫동안 벵골 지역은 인도의 일부였으나 영국의 식민 지배와 파키스탄의 통치를 거치면서 벵골 사람들은 차별과 고통을 겪게 된다. 영국의 인도 식민 지배 시절부터 서양 의학이 유입이 되었고, 1835년에 이미 서벵골 지역의 콜카타(Kalkata)에 의대가 설립되었지만 1887년 세워진 Christian Mission Hospital(영국 장로교) 등 몇 개의 근대적 의료 선교 병원만이 의료 선교의 명맥을 이어갔다. 방글라데시 남부 지역에 긴급한 의료적, 영적 필요에 부담을 느낀 비고 올슨(Viggo Olsen) 박사 등을 중심으로 Memorial Christian Hospital을 1966년에 개원하여 본격적인 병원 중심의 현대적 의료 선교가 시작되었고 1971년 파키스탄과의 독립전쟁 후 외상, 가난, 질병으로 인한 엄청난 필요를 돌보는 역할을 한다.

2. LAMB의 역사

1956년 미국산탈부족선교회(American Santal Mission) 소속의 존 오터슨(John Otteson) 목사는 동파키스탄 북부 지역의 수백만의 사람들이 적절한 의료 혜택을 받지 못하는 긴급한 필요를 보고 의료 사역의 비전을 가지게 된다. 그는 1961년 한 성경 캠프에서 그러한 필요에 대해 전할 기회를 얻었는데 그때 Lutheran Aid to Medicine Pakistan(LAMP)가 태동되었다. 1967년 디나즈뿔(Dinajpur)에 대지 구입을 하고 건축을 준비하던 중 1971년에 독립전쟁이 발발하여 몇 년간 사업 진행의 정체를 맞게 되었다. 독립 이후에 LAMP는 LAMB(Lutheran Aid to Medicine Bangladesh)로 이름을 바꾸어 사업을 진행하여 1977년에 일주일에 두 번씩 외래 진료를 시작하게 되었다.

1979년에는 공중 보건 사업(CHDP, Community Health and Development Project)을 시작했다.이전의 방글라데시 의료 선교가 치료 중심 의학이었고 예방 의학도 몇 가지 예방접종 차원에 머물렀다면 LAMB은 초기부터 적은 비용으로 많은 인구에 혜택을 줄 수 있는 공중 보건 사업을 중시하였다. 1983년에 LAMB Hospital이 10병상으로 개원하여 본격적인 진료를 시작하였다. 1985년에는 결핵 사업, 1989년에 가족계획 클리닉, 1994년에는 산전 보건 클리닉과 재활센터를 시작하였다. 입원 및 외래 환자 수가 증가하게 되어 1999년에 연 외래 환자 7만 명, 입원 환자 5천 명으로 성장하여 산부인과, 소아과, 내과, 외과 진료를 하게 되었다. 2006년에는 수많은 보건 정보를 관리하기 위한 MIS&R(Management Information Systems and Research), 2007년에는 소아과 병동 확장을 통해 150병상이 되었다. LAMB CHPD는 모자보건을 중심으로 발전하여 2014년 현재 인구 5백만 명에게 혜택을 주는 프로그램으로 성장하여 지역사회의 모성 사망률을 낮추는 데 크게 기여하고 있다.

3. LAMB 병원

LAMB 병원은 산부인과, 소아과, 내과, 외과 진료를 하는 20여 명의 의사들과 90여 명의 간호사가 입원 및 외래 진료를 하고 있으며, LAMB에서 교육받은 20여 명의 medical assistant들은 주로 외래 진료 업무와 응급실 업무를 돕고 있다. 외래는 주 6일 진료를 하고 있으며 입원 진료 및 응급실 진료는 당직 시스템에 의해 24시간 제공되고 있다. 환자들은 외래 1회 진료를 위해 70taka(한화로 약 1,000원)를 내고 먼저 medical assistant들이 진료를 해서 트리아쥬(triage)를 통해 위급한 환자는 응급실로 보내고 일반 환자는 문진 및 신체검사

후 간단한 문제는 일반적 처방을 해주고 의사의 진료가 필요한 경우 의사에게 보낸다. 외래는 일반 내과/외과 외래, 산전 검진 외래, 소아과 외래로 나누어져 있다.

• 산부인과

매년 3,000~4,000건의 분만을 하고 매년 600건 정도의 제왕절개 수술을 하는 매우 바쁜 진료과목이다. 각종 산과적 합병증과 부인과 질환의 치료를 담당한다. 특히 방글라데시에 많은 Vaginal fistula의 재건 수술을 통해 어린 나이에 남편과 가족들에게 버림받은 여인들의 삶을 회복시켜주는 귀한 일을 담당하고 있다. LAMB 병원은 WHI(Women's Hope International), EngenderHealth 등의 협력을 통해 방글라데시에서 fistula 재건 수술을 가장 많이 하는 병원 중의 하나가 되었다.

• 소아과

산부인과의 분만이 많다 보니 자연스럽게 신생아 환자가 많다. 국제 보건 기구에서 권장하는 IMCI(Integrated Management of Childhood Illness)를 실제 임상에 적용한 매뉴얼에 따라 원칙적인 진료를 하고 있다. 비싼 인큐베이터 대신 KNC(Kangaroo mother care)를 통해서 많은 아기들의 생명을 구한다. 흔히 구할 수 있는 샴푸병과 산소통을 이용한 CPAP(Continuous Positive Airway Pressure)을 통해서 호흡 곤란으로 고통받는 아기들을 치료하기 시작한 선구적인 진료부서이다. 매년 3,000여 명의 신생아와 1,000여 명의 소아 환자가 입원 치료를 받고 있다.

• 내과

아주 다양한 만성 내과 질환과 많은 열대 감염 환자들을 치료하며 산부인과, 외과 환자들의 내과적 합병증의 치료를 담당한다. 많은 입원 환자들은 심혈관, 호흡기 질환, 결핵, 당뇨병, 각종 중증 감염으로 인한 중환자들이다. 매년 1,900여 명의 입원 환자와 8만여 명의 외래 환자를 진료하고 있다.

외과

각종 일반 외과적 질환과 간단한 정형외과적 수술을 하고 있다. 다른 지역 병원에서 제대로 치료받지 못하는 화상 환자들을 치료한다.

재활센터

소아마비로 고통받는 아이와 부모들을 일주일간 입원시켜 교육한다. 특히 아이의 장애가 엄마의 죄 때문이라는 잘못된 인식 때문에 고통을 받는데 올바른 이해를 통해 죄책감에서 자유를 얻도록 돕는 것도 중요한 일이다. 장애아도 하나님이 여전히 큰 사랑으로 사랑하신다는 믿음을 통해 아이에 대한 가족과 지역사회의 인식이 바뀌도록 교육한다. 또한 재활센터의 목수들이 직접 맞춤 제작한 휠체어나 재활 기구를 통해 아이들의 삶이 크게 바뀐다. 또한 일반 입원 환자 및 외래 환자들의 재활 치료를 담당한다. 장애우들에게 농업과 원예 교육을 통해 재활을 돕고 있으며 LAMB 프로젝트의 정원을 돌봐주고 채소를 판매하고 있다.

원목팀

원목팀은 환자들이 입원하면 환자들과 보호자들의 어려움을 들어주며 자연스럽게 친구가 되어주고 위로하며 복음을 전하는 부서이다. 매일 진료팀의 회진에 함께 참여하며 어려움에 빠진 환자들을 위해 기도하기도 한다. 매일 아침 병원의 일과를 시작할 때 환자/직원 예배를 인도하며 무슬림들의 용어를 사용하여 신자가 아니라고 해도 친숙하게 이해할 수 있도록 돕고 있다.

사회사업과 및 Poor Fund social worker들이 거의 모든 입원 환자들의 경제 수준을 문진을 통해 파악한다. 먼저 입원비를 받지 않고 치료를 한 후 퇴원할 때 환자의 경제 수준에 따라 환자가 지불할 금액을 Poor Fund Committee에서 결정한다. 매년 12,000,000 taka(약 1억 5천만 원)의 Poor Fund를 영국의 자선 기관으로 등록된 LHCF(LAMB Health Care Foundation)을 통해 신실하게 헌금해준 기독교인들의 도움으로 환자들이 지불하지 못하는 금액을 충당한다. 약 60%의 입원 환자가 입원비를 내지 못해 Poor Fund의 혜택을 받고 있다.

• Vulnerable team

아동 보호, 성폭력, 가정 폭력과 관련된 문제로 병원에 입원한 환자들을 돕는 팀이다. 피해자와 가해자를 중재해 추가 피해를 막거나 피해자에게 쉼터를 제공하고 피해자를 정서적으로 지원하며, 의사가 팀에 포함되어 있어 의학적으로도 지원한다. 때로 법적인 지원을 할 수 있는 다른 기관과 연계해서 피해자를 도울 방법을 찾는다.

4. LAMB 지역 보건 개발 사업(LAMB Community Health Development Project)

다른 선교 병원들이 치료 중심 의학에 집중했다면 LAMB는 초기부터 지역사회 보건을 중심으로 병원과 지역사회를 연결하는 방식으로 일해 왔다.(그림 1) 1971년 독립전쟁 이후 폐허가 된 방글라데시에서 모성 사망률, 신생아 및 영아 사망률이 매우 높았지만 전통적인 치료 의학만으로 이들을 돕는 것은 불가능했다. 처음부터 LAMB는 높은 모성 사망률을 낮추는 것을 목표로 지역사회의 safe delivery unit(SDU, 조산소)을 만드는 데 집중했다. LAMB에서 일방적

[그림 1] 지역사회에서 병원까지의 통합적 접근

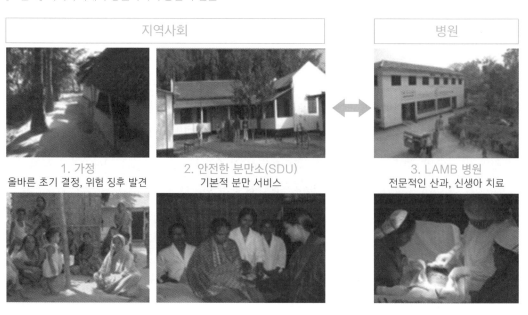

지역사회		병원
1. 가정 올바른 초기 결정, 위험 징후 발견	2. 안전한 분만소(SDU) 기본적 분만 서비스	3. LAMB 병원 전문적인 산과, 신생아 치료

으로 SDU를 만들기보다는 마을 여성으로 구성된 self-helping group(자조 모임)이 스스로 돈을 모아 만들도록 하고 LAMB는 조산사를 훈련시키고 파견하고 전적으로 지역사회의 주민들이 운영하는 방식으로 하였다. 지역사회가 SDU의 소유권을 가지고 운영하는 방식은 LAMB가 일하고 있는 많은 지역에서 성공적으로 적용되어 현재 40여 개의 SDU가 운영되고 있으며 방글라데시 북부 지역의 인구 500만 명이 직·간접적으로 CHDP의 혜택을 받고 있다.

5. Training Center

현재 4가지의 훈련 과정을 제공하고 있으며 훈련생을 위해 100여 명의 숙식을 제공할 수 있는 시설을 갖추고 있다.

• **1차 보건 교육**
LAMB나 다른 NGO에서 필요한 1차 보건 인력을 양성하여 지역사회 클리닉에서 일할 수 있도록 한다.

• **CSBA 과정(Community Safe Birth Attendant, 정부 인정 지역사회 조산원 과정)**
SDU에서 일하면서 정상 자연분만을 할 수 있도록 훈련하는 6개월 과정이다.

• **Medical Assistant 과정**
LAMB Hospital에서 외래, 응급실 진료를 위한 인력 양성을 위한 과정이다.

• **정식 조산사 과정**
3년 과정의 정식 조산사 과정이다.

6. MIS/Research

정확한 데이터를 통해 보건 사업 및 병원 진료의 성과와 질을 평가하고 보고할 필요 때문에 2006년에 설립되었다. 보건 사업과 관련된 가정 방문 조사를 통해 지역사회의 모성 사망률, 신생아 및 영아 사망률의 추이를 조사하고 있다. verbal autopsy를 통해 모성 사망과 신생아 사망의 원인을 조사하여 보건 사업 계획에 참고가 될 중요한 자료들을 제공한다. 다른 기관들과의 협력하여 보건 관련 연구들도 활발히 진행하고 있다. 병원 입원 환자 진료 데이터, 의무 기록의 관리 및 보고를 통해 병원의 경영과 감염 관리 등에 필요한 자료를 제공한다. 현재 20여 명의 직원이 함께 일하고 있다.

7. 간호대학

방글라데시에서는 의사에 비해 간호사가 절대적으로 부족한 상황이다. 3년제 정식 정부 인정 간호대학으로 입학 정원은 25명이다. 2012년에 설립되어 4회째 졸업생을 배출하였다. 기독교적 인성과 전문성을 가진 간호사로 교육하도록 힘쓰고 있다.

8. LAMB English Medium School

1997년에 시골 지역에 위치한 LAMB의 직원 자녀들의 교육을 위해 시작된 학교이다. 가난한 사람들을 돕는 의료진과 지역사회 개발 전문가들의 자녀들을 위한 교육을 제공하여 LAMB에서 안정적으로 일할 수 있도록 돕고 있다. 유치원 과정부터 10학년까지 150여 명의 학생들이 공부하고 있다. 다양한 계층, 다양한 종교 배경을 가진 아이들이 함께 학교에 다니면서 다양성을 배운다. 교사의 절반은 선교사들로 구성되고 현지인 선생님들도 모두 기독교인이다. 학생들에게 성경을 정규 과목으로 가르쳐 복음을 전할 귀한 기회가 된다.

맺는 글

LAMB는 방글라데시 북부에서 지역사회와 병원까지 연결하는 통합적인 모자보건 중심의 의료 서비스와 교육, 연구를 통해 보건 영역을 넘어서 통전적으로 지역사회를 변화시키며 복음을 전하는 기관이다. 방글라데시의 가난한 사람들, 특히 소외된 여성과 어린이들을 섬김으로써 하나님을 섬긴다는 사명에 따라 40년 동안 한결같이 기관을 운영해 온 점, 치료 의학뿐만 아니라 지역사회 보건을 중시하고 연결한 통합적인 접근법, 영웅적인 몇 명의 선교사들이 아니라 많은 여러 선교사들의 지속적인 협력하여 성장해온 점, 현지 문화와 지역사회나 정부를 존중하면서 일해 온 점, 부정부패가 심한 방글라데시에서 청렴도를 중시하며 기관을 운영해 온 점, 가난한 사람들과 약자의 필요에 초점을 맞추어 일해온 점, 그리고 다양한 나라에서 온 사람들과 함께 팀을 만들어 일한 점은 우리가 주의해서 보고 배워야 할 좋은 모범이라고 생각한다.

선한사마리아병원

– 주님 다시 오시는 그날까지 주어진 사명을 감당하는 병원

강영식 외 6인

강영식 선교사는 조선대학교 의과대학과 광신대학교 신학대학원(M.Div.)을 졸업했다. 산부인과 전문의이며 의학 박사, 목사(예장합동)이다. 조선대학병원과 아산재단 정읍병원, 강영식 산부인과의원, 광주 보훈병원에서 근무하였다. KCCC(대학생선교회) 소속 선교사(전임간사)로 광주 팔복교회(예장합동 광주노회)의 파송을 받았다. 현재 파키스탄 카라치 선한사마리아병원 원장으로 사역하고 있다.

1. 병원 소개

선한사마리아병원은 파키스탄 최대 도시인 카라치 시내로부터 자동차로 북서쪽으로 약 1시간 거리에 있는 'O'타운에 있습니다. 당시 최대의 이주민 난민촌으로 가난하고, 아프고, 고통 받고, 굶주리고 소외된 자들을 위해서 1991년부터 클리닉으로 시작하여 "주님 다시 오시는 그날까지 주어진 사명을 감당하는 병원"을 목표로 운영하고 있습니다. 이는 주님께서 걸으셨던 길이 우리들의 모델로서 teaching, preaching, healing, self sacrifice, sharing, serving의 사명을 감당하기를 소망합니다.

병원은 주어진 사명에 따라서 1989년 한국대학생선교회 의료선교부에서 파송된 KCCC 아가페 의료선교팀에 의하여 1991년 9월부터 주님의 은혜와 사랑으로 첫 외래 진료를 시작하였고, 2002년 11월부터 외래 및 입원, 분만, 수술, 응급 환자를 위하여 진료하면서 현재에 이르고 있습니다. 현재는 의사 13명(한국인 3명 포함), 직원 50여 명의 규모로 운영되고 있습니다.

병원에는 외래, 수술실, 응급실, 실험실, 약국, 분만실, 신생아실, x-ray와 E.C.G., 초음파실 등의 시설이 있으며 산부인과, 일반외과의 주요 수술 및 소아과, 치과, 정형외과, 피부과, 이비인후과 등의 진료를 하고 있습니다.

또한 trust 사역으로 병원, 영어 컴퓨터 학원, 원내 교회, 문맹 퇴치, 응급 재난 구호 및 무료 이동 진료, 빈민 구제와 장학 사역을 진행하고 있습니다.

2. 병원 역사와 과정

선한사마리아병원은 1980년대 초에 아직은 한국에서 의료 선교가 활성화되지 않았던 때에 파키스탄 기독교단체의 요청으로 한국 CCC에서 의료 선교사를 모집하여 1988년 12월 16일 8명의 선발 의료팀을 구성하였으며, 첫 번째 팀은 1년간의 합숙 훈련을 마치고 1989년 12월 12일 입국했다. 하지만 카라치 시내의 치안 불안으로 바로 병원으로 오지 못하고 1년

반을 사쿠르(Sakur) 지역에서 언어 훈련과 문화 체험 등을 하고 1991년 5월에 다시 카라치로 돌아왔습니다. 처음에는 황량한 땅 위에 병원의 바닥, 벽 및 창문 공사를 마친 방 한 칸이 준비되자 본원 클리닉 건물에서 진료를 시작하였습니다. 이렇게 클리닉 방 한 칸으로 시작하여 2002년에는 24시간 응급실을 운영하여 입원 환자와 수술 환자의 진료를 시작하였고, 2003년부터는 병원에 선교사 숙소, 직원 숙소, 직원 식당, 약국을 짓는 등 병원 규모와 내실이 다져졌고, 병원 부지 안에 2층 건물의 community center를 지어 매일 직원 예배와 주일예배 그리고 현지인들과 만남의 기회를 위하여 컴퓨터와 영어 스쿨 사역이 시작되었습니다.

2006년에는 인천 감리교회의 후원으로 병원 인근 가난한 기독인 마을에 그들을 위하여 문맹 퇴치 및 방과 후 자녀 교육과 클리닉의 목적으로 vision center를 건축하였습니다. 2008년 선한사마리아병원과 그 외 사역의 범위를 확장하고 더 활성화하기 위하여 Good Samaritan Hospital Welfare Trust(이하 GSHWT)를 설립하였습니다.

2009년부터 미국, 호주에서 파송된 외국인 의사가 함께 우리들의 사역에 동참하여 주 2회 진료를 시작하였습니다. 그리고 2011년 현지인 제자화의 일환으로 본원에 근무하는 현지인 기독인 산부인과 의사 A를 한국 고신의료원 산부인과에 연수 목적으로 파견하였습니다. 이로써 현지인에 대한 의료 기술의 향상을 도모하였으며 지금도 우리와 함께 하고 있습니다.

2012년에는 병원 직원이 납치되는 사건이 있었고, 이로 인해 팀이 잠시 병원 사역을 현지인들에게 맡기고 약 2년 정도 북쪽 I지역의 무슬림과 기독인 마을에서 무료 이동 진료와 한인 무료 진료, 홍수 이재민 무료 진료, 개척 사역 등의 사역을 하였습니다.

2014년 11월에는 병원 주위 환경이 어느 정도 정리되어서 다시 모든 팀원들이 병원으로 복귀하였으며, 그동안의 공백기 동안 침체된 병원 진료와 환경 개선을 위하여 새롭게 시작하는 마음으로 병원 안전 문제와 의료질 향상, 그리고 직원 복지 향상을 위하여 노력하였습니다. 그리고 병원 교회의 활성화와 전도팀 활성화를 위하여 M.Div. 과정을 졸업한 자매를 2015년 1월부로 전도사로 채용하였고 결과적으로 보다 공격적인 복음 전파 사역을 행할 수 있었습니다.

이어서 병원과 주거지에 지하수를 개발하고 병원 환경 조성 사업으로 빈 공간 잔디밭 공사, 주거 지역 산책로 트랙 완성과 함께 병원 내 구조 및 시설 정비를 시작으로 동선에 따라서 능률적으로 일할 수 있게 중앙 공급실을 수술실 옆에 새로 건립하였고, 전기 가스 겸용 고압 소독기를 추가로 구입하였으며 분만실을 확장하여 분만실에서도 응급 수술이 가능하게 되었습니다.

2016년에는 병원 25주년 기념사업으로 지하수 담수화를 하였습니다. 수돗물이 들어오지 않아 지하수를 개발하여 짠 지하수를 담수화하여 의료 기구, 세탁 등 물 공급의 어려움을 어느 정도 해결하였고 병원 담장(전면과 측면)을 다시 세우고 유류 창고, 발전기실을 완공하였습니다.

또한 x-ray 기계를 computed radiography imaging system으로 설치하였으며 초음파 진단기도 color doppler로 교체하였는데, 이는 국내외적으로 어려운 환경 가운데 이루어진 주님의 은혜였습니다. 항상 테러와 강도의 가능성과 곳곳에 있는 어려움과 위험이 도사리고 있는 이 땅에서 25년간 병원을 유지할 수 있었던 것은 저희를 지켜주신 오직 하나님의 은혜와 축복이었고 감사였습니다.

현재는 매월 80~90건의 분만이 안정적으로 이루어지고 있으며, 'O'지역에서는 한국인 병원으로 널리 알려져 있습니다. 선하신 하나님께 다시 한 번 감사와 영광을 드립니다.

3. GSHWT(Good Samaritan Hospital Welfare Trust)의 사역들

Good Samaritan Hospital(선한사마리아병원, 1991)

병원에 오는 환자 99%가 무슬림이어서 예수님의 공생애 삶을 따라 가르침과 말씀 전파, 치료, 자기 희생, 나눔, 섬김을 병원 사역 목표로 행하며 모범이 될 수 있도록 노력하고 있습니다. 매일 아침 전 직원 예배로 말씀과 함께 하루 업무를 시작하며 이후 의료진은 회진과 외래 진료, 분만, 수술 등을 통해 진료와 현지 의사와 간호사들을 교육하는 시간을 갖고 있습니다. 문맹 직원들을 위해 무료로 교실을 열었으며 매일 전도팀에서 입원 환자 방문과 위로, 기도를 하며 전도사가 외래에 상주하고 있어 환자들에게 늘 상담과 복음 전달의 기회가 열려 있습니다. 또한 병원 곳곳에 말씀 관련 소책자를 비치했으며 상황에 따라 변화를 줍니다.

Computer & English Institutes(선한사마리아 컴퓨터와 영어 학원, 2003)

이는 현지인들과의 접촉점을 늘리고 이 지역 문화 교류의 목적으로 운영하고 있습니다. 학교 시간이 끝나는 오후 4시 반부터 수업이 시작되어 저녁 10시까지 하고 있습니다. 대부분 무슬림 학생들이 오는데 교재를 배우면서 사영리를 한 번 읽게 되는 과정으로 진행되며 수준 높은 교육으로 수료증이 이력서에 첨부되면 지역에서 효과를 본다고 합니다.

Good Neighbor Vision Center(선한이웃비전센터), Gaziabad

크리스천 빈민가에 세워진 본 센터는 가난하고 부모가 직장에 다녀서 길에서 방황하는 아이들을 대상으로 방과 후 교실을 열어서 숙제도 도와주고 부족한 우르두, 영어, 수학 보습 교육을 하여 실제적인 지식 향상으로 소외되는 크리스천의 질적인 향상을 목표로 하고 있습니다. 또한 이곳을 통해서 지역 주민에 대한 성경 공부가 진행되고 있습니다.

GSH(Good Samaritan Hospital) Church(evangelist team, sunday school)

선한사마리아교회(전도팀, 주일학교)에서는 매일 아침 직원 예배를 통하여 영적 제자화가 이루어지고 있으며, 이들을 통해서 입원 환자에게 그리스도의 사랑을 전하게 함을 목적으로 하고 있습니다. 또한 주일예배와 어린이 예배는 직원과 기독교 마을에서 오는 사람들이 함께 드리며, 평일에는 전도사와 사모님들이 한 팀이 되어 병실과 외래를 돌며 문안과 말씀 전달과 기도 사역을 하고 있습니다.

Balochistan Ministry(발로치 사역, Quetta, GSH)

병원에서는 발로치스탄(Balochistan) 사역을 두 가지 주제(지역, 종족)로 접근을 합니다.
첫째, 지역적 접근으로 발로치주 지역은 신드주에 있는 병원과 가까운 거리에 있기도

하고 복음의 황무지이기 때문에 병원에서 주력하고 있는 지역이며, 미전도 종족이 많으므로 직접 1년에 2회 방문하여 무료 치과 진료, 성경학교 사역을 진행하며 관계를 형성하고 있습니다.

둘째, 병원 주변에는 발로치스탄주에서 이주한 이주민들이 모여 사는 동네가 4~5곳 정도로 약 6개 종족이 병원을 방문하며, 병원을 방문하는 환자와 교제하며 관계를 형성하고 있습니다. 이들을 통해서 동네를 방문하여 무료 이동 진료를 시행하고 있습니다. 앞으로 여건이 되고 관계가 형성되면 문맹 퇴치 사역과 복음 사역을 계획하고 있습니다.

Emergency Rescue Team(Flood, Earthquake) & Free Mobile Medical Camp(응급 재난 구호 및 무료 이동 진료 사역)

2005년 파키스탄 북쪽 지역 카슈미르(Kashmir)와 무자파라바드(Muzaffarabad)에 지진이 났을 때 팀을 구성하여 한국인으로는 가장 먼저 재난 지역에 도착하여 구조를 시행하였습니다.

그 외에도 2011년 미르프르카스(Mirphurkhas) 지역과 2012~2014년 파키스탄 북쪽 지역 라호르(Lahore) 근처의 홍수 피해 지역에서 이동 진료를 하였으며 정기적으로 수도권 외곽 무의촌 지역을 방문하여 무료 진료를 하였습니다. 2014년 병원 복귀 후에도 주기적인 무료 이동 진료와 다른 선교 사역지의 요청으로 방문하여 무료 진료를 하고 있습니다.

Poor Relief & Scholarships(빈민구제와 장학제도)

가난하고 어려운 기독교 마을과 무슬림 가정을 방문하여 이들에게 생활 필수품을 전달하고 구제하며 가난한 가정의 자녀들에게는 장학금 지급 사역을 하고 있다.

또한 병원 교회를 통해 가난한 무슬림과 기독인 가정을 지원하며 병원 직원 자녀에게 학년별 기초 장학금을 지급하고 있으며, 제자 양육의 방편으로 크리스천 중 가정 형편으로 학업이 어려운 약학대생, 신학생 및 간호대생 등의 학비 전액을 지원하고 있습니다.

K 시내 근처의 또 다른 기독인 마을의 현지인들에게 의료 혜택을 주기 위하여 본원에 근무하는 초음파실 닥터(현지인)가 저녁 시간에 초음파 진료를 하고, 상주하는 간호사가 모성 관리를 하고 있습니다.

4. 병원 기도 제목

- 아버지를 알지 못하는 97%의 불쌍한 영혼들에게 꿈과 계시와 환상을 통하여 주님께서 나타나시고 복음이 평안히 전파되기를 위하여
- 파키스탄의 사회, 경제, 정치, 종교적 상황이 안정되고 국민들에게 평안함이 이루어지길
- 선한사마리아병원을 통한 주님의 사역과 그 영광을 위하여 함께 할 동역 헌신자들을 보내 주시옵소서.
- 이 황량한 땅 가운데 사역하는 주님의 종들을 테러와 납치, 강도 같은 어렵고 힘든 상황 가운데서 건강과 안전을 지켜주소서.

아이티 의료 선교 현황과 미래

– 지역 보건 요원 제자 양성을 통한 통전적 의료 선교 전략

김성은

김성은 선교사는 1992년 국립 경상대학교 의과대학을 졸업했다. 1996~1998년 연세대학교 연세의료원 가정의학과에서 근무했다. 1999~2011년까지 개원, 2011~2013년 선교 훈련을 받았다. 2011년 하와이 열방대학 DST 및 기독상담학교를 수료했고, 2012년 하와이 열방대학 medical DTS학교 간사로 섬겼다. 2014년 아이티 라고나브섬에서 보건제자학교 및 콜레라 퇴치 사역을 시작했으며, 소망센터 부지를 확보했다. 2015년 한국 글로벌케어와 함께 2차 콜레라 퇴치 사역을 시작했다. 2016년 2차 보건제자학교를 시작했고, 2016년 소망센터클리닉 건축을 시작하여 2017년에 완공했다. 2016년 4월에 YWAM 오크츄리 NGO를 설립했다. 2017년 소망기술대학센터 건축을 착공했고, 2013년에 목동 지구촌교회 및 CMF의 파송을 받아 아이티에서 사역하고 있다.

들어가면서

진흙 쿠키, 지독한 가난, 캐러비안 해적, 노예 전쟁, 좀비, 부두교, 쿠데타, 군사독재, 세상의 쓰레기장, 대지진 참사, 콜레라 같은 부정적인 이미지로 가득한 아이티는 세계에서 가장 가난한 나라 중 하나이다. 한때 프랑스, 영국, 스페인 같은 열강들을 물리치며 노예들로 이루어진 최초의 독립 국가를 세웠고 캐러비안 주변 식민지 국가에 독립의 열망을 일으킨 아이티였지만 수 세기 동안 서양 열국들의 지배와 수탈을 겪으면서, 그리고 자국민 위정자들의 독재와 쿠데타 및 무능한 정치에 의해 처절히 파괴되어 이제는 세계 모든 나라로부터 외면당하고 계속 원조만 받아야 하는 나라로 전락되었다.

아이티 역사를 통해서 이렇게 된 원인들을 어렵지 않게 유추할 수 있다. 많은 원인들을 열거할 수 있지만 크게 두 가지로 요약할 수 있다. 그중 하나는 아프리카 여러 지역에서 노예로 끌려오면서 가져온 아프리카 토속 종교인 부두교(Voodoo)이고, 다른 하나는 수 세기 동안 노예 생활을 하면서 그들 속에 굳어진 수동성과 의존성이다.

이런 특성들로 인해 아이티는 여러 번 도약할 수 있는 기회가 있었음에도 불구하고 주변 나라들에 의해 지금까지 속박 받으며 나라 전체가 비참한 상태에 있다.

최근 반세기 동안 아이티는 국제기구와 민간단체 등을 통해 수많은 원조와 지원을 받았지만 부패하고 무능한 정부와 사회 전반적으로 팽배한 불신과 분열, 이기심으로 인해 외국 원조와 지원들은 개인과 일부 정치인들의 사적인 이익만 불려나갔고 일반 국민들은 외부 도움에 대해 의존성만 키웠다. 20세기 초부터 본격적으로 시작된 개신교 선교 활동과 수많은 국제 원조에도 불구하고 아이티는 여전히 세계의 빈민으로 남아 있으며 이런 상황 가운데 어떤 선교적 방법으로 접근해야 할지 많은 고민을 하게 된다

먼저 총괄적으로 아이티의 일반적인 역사와 문화를 살펴보고 그를 통해 아이티를 이해하며, 또한 100여 년 된 개신교 선교 역사를 통해서 하나님이 어떻게 아이티를 이끌어가고 있는지 고찰하면서 미래 선교 방향의 실마리를 잡을 수 있을 것이다.

1. 역사

중미 카리브해의 섬나라 아이티(Haiti)는 히스파니올라(Hispaniola)라는 섬의 서쪽을 차지하고 있는 나라이다. 동쪽은 도미니카공화국이다. 히스파니올라라는 이름은 '작은 스페인'을 뜻한다. 1492년 이 섬에 도착한 크리스토퍼 콜럼버스가 붙인 이름이다. 스페인은 4년 뒤인 1496년 이 섬의 산토도밍고(Santo Doming)에 식민 정착지를 만들었다. 섬의 원주민이던 타이노족과 아라와칸족 등 50만 명 정도의 토착민들이 살고 있었고 학살과 질병으로 인해 몰살당하자 스페인 정복자들은 아프리카에서 흑인 노예들을 데려와 일하게 하였다. 이들이 현 아이티인들의 선조이다. 토착민들은 흔적도 없이 사라졌다.

스페인이 식민 지역에서 힘을 잃으면서 1697년 이 섬의 서쪽 절반, 오늘날의 아이티를 프랑스에 내주게 되면서 프랑스와 아이티의 처절한 인연이 시작되었다. 주민 대다수가 아프리카계(1,000만 명이 조금 넘는 인구 중 95%가 아프리카계)이며 프랑스 영향을 받은 언어도 스페니쉬를 사용하는 중남미 나라들과 다르다. 그렇다고 아프리카 국가들과 딱히 역사적, 문화적으로 연결돼있지 않아서 매우 독특하고 고립된 위치에 처해 있다. 프랑스 식민 시대부터 혁명운동이 시작되던 1791년까지 아이티에는 노예만 50만 명에 이르렀고, 사탕수수와 커피 재배를 위한 플랜테이션 농업을 기반으로 한 경제로 인해 번성하여 프랑스 국부의 4분의 1을 조성할 정도의 부유한 식민지였다.

프랑스혁명의 영향을 받은 물라토(흑인, 백인의 혼혈아)와 해방 노예가 1791년에 반란을 일으켰고, 이것은 독립전쟁의 발단이 되었다. 1804년 독립운동 지도자 J. J. 데살린을 황제로 하는 흑인 제국으로서 독립을 선언했으며 국명을 아이티로 정했다. 흑인 노예에 의해서 세계 최초로 독립 국가를 세운 것이다. 그러나 독립 후 1세기 동안 아이티의 역사는 독재와 반란이 반복되었다. 1915년에 미국은 자국민 보호를 명목으로 군사 간섭을 감행, 1934년에 F. 루스벨트 대통령의 선린 정책이 등장할 때까지 점령하였다. 그 이후 미국의 내정 간섭으로 장기 독재체제가 들어서고 잦은 쿠데타와 태풍, 지진, 전염병 등으로 지금까지도 큰 혼돈 가운데 있다.

이런 극심한 빈곤과 혼란한 나라를 탈출하기 위해 많은 아이티인들이 목숨을 건 탈출 모험들을 시도하고 있다. 이런 과정을 통해 미국에는 120만 명, 캐나다에 20만 명, 그리고 도미니카공화국에는 150만 정도가 거주하고 있다. 특히 이웃 나라인 도미니카와는 깊은 적대 관계가 있어 이곳으로 불법 이주한 많은 아이티인들은 사탕수수밭이나 농장에서 아무런 권리 없이 노예처럼 일을 하고 있어 국제적으로 이들의 인권 문제가 쟁점이 되고 있다. 요즘은 칠레와 브라질 등 중남미 나라로 수많은 젊은이들이 취업을 하기 위해 떠나고 있어 아이티 내에 심각한 인력 유출이 문제되고 있으며, 나라를 떠난 이들은 본국으로 돌아오지 않고 일자리를 찾아 여러 나라로 떠돌며 비참한 삶을 살아가고 있다.

2. 아이티 종교 상황

식민 통치국인 프랑스의 영향 때문인지 가톨릭이 약 80%를 차지하고 있다. 개신교가 20%, 그리고 부두교가 100%라고 말들을 하곤 한다. 그만큼 아이티는 부두교의 영향을 받고 있다. 아이티의 대부분 가톨릭이나 기독교인들도 부두교와 관련된 주술을 행하거나 주술사를 찾거나 관련 비밀결사에 가입되어있는 경우가 많다. 즉 아이티 최대의 종교는 가톨릭이나 기독교가 아니라 부두교로 봐도 될 정도라는 의견이 있다.

'부두'(Voodoo)는 아이티 대부분 노예의 뿌리인 베냉(Benin)이란 나라의 Fon이라는 언어로 '영'을 뜻하는 단어이다. 그들이 섬기는 대상인 로아(Loa)는 주로 아프리카의 초자연적인 정령과 같은 위상을 가지지만 가톨릭과의 융합으로 한 신격이 부두교와 천주교 성인의 두 모습을 공유하기도 한다. 부두교는 가톨릭 신앙과 깊숙하게 연관되어 유일신이 존재한다고 인정하며 이것을 봉디예(Bondye)라 부른다. 따라서 아이티의 부두교도들은 자신들을 기독교도라 표현하는 것에 전혀 거리낌이 없다. 해방 즉시 로마가톨릭의 사제와 주교들은 자신들의 본국이나 로마로 피신하였고, 그로 인해 모든 관계가 절단되어 아이티의 가톨릭 교회들은 교황청의 감시나 감독없이 남게 되었다. 독립의 원동력이 되었던 부두교는 자연스럽게 가톨릭의 중심으로 파고 들어 대부분 가톨릭교의 상징이나 제사 의식에 깊은 영향을 미치며 가톨릭은 이원적 종교로 남게 되었다. 많은 아이티 지식인들은 "부두교는 우리 역사와 문화의 일부분이다"라며 "프랑스에 맞서 독립전쟁을 할 때도 우리를 단결시켰다"고 부두교를 국가 종교로 승격시킨다. 그래서 가톨릭이라는 껍데기 안에 부두교의 의식이 깊게 스며있어서 이들에게 참된 복음을 전해주기가 무척 힘든 상황에 있다.

3. 기독교 선교 역사

아이티공화국의 기독교 역사의 시작은 여타 중남미 국가들의 경우와 마찬가지로 스페인의 신대륙 발견과 그 시기를 같이 한다. 아이티는 스페인과 프랑스 식민 착취 시대 오랫동안 아프리카 토속 종교인 부두교와 가톨릭 교회의 영향력 아래에 있었다. 1807년 처음으로 영국 감리교 선교사들이 이 섬나라에서 사역을 시작하였으며 이후에 1861년 성공회 선교사들이 활동을 시작하면서 1900년 초부터 침례교, 안식교 등 많은 개신교 교단들이 선교 활동을 시작하였다. 그들은 대부분 도시 빈민층과 농촌 지역을 중심으로 학교, 교회 개척, 클리닉과 농업 사업에 집중하였지만 가톨릭과 부두교의 장벽을 넘어 그 영향력을 사회 전반에 발휘하지 못하고 빈민가나 농촌 지역에 제한되었다. 2010년 대지진 이후에 여러 NGO 단체들과 개신교 선교사들이 이전보다 더 많이 들어와서 활동을 하고 있지만 오히려 어려운 상황 가운데 부두교를 의지하는 사람들이 더 늘고 있다. 더구나 최근 들어 여호와의 증인이나 한국의 이단 종파들도 포교 활동을 활발히 하고 있어 우려를 낳고 있다. 2010년 대지진 이전에 2~3명의 한국 선교사들이 교회 개척과 고아원과 학교 사역 등을 하고 있었지만, 지진 이후 현재는 한국에서 파견된 몇몇 NGO 단체들과 미국과 한국에서 파송된 40여 명의 선교사들이 대부분 수도인 포토프랭스에서 교회 및 학교와 지역 개발 및 보건 사역에 헌신하고 있다.

4. 아이티 의료 현황

아이티는 수 세기 전부터 노예 생활을 시작하면서 보건 시스템 자체가 전혀 존재하지 않았다. 1800년 말부터 개신교 선교가 조금씩 진행되면서 지엽적으로 클리닉 수준의 병원들이 생겨나기 시작했다. 그러나 의료 인력과 의료 재원 부족으로 많은 의료 수요를 충족시키기에는 터무니없이 부족하였다. 아이티 수도인 포토프랭스 내에 의과대학이 3개 정도 있으며 간호사 양성학교는 많이 개설되어 있다. 의료 교육 시스템이 매우 낙후되어 있어 의대 6년을 마쳐도 의사들의 의료 수준은 매우 낮다. 그래서 의사가 되기를 바라는 학생들은 좀 더 교육의 질이 좋은 이웃 국가 도미니카, 쿠바, 멕시코, 미국 등으로 유학을 가는 경우가 대부분이다. 또한 의대를 졸업해도 아이티 내에서 전문의 코스를 받을 수 있는 병원이 거의 없기 때문에 전문의 과정을 받으려면 해외로 나가야 한다.

그나마 있던 의료 기관들은 2010년 지진으로 인해 대부분 파괴되었다. 그 후에 국경없는 의사회를 비롯하여 많은 의료 NGO 단체들이 아이티에서 긴급 구호 및 환자들을 진료하고 있는 상황이다. 현재는 5~6개 의료단체에서 대부분의 의료 수요를 감당하고 있지만 이런저런 문제들로 인해 철수를 고려하고 있다.

해외 원조로 운영되는 병원들도 낙후된 의료 시설과 전문의 부족으로 응급 환자나 중환자를 돌볼 수 있는 능력이 거의 없다. 대부분의 아이티인들은 재정적인 문제와 더불어 병원에 대한 불신으로 의료 기관을 잘 이용하지 않고 있다. 부유층 사람들은 아프면 가까운 이웃 나라에서 치료를 받지만 가난한 사람들은 민간 요법에 의존하거나 부두교 사제에게 가서 부두 의식을 통해 치유받기를 원한다. 그래서 많은 사람들이 쉽게 치료할 수 있는 질환도 기회를 놓쳐 사망에 이르는 경우가 허다하다.

아이티는 오래 전부터 부족한 위생 시스템, 열악한 영양 및 부적절한 보건 서비스로 인해 WHO 건강지표에서 맨 아래에 있다. 유엔세계식량계획(WFP)에 따르면 아이티 인구의 80%가 빈곤선 이하에 산다. 따라서 영양실조는 심각한 건강 문제를 야기하고 있다. 인구의 절반이 '식량 부족' 상태에 있고, 아이티의 어린이 중 절반은 영양실조에 걸려있다. 이런 상황에서 대지진과 2011년 콜레라 대유행 시 열악한 의료 인프라로 인해 많은 사람들이 희생당했지만 여전히 보건 의료 상황은 나아지지 않고 있다. 아이티 보건당국도 보건 의료 시스템 확보를 위해 유엔 국제기구 및 민간단체들과 함께 장기 비전을 세우고 있다. 그 중 핵심 사업은 1차 보건 서비스 확대를 위해 의료 요원 1만 명 양성을 목표로 하고 2012년부터 시행했지만 예산 부족 및 실행 의지 부족으로 1년 만에 중단되고 말았다.

| 라고나브섬 보건 의료 개발 사역 이야기 |

본인은 2013년부터 라고나브섬에서 의료 사역을 통한 성경적 지역 개발을 하고 있다.

■ 일반적 현황

아이티 여러 지역 중에서 경제적으로 가장 열악한 라고나브(IL DE LA GONAVE)섬은 수도 포토프랭스에서 서북쪽 50km에 있으며 길이 60km, 너비 15km, 면적 7,443㎢으로 아이티에서 가장 큰 섬이지만 흔히 '잊혀진 섬'으로 알려져 있다. 섬의 총인구가 12만 명 정도이며 (2015년 통계) 섬은 크게 Anse-à-Galets과 Pointe-à-Raquette 두 지역으로 나누어진다. 이 섬은 화산암으로 이루어진 산악 지대로 논농사를 지을 수가 없어 주로 옥수수, 고구마와 카사바 등 작물 재배에 의존한다. 한 가족의 평균 수입은 1달러 이하이다. 주요 소득원은 잡목들을 베어서 숯을 만들어 육지에 파는 것이다(아이티 숯 생산의 40% 이상 공급). 근래 30년 동안 아이티 경제가 황폐해짐으로 90% 주민들이 일거리가 없어서 생계 유지를 위해 지속적인 벌목을 하고 있고 이로 인해 라고나브 산림의 90%가 파괴되었다. 그외 심각한 가뭄과 해양 오염, 토지 유실로 만성적인 식량 부족에 시달리고 있다. 매우 험악한 산악 지형으로 도로와 교통 시설이 매우 열악하고 도시 전기, 상하수도 같은 기본적인 사회 인프라가 전무하여 주민들이 큰 고통 가운데 있다.

■ 보건 의료 상황

1) 절대적인 의료 인력과 의료 시설 부족

아이티는 의료인이 심각하게 부족한 국가 중 하나이다. 현재 인구 10만 명당 의사 수는 25명이지만 라고나브섬 의사 수는 7명(모두 일반 의사)으로 인근 국가의 평균 의사 수가 10만 명당 200명인 것을 감안하면, 의료인 부족의 심각성을 알 수 있다. 설상가상으로 의사 7명 중 3명만이 상주하고 있어 주민들에게 시의적절한 의료 서비스를 제공할 수 없다. 아이티 보건당국(MSPP)의 지역 보건 요원 1만 명 양성 계획이 예산 부족으로 중단된 상황에서 라고나브섬 지역 보건당국도 15명을 훈련시켰지만 예산 문제로 중단한 상태이다.

의료 시설의 경우 30병상 규모의 클리닉이 한 곳 있고 큰 규모의 마을 8곳에 보건센터가 있지만 의료인 부족과 예산 부족으로 대부분 운영을 못하고 있는 실정이다. 그리고 전문의 부재와 의료 장비 부족으로 교통사고나 출산 같은 응급 상황 발생 시에 적당한 치료를 받을 수 없어 대부분 사망하거나 큰 비용을 들여서 육지로 나가 치료를 받아야만 한다.

2) 열악한 위생 환경(화장실과 우물)으로 인한 콜레라 및 수인성 전염병 다발

5세 미만 어린이 사망률의 가장 큰 원인이 수인성 전염병(콜레라, 이질, 장티푸스 등)에 의한 것이며, 평균 수명의 경우 56세로 아이티 본토(62세)보다 낮다. 수인성 전염병 및 평균 수명의 문제는 안전한 식수와 화장실 부족 때문으로 화장실 보유율이 5% 이하이다(본토 28%, 중남미 85%). 화장실 시설이 없어 비가 오면 배설물로 오염된 토양이 물웅덩이와 우물로 유입되면서 수인성 질환을 일으킨다. 2011년에 발생한 콜레라 대유행 이후 매년 콜레라 발생으로 많은 주민들이 고통을 당하고 있다.

특히 심각한 것은 물의 부족이다. 황폐해진 산림과 석회암으로 이루어진 지형으로 인해 안전한 식수원 확보가 어렵다. 가정의 수도 이용률이 10%(본토 64%, 중남미 90%)로 대부분 빗물에 의존하고 있는 실정이어서 비가 내리지 않는 우기(6개월)에는 심각한 식수난이 발생한다. 대부분의 해안가와 산간 마을 사람들은 짠물이 섞인 웅덩이 물을 이용하거나 오염된 웅덩이 물을 마시게 된다.

3) 고혈압과 당뇨 같은 성인병으로 인한 사망률 증가

최근 제3세계 국가에서 의료 문제로 떠오르고 있는 것 중 하나가 고혈압, 당뇨, 심장병, 뇌졸중, 암과 같은 비전염성 질환(non communicable disease, NCD)의 높은 이환율과 그로 인한 사망률의 증가이다. 최근 WHO 아이티 보건 통계에서 가장 큰 사망 원인이 NCD로 전체 사망률의 48% 이상으로 추정하고 있다. NCD로 인한 사망 원인 중 고혈압이 27%를 차지하며 치료하지 않고 방치할 경우 뇌졸중, 심장병과 신장 질환을 일으키는 주요 원인으로 주목되고 있다. 고혈압의 경우 라고나브섬에서는 제대로 된 치료가 없이 거의 방치되고 있다. 대부분의 식용수들은 염분 함량이 높고 소금을 많이 먹는 식이습관으로 고혈압 이환율은 30세 이상 성인 남녀에서 평균 70%로 나타난다. 대부분의 환자들은 앞서 언급한 전문 인력 및 의료시설 부족으로 인해 고혈압 진단 및 관리에 대한 의료 서비스를 거의 받을 수가 없다.

4) 모성 사망률 및 유아 사망률 증가

모성 보건 분야의 경우 앞서 설명한 전문 인력 부족 및 의료기관 부족으로 모성 사망률이 높은 상황이다. 산전 검사가 대부분 불가능한 상황에서 안전한 출산이 어려운 부분이 많고 문제가 있음을 알고 병원으로 이송하려해도 열악한 도로 상황에 앰뷸런스도 부재한 상황이어서 출산 시 문제가 생길 경우는 대부분 사망으로 이어지게 된다. 또한 초등학교 40% 어린이가 기생충에 감염되어 있고 식량 부족으로 80%의 어린이가 영양 실조 혹은 저체중 상태에 있다. 5세 이하 어린이 사망률을 낮추기 위해 전국적으로 실시하고 있는 어린이 예방접종률은 전국 평균이 85%에 비해 라고나브섬은 50%도 못미치는 상황이다. 5세 이하 어린이 사망률이 캐러비안해 인근 국가는 19명/1,000명, 아이티 평균 88명/1,000명이며 라고나브섬은 95명/1,000명으로 아이티 내에서도 매우 높은 수치이며 모성 사망률 또한 캐러비안해 인근 국가 150명/100,000명, 아이티 380명/100,000명이나 라고나브섬은 420명/100,000명으로 심각한 상황을 보여주고 있다.

5) 의료 전달체계 부재(교통/이송 체제)

섬의 면적은 7,443m²이고 인구는 12만 명이며 78개 마을들이 섬 전체 해안과 산 속에 흩어져 있다. 험한 산악 지형으로 인해 차량이 다닐만한 도로가 거의 없는 상황이어서 마을과 마을 사이 이동이 매우 힘든 상황이다. 마을 간 이동은 도보와 당나귀로 하며 때로는 오토바이를 이용한다. 응급 환자 발생 시 환자를 신속히 진료센터로 이송하거나 혹은 수도에 있는 3차 병원에 이송할 수가 없어 대부분 치료 시기를 놓치고 만다. 그래서 가난한 사람들은 아플 경우 지역에 있는 주술사나 민간요법에 의존하고 있는 실정이다. 지역보건당국(MSPP)은 환자 응급 수송에 대해 앰뷸런스나 어떠한 수송 수단도 공급하지 않고 있다. 특히 출산과 관련한 응급 상황 발생 시 산모를 육지로 이송할 빠른 이송 시스템을 갖추는 것이 매우 중요하다.

■ 문제 해결과 선교 방향

본인은 2013년 아이티에서 의료 선교 사역을 시작하면서 몇 개월간 선교에 관련된 공부를 하면서 정치, 경제, 교육 및 의료 시스템 기반이 거의 무너진 이런 환경 가운데서 어디서부터 어떻게 사역들을 전개해나가야 할지 막막함과 고민이 있었다. 환자들을 돌봐야하는 의료인으로서 또 복음을 전해야하는 한 선교사로서의 균형을 갖추면서 어떻게 효율적으로 주님의 지상 명령을 따를 것인가를 고민하였다. 의료 선교는 선교지의 필요성에 의해 중요한 사역 중 하나이고 의료 선교를 통해 복음 전파에 영향을 준 것은 역사적 사실이지만 현대에 들어서면서 투입된 물량에 비해서 얼마나 복음 전파에 효율적인지에 대해서는 회의적인 시각도 많다.

그래서 2013년부터 라고나브섬에서 기존의 의료 선교 형태의 약점을 극복하고 또한 수동적이고 의존적인 아이티 공동체에서 능동적이고 자립, 자생할 수 있는 성경적 지역 개발을 구상하게 되었고 지역 보건 제자 훈련을 통해 사역을 진행하고 있다. 지역 보건 요원 제자 훈련을 통해 마을에 복음을 전파하고 가르치며 또한 육신을 치료하는 온전한 주님의 전인적 복음 사역에 초점을 맞추고 있다. 1차 보건 요원 제자 양성은 효율적으로 지역사회에 영향력을 줄 수 있는 원심력적이며 역동적인 의료 선교 사역이 될 것이다.

특히 콜레라와 관련하여 2011년 대유행 이후 토착화 형태로 빈번히 발생하여 주민들의 건강에 큰 위협을 주었다. 2014년부터 우선적으로 콜레라 퇴치 운동의 필요성을 깨닫고 치료 중심으로 의료 사역을 펼치면서 동시에 보건 요원 양성을 통한 위생 환경 개발에 착수하였다. 이 사역은 한국의 NGO(글로벌케어)와 몇 개 교회와 개인의 참여로 진행되고 있으며 이에 대해 아래와 같이 소개한다.

마을 보건 제자 양성 및 의료 네트워크 구축

주된 핵심 사업으로 2014년부터 글로벌케어와 함께 이런 상황들을 극복하기 위해 하나님께서는 젊은이들을 훈련시켜 그들을 마을의 지도자로 세우라는 전략을 주셨다.

지금까지 30여 명의 젊은이들을 성경적 지역 개발의 지도자로 훈련시켰고 계속 진행해나가고 있다. 마을 보건 요원 양성을 통해 이 섬의 30여 마을을 하나로 묶어 복음과 지역 개발의 네트워크를 만들어가고 있다. 한 사람의 영향력 있는 젊은이를 복음과 기초 보건 의료 지식을 훈련시켜 놓으면 제자화된 보건 요원은 그 마을에서 핵심 기관인 교회, 학교, 보건기관에 영향력을 주며 마을 전체를 변화시킬 수 있는 잠재력을 발휘 할 수 있다.

1,000명 이상 규모의 마을을 대상으로 지역위원회의 추천을 받아 마을 젊은이들을 해마다 12명 정도 뽑아서 2개월 정도 훈련을 시킨다. 오전에는 신앙 훈련, 오후에는 기본 의료 상식 및 실습을 하면서 기타 지역 개발에 필요한 학습을 제공한다. 훈련을 받은 후 그들의 마을에서 화장실 개설, 우물 관리, 콜레라 예방, 위생 교육, 염소 키우기, 성경 보급 등을 통해 그들은 마을 사람들과 접촉하며 전도하면서 천천히 마을을 변화시켜 나가고 있다.

보건 요원 양성 사업 문제점들 중에서 가장 어려운 것은 지속적인 재정 후원이다. 아이티 정부가 보건 요원 양성 프로젝트를 포기한 이유도 재정 문제이다. 단기간의 훈련을 통해 기초 의료 인력들을 배출할 수 있으나 그들이 지속적으로 활동하기 위해서는 최소 월 평균 100달러 정도가 필요하지만 30여 명에게 지급하기가 매우 힘든 일이다. 훈련을 마치고 자기 마을에 갔다가 다른 생계 수단을 찾기 위해 해외로 나가는 사람들이 많았다. 현재 훈련받은 보건 요원 30명 중에서 7명이 일자리를 찾아 해외로 나갔다. 해결책으로는 남아 있는 보건 요원들을 위해 정기적인 후속 모임을 통해 이탈을 방지하고 통신료를 지급함으로 기본적인 네트워크를 만들어 서로 소통을 하고 있다. 또한 혈압기, 당뇨 측정기 및 기본 약품을 제공하여 주민들에게 1차 의료 서비스를 제공하도록 하고 있다. 이들을 통하여 콜레라 등 수인성 전염병 관리, 고혈압, 당뇨 등 비전염성 질환 관리, 모자보건 관리를 할 수 있도록 계속 노력하고 있다.

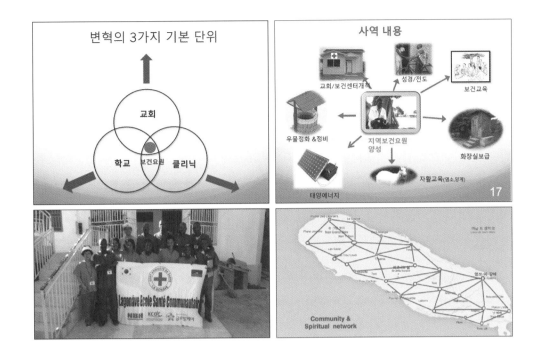

맺으면서

　낯선 지역, 낯선 문화, 낯선 사회에 들어가서 정착하며 산다는 것은 결코 쉬운 일이 아니다. 더구나 그런 환경 속에서 복음을 전하고 제자를 만들고 환자들을 돌보아야 하는 의료 선교사의 삶은 더욱 혼란스럽고 복잡하며 무거운 삶이다. 어떤 이들은 종교, 인종, 국적을 떠나 환자를 치유하는 긍휼 사역에 초점을 맞추며, 어떤 이들은 인술을 도구 삼아 복음 전파와 교회 개척에 역점을 두고 있으며, 어떤 이들은 의과대학이나 대형 병원에서 현지 의사를 위해 의료 교육과 의료 기술을 전수하고 있다. 선교 필드에서 이 모든 것들이 필요하며 다른 지역, 다른 환경이지만 합력하며 선을 이루어가고 있다. 지금까지 의료 선교는 선교에 큰 영향력을 주고 있는 것은 사실이지만 또한 급격히 변화하고 있는 포스트모더니즘의 세계 속에서 지난

날 의료 선교의 방향을 점검해보고 다시 보다 효율적이며 역동적인 의료 선교의 방향에 대해 고민하며 새로운 길을 모색해야 할 시점에 와 있다.

제2차 세계대전 이후 민족주의와 신생 독립국의 종교적 제약 및 경제력 향상으로 과거와 달리 의료 선교의 영역이 축소되고 있다. 현지에 선교 병원을 만들고 진료하던 형태의 의료 사역은 의료 인력 보충의 어려움 및 점점 강화되고 있는 현지 의료보호법, 병원 운영에 필요한 비용 상승 등으로 많은 어려움이 제기되고 있고, 기존의 선교 병원도 문을 닫는 경우가 허다하다. 또한 선진국에서는 예방 및 1차 진료보다 자본주의에 입각해 보다 이익을 극대화할 수 있도록 의료를 자본화시키고 있어 주로 선교 활동이 벌어지고 있는 제3세계 국가에서 극히 전문화된 의학 기술과 의료 행위들은 맞지 않는 경우가 허다하다.

이 나라들은 보통 인구의 85% 정도가 쉽게 치유할 수 있는 1차 건강 문제를 가지고 있으며, 한 인간의 일생을 통하여 발생한 건강 문제의 약 85%가 1차 보건 의료 문제라는 것이다. 이것은 의료인과 의료 시스템을 1차 보건 의료에 역점을 맞추면 지구상 인구의 85%의 건강 문제를 해결할 수 있게 된다. 더욱이 1차 보건 의료는 절대적인 건강에서 조금 벗어난 기본적이며 필수적인 것들이어서 처치가 간단하고 가격이 저렴하여 누구나 쉽게 이용이 가능하다.

그리고 잘 훈련된 의료인을 구하기가 갈수록 힘들고 비용도 매우 많이 든다. 만약 의료 선교사가 자기의 전문 분야를 떠나서 선교 현장에 있는 사람들을 지역 보건 제자 훈련시켜 기본적인 1차 진료 및 예방과 위생 교육, 수질 관리, 화장실 건축 등 위생 환경 개선에 초점을 가지게 한다면 보다 효율적이고 신속하게 많은 사람들에게 의료 혜택을 줄 수 있다. 이 훈련을 통해 우리는 마을의 핵심 사람을 접촉하여 제자화하는 기회를 만들 수 있으며 또 이들을 통해 마을의 제자화와 교회 개척을 할 수 있을 것이다.

필자는 이런 3년간의 마을 보건 요원 제자화를 통해 12만 명 되는 라고나브섬에 많은 위생 환경 개선과 보건 교육, 콜레라 예방을 하고 있으며 몇 개의 교회가 개척되는 것을 보고 있다. 앞으로 남은 과제는 이미 훈련된 지역 보건 제자들과 함께 좀더 효율적이고 지역에 영향력을 지속적으로 줄 수 있는 시스템을 지역사회와 같이 만들어 나가는 것이다. 이들 중 몇 명은 좀 더 전문적인 훈련을 통해 아이티 조상의 나라인 서북 아프리카 무슬림 지역에 파송해서 보건 위생 환경 개척을 통한 복음 전파를 하도록 계획하고 있다.

하나님은 우리를 의료 선교사로서 복음 전파에 보다 효율적인 달란트를 주셨다. 이것을 잘 활용하고 의료인 이전에 한 기독인으로서 모든 민족, 나라, 인류에게 복음 전파와 제자화라는 피할 수 없는 사명을 간직하고 그것을 우리의 좌표로 삼고 서로 협력하면서 급격히 변화하는 세상 가치관에 지혜롭게 대처해 나갈 때 의료 선교는 또 한 번 세계 선교 역사에 큰 영향력을 줄 수 있을 것이다.

아프리카 지역의
프랑코포니 지역 의료 선교

31

박에벤

박에벤 선교사는 1988년 의과대학을 졸업했다. 2002년부터 현재까지 M국에서 사역하고 있다.

들어가는 말

21세기를 맞이하여 한국의 경제성장과 글로벌 시대를 통해 한국은 170개국에 18,758명의 선교사를 파송하였다고 한국세계협의회에서 2018년도에 발표하였다. 특히 글로벌 시대와 함께 무슬림의 이동, 기독교의 쇠퇴, 자연발생적인 무슬림의 증가로 인해 아프리카 지역에도 이전보다 더 이슬람화되어 가고 있다. 그럼에도 불구하고 대부분의 선교사(약 50%)가 아시아 지역에 편중돼 있어 이슬람 지역의 선교는 여전히 불균형 가운데 있는 것이 현실이다. 거기에다 언어적인 문제와 정보의 부족으로 인해 소외된 프랑스어권 선교 지역에서의 선교사의 불균형은 훨씬 더 크다. 필자는 프랑코포니 지역의 개략적인 소개와 선교적인 의미를 소개하여 그동안 선교 헌신에서 소외되었던 아프리카 프랑스어권에 대한 관심이 증가하기를 기대하는 마음으로 이 글을 적고자 한다.

1. 프랑코포니 개략

프랑코포니 지역이란 이전에 프랑스의 식민지였으며 프랑스어를 모국어나 행정 언어로 사용하거나 프랑스의 문화가 깊게 침투되어 있는 나라를 말한다. 현재 프랑코포니라는 국제 기구(Organization Internationale de la Francophonie, OIF)가 존재하고 있으며, 여기에는 53개의 정회원국, 24개의 참관국과 7개의 준회원 지방정부로 구성되어 있는데 한국도 참관국으로 2016년에 가입되었다. 이러한 공식적인 국제기구를 살펴보지 않더라도 실제 아프리카 54개국 중 절반에 해당하는 27개국이 프랑스어를 사용하는 프랑스어권 아프리카로 알려져 있다. 특히 대부분의 프랑스어권 아프리카가 북서 아프리카에 집중되어져 있음은 특이한 사실이다.

아프리카 내에서 프랑스어권 나라의 대부분에 이슬람이 존재하고 있다. 예로는 카메룬(중북부 이상), 가나와 토고의 북쪽 지역 그 외 기니아(83.1%), 부리기나파소, 차드, 모로코(99.8%), 모리타니아, 튀니지(99.5%), 세네갈(90.8%), 코트디부아르, 알제리(99.4%), 말리(83.6%), 지부티(94.6%) 등 대부분의 지역이 이슬람화되어 있다.

2. 프랑코포니 지역의 선교적 의미

여러 가지의 의미를 살펴볼 수 있겠지만, 첫째로는 프랑스어를 사용하는 인구 수가 증가하고 있다는 것이다. 2006년도에는 3억 6천만 명이었던 프랑스어권 사용 인구가 Atixis 은행의 연구 보고서에 따르면 2050년에는 약 7억 1천5백만 명에 도달할 것이라고 한다. 이것은 실제적으로 아프리카 프랑스어권의 인구 증가에 따르는 결과이다.

둘째로는 향후 북서 아프리카 프랑스어권 나라들의 눈에 띄게 개선된 정치적 상황과 함께 투자 활성화로 인한 국제사회 관심의 증대는 결국 선교적 의미를 자연스럽게 부과하게 된다.

셋째로는 프랑스어권 아프리카에 가장 많은 미전도 종족이 존재하고 있다. 사헬 지역과 북서 아프리카를 포함하여 약 600여 개의 미전도 종족이 존재한다. 사하라 사막 이남 프랑스어권의 나라들을 포함한다면 더 많은 미전도 종족이 있는데 중앙아시아에 약 420여 개의 미전도 종족, 그리고 동남 아시아 및 오세아니아 지역의 약 310여 개의 미전도 종족에 비해 훨씬 더 많은 미전도 종족이 있어 선교 전략적으로 볼 때 훨씬 더 집중해야 할 것이다. 결국 북서 아프리카 지역의 프랑스어권 내에 있는 미전도 종족 모국어의 성경 번역이 당연히 필요하게 된다.

[그림 1] 미전도 종족의 분포(출처: 세계 기도 정보)

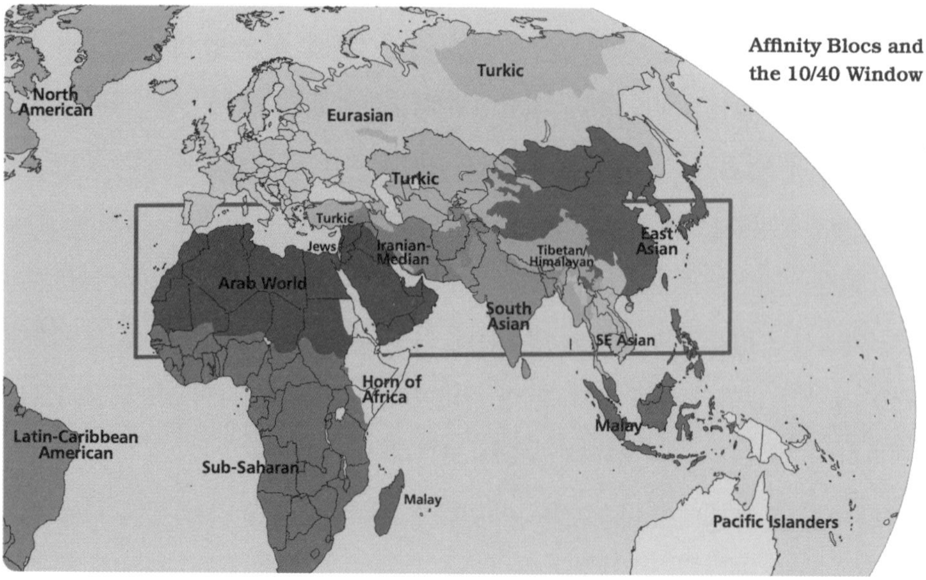

Affinity Bloc	Peoples			Population (millions)		
	Total	Unreached	% Unreached	Total	Unreached	% Unreached
Arab World	573	369	64.4	332.1	225.5	67.9
East Asian	454	197	43.4	1,518.4	305.6	20.1
Horn of Africa	160	60	37.5	104.3	23.7	22.7
Iranian-Median	273	250	91.6	154.3	153.4	99.4
Jews	181	176	97.2	14.8	14.4	97.3
Malay	1,018	278	27.3	358.6	181.5	50.6
South Asian★	3,718	3,293	88.6	1,553.9	1,420.2	91.4
Southeast Asian	615	452	73.5	226.6	135.1	59.6
Sub-Saharan	2,994	570	19.0	693.8	133.2	19.2
Tibetan-Himalayan	770	429	55.7	95.8	67.4	70.4
Turkic	311	254	81.7	170.7	166.7	97.7
Rest of world	5,283	320	6.1	1,685.0	13.0	0.8

★South Asian Affinity Bloc includes sub-groups determined by caste.

넷째로는 남남협력(south-south collaboration)이라는 세계 정치 흐름과 함께 이슬람화된 아프리카 내에서 남진이 계속되고 있다는 것과 글로벌화라는 현상이 유럽과 서구 지역으로의 프랑스어권 무슬림의 이동과 함께 선교에서 중요한 의미를 주고 있다. 실제로 유럽에서의 북아프리카 이민자의 수는 엄청나며, 특히 아프리카 북부 지역과 국경을 맞대고 있는 기니, 말리, 수단, 차드를 포함한 사헬 지역에서의 이슬람화가 더 강해지면서 결국, 수단은 나라가 분리되었고 인근 국가인 에티오피아, 카메룬, 중앙아프리카공화국, 케냐 그리고 탄자니아와 모잠비크까지 이슬람의 남진이 진행되고 있다.

[그림 2] 아프리카 이슬람화에 대한 상황 (출처: 세계 기도 정보)

다섯째로는 유럽의 선교에서 북아프리카를 포함한 프랑스어권의 중요성은 분명하기 때문에 선교적 의미를 가지고 있다. 유럽으로의 이민 상황은 2050년까지 유럽에 약 5천만 명이 다른 지역에서 이동될 것으로 예상하고 있는데 그 중 1천9백만 명이 북아프리카에서, 그리고 1천6백만 명이 사하라 이남 아프리카에서 인구 이동이 있을 것이라고 선교 전략 학자인 패트릭 존스톤이 세계 기도 정보에서 언급하였다. 유럽의 기독교 비율이 점점 감소하고 있어 새로운 선교 지역으로의 의미를 가지게 되는데 이는 유럽 사회의 이슬람화를 촉진하는 데에 주 역할을 담당하고 있는 북서 아프리카 지역의 선교적 의미를 과소하는 경향이 있는 것을 감안할 때, 더욱 주목할 만하다. 마지막으로는 앞에서 언급한 것처럼 프랑스어권 아프리카 지역 내에서의 선교사 수의 불균형과 함께 복음화의 저하와 증가되는 이슬람화로 인한 복음 전파의 즉각적인 필요성 증대이다.

3. 프랑스어권 선교의 도전

프랑스어권 지역의 도전은 무엇보다도 언어라고 할 수 있다. 영어를 사용하는 서구권 사역자들은 다르겠지만 한국 사역자들에게 있어 프랑스어를 배운다는 것은 큰 도전이다. 뿐만 아니라 대부분의 아프리카 지역의 프랑스어권에서는 프랑스어 외에도 다른 언어(아랍어 또는 토속어)가 통용되어 사역에 필요한 언어를 제대로 구사하기 위해서는 많은 시간이 필요하다.

또 다른 어려움은 우리에게 익숙하지 않은 프랑스 문화이다. 영어권에 보다 친숙한 한국 사람들이 프랑스 문화를 대할 때 당황스럽다. 관료주의적인 행정 구조를 가지고 있는 것에 비해 아주 개인적인 요소도 함께 공존하는 아프리카의 공동체 중심 사회에서 사역을 한다는 것이 쉬운 일이 아니다. 사역의 현장에서 현지인들과 함께 일하는 가운데 발생한 갈등을 화해를 하는 것은 아주 중요한데, 이때 프랑스 문화의 영향을 받은 사회 내에서의 화해의 방식이 우리가 평소에 알고 있는 미국이나 다른 유럽에서의 방식과는 완전히 다르다는 것을 인식하지 못할 때가 많아 갈등을 해소하지 못하여 큰 어려움을 겪는 경우가 많은 것을 저자는 현장에서 경험하고 있다. 그림 3에서 독일, 프랑스, 중국 그리고 일본의 문화적 차이를 보면, 프랑스는 일상 대화에서는 상당히 고맥락 문화(high context culture)에 가까운 양상을 보이지만, 서로 동의하지 못하는 부분에서는 독일보다 더 직접적으로 문제에 직면(confrontational)한 것을 볼 수 있다.

마지막으로 사역에 있어서 행정상 관료적인 구조나 한국의 행정체계와 다른 점은 실제로 사역을 열고 지속하는데 상당한 어려움이 있다는 것이다. 뿐만 아니라 프랑스식 '연대의식'을 이해하지 못하면 우리가 하고자 하는 사회적 책임의 활동을 포함한 선교 사역에 있어서 지역 사회 내에 뿌리를 내리지 못할 때가 많다.

[그림 3] 에린 메이어의 『컬처 맵』(The Culture Map)에서의 문화적 차이의 도해

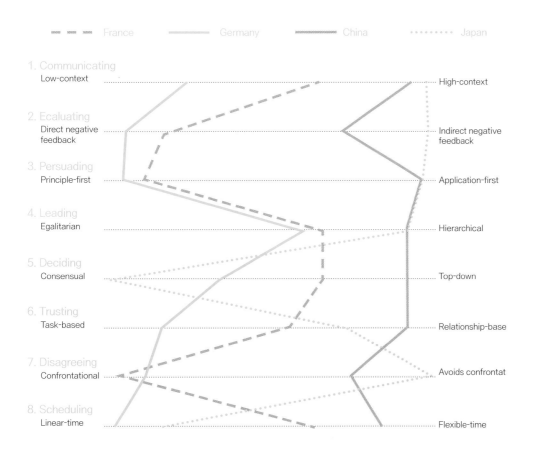

4. 아프리카 프랑스어권에서의 의료 사역 및 교회 개척

아프리카 프랑스어권 의료 사역의 필요성과 전략

현재 아프리카 프랑스어권 나라 대부분이 중·저소득 국가로서 의료 사역의 필요성은 분명하다. 대부분의 사역이 병원 중심의 사역으로 진행되고 있어 다양한 방법의 접근이 절실히 필요하다. 특히 이슬람권에서 총체적인 접근의 필요성과 지속되는 도시화('무슬람권에서 보건을 통한 의료 선교의 새로운 시도' 참조)는 아프리카 프랑스어권 내 의료 사역에 있어서 큰 도전이다. 하지만 최근에 조금씩 증가하고 있는 국제사회에서의 관심과 소외 계층의 의료 서비스 개선에 대한 요구는 점차적으로 증가하고 있다. 국제사회의 지속 가능한 발전 목표의 설정과 좀 더 포용적 접근의 강조와 함께 포괄적이고 광범위한 내용을 포함하고 있는 가운데 남남협력 전략의 일환으로 프랑스어권에서의 의료 및 보건 사역의 필요성은 물론, 기회의 증가도 확인할 수 있다. 필자도 이런 기회로 현재 북서 아프리카 지역 보건 사역을 통하여 결핵, 모성 및 학교 보건 사역을 2012년부터 지속하고 있다.

아프리카 지역 프랑스어권에서 교회 개척의 새로운 전략의 필요성과 전략에서의 의료 사역

대부분의 프랑스어권이 이슬람 지역이다. 이슬람의 특징은 통합적인 사회 구조, 즉 교육, 문화, 정치, 경제가 서로 분리되어 있지 않다는 것이다. 이런 구조에서 교회 개척의 접근은 당연히 총체적이고 전인적이어야 한다는 것이 필자의 경험에서 나오는 결론이다. 복음 전도라는 정의가 다르기 때문에 교회 개척에 대한 해석 또한 다르다. 하지만 최소한 이슬람권에서의 교회 개척은 사회적 책임과 분리될 때, 세워진 교회와 믿음이 형제자매가 이슬람 사회에서 사회적 정체성을 확립하고 사회 내에서의 선한 '빛과 소금의 역할'을 담당하기가 쉽지 않다. 그렇기에 섬기고자 하는 지역사회(community) 내에 진입하여 교회를 개척하는데 있어 '보건을 통한 접근'은 새로운 전략이 될 수 있다. 실제로 공중 보건(public health)은 지역사회 내에서 많은 사람들(large population)이 가지고 있는 가장 우선순위의 질환을 공략(target)하는 것만큼 외부인(outsider)의 판단과 결정에 따르는 것이 아니라, 지역사회의 실제적인 요구(real need)에 반응하는 경향이 있다. 그림 4는 필자의 지역사회 우선순위에 입각한 보건 사역으로 지역사회에 진입해 교회를 개척하고, 개척한 교회를 통해 지역을 섬기는 사역으로 지역 내 변화와 동시에 하나님의 나라가 세워짐을 목도하며 발견한 과정을 정리한 것이다.

[그림 4] 보건 사역으로 지역사회 진입을 통한 교회 개척의 과정

B국	결핵·학교 보건·모자 보건 사역(2014~현재)	2개의 지역 현지 교회 및 2개의 지역 모임(2016~현재)	사역 지역 내 교육 및 문화센터 예정(2018~)	향후 C국 진입
C국	C국	—	—	—

결론

아프리카 내 프랑스어권 선교 자체가 우리에게 생소하고 큰 도전을 주고 있는 것이 의료 선교 사회에서의 현실이다. 가장 큰 도전은 언어의 문제이고 또 다른 하나는 프랑스어권 선교 지역에 대한 선교적 의미에 대한 인식의 부족이다.

선교적 의미로서는 가장 많은 미전도 종족이 남아 있으며 유럽 선교와 아프리카 선교를 볼 때, 프랑스어권 지역 특히 북서 아프리카 지역의 중요성과 점차 증가하는 프랑스어권 지역 내 복음을 듣지 못한 사람들의 증가이다. 그렇기에 실제적으로 선교 사회와 한국 교회에서의 프랑코포니 지역에 대한 관심의 증대와 함께 구체적인 선교 전략을 설립하는 것이 급선무이다.

실제적으로 프랑스어권에서의 사역을 시작하게 되면 프랑코포니 지역 내 이슬람 문화, 프랑스 문화 및 행정 제도에 대한 깊은 고려가 절대적으로 필요하다. 단순하게 아프리카에 대한 문화적 접근이나 이슬람 종교에 대한 경험이나 이해만으로 사역을 하게 될 때 상당한 어려움을 겪게 된다. 뿐만 아니라 자녀 교육 문제는 또 다른 큰 도전이 될 것이다.

기독교에 대한 부정적인 인식과 국제사회의 급진적인 변화 가운데 의료 사역의 새로운 전략은 절대적으로 필요하다. 아프리카 프랑스어권에서 전통적인 의료 사역(병원 사역 및 의과대학 설립) 이외에 앞서 언급한 지역사회 중심의 보건을 통해 개척된 선교적 교회(missional church)의 사회적 책임을 완수하고, 하나님의 나라 확장을 위해 필자는 새로운 전략을 가지고 현재 필드에서 사역하고 있다.

결론적으로 프랑스어권 의료 사역에서 가장 중요한 것은 방법론이 아니라, 결국 예수님의 사랑을 알지 못하고 소외된 상황에서 살아가는 수많은 미전도 종족이 존재하고 있는 아프리카 프랑코포니 지역에 대한 한국 교회와 우리의 관심이 모아지고 더 나아가서 많은 의료 사역자들이 실제적으로 헌신하는 것이라고 필자는 최종 결론을 내리고자 한다.

온두라스의
간호 사역

권혜영

권혜영 선교사는 1992년 중앙대학교 간호학를 졸업했다. 기아대책 Korea Food for The Hungry International의 파송을 받아 1996년 3월부터 2016년 10월까지 독신으로 온두라스(Honduras) 수도 테구시갈파(Tegucigalpa, 인디언어로 '은의 언덕')에서 사역하였다.

1. 사역지 소개

온두라스(depths, 깊음)라는 명칭은 여러 이야기들이 전해오지만 그중에 콜롬버스가 1502년 마지막 항해에서 오지로 들어가 큰 파도를 만나 위험했지만 가까스로 빠져나오면서 큰 소리로 "아~ 하나님! 드디어 이 깊은 곳(honduras)으로부터 빠져나오게 해주셔서 감사합니다"라고 해서 생겼다는 것이 가장 사실에 근접한 것이라고 한다.

온두라스는 북서쪽엔 카리브해가, 남쪽엔 태평양이 있으며 서쪽으로 과테말라, 남서쪽으로 엘살바도르, 동쪽으로는 니카라과와 맞닿아 있다. 종족은 혼혈인 메스티소(Mestizo)가 90%이며 7개의 인디언족(Lencas, Misquitos, Tolupanes, Chortis, Pech, Tawahkas, Garifunas)이 존재한다. 언어는 스페인어를 쓴다. 카리브해에 위치한 섬 지역(bay islands)은 영어를 쓴다(육지는 스페인에, 섬들은 영국에 점령당해 아프리카에서 온 흑인 노예들로 인해 카리브해 쪽으로 갈수록 흑인들이 많다). 마야 문명의 유적지(Las ruinas de Copán)가 과테말라와의 국경 지대에 있다. 다른 라틴아메리카와 마찬가지로 1522년부터 1821년까지 300년 동안 스페인 점령하에 식민지 생활을 했다.

2. 사역 내용

지역사회 간호 ― 1996~1999년

1996년 니카라과 국경과 가까운 태평양 해안의 작은 항구에서 현지인 지도자와 함께 10개 정도의 마을을 다니며 기본적인 건강 교육을 할 지도자를 세우고 교육하였다. 옛날 우리나라 보릿고개처럼 고기가 잡히지 않는 시기의 어촌들은 옥수수 또르띠야(전병) 한두 장에 소금을 뿌려 먹는 것이 하루 식사라서 영양 불균형(특히 어린이들)이 심하고, 화장실과 수도 시설이 없어 기생충과 피부감염이 많다. 더운 날씨에 우기가 되면 모기가 많아 집집마다 말라리아와 댕기열 환자가 생기곤 했다. 수도 시설이 있는 지역도 일주일에 두 번 정도 밖에 물 공급이 되지 않아 빨래하는 물탱크나 플라스틱 통에 물을 받아놓고 쓰다 보니 깨끗한 물이 고여 있는 곳에 알을 낳아 키우는 댕기모기가 많아져 환자가 없는 집이 없을 정도였다. 얼기설기 나뭇가지로 지은 집들이 대부분이고 그나마 형편이 나은 가정은 흙벽돌로 방 하나를 만드는 것이 고작이었다. 허리케인 미치(Hurricane Mitch)가 1998년 10월 온 국토를 휩쓸고 지나가 19,000명 이상의 사망자와 270만 명 이상이 삶의 터전을 잃었다.

온두라스 사람들의 대화에서 시간은 이제 허리케인 미치 이전과 이후로 나눠질 정도로 허리케인 미치는 많은 아픔과 고통을 가져왔다. 하지만 주님의 은혜는 그 시간에도 넘쳐흘렀다. 세계 각지에서 많은 도움이 왔고 우린 미국 의료팀과 함께 6개월간 쉬지 않고 전국을 돌아다니며 식량을 나눠주고 진료하며 복음을 전할 수 있었다. 줄을 선 환자들 중 한 명에게 복음을 전하면 열 명이 한꺼번에 예수님을 영접하는 일이 허다했다..모두들 죽음을 앞두고 인생에 대해 생각했으며 자연재해 앞에 인간은 아무것도 아님을 처절히 깨달았기 때문이었다. 우린 모든 것이 편안할 때 축복을 받았다고 착각할 때가 많다. 그러나 하나님의 은혜와 축복은 어려움과 고통 속에서 넘치는 것을 나는 현지인들과 함께 경험할 수 있었다. 내가 매일 오갔던 길이 사라지고, 내가 아끼던 지도자들이 지붕과 나무 위로 올라가 아이들과 부둥켜안고 하나님을 찾았던 이야기를 들을 땐 함께 통곡할 수밖에 없었지만, 또한 그들이 앞장서서 마을 사람들을 모으고 집을 오픈하며 없는 중에 모든 것을 공유하는 것을 보면서 감사와 기쁨의 눈물도 흘렸다.

거리의 여인들 ― 1999~2008년

6개월간 의료 선교하던 중 나와 경쟁하듯 전도하던 미국 선교사가 하루는 나에게 제안을 했다. 함께 거리 여성들을 위한 일을 시작하지 않겠냐고… 우리가 다가가지 않으면 절대 스스로 교회로 나오지 않을 사람들이 누굴까 생각해보니 바로 매춘 여성들이었다는 것이다. 누군가가 망치로 내 가슴을 치는 듯한 충격이 다가왔다. 난 한 번도 그런 사람들을 접해보거나 생각조차도 하지 못했다. 우선 강한 거부감과 망설임이 있었다. 하지만 일단 법적으로 매춘이 허가되어 있는 암스테르담에 가서 이미 사역하고 있는 단체들을 방문하여 조언과 아이디어를 모으기로 했다. 여행 전 하나님께 만약 주님의 부르심이면 말씀으로 응답해달라고 기도

했다. 아름다운 암스테르담은 소돔과 고모라를 연상시켰다. 멋지게 신사복을 차려 입은 남자들이 매춘에 대한 광고를 서슴지 않고, 쇼윈도엔 속옷만 걸친 여성들이 팔려나가길 기다리는 신상품처럼 앉아 있었다. 정말 눈을 어디에 두어야 할지 모를 정도로 거리는 난잡했다. 우린 바닥을 보고 기도하고 선포하며 걸었다.

어느 날 scarlet cord(붉은색 밧줄-라합 이야기) 선교단체 사람들과 함께 유리 너머 방으로 들어가서 전도할 기회가 주어졌다. 가무잡잡한 라틴계 여성으로 도미니카공화국에서 왔다고 했다. 갑자기 성령께서 나에게 그녀를 향한 강한 사랑을 부어주셨다. 하나님은 나에게 가족보다도 더 큰 사랑을 느끼게 해주시며 밤새 주님의 사랑에 대해 이야기를 나눠도 모자랄 정도로 입술을 열게 하셨다. 일자리를 제공한다는 유럽 남자들의 거짓말에 속아 먼 곳으로 온 그녀는 서류를 빼앗긴 채 불법 체류자가 되어 매춘으로 빚을 갚으며 남은 돈을 모두 고향으로 보내고 있었다. scarlet cord는 정부와 협력해 예수님을 영접하고 고향으로 돌아가고 싶어하는 사람들을 법적 처벌(불법체류자들에 대한) 없이 도미니카공화국으로 보내주고 또한 교회와 연결해주는 역할을 하고 있었다. 그날 밤 누가복음 7장 37~50절을 통해 나의 마음에 그들에 대한 거부감이 처음 들었던 것은 사두개인이나 바리새인과 같은 정죄하는 마음이 있었기 때문임을 꼬집어 말씀하신 후, 어떻게 예수님께서 그 여인의 마음을 온전히 치유하셨는지 보여주셨다. 그리고 이제는 육체를 간호하지 말고 영혼을 간호하라고 하셨다.

마리아가 아무 말도 없이 향유 옥합을 깨뜨릴 때 자신의 깨지고 상한 심령을 주님께 드렸고, 예수님은 함께 마음을 깨뜨리시며 그녀에게 가장 필요했던 죄사함과 평안을 선물로 주셨다. 그 여인이 왜 그런 삶을 살 수밖에 없었는지 알지도 못하면서 나는 정죄하고 있었던 것이다. 그 후 온두라스 밤거리에 나가 여성들과 성 정체성을 잃은 남자들(여성의 옷을 입고 호르몬 주사를 맞으며 가슴을 키우는)에게 예수님의 사랑과 용서를 전하며 어린아이 때부터 성폭행의 피해자로 치유받지 못하고 집에서 내쳐져서 매춘과 마약에 중독되어 자기 자신조차도 쓰레기로 취급하며 용서하지 못하는 그들의 이야기를 들으며 울 수밖에 없었다. 아~ 난 얼마나 큰 죄를 지었던가! 이렇게 깨어진 영혼들을 나의 판단으로 정죄하였으니…. 한 명 한 명 예수님을 영접하게 되면서 생활을 위해 이들이 할 수 있는 일을 구상하던 중 한 여성이 재봉틀을 사주면 무엇이든 만들어보겠다고 했다. 그렇게 재봉으로 재활을 시작하며 매일 성경 말씀과 상담으로 이들을 양육했다. 2년 과정을 수료하면 졸업을 시키고 독립할 수 있도록 도왔다. 가정 방문을 하며 아이들이 방치되어 있는 것과 많은 아픔을 겪고 있는 것을 알게 되면서 유아방과 유치원을 시작하였고, 아이들이 커가자 중·고등학교까지 세우게 되었다.

어린이·청소년 사역 — 2008~2016년

마약과 신변 문제로 격리 보호되어야 하는 여성들이 늘어나면서 도시에서 2시간 정도 떨어진 소나무 숲에 재활 센터를 지어 모자원을 시작했다. 하지만 두 달이 되지 않아 엄마들은 모두 떠나버리고 아이들만 남게 되었다. 기도하던 중 가나안에 들어간 2세대들에 대한 이야기가 떠올랐고 주님께서 2세대들을 먼저 일으키시길 원하신다는 것을 확신하게 되었다. 어느 날 의료 단기 선교팀이 와서 거리 여성들을 초대해 가족들과 함께 진료를 받게 하였더니 그중 11세 여자 아이가 매일 전화를 해서 자기를 거리에서 빼내달라고 간청하였다. 부랴부랴 법적 절차를 거쳐 보호할 수 있는 권리(guardianship)를 얻게 되었고 난 갑작스레 12명 아이들의 엄마가 되었다. 5세에서 16세까지의 남녀 아이들을 두 명의 현지인 스태프와 돌보기 시작했으나 공동체 삶과 거친 아이들의 행동에 지쳐버려 다들 떠나버렸다.

아이들은 발달장애, 학습장애, 마약중독, 성 정체성 혼란 등 주님의 도우심이 없인 도저히 감당하지 못할 정도의 문제가 많았다. 열쇠는 역시 사랑이었다. 처음 구출한 레슬리의 통제되지 않는 성격으로 다들 힘들어할 때 주님께서 나의 마음에 아이에겐 엄마가 필요하다고 말씀하셨다. 11살 아이를 아기처럼 안아주라고 하셨다. 아이를 품에 안고 엄마가 되어줘도 되겠냐고 물었더니 아이는 고개를 끄덕였고 그날 밤 이후 아이의 행동은 완전히 바뀌었다. 2년이 지난 어느 날 레슬리는 자신의 생일은 그날 밤이었다고 고백했다. 엄마가 있으나 엄마를 가져본 적 없는 아이들… 친부로 알던 의붓아버지가 자신을 강간했을 때 도리어 엄마는 거리로 끌고 나가 자기 남자를 유혹했다고 소리를 지르며 아이를 때렸다고 한다. 내가 생일 때 무엇이 갖고 싶으냐고 물으니 죽는 게 소원이라고 할 정도로 아이의 마음은 죽어있었다. 하지만 주님의 사랑을 받고 깨달은 아이는 점점 밝아지고 리더십을 발휘하였다. 발달장애였던 호수에는 사실 뛰어난 천재였으며 학습능력 제로 판정을 받은 노에는 성령의 중재로 증오

하는 형을 용서함으로 천재를 뛰어넘는 우등생이 되었다. 마약중독자며 청소년 갱에 속해있던 사라는 성령께서 단번에 마약중독을 치유해주셔서 큰 언니로서 아이들을 돌볼 수 있게 되었고, 지금은 대학에서 컴퓨터 그래픽을 전공하기 위해 학비를 벌며 공부하고 있다. 갱단에 속한 동성애자들에게 지속적으로 성폭행을 당한 다니엘은 성 정체성에 혼란이 와서 자신이 여자라고 착각을 했으나 누구보다 다른 이들의 필요를 알고 섬겨 사람들의 마음을 쉽게 여는 달란트를 가지고 전도를 열심히 한다. 물론 이 모든 아이들은 지금도 성적 유혹과 싸우고 있다. 어쩌면 이들은 평생 성적 유혹에서 건져주기를 기도하며 처절히 싸워야 할 것이다. 하지만 아이들은 하나님을 만났고 그분의 사랑을 받았으며 그분이 살아계심을 확신하며 열심히 자신이 만난 하나님을 사람들에게 증거하고 있다.

아이들을 돌보면서 되도록이면 일반 가정에서 받는 교육과 사랑을 주려고 노력했다. 재활 센터는 고아원이 아니라 우리 집이 되었다. 아이들은 함께 일하고 놀고 예배하는 가운데 가족의 개념을 알게 되었다. 우리 집에 오는 믿지 않는 사람은 100% 전도 받고 예수님을 영접하고 떠났다. 아이들은 스스로 간증과 드라마, 워십 댄스, 예배를 준비하며 많은 사람들의 마음을 터치하기 시작했다. 여러 학교와 마을, 교회에 다니며 사람들에게 자신의 이야기를 나누었다. 사실 쉽지 않은 일이지만 아이들은 얘기를 나누면서 점차 치유되어 갔다. 사랑 받은 아이들은 사랑을 주기 시작했는데 이것은 많은 사람들을 감동케 했다. 지금도 가끔 아이들과 채팅을 한다. 그러면 도리어 나에게 걱정하지 말라고, 절대 부모님의 전철을 밟지 않겠다고 오히려 위로를 한다. 하나님의 사랑은 정말로 너무나 커서 세상이 감당할 수 없다. 이 아이들은 세상이 감당 못할 사람들로 우뚝 설 것이다.

현재 온두라스 상황

2014년 전 세계에서 살인율 1, 2위를 기록한 온두라스는(1위는 온두라스 수도 '테구시갈파', 2위는 온두라스의 경제 도시 '산뻬드로술라'이다) 전국이 몇몇 조폭 집단에 의해 컨트롤되고 있는 실정이다. 정치와 경제를 주무르고 있는 사람들 대부분이 이 조폭들과 연관되어 있으며 남미에서 재배한 마약을 북미로 운반하는 중간 지역으로 마약, 돈세탁, 인신 매매 등으로 온두라스에 안전지대란 존재하지 않는다. 최근 대통령 선거가 있었으나 부정투표로 인해 국민들이 들고 일어나 거리를 행진하며 퇴진을 외치고 있으나, 많은 사람이 죽임을 당하거나 교도소에 갇히고 있는 상태다. 온두라스의 환경과 상황들을 바라보면 희망이 보이지 않는다.

하지만 그 안에 있는 어린 아이들을 보면 희망이 보인다. 사랑에 갈급한 그 영혼들이 하나님의 사랑을 만나면 터보 엔진을 단 자동차처럼 폭발적으로 변화되어 많은 이들을 터치할 수 있는지 알기 때문이다. 보잘것없는 질그릇이지만 그렇기에 그 안에 담긴 보배는 더 빛날 수밖에 없다. 앞으로 더욱 많은 사람들이 2세대를 세우는데 뛰어들길 기도한다.

아름다운 자연과 풍부한 자원이 있음에도 사단의 종노릇하는 지도자들로 인해 고통당하는 온두라스, 이 나라가 변화되기 위해선 어떤 좋은 제도나 정치가 필요한 것이 아니다. 바로 2세대를 말씀과 사랑으로 가르쳐 세우는 것이 필요하다. 앞으로 많은 주님의 종들이 가나안에 들어갈 2세대들을 훈련한 여호수아가 되어 전 세계 소외된 어린아이들을 주님의 사랑으로 품고 치유하며 회복시키고 말씀으로 강한 군사로 세우도록 예수님의 이름으로 기도한다.

우간다
의료 선교

33

임현석

임현석 선교사는 1990년 경북대학교 의과대학을 졸업하고, 경북대학교병원에서 소아과 수련, 동 대학에서 박사 학위를 취득했다. 2000년 6월 UBF(University Bible Fellowship, 대학생성경읽기선교회)에서 우간다 캄팔라로 선교사 파송받아 2002년 1월 베데스다 미션 클리닉을 개원한 후, 지금까지 원장으로 섬기고 있다. 2003년부터 2014년까지 UBF 우간다 지부장으로 섬겼으며, 2013년부터 비전케어 우간다 지부장으로 현재까지 섬기고 있다.

임현석 선교사는 의대 본과 1년이던 1986년, 베데스다 연못가와 같았던 의대 강의실에서 인간성의 한계와 운명주의, 패배주의에 사로잡혀 고민하던 중, UBF 성경 공부를 통해 예수님의 일어나 네 자리를 들고 걸어가라(요 5:8)는 말씀을 듣고 순종하여 예수님을 인격적으로 만나게 되었다. 그 후 UBF에서 예수님 제자의 삶을 배우고 아프리카 선교사로서 살고자 기도하고 준비하게 되었다.

1. 우간다 개요

우간다는 아프리카 중앙 동부에 위치한 아프리카의 진주라고 불리는 아름다운 나라다. 우간다에는 풍부한 수자원을 제공하는 빅토리아 호수(Victoria Lake), 자연의 신비를 간직하고 있는 아름다운 르웬조리산(Rwenzori Mountain)과 야생동물이 뛰어다니는 대평원 등이 있다. 이러한 자연환경은 개발되지 않은 탓에 오히려 빛을 발한다. 2014년 총 인구조사에 따르면 우간다의 인구는 3천4백6십여 만 명이고, 인구 증가율은 3.2%로 상당히 높은 편이다. 인구 대부분은 시골에 분포하고 있으나 최근에는 도시 인구가 급격하게 증가하고 있다. 기대 수명 은 62세(2015년 기준)이고, 국민총생산은 615달러(2016년)로 여전히 최빈국 상태에 머무르고 있다. 우간다에는 총 155개의 병원이 있다. 이들 병원은 2개의 국립 최종 후송 병원, 14개 지역 후송 병원 그리고 139개의 일반 병원으로 구성된다. 이 중 정부 병원이 65개이며 사립 비영리 병원(private not for profit hospitals)이 63개, 사립병원이 27개이다. 수도 캄팔라에는 3개 주요 선교 병원이 있는데 영국 성공회 소속 멩고(Mengo) 병원과 가톨릭 교회 소속의 루바가 (Rubaga) 병원, 성 프란시스 은삼비아(St. Francis Nsambya) 병원이다.

2. 베데스다 선교병원의 시작

유덕종 선생은 코이카에서 파견된 내과 전문의로 1992년부터 우간다 최종 후송 병원이 며 마케레레(Makerere) 국립 의대 부속병원인 물라고(Mulago) 병원에서 일하게 되었다. 유 선 생은 물라고 병원에서 호흡기 내과 전문의로 진료하며 마케레레 의대생들을 가르쳤다. 또한 의대생들에게 하나님의 말씀을 가르쳐 그들이 예수님의 제자로 살도록 도왔다. 1996년 어 느 날 초등학교 2학년이던 첫째 딸이 고열과 두통, 구토를 보이며 경련을 하다가 혼수상태에 빠졌다. 유 선생은 우간다에서 가장 큰 병원에서 일하고 있었지만 그곳도 아픈 딸을 믿고 입 원시킬 수 있는 병원이 아님을 알고 있었다. 어쩔 수 없이 유 선생 집 안방이 중환자실이 되 었고, 아이의 머리맡을 지키고 있다가 경련이 시작되면 항경련제를 주사하며 치료했다. 아이는 곧 대소변을 가리지 못하게 되었고, 침대에 비닐을 깔고 대소변을 받아내야 했다. 딸의 호흡이 나빠지기 시작했는데 일반적으로 환자들이 사망 직전에 보이는 체인-스토크스 호흡(cheyne-stokes breathing)과 수직 눈떨림도 관찰되었다. 인공호흡기 하나 없는 그 당시 우간다 상황에서는 절망적인 순간이었다.

이런 가운데 할 수 있는 것은 기도밖에 없었다. 전 세계에 있는 동역자들이 간절히 기도하자, 하나님께서 그 기도에 응답하셨고 48시간이 지나자 체인-스토크스 호흡이 좋아지고 경련도 멈추었다. 이는 실로 하나님께서 보여주신 기적이었다. 생사의 고비를 넘겼음에도 회복까지는 수개월의 긴 시간이 걸렸다. 아이가 아직 침대에서 일어나지 못하던 어느 날 밤, 전기도 들어오지 않아 모기장 안에 촛불을 켜놓고 딸아이를 지켜보고 있을 때 한 음성이 들렸다. "네 딸은 이렇게라도 치료를 받고 있지만 여전히 어둠 속에서 많은 아이가 죽어가고 있지 않느냐?" 유덕종 선생은 이 사건을 통해 환자를 제대로 치료할 수 있는 선교 병원 설립을 바라보게 되었다. 한국 병원처럼 수준 높은 병원이면 좋겠지만, 그렇지 못하더라도 의사가 처방하면 가난한 환자들에게 투약이 되는 병원이 우간다에 설립되기를 바랐다. 이 기도 제목이 알려져 한국 대학생성경읽기선교회(UBF, University Bible Fellowship)에서 병원 건립을 위해 1억 원의 헌금을 했고, 이 헌금으로 마케레레 대학 정문 맞은편에 있는 약 600평의 부지를 구입했다. 부지에는 작은 집 두 채가 있었다. 하지만 지붕이 불에 타 그대로 사용할 수 없어 공사를 해야만 했다. 당시 한국에서 한빛전자를 운영하던 김진현 사장이 공사를 위해 1억 원을 헌금하여 베데스다 선교 병원 프로젝트를 시작하게 되었다.(유덕종의 『우간다에서 23년』에서 발췌)

가난할 뿐만 아니라 제대로 된 의료 서비스가 제공되지 않는 환경 때문에 치료할 수 있는 질병임에도 생명을 잃는 환자들이 허다했다. 이러한 우간다의 현실을 보면서 신뢰할 수 있는 양질의 의료 서비스를 제공하는 병원을 세워보자는 목표로 베데스다 선교병원 프로젝트가 시작되었다.

선교 병원 시작을 하고자 했지만, 정부 파견의 신분으로 관용 여권을 가지고 있었던 유 선생은 선교 병원을 세우는 일에 직접적으로 동참을 할 수 없었다. 나는 1999년에 미국에서 열린 UBF 국제수양회에 참석하였는데, 그곳에서 유 선생의 부인 마리아 선교사를 만나게 되었고, 선교 병원 프로젝트에 대해 듣게 되었다. 그 당시 코이카(KOICA) 정부 파견 제도를 통해 아프리카 선교의 길을 찾던 나에게 우간다 선교 병원 프로젝트 기도 제목이 하나님의 초청의 음성으로 받아들여졌다. 당시 나는 부산 동아대학교병원에서 임상교수로 일하며 아프리카에 선교사로 나가고자 기도하고 있었지만, IMF로 정부 파견의 신규 모집이 몇 년간 중단된 시기여서 아프리카로 나갈 수 있는 길이 요원해 보였다. 그런데 수양회에서 만난 마리아 선교사의 초청과 수양회 주제 강의 말씀인 히브리서 11장 24~27절의 "믿음으로 모세는 장성하여 바로의 공주의 아들이라 칭함 받기를 거절하고 도리어 하나님의 백성과 함께 고난 받기를 잠시 죄악의 낙을 누리는 것보다 더 좋아하고 그리스도를 위하여 받는 수모를 애굽의 모든 보화보다 더 큰 재물로 여겼으니 이는 상 주심을 바라봄이라"를 통해 은혜를 받고 모세의 결단하는 믿음을 배우게 되었다. 한국에서 의사로서 편안한 삶을 살기보다 아프리카 우간다에서 그리스도를 위해 고난받는 삶을 살고자 결단하고, 2000년 6월에 온 가족을 데리고 우간다로 왔다.

우간다에 와서 먼저 해야 할 일은 NGO 법인을 등록하고 병원 부지를 구입하는 일이었다. 그리고 계획에도 없던 병원 건물 증개축을 해야 했다. 건축의 'ㄱ'자도 몰랐던 나는 어눌한 영어로 공사에 필요한 자재를 구입하고 인부들을 감독해야 했는데 이는 소아과 의사로서 환자를 돌보는 것보다 더 힘들었다. 극심한 부정부패로 우간다에서는 되는 일도 없고 안 되는 일도 없었다. 뇌물과 급행료를 주지 않으면 일이 진척되지 않았다. 4개월을 예상했던 공사가 10개월 이상 걸렸고, 우간다 의사 등록에 필요한 서류를 모두 제출했음에도 의사 면허 받는데 거의 1년이 걸렸다. 25년 된 토요타(Toyota) 중고 트럭을 몰고 엔테베(Entebbe)에서 건축에 필요한 목재를 사 오다가 브레이크가 듣지 않아 고갯길에서 목숨을 잃을 뻔한 사고가 나기도 했다. 하지만 우간다에서 해야 할 일이 많았던지 하나님께서 생명을 지켜주셨다. 지나가는 트럭만 보면 돈을 뜯으려고 하는 교통경찰들 때문에 몇 번이나 경찰서에 끌려가서 고생을 해야 했다. 교통경찰들은 목재 몇 개 운송하는데도 과적이라고 하고, 타이어가 닳았다고 하며 벌금을 내야 한다고 겁을 주어 돈을 뜯어내고자 했음에도 돈을 주지 않자 경찰서로 데려가 몇 시간씩 잡아두곤 했다. 이런 과정을 거치며 우간다를 조금씩 배우고 병원 공사가 마무리되어 2002년 1월 베데스다 클리닉을 오픈하게 되었다. 같은 의대 동기인 아내 최영단 선교사와 간호사 2명, 청소부 1명으로 시작한 클리닉이 시간이 지남에 따라 환자가 증가하게 되고 직원들도 더 많아지게 되었다.

한국에서 산업의학 전문의 자격을 취득한 아내는 산업이 별로 발달하지 못한 우간다에서 크게 유용하지 못한 진료과목으로 인해 고민하며 기도하던 중 마케레레 대학 의대에서 안과 전문의 대학원 과정을 시작하게 되었다. 영국 식민지였던 우간다는 레지던트 수련 후 전문의가 되는 미국 시스템과 달리 전문의 과정이 대학원 과정을 입학하여 매 학기마다 이론 시험과 실습 시험을 통과하여 졸업을 하면 전문의가 된다. 국가에서 시행하는 전문의 시험 제도가 없고 학교에서 자체적으로 학생을 평가하는 한편 매년 외국의 대학에서 외부 시험관이 와서 시험을 보고 학생을 평가하여 객관성과 공정성을 갖도록 한다. 수련의 기간 중 막내 늦둥이를 40세에 임신해서 출산하는 바람에 입학 동기보다 졸업을 한 해 늦게 했다. 우간다에는 안과 전문의가 50명이 채 되지 않기 때문에 같이 공부하던 동기와 선후배 우간다 의사들이 전국에 흩어져 지역 병원의 안과 과장이나 병원장으로 근무하고 있다. 이러한 인맥들은 우간다에서 안과 사업을 진행하는데 많은 도움이 되었다. 또한, 시설과 시스템이 열악한 물라고 병원에서 수련을 받아 우간다 사람들을 더욱 잘 이해하고 그들의 친구가 될 수 있었다. 의사 두 명으로 시작한 베데스다 클리닉이 시간이 지남에 따라 우간다 사회에 조금씩 알려지게 되었고 환자들이 증가하게 되었다.

내원하는 환자들을 진료하고 치료하는 것도 중요하지만, 의료 서비스가 없는 지역이나 열악한 교통과 경제적인 문제로 접근성이 떨어져서 진료를 받지 못하는 지역에 찾아가서 주민들을 돌보는 것이 베데스다의 또 다른 중요한 사명이었다. 지방에서 사역하는 한인 선교사들의 요청으로 지역 교회나 난민촌을 방문하여 진료 활동을 했다. 상급 진료나 수술이 필요한 환자들에게는 필요한 검사나 수술을 받을 수 있도록 조치를 취했다. 이를 통해 무의촌 진료 사역이 일회성으로 그치는 것이 아니라 지역 의료 서비스의 실제적인 문제를 해결해 주는 데까지 나아갈 수 있도록 노력하고 있다.

해마다 우간다의 한인 교회와 협력해서 무의촌 의료 사역을 나갔다. 그중 한 곳이 빅토리아 호수 안에 있는 부부마섬(Buvuuma island), 부오야 지역(Buwooya subcounty)의 부칼리(Bukaali) 마을이었다. 부부마 군(Buvuuma district)은 50개 이상의 섬으로 이루어진 군으로서 2014년 총 인구조사를 기준으로 89,890명의 주민이 거주하고 있다. 군 사무소가 있는 부부마 주 도(Buvuuma main island)는 5만여 명의 주민이 거주하는 우간다에서 두 번째로 큰 섬이다. 부칼리 마을은 섬의 행정 사무소가 있고 보건소(health centre IV)가 있는 키타미로(Kitamilo)에서 40km나 떨어져 있다. 2005년 처음 이 곳을 방문했을 때, 도로나 대중교통이 없어서 대부분의 주민들은 배로 2시간 반 이상 걸리는 진자(Jinja)로 나가서 의료 서비스를 받고 있었다. 첫 방문 이후 일 년에 두세 차례 방문해서 진료를 했다. 새벽에 캄팔라를 출발해서 차로 2시간 이상 달려 진자에 도착하여, 다시 배를 타고 2시간 반 정도 걸려 섬에 도착해 환자들을 진료했다. 진료를 마치고 다시 배와 차를 타고 캄팔라에 돌아오면 밤 10시가 넘었다. 방문 때마다 많은 환자들이 진료를 받기 위해 몰려왔다. 하지만 시간과 비용 대비 효과가 좋지 않아 지역 리더들과 회의 후에 지속적인 의료 서비스를 위해 진료소를 짓기로 계획했다. 이후 우간다 한인 교회의 후원으로 진료소를 건축하게 되었다.

진료소는 외부에서 일방적으로 지어주는 형태가 아니라 지역사회와 주민들이 참여하는 형태로 지어졌다. 지역 교회는 땅을 제공하고, 건축에 필요한 흙벽돌은 주민들이 제공하여 2009년 11월 진료소를 완공했다. 진료소에는 간호사 한 명을 두어 주민들을 진료하도록 했고 베데스다에서 필요한 약품의 공급과 진료소 운영을 관리, 감독했다. 진료소는 지속적인 관리와 운영을 위해 최소한의 약값만 받고 있다. 2016년에는 안과 또는 외과 캠프를 위해 건물 한 동을 더 건축하였다. 현재는 부부마 지역 정부와 협력하여 지역 보건소에서 임명된 조산사가 베데스다 진료소에 파견되어 임산부들의 산전 진찰과 분만 서비스를 제공함으로써 부칼리 지역 모성 사망률과 신생아 사망률 감소를 위해 노력하고 있다.

베데스다 진료소는 개소 이래 부부마 섬의 보건 의료에 대한 기여도가 증가하고 있다. 이에 따라 정부 보건 당국과 협력하여 보건 시스템 역량 강화에 필요한 여러 사업들을 진행하고 있다. 안과 의료 인력이 전혀 없는 섬 지역에 정기적으로 안과 의료진을 파견해서 안과 질환 예방 교육과 진료 및 치료를 하고 있으며, 백내장 수술 환자를 스크린해서 안과 캠프를 통해 수술을 제공하고 있다. 또한 의료팀이나 자원봉사자들이 우간다를 방문할 때 섬을 방문해 지역사회와 주민들을 섬기는 베이스캠프로 자리 잡게 되었다. 2017년부터는 병원에서 같이 일하는 현지 치과 의사로 하여금 지역사회를 섬기도록 권면하여 2개월에 한 번씩 진료소를 방문해 치과 검진과 치료를 시행하고 있다.

의료 서비스가 필요한 턱없이 부족한 우간다에서 우리를 필요로 하는 어디든 찾아간다는 자세로 지방이나 난민촌에서 사역하시는 선교사님들의 요청이 있을 때 그곳을 방문하여 교회나 학교를 이용하여 진료를 하였다. 이런 일회성의 진료도 의료 혜택을 받지 못하는 주민들에게 도움을 주었지만 보완해야 할 단점도 많았다. 무엇보다 일회성의 진료로 고혈압이나 당뇨와 같은 만성 질환을 진단하고 치료하는 데는 어려움이 많다. 탈장이나 화상 반흔으로 인한 구축 등의 수술이 필요한 환자들인 경우 한 번의 수술로 문제가 해결이 되겠지만 내과적인 질환인 경우 장기적인 추적과 검사, 치료가 필요한데 한두 번 지역 방문으로는 그런 환자들을 돌볼 수가 없었다. 또한 무료 진료에 익숙해진 주민들이 무료로 서비스를 받을 때 자립정신을 해치고 항상 받고자 하는 잘못된 자세를 만들어 주기 쉬웠다. 또한 무료로 할 때 환자도 아닌데 그저 무료로 약을 얻기 위해 오는 사람들이 너무 많아 우리가 가진 한정된 약품을 필요한 환자들에게 효율적으로 사용하지 못하고 시간을 환자가 아닌 사람들에게 많이 빼앗기게 되어 실제적으로 더 많은 시간을 필요로 하는 환자들에게 사용할 수 없다는 문제가 제기되었다. 이 문제를 보완하기 위해 형식적이지만 환자들에게 300원에서 600원 정도의 등록비를 받았다. 그 결과 서비스가 필요한 사람들만 오게 되어 인적·물적 자원을 보다 효율적으로 사용할 수 있었다. 또한 이렇게 해서 모아진 등록비는 진료를 모두 마친 후에 교회나 지역사회에 다시 돌려줌으로서 예수 그리스도의 사랑을 나누고 섬기는 의료 선교의 정신이 훼손되지 않도록 했다.

3. 동역의 역사

선교지에서 필요한 것이 많이 있지만 마음을 같이 하여 동역할 수 있는 동역자가 있다면 그보다 더 큰 복이 없을 것이다. 선교지에서 사역하다 보면 가장 힘든 문제가 한국인 선교사든 현지인이든 함께 동역하는 어려움인 것 같다. 물질이 부족하면 기도와 모금으로 문제를 해결할 수 있다. 반면에 동역자들이 하나가 되지 못해서 오해와 갈등이 생기면 피차간에 힘을 얻기보다는 오히려 더 큰 어려움을 겪는다. 심한 경우 사역을 같이 하지 못하게 되는 경우도 있다. 그러나 서로 다른 배경과 환경에서 자라고 훈련받았을 뿐 아니라 성격과 받은 달란트도 다른 사람들이 함께 모여 예수 그리스도의 이름 아래 서로를 이해하고 섬긴다면 아름답고 축복된 공동체를 이루어 하나님의 일을 잘 이루어 나갈 수 있을 것이다.

하나님께서는 그동안 베데스다 공동체에 헌신적이고 순수한 믿음의 동역자들을 보내 주심으로 아름다운 동역의 역사를 이루어주셨다. 그리고 자기를 주장하기보다 겸손하고 맡은 일에 충성하는 동역자들을 보내주셔서 불협화음 없이 사랑으로 섬기는 공동체를 이룰 수 있었다.

2008년 기존 클리닉으로 사용하던 건물이 협소하여 새 건물을 증축하고자 할 때 건축 담당으로 섬길 책임자를 위한 기도를 했다. 기도에 대한 응답으로, 마침 C국에서 새로 결혼한 신혼 커플이 2년 간 건축을 섬길 목적으로 선교사로 나오게 되었다. 처음 1년 동안 우리 집에서 같이 지냈는데 영어를 잘 못해서 소통에 어려움이 많았다. 우리는 한자를 사용해가며 간신히 소통할 수 있었다. 그들이 할 수 있는 말은 중국어뿐이었다. 그 형제는 일을 믿고 맡길 수 있는 사람이 귀한 우간다에서 신축 건물 공사의 감독과 자재 구입을 비롯한 갖가지 험한 일들을 도와주었다. 또 자매는 병원의 행정과 재정 담당으로 섬겼다. 처음 올 때 2년을 작정하고 왔는데 올해 10년 차로 우간다에서 계속 선교 사역을 감당하고 있다. 우간다에 처음 올 때는 결혼한 지 넉 달 된 신혼부부로 왔었는데 지금은 1남 2녀의 부모가 되어 자녀들을 믿음으로 양육하고 있다.

2009년에는 전문인 자비량 선교사로 미국에 가서 30년 이상 소아과 전문의로 일하다 은퇴한 정요셉 선교사가 실버 선교사로 우간다에 왔다. 정요셉 선교사는 2009년 1월에 개최된 단기 의료 선교에 참석하여 우간다의 환경과 형편을 보고 빚진 자의 심정을 갖게 되었다고 했다. 정 선교사는 단기 선교를 마치고 미국으로 돌아가며 아내와 함께 우간다에 선교사로 나올 수 있도록 기도를 요청했다. 우간다가 한국의 50년대 내지 60년대와 같은 상황이었기에 우간다를 돕고 섬기고자 하는 간절한 소원을 하나님께서 허락하셨기 때문이다. 그때 아내를 설득해서 우간다에 선교사로 나오기 위해 아내가 좋아하는 우간다 고구마를 가져갔다고 했다. 우간다에는 맛있고 영양 많은 고구마가 엄청 많고 싸다며 아내를 설득한 것이다. 고구마 때문인지 기도 때문인지 알 수는 없지만 2009년 12월에 정 선교사 부부가 실버 선교사로 우간다에 왔다. 미국에서 손주들과 같이 지내며 그들의 재롱을 보면서 여생을 편하게 보낼 수 있었지만, 그런 것들을 포기하고 생활 환경이 불편하고 치안이 좋지 않은 우간다에 믿음으로 결단하고 온 것이다. 정 선교사는 UBF 초기 멤버로 학생 때 선교 헌금을 내려고 했지만 물질이 없어 매혈을 해서 마련한 돈을 헌금할 정도로 강한 선교 열정을 품고 있었다. 나이가 많고 오랜 세월을 선교사로 살아왔음에도, 스스로를 젊은 선교사(young missionary)라고 부르며 우간다에 먼저 온 선배 선교사들에게 배우고자 하는 겸손을 실천했다. 정 선교사의 동역은 큰 힘과 도움이 되었다. 소아과 전문의인 정 선교사와 소아과 진료 시간을 나누어 환자를 보게 되면서 지방에서 의료 캠프를 개최할 수 있었을 뿐만 아니라 병원 행정 업무 등 다른 일들을 처리할 수 있는 시간을 얻게 되었기 때문이다. 또한 아내인 정에스더 선교사와 함께 마케레레 대학교 캠퍼스 학생들과 일대일 성경 공부를 통해 많은 리더들을 세우고 캠퍼스 사역이 성장하고 확장되는데 큰 역할을 감당했다. 원래 3년 계획으로 왔지만, 기간을 연장하여 6년 반을 모범적인 선교사로 우간다를 섬기고 80살이 가까워지는 나이로 인해 오히려 선교지에 부담이 될 것을 염려하여 2016년 7월 미국으로 돌아갔다. 그동안 베데스다에 의료진은 우리 가정 밖에 없었는데 소아과 전문의 한 명이 함께 함으로 인해 섬김의 범위가 확대되고 병원이 발전하는 기회가 되었다.

2012년 7월에는 강지은 선교사 가정이 사역에 동참하게 되었다. 강 선교사는 2012년 2월에 있었던 단기 의료 선교에 참석해 큰 은혜를 받아서 1년간 베데스다를 섬기고자 우간다를 다시 찾았다. 1년이 지난 후 강 선교사는 장기 선교사로 섬기기로 결정하고 한국으로 들어가서 생활을 정리하여 이삿짐을 컨테이너로 보내고 아프리카 선교사의 삶을 살게 되었다. 내과 전문의인 강 선교사와 약사인 아내 이정남 선교사는 베데스다에서 내과와 약국을 맡아서 섬겼다. 그동안은 나 혼자서 소아과뿐만 아니라 내과와 다른 진료과목 환자들을 진료했다. 하지만 강 선교사의 동역으로 내과 진료가 시작되면서 위내시경, 대장내시경 및 초음파 검사 등의 서비스를 제공하게 되었다. 이정남 선교사는 우간다에서 약사로 일하기 위해 우간다 약사 면허를 취득해야만 했다. 외국인 의사들이 우간다에서 진료를 하고자 하면 매년 필요한 서류를 제출하고 심사를 통해 1년 만기의 임시 의사 면허를 발급 받는 것과 달리 약사는 자격시험을 통과해야만 했다. 우간다에서는 약사 자격 취득을 위해 약대 졸업 자격시험을 치루고, 합격자에 한해 1년간의 인턴 과정을 거친 후 다시 국가고시를 합격해야만 약사로 일할 수 있는 면허증이 발급된다. 이정남 선교사는 한국에서 약대를 졸업한지 거의 20년이 지났지만 마케레레 대학 약대 졸업반 학생들과 같이 그룹 스터디를 한 끝에 약대 졸업 시험을 통과하여 1년간 물라고 병원에서 약사로서 인턴을 했다. 이후 2017년 최종 국가고시를 통과해서 한국인으로는 처음으로 우간다 약사 면허를 취득했다. 이를 통해 영어의 장벽을 극복하고 한국과는 다른 우간다의 병원 및 약국 시스템과 약사로서의 임상 능력을 배워 우간다를 섬길 수 있게 되었다.

성하홍 선교사 가정은 침술로 우간다를 섬기고자 하는 소원으로 두 자녀의 파송을 받아 2011년 우간다 선교사로 나오게 되었다. 우간다에 있는 한인 선교사들이 세운 신학교에서 침술로 봉사하고자 했으나 신학교에서 시술이 어려워 베데스다에 와서 일주일에 두 번씩 침과 뜸으로 환자들을 섬기고 있다. 침술은 여러 가지 질환에서 효과를 보았는데 특히 만성 통증이나 편두통 환자의 통증 완화에 큰 도움을 주었다. 환자들이 침을 맞는 20~30분 동안은 꼼짝없이 누워있거나 앉아있어야 하기 때문에 복음을 전하기 좋은 시간이었다. 환자들에게는 침을 맞는 동안 복음을 들으며 구원과 영생에 대해 생각해 볼 수 있는 귀한 시간이 되었다. 또한 침술은 무의촌 의료 봉사를 나갈 때 효과적이었다. 시골에 가게 되면 머리부터 발끝까지 통증을 호소하는 여자 환자들이 많다. 어릴 때부터 가사 노동을 하며 많은 자녀를 출산(우간다 여성의 평균 초산 연령은 14~15세)하고 30대 중반이 되면 벌써 할머니가 되는 우간다 시골 여성들이 통증을 호소할 때 진통 소염제 처방 외에는 특별한 치료가 없는데 이때 침술은 큰 효과를 발휘한다. 우간다 사람들은 의사들이 주사나 약을 주지 않은 채 의학 전문가로서 상담이나 자문만 해주면 치료를 받지 않은 것으로 여긴다. 특히 시골에서는 약보다는 주사를 맞아야 치료를 제대로 받았다고 생각한다. 이러한 정서에서 침술은 더 효과적인 치료법이 되는 것이다. 성 선교사 부부는 성경 말씀을 너무 사랑해서 매월 성경을 일독하는 성경 통독반을 운영하고 있다. 성경 통독 참여자들에게 숙식을 제공하며 전인 치유를 위한 힐링 센터를 섬기고 있다.

고명규 선교사는 전주의 첫 성형외과 개원의로서 많은 환자들을 수술했던 성형외과 전문의이다. 50살이 넘어 예수님을 영접하고 뜨거운 마음으로 성경을 더 알고자 신학을 공부하고 안수까지 받은 목사이기도 하다. 예수님을 영접한 후 성형외과의원을 정리하고 그동안 한국에서 시술했던 미용 성형이 아니라 재건 성형으로 아프리카를 섬기고자 탄자니아에 선교사로 오게 되었다. 고 선교사는 빅토리아 호수 근처의 부코바(Bukoba) 지역 정부 병원에서 화상 반흔, 언청이 또는 선천성 기형 등을 재건하는 수술을 했다. 당시 정부 병원에서 일하는 직원들의 비협조로 고 선교사는 수술과 드레싱뿐 아니라 환자들을 직접 휠체어나 베드에 옮기는 일까지 해야 했다. 이러한 열악한 환경으로 인해 다른 병원을 찾던 중 베데스다를 알게 되어 2014년 8월부터 함께 동역하게 되었다. 한국에서 모금한 수술 기금으로 우간다 전국에서 환자들을 모아 무료로 수술을 해줄 뿐만 아니라 차비나 입원비가 없어 병원에 오지 못하는 환자들에게는 교통비와 입원비마저 지원해주며 환자들을 돌보고 있다.

이민철 선교사는 한국에서 극지연구소 지식정보실 선임기술원으로 일하다가 사직하고 베데스다에서 IT 매니저로 섬기고 있다. 이 선교사는 40세에 아프리카 선교사로 헌신하겠다는 서원을 지키기 위해 선교지를 알아보던 중 베데스다와 연결되어 2015년 9월부터 동역하게 되었다. 병원의 온갖 궂은일을 도맡아 하며 비의료인으로서 병원이 한 단계 발전하고 도약하는데 기여하고 있다. 무엇보다도 IT 전문가로서 베데스다의 환자 및 진료 정보가 차트 없이 전달될 수 있도록 시스템과 네트워크를 구축하여 우간다에 선진화된 병원 정보 시스템을 공급하고자 노력하고 있다. 또한 2016년부터 매 3개월마다 소식지를 발간해서 병원 소식과 기도 제목을 알리는 홍보를 하고 있으며, 병원의 인사 파트를 맡아 직원들이 맡은 분야에서 자신이 가진 능력을 최대한 발휘하고 직장 생활을 잘 감당하도록 돕고 있다. 지방이나 난민촌에서 의료 캠프를 개최할 때는 코디네이터로서 사전에 장소를 방문하여 필요한 준비사항들을 체크하고 조율하여 단기간의 메디컬 캠프가 차질 없이 진행되도록 환경을 예비하는 역할을 감당하고 있다.

하나님께서는 헌신되고 하나님을 사랑하는 순수한 믿음의 동역자들을 한 분 한 분 보내주셔서 동역하게 하심으로 하나님의 돕는 손길을 깨닫게 하셨고 하나님이 기뻐하시는 일들을 동역하여 섬기는 법을 배우게 하셨다. 모든 사람이 허물이 있고 약점이 있지만 각자가 가진 장점을 살리고 서로의 약점을 잘 보완해 줄 때 아름다운 동역의 역사가 일어나게 됨을 본다. 무엇보다 바쁜 선교지에서 일하다가 보면 일 중심이 되어 관계성이 소홀해지기 쉬운데 가장 중요한 것은 일보다도 사람이라는 것을 명심하고 자주 식사를 같이 하며 소통하고 작은 일이라도 오해의 소지가 생길 수 있는 근원을 없애버리는 것이 동역을 잘 할 수 있는 비결이 아닌가 생각된다.

4. 브웨바자(Bwebaza) 프로젝트

우간다에서의 병원 프로젝트를 위해 기도하면서 장차 선교 병원과 열대 의학 연구소를 세우고자 하는 비전을 이루기 위해서는 땅이 있어야 했다. 우간다가 경제적으로 발전하면서 건축 붐이 일고 땅값이 계속 상승했다. 또한 캄팔라는 이미 포화 상태에 이르러 병원 지을 땅을 구하기가 어려웠고, 있더라도 너무 비싸서 캄팔라 인근 땅을 구입하는 것으로 방향을 잡게 되었다. 1년 이상 캄팔라에서 엔테베 국제공항 사이 40km 도로 인근 땅 매물들을 보러 다닌 끝에 2009년 6월 캄팔라와 엔테베 중간 지점에 위치한 브웨바자란 지역의 땅 4에이커(약 5,000평)를 구입하게 되었다. 이 땅은 나지막한 야산의 경사를 따라 위치하고 있으며 높은 지점에서는 빅토리아 호수가 180도 이상 펼쳐진 아름다운 전경을 볼 수 있는 곳이다. 이 땅은 2007년부터 매년 구정 연휴 기간 동안 20~30명의 단기 의료 선교팀을 구성해서 우간다를 방문하는 광주 3부 UBF의 헌금으로 구입하게 되었다. 광주 3부 UBF 교회를 담임하는 박상기 목사는 조선대학병원 부원장까지 지낸 소아과 전문의이다.

우간다에 제대로 된 선교 병원을 세우고자 하는 우리의 꿈과 비전에 동참하여 전폭적인 지원을 아끼지 않고 있으며, 현재는 2008년 2월 창립된 베데스다 선교병원 이사회의 3대 이사장으로 섬기고 있다.

5. 캠퍼스 제자 양성 역사

마케레레 대학 캠퍼스 사역도 학생들을 꾸준하게 초청하여 말씀 공부로 도왔을 때 변화되고 예수님의 제자로 살고자 결단하는 신실한 제자들이 생기게 되었다. 마케레레 대학은 우간다 최고의 대학으로 탄자니아 대통령과 케냐 부통령이 이 대학을 졸업할 정도로 우수한 인재들과 리더들을 배출해내는 동아프리카의 명문 대학이다. 이 대학을 졸업한 형제자매들이 각계각층의 전문가요 영향력 있는 크리스천 리더가 되어 빛과 소금의 역할을 감당하도록 돕는 것이 우리의 사역 방향이다. 리더들 가운데는 졸업 후 가정을 이룬 후에도 캠퍼스 사역의 귀한 동역자로 남아 함께 동역하는 자들이 있다. 이들 가운데에는 의사, 약사, 간호사 등의 의료인들과 마케레레 및 부세티마 국립대학의 교수, 변호사, 회계사, 언론인, 엔지니어 등 다양한 분야의 전문가들이다. 이러한 다양한 전문가들이 함께 예수님의 제자로 살아가며 우리와 동역하고 있어 우간다에서 선교 병원을 섬기는데 여러 가지로 많은 도움을 받고 있다. 특히 우간다에서 가장 큰 은행인 스탠빅 은행(Stanbic Bank)의 재무 책임자로 일하고 있는 회계사 알버트(Albert) 형제와 변호사인 줄리엣(Juliet) 자매는 베데스다 선교병원의 회계와 법률 고문으로 위촉되어 재정과 법적인 문제에 대해서 무료로 도와주고 있다.

베데스다 클리닉이 우간다 사회와 미국과 한국에 조금씩 알려지게 되면서 단기 봉사자 및 단기 의료 선교사들의 방문이 잦아지게 되었다. 특히 의과대학 진학을 준비하거나 뜻이 있는 미국의 한인 2세 자녀들이 매년 우간다를 방문하여 병원에서 봉사하거나 오지 의료 봉사에 참여하였다. 이를 통해 왜 의대에 진학하고자 하는지 분명한 동기와 목표를 가지고 의대 진학을 준비하거나 의대생들인 경우 장차 의료 선교사가 되고자 기도하는 자들도 생겨났다. 아직까지 이들 가운데 의료 선교사가 된 자는 없지만 좀 더 준비되고 하나님의 인도하심을 받아 선교사로 쓰임 받는 자들이 나오도록 기도한다.

6. 21세기 선교 병원이 직면한 과제와 우간다 베데스다 의료 선교의 방향

예수님의 주 사역은 복음 전파와 치유 사역이라고 정리할 수 있다. 예수님은 자신의 제자들을 세상으로 보내시며 천국 복음을 전파하고 병든 자들을 고치는 사명을 주셨다. 예수님은 그들에게 말씀하셨다.

가면서 전파하여 말하되 천국이 가까이 왔다 하고 병든 자를 고치며 죽은 자를 살리며 나병환자를 깨끗하게 하며 귀신을 쫓아내되 너희가 거저 받았으니 거저 주어라(마 10:7~8).

선교 사역이 진행되면서 선교 병원들이 선교의 한 영역으로 세워졌다. 선교 병원이 세워진 목적은 복음 전파와 복음화의 한 부분으로서 아픈 자들과 도움이 필요한 자들에게 접근하기 위해서이다. 기독교를 아프리카에 가져온 선교사들은 복음 전파, 교육, 훈련, 의료 서비스, 사회 복지 사업과 지역사회의 경제적 능력 배양을 포함하는 통전적 복음 사역을 진행했다.(Grundmann, 2005)

이러한 선교 병원들은 예수 그리스도의 긍휼히 여기는 마음과 그리스도의 사랑을 환자들에게 표현하기 위해 양질의 서비스를 제공했는데 많은 선교 병원이 아프리카에서 여러 다른 교회나 교단에 의해서 세워졌다.

그들은 개발도상국의 가난하고 병든 자들의 치료와 의료 서비스와 교육의 발전에 많은 기여를 했다.(Grundmann, 2005) 1960년대와 70년대 헬스케어의 비용이 낮고 충분한 외부의 도움과 원조가 있었을 때 이런 선교 병원 서비스는 적합했다. 그 당시에는 많은 선교 병원이나 교회에 속한 의료 기관들이 선교사들이나 필요한 약품, 의료 장비와 외국의 자매 교회로부터 제한 없는 자금을 받을 수 있었고, 또한 그들은 정부로부터 대폭적인 보조금을 받았다.

그런데 오늘날의 상황은 많이 변했다. 요구되는 의료 서비스의 기준은 강화되는 반면 의료 서비스 제공 비용이 매일 상승하고 있다. 게다가 그동안 많은 선교 병원에서 섬겼던 의료 선교사들이 본국으로 돌아가므로 의료 선교사들이 전무하거나 소수의 의료 선교사들이 남게 되었고 정부로부터의 보조금도 매우 제한적이 되었다.

팔란트(D. Pallant)는 그의 책 *Keeping faith in faith-based organizations*에서 현재의 많은 선교 병원들의 상황을 다음과 같이 기술하고 있다.

"과거 20년간 신앙 기반 조직(faith-based organizations, FBOs)들은 병원과 클리닉을 지원하는 것에서 지역사회 보건 프로그램을 선호하는 쪽으로 이동하였다. 서구의 후원자들은 그들의 물질을 지역사회에 투자하는 것이 낫다는 믿음으로 기관을 기초로 한 보건 서비스 지원에 인색하다. 이러한 탈 제도화된 보건 서비스(de-institutionalized health care)로의 움직임은 1960년대까지 서구 교회에 의해 적용되었던 확장 정책으로부터의 중요한 이탈이었다. 의료 기관에 대한 부정적인 견해는 많은 선교 병원들의 위험한 상태에 의하여 영향 받게 되었다."

개발도상국의 대부분의 대형 신앙 기반 병원(faith-based hospitals)들은 경제적으로 지속 가능할 수 없는 상태에 직면하고 있다. 그러한 문제들 때문에 선교 병원의 설립은 오늘날 추천되지 않고 있다. 그러나 베데스다 선교병원은 대부분의 서구 의료 선교사들이 그들의 선교 현장으로부터 물러났거나 물러나고 있던 2001년에 설립되었다.

베데스다 선교병원은 캄팔라의 수도 중심부에 자리하고 있다. 비전은 "하나님의 긍휼과 예수님의 사랑으로 신뢰할 수 있는 양질의 의료 서비스를 제공하여 우간다와 아프리카의 의료 발전을 선도한다"이다. 사명은 첫째, 하나님의 긍휼하심과 사랑으로 양질의 의료 서비스를 제공하여 환자들을 치료한다.(healing) 둘째, 의료 현장에서 요구되는 전문지식과 기술을 보유한 인력을 양성한다.(education) 셋째, 우리의 서비스를 필요로 하는 지역사회를 섬긴다.(mission) 우리 병원이 추구하는 핵심 가치(core value)는 긍휼(compassion), 성실(faithfulness), 정직(honesty), 전문성(professionalism)이다.

의료 선교의 최근 경향(Grundmann, 2005)과 현존하는 기독교 선교 병원(Pallant, 2012)의 도전을 생각해 볼 때 새로운 선교 병원을 수도의 중심에 세운다는 것은 이상하게 보인다. 그러나 하나님께서 우리들을 우간다에 보내시고 베데스다를 세우신 것은 하나님께서 이를 통해 이루시고자 하시는 뜻이 있었기 때문임을 믿는다. 기존의 선교 병원들이 당면한 지속 가능성의 문제로 인한 어려움과 도전들, 정부 병원과 진료소들이 가지고 있는 재정 부족과 시스템의 비효율성, 의료진의 서비스 동기 부족, 사립 병원들의 너무 비싼 의료비로 인한 서민들의 의료 기관 접근성 제한 등으로 인해 우간다에는 여전히 많은 환자들이 있고 치료 가능한 질병임에도 불구하고 제대로 된 치료를 받지 못해 생명을 잃거나 고통을 받고 있는 사람들이 너무 많은 게 현실이다.

이런 현실 가운데서 베데스다 병원의 존재 목적과 역할이 무엇인지 정리해본다.

첫째, 틈(gap)을 메꾸는 역할이다. 다른 선교 병원이나 사립 병원과 경쟁하기보다 동반 관계를 맺고 보완하는 역할을 감당해야 한다. 베데스다 병원 반경 4km에 캄팔라의 큰 병원들이 위치하고 있다. 마케레레 의대 대학병원이자 우간다 최종 후송 병원인 물라고, 성공회의 선교 병원인 멩고 병원, 가톨릭 선교 병원인 루바가 병원, 사립병원인 케이스 병원

(Case Hospital), 나카세로 병원(Nakasero Hospital), 카딕 병원(Kadic Hospital), 성 캐서린 병원(St. Catherine Hospital) 등 우간다의 주요 병원들이 위치해 있어 이런 병원들과 경쟁하기보다 양질의 의료 서비스를 제공하며 우간다 의료를 선도하거나 이들 병원들이 하지 못하거나 하지 않는 분야의 일들을 해야 베데스다의 위치와 역할이 분명해 질 것으로 생각한다.

우간다는 아직까지 의료 서비스나 장비가 낙후되어 있다. 최근에 사립병원 등에서 최신 장비들을 들여와 차별화된 서비스를 제공하고자 하지만, 이것은 아주 일부분이고 대부분의 정부 병원이나 의료기관에서는 장비의 노후화와 제대로 된 의료 서비스가 제공되지 않고 있는 현실이다. 이런 상황에서 우리가 할 수 있는 일은 우리가 가진 좀 더 선진화된 의료 장비와 서비스로 우간다 의료를 선도하는 것이다. 우간다 의료인들이 하지 못하는 분야에서 도움을 주는 것이다. 예를 들면, 내과의 위내시경, 대장 내시경 검사 및 처치와 외과와 산부인과의 복강경 수술, 안과의 패코(phaco emulsification) 수술 등이 있다. 또한 경제적인 이유나 다른 사정으로 인해 우간다 의료인들이 할 수 있음에도 하지 않는 분야가 있다. 환자는 많지만 경제적인 어려움 때문에 치료나 수술을 받지 못해 병원에 오는 환자가 적은 경우이다. 성형외과의 외상 반흔 환자나 선천성 기형 또는 안과의 백내장 수술 등이 있다. 우간다 의료인들이 할 수 없거나 하지 않는 분야의 환자들을 치료나 수술함으로서 우간다 의료의 공백을 메우는 일을 하는 것이다.

또한 세계적인 경제 침체로 인해 여러 구호단체들의 후원금이 줄어들어 프로젝트들이 축소되거나 더 이상 진행되지 않는 우간다 상황에서 유일하게 지원 분야와 지원금이 늘어나고 있는 나라는 대한민국이다. 코이카와 한국의 구호단체들이 꾸준하게 우간다에서 사업을 확장하고 있는 현 시점에서 모자보건 사업이나 실명 예방 사업 등의 프로젝트 실행을 위한 베이스캠프가 될 수 있다. 실명 예방 구호 단체인 비전케어와 코이카의 민관 협력 사업 프로젝트인 "눈을 떠요 우간다" 사업의 실행기관으로서 중요한 역할을 감당할 수 있었던 것도 그동안 현지에서 쌓아 온 노하우와 네트워킹이 있었기에 가능한 일이었다.

둘째, 21세기 선교 병원이 해결해야 할 당면 과제들이 많겠지만 가장 큰 문제 중의 하나가 지속 가능성의 문제라고 할 수 있는데 이를 해결하고 결국에는 현지인들에게 이양하여 선교 정신을 가진 병원으로 계속 남아 선교 사명을 감당하도록 만드는 것이다.

선교 병원의 지속 가능성이라고 말할 때 재정적인 것, 서비스, 조직, 인력 모든 것이 포함된다. 그동안 선교 병원이나 믿음 기반 의료 서비스 기관의 지속 가능성에 대한 연구가 이루어져 왔다. 2000년 국제 보건을 위한 크리스천들의 모임 포럼(The Christian Connections for International Health Forum, CCIH)에서 개발도상국의 기독 병원의 미래에 대해서 의논하였는데 기독 병원의 미래에 영향을 주는 6가지 주요 문제들 비전과 리더십 부재, 병원 직원, 지역사회와의 관계, 자원과 재원, 문화적 갈등과 기술 등이 다루어졌다. 그리고 선교 병원의 미래를 위해 11가지의 원칙이 제안되었다.

케냐의 크리스천 보건협회(Christian Health Association of Kenya, CHAK)는 교회 보건 서비스 제공자들이 직면한 지속 가능성의 문제와 그것을 향상할 수 있는 전략에 대해서 말했다. 교회 보건 의료기관의 재정적인 지속 가능성을 향상시키기 위해서 여러 아이디어들이 제안되었고 이에 대한 실례들이 소개되었다.

많은 선교 병원들이 당면한 과제들을 극복하고 지역사회에 양질의 적절한 의료 서비스를 제공하기 위해서 노력하고 있다. 아프리카 내지교회(African Inland Church, AIC) 리테인(Litein) 병원은 1992년에 마지막 선교사들이 떠난 후 2000년에 병원의 포커스와 관련된 소득 증대 사업과 환자 진료 수입으로 병원 운영 경비를 100% 충당하고 있다고 소개하였다. 그러나 이러한 예는 아주 드물다.

지속 가능한 선교 병원 경영을 위해서는 재정의 자립도뿐 아니라 선교사들이 떠나가더라도 안정적으로 운영될 수 있는 시스템의 정착과 이 시스템을 잘 운영할 수 있는 훈련된 인력 등이 모두 구비되어야 가능한 것이다. 그동안의 주먹구구식이고 임기응변식의 운영이 아니라 단기, 중기, 장기적인 발전 계획과 비전과 사명에 기초한 분명한 방향을 가진 전략을 수립하고 단계별로 실행해 하나씩 책임과 권한을 현지인에게 이양해 나갈 때 이루어질 수 있을 것이다. 현지인에게 선교 병원을 이양하는 작업은 단기간에 급하게 이루어질 수 있는 것도 아니고 성급하게 이루어져서도 안 되며 기도 제목을 가지고 사람을 키워나가야 하는 선교 병원의 궁극적 목표라고 할 수 있다.

셋째, 선교 병원의 존재 목적과 역할 중 가장 중요한 역할은 선교를 하는 것이다. 이름만 선교 병원이고 선교 사명을 감당하지 못한다면 선교 병원으로서의 의미는 퇴색되고 세속적인 병원과 다름없는 병원이 될 수밖에 없을 것이다. 그러므로 선교 사명을 감당하는 병원으로서 지속되기 위해서는 선교에 초점을 두어야 한다. 결국 선교의 가장 중요한 대상인 한 영혼에 관심을 두고 육신뿐 아니라 영혼 구원에 초점을 둔 진료와 사역을 감당해야 할 것이다. 무엇보다 선교의 1차 대상은 병원에서 같이 근무하는 직원들이다. 하루 10시간 이상씩 같이 생활하며 일하는 직원들이 복음으로 변화 받지 못할 때 선교 병원으로서의 역할을 감당한다는 것은 불가능하다고 할 수 있다. 직원들이 자신의 유익을 좇아 거짓말하고 훔치고 이기적인 욕심대로 산다면 선교 병원으로서 성장할 수 없을 것이다. 그러므로 직원들이 복음의 말씀으로 무장하여 예수님의 제자로 살도록 돕는 것이 중요하다. 이를 위해 베데스다 병원에서는 몇 개월 전부터 전 직원들이 참여하는 성경 공부 소그룹을 만들고 매주 한 번씩 모여서 성경을 공부하며 각자의 기도 제목과 비전을 나누고 있다. 선교사들이 각 그룹의 리더가 되고 한 그룹에는 3~4명의 직원이 참여해서 그룹 리더의 재량하에 성경 공부 모임을 진행하고 있다. 이를 통해 서로를 좀 더 이해하고 병원의 비전과 사명을 하나님의 말씀으로 각 사람 마음에 심어서 하나가 되도록 기도하고 있다. 아직 시작한지 얼마 되지 않아 결과에 대해 언급하기는 어렵지만 모든 직원이 예수님의 제자로서 살도록 돕는 데에는 이 보다 더 좋은 방법이 없다고 믿는다.

사실 선교 병원이라는 것은 수익을 창출하기 힘든 곳이다. 이윤을 창출하는 기관이 아니어서 외부의 도움없이 자립 경영이 되면 성공한 것이라고 할 수 있다. 선교 병원의 규모가 대형화되면 장점도 있겠지만 재정 자립과 병원 경영에 너무 힘을 쏟게 되어 선교 병원으로서의 사명을 소홀히 하기 쉽고 자칫하면 세속적인 병원들과 차이점이 없는 선교지의 많은 병원 중의 하나가 되기 쉬울 것이다. 그러므로 선교의 사명과 가난한 자들과 도움이 필요한 자들을 돕고 섬기는 선교 병원의 사명을 감당하면서 병원이 지속적으로 발전하고 유지될 수 있는 체제나 시스템이 있어야 한다. 이를 위해서는 병상의 규모를 50베드 이내로 제한하여 실속있게 운영하는 것이 선교 정신을 잃지 않고 선교 병원으로 지속 가능을 유지할 수 있는 하나의 방편이라고 생각한다.

선교 병원이 지속 가능성을 향상시키기 위해서 필요한 전략과 방향이 없이 선교 병원을 시작하거나 확장하는 것은 참으로 위험하다고 할 수 있다. 오늘날의 의료 환경은 과거와 달리 많은 새로운 첨단 진단 기기들을 필요로 하고 치료 비용의 증가로 병원 운영이 점점 어려워지고 있다. 이런 가운데 선교 병원을 정확한 사전 조사와 계획 없이 막대한 투자로 시작하는 것은 지속 가능성 측면에서 지양해야 하며 병원 장기 발전 계획과 전략 수립에서 제일 우선적으로 고려해야 할 요소 중의 하나가 '어떻게 선교 병원이 자립해서 지속 가능성을 가지는가?' 하는 것이다.

베데스다 메디컬센터는 현존하는 기독교 선교 병원이나 교회 보건 진료소와 비교해볼 때 다른 배경을 가지고 있다. 짧은 역사를 가졌고 수도의 중심에 자리하고 있다. 캄팔라에 있는 다른 선교 병원에는 대부분의 의료 선교사들이 떠난 반면에 우리 병원의 대다수 의사들은 선교사들이다. 지난 18년간 베데스다 클리닉에서 시작해서 이제 중소 병원 규모로 성장하기까지 섬기면서 가졌던 질문은 '과연 의료 선교는 무엇이며, 내가 우간다에서 무엇을 하고 있는가?' 하는 것이었다. 결국 내린 결론은 의료 선교는 병원을 짓는 것도 아니고 최신 의료 장비를 도입하고 많은 환자를 치료하는 것도 아니고 예수님의 사랑과 마음을 가지고 사람을 키우는 것임을 배우게 되었다. 내가 먼저 예수님의 제자가 되고 병원 직원을 제자화하며 병원을 거점으로 해서 예수님이 하신 복음 증거와 치유 사역을 통해 하나님 나라를 확장하는 것임을 깨닫게 된 것이다. 우간다 수도인 캄팔라 중심에 위치한 베데스다 병원의 앞으로 사역 방향과 과제에 대해서 많은 고민을 가지고 기도하면서 얻게 된 미천한 경험과 지식이, 같은 문제들을 가지고 있거나 바람직한 선교 병원을 세우고자 노력하고 있는 선교사들이나 선교 병원들에게 조금이나마 도움이 될 수 있었으면 하는 바람이다.

참고 문헌

유덕종. 『우간다에서 23년』 서울: 홍성사, 2016.

Asante, R. K. *Sustainability of church hospitals in developing countries: A search for criteria for success.* Geneva: World Council of Churches. 1998.

Beverley, EB. (2002) Sustainability of Christian Mission Hospitals in India and Nepal: Impact of History. Available at http://www.cmf.org.uk/publications/content.asp?context=article&id=2504

Billington, W. R. Albert Cook 1870~1951: Uganda pioneer. *Bmj*, 4(5737), 738~740. doi: 10.1136/bmj.4.5737.738, 1970.

Campbell, EH. "A New Vision, a New Heart, a Renewed Call" *Holistic Mission Occasional Paper* No. 33 Lausanne

Committee for World Evangelization, 2005.

Crespo, R. (2000) The future of Christian hospitals in developing countries: The call for new paradigm of ministry, *A publication of Christian Connections for International Health* (CCIH) ISSN 1099-9418, Issue# 8 - August 2000 Available at www.ccih.org/forum/0008-00.htm

Flessa, S. The costs of hospital services: a case study of Evangelical Lutheran Church hospitals in Tanzania. *health policy and planning*;13(4): 1998.

Foster, WD. Doctor Albert Cook and the early days of the church missionary society's medical mission to Uganda. *Med Hist.* Oct 1968; 12(4).

Fountain, D. New Paradigms in *Christian Health Ministries*. Available at www.mmh-mms.com/.../ newparadigmsincihm.pdf

Good. CM. Pioneer medical missions in *colonial Africa Department of Geography,* Soc. Sci. Med. vol. 32. No. I (1991).

Grundmann, C. The Role of Medical Missions in the Missionary Enterprise: A Historical and Missiological Survey. *Mission Studies* 2, 1985.

_____. The contribution of medical missions. *Academic Medicine*, 66(12), 731-3. doi: 10.1097/00001888-199112000-00005, (12. 1991).

_____. *The contribution of medical missions to medical education overseas. Mission Studies*, vol. IX-1, 17, 1993.

_____. *Send to heal! Emergence and Development of Medical Missions*. University Press of America, Oxford, 2005.

Hardiman, David. ed. *Healing Bodies, Saving Souls: Medical Missions in Asia and Africa*. Amsterdam: Rodopi V.P. 2006.

Honora, K. S.; Harper, P. R.; Potts, CN.; Thyle. A Planning sustainable community health schemes in rural areas of developing countries. *European Journal of Operational Research*, 2009.

Jennings, M. "Healing of Bodies, Salvation of Souls" Missionary Medicine in Colonial Tanganyika, 1870s-1939'. *Journal of Religion in Africa*, 2008.

Kara, H.; Atuyambe, L.; Kamwanga, J.; Mcpake, B.; Mungule, O.; Ssengooba, F. (2002) "Towards Improving Hospital Performance in Uganda and Zambia: Reflections and Opportunities for Autonomy." *Health Policy* 61.1. 2002, Print.

Kickul, J. & Gundry, L. K. A framework for innovation in a global NGO: Building financial, institutional and programmatic sustainability. *International Journal of Innovation and Regional Development*, 5(1), 3. doi: 10.1504/IJIRD.2013.052505. (12. 2013).

Komakech W.; Hassan AH.; Singh CH.; Imoko J.; Costs, resource utilisation and financing of public and private hospitals in Uganda. East Afr Med J. Sep;72(9). 1995.

Kyomugisha, EL.; Buregyeya. E,; Ekirapa, E.; Mugisha, JF.; Bazeyo, W. Strategies for sustainability and equity of prepayment health schemes in Uganda. *African Health Sciences* 9(S2):S59-S65. 2009.

Lieberson, J.; Miller, D.; Keller, H. An evaluation of the factors of the sustainability in the Lesotho rural health development project A. I. D. Evaluation special study No. 52 (Document Order No. PN-AAL-099) U.S. Agency for International Development. (12. 1987)

Ooms, LJ. AIC Litein Hospital / Community Health Program, Mission to the World / Africa Inland Church. Available at www.wiringdude.com/.../05%20AIC%20Litein%20..

Orem. JN.; Zikusooka, CM. (2010) Health financing reform in Uganda: How equitable is the proposed National Health Insurance scheme? *International Journal for Equity in Health*, 9:23 http://www.equityhealthj.com/content/9/1/23.

Pallant, D. *Keeping faith in faith-based organizations: A practical theology of Salvation Army health ministry.* Eugene, Or.: Wipf & Stock. 2012.

Thomas, J Y. *The role of the medical missionary in British East Africa*, 1874-1904. University of Oxford. 1981.

Zafarullah Gill, Z.; Carlough, M. Do mission hospitals have a role in achieving Millennium Development Goal 5? *International Journal of Gynecology and Obstetrics*. 2008

Zikusooka, CM.; Kyomuhang, R.; Orem, JN.; Tumwine, M. Is health care financing in Uganda equitable? *African Health Sciences* vol. 9 Special Issue 2: October, 2009. S52.

Zikusooka, CM.; Kyomuhang, RL.; Orem, JN.; Tumwine, M. Will private health insurance schemes subscriptions continue after the introduction of National Health Insurance in Uganda? *African Health Sciences* vol. 9 Special Issue 2: October, 2009. S66.

Fundamentals of NGO Financial Sustainability. Abt Associates Inc. Pathfinder International. 1994.

The mission of the church in health care, CHAK Times January-April, 2009. Available at http://www.chak.or.ke/fin/index.php/

잠비아
간호 선교

전미령

전미령 선교사는 1979년 계명대학교 간호학과를 졸업했다. 1989년부터 그루터기해외선교회, 아프리카 잠비아 (Zambia)의 수도 루사카(Lusaka)에서 사역하고 있다(사역기관은 잠비아 그루터기선교회Zambia Stump Mission Inc.).

1. 간호 선교사로 소명 받은 계기

간호 대학 졸업 후 첫해에 잦은 밤번 근무로 인해 직업에 대한 회의를 느껴서 직업을 바꾸고 싶었을 때, 성경 공부 리더가 나의 직업이 무엇이냐고 물었다. 내가 간호사라고 대답하자, 리더는 간호사는 단지 부업일 뿐 우리의 본업은 복음 전파하는 일이라고 깨우쳐 주었다. 예수 그리스도를 중심에 모시고 주님이라 고백하면서도 내가 주인으로 살았던 것을 회개하고 도전을 받아 평소 좋아하던 아프리카로의 선교를 꿈꾸었다. 꿈은 이루어져 1987년 케냐에서 선교의 걸음마를 시작했고 보츠와나를 거쳐 잠비아에서 현재까지 간호 선교사로 사역하고 있다.

그루터기해외선교회 파송 훈련에서는 빌립보서 2장 5절 ~8절에 의해서,

- 땅의 영화를 포기할 것
- 대상의 모양이 되어 섬길 것
- 죽기까지 복종할 것

이 3가지를 서약하고 헌신을 다짐했는데 이것은 힘들 때 나를 지탱해주는 말씀으로 오직 예수 그리스도만이 선교의 모든 것이 되도록 나의 초점을 맞추게 했다.

2. 간호 선교

간호 선교의 정의

그리스도인이 아니라도 간호사에게 간호는 콜링(calling)이라고 인식된다. 기독 간호사에게 간호는 더욱더 하나님의 부르심이고 하나님으로부터 받은 특별한 소명이다. 병든 사람을 예수 그리스도의 사랑으로 돌보아줌으로 그들이 질병에서 고침을 받고 신체적, 정신적으로 건강을 회복하도록 보살피는 일이다.

선교는 나를 죄에서 구속하신 예수 그리스도의 명령에 순종하여 아직 복음을 듣지 못한 사람들에게 예수 그리스도를 전함으로 예수께서 분부한 모든 것을 가르쳐 지키게 하는 일이다. 간호 선교는 나에게 주신 간호라는 달란트를 복음의 접촉점으로 삼아 아픈 이들이 신체적, 정신적으로 회복이 되도록 돌보면서 더 나아가 영적으로 하나님과의 관계를 회복하도록 돌보는 것이다.

간호 선교의 목적

간호 선교의 목적은 아픈 이들이 육신의 건강 회복뿐 아니라 십자가에 달려 죽으심으로 우리를 사망에서 건지신 예수그리스도를 전함으로 그들로 영생을 얻도록 하는데 있다.

간호 선교의 영역과 다양성

간호 선교는 간호에 선교를 더한 일이 아니라 간호라는 소명에 선교라는 더 귀한 사명을 곱한 것이다. 그래서 간호 선교의 영역은 한없이 넓고 해야 될 일 또한 끝이 없다.

선교지의 병원과 진료소에서 간호사로, 간호 행정가로 섬기고 학교에서 보건 교사로, 간호대학에서 교수로, 응급 처치 교육하는 일, 정부 보건부에서 간호 정책 분야에 자문 역할도 하고 현지 보건 상황을 연구함으로 현지에 도움을 줄 수 있고 그 나라 공중보건, 모자보건과 위생 발전을 위한 방안 제시, 현지인 기독 간호사 양성, 목회 간호 같은 분야도 소개해서 영적 간호의 장을 넓혀가는 일, 호스피스 운영하며 영혼을 살리는 일, 고등학교 졸업생들에게 꿈을 키워주므로 간호사 인재 키우는 일 등… 이밖에도 새로운 영역을 개척하여 다방면으로 복음의 통로를 만들어 갈 수 있다.

간호 선교의 효율성

1) 간호 선교만큼 능률적이고 효과가 큰 사역도 드물다. 간호 선교는 대중을 모이게 하는

힘이 있어 보통 무의촌 마을에 공중 보건 강의를 한다거나 1차 보건 진료를 한다고 광고를 하면 마을 사람들이 떼를 지어 찾아온다. 들을 사람이 있어야 복음도 전할 수 있는데 찾아와 모인 이들에게 먼저 말씀을 전한다는 장점이 있다. 또한 아픈 이들에게 기도해준다고 했을 때 대부분 거절하지 않고 예수님에 대해 언급해도 부정하지 않고 끝까지 듣는 경우가 대부분 이다. 이때 성령님께서 직접 역사하시길 기도하며 사역한다.

2) 간호 선교는 의료 물품이나 의약품이 없다 하더라도 현지인들의 삶 속에 흔히 사용하는 것들을 변형시키거나 응용해서 위생과 보건의 질을 높이게 할 수 있다. 예를 들면 시골에서는 비교적 쉽게 구할 수 있는 꿀과 레몬을 섞어 기침할 때 마시게 하고, 화상을 입었을 때 알로에 사용 시에도 알로에를 씻어 낸 후 껍질을 벗겨서 감염 예방을 하도록 하고, 설사가 심할 때 전해질액이 없으면 소금과 설탕을 비율에 맞춰 물에 섞어 자주 마시도록 해서 탈수를 예방하도록 가르치고, 목이 붓고 아플 때에는 소금물로 가글하도록 가르치는 등 1차적으로 쉽게 할 수 있는 것을 가르치면서 일상 생활에서 질병 예방과 질병을 방치하지 않도록 도울 수 있다. 이런 도움을 주면서 하나님의 사랑을 나누는 일을 실천하다 보면 자연스레 예수 그리스도에 대해 말하기가 쉬워진다.

3) 간호 선교는 다른 선교사들과 좋은 유대 관계를 맺을 수 있다. 보통 학교를 운영하는 선교사님이 학생 건강검진 요청을 하거나, 시골 교회 개척을 하는 분들이 이동 전도 진료를 요청해오는 경우가 있는데 함께 동역할 수 있고 도움을 드릴 수 있어 감사하다. 또 비의료인 동료 선교사님들 개인이 건강에 이상이 있을 때에 1차적인 의료 안내를 해드릴 수 있다는 기쁨도 있다.

4) 선교가 법으로 금지된 나라에도 간호 선교사는 비교적 입국 허가를 받기가 용이하다. 국립병원에 고용되는 일, 간호대학에 교수 요원, 비영리단체나 국제기구 소속의 봉사 단원 등으로 입국하여 일대일 전도하는 일을 할 수 있다.

하나님께로부터 어떤 달란트를 부여받았건 간에 그 재능을 사용하시는 분은 하나님이시다. 내가 하는 간호 행위를 통해 역사하시는 분도 오직 하나님 한 분이심을 믿고 비록 손을 한 번 잡아주거나 말 한마디를 건네줄 때 신뢰가 생기고 그 신뢰로 인해 질병 치유와 복음 전도에 긍정적인 유익을 주는 것을 많이 보았다.

때론 나의 제한된 지식이 안타까워 보다 나은 간호를 못해줘서 환자에게 미안할 때가 있는데 그 틈에 사탄은 내 사고에 비집고 들어와 자존감을 낮추려고 시도한다. 그러나 내가 해줄 수 없는 그 이상에 것은 온전히 주님께 맡기며 생명을 주관하시는 전능자의 주권을 인정하며 순복할 때 교만하지 않게 되고 마음에 평안을 가지고 사역할 수 있다.

선교지에서 가장 필요로 하는 것은 겸손이다. 나보다 남을 낮게 여길 줄 아는 겸손은 동료 선교사와의 관계뿐 아니라 현지인 동역자들, 또 환자들과의 관계도 원만하게 이어준다. 처음엔 현지인 동역자들의 뒤떨어진 지식과 부족하게 보이는 기술력을 낮게 평가하여 가르치려고 했으나 나중에 보니 나름대로 그 상황에서는 그게 최선이었던 것을 알게 되었다.

또한 선교지에서 끊임없이 그 나라의 의료 실정과 현황에 대해 알아가지 않으면 현지인들을 간호할 수 없고, 뒤처진 정보로 신뢰를 잃게 되어 선교도 어려워진다. 예를 들면 에이즈 양성 반응 환자들에게 주는 항레트로바이러스 치료(anti-retroviral therapy)약들도 계속 변화되고 지침서나 프로토콜(protocol)도 개편이 됨으로 이전에 쓰던 정보를 갖고 이야기하면 환자에게 혼동을 주게 된다. 그래서 간호 선교할 때 정부기관과의 네트워크와 관계가 참 중요하다. 간호 행위의 장소에 따른 정부소속 부처와 상부 부처에도 자발적이고 긍정적인 협조를 함으로 선교사로서 선한 영향력을 끼치고 또한 그들로부터 도움도 받아 선교에 유용하게 쓰도록 한다. 그 나라 보건법도 숙지하여 작은 일이라도 법에 저촉되지 않도록 조심해야 한다. 해당 나라 간호협회에서 실시하는 보수 교육과 해마다 면허 갱신을 위한 등록 제도를 잘 따름으로 면허 없이 간호 행위를 하다 불이익을 당하지 않도록 해야 한다.

흔히들 선교사는 현지에서 만능맨으로 맥가이버 같은 존재로 살아간다. 간호 선교사도 예외는 아니다. 선교 훈련에서도 해보지 않은 건축하기, 야외 화장실 만들기, 우물 파기, 차량

점검하기, 회의 인도하는 일, 행정 부처에서 사무 보기 ― 특히 영어로 공문 편지쓰기, 부녀자들에게 뜨개질이나 재봉틀 사용법 가르치기, 이발, 미용 등 이런 것들이 간호랑 상관있는 일이 아니기 때문에 몰라도 되는 것이 아니라 선교하다보면 다 하게 될 수 있는 일들이다. 그래서 간호 선교를 꿈꾸는 후배들에게 뭐든지 배우고 익히라고 조언하고 싶다. 물론 배우자가 있어 도움을 준다면 다행한 일이지만 많은 간호 선교사들이 현장에서 실제적으로 부딪치는 일들이므로 준비하는 것이 좋다. 글쎄 이런 것을 전문으로 가르치는 곳이 있는지 모르겠지만 평소에 모든 일에 관심을 가지고 선교를 준비하라는 말이다.

많은 선교사들이 재정적인 어려움을 당할 때 시험에 들기 쉽다. 선교하려면 돈이 필요하지만 그렇다고 그것이 우선은 아니다. 하나님께서 하시고자 하는 일에 도구로 쓰임받기를 원해 순종하면 우리가 계획하지 않았던 통로들을 통해 물질이 공급됨을 여러 번 경험했다. 가끔 나 자신은 하나님께 배짱을 부릴 때도 있다. '하나님 안 주시면 전 못합니다. 내 아버지의 일을 하면서 왜 사람들에게 호소해야 합니까?' 나의 이 철없는 응석이 금전 철학이 되었다.

어떤 경우는 오늘 복음에 대해 몇 마디나 나누었나? 하루 종일 바쁘게 다니다 보면 나는 정말 제자 삼는 일을 하고 있는가? 선교의 열매는 맺혀지는가? 등등 뭔가 선교사로서 할 일을 하기보다는 딴 일에 더 신경 쓰고 시간을 보낸 것 같아 마음이 무거울 때도 있다. 그러다 말씀으로 제 자리를 찾는다. 전화 걸고 직원들과 대화하고 의논하는 등 모든 일들을 통해 하나님께서 하실 일들이 이뤄져나감을 믿고 그 자리에서 매 순간이 선교의 과정임을 인식하며 감사함으로 최선을 다해야 됨을 깨닫는다.

그리고 하나님과 나 자신이 그리스도 안에서 성령의 도우심으로 하나가 되어가는 일에 매일 발전을 하고 있는지 점검하는 일이 중요하다. 때론 칭찬이나 비난의 소리로 흔들릴 때가 있는데 사탄의 속삭임은 달콤하고 사탄의 비방은 잔인함을 선교지에서는 더욱 직접적으로 체감하기에 나 자신이 말씀에 굳게 서있지 않으면 순간적으로 넘어지기 쉽다. 넘어졌을 때 곧바로 회개하고 사하심을 구하고 다시금 부어주시는 은혜로 일어나 주님께서 세상 끝날까지 함께 하시겠다는 약속의 말씀 붙들고 나아간다. 다시 오실 주님의 아름다운 신부로 단장하며 또 착하고 충성된 종으로 감사하며 사역하도록 오늘도 주님의 인도하심을 간구한다.

3. 잠비아에서의 간호 사역

이동 전도 진료

1993년부터 현지인 동역자들과 팀을 이뤄서 의사가 없고 진료소가 가까이에 없는 곳을 정기적으로 찾아가 예배드리고 말씀을 전파한 후에 환자들을 돌보는 사역을 했다. 그중 질병의 증상이 심한 환자들은 2차 진료 병원에 보내기도 하고 보건, 위생 교육을 하여 질병 예방 및 말라리아, 에이즈 등의 질병 퇴치 운동을 했다. 특별히 우기 때에는 고인 웅덩이 물에 방역도 실시하여 모기의 유충 박멸함으로 모기 증가를 막고 콜레라와 장티푸스 같은 전염병이 발병하면 어떻게 대응해야 하는지 등을 교육하며 마을 주민들의 건강을 유지, 증진시키는 활동을 하며 예수 그리스도께서 몸소 보여주신 사랑을 나누었다.

시골 진료소 건축 및 운영

카젬바 마을에는 1993년부터 이동 전도 진료를 다녔는데 지속적인 추후 관리가 필요한 환자들이 있었고 마을 주민들도 영구적인 진료소를 지어달라는 요청이 있었다. 그들의 자발적인 참여로 1997년 진료소를 건축하였고 마을 주민들 중에서 위원회를 구성하여 현지인 간호사와 함께 행정적인 운영을 하도록 했다. 매일 아침 경건의 시간을 가짐으로 선교 진료소로서의 사명을 다할 것을 고취시키고, 함께 일하는 현지 직원들이 자원자들과 선교사의 마음으로 사역하는 곳이 되도록 늘 격려했다. 직원들의 아이들이 학업을 마치도록 특별 학비 융자도 제공하고, 의료협회에서 의사가 없다고 트집을 잡아 약 2년 동안 진료소 문을 닫았을 때에도 직원들의 월급을 계속 지급해 주었더니 지금은 신뢰가 두터워져 스스로 모든 것을 알아서 하는 진료소가 되었다. 상주할 의사를 구할 수 없게 되어 루푼사 보건국에서 관할하는 정부 협력 진료소로 바뀌게 되었고 간호사 월급도 정부로 받는 혜택을 받게 되어 감사하다. 20년이 지난 지금, 마을 사람들은 처음 1~2년 이동 진료를 오다가 그만둘 줄 알았는데 진료소 건물도 짓더니 정부에서 트집을 잡아도 끝까지 자기들 곁을 떠나지 않은 것이 고맙다고 인사를 해서 우리를 감동시켰다.

이 진료소는 마을 청소년들의 에이즈 예방 교실 및 성병 퇴치 운동 등의 보건 교육 장소로도 사용되고 크고 작은 마을 모임의 사랑방 역할을 하는 곳이 되었다.

이 진료소 안에는 카젬바 간이 약국이 있는데 정부에서 주지 않는 약들을 사다가 원가에 제공하고, 환자로부터 받은 돈으로 다시 약을 사다가 비치해 놓는 방식으로 운영되고 있다. 마을 사람들은 직접 약을 사러 시내로 안 나가도 되고 도매 가격으로 파는 약값도 다른 곳보다 저렴해서 감사하다고 한다.

학생 건강검진/영양 상태 증진

이동 진료 장소에서 가까운 초, 중등학교 학생들의 영양 상태 점검, 기생충약 나눠주기, 소변 검사를 실시하여 아이들이 미처 인식하지 못하는 주혈흡충증(bilharziasis) 등을(학교 근처 강에서 수영함으로 감염되는 경우가 많다) 파악하는 등 학교 학생 건강검진을 한다.

카젬바 유치원 아이들에겐 고단백 영양 가루를 매일 끓여 공급함으로 아이들의 영양 상태를 증진시키고 균형 잡힌 성장을 하도록 돕고 있다.

다른 선교사님들과 협력

교회 개척 사역을 하시는 선교사님들이 교회 리더들 수양회 등에서 건강 체크를 해달라는 요청을 받으면 혈압 측정 등 기초적인 체크를 실시하여 도움을 제공한다.

선교 병원 건축하고 운영하기

거리의 아이들 센터의 요청으로 아이들을 찾아가 위생 교육 및 건강 관리를 하도록 교육하고 아픈 아이들에겐 적절한 치료를 받을 수 있도록 돕는 과정에서 이 아이들을 전문으로 돌볼 병원이 필요하다는 생각이 들었고, 그것을 우리에게 하도록 하시는 마음의 소원이 생겼

치소모 병원

다. 2005년에 대지를 구입한 후 건축비가 마련되자 건축을 시작하여 2010년에 완공하였고 치소모(은혜) 병원이란 이름으로 개원하였다.

이 병원은 오로지 하나님의 은혜로 처음부터 지금까지 운영이 되고 있다. 함께 동역하는 보츠와나 선교사들의 재정적인 도움과 하나님이 직접 준비하셨다가 보내주신 현지인 직원들은 우리의 간증이다. 이 병원은 거리의 아이들뿐 아니라 다른 고아원 아이들에게도 무료 진료를 하고, 한국인 선교사님들이나 현지 목사님들에게도 진료비 할인 혜택을 해드리고 있다. 매일 경건의 시간과 일주일에 두 번 있는 채플 시간에는 거리의 아이들 센터의 현지인 목사님이 오셔서 성경을 가르치시는데 서로 교단이 다른 직원들이 열심히 말씀 공부하는 시간이 되었다. 이 병원을 운영하면서 우리는 참 많은 것을 배워가고 있다. 잠비아 의료 시스템, 의료인들의 법적인 등록 및 고용, 시설 설비 및 환자들에게 제공할 서비스에 대한 방안, 또한 병원 수지를 계산할 때에 선교사로서의 태도 등… 제일 중요한 것은 처음 시작할 때의 마음가짐이다. 하나님을 사랑하고 이웃을 사랑하는 병원이 되어 생명을 살림으로 오직 하나님의 이름을 높이고 그분께만 영광을 돌린다는 초심이 흐려지지 않도록 노력한다.

거리의 아이들과 카젬바 마을 아이들의 학비 보조 프로젝트

거리의 아이들과 카젬바 마을 아이들에게 집에서 멀리 떨어져 있는 학교를 매일 통학하는 것은 힘든 일이다. 대중 교통편도 없고 있다 해도 차비가 넉넉지 못해서 기숙학교를 더 선호한다. 두 곳에서 13명의 아이들을 골라 학비와 기숙사비를 보조해주고 있다. 이들이 먼저 하나님을 경외하는 지혜가 있기를 바라며 천국의 일군들로 자라길 소망하며 돕고 있다.

잠비아에는 아직 거의 모든 의과 대학과 간호 대학에 모형 실습 센터가 없다. 치소모 병원 대지 안에는 이미 아프리카 미래재단에서 지어 놓은 교실과 기숙사로 사용할 수 있는 건물들이 있어서 장비와 시설을 제대로 갖춰 놓으면 수준 높은 의료 교육을 제공할 수 있게 된다. 또한 이 학생들에게 복음을 전할 수 있는 기회를 갖게 되고, 병원 운영에 필요한 수입도 창출하게 되리라 믿는다. 이일을 위해 협력단체인 아프리카 미래재단에서는 장비를 기증받도록 주선해주고 관계된 분들을 연결시켜 일을 진행하도록 많은 도움을 주고 있다.

한국 단기 사역 방문자들에게 사역을 소개하고 있는 필자

캄보디아
헤브론 병원 2018년

35

김우정

김우정 선교사는 1978년 가톨릭대학교 의과대학을 졸업했다. 1978~1981년 육군 군의관으로 복무했다. 1981~1985년 성모병원 인턴과 레지던트, 소아청소년과 전문의, 1986~1999년 김우정 소아과의원 원장과 2000~2005년까지 로뎀 소아과의원 원장으로 근무했다. 2006년 충무교회 장로 시무 중 캄보디아 의료 선교사로 파송받았다. 2007년부터 헤브론 병원 원장으로 근무하고 있다. 2011년 장로교(통합) 총회 선교사로 파송받았다.

2007년 9월 캄보디아 수도인 프놈펜의 공항 근처에서 세워진 헤브론 병원은 다른 선교 병원들과 같은 형태의 선교 병원이면서도 특별한 점들을 가지고 시작되었다. 대표적인 차이점은 선교 병원을 꿈꾸는 단체 또는 기업이 중심이 되지 않고 개별적으로 와있던 의료 선교사 몇 명이 현장에서 연합하여 헤브론 병원을 시작하였다는 점이다. 바로 이 점이 헤브론 병원 시작 이후 병원의 운영과 발전 방향을 현장에 맞추어 빠르게 적용시킨 중요한 동기가 되었다.

2007년은 캄보디아에서 상당히 중요한 의미를 부여할 수 있는 시기이기도 하다. 유엔이 정한 경제적인 최빈국에서부터 벗어나기 위한 발전을 시작하는 해이기도 하고 한국 교회의 선교 활동으로 보면 캄보디아로 많은 선교사들을 파송하기 시작하는 시점이기도 하다. 일 인당 국민소득 300달러 미만의 최빈국에서 작년 통계로는 봉제 및 기타 공장이 1,500여 개 그리고 일 인당 소득도 1,300달러로 증가되어 지나간 10년 동안 매우 빠른 경제 발전이 진행되었다고 할 수 있다. 2007년 한인 선교 사회에 가입한 선교사는 약 100가정이었는데 현재는 400가정을 넘었으니 이 또한 가파른 증가라 아니할 수 없다.

캄보디아는 일반적으로 우리가 개발 원조의 대상으로 삼고 있는 아프리카나 동남아시아 또는 중미의 여느 나라와 크게 다르지 않다. 경제적으로 가난하고 일자리가 부족하고 사회의 기본 인프라가 많이 부족한 점에서 동일하다. 가난한 사람들의 순박함이 비슷하고 그들을 위해 할 일이 많이 있다는 점에서도 비슷하다. 한편 외지인인 선교사의 관점에서는 좀처럼 이해하기 어려운 심성이 느껴지는 것도 비슷할 것이다. 보건 의료적인 면에서는 의료 인력과 시설이 부족하고 질병을 제대로 치료받지 못하며 모성 건강과 영아 사망률이 높은 점이 유사하다. 이혼율이 높고 가정이 제대로 지켜지지 못하는 가운데 급격한 사회 변동을 겪고 있는 점도 비슷한 점이다. 그래서 외부인의 눈으로 보면 긍휼의 마음이 들고 도와주고 싶은 마음이 들며, 선교사의 눈으로 보면 열심히 선교하고 싶은 곳이다. 특히 캄보디아의 역사를 보면 한국이 겪어온 근세 역사와 많이 닮아 있어서 한국인 선교사에게는 친근감이 느껴지는 나라이기도 하다. 캄보디아에는 다른 나라에서 볼 수 없는 특이한 점이 두드러지기도 한다. 첫 번째는 인적 인프라가 매우 취약하다는 점이고, 두 번째는 기독교 선교에 관한 한 별다른 규제가 없다는 점이고, 세 번째는 선교의 측면에서 캄보디아 사람들이 복음에의 접근은 쉽게 하는 편이지만 결실을 맺기는 어렵다는 점이다.

첫 번째로 캄보디아는 19세기 중반부터 20세기 중반까지 90여 년간 프랑스의 식민지로 있었고, 그 후 1975년부터 이어진 크메르루즈의 공산혁명을 지내면서 킬링필드의 시절을 지내게 된다. 4년 동안의 공산주의 실험 기간과 이어진 14년간의 내전을 겪으면서 수많은 사회적인 인프라들이 파괴되었는데, 그중 가장 심하게 파괴된 부분이 인적 인프라라고 기억되고 있다. 이 기간 중 전체 인구 800여만 명 중에서 200여만 명이 희생되어 각 가정마다 희생자가 없는 가정이 거의 없었고, 특히 사회 리더층의 대부분이 사라져 버린 현상은 공산혁명의 뼈아픈 대가이었다는 것이 역사의 교훈이다. 1993년 내전이 끝났을 때 전국에 활동할 수 있는 의사가 고작 7명 남아 있었다는 기록은 인적 인프라가 얼마나 처참하게 무너졌는지를 잘 설명해주는 대목이다. 그래서 캄보디아에서는 사람이 귀하고 특별히 잘 교육되고 훈련된 인재가 귀하다. 이는 의료계에서도 동일한 현상이다.

두 번째로 캄보디아는 킬링필드의 시간이 지난 후 나라의 재건과 인적 인프라 확충을 위해 여러 정책들을 시행하게 되는데, 이를 위해 외국의 자본과 기술을 도입할 수밖에 없었고 서방 세계를 향해 도움을 청하게 된다. 자연히 유엔을 비롯한 국제 구호단체와 NGO들의 활동이 활발할 수밖에 없었고 때를 맞추어 선교사들의 활동도 활발하게 전개되었다.

캄보디아는 내전이 끝난 후 현재까지 선교사들의 활동이 상당히 자유로운 나라이다. 아마도 선교지 국가들 중에서 캄보디아만큼 선교사 활동이 자유로운 나라도 드물 것이다. 따라서 캄보디아에서는 선교 활동을 열심히 할 수 있는 환경이 조성되어 있다고 보여진다. 이 점은 선교에 관한 규제가 심한 나라에서는 소규모의 제한적인 활동밖에 하기 어려운 것과 대비되는 상황이고, 의료 선교를 계획하는 선교사들은 어느 정도의 규모로 어느 정도까지 의료 선교 활동을 할 것인가를 의논할 때 꼭 반영을 해야 하는 현장의 상황이라고 할 수 있을 것이다.

세번째로 캄보디아 사람들은 처음 접하는 복음에 거부하는 몸짓이 적으며 비교적 쉽게 받아들이는 경향이 있다. 그러나 의외로 결실까지 이어지기에는 시간도 많이 걸리고 실패하는 경우도 많아 보인다. 이런 점은 한국 의료 선교사의 생각으로는 쉽게 이해되지 않는 부분인데 힌두교와 불교의 오랜 영향과 서구 유럽과의 백 년 넘게 섞여 살게된 환경, 그리고 최근에 겪은 극심한 킬링필드의 경험 때문인 것으로 이해된다.

이러한 역사적, 사회적, 종교적 배경 아래 있는 캄보디아에서 헤브론 병원은 시작되었다. 선교 활동이 비교적 자유로우며 해야 할 일이 많은 점을 고려하여 헤브론 병원은 캄보디아의 선교 기지 병원으로 설계가 되었고, 비교적 규모 있는 병원을 해볼 수 있겠다는 열망을 가지고 출범하게 되었다.

처음에는 아주 작은 클리닉 수준으로 시작되었으나 밀려오듯이 찾아오는 캄보디아 환자들의 적극적인 호응과 많은 분들의 관심, 그리고 여러 교회와 병원들의 도움으로 헤브론 병원은 상당히 빠른 속도로 변화하며 성장하여 왔다고 할 수 있다. 초기에는 간단한 검사를 포함하여 외래 수준의 진료만 가능하였으나, 전날 밤부터 찾아오는 많은 환자들과 그들 중에 있는 중환자들을 위해 작은 건물을 추가로 짓자고 한 것이 2009년 7월 헤브론 병원 건축을 위한 후원의 밤으로 연결되었고, 보내주신 정성어린 후원금으로 3층의 병원 건물과 선교사 숙소 건물을 짓게 되었다. 10년이 지난 현재는 거의 모든 검사와 입원과 수술이 가능한 병원으로 발전하였으며 연 외래 환자 6만여 명, 크고 작은 수술 800여 건, 그리고 캄보디아 의사 15명과 간호사 33명을 포함하여 캄보디아 직원만 100여 명에 이르는 중급 규모의 병원으로 확장되었고, 정규 4년제 간호대학 국제 과정과 캄보디아인 헤브론 교회를 포함하게 되었다. 여기에는 여러 한인 선교사들의 기도와 헌신이 있었음은 물론이고 여러 후원자와 후원 교회들의 적극적인 도움, 그리고 수많은 의료 봉사팀과 의료 장비와 약품 후원 연결이 큰 역할을 한 결과라고 할 수 있다.

헤브론 병원 전경

2017년 11월 헤브론 병원 10주년 행사를 진행하면서 정식 명칭을 헤브론 메디칼센터로 하였으며 산하에 헤브론 병원과 간호대학을 두는 조직과 직제를 개정하였으며 헤브론 메디칼 센터의 새로운 10년을 위한 비전과 미션을 정하는 시간이 있었다.

비전은 그리스도의 사랑과 긍휼의 마음으로 환자를 치료하고 사람을 세워가는 병원, 미션은 1) 크리스천 의료인과 직원을 세워가는 병원, 2) 암 치료와 심장 수술과 안과 수술에서 앞서가는 병원, 3) care after program과 호스피스를 통해 환자들의 몸과 마음을 치유하는 병원으로 하였으며 새로운 10년에 대한 소망을 담았다.

지난 10년간은 헤브론 병원으로서는 새로 시작하며 꿈을 꾸는 시기였고, 캄보디아라는 특별한 선교 환경에 적응하며 뿌리를 내려가는 경험의 시간이었다. 또한 끊임없는 기도의 시간이었고 토론과 갈등의 시간이기도 했으며 놀라운 하나님의 은혜를 경험하는 감사와 감동의 시간이기도 하였다. 하나님의 인도하심에 따라갈 수 있기를 기도하였고, 열심히 땀흘리며 발품을 파는 작업이 계속되는 가운데 헤브론병원 사람들이 열심히 추구해나가야 하는 방향이 몇 가지 윤곽을 드러내기도 하였다.

4, 5층을 증축하고 있는 헤브론 병원. 현재 70% 정도 진행 중이며 올해 안에 완공할 예정

1. 연합과 협력

헤브론 병원은 시작 초기에 특별하게도 몇 명의 선교사들이 연합하여 시작하게 된 배경을 가지고 있다. 이러한 연합의 배경은 지속적으로 선교사들의 연합과 협력으로 이어졌으며 의료 선교사들의 협력뿐만 아니라 행정과 의료 지원 영역에서 선교사들의 협력, 단기 봉사팀들과의 협력, 후원 교회와 후원자들과의 협력, 한국과 미국과 대양주의 의료선교협회와의 협력, 한국의 여러 병원들과의 협력, 캄보디아 정부 보건부와의 협력, 캄보디아의 한인 선교사회와의 협력, 서구 NGO단체들과의 협력 등으로 범위가 확대되어 왔다. 연합과 협력은 쉽지 않은 길이지만 하나님께서 대단히 기뻐하시는 길인 것을 경험하게 되었고 앞으로도 지속해 나가야 할 중요한 방향이고 가치라고 생각한다.

선교 활동이 비교적 자유로워서 의료 선교 사역을 확장하고 발전시킬 수 있는 곳이라면 개인 의료 선교사만의 역량으로는 부족하며 필수적으로 팀 사역 또는 협력 사역이 필요할 것이다. 병원을 시작할 시기에 간단한 설문조사를 하였는데, 그 당시에도 캄보디아에 들어오는 단기 의료 봉사팀이 연 100팀이 넘는 것을 보고 그중 일부만이라도 연결을 시킬 수 있으면 병원 성장에 동력의 역할을 할 수 있겠다는 생각을 하게 되었다.

4년 전부터는 지속적인 협력과 후원을 위해 한국에 사단법인 위드 헤브론이 설립되어 헤브론 병원과 긴밀한 관계를 유지하며 건전한 지속 가능성을 모색하고 있다. 한편 미국에는 이미 International NGO Hebron이란 NPO(non profit organization)가 설립되어 협력하고 있고 추후에는 캐나다에도 동일한 역할의 NPO를 설립할 계획이기도 하다.

2. 첨단 의료

캄보디아는 선교지 국가들 중 빠르게 변화하며 발전하는 나라들 중 하나이다. 1993년 내전이 종식된 후 폐허가 된 모든 분야에서 재건이 시작되었으며 상당한 진전을 보이고 있다. 새로운 변화와 발전이 캄보디아에서 끊임없이 새로운 문제들을 일으키고 있지만 적어도 의료 분야에서는 긍정적인 방향으로 움직여가고 있다. 영아 사망률과 모성 사망률이 많이 개선되었고 에이즈를 비롯한 감염병도 괄목할만한 감소 추세에 있다. 아직은 도시 지역에 병원과 의료 인력이 편중되어 있지만 전반적인 의료 수준과 혜택이 향상되고 있고 의료 인력 교육도 긍정적인 방향으로 움직여가는 것으로 보인다.

10년 전 헤브론 병원 초기에는 병원을 찾아오는 시골 지역 환자들의 기대치가 별로 높지 않았다. 그저 간단한 검사와 치료에도 고마워했지만 그동안 병원을 찾아오는 환자들의 기대치는 상당히 높아졌다. 이제는 초음파와 혈액검사 등은 기본이고 내시경과 CT 촬영을 요구하는 경우도 많아졌다. 선교 병원은 선교지의 변화와 발전에 부응하고 따라가야 하며 환자들의 요구와 기대치 상승에 반응해야 한다. 자연스럽게 헤브론 병원에는 그동안 위 대장 내시경, CT, 심장 초음파, 심장혈관 조영 장치, FACS 시스템, 복강경, 관절경, 백내장 수술 장비 설치와 수술실과 중환자실 장비 보완이 이루어져 왔으며 전문 운영 인력의 교육이 지속되어 왔다. 최근에는 새로운 전산 프로그램을 도입하여 적응하는 과정에 있고 앞으로 혈액투석을 하기 위한 시설을 준비 중에 있다. 하지만 모든 의료 분야에서 첨단을 추구하기에는 제약 요소들이 많이 있다. 특히 선교지의 특성상 전문 의료 인력이 부족함으로 헤브론 병원이 앞서 갈 수 있는 분야는 제한될 수밖에 없다. 당분간은 파송되어 오는 전문 의료 선교사에 좌우될 수밖에 없는데 적어도 3가지 분야에서만큼은 캄보디아에서 앞서가는 병원이 되자고 하는 희망을 가지고 있다.

첫 번째는 암 분야이다. 캄보디아는 현재 평균 수명이 빠르게 증가함에 따라 암 환자의 발생이 증가하고 있는 반면, 암 진단과 치료의 발전은 더딘 편이다. 헤브론 병원의 여건과 환경은 암 환자의 진단과 수술에 따르는 내과 및 일반 외과 영역 특별히 갑상샘암과 유방암과 위암과 대장암, 그리고 부인과의 여성암과 영상의학과의 간암 인터벤션 치료 등에 적합할 것으로 판단되며 여기에 집중해 나갈 수 있을 것이다.

두 번째는 심장 분야이다. 선천성 심장 기형을 가진 불쌍한 아이들을 한국으로 보내 심장 수술을 받게 하는 심부름으로 시작한 심장 관련 진료가 이제는 선천성 심장 질환 진단과 수술, 성인 심장 밸브 수술, 부정맥 시술로 확대되었고 심장센터가 세워진 이래 지난 4년 동안 헤브론병원에서는 300여 건의 심장 수술이 이루어졌다. 많은 기도와 끊임없는 헌신이 필요하고 어려움도 많고 시간이 많이 걸릴 것이지만 심장센터는 자리를 잘 잡아 나갈 수 있을 것으로 예상된다.

세 번째는 안과 분야로써 캄보디아에 많은 백내장 환자들에게 큰 도움을 주고 있다. 헤브론 병원에서는 가난하여 수술 비용을 마련할 수 없는 시골 백내장 환자들에게 아주 저렴한 비용으로 수술을 해줄 수 있도록 연결되어 있고, 병원 내 안경 제작실이 활성화되어 각종 안경을 처방하고 만들어줄 수 있어서 안과 분야는 전략적으로 키워나갈 수 있는 분야라고 생각된다.

3. 사람 세우기

사람을 훈련하고 길러서 세우는 일은 예수님이 하신 일 중 가장 중요한 일로서 사람이 부족하고 인재가 절실히 필요한 캄보디아 선교에서 가장 중요한 일이라고 하여도 지나침이 없다. 사람 세우기가 만만한 작업이 아니고 시간이 많이 걸리는 일이기에 헤브론 병원에서는 초기부터 이삼십 년 후에 이양할 것을 생각하며 각 분야에 필요한 사람들을 어떻게 길러서 세울 것인가를 고민하게 되었다. 현재 진행되고 있는 사역 중에서는 간호대학과 의사 레지던트 프로그램, 그리고 캄보디아 직원 중간 관리자 세우기를 들 수 있다.

간호대학은 애초 사립 기독교 학교로 시작하고 싶었으나 학교 인가 문제로 사립대학이 어려워져서 초기에는 캄보디아 국립대학의 간호대학 안에 국제 과정을 개설하는 것으로 방향을 정하게 되었다. 보건 계열이 모여있는 국립대학과 MOU를 맺고 international program of bachelor nursing을 시작하였고, 1회 졸업생이 29명 배출되었으며 졸업생 전원이 취업되는 좋은 성적을 거두었다. 처음에는 병원 3층 공간을 빌려 작은 규모로 시작되었으나 2013년 간호대학과 심장센터를 위한 후원의 밤을 통해 마련된 기금으로 부지를 마련하고 강의실과 실습실, 학생 기숙사가 포함된 학교 건물을 잘 건축할 수 있었다. 학사 운영은 한국과 미국, 캐나다, 뉴질랜드 등지에서 오는 여러 교수들이 수고를 하고 있고, 앞으로 능력있는 기독 간호사를 어떻게 잘 양성할 수 있을까를 계속 고민하며 앞길을 모색 중이다.

의사 레지던트 프로그램은 헤브론 병원에 필요한 실력있는 캄보디아 의사를 양성하는 것을 목표로 시작되었다. 캄보디아는 아직 의과대학 졸업 후의 레지던트 수련 과정이 확립되지 않았고, 수련을 받을 수 있는 인원도 매우 제한적이어서 능력있는 캄보디아 의사와 함께 일하는 환경을 만들기에 어려움이 많았기 때문이다. 3년 과정의 레지던트 과정을 마치고 함께 일하는 캄보디아 의사가 현재 8명(내과 3, 외과 1, 소아과 1, 산부인과 1, 정형외과 1, 안과 1)이며, 또 다른 5명의 의사가 레지던트 수련 중이다. 병원 초기부터 같이 일하는 치과 의사와 이제 두 달 후면 한국에서 석사 과정을 마치고 합류할 병리과 의사를 합하면 모두 15명이 된다. 그 외에 국립병원에서 레지던트 과정을 밟고 있는 캄보디아 의사 2명을 후원하는 일도 하고 있다. 현재 같이 일하고 있는 훈련 받은 의사 중에서 후에는 헤브론 병원을 이끌고 나갈 믿음과 능력의 리더가 세워지기를 기대한다.

병원에는 의사와 간호사 그리고 약사만 필요한 것이 아니다. 행정과 관리 요원이 필요하고, 복지를 담당하는 요원도 필요하며, 선교 병원이기 때문에 예배와 전도를 담당하는 원목실 요원이 필요하다. 초기에는 어느 정도까지 선교사들이 업무를 담당하지만 점차 캄보디아 직원들에게로 이양되어야 하므로 모든 부서에서 캄보디아 중간 관리자 세우기가 진행되고 있다. 필요한 훈련도 해야 하고 연수도 하고 교육을 받을 수 있도록 지원을 하는데, 신학교 목회 과정 이수를 돕는 일을 진행하고 있고 행정의 전문 과정 교육을 위한 석사 과정 지원과 해외 연수를 계획하고 있다. 무엇보다도 중요한 것은 헤브론의 역사와 정신을 잘 이해하는 중간 관리자들을 얻는 것이다.

헤브론 병원에서는 초기부터 매일 아침 모여든 환자들과 함께 예배와 기도를 드리며 하루를 시작하고 있다. 대기실에서 진료를 기다리는 환자와 입원해 있는 환자들을 만나 전도하고 있으며, 시골 마을 어린이 사역을 위한 팀이 있어서 주말마다 열심히 활동 중이다.

4. 지속 가능성

유엔은 2015년에 향후 10년간의 개발 전략 회의를 하면서 지속 가능성을 최우선 순위에 두었다. 선교는 하나님이 이루어가시는 것이고, 성령의 인도하심을 따라가는 것이지만 사람의 손을 통해 일하시고 이루어가시므로 선교의 현장에서는 지속 가능성을 따져보는 것이 옳다고 생각한다. 사역이 지속 가능하기 위해서는 사역 환경 변화에 대한 평가와 계획이 필요하고, 훈련된 사람이 필요하며, 재정 자립이 가능해야 하고 사역 운영이 시스템에 의해 지속될 수 있어야 한다. 훈련된 사람이 제대로 자리를 잡고 역할을 하기 위해서는 많은 시간과 노력이 필요하며 여러 번 실패의 과정을 겪어야 하는 일이다. 현재 진행하고 있는 중간 관리자 세우기가 잘 이루어지기를 기대해 본다.

헤브론 병원의 재정 수입은 크게 나누어서 외부 후원과 내부 진료 수입으로 나뉘어진다. 외부 후원은 초기부터 계속되고 있는 부분으로 후원자와 후원 교회 및 단체의 후원, 약품 후원, 의료 장비 후원, 봉사팀 후원 등으로 나뉘어지고 내부 진료 수입은 캄보디아 환자 진료 수입, 한인 진료 수입, 건강검진 등으로 나뉘어진다. 그중 캄보디아 환자 진료는 지난 7년 동안 전액 무료였다가 그 후 일부 유료로 변경되었다. 캄보디아 정부가 동의를 해주었고 지속 가능성을 염두에 둔 변경이었는데 현재까지 잘 운영, 유지되고 있다. 아직도 캄보디아 환자 진료의 70% 이상은 무료 내지는 무료에 가까운 실비 유료로 운영되지만 유료로 진료를 받는 캄보디아 환자도 많이 증가되어 많은 도움이 되고 있다. 캄보디아의 경제 발전과 임금 물가 상승에 맞추어 천천히 반영해 나가는 전략이 필요하다. 예를 들어 10년 후에는 캄보디아 환자 진료 수입으로 병원의 경상 지출비의 상당 부분을 담당할 수 있다면 헤브론 병원의 지속 가능성은 높다고 할 것이다.

헤브론 메디칼센터의 운영 시스템은 새로운 10년을 맞이하면서 전환기에 접어들었다. 이제부터는 조직과 규정이 제대로 만들어지고 매뉴얼을 만들어 지켜야 하는 시점에 이르렀다. 개인의 성향에 휘둘리지 않고 갈등을 극복하며 앞으로 전진해나가기 위해서는 운영 시스템이 잘 정비되어야 한다. 더욱이 미래의 시간에 이양을 염두에 둔다면 더욱 그러하다.

5. heart to heart

병원 건물 안에서 진료 또는 진료와 관계되는 일을 계속하다 보면 지루한 일상의 반복이 계속되기 쉽고 선교사로서의 본분인 섬기는 자세를 잃어버리기 쉽다. 환자가 많고 더욱이 중한 환자가 많아 진료에 매진하다 보면 일 중심이 될 수밖에 없고 사랑과 긍휼의 마음이 멀어질 수 있다. 만일 선교사들이 사랑과 긍휼의 마음을 잘 유지할 수 있으면 그 선교사들을 통해 이루어지는 선교는 외형상의 결과에 상관없이 하나님이 기뻐하시는 일이 될 것이다.

심장병 아이들을 한국에 보내 수술을 받게 하는 일을 하게 되었을 때, 그 아이들이 사는 환경을 보고 싶었고 수술 위험성을 자세히 설명하고 같이 기도하고 싶어서 아이들이 사는 시골 동네를 방문하게 되었다. 여러 곳을 자주 열심히 찾아가다 보니 어느덧 그 마을에 어린이 사역팀이 들어가고 의료 봉사팀이 들어가고 자연스럽게 몇몇 곳에는 교회도 생기게 되었다.

심장 수술 후에도 좀처럼 나아지지 않는 아이들의 생활 환경 개선을 돕고, 아이들의 영양과 교육 문제를 위해 다각도로 노력하며 CAP(care after program)가 발족하게 되었다.

현재 CAP는 40명의 심장 수술을 받은 아이들을 대상으로 진행하는 프로그램이다. 헤브론 병원을 통해 심장 수술을 받은 많은 아이들 중에 생활이 매우 어려운 가정에서 소수의 아이들을 선택하여 후원자와 연결을 시키고 관리하는 일을 하고 있다. 중한 심장 수술을 받고도 가정 환경은 너무 열악하여 위생과 건강을 지켜낼 수 없었고, 중단된 학교 공부는 수술 후 건강이 좋아져도 학교 생활로 쉽게 돌아가지 못했다. 가정으로 찾아다니며 깨끗한 물 먹이기, 식품의 영양가, 학교 공부의 필요성, 신앙 생활을 하도록 아이들과 부모를 만나 설득하며 지도하고 있다.

캄보디아는 불교 국가이고 죽음 후에는 대부분 화장을 한다. 암환자들이 증가하고 있고 헤브론병원에서 만나게 되는 말기암 환자들이 많아지고 있다. 가난한 말기암 환자들은 거의 방치된 상태에서 어렵게 죽음을 맞이하게 되는데 이분들에게 어떻게 도움을 드릴 수 있을까 하는 고민이 진즉부터 있었다. 화장과 장례식도 불교 일색이어서 어떻게 장례 문화를 바꿀 수 없을까 하는 논의가 선교 사회를 중심으로 오래전부터 있었다. 이런 배경에서 호스피스를 향한 시도가 시작되었고 외부의 도움을 받아 작은 규모로 시작을 할 수 있게 되었다. 고통스러운 죽음을 앞둔 말기암 환자들에게 마음이 통하는 위로와 격려를 전해주고 그리스도의 사랑의 복음을 전할 수 있기를 기대해 본다.

탄자니아 진료소를 통한 의료 선교 경험

이대성

이대성 선교사는 인제대학교 의과대학을 졸업했다. 상계백병원에서 일반외과, 삼성서울병원에서 이식 외과 의사로 근무했다. 포항 성결교회 소속으로 기독교 성결교단 전문의 선교사로 파송받았다. 2014년 사역지 탄자니아에 입국하여 아루샤 파모자 디스펜서리 개원 준비, 아루샤 웅가람토니 지역에 파모자 디스펜서리 개원하였다. 2014~2016년 파모자 디스펜서리 디렉터로 운영 및 진료 사역하였다. 2016년 모시로 이동하여 대학병원 진료 사역을 준비하였지만 진행하지 못했다. 2017년 모시에 거주하면서 케냐 이동 진료 선교 사역에 동참하면서 탄자니아 현지 병원 방문 협력 사역을 하였다. 현재는 케냐로 거주지를 옮겨 이동 진료 사역을 하고 있다.

1. 탄자니아는 어떤 나라인가?

탄자니아 연합공화국은 동아프리카에 있는 나라이며, 1961년에 독립한 탕가니카(Tanganyika)와 1963년에 독립한 잔지바르(Zanzibar)가 1964년에 통합하여 생긴 나라이다. 행정 수도는 도도마(Dodoma)이지만 많은 경제 및 여러 정부기관들은 해안 지역인 다르 에스 살람(Dar es Salaam)에 있으며, 실제적 수도는 다르 에스 살람이라고 할 수 있습니다.

19세기 초에 아랍 상인들이 탄자니아에서 노예 무역을 수행하였기 때문에 해안 지역과 잔지바르에서는 노예 무역의 역사적 흔적을 많이 볼 수 있습니다. 그리고 1891년부터 1919년까지는 독일의 식민지였으며, 그 후 1961년까지는 영국의 식민지였습니다.

정치는 초기에 독립 후 마르크스주의를 도입하였으나 집단 농장제의 실패로 경제는 파탄하고 식량 부족에 시달리게 되어 현재는 시장경제 중심의 경제정책을 실시하고 있습니다. 대한민국과는 1992년에 수교하였습니다.

탄자니아의 면적은 945,087km² 로서 세계에서 31번째로 넓은 나라이다. 남한의 약 9.5배 정도의 크기입니다. 북동부에는 아프리카 최고봉인 킬리만자로산(5,896m)이 있고, 북서쪽에는 아프리카에서 가장 넓은 빅토리아 호수와 최대의 야생 동물 서식지인 응고롱고르와 세렝케티 국립공원이 있는 나라입니다.

120개가 넘는 종족이 살고 있으며 각 종족마다 고유의 언어가 있지만, 스와힐리어를 국민 언어로 육성하여서 국민 대다수가 스와힐리어를 쓰고 있습니다. 모든 정부 업무는 스와힐리어로 집행되며 부처에 따라 스와힐리어와 영어가 동시에 사용되기도 합니다.

종교는 자료에 따라 큰 차이가 있지만, 내륙 지방은 대체로 기독교와 가톨릭 분포가 높으며 해안과 잔지바르 지역은 대부분 이슬람 비율이 높습니다. 잔지바르는 거의 모든 통계 자료에서 약 99% 이슬람인 것으로 알려져 있습니다. 많은 통계 자료로 인용되는 2010 Pew Forum Survey에서는 기독교가 61.4%, 이슬람 35.2%, 토착 신앙 1.8%, 무종교 1.4%, 기타 0.2%라고 언급되었지만, 다른 자료에서는 내륙 지역은 기독교 30%, 이슬람 35%, 토착 신앙 35%이고, 잔지바르는 99% 이슬람이라는 조사 내용을 보여주고 있습니다.

2. 탄자니아의 의료 상황

의료 시설과 인력 구조

탄자니아의 의료 시설은 클리닉(의원)으로부터 시작하여 디스펜서리(dispensary, 진료소), 그리고 작은 입원실이 있는 헬스센터(병원급), 지역 단위의 district hospital, 행정 지방 단위의 regional hospital, 마지막으로 의과대학 등을 보유한 referred hospital로 구성되어 있습니다. 과거 사회주의 정치 구조로 인해 정부 및 공공 의료 기관의 수가 지방에서는 대부분을 차지하고 있으며, 상대적으로 도시에서는 이익을 추구하는 개인 소유(private)의 의료 기관이 많은 편입니다. 현재 의사(medical officer)를 배출하는 5년제 과정의 의과대학은 다음과 같습니다.

- Hubert Kairuki Memorial University, Mikocheni
- Kilimanjaro Christian Medical College, Moshi
- International Medical and Technological University, Dar es Salaam
- Muhimbili University of Health and Allied Sciences, Dar es Salaam
- St. Francis University College of Health and Allied Sciences, Ifakara
- University of Dodoma College of Health Sciences
- Weill Bugando University College of Health Sciences, Mwanza

의사가 되기 위해서는 5년제 과정을 마친 후 병원에서 인턴 과정인 1년을 근무해야 정식 면허증을 발급받을 수 있습니다. 하지만 이것은 임시 면허증이며 약 3년의 임상 근무 후에 영구적인 의사 면허증을 받을 수 있습니다. 7곳의 의과대학 기관으로부터 배출되는 의사(medical officer)의 수가 적다 보니 3년제 학위(diploma) 과정을 교육하는 의료 훈련 대학 과정을 만들어 임상 의료인(clinical officer)을 배출하여 부족한 의료 인력을 공급하고 있으며, 이들이 다시 3년 동안 지정된 병원에서 근무한 후에 2년 과정의 추가 학위(advanced award)를 수료하면 의사(medical officer)와 거의 동일한 수준으로 인정되는 AMO(assistant medical officer)가

될 수 있습니다. 전문의 수련 과정도 소수의 병원에서 시행되고 있으며, medical officer들이 대학원 과정의(4년) 수련 과정을 거치면 자격증을 얻을 수 있고, 그들은 주로 행정 지방 단위 병원(referred hospital)과 대학병원에서 근무하고 있습니다.

의사라는 호칭은 assistant clinical officer(2년 과정 수료), clinical officer(3년 diploma 취득), assistant medical officer(AMO), and medical officer(MO) 4종류의 의료인에게 일반적으로 모두 사용되고 있습니다.

외국 의사의 의사 면허증 발급

외국의 의과대학 과정만을 마친 사람은 탄자니아에서 Tanzania Commission for Universities(TCU) 기관을 통해 학위 인정 증명서를 받고 탄자니아 소재의 병원에서 1년 과정의 인턴 과정을 받으면 medical officer가 될 수 있습니다. 그것뿐만 아니라 외국 의사 면허증을 소유한 사람은 TCU 과정을 통해 학위를 인정 받은 후, 보건 복지부(Ministry of Health and Social Welfare) 소속의 의협(Medical Council of Tanganyika) 홈페이지에 접속하여 2년 유효의 임시 면허증을 신청하여 받을 수 있습니다. 동일한 과정으로 전문의 자격증 또한 교부받을 수 있습니다.

의료기관 개설 과정

정부 또는 공공기관 소유가 아닌 의료기관들은 모두 개인 소유이든 사립기관이든 간에 The Private Hospitals Advisory Board를 통해 허가증을 받아야 합니다. 임시 면허증 소유자가 아닌 영구 면허증 소유자가 Private Health Facility Registration Form을 작성하여 지역 보건소장인 district medical officer와 regional medical officer의 사인을 받고 제출해야 합니다. 병원 규모에 따라 채용 인력 조건이 다르므로 그 조건에 맞추어야 하며, kit를 이용한 검사와 기본 소변 검사, 현미경을 이용한 검사 외의 것을 시행하는 병원 시설은 검사실 기사를 반드시 채용하고 The Private Laboratories Board로부터 허가증을 받아야만 합니다. 그리고 초음파를 제외한 x-ray 시설은 별도의 방사선 시설 허가증을 받아야 합니다. 의료기관 운영 주체로서 허가 등록 시 NGO(비정부기관 단체)는 될 수 없으므로 기관이 주체가 되는 의료 시설을 설립하기 위해서는 NPO(not profit organization)를 설립하여 추진하는 것이 보다 효율적일 것이라고 생각하고 있습니다. 추가하여 Registrar of Societies, Ministry of Home Affairs 또는 The Registrar of Companies, Ministry of Trade and Industries, 또는 보건당국(Ministry of Health)에 의해 승인받은 기관도 허가 등록 시 의료 기관의 주체가 될 수 있습니다.

100% 무료가 아닌 의료시설기관은 비즈니스 등록을 추가로 해야 하고, 세금에 대하여 Tanzania Revenue Authority(TRA)에 등록하고 Taxpayer Identification Number(TIN)를 받아야 합니다. 세금 면제기관이 되기 위해서는 추가로 TRA에 면제기관 등록 신청을 하여 승인을 받아야만 가능합니다. 의료 시설의 이름(명칭)은 상호 명칭 등록기관에 신청하여 승인을 받아야 하기 때문에 의료 시설을 개원하기 전에 신속히 상호 등록을 마치는 것이 좋습니다. 매년 TRA와 정부 등록 기관에 재정 보고를 해야 하기 때문에 의료시설기관 명칭의 은행 계좌 개설도 초기에 만드는 것이 유용할 것 같습니다.

3. 왜 아프리카 탄자니아에 왔는가?

"복 있는 자가 되자" 2013년 당시 우리 가정의 가훈이었습니다. 우리가 잘 알고 있는 시편 1편에는 "오직 여호와의 율법을 즐거워하여 그의 율법을 주야로 묵상하는 자", 마태복음 5장에는 "심령이 가난한 자, 애통하는 자, 온유한 자, 의에 주리고 목마른 자, 긍휼히 여기는 자, 마음이 청결한 자, 화평하게 하는 자, 의를 위하여 박해를 받은 자"라고 성경은 말씀하고 있습니다. 2013년 당시, 앞에 언급한 말씀 중 어느 것 하나 40년 동안 모태 신앙으로 살아온 나의 삶 속에서 당당하게 말할 수 있는 모습은 하나도 찾아볼 수 없는 것이 나의 실제적인 내면적 마음의 모습이었습니다. 오래전부터 지식으로만 알아오던 이 말씀이 내 가슴속 깊이 살아 있는 실체로 다가오면서 비로소 하나님이 말씀하시는 진정한 복은 눈에 보이는 부귀 영화가 아니라 눈에 보이지 않는 마음속 영의 상태라는 것을 깨닫게 되었습니다. 그러면서 말씀을 근거로 정말 복 있는 자가 되기를 주님께 간구하기 시작하였습니다. 내가 원하는 것을 이전의 나열하던 기도에서 성경 말씀을 읽고 그것이 나에게 이루어지기를 간구하는 기도를 하게 되었고, 기도 중 인생의 모든 판단과 결정을 해야 하는 수많은 상황 속에서 가장 지혜롭게 주님의 말씀을 듣는 방법을 주님은 로마서 8장 5~6절을 통해 알려주셨습니다.

> 육신을 따르는 자는 육신의 일을, 영을 따르는 자는 영의 일을 생각하나니 육신의 생각은 사망이요 영의 생각은 생명과 평안이니라.

이 말씀을 통해 생명과 평안을 주는 영의 생각을 따르는 자가 복 있는 자요, 자신의 자아성취를 위해 육신의 생각을 따르는 자는 결국 사망을 위해 살아가는 자임을 마음으로 깨닫게 되었습니다.

"주 예수 그리스도를 믿으면서 오직 하나님의 영광을 위해 사는 것이 내 인생의 목적이다"라고 입술로 말하면서도 사실 속마음은 '세상의 가치관과 동일하게 타인들과의 경쟁에서 앞서기 위해 의사가 되었고, 후에 외과 전문의가 되었으며 선교를 하는 기독교 병원의 외과 주임과장이 되었고, 학생들을 가르치는 대학 강사도 되었고, 학위도 취득하였던 것이었다'라는 깨달음을 주셨습니다. 여전히 내 마음은 자아만을 위해 살아가고 있고, 마음의 동기보다는 눈에 보이는 결과물에 더 초점을 맞추고 있는 갓난 아기 같은 영적 상태를 소유한 자임을 깨닫게 되면서 육신의 삶을 위해 살아온 지금까지의 나의 삶을 회개하게 되었습니다. 그때부터 말씀의 은혜를 이전보다 더 크게 누리기 시작하였고 성경 말씀을 통해 점차 하나님과 예수 그리스도를 알아가는 것이 즐거워지면서 기쁨이 넘치게 되었습니다. 그뿐만 아니라 영성 일기를 통해서도 주님과의 교제 속에서 주님의 음성을 듣는 방법을 조금씩 알아가게 되었고, 나의 일상 생활 속에서도 마음으로 주님과 대화하는 시간이 점차 늘어가는 것을 체험하게 되었습니다.

그러나 주님께서는 저에게 한가지 지속적인 마음의 부담을 주셨습니다. 의대에 가기 전 주님을 영접하면서 "의사가 되어 주님이 원하시는 선한 일을 하겠다"고 고백했던 것과 대학생 시절 한국대학생선교회(CCC) 활동을 하면서 중·단기 선교사가 되어 주님의 일을 하겠다는 서원을 기도할 때마다 기억나게 하셨습니다. 그러던 중 예수전도단과 협력하여 의료 선교 사역을 하고

자 하는 단체를 소개받았고, 탄자니아 의료 선교사가 되는 것을 위해 기도하게 되었습니다.

기도 중 주님은 마태복음 7장 13절 "좁은 문으로 들어가라 멸망으로 인도하는 문은 크고 그 길이 넓어 그리로 들어가는 자가 많고"와 누가복음 13장 24절 "좁은 문으로 들어가기를 힘쓰라 내가 너희에게 이르노니 들어가기를 구하여도 못하는 자가 많으리라"는 말씀을 주셨습니다. 나에게 있어서 좁은 문과 길은 바로 주님을 24시간 바라보고 주님의 말씀에 순종하는 것이었고, 그것이 나의 노력으로 되지 않는 것과 전적인 하나님의 은혜로 가능함을 알게 되었습니다. 주님 앞에 서원하였던 것을 지키라고 하시는 주님의 말씀에 순종할 수 있도록 은혜를 구하며 아프리카 탄자니아로 갈 수 있는 길을 열어주실 것을 기도하기 시작하였습니다. 그때부터 이미 모든 것들이 예비되었다는 것을 체험하게 되었습니다.

아내도 한마음이 되어주었고, 생존해계신 양가 두 어머님들께서도 허락해주시며 기도해 주셨습니다. 또한 출석 중인 교회에서도 기도로 후원해주시며 저희를 적극적으로 파송해주셨고 기독교 성결교단의 전문의 선교사로 파송 받을 수 있는 길도 열어주셨습니다.

저는 아프리카 탄자니아에 대하여 전혀 아는 지식이 없는 상태에서 의료 시설이 필요한 곳에 의료진이 없어서 병원 설치 및 운영을 못하고 있다는 이야기만을 듣고 말씀과 기도 중 그것이 선한 일을 위한 하나님의 부르심이라 믿게 되었고, 그 말씀에 순종할 수 있는 마음과 저의 주변 분들과 환경을 통해 응답하시는 하나님의 응답을 들으면서 탄자니아에 오게 되었습니다.

4. 탄자니아에서의 활동

의료 시설 개설과 운영

2014년 3월 말 가족 모두와 함께 탄자니아 아루샤(Arusha) 외곽 지역에 도착하여 얼마간의 생활을 위한 현지 적응 후 7월에 병원 개원을 위해 준비를 시작하였습니다. 아루샤 응가람토니라는 지역에 이곳의 선교단체 소유의 땅과 건물을 다른 한국 선교사님의 도움을 받으면서 리모델링하였고, 그분들이 소개해 주신 현지 의사 분들과 간호사 등을 만나고 대화하면서 함께 일할 현지 의료진들과 병원 시설 관리자 몇 명을 채용하였습니다. 7월 초에 채용한 직원들과 함께 병원 운영에 대한 교육을 시작하였고, 7월 말 지역 보건소장(district medical officer, DMO)이 발행한 임시 디스펜서리 허가증으로 개원하였습니다. 하지만 임시 허가 기간은 약 3개월 유효 기간이었고, 병원 허가 등록 절차를 서둘러 진행하여 여러 어려운 과정 후 2015년 2월경 허가 등록을 완전히 마무리 할 수 있었습니다. 개원 시 8명이었던 직원은 2년 후 계약직 포함 약 20명 이상이 되었습니다. 그리고 주변 의료기관에서는 혈액 검사, 생화학 검사 등이 불가능하여 기본 혈액 검사와 생화학 검사, 여러 혈청 검사와 몇 가지 호르몬 검사 등이 가능하도록 시설과 장비를 갖추고 검사실 기사를 채용하고 검사실 허가 등록을 추진하여 허가 등록을 마무리하였습니다.

여러 차례 DMO와 만나 지역 보건에 대하여 의논 중 소아 백신 예방 접종 사업과 임산부 산전 진찰에 대한 중요성과 필요성을 깨닫고 지방 정부 보건당국과 계약을 체결하고 무상으로 소아 백신 주사와 산모들에게 필요한 여러 약품 등을 정부로부터 공급 받아 무료로 산모와 5세 이하의 백신 접종과 검진을 시행하게 되었습니다. 모든 질환에 대하여 외래 진료 검사 및 치료 위주의 진료를 하였고 입원 진료는 시행하지 못했습니다. 검사실과 초음파 시설이 없는 주변 정부 병원과 사립병원들을 방문하여 환자 의뢰 시스템에 대하여 설명을 하고 동의를 구한 후 요청하면 검사를 대행해주고 환자분들을 다시 보내드리는 절차를 구축할 수 있었습니다. 직원들 교육은 산모 초음파 진찰 시 간호사와 함께 초음파를 보면서 교육하는 시간을 가졌으며, 의사들은 의뢰하는 환자에 대하여 함께 진료와 치료를 하면서 각 질환과 환자 진료와 처치에 대하여 교육하는 시간을 가졌습니다.

개원 당시 직원들과 함께

약 1년 후 직원들과 함께

초음파 진료

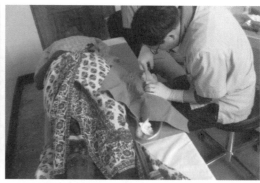

간단한 수술

이동 진료

지역 교회와 협력하여 이동 진료 시행

의료 시설이 없는 지역을 방문하여 의료 서비스를 제공하는 이동 진료를 2년간 약 4~5차례 개인적으로 시행하였으나 전문적이고 적극적으로 시행하지는 못했습니다. 탄자니아에서의 이동 진료에 대한 짧은 소견으로는 대부분의 탄자니아 지역은 오지 지역에도 불구하고, 정부 진료소 규모의 의료 시설이 대부분 존재하므로 정부 보건당국과 잘 협력하여 이동 진료 시스템을 구축하고 오지 지역 주민들에게 의료를 제공하는 것이 좋은 방법으로 생각됩니다.

병원의 예배와 직원들의 성경 공부

직원들과 예배드리고, 말씀 나눔

매일 진료 시작 30분 전 직원들이 모두 모여 말씀을 읽고 나누고 기도하는 시간을 의무적으로 가졌으며, 모든 직원들에게 바이블 타임이라는 성경 읽기 책자를 매달 제공하여 그것을 통해 매일 성경을 읽도록 교육하였습니다.

내원하는 환자분들에게 복음 제시와 전도하기

모든 환자분들과 보호자분들에게 키스와힐리어(현지어)로 작성된 요한복음 책자와 복음이 무엇이고 하나님과 동행하는 삶이 무엇인가에 대한 소책자를 나누어 주었으며, 주사를 맞고 경과 관찰이 필요한 환자분들에게는 직원들과 함께 기도하는 시간을 가졌습니다. 환자분들이 대기하는 시간에

환자분들께 복음 제시

대기실에 큰 모니터를 설치한 후 예수 영화와 하나님 말씀과 복음에 관련된 영화를 지속적으로 상영하도록 하였습니다.

저소득층, 고아와 과부들에게 무상 진료

진료비는 정부 병원 진료비 수준에 맞추어 금액을 책정하였으며, 그 금액도 지불할 재정적 여건이 되지 않는 고아와 과부, 저소득층(현지 주민 대표가 증명할 수 있는 사람)은 무상 진료를 받도록 하였습니다. 선교사님들에게는 일반 진료비의 50% 감면 제도를 만들었습니다. 운영과 시설, 장비에 대한 재정적 지원은 한국 NFC(Now for Compassion)단체로부터 지원받았습니다.

선교사님과 협력 사역

고아 가정과 에이즈 환자 가정을 돌보는 긍휼 사역을 하시던 선교사님 가정이 사역지 변경으로 인하여 자신들이 돌보던 이들을 매달 돌보아줄 것을 요청받고, 5명의 고아들과 15 에이즈 환자 가정을 매달 한 차례 방문하고 그들과 함께 모여 기도하는 시간을 가졌습니다. 향후 저희들이 사역지를 옮기면서 다시 고아 5명은 고아와 학교 사역을 하시는 선교사

님께 맡겨지게 되었고, 에이즈 환자 가정은 매달 파
모자 디스펜서리에서 지원하고 돕도록 하였습니다.

고아들 방문 및 지원

장학금 지원

재정적 어려움이 있는 직원들 중 2가정의 자녀
들의 대학 학비와 중·고등학교 학비를 지원하였고,
저소득층의 자녀 2명에게 학업에 관련된 장학금을 지원하였으며, 간호대학을 다니는 1명과
의대 대학원을 다니는 1명을 면담하고 기도하여 그들에게 장학금을 후원할 수 있었습니다.

참고 자료

Application for Registration of a Health Facility

Human Resource for Health and Social Welfare Country Profile 2013/2014

Tanzzania 2015 International Religious Freedom Report

| 웹사이트 |

http://www.tcu.go.tz/

http://faas.tcu.go.tz/login.php

http://www.mct.go.tz/

http://www.moh.go.tz/en/acts-health-legislation?start=10

http://www.nationmaster.com/country-info/stats/Religion/Religions

https://www.gfmer.ch/Medical_search/Countries/Tanzania.htm

https://www.tra.go.tz/index.php

https://ko.wikipedia.org/w/index.php?title=탄자니아&action=edit&section=7

파푸아뉴기니 의료 사역과 성경 번역

37

강진수 · 박금미

강진수 선교사는 1999년 부산대학교 치과대학을 졸업했다. 1999~2000년 고신대학교 & 부산대학교 치과대학 구강외과에서 인턴 수련하였다. 2001~2005년 부산 할렐루야치과의원에서 관리 의사로 근무했다. 2006~2010년 GBT(성경번역선교회) 선교사로 네팔에서, 2011년부터 파푸아뉴기니에서 치과 의료 사역을 하고 있다.

박금미 선교사는 2000년 부산대학교 치과대학을 졸업했다. 2000~2002년 부산대학교 치과대학 방사선학과에서 전공의 수료, 2005년에 부산대학교 치과대학 대학원(Ph.D.)을 졸업했다. 2000년 결혼한 강진수 선교사와 2006~2010년 GBT(성경번역선교회) 선교사로 네팔에서, 2011년부터 파푸아뉴기니에서 치과 의료 사역을 하고 있다.

전 세계에서 거의 7,000개에 달하는 살아있는 언어 중에 800개가 넘는 언어가 이곳 파푸아뉴기니에 분포되어 있다. 태평양의 적도 바로 아래에 위치한 파푸아뉴기니는 많은 섬들로 구성되어 있으며, 그 총면적이 남한의 4배에 이를만큼 제법 큰 섬나라이다. 본 섬에 해당하는 가장 큰 섬 중앙 부위에 4,000m 급의 높은 산이 있어 고산지대를 이루고 있고, 해안가의 습하고 무더운 적도 기후와는 다르게 섬 중앙부에는 고산지대의 선선한 기후도 느낄수 있으며 이에 따라 유명한 파푸아뉴기니 커피도 재배되고 있다. 성경번역선교회가 있는 우까룸빠라는 지역은 해안에서 100km 정도 떨어져 있는 고도 1,500m의 고지대이다.

1975년에 파푸아뉴기니 정부가 호주로부터 독립했지만 지금까지 여전히 충분히 자립할 수 있는 여건이 갖추어지지 않아서 도로, 전기, 상수도와 같은 기간 시설이나 경제 기반이 약한 것을 느낄 수가 있다. 특별히 아직 도로가 나지 않은 곳도 많고, 도로가 있더라도 부실하여 차가 다니기 힘들거나 도로 곳곳이 유실되어 사람들의 이동과 왕래가 편하지 않다. 그러나 이러한 이유들이 정글 구석구석에 묻혀서 사는 각 언어부족의 독특성을 계속 유지시켜 오는데 많은 기여를 하는 것 같다.

파푸아뉴기니에는 많은 선교단체들이 각자의 소명에 따라 다양한 사역들을 감당하고 있다. 우리 가족이 몸담고 있는 성경번역선교회(WBT-Wycliffe Bible Translators, 한국에서는 GBT라고 불리고, 파푸아뉴기니 현지에서는 SIL이라고불린다)에서는 성경 번역과 그 활용에 집중된 사역을 하고 있고, NTM(New Tribe Mission)에서는 성경 번역과 교회 개척 사역, 그리고 항공 선교에 집중하는 MAF(Mission Aviation Fellowship), 그 외에도 Swiss Mission, Brotherhood Church Mission, EBC(Evangelical Brotherhood Church) Mission, BTA(Bible Translation Association)등의 단체에서 교회 개척과 현지인 지도자 양성과 같은 각자의 목표를 가지고 사역을 감당하고 있다. 파푸아뉴기니에서는 의료 서비스를 잘 받을 수 없는 실정이라 NTM, SIL과 같은 조금 큰 단체에서는 자신들의 클리닉을 가지고 의료 선교사를 단체 내에 두고 있다. NTM 같은 경우는 센터 내에 치과 진료 시설도 갖추고 있지만 치과 의사로 온 선교사가 없어 7년째 자리가 비어 있는 것으로 알고 있다. Swiss Mission에서도 근래에 치과 시설을 열어 진료를 시작했지만 그곳에도 계속적으로 사역을 감당할 의료 선교사가 필요하다. 우리 부부는 SIL 소속의 치과 클리닉에서 선교 사역을 감당해 오고 있다.

앞서 이야기했던 것처럼 파푸아뉴기니에는 워낙 많은 부족어들이 있고 서로 이웃한 마을 부족과 언어가 달라서 서로 다른 부족어를 모국어로 쓰는 파푸아뉴기니 사람들끼리 만나면 서로 의사 소통을 위해 톡피진(또는 영어)이라는 공용어를 쓴다. 나라에서 출간되는 신문들도 대부분 톡피진으로 출판된다. 하지만 부족사람들끼리 만나 대화할 때는 자신들의 모국어인 부족말을 쓰는 것이 일반적이다. 현지인들에게 공용어로 대화하는 것에 대한 그들의 생각을 물어봤더니 대부분 다음과 같이 이야기했다. 자신들의 속깊은 이야기나 복잡한 이야기를 해야할 때는 그들이 자라온 마을에서 태어날 때부터 자연스럽게 익혀온 부족어를 사용하는 것이 편하고 마음을 충분히 표현할 수 있다고 한다. 공용어인 톡피진으로는 그런 것들을 표현하기에는 충분하지 않다는 것이다.

이미 오래전에 공용어로 쓰는 영어나 톡피진으로는 성경 신구약이 번역되어 있고, 번역된 지 꽤 오랜 시간이 지났기에 그동안 언어의 변화를 적용한 더 좋은 번역의 공용어 성경을 위해 지금은 개역 작업을 거치는 중에 있다. 우리가 속한 성경번역선교회를 통하여 이제까지 파푸아뉴기니 수백 개 부족들에게 그들의 모국어로 된 성경이 번역되고 출판되어 전달되어진 것은 분명 하나님께서 이 땅에 베푸신 축복이며, 그렇게 지금까지 선교사들의 헌신을 사용해주신 하나님께 감사와 찬양을 올려드린다. 하지만 이 땅의 삼분의 일 가량의 언어가 아직 각 부족어로 번역 작업이 시작되지도 못한 실정이고, 이 성경 번역 사역에 헌신할 더 많은 사역자들이 필요하다는 것은 의심할 여지가 없어 보인다.

파푸아뉴기니 성경번역선교회 우까룸빠 센터

파푸아뉴기니에서 성경번역선교회를 통하여 성경 번역 선교가 시작된 지 60년이 넘었다. 60년 전에 초창기 선교사 몇 가정이 성경 번역 사역을 위해 모여서 자기들이 살 집을 직접 짓고 이 사역을 시작하던 장소 ─ 우까룸빠 ─ 에 이제는 200가구가 넘는 집들이 지어져 각 집들이 직경 1.5km의 원형 컴파운드 형태로 모여있고, 35개의 나라에서 각 사람의 달란트를 따라 하나님께서 부르신 400명 이상의 선교사들이 이 단체에 속하여 함께 팀 사역으로 이 성경 번역 선교를 감당하고 있다.

앞서도 이야기했지만 파푸아뉴기니의 공공 부분 서비스가 대단히 열악하고 부족하여 전체적으로 사람들이 섬에 접근할 수 있는 치안, 수도, 전기, 우편, 의료 서비스가 극히 제한되어 있다. 성경번역선교회센터가 자리잡은 우까룸빠라는 지역만 하더라도 나라에서 제공하는 수도, 전기, 우편, 치안, 의료 서비스가 없어서 자체적으로 이러한 일들을 해결하지 못하면 사역뿐만 아니라 이곳에서 생존하기 조차 쉽지 않은 상황에 처하게 된다.

선교사들이 모여 사는 이곳 컴파운드 주변으로 대여섯 개의 각기 다른 언어부족들이 살고 있고, 조금만 더 넘어가면 더 많은 언어부족들을 만날 수도 있다. 그들은 지난 과거의 긴 역사 동안 전기나 수도도 없이 살며 밭농사를 지어서 먹거나 장터에 나가 그것을 팔아 다른 필요한 것을 구입하여 살아왔다. 바닥이 진흙으로 되어 있어 금방 흙탕물이 되는 작은 강에서 씻고, 필요한 물을 길어서 사는 것은 오랜 시간 동안 그들이 살아온 방식이어서 그들 나름대로 그런 삶에 적응되어 큰 불편함은 느끼지 못하는 것 같다. 하지만 그들이 다가갈 수 있는 의료 기관이 없다는 것은 마을 사람들이 자기들 마을 가까이에 위치한 선교단체의 병원을 찾을 수밖에 없는 큰 이유가 된다.

참고로 이곳 성경번역선교회에는 성경을 번역하는 번역 선교사들뿐만 아니라 문맹 퇴치와 성경 활용을 위한 부서, 선교사 자녀들의 교육을 책임지고 있는 부서, 재정을 담당하고 관리에 도움을 주는 부서, 우편 담당 부서, 식료품 구매를 담당해주는 부서, 목공 일과 전기 또는 자동차 수리 점검을 담당하는 부서, 컴퓨터와 작은 전자 기계들을 수리 관리 또는 프로그래밍하는 부서, 길이 없는 곳이 많은 파푸아뉴기니에서 선교사들과 물자를 날라다 주는 비행 선교를 책임지는 부서, 번역된 성경을 전문적으로 녹음, 편집하거나 다른 미디어 형식으로 변환시켜주는 부서, 교육이 부족한 현지인 동역자들을 실력있는 성경 번역자로 훈련시키는 부서 등 많은 선교사님들이 부르심에 순종하여 이곳에 와서 자신의 달란트를 사용하며 열심히 사역하고 있다. 이렇게 많은 부서가 성경번역선교회에 필요할 수밖에 없는 이유는, 나라에서 제공하는 이러한 서비스를 기대할 수 없는 파푸아뉴기니의 특성상 각국에서 오신 다양한 재능과 소명을 가진 선교사님들의 이런 팀 사역의 수고가 없이는 성경 번역이라는 큰 그림의 진행이 아주 더디거나 아예 불가능하기 때문이다.

이러한 큰 그림 속에서 우까룸빠 SIL 클리닉이 성경번역선교회 내에서 감당하고 있는 사역은, 이곳에서 성경 번역을 위해 사역하고 있는 모든 선교사들의 건강을 돌보아주어 건강의 문제로 인해 사역을 중단하지 않고 계속 감당할 수 있도록 지원하는 것이다. 물론 주위 마을 사람들과 타선교단체 선교사들에게도 병원의 문은 늘 열려 있다. 실제로 치과 진료를 하면서 만나는 환자의 삼분의 일 이상이 타선교단체에서 찾아온 선교사들과 그들과 함께 하는 현지 동역자들이며, 또 다른 삼분의 일은 센터 주변에 사는 일반 현지인 환자들이다.

우까룸빠 SIL 클리닉에는 미국과 호주, 핀란드, 캐나다, 한국에서 온 의사와 간호사 선교사들, 그리고 현지인 직원들이 함께 일하고 있으며 총 인원은 50여 명에 이른다. 클리닉 안에서도 마찬가지로 하나님께서 부르신 소명에 따라 각자 자기에게 주신 달란트를 사용하여 환자들을 섬기고 있다. 5명의 의사 선교사들과 2명의 치과 의사 선교사, 1명의 치위생사 선교사, 2명의 물리치료사 선교사, 7명의 간호사 선교사, 클리닉 전체 매니저로 섬기는 선교사, 파트타임으로 접수를 담당하며 돕는 4명의 여성 선교사, 그 외에 현지인 진료 보조원들과 일반 직원들이 한 팀으로 클리닉을 구성하고 있다. 매일 아침 함께 모여 아침 경건회를 시작으로 하루 일과를 열고, 매년 심폐소생술 교육을 포함한 각종 의료 관련 교육으로 직원들을 훈

우까룸빠 SIL클리닉 UHC

련시키는 일들이 클리닉 내에서 이루어지고 있다.

메디컬 파트에서는 아예 따로 UHC(Ukarumpa Health Center)라는 건물이 클리닉에 있어 현지인들 전용으로 따로 진료를 봐주는 서비스도 제공하고 있다. 매일 UHC 건물 앞에는 많은 현지인들이 진료를 받으려고 대기해있는 모습을 볼 수 있다. 뿐만 아니라 매주 담당 간호사들이 구급차로 쓰고 있는 사륜구동차에 예방 백신과 진료 장비를 싣고 원거리에 있는 마을들을 힘겹게 찾아가서 그곳 마을 사람들의 건강 관리를 돌봐준다. 특별히 부족 마을의 임산부들과 어린아이들에 대한 건강 관리와 점검에 애정을 가지고 많이 노력하는 메디컬 파트의 모습을 볼 수 있다.

각 부족에 있는 현지인 동역자들이 담당 번역 선교사들과 함께 성경을 부족어로 번역하는 일을 위해, 또는 더 좋은 번역자가 되기 위한 교육을 받기 위해 SIL 센터가 있는 이곳 우까룸빠를 방문하는 일이 많다. 우까룸빠에 머무는 기간 동안 그들의 마을에서는 해결할 수 없는 그저 가지고 있을 수밖에 없었던 치과적 문제들을 가지고 클리닉을 방문하여 치료받고는 상당히 기뻐하는 모습을 본다. 자신이 성경 번역 선교라는 사역에 동참하였기에 이렇게 부수적으로 누릴 수 있는 의료 혜택에 뿌듯해하는 것을 보면, 우리 가정이 감당하고 있는 의료 사역에 보람과 의미를 느낀다. 센터에 머무는 동안 현지인 동역자들의 묵혀있는 질병이 크게 발병하여 ─ 봉소염(cellulitis) 같이 ─ 치료를 받게 되는 경우도 많다. 이런 경우 마을에 있을 때 이런 병이 터졌으면 적절히 치료를 받을 수 없어 그저 그냥 낫기를 기다리다 혹 죽을 수도 있다. 그러나 우까룸빠에 있는 동안 병이 발병해서 적절한 치료를 받게 되어 치료받은 현지인이나 그와 함께 번역하시는 선교사님이 하나님께 감사와 찬양을 올리는 것을 보며 하나님께서 그 자녀들과 사역자들을 돌보심을 우리도 함께 찬양하게 된다.

센터가 있는 곳도 도로가 비포장이어서 사람들이 걷거나 자전거를 타다가 돌부리에 걸려 넘어져 다치는 일이 빈번하다. 어떤 때는 심하게 넘어져 안면에 상처가 생기거나 치아가 부러져 치료받으러 올 때 또 한 번 치과 의사로 이곳에 있어야 할 이유가 분명해진다. 나 자신과 가족이 이런 일을 당했는데 급히 찾아갈 치과 의사가 없다면 참으로 힘들 것이다. 최근에 이곳에 온 한 미국 선교사 가정이 우리 가정을 저녁 식사에 초대했다. 식사 후 남편 선교사가 나에게 이런 이야기와 함께 감사를 표했다. 자기 가족이 선교지를 정하기 위해 파푸아뉴기니를 두고 기도할 때, 우리 가족이 치과 의사로 이곳에서 사역하고 있다는 사실이 그렇게 큰 위로와 힘이 되었다는 것이다. 이 선교사 가정에는 삼남매가 있고, 하나님께서 우리 자녀들과도 좋은 친구가 되게 해주셨다. 그 외에도 많은 선교사들이 우리에게 치과 의료 사역을 감당해줘서 고맙고 큰 위로가 된다고 말한다.

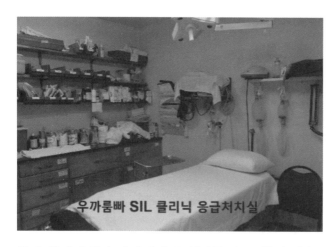

우까룸빠 SIL 클리닉 응급처치실

이곳 우까룸빠 SIL 클리닉으로서는 감당하기 힘든 사고들이 사람들에게 일어나기도 한다. 우까룸빠에 머무는 선교사들 중에 낙상사고나 교통사고로 골절이나 출혈 등 심각한 부상에 빠지기도 한다. 여기서는 골절 수술이나 큰 수술은 할 수 없어 이런 큰 부상이 생기면 일단 여기서 응급 처리를 하고, 활력 징후를 최대한 유지시킬 수 있게 해놓은 상태에서 응급 이송팀에 연락하여 가까운 호주 케언즈라는 도시의 병원 응급실에 환자를 보낸다. 작은 8인승 SIL 경비행기에 침대에 누운 환자를 위해 자리를 마련하고, 환자 보호자와 의사 선교사를 태워 태평양을 우까룸빠에서 네 시간 이상을 날아서 호주 케언즈라는 작은 도시에 도착한다. 공항에 도착하면 바로 대기하고 있던 케언즈 병원 응급실 구급차에 환자를 실어 병원으로 옮겨 적절한 수술과 조치를 받을 수 있도록 해준다. 때로 성경 번역 선교사들이 부족 마을에서 건강에 이상이 생기는 경우도 많이 발생한다. 선교사들이 제대로 된 길도 없는 정글을 걸어 부족 마을로 가다가 발목이 부러지는 일이 생기기도 하고, 대나무로 지어진 마을 현지인 집의 낡은 계단이 무너져서 땅으로 떨어진 선교사가 허리 골절과 뇌진탕을 겪기도 하고, 심장과 신장의 이상이 마을 생활 중 발생하는 경우도 있다. 이런 응급한 상황에서 즉각적인 이송 - 파푸아뉴기니 성경번역선교회는 자체적으로 비행 선교부가 있어 8인승 경비행기 4대와 헬리콥터 2대를 보유하고 있다 - 이나 의료적 대응과 대처가 없었다면 아마도 많은 선교사들이 파푸아뉴기니의 정글에서 어이없이 목숨을 잃는 경우가 한두 번이 아니었을 것이다. 특별히 의료 시스템이 열악하여 제대로 된 병원이 거의 없고, 있다 하더라도 너무 멀어 접근하기가 어려운 파푸아뉴기니의 의료 실정에서 의료 선교 사역은 그만큼 그 필요성이 강조되는 것 같다.

파푸아뉴기니 성경번역선교회는 하나님의 말씀인 성경을 각 부족어로 번역하여 전달해 주는 영적인 유익을 줌과 동시에 의료 행위를 통한 질병의 치료라는 육체적인 유익도 파푸아뉴기니 사람들에게 전해주는 균형잡힌 사역을 하고 있다고 생각한다. 예수님께서 천국 복음을 전하시면서 병자들을 고치신 전인격적인 사역을 하신 것처럼 파푸아뉴기니 성경번역선교회 또한 그러한 사역을 감당할 수 있도록 해주신 것이 너무나 감사하다. 성경 번역 선교사들이 사역하는 어떤 섬에는 지역 병원에 치과 시설은 있지만 치과 의사가 없어서 비어 있은 지 오래된 곳도 있어 그런 곳을 방문하여 기존에 있는 시설을 이용해서 진료를 현지인들에게 베풀어 그곳에서 사역하는 번역 선교사가 그곳 사람들과 좋은 관계가 되도록 기여했던 적도 있었다.

치아 건강의 소중함은 치아 때문에 고생해본 사람들은 누구나 느껴보았을 것이다. 밤에 잠을 잘 수 없을 정도의 치통이 갑작스레 찾아오기도 하고, 음식을 먹다가 갑자기 이가 깨져버리는 황당한 일이 생기기도 한다. 치아가 깨져서 치아 사이에 틈이 생기면 아플 뿐만 아니라 깨진 틈으로 계속 음식이 끼어서 식사조차 제대로 할 수 없게 된다. 깨진

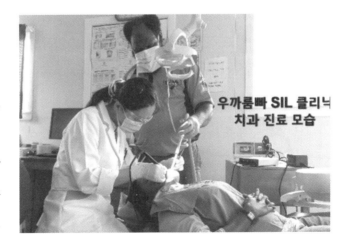

우까룸빠 SIL 클리닉 치과 진료 모습

이가 앞니인 경우는 웃거나 말하기도 부끄러워 소심해지고 마음이 우울해지는 것은 말할 필요도 없다. 선교단체가 가진 목표를 이루기 위해 각자 맡은 자리에서 사역을 감당해야 할 선교사들이 이러한 치아 문제가 생길 때, 치료를 위해 해외로 나가야하는 그런 걱정없이 마음 편히 찾을 수 있는 치과가 선교회 내에 있고, 우리 가정이 그 일을 감당함으로 한 지체로서 서로를 세워가는 역할을 하고 있다.

우까룸빠 치과팀

이곳 성경번역선교회가 파푸아뉴기니에서 가진 목표는 다음과 같다. 파푸아뉴기니 사람들이 자신들의 모국어로 된 하나님의 말씀인 성경을 가져서 그 말씀을 통해 현지인들이 하나님을 알아가고 그 말씀 위에 건강한 하나님의 교회가 세워지고 또한 그 말씀으로 사람들 개개인과 공동체가 변화되는 것을 보고자하는 소망이 바로 그것이다. 이 일을 위해 힘을 모아 사역하는 선교사들이 치과적 문제로 인한 어려움이 없도록 치료해주고 돌보아 주어 계속적으로 이 땅에서 사역을 감당할 수 있도록 하는 것이 우리 가정을 파푸아뉴기니 성경번역선교회로 부르신 하나님의 뜻이며, 우리 가정에게 감당하도록 맡겨주신 부분이라고 느낀다. 물론 치과를 찾는 모든 환자들 ─ 현지인들이든 선교사들이든 ─ 에게 치과 진료를 통해 하나님께서 베푸시는 치유의 은혜와 그들을 돌보시는 사랑이 전달되기를 소원하며, 부족한 우리 가정의 섬김을 통해서 성령님께서 일하시는 것이 나타나게 되기를 소망하는 마음이 늘 기도 제목이다. 그러하기에 많은 것에서부터 고립되어 살아갈 수밖에 없는 이곳에서 더욱 하나님을 가깝게 만나고 그분의 임재와 말씀하심을 일상에서 경험하는 것은 파푸아뉴기니 선교사로의 부르심에 순종한 우리 가정에게 주시는 하나님의 특별한 선물이라 생각되어 감사를 드린다.

몸은 하나이지만 그 몸에는 각 지체가 있고 각 기능들로 몸을 세워가듯이(롬 12:4~5, 고전 12:12~27, 엡 4:16) 파푸아뉴기니의 성경 번역 선교라는 팀 사역의 한 부분으로 우리 가정을 부르시고, 그 작은 역할을 우리 가정이 순종하여 감당하고 있음을 기뻐해주시고, 이곳의 쉽지 않은 상황 가운데서도 포기하지 않고 부르신 그 역할을 감당하는 자리에 서있기로 결심하는 우리 가정의 마음을 기뻐해주시는 아버지 하나님께 감사와 찬양을 올려드린다.

할렐루야!

7

이슬람과 의료 선교

꾸란에 나타난 여성 인권과 모자보건을 통한 의료 선교

임예진

임예진 선교사는 1991년 한라대학교 간호학과를 졸업했다. 1994년 ACTS 치유선교학 선교학(M.A.), 1991~1997년까지 금천구 소재 희명종합병원 중환자실(3년)과 수술실(5년)에서 근무했다. 1997~2004년 필리핀 아이타 원주민 사역을 했으며, 2005년부터 E국에서 사역하고 있다.

남편은 목사 선교사로 현지 교회와 연합하여 어린이 교육과 말씀, 제자 사역을 하고, 임 선교사는 간호사로서 모자보건 교육을 현지 어머니들에게 진행하고 실습과 적용을 하도록 독려하고 있다. 2017년 '모자보건 교육과 실제'로 지금까지 해오던 교육 내용을 영어 및 아랍어로 출판하여 전 세계 나라 일꾼들이 퍼나르며 잘 사용하고 있다.

의사와 의료 시설이 없는 곳에서 일어나는 응급 상황 시 해야 할 기본 처치 내용을 중점적으로 한 내용으로 현재도 계속적으로 교육과 실습을 진행해가고 있다. 이로 인하여 의료의 혜택을 보지 못하는 이들에게 도움이 되어 하나님의 손길이 그들의 마음을 만져주시기를 소망하고 있다.

서 론

중동의 아랍 사회에서는 '이슬람'이라는 종교를 배제하고는 정부의 흐름이나 사회적인 문제, 인권에 관한 문제 등 아무것도 논할 수 없다. 그만큼 이슬람은 중동 아랍권 사람들의 삶과 정신, 문화 속에 깊이 뿌리를 내리고 있다. 이슬람 지역에서 어떠한 형태로든지 복음 사역을 하기 위해서는 그들의 신성시되는 경전인 '꾸란'과 무함마드의 언행록인 '하디스'를 통하여 그들을 지배하고 있는 정신적, 문화적, 전통적인 사회 풍습과 습관을 알고 이해하는 것은 매우 중요한 일이다.

필자는 간호사로서 두려움과 무지함으로 불안해하고 억압 속에 처해있는 이슬람 여성들의 인권과 사회적 위치를 꾸란 속에서 그 원인을 찾아보았다. 무슬림 여성들이 자유를 잃어버린 시기는 10~14세기에 걸친 기간으로 이슬람 학자들은 이슬람교가 아라비아 반도 밖으로 확산되어 다른 문화와 접촉한 시기를 무슬림 여성들이 자유를 잃어버린 시기로 보고 있다. 당시 아라비아 밖의 지역 상황은 여성에 대한 혐오 문화가 일반적이었기 때문이다.[1]

필자는 간호사로서 이슬람 지역인 이집트에서 현지 여성들을 대상으로 하는 모자보건 교육과 실습을 통하여 상황화 전략과 접근 시 유의해야 할 것들과 제안 등을 서면을 통하여 나눔으로서 앞으로 의료인이나 전문인 사역자로 나오는 이들에게 참고가 되기를 바란다.

1. 꾸란 속에 나타난 여성의 위치

후르아인

그렇듯 은혜를 베풀고 아름답고 눈이 큰 배우자를 결합시켜주니 (수라 44:54).
그들이 침상에 줄지어 기대니 하나님은 그들에게 눈이 큰 아름다운 배우자를 앉게 하시더라 (수라 52:20).

---

[1] 이정순, 『무슬림 여성 전문가』, 백석대학교, 1.

눈이 크고 아름다운 배우자가 있으매(수라 56:22).

꾸란에서 미인의 기준으로 나타내는 '후르'는 "아주 새하얀"이란 의미로 피부가 하얀 것과 순결을 의미하고, '아인'은 "눈이 큰"이란 뜻으로 가장 아름답고 순결한 여성을 의미한다. 아랍 여인들은 큰 눈을 가진 이가 많고 또한 큰 눈을 선호하지만 피부를 하얗게 만드는 것은 힘든 일이다. 그래서 중산층 이상의 여인들은 일주일에 일 회 정도는 미용실에 가서 몸과 얼굴의 털을 제거하는 것을 남편에 대한 예의로 생각한다. 특히 결혼 전 신부는 머리카락과 눈썹을 제외한 몸의 모든 털을 제거하는 것을 큰 행사로 여긴다.

필자가 모자보건 교육을 하며 아이들 목욕시키는 일을 하던 중 하루는 온통 검은 원피스와 검은 니깝(눈만 남기고 얼굴 전체를 가리는 검은 천), 검은 장갑, 검은 양말에 신발까지 외모만으로도 신실한(?) 무슬림 가정에서 온 젊은 여인이 태어난 지 일주일 된 딸을 안고 들어왔다. 아이는 온 얼굴과 몸에 하얗게 연고를 덕지덕지 발랐고 눈 가장자리를 새까맣게 그리고 태어나서 한 번도 씻기지 않아 매우 지저분하고 비위생적인 상태인 채였다. 이유인즉 무슬림 남편이 딸아이가 너무 털이 많고 시커멓다고 털을 제거하고 미백 효과를 내는 약을 발랐다는 것이다. 눈은 커보이게 하려고 많은 신생아들의 눈가에 문신하는 약을 바르게 한다. 한 달도 안 된 신생아에게 나있는 솜털을 제거하려고 독한 피부연고를 온 몸에 바른 것이다. 이처럼 새하얀 피부와 눈이 큰 여인은 순결을 떠나 외모상으로도 매우 중요하다.

여자의 출생

그에게 전해 온 나쁜 소식으로 그는 수치스러워 사람들로부터 자신을 숨기며 그 치욕을 참을 것인가, 아니면 흙속에 묻어버릴 것인가 생각하였나니(수라 16:59).
그들 가운데 한 사람이 여아가 탄생했다는 소식을 들었을 때 그의 얼굴이 검어지며 슬픔으로 가득차더라(수라 16:58).

"나쁜 소식"이라 함은 여자아이를 낳았다는 소식을 나타내는데 이슬람 이전의 아랍인들은 여자아이가 태어나면 생매장을 하곤 하였다. '무쓰와드'는 "검은, 새까만"이란 뜻으로 괴로움과 슬픔을 표현한 것으로 아랍인들은 좋지 않는 어떤 일을 당한 사람을 비유하여 "그의 얼굴이 검어졌다"라고 말한다.[2]

지역의 풍습과 토속 종교화된 남성 위주의 사회에서 여자의 출생은 기쁨이 아니요, 태어날 때부터 큰 성 차별을 겪어야 하는 게 옛날과 현재의 모습이다.

결혼

그녀 보호자의 허락을 얻어 결혼하되 적절한 지참금을 지불할 것이라(수라 4:25).
만일 너희가 고아들을 공정하게 대처할 수 있다면 좋은 여성과 결혼하라, 두 번 또는 세 번 또는 네 번도 좋으니라. 그러나 그녀들에게 공평…(수라 4:3).

이슬람이 등장하기 전 아랍 세계에서 여성의 지위는 단지 재산의 일부로 취급되었으며(수라 3:14) 필요에 따라 산채로 매장하거나 죽이기까지 하였다. 이것은 아랍 이슬람 세계뿐만 아니라 그 당시 사회의 일반적인 관습이었다.

이슬람이 오기 이전 '암흑 시대' 혹은 '무지의 시대'라고 불리던 시기에는 아내의 숫자에 관해 제한이 없는 '일부다처제'였다. 그러나 이슬람이 오면서 4명으로 부인을 제한하였다.

이 결혼 준칙의 선포는 무함마드의 우흐드 전투(625년 1월, 헤즈라 3년 7월 초기 메카 이교도들의 메디나 침공) 이후였다. 이 전투에서 많은 무슬림 병사 사상자가 발생하여 공동체 내에는 고아와 과부들이 많이 생겼다. 그들을 위한 복지와 최선의 인간 박애 정신과 평등 원칙에 의하여 세워진 법으로 여겨진다. 초창기에는 사회 복지 차원에서 4명까지 부인을 둘 수 있다고 하였으나 모든 부인에게 공평성을 지키기에는 많은 문제와 분란을 야기시켰다. 현재는 서구 문명의 혜택을 누렸거나 서구식 삶의 유입으로 인해 지식층으로 갈수록 부인의 숫자는 줄어들고 화목하고 서로 사랑하며 아껴주는 가정을 추구하는데, 이는 서구 기독교의 영향이라 볼 수 있다.

---

2   Sheikh Sale bin Abdulaziz, 최영길 역, 『성 꾸란 의미의 한국어 번역』(Al Madina: 파하드 국왕 성 꾸란 출판청, 2002), 486.

'히잡'은 무슬림 여성을 다른 문화권의 여성과 구별시키는 주된 요인이다. 역사적으로 히잡 착용 관습은 이슬람 이전 시대에도 아라비아 반도에 존재했다. 그러나 구체적으로 명시된 것은 '꾸란'에 의해서였다.

> 믿는 여성들에게 일러 가로되 그녀들의 시선을 낮추고 순결을 지키며 밖으로 나가는 것 외에는 유혹하는 어떤 것도 보여서는 아니 되리라, 그리고 가슴을 가리는 머리 수건을 써서…. 또한 여성이 발걸음 소리를 내어 유혹함을 보여서는 아니 되나니(수라 24:31).
> 예언자들이여, 그대의 아내들과 딸들과 믿는 여성들에게 베일을 쓰라고 이르라(수라 33:59).
> 너희는 가정에서 머무르고 옛 무지의 시대처럼 장식하여 내보이지 말며(수라 33:33).
> 예언자의 아내들이여, 너희 가운데 밖에 드러나는 추악한 짓을 하는 자들에게는 그분께서 두 배로 벌을 내리시니(수라 33:30).

여성들의 몸가짐에 있어 남편과 가족들에게 복종을 요구하였고 유혹하는 것으로 머리카락이나 몸매가 드러나는 것을 용납지 않았다. 그래서 모든 무슬림 여인들은 통으로 된 원피스를(갈라베야) 입고 머리에 히잡(얼굴은 모두 보이고 머리카락과 목이 보이지 않도록 씀)이나 니깝(머리와 목, 얼굴을 모두 가리고 눈만 보이게 하거나 눈 부분만 얇은 천으로 덧대어 씀)을 쓴다. 히잡 착용은 꾸란에서의 여성관, 즉 여성을 보호해야 한다는 '보호관'과 현대 이슬람 국가의 전통적 '페미니즘'에서 찾을 수 있다. 또한 이는 18세기 무렵부터 경제와 사회적 지위를 나타내는 표시였으며 순결과 처녀성을 나타내는 것으로도 사용되었다. 이슬람의 보수적 시각에서 가정밖에 있는 여성은 유혹이며 사회적 혼란의 원천으로 간주되었다. 그래서 히잡을 쓰지 않는 여성은 그녀와 교제하게 되는 모든 남자들을 타락하게 하는 죄를 짓는 것이며, 그 여성은 제어하기 어려운 남성의 성적 욕구를 자극하게 되는 것이다. 즉, 격리와 히잡 착용은 여성의 처녀성을 보장하고 가문의 명예를 지키는 방어 조치로 사용되었다. 히잡 착용이 서구적 시각으로 볼 때, 여성의 권리와 자유의 제약으로 비쳤으나 이는 여성을 속박하는 개념이 아니라 여성을

보호하는 측면으로 그들에게는 이해되고 있다.[3]

　현대에 와서는 서구의 영향과 정부의 집권당에 의해 약간의 변화가 생긴다. 예를 들어 사우디아라비아는 검은 옷과 니깝을 쓰고 모든 곳을 가리고, 외국인까지도 같은 옷을 착용해야 한다. 이집트는 색깔이 많이 들어간 원피스나 투피스를 입고 희잡도 많은 유행을 주도하고 얼굴도 드러내는 추세이다. 그러나 꾸란에 언급된 것처럼 결혼한 여성들은 남편의 명예를 위하여, 혹은 남편의 분노를 사지 않기 위하여 이를 지키고자 힘쓴다.

이혼

예언자여, 그대 아내들에게 일러 가로되, 그녀들이 현세의 삶과 허식을 원한다면 이리로 오라, 세상을 즐기도록 이혼을 하여 줄 것이니(수라 33:28).

여성과 남성이 똑같은 권리가 있으나 남성이 여성보다 위에 있나니(수라 2:228).

　이것은 아랍 관습의 하나로 남편은 이기적이고 강압적으로 아내로부터 아내로서의 권리를 박탈하곤 하였다. 그리하여 아내에게 재혼할 자유를 주지 않고 하나의 노예처럼 자기에게 부속시켜 놓았다. 그 후에 여성은 부인으로서의 권리도 요구할 수 없게 될 뿐 아니라 그 남자의 굴레에서 벗어날 수도 없고 재혼할 수도 없었다. 아랍어에는 '이혼하다'(메딸라끄)라는 말은 오로지 남성형밖에는 없다. 남자만 이혼을 요구할 수 있고 여성은 이혼을 당할 수밖에 없는 상황이다(근래에는 서구의 영향으로 상위계층의 가정에서 약간 바뀌어 가는 면도 있다). 만일 아랍 여성이 이혼을 당하거나 버림을 받으면 낳은 아이와 함께 길거리에서 구걸하거나 비참한 삶을 살아간다.

간음

너희 여인들 가운데 간음한 자 있다면 네 명의 증인을 세우고 만일 여인들이 인정할 경우 그 여

3　최진영, 『오해받는 이슬람 27가지 현상』(서울: 의대출판사).

인은 죽을 때까지 집안에 감금되거나 아니면 하나님께서 다른 방법으로 그 여인들에게 명할 것이다(수라 4:15).

이는 여성의 명예와 권리를 보호하기 위해 반드시 4명의 증인을 세우도록 하였다. 여성의 간음 및 간통 사실이 증명될 경우 이슬람 초기 그들에 대한 벌은 죽을 때까지 가정에 감금해 두었다. 다른 방법으로는 가죽태형이나 투석형으로 징벌하기도 하였다.(수라 24장) 현재까지도 아랍권과 이집트 전역에 특히 상 이집트로 갈수록 간음하는 것과 성적 감정을 제재하기 위하여 여아의 할례가 은밀히 자행되고 있다. 그러나 간음과 간통이 꾸란에 명시됨으로 인하여 무슬림 여인들 간에는 이러한 일들이 자제되는 편이나 타 종교인이나 외국인 여성들에 대해서는 어린 10대에서 성인 남자들에 이르기까지 죄책감 없이 길거리에서도 희롱하고 만지는 성추행들이 난무하다.

남성은 여성의 보호자

남성은 여성의 보호자라, - 순종치 아니하고 품행이 단정치 못하다고 생각되는 여성에게는 먼저 충고를 하고 그다음에는 잠자리를 같이 하지 말 것이며 셋째로는 가볍게 때려줄 것이라, 그러나 다시 순종할 경우는 그들에게 해로운 어떠한 수단도 강구하지 말라(수라 4:34).
여성들과 자녀들과 금, 은, 보화들과 말들과 가축들과 농경지들은 인간의 현세 즐거움으로 장식되었으니 이것은 현세 생활의 즐거움이라(수라 3:14).

이는 재산과 동물, 가축과 여자를 동일시하여 한 소유물로 여겼고 여성은 남자의 즐거움을 위해 있는 것으로 표현하고 있다.
'까우왐'이란 "타인의 사업에 성실하고 정직하며 주인의 이익을 보호하고 주인의 업무를 잘 돌보아 주는 사람"이란 뜻으로, 여기서 남성은 여성의 보호자로서 존재한다. 남편의 판단으로 아내가 가정의 불화를 일으켰다고 여길 때 해결 방법 네 가지 사항이 제시되고 있다.

a. 충고로 가정의 화목을 찾는 것이 바람직하며,

b. 충고로 어려울 때는 부부 생활을 같이 하지 않거나 잠자리를 같이 하지 아니하며,

c. 두 가지로 불가능할 때에는 가볍게 때려줄 것이며,

d. 그래도 불가능할 경우는 가족회의를 열어 해결 방안을 찾는 것이 바람직하다(수라 4:35).

따얀뭄

너희가 아프거나 여행 중일 때, 화장실에서 돌아왔을 때, 여성을 만졌을 때 물을 발견치 못했을 때는 깨끗한 흙 위에 따얀뭄을 하고 너희 얼굴과 양손을 문질러 깨끗이 하라(수라 4:43).

'따얀뭄'은 깨끗한 모래, 흙, 벽돌, 돌 위에 두 손바닥을 댄 다음 손을 털고 얼굴을 한번 쓰다듬고 두 손을 비빈다. 이는 물로 씻는 것을 대신하는 것이다. 여성은 부정하고 불결한 것으로 간주되어 따얀뭄을 요구하는 조건이 되었다. 현재에도 모스크에서 살랏(기도)을 할 때 여자들은 건물 내부에 들어갈 수 없고 밖에 앉아있거나 길거리에 앉아있다.

2. 이슬람 지역에서 현지 여성들을 대상으로 하는 모자보건 – 교육과 실제

이슬람 지역에서는 전통적인 풍습과 종교적 제한요인으로 인하여 복음 제시를 직접적으로 하는 일은 매우 신중을 기해야 하고 조심해야 할 상황이다. 무슬림(이슬람을 믿는 사람)들을 개종시키는 일은 그 사역자로 하여금 부지불식간에 추방을 당하게 하는 일이고, 개종자는 언제 죽임을 당할지 모르는 상황이 되며, 가지고 있던 직업을 버려야 하며, 삶의 터전을 떠나야 하는 경우가 허다하다. 그리하여 우리의 방법은 현지에 있는 소수의 기독교인들을 든든히 세워 그들로 하여금 사역에 동참하게 하거나 강한 자생력과 성장을 이루어가게 하는 일과 NGO나 간접 선교(교육, 봉사…)를 통하여 긴 장래의 안목을 가지고 예수 그리스도의 사랑을

알지 못하고 두려워하는 무슬림들에게 씨 뿌리는 일을 하는 것이다. 이집트는 외국인 면허증을 인정하지 않고 외국 의료인들의 자국 내 의료 행위를 허락지 않는다. 그래서 의료 상황이 너무나 열악하지만 도울 길이 많지 않고 의료 사역자가 발붙이기 힘든 곳이다. 필자도 현지 병원에서 자원봉사를 하고 노인 요양원과 장애인센터에서 자원봉사를 하며 틈새를 찾아보았으나 무슬림이 아닌 외국인을 대하는 시선과 의료 행위의 실수를 자신들이 책임지지 않고 외국인 자원봉사자에게 전가하려는 것을 보면서 현지인 계몽과 교육으로 사역을 전환 하였다. 그리하여 필자는 간호사와 양호교사의 신분으로, 남편은 목사이지만 사회복지사 신분으로 현지 병원을 섬기며 그 안에서 현지인의 필요를 발견하게 되었다.

이집트는 사회주의 국가로 모든 의사는 낮 시간 동안 정부 병원에서 일을 해야 한다. 그래서 모든 준 종합병원이나 개인 의원들은 저녁 시간에 일을 하게 된다. 남편이 원장으로 섬기고 있는 '엘 나흐다 메디컬센터'(외래 진료 8과목, 병실은 없음)는 평일 낮 시간에는 진료가 없어서 낮 시간과 장소를 활용했다. 매주 화요일 낮에는 한인 여성들의 자원봉사로 baby wash(아기 씻겨주기) 프로그램을 진행하였다. 태어나서 6개월 미만인 아이들 목욕을 씻기는 것이었다. 목욕 시키는 동안 추울까봐 문을 닫고 아이를 씻겼다. 태어나서 한 번도 목욕을 해보지 않고 물에 들어가 보지 않았으며 엄마가 아닌 다른 사람의 손에 씻기는 아이는 소리내어 울었다. 밖에서 기다리는 무슬림 엄마들은 두려워하며 혹시나 아이에게 세례를 주는 건 아니냐고 따져 묻기도 했다. 아기를 씻기는 동안 필자는 기다리고 앉아 있는 엄마들과 자연스럽게 상담을 하였다. 작은 신생아용 손톱깎이 가위를 들고 처음 보는 엄마와 아기를 대하며 손톱이 너무 길어 꽉 쥔 주먹 사이 피부를 뚫고 들어가는 아기의 손톱과 발톱을 깎아주었다. 혹시라도 피가 날까 겁이 나서 손톱을 깎지 못하고 간혹 엄마의 이로 뜯어주곤 하는 사람도 있다.

언제 태어났는지, 예방 접종은 제대로 하고 있는지, 모유 수유와 이유식은 제대로 하는지, 이와 잇몸 상태는 어떤지, 산모는 건강한지… 등 여러 가지를 질문하며 간단한 해결책을 이야기해 주었다. 5개월이 지나도 이유식을 해주어야 한다는 것을 모르고 무엇을 먹일지 겁을 냈다. 이집트의 거의 모든 엄마들은 15개월 이상이 되도록 비스킷과 요구르트를 먹이는 것을 이유식의 전부로 알고 있다. 경제적으로 여유가 있는 사람은 비타민과 칼슘 약을 사서 먹인다. 모유의 영양분이 떨어지면 아이는 몸무게가 더 줄어들지만 돈이 없어서 영양제를 사먹이지 못하기 때문이라고 한탄한다. 이러한 상황을 보면서 필자는 모자보건 교육의 필요성을 절감하여 아이들을 목욕시켜야 하는 이유와 집에서 혼자 할 수 있는 간단한 방법을 이론과 실습을 통하여 매주 월요일마다 가르치며 필요에 따라 과목을 정하고 매뉴얼과 실습을 병행해나갔다. 그렇게 하면서 '모자보건 교육과 실습' 프로그램을 만들었다. 기독교인이건 무슬림이건 자신의 아이를 건강하게 잘 키우고자 하는 마음은 종교에 상관없이 중요하고 소중한 것이다. 이슬람 사회에서 두 종교 사람들이 자원하여 한 자리에 모이는 일이 거의 없는데 아이에 관한 것이고, 또한 그곳이 병원 시설이기에 입소문을 타고 많은 무슬림 엄마들이 몰려들었다. 필자가 기독교인임을 알면서도 그 필요에 따라 종교에 상관없이 모일 수 있는 것은 이곳에서는 기적이라고 할 수 있다(지난 2016년 9월 그동안 진행하던 모자보건 교육 내용을 모아 영어와 아랍어로 된 책을 출판하였다).

모자보건 교육 매뉴얼 목차[4]

Baby wash	baby الـ مُحَمّام
Feeding (Breast feeding)	الرضاعة الطبيعي
Feeding (Bottle feeding)	الرضاعة الصناعية
A Weaning diet	الفطام التدريجي
First aid (to kid)	الإسعافات الأولية
Fever	السخونة
Diarrhea	الإسهال
Vomiting	الترجيع
Burn	الحروق
Worms	الديدان
Teething	التسنين
Vaccination	التطعيم
Head injury	إصابات الرأس
The pregnant	الحامل
Pregnancy	الحمل
Head lice	القمل والصيبان
Itchy	الهرش
Baby growth	كيف ينمو الطفل؟
Common cold	أدوار البرد العادية
Asthma	الأزمة
Nose bleed	نزيف الانف

4 임예진, *Mother & Child Health Care*, 2016, 2~3.

Dealing with bleeding	فالتعامل مع النزيف
Sore throat	احتقان الزور
Tonsillitis	احتقان اللوز
Food poisoning	التسمم الغذائي
Chicken pox	الجدري المائي
Measles	الحصبة
Dehydration	الجفاف

3. 중동 이슬람 여성들에게 상황화된 접근 전략들

1) 장소가 교회나 눈에 띠는 종교적 색채를 드러내지 않는 병원으로 누구나 오는데(기독교인이나 무슬림) 부담스럽지 않고 자연스럽다.

2) 대상은 엄마와 아이들로 무슬림과 기독교인 모두에게 절실히 필요한 것이기에 종교에 상관없이 융화되어 참석하고 있다.

3) 교육 내용에 종교색이 없고 모자보건에 관한 교육이며 아이들을 건강하게 키우는데 초점을 두고 있어 관심을 많이 가지며 열의 있게 참석하고 있다.

4) baby wash 프로그램을 이용하여 주변 지역의 홍보를 쉽게 이루어낼 수 있었다(아기 씻겨주기 — 10여 년 전부터 한인 사역자에 의하여 시작되었는데, 한인 여성들을 참여케하여 현지인 아이들을 씻겨주는 일은 현지인과 접촉점을 이루는 좋은 계기가 되었다. 항상 씻기는 일을 시작하기 전에 예배를 드려서 우리가 기독교인임을 알지만 그들의 필요가 있기에 아무런 반감 없이 받아들이는 현지인들이 많다.)

5) 필자는 아기를 씻기는 동안 밖에서 기다리는 엄마들을 대상으로 상담을 하며 아이에 대하여 이야기하고, 아프거나 어려움을 당한 사람들에게는 "알라에게 기도하라"고 말하면 그들도 내가 종교적이라 생각하여 거부감 없이 좋아한다. 무슬림이나 기독교인이나 기도한다는 의미는 같기 때문이다.

6) 차례를 기다리며 아이를 안고 있는 엄마들에게는 손톱깎이를 가지고 다니며 아이의 손발톱을 깎아주며 처음 온 사람이라도 쉽게 접촉하며 정감을 나눌 수 있었다.

현지인 엄마들은 아이의 손발톱을 깎지 못한다. 피를 흘리거나 손을 벨까봐 두려워하여 아기 손톱을 엄마의 이(teeth)로 뜯어주곤 한다. 이는 길어진 손톱으로 인하여 아기들의 얼굴이 생채기가 많이 나고 있는 것을 감안한 것이다.

7) 씻고 난 아기나 아직 씻지 못한 아기라도 외국인인 필자가 스스럼없이 안아주고 키스해주며 신체적 접촉을 해주는 것을 엄마들은 기뻐하고 좋아한다. 이는 이집트의 일반적인 풍습이고 또한 관계 형성에 좋은 기회가 되기 때문이다.

8) 조금 친해지자 현지 콥틱 기독교인 엄마들이 손목에 문신한 십자가 표시(이집트 기독교인의 상징으로 보통 태어나서 일주일 내에 손목이나 엄지손가락 위 손등에 문신하여 기독교인임과 배교하지 않겠다는 다짐을 나타냄)를 보여주며 "당신은 왜 없느냐?"고 물어본다. 필자는 그때를 이용하여 십자가와 신앙에 대하여 약간씩 이야기하며 같은 크리스천임을 말해준다. 그러나 그들은 많은 형식 속에서 예배를 드리는 것이 일상 생활화되어 있고 말씀을 직접 공부하는 일은 거의 없기 때문에 언젠가 이들의 마음이 열리면 성경 공부를 시도할 가능성을 엿보고 있다.

9) 아기들의 목욕을 시키는 공간이 넓지 않고 문을 열어두면 추워서 병원의 시설 사정상 문이 닫힌 공간 안에서 아이를 씻긴다. 무슬림 엄마들 중에는 우리가 기독교인임을 알고 있기에 혹시 몰래 아이에게 '세례'를 주는 건 아닌지 두려워하는 사람들도 있어 그들에게 사실이 아님을 얘기해주었다. 왜냐하면 혹 개종을 하더라도 스스로 결심을 하고 고난과 핍박을 헤쳐갈 마음의 준비가 되기 전에는 강요할 수 없는 것이 '세례'라고 생각하기 때문이다. 좋은 관계를 깨버리면 언젠가 다시 올 수 있는 기회 또한 사라져 버릴 수 있다.

10) 월요일에 모자보건 교육을 실시할 때 필자는 단정하고 깔끔한 옷차림을 한다. 왜냐하면 현지의 사정상 서양인이 아닌 동양인이 자신들을 가르치는 것에 약간 못 미더움이 있고, 자신들보다는 더 훌륭하고 교육받았다는 것이 인정되어야 배움의 자세를 가진다. 현지 문화에서는 사회에서 존경받는 위치의 사람들, 남편에게 사랑받는 여성은 옷차림과 액세서리(남편이 선물해 준 금반지, 금팔찌 등)가 매우 중요하기 때문이다.

11) 교육을 실시할 때 아랍어를 사용한다. 필자의 아랍어가 유창하지 못하지만 무학자가 많은 이곳 여성들에게 영어를 사용하는 것은 거리감을 더하게 되어 조력자인 현지인 여의사(닥터 라일라)의 보충 설명과 도움으로 효과적이 되고 있으며 무엇보다 듣는 현지인 엄마들의 위로와 격려가 감사할 따름이다.

12) 교육 시 필자가 아랍어로 교육 내용을 기록한 괘도를 사용하고 있다. 프로젝터나 첨

단 기기, 보조 기구도 생각하였지만 이들에게는 가장 친근감 있고 적합한 것이라 여겼다. 종종 그림 자료를 사용하여 설명해주면 이해가 빠르다. 무학자들을 위하여 만화로 그림을 그려서 설명해 줄 수 있다면 더욱 효과적일 것이라는 생각을 가지고 있다. 또한 이후에 이 프로그램을 현지인 리더들이 진행해나갈 것을 목표로 삼고 현지 상황에 맞추어 눈높이 장비들이 사용되길 바란다.

13) 이집트에는 선물 문화가 있다. 생일잔치에도, 결혼식에도 행사 후에는 작은 먹거리 봉지들을 오는 사람들에게 나누어준다. 필자도 선물에 대한 고민을 많이 했는데 이들이 젯밥에만 신경 쓰게 되지 않을까 하는 염려 때문이었다. 그러나 현지 의사와 상의한 끝에 당일 교육한 내용에서 필수적인 선물 한 가지씩을 준비하였다(목욕 교육 이후: 베이비 로션, 이유식 교육 후: 가루 분유 등).

14) 이유식에 관한 교육 시: 현지 엄마들은 '요구르트'와 '비스킷'이 이유식의 전부이고 돈이 없는 사람들은 이를 사지 못하여 가슴 아파하며 1년이 넘도록 모유만 먹여 성장이 더딘 아이들이 대부분이다. 필자는 현지에서 나오는 야채와 과일, 생선, 육류 등을 소재로 단계별 이유식 내용을 이해하도록 가르치고 실제로 만들어서 먹여주는 것까지 해주었다. 두 단계에 걸친 교육으로 많은 엄마들이 이해하며 시도를 하고 있어 매주 아이들이 쑥쑥 자라는 모습이 보여 매우 기뻤다. 그러나 실습할 때 커터와 믹서, 끓이는 기구를 한국산과 수입된 기계로 한 것이 나의 실수였던 것 같다. 그들이 보기에 이 기구와 기계가 너무 좋아보이고 살 수 있는 형편들이 안 되는지라 그런 것이 없어서 해먹이지 못하겠다고 말하는 것을 보며, 현지 상황에 맞추지 못했던 나의 잘못이 크다고 생각했다.

15) '머리에 상처가 났을 때'에 대한 교육을 할 때는 엄마들이 불안해하고 두려워했다. 불길한 일에 대해서 말하는 것을 두려워하기 때문이다. 이때 "라 싸마 알라"(신이 지켜주시기를), "알라 이베릭 비키"(신이 당신을 축복하시기를), "인 샤알라"(신의 뜻이라면)라는 용어를 많이 사용함으로서 모든 것을 신에게 맡기는 이들의 신앙관을 이용하였다(이 말들은 무슬림과 기독교인 모두가 많이 쓰는 용어로 안도감과 안정감을 갖는다).

16) 교육을 통하여 이슬람 문화 속에서 여자를 무시하고 쓸모없는 존재로 비하하는 사회 문화에서 훌륭한 아이를 기르는데 엄마의 역할이 가장 크다는 일반적인 진리를 강조하여 이슬람 여성들의 자존심을 세워 주었다.

결언과 제안

꾸란은 남성 중심 사회인 아랍 지역에서 쓰여졌고, 기독교와 유대교의 많은 영향 아래 있던 시대(7세기)에 무함마드(사막을 누비며 대상으로 지내면서 여러 도시와 지역을 방문하며 영향을 받음)에 의해서 만들어지고 후대에 기록된 경전이다. 성경과 유사하고 흡사한 부분들을 많이 발견할 수 있다. 특히 여성 인권 차원에서 본다면 당시 아라비아 부족 사회의 가부장적이고 남성 중심의 경제 사회, 사막에서 생존과 질서를 위한 거친 성격의 영향을 많이 받았다고 필자는 생각한다. 또한 남성들의 강한 자존심이 여성에 대한 보호자의 역할도 했지만 속박과 구속하는 모습도 현재까지 잔존한다.

중동의 이슬람 여성은 꾸란에 명시한 바와 같이 서구화와 세계화의 변화의 물결과 상관 없이 폐쇄적이고 구속적인 상황에 놓여있다. 여성들 자유화 물결에 저항하여 무슬림 이맘들의 외치는 소리가 강성하다. "여자들에게 히잡을 씌우고 여성들을 집안에 거하도록 하라"는 것이다. 이러한 상황에서 인구의 절반이 여성인 그들을 향한 선교는 어떻게 진행되어야 할 것인가에 대해 심사숙고해야 할 것이다.

·상황화의 필요성을 인식해야 한다

고린도전서 9장 19절에서 사도 바울은 "내가 모든 사람에게서 자유로우나 스스로 모든 사람에게 종이 된 것은 더 많은 사람을 얻고자 함이라" 하며 여러 사람에게 여러 모양으로 상황화된 접근을 시도함은 믿는 자들을 더 얻기 위함이었다.

·꾸란과 성경의 공통된 말씀으로 대화를 시작하라

무슬림들은 경전을 신성시한다. 모세오경이나 시편, 복음서 등은 꾸란에도 공동으로 명시된 것으로 그들도 읽고 암송한다. 그 내용 속에서 대화를 시작한다면 반감 없이 대화를 계속할 수 있고 대부분 의미를 잘 알지 못한 채 암송하고 있는 그들에게 그분의 뜻을 알리는 좋은 도구가 된다.

• 기혼자, 자녀를 둔 여성 사역자가 필요하다

대부분의 무슬림 여성들은 이슬람법과 사회 구조 속에 갇혀 있기 때문에 폐쇄적이다. 또한 이슬람 문화권에서는 여성들만이 여성에게 접근할 수 있다. 따라서 여성 사역자의 역할이 중요하다. 이슬람권에서 결혼하지 않는 미혼의 여성은 부모의 보호 아래 있어야 할 미성년자로 간주되며 자녀가 없으면 저주 아래 있는 사람으로 생각한다. 그러므로 결혼한 기혼자로 자녀가 있는 여성 사역자가 아랍의 여성들을 만나는데 용이하다. 그러나 안타깝게도 부인 사역자들은 자녀 양육과 가정을 돌보는 일에 시간을 많이 보내게 되고 너무나 이질적인 종교적, 사회적 문화 차이로 인하여 외국인 여성이라 할지라도 남성들이 노골적으로 폄하하는 일들로 인해 현지 여성들을 만나는 일에 주춤거리고 있다.

• 자신의 달란트를 이용하라

중국에서 온 여성 사역자의 일화이다. 그녀는 마사지를 잘하여 마사지를 받고자 하는 현지인 집들을 방문하면서 한 시간여 동안 마사지를 받느라 꼼짝 않고 누워있는 여성과 대화(수다)를 나누면서 복음을 전했다. 아무런 방해 없이 자신의 달란트를 최대한 활용하면서 계속적인 만남과 새로운 사람들을 자연스럽게 만나면서 활동의 장을 펼쳐간 것이다. 미용 기술이나 아트, 발 마사지 등 간단한 기술 습득으로 재능을 개발하면 현지인과 접근을 용이하게 하고 복음의 확장을 위해 유용한 일이 될 수 있다.

• 장기적인 계획을 세워라

이슬람 지역은 직접적인 복음 전파가 어려운 지역이다. 또한 인종과 문화가 우리와는 매우 다른 곳이기에 현지 문화를 이해하고 적응하며 이들의 세계관과 마음을 이해하는데 많은 시간이 요구된다. 또한 여성들을 속박하고 폄하하며 특히 외국인 비무슬림 여성을 대하는 이들의 사회 속에서 그들을 사랑하는 마음과 불쌍히 여기는 마음을 갖는데는 시간이 오래 걸린다. 그러나 그들을 위해서 십자가에 달리신 예수 그리스도를 생각하며 그분의 마음을 가지고 오래 참으며 장기적인 계획을 가지고 접근해야 한다. 그들에게 다가가는 우리의 마음이 성령의 역사하심으로 그들 속에 전달되어지기를 간곡히 바라며 오늘도 씨 뿌리는 작업을 계속한다.

나는 심었고 아볼로는 물을 주었으되 오직 하나님께서 자라나게 하셨나니 그런즉 심는 이나 물 주는 이는 아무 것도 아니로되 오직 자라게 하시는 이는 하나님뿐이니라(고전 3:6~7).

아멘!

참고 문헌

공일주. 『아브라함의 종교』. 서울: 살림, 2004.

안점식. 『세계관을 분별하라』. 서울: 죠이선교회출판부, 1998.

이규철. 『이집트 문화의 과거와 현재』. 부산: 부산외대출판부, 2000.

Bavinck, Johan Herman. (An) Introduction to the Science of Missions. 전호진 역. 『선교학개론』. 서울: 성광문화사, 1995.

Bosch, David Jacobus. Transforming mission. 김병길, 장훈태 역. 『변화하고 있는 선교』. 서울: 기독교문서선교회, 2000.

Dayton, Edward R. Fraser, David Allen. Planning strategies for world evangelization. 곽선희 외 역. 『세계 선교의 이론과 전략』. 서울: 대한예수교장로회 총회출판국, 1991.

Glasser, Arthur F. McGavran, Donald Anderson. Contemporary theologies of mission. 고환규 역. 『현대선교신학』. 서울: 성광문화사, 1987.

Hesselgrave, David H. Communication Christ Cross Culturally. 2nd ed. Grand Rapids: Zondervan Publishing House, 1991.

Ions, Veronica. Egyptian mythology. 심재훈 역. 『이집트 신화』. 서울: 범우사, 2003.

Kane, J. Herbert. Christian missions in biblical perspective. 이재범 역. 『선교   신학의 성서적 기초』. 서울: 도서출판 나단, 1998.

Kraft, Carles H. Communication Christian Witness. Maryknoll, NY: Orbis Books, 1995.

Lewis, Bernard. (The) world of Islam : faith, people, culture. 김호동 역. 『이슬람 1400년』. 서울: 까치글방, 2001.

Lingenfelter, Sherwood G. Mayers, Marvin Keene. Ministering cross-culturally. 왕태종 역. 『문화적 갈등과 사역』. 서울: 죠이선교회, 1989.

McGavran, Donald Anderson. The bridge of God : a study in the strategy of missions. 이광순 역. 『하나님의 선교전략』. 서울: 한국장로교출판사, 1993.

Moucarry, C. G. Faith to faith : Christianity & Islam in dialogue. 한국이슬람연구소 편. 『기독교와 이슬람의 대화』. 서울: 예영커뮤니케이션, 2003.

Sheikh Sale bin Abdulaziz. 최영길 역. 『성 꾸란 의미의 한국어 번역』. Al Madina: 파하드 국왕 성 꾸란 출판청, 2002.

Wagner, Peter C. Frontiers in missionary strategy. 전호진 역. 『기독교 선교 전략』. 서울: 생명의 말씀사, 1992.

Winter, Ralph D. Perspectives on the world Christian movement. 정옥배 역. 『미션퍼스펙티브』. 서울: 예수전도단, 2000.

무슬림권에서 보건을 통한 의료 선교의 새로운 시도

39

박에벤

박에벤 선교사는 1988년 의과대학을 졸업했다. 2002년부터 현재까지 M국에서 사역하고 있다.

서론

20세기 기독교 선교가 엄청난 부흥을 경험하였음에도 불구하고 21세기에 들어오면서 서구 사회로의 무슬림의 이동, 기독교의 쇠퇴, 기독교에 대한 부정적인 시각, 도시화 및 자연 발생적인 무슬림의 인구 증가(16억)와 함께 여러 가지 이유로 이슬람권을 포함한 세계 선교는 계속 도전을 받고 있다.[1] 로잔 선교대회 이후 하나님의 나라(Kingdom of God)와 하나님의 선교(Mission Dei)라는 개념이 도입되면서 다양한 선교의 방식의 개발과 선교의 주체의 1/3 세계 선교에서 2/3 세계 선교[2]로 변화가 있어 왔다. 케이프타운 선언문에서 언급된 "그리스도를 통해 하늘과 땅의 모은 것들이 하나 되게 하는 총체적인 하나님의 선교"와 로잔 운동에서 강조되었던 총체적 선교(holistic mission)의 당위성이 더욱 더 분명하게 되었다. 하지만 의료라는 전문성 때문에, 그리고 도시화의 현상으로 의료 선교의 현장에서는 전통적인 방식과 전략에 머물고 있고 총체적인 선교와 의료 선교가 융합하는 것을 어렵게 하고 있다.

이 글에서 여전히 총체적 선교가 급격하게 변화하는 무슬림권의 선교의 현장에서 하나님의 나라를 확장하는 데 적합한 방향이라는 것에 대하여 성경적인 근거와 문화적인 설명 그리고 역사적인 예를 들고 자 한다. 또한 의료 선교의 영역에서 보건을 통한 총체적인 접근이 도시화라는 상황 속에서 어떻게 이루어 가고 어떤 효과성이 있었는지에 대하여 저자가 실제로 사역을 한 중앙아시아 그리고 북아프리카의 실제적인 케이스를 나누면서 보건을 통한 의료 선교의 새로운 시도에 대하여 나누고자 한다.

1. 무슬림 선교의 변화

1906년 카이로에서 열린 사무엘 즈웨머(Samuel Zwemer) 무슬림 세계선교대회 이후 본격

---

1   김요한, 『무슬림 가운데 오신 예수』(서울: 인사이더스, 2008), 3.
2   서구권과 비서구권으로 나눌 때 서구권을 1/3 세계, 비서구권을 2/3 세계로 언급함.
3   김학유, "현대 선교학의 동향", 2017.

적으로 무슬림 선교가 시작되었고, 현재 이슬람권의 변화는 급격하게 진행되고 있다.[4] 이전에는 무슬림 지역 내에 있는 개발도상국(중앙아시아, 북아프리카, 동남아시아 등)에서 기독교의 선교적 활동이 어느 정도 허용되었지만 9·11 테러 이후 중앙아시아를 비롯하여 무슬림 지역에서의 NGO를 포함한 선교적 활동이 점차적으로 어려움을 당하고 있다. 심지어는 비자를 해결하기 위한 여러 가지 방법으로 BAM(buisness as mission)을 포함한 여러 가지 형태의 비자 플랫폼을 만들어냈지만 대부분의 이슬람권에서는 선교사들의 창의적 접근 전략이 노출됨으로써 사역하는데 어려움을 겪고 있는 현실이다.[5] 또한 1976년 런던 이슬람 국제회의 이후로 이슬람을 타 국가에 선교하는 적극적인 자세는 물론이고 더불어 선교사의 입국 거부, 선교사추방 그리고 기독교 선교 금지령, 샤리아(꾸란의 통치) 법령 도입 강화, 서구적 제도에 대한 반대 등의 이슬람을 보호하는 전략을 펼치고 있다.[6]

이 모든 상황은 하나님께서 허용한 것이다. 서구 선교사들이 오랫동안 그들의 문화적 배경과 가치관을 가지고 무슬림을 향한 선교적 접근을 해왔지만, 지금은 세계관과 제자화의 방법이 공동체 중심의 사회에 깊이 뿌리를 내리고 있는 2/3 세계인 아시아로 선교의 주도권 방향을 전환하시는 하나님의 경륜을 묵상할 필요가 있다. 특별히 전통적으로 해왔던 수직적이고 개인적인 접근에 근거한 선교 전략에 대한 재고찰이 필요한 것이다.[7]

2. 무슬림 선교에서의 총체적 선교의 필요성

상황화의 주제는 선교역사상 오랫동안 중요한 주제로 존재하였다. 스탠 거트리(Stan Guthrie)는 "다른 사람의 상황에서 접촉점을 발견하고, 그들의 상황에서 복음을 전달하는데 방해가 되는 것들을 제거하는 것"으로 정의하고 있다.[8] 현대 선교에 영향이 된 모라비안 운동

---

4   정마태, 「무슬림 선교의 최근 변화」, 앤아버 소망교회, 2011.
5   BAM의 기본 개념이 비자 문제를 해결하고자 함은 아니다. 하나님의 나라를 확장하고자 함에 있는 것이지만, 부수적인 산출물로서 visa platform을 제공한다. (필자의 설명)
6   이현모, "이슬람의 변화와 선교적 기회", 북가주 세계 선교대회 2012(8월17일 주제 특강 1).
7   수직적 접근(vertical approach)이란 총체적인 접근(holistic approach)이 아닌 제자화, 복음 전도, 사회적 책임 활동 등 하나의 영역을 집중하여서 접근하는 것으로 정의함.

은 상황화 선교에 깊은 뿌리를 두고 있고 허드슨 테일러(James Hudson Taylor)는 중국에서 상황화 선교를 통하여 내륙 선교를 열었고 결국 중국의 복음화에 기초를 쌓게 되었다. 1970년 대에는 필 파샬(Phil Parshall)은 무슬림 지역의 상황화 선교를 강조하였다.[9] 그럼에도 불구하고 '상황화'의 정의를 내리는 데는 조심스러운 태도가 필요하다. 왜냐하면 상황화의 정도에 따라 혼합주의가 될 위험성이 있기 때문이다.[10, 11] 필자는 상황화 선교라는 것이 복음의 정의와 삶 가운데의 실천에 대한 재해석의 과정을 통한 복음의 희석화가 아니라, 복음의 메시지를 전달하는데 있어 선교 대상의 문화와 사회적 구조에 적절한 매개체를 발견하고 인식하는 것에 상황하는 핵심이 있다는 것을 강조하고 싶다.

무슬림의 세계관은 철저하게 공동체 중심적이다. 움마 공동체를 보면 쉽게 무슬림의 삶의 가치관과 삶의 양식은 개인적이기보다는 공동체적이며, 또한 분리적인 사고보다는 총체적인 사고에 근거하고 있다는 것을 알 수 있다. 무슬림 사회에서 정치, 사회, 경제 그리고 종교가 하나로 엮여져 있는 것이 공동체 중심적 사회와 총체적인 사고에 대한 좋은 예이다. 실제로 무슬림 사회에서 그리스도인 공동체가 형성될 때 사회적으로 분리되어지면서 결국 외부의 지원에 의존하는 경우가 발생하는데 이는 건강한 선교의 예라고는 볼 수 없는 것이다. 그렇기에 무슬림권에서의 하나님의 나라의 확장을 위해 총체적인 접근이 절실하며 의료 선교 역시 예외가 될 수가 없는 것이다.[12]

MBB(muslim background believers)의 삶이 전인격적인 그리스도인의 제자의 삶이 되어 그들의 공동체의 변화(transformation)를 추구한다면, 이슬람권에서의 사역자의 삶과 선교의 접근 역시 총체적이여야 함은 당연한 것이다. 하지만 현재 직면하고 있는 도시화라는 새로운 상황은 의료의 전문성이라는 측면과 함께 통전적 접근의 큰 도전을 더하고 있어 의료를 통한 총체적 접근에 대한 재정의는 절대적으로 필요하다고 본다.

8   Stan Guthrie. *Missions in the Third Millennium: 21 Key Trends for the 21st Century* (Waynesboro, GA: Paternoster Press, 2005), chapter 12.

9   Phill Parshall, *Muslim Evangelism*, Gabriel Publishing, 2003,9%(e-book)

10   여기서 복음주의자란 사회적 책임과 상황화를 거절하는 그룹을 말하기보다는 사회적 책임보다는 영적인 구원에 대하여 우선순위를 두면서 좀 더 보수적 입장에서의 주장에 동의하는 그룹을 정의함.

11   전호진, 『문명충돌 시대의 선교』(서울: 기독교문서선교회, 2003).

12   Gene Daniels, Planting Indigenous Churches, http:// www.missionfrontiers.org /issue/ article/ planting - indigenous- churches, 2012.

3. 도시 내 총체적 선교의 재 정의와 보건을 통한 총체적 선교의 전략

로잔 언약과 케이프 선언에 포함된 사회적 책임을 기조로 하는 의료 선교 영역에서의 총체적 접근에 동의하는 의료 선교 사역자들의 노력은 역사적으로 오랫동안 지속되어 왔다. 실제로 우리나라에서는 의료를 통한 총제적인 선교의 예로 여수 애향원과 애향병원이 있고 인도에서는 잠켓 마을이 있다. 이와 같이 총체적 접근의 의료 선교적 활동은 대부분의 경우 자연스럽게 문맹, 빈곤 그리고 의료 서비스의 기회의 부족이 있는 지리적으로 촌락에서 이뤄져 왔고 지금도 그렇다.[13]

하지만 세계는 다양한 배경을 가지고 있는 사람들이 일정한 지역에 급격하게 집중하면서 인구의 밀집도가 높아지는 현상과 함께 도시화되어가고 있다. 도시화된 공간 내에서는 비농업적인 산업 비율이 높아짐으로써 경제, 문화, 환경을 포함한 사회적 변화를 수반하게 된다.[14] 실제적으로 1950년대에는 29%의 도시 인구율이 2050년에는 66%까지 예측하고 있다. 즉 인구의 대부분이 도시 지역에서의 삶을 누리게 되는 것을 의미한다.[15] 이런 변화는 이슬람권에서도 예외는 아니다. 이렇게 도시화되는 상황 가운데 애향원과 잠켓 마을 그리고 현재 촌락에서 행하고 있는 전통적인 총체적 선교는 장애물이 많음을 인정하지 않을 수 없다. 그래서 도시가 가지고 있는 다양한 필요(needs)를 관찰, 연구하여 사회적, 영적 그리고 경제적인 부분을 포함한 다양한 영역의 접근(multi-sectoral approach)을 통하여 가능하다고 생각한다. 이런 다양한 영역의 접근에서 필수적으로 포함되어져야 할 요소는 아래와 같다.[16]

1. 지역에서의 재원 사용(utilization of community resources)

2. 지역의 참여(community participation)

3. 다양한 영역의 포괄적인 포함(inter-disciplinary approach)

---

13   권용우, 『도시의 이해』(서울: 박영사, 2016)에서는 도시의 대칭되는 개념으로 촌락으로 정의하고 있다.

14   권용우, 『도시의 이해』(서울: 박영사, 2016).

15   송미경, "세계 도시화의 핵심 이슈와 신흥도시들의 성장 전망", 서울연구원 세계도시연구센터.

16   다양한 논의가 필요하지만, 필자는 1978년에 WHO에서 발표된 알마타 선언에서 언급된 holistic 접근의 보건 및 개발에 대한 정의를 수정(modify)하였다.

도시라는 상황 속에서 multi-sectoral approach를 통한 총체적 선교의 접근의 실제적인 적용에 있어서 가장 먼저 생각할 것은 어떻게 도시 내에서의 실제적인 필요의 영역과 우선순위를 찾고 정하는 것이다. 지역사회의 필요의 영역에 대하여 국제사회에서 연구, 발표된 것을 살펴보자면 친환경적인 환경, 지역사회의 자원의 공유 그리고 중앙 정부와의 연합을 포함하고 있고 이것은 결국 국제사회가 설정한 지속 가능성 목표(sustainable development goal)와 연결되어지는 것으로 결론을 지을 수 있다.[17, 18]

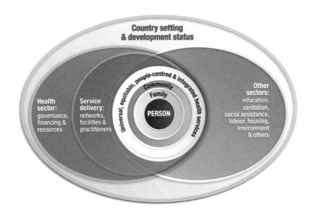

실제로 선교 현장에서 위의 섬기고자 하는 도시 지역 사회의 우선순위의 영역을 고려하여 찾은 대부분의 도시 내 필요의 순위는 보건, 의료, 교육, 환경, 직업 제공, 가난, 중독으로부터의 재활 그리고 여성의 삶의 개선 등이다.[19] 이렇게 필요의 순위를 나열하여 놓고 보면, 도시 내 총체적 선교를 위한 entry point로 보건의 영역이 될 수 있다는 것을 쉽게 알 수 있다. 왜냐하면 실제적으로 대부분의 문제(환경, 의료, 가난, 중독, 여성의 삶의 개선)는 종국적으로 보건 개발 영역과 관련성이 있다는 것이다.[20] 도시 내 지역 보건 및 개발에 대한 연구의 지속적인 노력이 있어야겠지만, 현재로서는 보건의 문제가 도시 내에서의 필요에 있어 가장 중요한 것으로 인정되고 있다. 여기서 보건을 이야기할 때는 보편적으로 이야기하는 병원과 같

17   2000년도에 178개국이 모여서 설정한 새천년 목표에 이어 2015년에 설정된 세계개발 목표(SDG)로서 전 세계가 국제사회에서 동의된 SDG에 연관하여 국가 보건 개발 전략을 수립하고 있다.
18   http://www.urbanet.info/sdgs-integrated-urban-development/
19   http://www.afunfact.com/top-10-problems-world-today/4/
20   Sandro Galea(EDT), David Vlahov(EDT), *Handbook of Urban Health: Populations, Methods, and Practice* (Springer Verlag, 2008).

은 의료 기관에서 이루어지는 '치료의 영역'만을 다루는 것도 아니고, para-medical과 종교 기관에서 정의하고 있는 '치유'라는 너무 광범위한 개념이 아니라 '예방-치료-재활 및 참여'라는 구체적이고 실제적인 영역을 이야기하는 것이다. 실제적으로 현장에서의 보건을 통한 multi-sectoral approach에 대한 예는 뒤에 언급하고자 한다.

4. 보건을 통한 도시 내 총체적 접근과 교회 개척의 융합

예수님께서 이 땅에서 하셨던 사역은 '가르치고 전파하시면서 치유하신 것'으로 정의할 수 있다. 예수님께서 이 땅에 성육신하신 가장 주된 이유는 바로 하나님의 나라를 완성하시는 것이었다. 예수님이 교회의 머리가 되신 것을 생각하면 결국 이 땅에 교회를 세우고, 세워진 교회를 통해 하나님의 통치 원리가 세워지는 나라를 이루고자 함이라고 예수님의 사역을 정리할 수 있을 것이다. 교회란 건물이 아니라 믿음을 가진 형제들과 자매들의 모임, 즉 '에클레시아'라는 것에 동의하여야 한다.[21] 신약에서 에클레시아는 신앙고백을 한 믿음의 공동체 ― 사도의 가르침을 받아 서로 교제하며 떡을 떼며 기도하기를 전혀 힘을 썼다(행2:42) ― 의 무리를 가르치고 있다. 교회 내부에서 나눔을 통한 경제적인 정의(economic justice)을 실행할 뿐 아니라 교회 밖에서도 '가난한 자'와 '소외된 자'들을 돕는 직책을 위해 집사직을 세워 제도화된 사회 활동(행 6:5)을 한 것을 보면 초대 교회의 믿음의 공동체 사역의 형태 역시 예수님과 마찬가지로 총체적이고 전인적인 모양을 갖추고 있었다. 이와 같이 교회 공동체가 세상을 향해 나아가자는 운동으로 선교적 교회 운동(missional church movement)가 있다. 필자 역시 'missional'(선교적)이라는 단어를 사용하고자 한다.

이런 전제하에서 앞에서 언급한 것처럼 이슬람권에서의 총체적인 사회에서의 수직적인 접근[22]이 아니라 보건을 통한 총체적인 접근은 당연히 교회 개척과 융합되어야 한다. 교회에 대한 정의가 다르고 교회 개척에 대한 견해의 다양함을 인정을 하지만 영적인 영역까지 포함

---

21   교회(에클레시아, church)에 대한 정의 및 특징-개신교적 관점
22   지역사회와 분야에서 발견되는 한 가지 문제에만 집중하여 개선하고자 하는 것으로 정의한다. 예를 들면 HIV 사업, 아동 교육 사업, 직업 훈련 사업 등이 있다. 수평적 접근은 반대로 총체적인 접근이나 통합적인 접근을 말할 때 사용한다.

하는 성경적인 총체적 선교에 동의를 한다면 의료 사역 가운데 교회 개척은 해도 되고 안 해도 되는 것이 아니라는 것이다. 그렇기에 의료 선교 현장에서의 풀어야 할 가장 중요한 숙제는 보건을 통한 총체적 접근에 교회의 개척을 포함하여야 하는 것에 대한 당위성이 아니라 당연히 포함되어져야 할 교회 개척이 어떻게 의료 영역을 뛰어넘어 우리가 섬기고자 하는 지역에서 필요로 하는 다른 영역과 융합되어야 할 것이냐는 것이다.

필자의 경험을 바탕으로 multi-sectoral approach와 교회 개척의 융합에 대한 전략과 missional community in urban city를 통한 missional movement의 도식도를 아래와 같이 정리하였다.

첫째, 교회 개척에 대한 비전을 가지고 보건 프로젝트를 팀으로 접근하여야 한다.

둘째, 보건 프로젝트를 entry point로 하여 다른 영역으로의 사역을 확대한다.

셋째, 교회 개척에 있어서의 믿음의 형제. 자매들이 보건을 통한 총체적 접근의 현장에서 '삶과 예배'의 신앙의 훈련을 할 수 있는 장을 마련해야 한다.

넷째, 믿음의 형제들의 교회 공동체가 결국은 missional church로서의 또 다른 총체적 접근의 주체가 되어야 한다.

multi-sectoral approach와 교회 개척의 융합을 통한 도시의 변화의 도식도[23]

---

23   필자가 도시 내에서 보건 프로젝트를 entry-point로 하여 missional community를 형성하는 과정을 도식화함. 결국은 cross-cultural context에서의 수혜자와 공여자의 관계가 아니라 intercultural context라는 이해 속에서의 각각의 믿음의 공동체가 missional activities을 통해 최종적으로 열방에 하나님 통치의 원리가 세워지는 것에 대한 내용임.

5. 실제 필드의 경험

중앙아시아 BE국

BE국은 중앙아시아에서 문명의 십자로라고 불리는 나라로 박해지수가 세계 1위에 해당되는 나라였다. 강한 무슬림 사회 속에서 외국인과의 접촉만으로도 살해를 당할 수 있는 사회였다. 본 필자는 9·11 테러 이후 그곳 NGO 병원에서 활동하였다. 복음을 전하는 것은 물론이고 그리스도인이라는 것을 밝히는 것조차도 위험을 감수해야 하는 것이 BE국의 현실이었다. 대부분 다른 NGO의 지역 중심의 보건 개발 사업 장소는 촌락이었으나 필자가 활동하였던 NGO가 주로 활동하였던 곳은 수도 P였다. 병원에서 의료와 보건을 중심으로 사역을 시작하여 자연스럽게 다른 NGO의 다른 사역자들과 연합을 하였다. NGO 활동과 일상 생활을 하며 접촉한 형제들 가운데 복음을 기적같이 하나님의 은혜로 받아들이게 되었다.

사역 기간이 5년 정도밖에 되지 않아서 총체적 접근의 열매를 보지는 못했다. 보건이 아닌 의료라는 시작점으로 도시에서 사역을 시작하게 되었지만 도시라는 상황 가운데 의료, 교육 그리고 비즈니스(언어 센터와 의료 비즈니스)를 현지 믿음의 형제와 함께 시도를 하였다. 이때 의료 및 교육은 다른 단체의 사역자와 하고 비즈니스는 현지 형제들과 함께 하여 팀으로 비전 나눔을 통해 총체적 접근을 통한 P도시의 영적인 변화와 함께 다양한 분야에서의 변화에 대한 소망을 가지고 있었다.

북아프리카 CE국

CE국은 지리적으로 유럽과 가까워 서양의 문화, 특히 프랑스의 영향을 받고 있는 나라이다. 역사적으로 기독교 지역이었음에도 불구하고 이슬람화된 이후에 눈 녹듯이 기독교가 사라졌다. 이곳은 중동 지역과는 달리 지상 교회가 전혀 없는 것이 특징이다. 하지만 다른 많은 근본 이슬람 지역처럼 물리적으로 생명을 위협받는 핍박보다는 사회적으로 격리되는 정도의 박해가 있다. 박해 정도를 보면 충분히 지상 교회가 세우고자 하는 믿음의 형제자매들의 희생이 있을 법한데 그러지 못하는 것이 이곳의 현주소이다. 존재하고 있는 대부분의 지하 모임도 여전히 외부에 의존하고 있는 수준이다. 이렇게 믿음의 형제자매들의 자립적인 모임을 가지지 못하는 이유는 서로 간에 믿지를 못하고, 핍박과 사회적 격리에 대한 두려움은 물론이고 자신들이 속해 있는 공동체 내에서의 사회적 존재(social identity)를 가지지 못하기 때문이다.

CE국의 B도시는 사회경제적으로 높은 실직율과 함께 열악한 지역으로써 마약을 쉽게 구할 수 있어 지역사회 전반적으로 치안 역시 문제가 된다. 지역사회 환경이 이렇다보니 당연히 문맹율도 높고(약 40% 이상) 도시 빈민의 문제 역시 존재하고 있다. 이런 상황 속에서 자연스럽게 보건지표는 좋지 않았다. 즉 높은 결핵 발생률, 낮은 모성보건지표 그리고 깨끗한 식수의 접근의 어려움이 있다고 WHO에서는 발표하였다. 우선순위를 정하자면 경제, 교육, 치안, 교육, 보건을 필자는 정할 수 있었다. 하지만 CE국은 이슬람 지역으로 B도시에서 꼭 필요한 교육이나 장애인들의 사역의 접근에는 국가와 사회가 민감한 반응을 보이고 있다. 또한 이런 지역에서 수직적으로의 접근으로 각각 요소의 분야에서 성과물을 낼 수 있겠지만, 지역사회를 변화할 수가 없는 것이 현실이었다.

Indicates poor performance in comparison to the national level.

Indicates performance below the planned goals and slightly lower in comparison to the national level.

Indicates good or similar performance in comparison to the national level.

The Indicator is not available to compare.

policy domain	indicators	Medina	Grand Sidi Moussa	Said Hajji resettled population	Said Hajji area 14 population	National level
Health indicators	Fully immunized children under one (%)	98.2	99.2	100.0	99.4	95
	Exclusive breastfeeding until 6 months (%)	76.6	81.5	78.1	72.3	50
	Skilled birth attendance(%)	93.9	83.1	84.4	96.4	90
	Matemal mortality (per 100,000 live births)	0.0	0.0	0.0	0.0	83
	Incidencs of tuberculosis (per 100,000 population)	197	170	NA	72	65
	Postnatal care (%)	49.70	50.5	60.60	85.1	80
	Contraceptive use rate (%)	52.3	55.7	61.9	66	65

Physical environment and infrastructure	Access to safe drinking-water (%)	60	57	96.6	100	100
	Access to sanitation (%)	84	68	100	100	100
Human and social development	Male adult illiteracy rate (%)	36.1	57.7	42.1	10.4	28.1
	Female illiteracy rate (%)	61.0	75.2	67.3	20.4	50.8
	Health insurance coverage rate (%)	18.6	7.9	52.4	65.1	80
Economics	Households earning less than 50 Moroccan Dirham(MAD) a day (%)	56.0	73.2	25.2	5.8	NA
	Male (fathers) employment (%)	75.2	77.3	76.7	82.0	75.3
	Female (mother) employment (%)	20.6	15.6	10.1	76.7	25.8
	Total household annual expenditure (MAD)	1876	1398	1973	3629	1158

이런 현실 속에서 보건이라는 영역인 결핵 사역을 통하여 B도시의 지역사회로 진입이 가능하였다. 보건 사역을 통해 지역사회 내에서 관계를 쌓아가면서 신뢰를 얻고 난 뒤는 저자가 크리스천인 것을 알면서도, 또 다른 사역을 할 수 있도록 문을 열어주었다. 시간이 지나면서 다른 보건 사역, 즉 모성 보건 사역과 학교 보건 사역을 할 수 있었고, 그런 가운데 믿는 형제자매들이 자연스럽게 생겼다. 그 후에는 현지 NGO를 같은 지역에 있는 다른 영역의 사역자(비즈니스 사역자)와 현지의 믿는 형제가 함께 설립을 하고 지역 내에서 긍휼 사역을 시작하였다. NGO와 보건 사역 이외에도 의료 기기 수입과 수출과 관련된 비즈니스를 작년부터 시작함으로써 지역 내 직업 창출의 기회를 통해 B도시가 필요한 다양한 분야에서 활동이 가능하게 되었다.

결국 보건 사역, 비즈니스 사역, 현지의 NGO 사역을 통해 multi-sectoral approach를 하면서 현지 믿음의 형제자매들이 지하 교회가 세워지는 것을 경험하고 있다. 이렇게 세워진 교회는 한국이나 서구에서 보는 정통적인 교회의 모습과는 달리 지역사회에서 '빛과 소금'의 역할을 감당한다. 향후 교회 내에서도 교육기관을 포함한 다양한 활동을 의논하며 또 다른 총체적인 선교와 하나님의 선교를 추구하고 있다.

아직까지는 필자가 사역하고 있는 B지역의 변화와 transformation을 볼 수는 없지만, 이

전 사역자와 선교역사 가운데서 총체적인 접근을 통하여 변화가 있다는 것을 알고 있기에 시간이 지나면서 multi-sectoral approach와 함께 B도시에 필요한 교육, 보건, 경제 등의 분야에서 놀라운 하나님의 선교의 열매가 맺어지리라 믿는다. 실제로 NGO를 통한 보건 사업과 비즈니스를 통한 공동체 내에서 믿는 형제자매들의 참여를 통해 신뢰와 리더십을 성장시키며, 모임의 재생산이 있음을 이곳 사역자들이 고백하고 있다.[24]

결론

종교를 문화와 사회로부터 분리하기 어려운 무슬림 공동체 내에서의 선교적 접근은 분명히 전인적이고 총체적인 접근이 필요하다. 더 나아가서는 무슬림 사회에서 믿는 형제자매들의 분리가 아니라 힘들고 어렵지만 어떻게 하면 그들이 속한 무슬림 공동체 내에서 머물면서, 동시에 그들의 공동체를 개변하는데 역할을 담당하게 할 것인가에 대한 선교의 방향 전환과 전략이 필요하다. 이런 부담은 의료 선교 영역에서도 예외는 아니다. 20세기 후반까지는 병원과 의과대학 설립이 의료 선교의 핵심 모델을 통해 선교지에서 의료 수준을 향상시켰고 서구화와 현대화를 이끌었는데[25] 이제는 오랫동안 논의되었던 다양한 의료 선교 전략에 대한 결실을 맺어야 할 시대임을 깊이 깨달아 하나님의 선교를 이루어서 섬기고자 하는 지역에 단순한 의료 영역의 변화를 뛰어넘는 놀라운 '개변과 변혁(transformation)의 역사'를 이루겠다는 비전을 가져야 할 것이다.

이런 비전 가운데 도시화라는 상황 가운데서 총체적인 접근이 무엇인가에 대한 담론을 시도하고자 하였다. 필자는 도시화 속에서 공동체 기반의 무슬림 선교 전략으로 "교회 개척을 포함한 다양한 영역(multi-sectoral approach/ inter-disciplinary approach)을 포함하는 수평적 접근"이라고 생각한다. 실제로 이런 시도로써 Community Health Evangelism(CHE)과 Missional Church Movement가 선교 현장에 존재하고 있다. 하지만 저자는 의료인으

---

24   현재 북아프리카 C국에서 사역하고 있는 2명의 한국 사역자와 4명의 현지 형제자매들의 인터뷰를 통한 내용임

25   21세기 시대 변화에 발맞춘 의료 선교 전략이 필요하다 - 박경남 선교사의 기고글

로서 좀 더 구체적으로 '보건'을 시작점으로 하여 섬기고자 하는 '도시 공동체'에 들어가서 'missional 공동체의 형성과 활동들'을 통해 '여러 영역에서의 영향력과 변화'를 만들어 감으로써 '도시 내에서의 변혁'을 이루고, 더 나아가서는 이 믿음의 공동체가 열방을 향해 나가서 '하나님의 나라'를 확장할 수 있다는 현장 경험을 가지고 이 글을 작성하였다. 결론적으로 필자가 2003년부터 선교지에서 활동을 하면서 느끼는 것은, 너무 다양한 상황을 가지고 있는 이슬람권에서 앞으로 어떻게 공동체 기반의 의료 선교를 해야 할 것인가에 대한 방법론은 지속적으로 함께 고민해야 할 것이다.

무슬림 선교의 도구로써
의료 선교

40

최조영

최조영 선교사는 1993년 한림대학교 의과대학을 졸업했다. 1993~1994년 한림대학교 강동성심병원 인턴 수료, 1994~1998년 한림대학교 강동성심병원 내과, 1998~2001년 군의관, 2001~2004년 제천 서울병원 내과에서 근무했다. 2004년 기독교 대한성결교회 교단 선교사 훈련 후 알바니아 선교사로 파송 받아 사역하고 있다. 2014~2015년 뉴저지 럿거스 대학병원 내과 수련.

들어가는 말

21세기 들어 현저한 현상으로 두드러지게 된 것이 바로 이슬람권의 테러입니다. 주로 서유럽과 미국을 대상으로 한 테러가 이어지면서 한국에는 다소 생소한 종교인 이슬람에 대한 관심이 일반인에게서도 높아지고 있습니다. 교회나 선교에 관심이 있는 사람들에게 이슬람은 이 시대의 강력한 도전 중에 하나입니다. 그러나 이슬람 신자들인 무슬림들도 하나님께서 구원하시기 원하는 귀한 영혼들임에 틀림없습니다. 무슬림들을 구원하기 위해서는 무슬림들을 이해할 필요가 있습니다. 필자는 의료 선교사로서 무슬림권인 알바니아에서 약 13년간 일하면서 겪은 경험들을 통해 의료 선교가 무슬림들에게 복음을 전하는 도구로서 아주 훌륭하며 이를 더 영향력 있게 하기 위해서는 몇 가지 준비가 필요하다고 생각하게 되었습니다. 부족한 저의 생각을 이 짧은 글을 통해 나눔으로 의료 선교에 임하는 여러분들과 소통하고 더 나아가 무슬림 선교의 돌파가 이루어지는 기초의 한 조각이 되기를 바랍니다.

1. 무슬림 선교

이슬람에 대한 관심이 높아짐에 따라 이슬람 신앙에 대한 책들이 많이 출판되고 있습니다. 이 중에는 이슬람 신자들이 그 신앙을 전파하기 위해 출간한 책에서부터 그들에 대해 비판적인 관점으로 쓴 책까지 다양합니다. 그 모든 내용과 관점을 모두 다룰 수는 없기 때문에 기본적인 내용만 이야기하고 싶습니다. 이슬람은 아시는 것처럼 기원 후 6세기에 태어난 무함마드에 의해 시작된 종교입니다. 무함마드는 알라가 보낸 천사로부터 계시를 받아 꾸란을 전하여 준 것으로 알려져 있습니다. 이 꾸란이 이슬람의 가장 중요하고도 유일한 경전이고 무함마드는 이 경전을 전한 선지자로서 무슬림들에게 최고의 권위를 가진 선생으로 인정되지만 기독교의 예수님처럼 신성을 가진 존재로 여겨지지는 않습니다. 이토록 중요한 꾸란을 자세하게는 몰라도 어느 정도는 알고 있어야 무슬림이 무엇을 믿는지 이해할 수 있고 그들에게 선교를 할 수 있는 기초를 준비할 수 있습니다. 이 꾸란에 의하면, 우리 기독교는 무슬림들과는 다른 책인 '신약을 받는 사람들'로 불립니다(유대인들은 '구약을 받는 사람들'로 불립니다). 꾸란은 신약과 구약을 모두 하나님이 내리신 책으로 인정합니다. 또한 이슬람 전통에서 수많은 선지자들이 있지만 그중에 아담, 아브라함, 모세, 다윗, 예수, 무함마드 이렇게 여섯 선지자들은 책을 전하여 준 선지자로서 더욱 존경받는 사람들입니다. 이 정도만 보아도 이슬람이 우리와 결코 먼 사이가 아님을 느낄 수 있습니다. 여섯 선지자들 중 다섯 명이 성경에 나오는 사람들입니다.

문화적 영향을 받는 예배, 기도, 예전, 건물, 복식 등 눈에 보이는 것들은 많이 달라 보일 수 있습니다. 그러나 이렇게 눈에 보이는 것들의 이면에는 우리와 많이 닮아 있는 것이 이슬람입니다. 이들에 대해 알면 알수록 우리와 그들 간에 공통점이 많음을 느낍니다. 선교사들은 타 문화권에 들어가서 선교를 할 때 그 문화를 배우고 연구하여 그 속에 '선교적 유비'라고 불리는 것을 찾으려 노력합니다. 선교적 유비란 현지인의 문화 속에 복음적 내용과 유사하여 복음을 설명하는데 유용하게 쓰일 수 있는 것들을 말합니다. 허드슨 테일러는 한자를 풀어서 복음의 내용을 설명하곤 했습니다. 예를 들면 옳을 '義'(의) 자는 위에 양 '羊'(양) 자가 있고 밑에 나 '我'(아)자가 있습니다. 이는 하나님이 나를 보실 때 내 위에 있는 희생 제물인 양을 보고 나는 가려지는 것이 옳을 '義(의)'의 개념이라는 풀이입니다. 이 내용은 하나님이 예수님의 십자가 희생을 통해 내 죄가 용서되어 의인이 된다는 복음의 내용과 유사한 선교적 유비가 될 수 있습니다. 우리 기독교 선교는 이런 선교적 유비를 폭넓게 사용해왔습니다. 이런 의미에서 보면 꾸란과 이슬람 신앙은 선교적 유비로 가득 차 있습니다. 이를 잘 연구하여 사용하면 무슬림들에게 예수님의 복음을 이교도의 교리가 아닌 자기들의 이야기로 들리게 할 수 있습니다.

무슬림을 바라보는 기독교의 관점은 다양할 수 있지만 대체로 두 가지로 나눌 수 있습니다.

첫 번째는 이교도로만 보는 것입니다. 이것은 더 오래됐고 더 많은 사람들이 가지고 있는 관점입니다. 무슬림들은 수많은 이교도들의 하나로서 복음과는 결코 융합할 수 없는 신앙을 가졌으므로 그들에게 전도하고 개종시켜 그리스도인이 되게 해야 하며 그들의 신앙을 이해하기 위한 노력은 유익하지 않다는 생각입니다. 과거 십자군 운동 시대부터 수많은 사건들을 통해 이런 관점들은 표현되었고 지금도 표현되고 있습니다. 이슬람 복장을 한 사람들이 주위에 보이면 긴장하고 탄식하며 큰일 났다고 여기기도 합니다.

두 번째는 진실한 하나님을 찾는 길에 있는 사람으로 보는 것입니다. 그들은 자신들의 신앙 안에서 진실한 하나님을 찾았다고 믿지만 그 안의 공허함과 심판의 두려움은 그들을 자기 종교의 의미인 '평화'의 사람들이 아닌 폭력의 사람들로 내몰기도 합니다. 그들에게 정말 필요한 것은 예수 그리스도의 복음이고 예수는 자신들의 선생인 무함마드조차 존귀한 '하나님의 말씀'이시라고 불렸던 분임을 알고 그분께로 나아오게 도와줘야한다고 보는 것입니다. 그들의 모든 노력들도 이런 진실한 하나님을 찾기 위한 노력이고 이것은 예수 그리스도를 인격적으로 만남으로 가능함을 가르쳐 보여주는 것입니다.

이런 무슬림을 바라보는 선교적 관점의 차이는 무슬림 선교를 다양한 모습으로 만들고 있습니다. 많은 분들이 보신 '미션 퍼스펙티브'에서는 C1에서 C6까지의 선교 스펙트럼을 설명하고 있습니다. 그 개념을 다 설명하지는 않겠지만 C4와 C5가 대개 고민의 경계선인 경우가 많습니다. 그리 오래되지 않는 시간 전에 '내부자 운동'이라는 개념의 선교가 시작되어 이슬람 선교의 또 다른 흐름을 이어가고 있습니다. 여기에 전통적인 교회 개척과 전도, 제자 양육 까지 다양한 이슬람 선교의 방법론들이 각각의 배경을 지닌 채 소개되고 실시되고 있습니다. 저는 이 개념과 방법들을 여기서 설명할 능력도 부족하고 자질도 부족합니다. 그래서 제가 가진 무슬림 선교의 보편적인 기본을 이야기하려 합니다.

첫째, 선교는 문화의 요소를 배제할 수 없습니다. 따라서 선교지의 문화를 배우고 연구하는 것은 필수적입니다. 무슬림 문화의 가장 중요한 기초가 꾸란이며 꾸란을 통한 그들의 신앙을 이해하는 것은 필수적입니다. 전문적일 정도는 아니라 하더라도 전체적인 개론과 가장 중요하게 여기는 신앙을 이해하고 더 나아가 꾸란에서 선교적 유비들을 찾을 수 있다면 무슬림들을 만나 전도를 할 때 매우 유익할 것입니다.

둘째, 이슬람은 기본적으로 평신도 운동입니다. 성직자들이 있지만 기독교처럼 신학교를 마치고 경력을 쌓고 시험을 봐서 성직자가 되는 과정이 없는 경우가 많습니다. 모스크에서 기도를 노래하고 꾸란을 가르치는 사람들도 세속 직업을 가진 경우가 많습니다. 그만큼 세속 직업이 중요합니다. 그들에게 선교만 하고 세속 일을 하지 않는 선교사라는 사람들은 이해하기 어려움을 넘어서 경계의 대상입니다. 무슬림에게 전문인 선교가 유리한 이유의 한 가지입니다.

셋째, 이슬람은 공동체를 지향하며 이를 '움마'라고 합니다. 움마 공동체는 여러 특징이 있지만 그중 하나가 꾸란 선생을 중심으로 한 학습 공동체입니다. 움마에서 선생은 그 중심이 됩니다. 무슬림들에게 삶의 길을 가르쳐 주는 선생은 존경받는 사람입니다. 그들을 중심으로 사람의 탄생, 결혼, 죽음 등과 관련된 예전이 이루어집니다. 무슬림 선교에서 선교사가 선생으로 인정받는 것이 중요합니다. 그러나 선교사가 꾸란을 배우고 가르칠 수는 없는 노릇입니다. 하지만 선교사는 성경을 가르침으로 선생으로 인정받을 수 있습니다. 무슬림들은 선생의 가르침을 존중합니다.

2. 의료 선교

의료 선교는 이렇게 의료 선교학으로 책이 나올 만큼 다양한 분야를 망라합니다. 사실 의료가 선교에 이용된 것은 현대 선교의 초기부터는 아니라고 합니다. 선교사들을 파송하면서 생기는 건강의 문제를 해결하기 위해 선교부에서 의사들을 파송하면서 시작된 것이 의료 선교라고 합니다. 그렇게 시작된 의료 선교는 선교지에서 교육과 함께 중요한 영역으로 인정되었고 전통적 선교와 함께 역사가 오래되고 대표적인 전문인 선교의 영역이 되었습니다. 오늘날 전문인 선교의 영역이 다양화되고 있지만 여전히 전문인 선교에서 의료 선교의 비중은 줄어들지 않고 있습니다. 의료 선교사는 목회자 선교사님들(전문인 사역을 병행하시는 분들을 제외한)에 비하여 세속 직업을 가지고 그것을 통해 복음을 전합니다. 때로는 그것을 도구로, 때로는 그것 자체를 통해서 복음을 전합니다. 의료 선교가 전문인 선교로서 세속 직업을 가지고 이루어지는 만큼 무슬림들에게 받아들여지기가 쉽습니다. 앞의 무슬림 선교에서 언급한 것과 같이 세속 직업을 가지고 또 가정을 가지고 사는 사람들을 그들은 경계를 풀고 대합니다.

의료는 의식주와 함께 인간의 보편적인 필요입니다. 세상 어디에도 아픈 사람은 있습니다. 그리고 아픈 사람들과 관계를 맺는 가족들이 있습니다. 무슬림들이 사는 지역들은 경제적으로 편차가 큰 편이지만 경제적으로 어려운 지역의 무슬림들일수록 의료 서비스의 공급이 부족하고 따라서 그나마 부족한 서비스를 공급해주는 의료인들을 더 소중하게 느낍니다.

그런 의료인의 말은 어려운 형편의 무슬림들에게 큰 영향력이 있습니다. 의료 선교사는 당연히 환자를 상대합니다. 일반 병원에서 환자들이 병원의 직원들을 대하면서 가지게 되는 관계를 선교지에서도 갖게 됩니다. 물론 그 문화적 영향을 받겠지만 의료인과 환자의 관계라는 본질은 크게 바뀌지 않습니다. 의료인-환자 관계는 치료를 목적으로 상호작용을 하게 되는데 치료라는 목적을 달성하기 위해 환자는 많은 부분 의료인을 의지합니다. 의료인의 말이 환자에 의해 존중받을 수밖에 없는 이유입니다. 이런 관계의 특수성은 의료인인 선교사의 말이 선교지의 환자에게도 존중받게 하는 배경이 됩니다. 물론 여기에 선교사가 인격적으로 훌륭한 모본을 보여준다면 환자는 존경해 마지않을 수 없습니다. 한국에서는 의사를 '선생님'을 붙여서 불러줍니다. 비록 다른 문화에서 이렇게 선생님으로 불러주지는 않는다 해도 환자들이 의사들을 무시하는 것이 일반적인 문화는 극히 드뭅니다. 무슬림들에게도 이는 마찬가지이며 선교사의 말과 행동에 따라서 그들에게 존중받는 선생님으로 인정받을 수 있습니다.

여기에 더하여 의료인이자 삶의 선생으로 인정받을 수 있다면 무슬림들은 선교사의 말에 더욱 귀 기울일 것입니다. 의료인인 선교사가 무슬림들의 인생 스승이 되기 위해서 그들이 믿는 꾸란의 내용을 매개로 하여 성경의 내용을 그들에게 가르칠 수 있다면 무슬림들은 선교사의 말에 귀 기울이게 될 것입니다. 실로 꾸란은 복음의 내용을 그들에게 설명하기 위한 선교적 유비로서 아주 훌륭합니다. 그들이 알고 있는 내용들을 들어서 성경과 복음의 진리들을 그들에게 가르칠 수 있도록 준비되어 진다면 의료 선교사야말로 무슬림들에게 복음을 전하는 가장 유리한 사람들 중 하나가 될 것입니다.

3. 짧은 경험

필자는 수년 전 현재 섬기는 나라인 알바니아에서 어느 장애인 시설의 아이들을 진료한 적이 있습니다. 일주일에 한 번 그 시설에 가서 아이들을 진료하던 중에 시설의 책임자로부터 몇 주 후에 밧소레라는 지역에 있는 장애인 아이들이 시설을 방문하는데 우리가 그 아이들을 진료하면 좋겠다는 말을 들었습니다. 그 부탁대로 그 아이들이 방문하는 2주 동안 진료를 하게 되었습니다. 진료를 하다 보니 아무래도 장애인들이라 만성적인 문제를 가진 경우가 많았습니다. 그 아이들의 보호자들에게 우리 가정이 그들을 방문해서 진료를 해도 되겠느냐 물었더니 좋다고 환영해주었습니다. 그렇게 되어 그 가정들을 일주일에 한 번씩 방문하면서 아이들뿐 아니라 가정의 일반적인 환자들도 함께 진료해주었습니다. 약 6개월 정도를 방문 하면서 가족들에게서 그 이웃들에게로 확장하여 방문하는 횟수가 늘어났고 그 가정들과 관 계도 가까워졌습니다. 그리고 기회가 되면 말씀을 통해 전도도 하였습니다.

그러다가 한국에서 어느 교회를 중심으로 의료 선교팀이 알바니아를 방문하는 계획이 생기게 되었습니다. 우리 부부는 그 의료 선교팀이 우리가 방문하는 가정들로부터 가까운 교 회에서 진료를 하도록 준비하고 그 가정 환자들을 초청하면 그들을 지역 교회로 연결시킬 수 있겠다는 생각을 하게 되었습니다. 이를 위해 사전에 가정들을 방문하며 교회에서 진료가 있 으니 꼭 오시라고 말씀을 드리자 한 가정도 예외 없이 오겠다고 약속을 했습니다. 드디어 의 료팀이 도착하고 그 지역의 교회에서 진료를 하게 되었습니다. 많은 환자들이 왔지만 이상하 게도 우리가 방문하는 가정들의 사람들은 보이지 않았습니다. 모두 진료를 하는 교회와 관련 된 사람들뿐이었습니다. 우리 부부는 이상하게 생각했습니다. 정작 기대했던 사람들이 오지 않은 이유가 무엇일까 생각하며 단기팀이 돌아간 후에 가정을 방문할 때 물어보았습니다. 사 람들은 곤란한 표정을 지으며 선뜻 이해하기 어려운 핑계들을 댔는데 그러다가 어느 가정에 서 할아버지와 할머니 두 분이 지역의 평판을 이야기했습니다. 자기들이 그 교회를 가면 평 판이 나빠진다는 것입니다. 그것이 무슨 뜻인지 묻자 주위 가정들이 모두 무슬림들이고 자기 들도 무슬림임을 이야기합니다. 그리고 보니 교회가 있는 장소 바로 10m 옆에 모스크가 있 었습니다. 무슬림들이 누가 교회에 가는지 보고 있다는 것입니다. 사정이 있어서 모스크에 못 가는 것은 이해하지만 교회에 가는 것은 배신으로 여긴다는 것입니다. 우리는 의식하지 못하던 움마 공동체의 견제가 밑에서 작동하고 있음을 알게 되었습니다. 그리고 보니 우리가 방문하던 가정들 모두가 무슬림이었습니다. 그러니 한 사람도 교회에 오지 못했던 것입니다. 교회까지의 지리적 거리는 불과 50m 정도이지만 문화적, 종교적 거리는 지구 반대편이나 마 찬가지였습니다. 그들에게 같은 동네에 있는 교회는 존재하지 않는 건물이었고 그곳에 가는 것은 생각도 할 수 없는 일이었습니다.

상황이 이러함을 알게 되자 우리 부부는 그들을 교회로 오게 하기 보다 우리가 그들 가정을 방문하여 전도하고 양육해야겠다는 생각을 하게 되었습니다. 무슬림들은 손님 대접의 문화가 있어서 자기들이 동의할 수 없어도 손님의 체면을 생각해서 이해하는 듯한 반응을 보입니다. 그러나 정말로 그 사람이 복음의 내용을 받아들였다고는 할 수 없습니다. 벽에 꾸란이 걸려 있는 집 안에서 아픈 사람들을 돌보아주고 기도만 하고 나오는 단계를 벗어나 마음을 강하게 먹고 점차 성경을 펼쳐서 복음을 전하기 시작했습니다. 그러면서 스스로 공부해서 배운 꾸란의 내용을 성경적 관점에서 해석하여 설명해주고 그들이 의미도 모른 체 행하는 무슬림 전통들의 의미를 성경적으로 해석해서 가르쳐주는 일을 계속하다 보니 점차 그들이 우리를 대하는 태도가 달라지는 것을 느끼게 되었습니다. 그 전에는 손님이고 자기들에게 혜택을 주는 사람이었다면 이제는 자기들의 삶의 방식을 설명해주고 하나님의 말씀에 따라 자기들에게 충고하는 선생으로 우리를 대하기 시작했음을 느낀 것입니다. 어느 날은 저의 전공이 의학이냐 아니면 성경이냐고 묻기도 합니다. 제가 성경을 펼쳐서 이야기하기 시작하면 아이들에게 떠들지 못하도록 조용히 시키고 온 가족이 저에게 집중을 합니다(물론 그러지 못할 때도 있지만 대부분 주위를 집중시키려 노력합니다). 그런 변화 속에서 복음의 핵심들을 설명하면서 예수를 믿느냐고 도전하자 믿는다는 고백을 합니다. 성경을 선물하자 꾸란처럼 소중한 곳에 보관합니다(읽기보다는 보관만 하는 경향이 있습니다). 읽기보다 선생이 가르치는 것을 듣는 것을 더 좋아하는 것 같습니다. 성경을 하나님의 말씀으로 믿느냐고 물으면 그렇다고 고백하는 사람들이 생겨납니다. 어느 가정에서 아기가 태어났는데 우리를 그 아이의 후견인으로 정하는 의식을 행하기도 합니다.

아직 갈 길이 많이 남았지만 부담감 속에서 어렵게 성경을 읽기 시작하던 시절을 생각하면 지난 수년 사이에 하나님이 분명히 일하고 계심을 고백하게 되는 변화가 시작되었음을 부인할 수 없습니다. 그리고 그런 변화에는 저의 의료인이라는 직업과 꾸란을 함께 설명하는 태도, 우리 부부에 대한 가족들의 신뢰가 복합적으로 기여했다고 생각합니다. 물론 이 모든 것 위에 일하시는 성령의 도우심이 없으면 불가능한 변화입니다.

맺는 말

아직 저의 경험이 일천하여 더 진행된 이야기를 나눌 수 없음을 안타깝게 생각합니다. 그러나 무슬림들의 도전이 계속되는 이 시대에 저의 작은 경험이나마 나누어야 할 필요를 느껴서 이렇게 글을 씁니다. 우리에게는 이슬람이라는 세계가 생소하지만 이슬람은 거대하고 그 안에는 너무나도 다양한 전통과 문화가 있습니다. 중동의 이슬람과 동남아시아의 무슬림이 다르고, 북아프리카의 무슬림과 유럽의 무슬림이 다릅니다. 따라서 알바니아의 무슬림들은 또 다른 그들만의 특색과 전통을 가지고 있어서 다른 지역의 무슬림들에게 잘 활용된 방법이 여기서도 통한다는 보장은 없습니다. 그 말은 바꾸어 말하면 지금 제가 대하는 알바니아의 무슬림들을 가장 잘 알고 그들을 위한 전략을 짜는 책임이 저와 같은 알바니아 선교사들에게 있음을 말합니다. 다른 지역의 무슬림 선교도 마찬가지일 것입니다. 여기서 제가 밝힌 선교의 접근방식이나 전략이 불완전하고 부족함을 잘 압니다. 아직도 보완해나가야 할 부분이 많이 있습니다. 다른 지역의 무슬림 선교사님들도 같은 고민을 가지고 일하고 계실 줄 압니다. 밖에서 보기에 철옹성 같아 보이는 무슬림 공동체라 하더라도 그들을 개인적이거나 가족 단위로 만나서 관계를 맺고 더 다가가 하나님의 말씀을 전하며 그들이 예수 그리스도를 만나도록 돕는 일은 가능합니다. 그리고 그 일에 우리 같은 의료인들은 더 잘 맞는 강점이 있다고 생각합니다. 무슬림 선교라는 거대한 과업을 수행함에 있어서 앞에서 나눈 무슬림들의 특색과 제가 경험한 의료 선교의 강점이 잘 사용되어 더 많은 무슬림들이 주님께로 돌아오는 역사가 세계 곳곳에서 일어나기를 소망합니다. 이를 위해 더 많은 의료 선교사들이 무슬림 선교의 최전선에서 사역하는 날을 기대합니다.

| 편집자 추가 설명 |

동유럽 알바니아의 이슬람화

터키에서 시작된 오스만 제국은 동유럽 대부분을 정복하였으며, 알바니아와 관련해서는 1415년에 알바니아 남부 지역에 주둔지를 마련해놓고 1431년에는 알바니아의 대부분을 점령하였다. 그러나 1443년 알바니아의 국민 영웅인 스컨데르베우가 주도하는 반란이 일어났고 이 반란은 1479년까지 지속되었으며 당시 오스만 군대들을 물리쳤다. 스컨데르베우는 알바니아 지역의 군주들을 통합하고, 중앙 권력 체계를 도입하며 알바니아의 군주 자리에 올랐다. 오스만 제국은 이탈리아와 서유럽 지역을 정복하기 위해 알바니아 지역을 발판으로 삼을 필요가 있었고(알바니아에서 이탈리아가 매우 가까움, 약 80km, 배로 건너가기에 최단거리), 이에 따라 여러 번 정복 시도를 하였으나, 매번 스컨데르베우가 주도하는 연합군에 위해 저지되었다. 종교적으로 오스만 제국으로 인해 알바니아에 이슬람교가 유입되었고 스컨데르베우 사후에도 약 500년 통치 기간 중에 대부분이 이슬람으로 개종하였다. 알바니아는 1912년에 오스만 제국으로부터 독립하였으며 이후 잠시 공화정과 왕정을 지냈다. 제1, 2차 세계대전 이후 1945년에 공산화되어 인권과 종교가 철저히 무시되는 철권 통치를 경험하였고, 1992년에 동유럽 국가 중에서 제일 늦게 민주화가 되었다.

제2차 세계대전 이전에는 알바니아 전체 인구의 70%가 이슬람 신자였고, 20%는 동방 정교회 신자, 그리고 10%가 로마 가톨릭 신자였으나 공산주의와 민주화의 영향으로 2010년 이후 약 60%가 이슬람, 동방정교 15%, 가톨릭 10%로 분류되고 있으나 실제로는 무교가 증가하고 있다.

표적과 기사의 능력으로 성령의 능력으로 이루어졌으며 그리하여 내가 예루살렘으로부터 두루 행하여 일루리곤까지 그리스도의 복음을 편만하게 전하였노라(롬 15:19).

알바니아는 세계에서 가장 오래된 기독교 국가 중 하나이다. 사도 바울이 와서 사역한 일루리곤이 지금의 알바니아이다. 알바니아 여러 도시에 사도 바울의 흔적이 남아있다. 1992년 이후 선교사들이 들어와서 선교사 연합체인 Albania Encouragement Project(AEP)를 구성하고 약 80개 선교단체들이 들어와서 교회 개척과 교육과 의료의 다양한 사역을 진행하여 인구의 1% 정도가 예수를 믿는 개신교 신자가 되었다고 하였으나 통계는 정확하지 않다. 알바니아 기독인들은 1995년부터 VUSH(Vellezeria Ungjllorore Shqiptare, 알바니아 복음주의 형제단)를 만들어서 활동하였으며 2011년에 알바니아 종교연합의 일원(기존에는 이슬람, 동방정교와 가톨릭만 인정)으로서 인정되어 국가 행사에 공식적으로 초청받고 있다.

아랍 지역의 난민 상황과 의료 사역

이대영

이대영 선교사는 1994년 부산대학교 의과대학을 졸업하고 1994~1999년 전주 예수병원 일반외과 수련을 받은 전문의로 1998~2000년 전북대학교 의과대학원 석사과정(의학석사)과 2000~2002년 동 대학원 박사과정을 졸업했다.

2003~2004년 뉴질랜드 EastWest College, Intercultural Studies, Diploma. 2005~2006년 예멘 Contemporary Language Institute(CLI) 아랍어 과정 Diploma. 2011~2013년 미국 Columbia International University, Global Studies, M.A.(석사). 2013~2017년 미국 Columbia International University, 선교목회학(M.Div. in Global Studies). 2016~현재 미국 Columbia International University, 선교학 박사과정(Ph.D. in International Studies).

경력으로는 1999~2002년 군산 한사랑병원 외과 과장, 2005~2011년 국제의료협력단(PMCI) 예멘 지부, 2006~2011년 예멘 Al-Thawra Modern Hospital, Taiz 외과 교육부장, 2011~현재 국제의료협력단(PMCI) 아랍 및 북아프리카 지역 디렉터, 2013~현재 글로벌케어 레바논 지부장, 2002~현재 인터서브선교회 선교사.

들어가는 말

21세기에 들어 전 세계적으로 역사상 그전에 없었던 많은 변화들을 경험하고 있는데 이러한 변화들은 기독교의 타문화권 선교에도 직, 간접적으로 중대한 영향을 주고 있다고 해도 과언이 아니다. 그중 인터넷, 통신, 그리고 이동 수단의 괄목할만한 기술적 발전은 이러한 변화들을 더욱 급속하고 광범위하게 일으키고 있다고 할 수 있다. 최근 10년간 전 세계적으로 가장 큰 이슈 중에 하나가 이주민 및 난민에 관한 것인데 이런 변화와 발전의 영향과 무관하지 않다. 통신과 이동 수단이 그렇게 용의하지 못했던 시기에는 이런 이주민과 난민의 상황이 국지적으로 제한될 수밖에 없었지만, 이런 기술적인 발전은 이주민과 난민의 이슈가 전 세계적으로 확대되도록 했다. 또한 강대국들의 신국수주의 및 자국 이기주의가 분쟁 지역의 전쟁을 일으키고 지속하는데 중요한 요인이 되면서, 특히 아랍 지역에서의 전쟁과 이로 인한 난민의 급속한 증가는 그 어떤 것과 비교할 수 없을 정도로 심각한 문제가 되었다.

유엔 난민기구(UNHCR)는 전쟁이나 정치, 사회의 갈등 상황으로 강제 이주하게 되는 사람들의 수가 6천5백30만 명으로 추산하고 하고 있고 이중 2천1백30만 명이 난민이다. 이런 상황은 난민 위기 또는 난민 공황(refugee crisis)으로 불릴 정도로 심각한 상황이다. 이 난민들 중 절반 이상이 18세 이하이고 천만 명 정도가 국적을 인정받지 못해 교육, 의료, 고용 및 여행 자유 등의 국가가 제공하는 기본적인 혜택을 받지 못하고 있다. 현재 하루 평균 3만 4,000명이 이렇게 자신들이 살아오던 터전을 떠나 전혀 알지 못하는 곳으로 강제적인 이주를 하고 있는 실정이다.[1] 이러한 상황은 기독교 선교에도 큰 도전이 되고 있는데 이들에게 복음을 효과적으로 나누기 위해서는 전통적인 선교적 이해와 접근 방식과는 전혀 다른 전략이 필요함을 시사하고 있다.

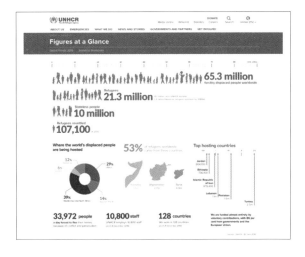

---

1   http://www.unhcr.org/figures-at-a-glance.html

2010년에 튀니지에서 시작된 '아랍의 봄' 혁명 이후 이곳 아랍 지역은 혼돈의 시간을 보내고 있다. 이라크와 시리아는 여전히 전쟁 중에 있어 이로 인해 많은 사람들이 고통 가운데 있고, 전쟁 난민이 되어 주변국으로 피신하여 살아가고 있다. 예멘은 내전으로 시작된 전쟁이 사우디와 이란의 대리전으로 번져 상황이 갈수록 어려워지고 있는 상태이고, 많은 사람들, 특히 어린이들이 영양실조 및 아사 위기에 처해 있다. 한국 정부는 이들 모두를 여행 금지 국가로 지정해 놓고 있어 인도적 지원을 위한 접근조차 불가능한 상황이다. 더욱이 ISIS의 출현은 이 지역의 석유 및 자원에 이권을 가지고 있던 여러 나라들에 직접적인 위협이 되고, 자국의 이권을 지키려는 여러 나라들은 지속적으로 전쟁을 일으키고 있다. ISIS는 이에 맞서 직, 간접적으로 연관된 나라들에 지속적으로 테러를 하고 있어 유럽을 비롯한 북미 대륙에도 위험과 혼란이 멈추지 않고 있다. 또한 이 전쟁의 직접적 영향을 받은 이라크와 시리아로 부터 많은 난민들이 유입된 레바논, 요르단과 이집트도 그로 인한 간접적인 영향을 심각하게 받고 있는 실정이다. 이와 더불어 유가 하락으로 인해 여러 산유국들이 경제적으로 어려움을 겪게 되면서 그동안 큰 변화를 겪지 않은 부유한 산유국에서도 많은 위험 요소들이 드러나고 있다.

2017년 4월 유엔 난민기구 통계에 따르면 시리아의 전쟁으로 인해 총 5백2만 1,485명의 시리아 난민이 터키, 레바논, 이집트, 이라크 등의 인접국에 살고 있다.[2] 유엔 난민기구에 등록되지 않은 난민과 시리아 이외의 나라에서 레바논에 들어온 난민들을 모두 고려하면 레바논에 거주하는 난민은 150만 명 정도가 될 것으로 추정하는데, 레바논의 인구가 450만 명 정도임을 감안한다면 현재 레바논에 살고 있는 사람들 3~4명 중 1명이 난민이라고 할 수 있다. 이렇게 단순한 인구 수만 보아도 레바논의 사회적 상황 역시 전쟁 중인 인접국들에 못지 않을 만큼 심각하다는 것을 짐작할 수 있다. 또한 레바논과 더불어 인접 국가에 정착한 시리아 난민들 중 80%가 공식적인 난민 캠프에 들어가 살기보다 현지인들과 섞여서 살고 있다. 이들 중 건물에 세를 들어 사는 사람들은 비싼 월세로 힘겨워 하고 있고 더 어려운 형편 가운데 있는 많은 난민들은 열악한 텐트 안에서 힘든 삶을 살아가고 있다. 더욱 심각한 문제는 난민으로서의 삶이 장기화되면서 이들의 경제적 어려움이 의료 부분과 자녀들의 교육 문제로 이어지고 있다는 것이다.

---

2   http://data.unhcr.org/syrianrefugees/regional.php

역사적으로 레바논 사람들은 시리아 사람들과 전쟁 및 정치적 긴장으로 인해 감정이 서로 좋지 않다. 레바논 사람들 중 힘들게 살아가는 시리아 사람들에게 선을 베푸는 사람들도 있지만 오히려 이런 기회를 이용해서 자신들의 이익을 챙기려고 하는 경우도 많다. 이런 엄청난 난민의 유입이 레바논 사람

레바논-시리아 국경 부근의 Beqaa라는 평지에 많은 난민들이 텐트나 허름한 건물들에 흩어져 살고 있다.

들 중 땅과 건물을 소유한 부유한 사람들에게는 부를 축적하는 계기가 되기도 하지만 가난한 사람들은 오히려 시리아 난민들의 불법 노동으로 인해 더욱 힘든 생활들을 하게 되었다. 최근 레바논의 많은 문제들 가운데 심각하게 대두된 쓰레기 처리 문제와 물 부족 현상, 그리고 지속적으로 증가하는 범죄율과 테러 가능성의 증가는 이곳에서 살아가는 난민들뿐만 아니라 현지 레바논 사람들도 힘들게 하고 있다.

이렇게 난민들은 육체적으로나 정서적, 영적으로 굉장히 어려운 상태에 있다. 7년 이상 지속된 전쟁으로 인해 다치고 병들어 있을 뿐만 아니라 정서적으로도 이루 말할 수 없는 두려움과 불안에 떨고 있다. 모든 것을 순식간에 잃고 아무런 연고도 없는 곳에서 살아가야 하는 상황에 절망할 수밖에 없다. 하지만 그들에게 이런 어려움을 가져온 것이 정치적인 이유뿐만 아니라 이슬람 극단주의 산물임을 많은 사람들이 인정하고 있기도 하다.

시리아는 아랍 국가 중에서도 선교사들을 통해 복음이 들어가기 어려운 나라 중에 하나였는데 이런 어려운 전쟁의 상황 가운데 많은 무슬림들이 복음을 듣고 이에 반응하고 있다. 레바논은 아랍 지역에서 유일하다고 할 수 있는 기독교 국가이다. 가톨릭을 비롯한 기독교 인구가 40% 이상이 되고 많은 교회가 오랜 기간 동안 이 땅에서 예배를 드리고 있다. 이런 레바논의 지역 교회들도 이들을 심적으로, 물질적으로 도우며 복음을 적극적으로 소개하고 있어 역사에 없었던 이 지역 교회의 영적 부흥을 경험하고 있기도 하다. 레바논에서 신실하게 믿음을 지키고 있던 교회들이 이 땅에서 사역하고 있는 선교사들과 함께 난민들을 섬기며 복음을 전하고 있다. 레바논 사람들 중에는 무슬림들도 많아 이런 기독교 선교에 어려움

이 되기도 하지만 레바논에서는 교회가 복음을 전하는 것도 가능할 뿐만 아니라 선교사 비자도 받을 수 있어 법적으로 어느 정도 보호받을 수 있다.

　이렇게 복음은 서서히 많은 난민들 가운데 자리잡아가고 있고 시리아인들의 교회 지도자들도 잘 훈련되어 성장하고 있다. 아랍 지역에 일어나는 전쟁의 소용돌이가 우리의 마음을 많이 무겁게 하지만 오히려 이런 상황들을 통해 그 오랜 시간 동안 이 땅을 닫아두었던 복음의 장벽이 무너지고 있다. 전쟁과 더불어 정치, 사회적 혼란은 선교적인 관점에서도 큰 어려움이 아닐 수 없지만 이런 상황 가운데 예상하지 못했던 복음과 교회의 성장이 이루어지고 있다는 것은 놀라운 일이 아닐 수 없다. 하지만 이런 상황은 전통적으로 진행되어 왔던 선교 전략의 수정을 요구하고 있고 이에 적절하게 대응하여 우리의 제한된 선교 자원을 가지고 더욱 효과적으로 섬기도록 도전받고 있다.

1. 레바논 거주 난민(시리아-이라크) 의료 지원 사역

　레바논 거주 난민 의료 지원 사역은 2014년 6월부터 KOICA/KCOC 인도적 지원 사업으로 시작하여 2015년 1월부터 1차 3년간 KOICA 민관 협력 사업으로 전환해 현재까지 진행되고 있다. 중점 사역은 베이루트 인근 난민 밀집 거주 지역에 클리닉을 운영하여 진료 사역을 하고 의료 혜택이 상대적으로 제한되어 있는 지역에 이동 진료를 하는 것이다. 클리닉 주변에 있는 난민 환자 가정을 방문하고 클리닉 및 이동 진료 활동 시에 보건 교육을 진행하여 예방할 수 있는 질병들에 대한 이환율을 낮추기 위한 노력도 중요한 사역의 일부이다.

1) Elpis HOME Clinic

Elpis HOME Clinic은 글로벌케어와 현지 단체(NGOs)인 HOME(Health Outreach to the Middle East)이 함께 협력하여 운영하고 있는 클리닉으로 2014년 6월 15일에 베이루트 인근의 신-엘-필(Sin el Fil) 지역에 있는 작은 학교 건물을 빌려 시작하였는데, 사역이 성장하면서 2015년 1월 7일 삽티에(Sabtieh) 지역으로 옮겨 정식 클리닉의 모습을 갖추고 진료 사역을 진행하고 있다. 기본적인 진료뿐만 아니라 다양한 전문 진단 장비를 통해 효과적 진료가 가능하게 되어 주변의 시리아, 이라크 난민들을 비롯한 현지 저소득층 사람들에게까지 적극적인 의료적 지원을 하고 있다.

Elpis(ἐλπίς)는 헬라어로 '소망'(롬 5:1~6)이라는 뜻이며, 이 클리닉을 찾는 사람들이 힘들게 경험하고 있는 혼란과 상처의 시간을 벗어나 진리 안에서 진정한 소망을 찾을 수 있기를 바라면서 붙인 이름이다. Elpis HOME Clinic은 가정의학과를 비롯하여 내과(심장내과, 위장관 내과 및 류마티스 내과 등), 산부인과, 소아과, 외과, 정형외과, 이비인후과, 피부과, 영상의학과 등의 전문의들이 일정에 맞추어 진료를 하고 있으며 월요일에서 목요일, 시간은 오전 9시 30분에서 오후 6시까지 진료를 한다. 또한 레바논 대학의 공중 보건 학부와 양해각서를 맺고 가장 저렴한 비용으로 혈액 검사를 제공하고 있다. 실제로 난민들과 형편이 어려운 환자들은 적절한 치료를 받기 위해서 정확한 검사를 통한 진단이 필요함에도 불구하고 그 비용이 만만치 않아 제대로 된 검사를 받지 못하고 있는 형편인데, Elpis HOME Clinic은 이 비용들을 최소화하여 환자들이 그나마 부담이 줄어든 비용으로 정확한 진단 검사를 받고 적절한 치료를 받을 수 있도록 최선을 다하고 있다.

베이루트와 인근 지역에서 난민 사역을 활발하게 하고 있는 교회들은 그들이 섬기고 있는 난민들에게 의료적인 필요가 생겼을 때 적절한 방법이 없었는데, 클리닉 사역이 안정되게 성장하면서 이런 교회들이 섬기고 있는 난민 중에 환자가 생길 때 클리닉에 환자를 보낼 수 있는 협력 구조가 이루어지게 되었다. 지난 수개월간의 협력을 통해 이 클리닉 사역이 그들 교회의 필요를 잘 만족시켜 주고 있다고 평가받고 있다. 교회들이 신뢰할 수 있는 의료 사역이 됨으로써 사역 자체적으로 지역 교회와의 관계가 깊어지게 되었고, 클리닉에서 도움을 받은 난민들이 교회와도 깊은 신뢰 관계를 갖게 되었다. 이렇듯 클리닉 사역을 통해 교회의 사역이 훨씬 더 효과적으로 이루어질 수 있게 되었고·이렇게 교회 사역을 돕는 것이 우리 사역의 중점적인 목표 중에 하나이다.

2) 보건 교육

레바논 내 난민들은 비싼 월세를 감당할 수 있는 형편이 안 되어 대부분 매우 어려운 주거 환경에서 살아가고 있는데 이러한 상황 속에서 살아가고 있는 많은 난민들은 다른 이들에 비해 질병에 노출될 확률이 상당히 높다. 이런 난민들의 높은 질병 이환율은 이런 환경적인 요인과 더불어 예방 교육의 부재로 부터 발생한다. 그동안 클리닉 진료와 이동 진료를 해 오면서 적절한 예방으로 충분히 방지할 수 있는 질병에 이환된 많은 환자들을 보아 왔고, 그래서 더욱 개인 위생에 대한 교육과 기본적인 질병 예방에 대한 교육은 이런 난민들의 상황에서는 질병의 치료 못지않게 중요시 되어야 한다. 또한 고혈압, 당뇨 등 만성 질환자들도 그 질병에 대한 적절한 지식이 없어 합병증 발생 확률이 상대적으로 상당히 높다. 누구에게나 마찬가지겠지만 특히 높은 레바논의 의료비를 감당하기 어려운 난민들에게는 질병에 걸리지 않고 건강한 생활을 유지하는 것이 아주 중요한 일 중에 하나임을 부인할 수 없다.

그래서 Elpis HOME Clinic을 중심으로, 그리고 이동 진료 시에도 환자들과 그 가족들을 중심으로 환경 관리의 중요성 및 질병 예방에 대한 지식을 지속적으로 전달함으로써 질병을 스스로 예방할 수 있도록 교육하고 있다. 난민들이 주로 호소하는 감염성 소화기 질환, 기생충 질환, 호

Elpis HOME Clinic, 지역 교회 및 이동 진료 시 난민들에게 현지 의료인이 보건 교육을 하고 있다.

흡기 질환에 대해 적극적이고 적절한 교육을 통해 질병 이환율 및 합병증 발생률을 낮추고 있다.

3) 이동 진료

레바논 내 난민들이 모여 살고 있는 지역 중에 가장 어렵고 의료 시설들에 접근이 용이하지 않는 지역을 선별하여 매 격주 토요일에 이동 진료를 진행하고 있다. 이 특정 지역을 적어도 두세 달에 한번 씩 방문함으로써 급성 질환자들뿐만 아니라 만성 질환자들까지도 지속적이면서도 실제적인 혜택을 받을 수 있도록 돕고 있다. 특별히 현지단체가 사용하고 있던 이동 진료 차량을 더욱 발전시키고 최신 이동용 초음파 장비를 갖추어 1차 의료뿐만 아니라 적절한 진단 및 향상된 진료 서비스를 제공할 수 있게 되었다. 이동 진료를 통해 현지 난민 사역을 하고 있는 교회와 선교사들의 사역을 지원하고 일회성으로 그치지 않도록 지속적인 관계를 맺어 나가는데 중점을 두고 있다.

난민 밀집 지역이어서 의료 소외 지역에 현지 교회 또는 선교 사역과 협력하여 이동 진료를 하고 있다.

특별히 이런 텐트 난민 지역에 사는 여성들은 임신 후 출산까지 거의 산전 진찰이 이루어지지 않고 열악한 상황에서 출산하기 때문에 출산 전후에 일어나는 합병증에 시달리는 경우가 많다. 이에 산전 진찰이 가능한 이동용 초음파와 산부인과 의사의 지속적인 진료 참여로 산전 진찰을 적절하게 함으로 임신부들에게 큰 도움이 되고 있다. 지금까지 진료를 받은 환자들 중 70%가 여성이었고, 9세 이하의 소아가 50%에 달하는데 이런 통계는 이동 진료가 중점적으로 지향하는 여성 및 영·소아의 진료를 돕는 데 잘 부합함을 보여주고 있다.

4) 가정 방문

Elpis HOME Clinic은 2015년 5월부터 가정 방문 프로그램을 시작했다. 간호사 1인, 시리아 난민 중 여러 과정을 거쳐 선발된 보건 교육 보조 요원 1인, 그리고 상담사 1인으로 구성된 가정 방문팀은 클리닉을 이용하고 있는 환자 가족 중 매주 두 가정을 선별하여 그 가정들을 방문하고 있다. 처음에는 클리닉의 재정 지원으로 수술을 받았던 환자들을 위한 수술 후 방문 간호로 시작을 했는데 지금은 특별히 빈곤, 장애, 고령 등 건강 위험 요인이 큰 보건 의료 취약 계층을 우선순위로 선별하여 방문하고 있다. 대상자의 자가 건강 관리 능력 향상, 건강 상태 유지 및 개선을 위한 의료 정보를 제공하고 교육함으로써 그들의 건강 증진에 힘을 기울이고 있다. 또한 질병이 있음에도 불구하고 클리닉을 찾아오지 못하는 중요한 이유들을 파악하고 적절히 클리닉 의사들과 연결하여 좀 더 실제적이고 직접적인 도움을 주고자 노력하고 있다. 그리고 더 나아가 환자 개인뿐만 아니라 환자의 가족들과의 관계를 증진하고

난민 가정을 방문하여 친밀한 관계를 맺고 그들의 실제적인 필요를 파악하여 도우며, 또 복음을 나누고 있다.

그 관계를 중심으로 더 효과적인 보건 교육 및 질병에 대한 관리를 하고 있다.

이 가정 방문 프로그램은 클리닉 보건 교육 프로그램에도 큰 영향을 주고 있는데, 이는 방문팀의 간호사가 난민 환자들의 사는 환경과 그에 따른 보건 문제들을 파악하여 그 상황과 환경에 맞는 보건 교육을 제공할 수 있도록 해준다. 또한 방문 간호사와 팀은 환자 및 그 가족들과의 친밀한 유대 관계를 가지고 그들의 필요에 좀더 적극적으로 반응함으로 신뢰를 쌓아 나가는데 이는 클리닉의 의사 및 간호사와의 관계에도 영향을 주어 환자들의 질병 관리와 그 회복에도 긍정적인 영향을 주고 있다. 더 나아가 이런 가정 방문을 통해 난민 가정들의 영적인 필요들도 파악하고 보건 교육 후 가정을 위해 기도하며 직접적으로 복음을 나누는 기회로도 삼고 있다. 클리닉에서는 복음을 직접적으로, 또 깊이 나누는 것에 한계가 많지만 가정 방문을 통해서는 그들의 영적 필요에 맞게 충분한 시간을 가지고 나눌 수 있게 되어 사역이 진행되면서 복음을 나눌 수 있는 더 많은 기회들이 만들어지기를 기대한다.

5) 상담 프로그램

레바논으로 들어와 살아가고 있는 난민 가정들을 살펴보면, 이 중 40% 이상이 어린이들이고 이 중에 많은 어린이들이 전쟁의 참혹함을 직간접적으로 경험하면서 심각할 정도의 정신적, 정서적인 어려움을 겪고 있다. 이런 상황을 통해 어린이들뿐만 아니라 그 가족 전체가 심리적인 고통을 경험하고 있는데 가족 개개인 모두 이런 어려움을 극복해 낼 수 있도록 돕는 적극적 상담 프로그램이 절실하다. 많은 이들이 그들의 마을에서 전쟁을 피해나오면서 상상할 수 없는 폭력과 죽음의 위험을 경험했으며, 그리고 난민으로 전혀 다른 환경에서 모든 것을 잃고 가진 것 없이 살고 있다. 이런 다양한 심리적 상태를 객관적으로 파악하고 적절하게 돕기 위해 Elpis HOME Clinic은 주 3회 전문 심리 상담사가 심리 상담을 진행하고 있다.

시리아의 전쟁과 테러의 위협을 피
해 탈출하는 중 아빠가 ISIS에 의해 생명
을 잃고, 결국 엄마와 레바논으로 와서
살게 된 '크리스트'라는 어린아이가 있
다. 큰 상처와 두려움으로 말을 잃고 지
내다가 이 상담 프로그램 참여 이후 다
시 웃음을 찾고 대화를 하며 주위의 사
람들에게 반응하는 과정을 보고 큰 격려가 되었다. 이 이야기는 본인과 가족뿐만이 아니라
클리닉에서 함께 일하는 우리의 모든 동료들에게도 큰 즐거움이 되었다. 성탄절과 부활절 등
특별한 날에는 상담 프로그램에 참여하는 모든 가정을 클리닉으로 초대해서 베이루트의 한
고등학교 자원봉사 학생들과 함께 특별한 활동도 하고 있다. 이를 통해 힘든 난민 생활을 해
나가는 가족들이 잠시나마 웃고 즐길 수 있도록 해주는 것도 큰 의미가 있다고 생각한다.

2. 레바논 난민 의료 지원 사역에 적용하고 있는 효과적인 의료 사역에 대한 원칙

하나님께서 이끌어가시는 방향은 때로 우리가 걸어왔던 길과, 그리고 우리가 나아가고
자 하는 방향과 많이 다를 수 있다. 우리의 경험과 그에 대한 자부심, 그리고 현지에서 우리
가 섬기는 사람들보다 우리가 낫다고 생각하는 우리 속에 내재되어 있는 교만함이 그분의 이
야기를 듣기보다 우리의 생각대로 가도록 유혹한다. 이런 교만함은 우리의 언어에는 보통 잘
드러나지 않는데 ─ 그래서 우리가 잘 인지하지 못하는 경우가 많지만 ─ 의료 사역을 진행
하면서 우리가 행동하고 의사 결정하는 많은 경우에 곳곳에서 드러난다. 특히 의료 사역은
전문적인 사역이기 때문에 상황에 맞는 성경적 기초의 기준과 원칙들을 가지고 나아가지 않
으면, 이런 오류에 빠지게 될 위험이 더욱 크다.

최근에 다시 묵상하게 된 누가복음 5장 1~11절의 말씀은 지난 10여 년간 아랍 지역에

서 살고 있는 나의 사역을 되돌아보는데 새로운 안목을 주었다. 베드로가 그의 오랜 경험에서 오는 자신감을 내려놓고 그의 경험으로 볼 때는 전혀 맞지 않는 주님의 지시를 따랐을 때 그가 그전에 경험하지 못했던 몇 가지를 경험하게 되었다. 첫째는 주님의 능력을 통한 엄청난 결과를 보게 되었고, 둘째는 그 결과물을 감당할 수 없어 더 많은 동료들에게 도움을 요청하게 되었다. 그리고 셋째는 주님 앞에서 그가 진정 누구인지 깨닫게 되었다(눅 5:8). 마샬(I. H. Marshall)은 그의 주석에서 베드로가 잡은 많은 물고기는 성공적인 선교의 결과물들을 상징한다고 했다.[3] 이는 요한복음 21장에 부활 후 다시 베드로에게 나타나셔서 보여주신 기적과 유사하다. 지금 아랍 지역의 상황을 보면서, 말씀을 통해 우리에게 말씀하시는 그 원리들을 우리의 상황에 겸손히 적용하며 하나님의 뜻을 구하는 것이 필요하겠다. 그럴 때에 진정 우리의 사역이 아니라 주님께서 이끌어가시는 사역에 우리의 전문성을 가지고 동참할 수 있게 되는 하나님의 선교(Missio Dei)가 될 수 있을 것이다 .

의료 사역은 어떤 형태든 다른 일반적인 사역보다 복잡하고 비용이 많이 든다. 그리고 각 나라마다 — 그 나라의 의료가 발전되어 있든 아니든 — 자국의 의료를 보호하기 위한 장치들이 마련되어 있다. 단순히 우리보다 의료적으로 발전되어 있지 않은 나라에 가서 그리스도의 사랑과 복음을 나누겠다는 열정만 가지고는 결코 복음적인 의료 선교를 할 수 없다는 것은 잘 아는 바이다. 현재도 적절한 전략적 고려가 부족한 상태로 진행해 오는 단기 의료 선교에 대한 반성의 필요성이 많이 제기되고 있듯이 현지에 등록되지 않은 처방약을 가지고 가서 현지의 법적인 테두리 이외의 진료를 하는 것은 문제가 많다. 좋은 의도만으로 우리의 모든 불법적 활동을 정당화시키려고 하는 것은 성경적 기초의 선교 개념도 아닐 뿐 아니라 이기적인 자기중심적 생각일 뿐일 때가 많다는 것을 인지해야 한다. 단기 사역뿐만 아니라 장기 의료 선교를 더욱 복음적으로 실현하기 위해서는 이런 많은 현실적인 도전들을 극복할 전략과 지혜가 필요하다. 우리가 선교 현지에서 의료로 섬기는 것은 단지 어려운 사람들을 돕는 개념에서가 아니라 총체적인 복음을 통한 하나님 나라 실현에 있다는 생각에 기초해야 한다. 선교 현지에 대한 적절한 이해와 존중 없이 단지 의료를 통해 복음을 나누고 어려운 사람들

---

3   I. Howard Marshall, *The New International Greek Testament Commentary: The Gospel of Luke* (Grand Rapids, MI: Eerdmans Publishing Company, 1978).

을 돕는다는 자기중심적인 합리화는 근대 선교에서 흔히 볼 수 있는 제국주의적 선교 관념으로부터 기인한 비성경적인 태도일 뿐이다. 복음으로 선교 현지를 제대로 섬기기 위해서는 이러한 잘못된 선교관과 태도를 빨리 버려야 한다.

의료 선교에 대한 단순한 낭만적인 생각은 현지에서 곧바로 큰 도전과 어려움을 경험하게 된다. 현지의 의료 서비스가 미치지 못하는 오지에 가서 진료하고 봉사하며 복음을 전하면 그 선교의 효과가 클 것이라는 단순한 기대는 적어도 수차례 단기 의료 선교를 경험했거나 장기 의료 사역에 경험이 있는 경우 현실에 맞지 않은 전략이라는 것을 인정할 수밖에 없을 것이다. 또한 선교 사역의 가장 중요하고도 근본적인 원칙 중에 하나가 현지 사람들의 존엄성을 높이고 현지에 의존성을 낮지 않도록 해야 한다는 것인데 우리의 의료 사역이 이런 오류를 범하지 않으려면 그 상황에 맞는 성경적 전략이 필요하다. 제리 아일랜드(Jerry Ireland) 박사는 최근 그의 저서에서 현지의 필요를 보고 접근하기보다 현지에 존재하는 인적 물질적 자산을 보고 그 자산들을 이용해 발전시키고자 하는 접근이 절대적으로 필요하다고 역설했다.[4] 급변하는 세계 선교 안에서 의료 선교는 훌륭한 도구가 될 수 있지만 다른 어느 사역 보다 오히려 심각하고 어려운 도전에 직면하고 있다는 현실을 알아야 한다. 그리고 이에 대한 장기적이고 적절한 준비가 필요하기에 예멘에서의 정부 병원 사역(2005~2011)과 현재 진행하고 있는 레바논 거주 난민 의료 지원 사역(2013~현재)의 경험에 비추어 난민을 위한 사역뿐만 아니라 의료 사역 전반에 대한 몇 가지 제안을 하고자 한다. (개인적인 의료 사역에 대한 경험을 바탕으로 한 제안이기 때문에 이러한 원칙들은 상황에 따라 다른 모습으로 드러날 수 있음을 인정한다.)

성경적 원리에 근거한 사역과 현지 교회와의 파트너십

타문화권 선교 사역이 성경적인 원리에 기초해서 진행되어야 함은 두말할 필요도 없지만 많은 의료 선교의 경우 이에 대한 적절한 점검 없이 우리의 계획과 목표에 의해 진행될 수 있는 위험성이 있는 것도 사실이다. 복음주의적 사역이라 함은 모든 사역의 근본적이고 궁극

---

4 Jerry M. Ireland. ed, *For the Love of God: Principles and Practice of Compassion in Missions* (Eugene, OR: Wife & Stock, 2017).

적인 목적을 하나님의 나라와 예수 그리스도의 복음에 두는 것이다. 모든 타문화권 의료 사역이 단지 영혼 구원이라는 — 모든 선교 사역의 궁극적인 목표지만 — 협소적인 영역에만 머무는 것이 아니라 하나님 나라와 예수 그리스도의 복음을 현지 지역 사회의 모든 면에서 광범위하게 드러낼 수 있어야 한다는 것을 잊어서는 안 된다.

이런 복음주의적 선교를 현지에서 적절하게 현실화시키기 위한 가장 기본적 원칙이 현지 교회 및 단체와의 긴밀한 파트너십을 이루는 것이다. '파트너십'이라 함은 동일한 목적과 목표를 가지고 그를 이루기 위해 같은 가치관하에서 협력하고 연합함을 이르는 말이다. 의료 선교사들은 다양한 전문성들을 가지고 있고 또 현지 상황도 무척 다양하기 때문에 현지 교회나 단체들과의 협력도 아주 다른 모습으로 나타날 수 있을 것이다. 의료 선교사들마다 그들의 전문성을 가지고 섬기지만 그 전문성으로 현지 교회 및 단체들과 긴밀하게 협력하여 그 전문성의 영향력을 극대화하고 이러한 협력 관계와 전문성을 바탕으로 그리스도의 복음을 나누는 것을 실제적인 전략적 목표로 삼아야 한다. 우리 자체의 독립된 사역이나 클리닉/병원 등의 기관을 설립, 운영하고자 하는 전략은 지양해야 한다. 필요에 따라 독자적인 기관으로 사역을 시작한다고 하더라도 처음부터 현지 교회 및 단체와의 협력을 도모하고 빠른 시간 안에 현지에 존재하는 인적, 물적 자원을 바탕으로 현지화하여 이양하는 것이 적절한 전략임을 인지해야 한다. 선교사들이 현지에 물적, 인적 자원이 부족하기 때문에 외부에서 지속적으로 조달하려고 하는 경우가 많은데 이런 형태의 사역이 지속적으로 이루어진다면 이것이 결국 선교 현지에 심각한 의존성을 야기하는 위험에 빠질 수 있다는 것을 알아야 한다.

우리가 선교지에서 하는 모든 사역은 근본적으로 우리가 만나는 사람들을 위한 것이다. 사람들을 만나고 그 사람들의 필요와 내재해 있는 존엄성 및 가능성을 보고 그래서 우리들에게 주신 하나님의 은사로 그들의 실제적인 필요를 채우며 전인적으로 그들을 섬기는 것이 선교사로서 우리들의 삶이자 사역이다. 우리들이 만나는 사람들의 필요는 다양하다. 개개의 사역자나 단체가 한 분야에 전문성을 가지고 있다고 하더라도, 다른 분야의 전문적 도움이 필요한 상황이 있다는 것은 부인할 수 없는 사실이다. 이를 외면하고 독자적인 사역에만 집중한다면 결국 그 전문성의 한계를 경험하게 되고 여러 전문성들이 함께 어우러져 누릴 수 있는 다양한 장점을 경험할 수 없게 된다. 예를 들어 교육의 전문가들이 함께 훌륭한 교육 사역을 이끌어갈 수 있지만, 그 사역 가운데 생기는 의료적인 필요는 분명 채울 수 없다. 이렇게 교육 사역이 의료적인 전문성을 가지고 있는 사역과 긴밀한 협력 관계를 이루어 함께 사역한다면 그 사역의 영향력은 생각하는 것보다 훨씬 광범위하게 나타날 수 있다. 우리가 가지고 있는 전문성을 지속적으로 성장시켜 나가면서 다른 전문적인 사역들과 통합적인 협력을 이루어낸다면 우리가 만나는 다양한 필요들을 채우며 그들 가운데 복음의 능력을 통한 전인적인 변화들을 이루어내는 것이 가능하리라 믿는다.

사역지마다 상황이 많이 다르겠지만 레바논에는 많은 사역자들이 여러 전문 사역 단체 및 교회와 긴밀한 협력 관계를 가지고 사역하고 있다. 레바논에서 우리는 의료 사역 자체의 전문성들을 키워 나가면서 지난 1년 동안 8개의 난민 사역을 하고 있는 현지 교회 및 단체와 협력 관계를 구축했다. 난민 사역을 하고 있는 이런 교회 및 단체들이 의료적인 필요가 있는 난민들을 우리 클리닉에 보내고 그들의 의료비를 후원하는 역할을 하는 협력 구조이다. 역으로 우리 클리닉에 온 환자들 중 지속적인 치료가 필요하지만 재정적인 어려움이 있는 환자들에게는 이런 교회 및 단체들을 소개하여 재정적인 도움을 받을 뿐만 아니라 복음을 듣고 모임에 참여할 수 있는 기회를 가질 수 있도록 연결해 준다. 이와 더불어 주말에는 난민 사역을 하고 있는 교회, 선교사 및 여러 단체와 연결해서 이동 진료 및 보건 교육 등도 시행하여 그들이 진행하는 사역 가운데 의료적인 필요를 채우는 역할을 하고 있다. 이런 전문적이고 실제적인 필요들을 채움으로써 다양한 사역들이 주위 사람들로부터 신뢰를 얻고 그 관계를 통해 복음에 마음을 열도록 돕는다. 이런 지역 교회와의 협력은 긴밀한 논의를 통해 현지 상황에 맞도록 사역을 발전시켜 나갈 수 있는 중요한 밑거름이 된다.

이런 파트너십의 중요성을 우리가 잘 인지하고 있지만 여전히 우리 선교 공동체에서 극복해야 할 문제들이 많다. 가장 중요한 파트너십의 원칙은 현지 리더십의 성장에 기여하여 사역의 주도권을 조기에 현지 이양하는 것이라고 생각한다. 개인적으로 의료 선교에 있어 가장 큰 문제점으로 여기는 것은 현지에서 많은 시간이 지나도 여전히 사역이 외부 리더십과 그 주도권에 머물고 있다는 것이다. 더욱 강하고 적극적인 현지 리더십과 교회의 협력을 위해서 현지 사역자들이 조기에 의사 결정 구조에 들어와야 하고 더 나아가 많은 현지 리더들이 팀 내에서 성장해 갈 수 있는 구조가 형성되어야 한다. 또한 같은 문화권이나 언어권 안에서 현지 사역자들을 그 전문성의 필요에 따라 공유하고 협력할 수 있는 구조도 발전시켜야 한다. 아랍 지역에서의 예를 들면, 이집트의 잘 훈련된 의료인 사역자들이 레바논에 와서 함께 시리아 난민 의료 사역을 하고자 할 때 이런 협력을 촉진할 수 있는 현지 중심의 사역 구조가 형성되어야 한다는 것이다. 또 레바논에서 잘 훈련된 시리아 사역자들을 난민들이 많이 이주하고 있는 유럽에서 사역할 수 있도록 돕는 구조도 필요한 상황이 되었다.

선교지의 상황이 급변하고 있기 때문에 우리가 진행하는 파트너십의 개념을 현재의 상황에 잘 대처할 수 있도록 조정하고 발전시켜야 할 것이다. 아랍 지역에서 파트너십의 가능성과 필요성은 어느 지역에서보다 크다고 하겠다. 각 나라마다 조금씩 다른 아랍어를 쓰지만 그래도 서로 의사소통이 가능하다. 그리고 아랍 지역에는 외국 사역자들이 접근하기 어렵거나 불가능한 지역이 아직도 많지만 여러 지역에서 오랜 시간동안 믿음을 지키고 있는 현지 교회들이 존재하고 있다.

예멘에서 사역하는 동안 아랍 지역 의료인들과의 네트워크를 통해 이집트, 시리아, 레바논을 방문할 기회가 있었다. 나를 가장 놀라게 했던 것은 지역 교회가 전혀 없는 예멘과는 달리 많은 현지 교회들을 보게 되었다는 것이다. 더 놀라웠던 것은 이런 교회들이 수십 년 또는 수백 년간 동일한 지역에서 예배를 드리고 있다는 것이었다.

2009년에 이집트, 아랍 기독 의료인들이 모인 컨퍼런스에서 예멘에서의 의료 사역을 소개할 기회가 있었는데 그 이후 이집트의 기독 의사들이 단기로 예멘을 방문해 우리 사역에 동참했었다. 이 과정을 통해 아랍의 의료인들과 연합하여 이 아랍 지역을 섬기는 것이 얼마나 중요하고 효과적인 일인지 경험하게 되었고 그 이후 여러 사역자들과의 동역을 통해 의료, NGO 및 비즈니스 영역에서 아랍 지역 그리스도인들과 협력하는 실제적인 협력들이 이어지고 있다. 여전히 현지 교회와 단체들이 준비되어 있지 못한 한계가 있고, 강한 이슬람의 영향으로 사역에 대한 보안 및 안전 문제도 크지만 조금 더 적극적인 현지 교회와의 협력을 목표로 사역을 계획하고 진행한다면 건강하고 복음적인 파트너십의 성장이 있으리라 확신한다.

많은 선교지에서 복음주의 기독교 및 그 선교에 대한 장벽이 갈수록 더 강해지고 있지만, 이제는 전 세계적으로 지상 교회든 지하 교회든 교회가 없는 곳이 없는 시기를 우리는 살아가고 있다. 전통적인 선교사의 역할은 복음이 전해지지 않은 곳에서 가서 그곳에서 언어와 문화를 배우고 관계와 삶을 통해 복음을 소개하여 교회를 세우는 데 있다. 여전히 이러한 역할이 가장 근본적이면서 중요하다고 할 수 있지만, 먼저 소개한 현지 교회와의 파트너십이 중요하다는 원칙을 고려해 본다면 선교사의 역할이 조정되어야 한다고 생각한다. 아랍 지역의 상황을 본다면 아랍 지역의 의료 사역이 존재하고 있고 또한 오랫동안 존재해온 교회들이 있기 때문에 의료 사역자들은 좀 더 효과적으로 현지 리더들이 성장할 수 있도록 돕는 역할을 해야 할 것이다.

많은 선교단체들이 현지 교회와 협력하고 그들을 하나님의 선교에 참여하도록 돕는 것을 우선순위에 두고 있다. 이런 구체적 노력을 통해 실제 사역 가운데 많은 아랍 지역 그리스도인들이 선교사로 전략적으로 받아들여지고 성장하도록 돕는 구조가 빠른 시간 안에 이루어져야 하겠다. 몇 단체들은 아랍 사역자들이 이미 아랍 지역 선교 리더십의 중심에서 중요한 역할들을 하고 있고 어떤 단체는 앞으로 수년 안에 아랍 지역의 모든 리더십을 아랍 사역자들에게 이양하는 구체적인 계획을 진행하고 있다고 한다는 것은 정말 고무적인 일이 아닐 수 없다. 켄 블랜차드(Ken Blanchard)와 폴 헤세이(Paul Hersey)는 Management of Organizational Behavior에서 네 단계의 situational leadership 을 소개했는데 의료 선교 사역에도 전략적으로 이러한 원리를 적용하도록 고민할 필요가 있다.

켄 블랜차드와 폴 헤세이는 건강한 리더십의 네 단계를 directing, coaching, supporting 그리고 delegating으로 두고 있다. 의료 사역을 진행하면서 그 환경에 맞게 이 네 단계의 리더십 발전 계획을 적용한다면 훨씬 더 건강하게 사역을 진행할 수 있으리라 생각한다.

예멘의 정부 병원인 Al-Thawra Modern Hospital, Taiz에서 아내와 함께 2006년부

---

5   Ken Blanchard and Paul Hersey, *Management of organizational behavior: Utilizing human resources.* 6th ed.

터 2011년까지 외과 및 간호 수련 프로그램을 개발하고 현지 의사 및 간호사들이 조금 더 나은 수준의 의료를 제공할 수 있도록 돕는 역할을 하였다. 이 사역을 시작하면서 계획했던 목표는 우리들이 시작한 수련 프로그램을 5년 내에 현지 리더들이 직접 운영할 수 있도록 한다는 것과 우리가 기증한 의료 장비들은 현지 의료인들이 직접 사용할 수 있도록 교육하고 수련하는 것이었다. 처음에는 프로그램을 계획하고 실행하는 모든 것을 우리가 했다.(directing) 수차례 동일한 프로그램을 진행하면서 현지 리더들이 발굴되고 훈련되어, 그들이 적극적으로 참여하여 주도권을 쥘 수 있도록 했다.(coaching) 시간이 지나면서 처음 시작했던 프로그램들을 현지 리더들이 스스로 개선해 나가고 발전시켜 나가며 직접 모든 것을 시행하도록 했고, 우리들의 역할은 그들이 진행하는 것을 지원하는 것으로 제한했다.(supporting) 그 이후 모든 것을 현지 리더들이 할 수 있도록 이양하고 떠났다.(delegating) 우리가 떠나고 난 1년 뒤 현지 리더들로부터 그들 스스로 프로그램을 성공적으로 마친 소식과 함께 사진들을 받았다. 예멘이 어려운 상황이었음에도 불구하고 스스로 프로그램을 진행해 나간 것은 무척 고무적이 아닐 수 없었다. 이러한 의료 사역을 통해 현지 의료인들과의 깊은 관계를 맺게 되고, 복음을 소개할 수 있는 기회들을 많이 경험하였다. 지금은 5년간 지속된 전쟁으로 인해 아예 모든 것이 불가능한 상황이 되었지만 우리가 뿌렸던 씨앗들을 하나님께서 언젠가 싹트게 하시리라 믿는다.

현재 레바논에서 진행하고 있는 난민 의료 지원 사역도 시작한지 4년이 되어 현지 단체와 교회에 이양할 준비를 하고 있다. 사역을 진행하는 현지의 상황에 따라 많이 다르겠지만 사역의 이양 준비는 사역 시작부터 해야 한다고 생각한다. 코이카에 사업계획서를 제출할 때 놀랐던 것은 사업계획서에 출구전략이라는 것을 포함시켜야 한다는 것이다. 정부 사업도 사업 시작부터 사업 종료 후 어떻게 현지에 이양할 것인지를 계획해야 한다는 것을 강조하고 있다. 사역의 기간이 길어질수록 현지 사역은 외부 자원과 리더십에 대한 의존성이 지속적으로 커질 수밖에 없다. 어떻게 보면 3년이라는 시간이 현지에 이양하기에 너무 짧다고 느껴질 수도 있겠지만 처음부터 사역의 근본적인 목표를 현지 리더들을 키우고 재정적으로 자립할 관점으로 계획을 세운다면 그 시간은 충분할 수 있다. 처음 3년이라는 시간을 제한하여 약속했을 때 현지 단체에서 그렇게 짧은 시간 안에는 불가능하다는 큰 저항과 염려가 있었지만,

동시에 먼저 적극성과 책임감을 가지고 3년 이후의 시간을 스스로 준비하는 모습도 보였다는 것은 흥미있는 반응이라 생각한다.

우리에게 다가온 위기와 도전은 또 한 번 하나님에 대한 신뢰를 통해 그분의 뜻과 능력을 경험하게 되는 기회이다. 굳이 우리나라 선교 역사를 되짚어보지 않는다 하더라도 선교의 중심은 현지 교회임을 우리는 잘 알고 있다. 현지의 상황에 따라 우리가 먼저 주도권을 가지고 사역을 시작하고 교회를 세우게 된다고 하더라도 우리는 사역을 시작하는 처음부터 어떻게 하면 현지인들이 그 사역을 주도해나갈 수 있을지 고민해야 한다. 처음부터 그렇게 계획을 세우고 그들에게 맡겨 나가지 않는다면 시간이 지나면 지날수록 그런 모습을 담아낼 수 없게 된다. 타문화권 선교를 하면서 우리의 문화와 나 자신의 능력이 현지보다 뛰어나다고 생각하는 자부심은 어느 정도 자연스러운 우리의 본성이지만, 이것이 사역 내내 드러나고 그 사역의 정체성이 된다면 그것은 결코 복음적인 사역이 될 수 없음을 기억해야 한다. 이것은 바로 현지인들에 대한 신뢰에 대한 문제, 그들을 섬기는 나 자신에 대한 신뢰 문제, 그리고 궁극적으로는 우리의 모든 사역에 주인이 되어 이끌어가시는 하나님에 대한 신뢰에 대한 문제다. 우리 스스로 우리의 사역과 정체성을 그렇게 되지 않게 하려고 노력한다 하더라도, 때로는 현지 동역자들이 오히려 우리를 그렇게 되도록 하는 경우도 많기 때문에 우리는 주님 앞에 이 문제에 대해 지속적으로 고민해야 한다. 지금도 "당신은 사역을 위해 너무나 중요하고, 당신이 없으면 안돼"라는 말을 듣고, 때로는 그 말이 선교지에서 섬기며 살아갈 큰 격려가 되지만, "그래. 나 없으면 안 되지"라는 말로 사역이 그렇게 되도록 끌고 가고 있다면 우리의 마음과 사역을 다시 한 번 주님 앞에서 재점검해야 한다.

자체 운영 가능한 재정적 자립 추구

20세기의 의료 선교는 치료 사역 중심으로 상대적으로 의료가 낙후되어 있는 선교지에 클리닉이나 병원을 세우고 양질의 의료를 제공하면서 복음을 나누는 사역 중심이었다고 평가할 수 있다. 21세기에 들어오면서 예방 및 보건 중심 의료 사역의 중요성이 대두되었다. 대부분 외부 자원에 의존함으로 말미암아 상대적으로 유지 비용 및 의료 인력 수급이 어려운 치료 중심의 의료 사역보다 예방 및 보건 중심의 사역은 그 보건적인 의미뿐만 아니라 실제적 적용에서도 훨씬 더 효과적인 의료 선교의 전략으로 많은 관심을 모으게 되었다.

2006년에 참여했던 영국의 CMF 컨퍼런스에서 선교 병원의 상황에 대한 보고가 있었다. 영국이 아프리카에 지난 세기 동안 세우고 운영하던 선교 병원의 70% 이상이 최근 20년간 제대로 운영되지 못하거나 문을 닫았다는 보고가 있었다. 이는 대부분 인적, 재정적 자원이 외부 의존적인 형태로서 환자 진료를 통한 복음 전파에 우선순위를 두고, 현지 중심적인 의료인 양성 및 재정 자립을 목표로 하지 않았던 사역 형태였다. 실제로 외부 의존적인 의료 사역은 그 지역이 어디든지 장기적으로 성장하기에는 한계가 많다는 평가에 귀 기울일 필요가 있다. 자연재해나 전쟁 등의 긴급한 상황을 위한 사역을 '구호 사역'(emergency relief ministry) 으로 볼 때, 대부분의 의료 선교 사역은 이와 구분된 '개발 사역'(development ministry)로 볼 수 있는데 이 개발 사역의 가장 중요한 원칙이 외부에 대한 의존성(dependency)을 피하면서 현지 자립도(self-sustainability)를 추구하는 것이다.[6] 이 재정 자립도 역시 사역을 시작하는 초기부터 현지 리더십 개발과 함께 계획하고 시작해야 한다.

현지 자립도를 높이기 위한 전략에는 두 가지 중점적인 원칙이 있는데 첫 번째는 현지에 이미 존재하고 있는 의료 시스템을 이용하는 것과 둘째는 소규모의 프로젝트 중심 사역을 하는 것이다. 아무리 의료적으로 낙후된 곳이라 하더라도 어느 곳이든 그곳의 의료 및 보건 문제를 책임지는 어떤 시스템이 있게 마련이다. 이 현지 보건 및 의료 시스템의 상황을 파악하여 실제적인 교육과 수련을 통해 이러한 현지 보건 의료 시스템을 강화시켜 주는 것이 가장 중요한 원칙이 되어야 한다. 이는 지역 보건지소 정도의 작은 의료 시스템으로부터 현지 대학병원 급까지 공급자로서의 우리 상황과 전략적인 목적을 고려하여 접근하되 현지 의료 시스템을 돕는 형태로 진행되는 형태의 사역이다. 물론 이런 형태의 전략은 우리가 주도권과 리더십을 가지고 진행할 수 있는 선교 병원의 모델보다 시간도 많이 걸릴 수 있고 현지 리더십이 비협조적일 때는 우리가 원하는 대로 쉽고 빠르게 진행되기 어렵다는 단점이 있다. 하지만 일단 현지 리더십과의 긴밀한 협력이 이루어지고 현지 의료 시스템의 변화와

---

6   Jerry M. Ireland. ed, *For the Love of God: Principles and Practice of Compassion in Missions.* 2017.

발전을 이룰 수 있는 영향력이 된다면 선교 병원의 모델보다 훨씬 건강하고 자립도가 높은 사역이 될 수 있다. 이를 통해 현지 의료 시스템 속에서 현지 의료인들과의 깊은 교제의 길을 열고 이들의 역량을 강화하는 것을 중점으로 삼는다면 지속적으로 복음의 영향력을 끼쳐 나가는 것 또한 가능할 것이다. 현지의 의료를 책임지는 사람들은 결국 우리와 같은 외국인 선교사가 아니라 현지 의료인들임을 꼭 기억해야 한다.

두 번째로는 많은 유지비가 필요 없이 현지에 가장 필요한 부분을 적절하게 채워줄 수 있는 프로젝트형 사역을 하여 어느 정도 발전시킨 뒤 현지 단체나 교회가 지속할 수 있도록 이양하는 것이다. 첫 번째 전략적 원칙과도 연결될 수 있지만 사역의 규모를 작게 시작하고 또 유지하는 것이 핵심적인 전략적 원칙이라는 것이다.

사역의 규모가 커지면 커질수록 복음화를 통한 현지 리더십 성장이라는 그 내용을 담아내는 것보다 오히려 그것을 유지하는데 더 많은 에너지와 자원이 들어갈 수밖에 없다. 현지 리더십의 적절한 성장과 장기적인 계획을 위해서라는 여러 합리적 이유를 들 수 있겠지만 처음부터 큰 외부 자금을 들여 의과대학이나 종합병원을 꿈꾸는 것은 비현실적이고 일단 시작을 하더라도 유지 및 발전하는데 수많은 현실적 난관에 부딪히는 경우가 많다는 것을 잘 인지해야 한다. 소규모로 시작해서 점점 큰 규모로 성장해가는 것이 좀 더 바람직하지만, 개인적인 의견으로는 규모가 커지는 것에 대해 여전히 염려가 많다. 그 사역의 규모가 커졌을 때 막대한 자원을 현지에서 구하기 어려울 때가 많기 때문에 사역은 지속적으로 외부 의존형이 된다. 그리고 원하지 않는 현지에서의 소유권을 둘러싼 정치적 요인들이 발생할 가능성이 크고 이런 상황들이 정작 사역을 통해 이루고자 하는 복음의 영향력을 제한할 수밖에 없다. 매년 큰 유지비 없이 소규모로 관리할 수 있다면 현지 단체나 교회에 신속하게 이양할 수 있을 것이고 사역을 통한 영향력의 범위는 작겠지만 훨씬 깊어질 수 있다는 장점이 분명히 있다. 복음의 영향력은 사역의 규모에서가 아니라 깊은 관계를 통해서 이루어진다는 것을 기억해야 한다.

맺는 말

근대 세계 선교의 전통적 구조는 파송 국가에서 선교사를 동원하여 사역 국가로 보내는 구조이지만 이제는 전 세계가 선교지이고 또 선교사 파송을 할 수 있는 국가가 될 수 있다. 아랍 지역에서 헌신된 그리스도인들을 동원하여 유럽과 북미의 전통적 선교사 파송 국가들에 보내어 그곳의 교회들과 함께 사역을 할 수 있도록 하는 새로운 구조를 고민해야 할 때이다. 아랍 지역에서 사역하는 의료 선교사들은 지금까지는 아랍 지역의 무슬림들을 우리의 전문성으로 섬기며 그들에게 복음을 나누고 이 아랍 땅에 하나님의 교회를 세우는 것이 우리의 주된 역할이었지만 이제는 우선순위를 현지 교회와의 전략적이고 긴밀한 사역 공유를 이루어내는데 두어야 한다. 그리고 이를 통해 현지의 훌륭한 사역자들 가운데 목적과 가치에 동의하는 동역자들을 선교사로 더욱 적극적으로 받아들이고 파송해야 하겠다.

아랍 지역의 상황은 급변하고 있다. 특히 역사상 이렇게 난민에 대한 문제가 아랍 지역과 그 이상 광범위하고 장기적으로 진행되고 있는 경우도 없었다. 이러한 난민들뿐만 아니라 많은 외국인 노동자들이 곳곳에서 아랍 지역에 들어와 일을 하고 있다. 이런 디아스포라 상황이 최근에 새롭게 나타난 필요는 아니라 할지라도 최근 4~5년 동안 아랍 지역에서 일어나고 있는 모습은 그 규모를 볼 때 이전과는 비교할 수 없을 정도이기에 사역의 우선순위와 전략을 수정하게 하는 중요한 요인임에 틀림없다.

안정적인 생활을 유지할 수 있도록 해주던 나라와 그들의 지역 사회를 전쟁과 정치적 압박으로 인해 떠날 수밖에 없었고 전혀 연고가 없는 곳에 난민이라는 신분으로 살아가게 된다는 것은 엄청난 정신적 충격일 수밖에 없다. 이런 난민으로 살아가게 됨에 따라 영적·정서적 공허감 및 불안감은 오히려 복음에 마음을 열 수 있는 중요한 계기가 된다.

아랍 지역에서 이슬람이 지난 수세기 동안 그 세력을 유지해 올 수 있었던 가장 큰 이유 중에 하나가 정치·사회적으로 복음이 전해지는 것을 차단해온 것이었는데, 21세기 들어 인터넷 및 위성 방송 그리고 교통 수단의 발전을 통해 그 장벽들이 서서히 무너지고 이와 더불어 엄청난 규모의 난민 상황이 발생함으로 그 정치적 폐쇄성이 더 이상 복음의 영향력을 차단할 수 없게 되었다. 하지만 최근 디아스포라 사역에 대한 필요성들이 연구되고 있었지만 선교적인 관점에서는 이러한 광범위한 난민의 상황에 대한 적절한 준비가 되어있지 못했고, 지난 수십 년간의 선교적 전략과는 다른 차원에서 접근해야하는 도전을 안게 되었다.

특별히 아랍 지역에 오랜 기간 동안 존재해오던 아랍 지역 교회의 역할이 재점검되어야 하는데 난민들에 대한 적극적 복음 사역이 큰 열매를 맺게되는 경험을 하게 되면서 이런 아랍 교회들의 영적 부흥을 함께 누리게 되었다. 이 아랍 교회의 부흥은 난민들이 유입되는 유럽 및 북미 지역의 교회들의 난민에 대한 사역적 필요를 채울 수 있다. 아랍 지역에서 사역하고 있는 선교사들의 역할이 직접적인 복음 전도뿐만 아니라 오히려 현지 아랍 교회와 유럽 및 북미 지역의 교회들을 연결하고 그동안 선교적인 경험 및 소유하고 있는 자원들을 현지 아랍 교회의 부흥에 촉매 역할을 해야 하는 다른 차원의 이해가 필요하게 되었다. 선교사 개인이나 개개의 선교단체, 그리고 개 교회 중심적인 사역보다는 선교 사역지와 파송 국가를 아우르는 전반적이고 광범위한 네트워크를 통해 자원과 정보를 공유하여 이러한 이주 난민 및 디아스포라 이주 노동자들에 대한 실제적이고 구체적인 사역들이 조직화되어야 한다.

지난 반세기 동안 이슬람 지역에 대한 선교 사역이 그들 사회의 폐쇄성에 의해 많은 어려움과 도전이 있었지만 엄청난 핍박 아래에서도 강하고 건강하게 성장하고 있는 이란 사람들의 교회를 보면서 또한 많은 전통적 보수 이슬람 국가에서 눈에 띄는 복음주의 기독교의 성장을 보면서 우리는 하나님의 주권적인 역사를 좀 더 깊이 이해하게 된다. 예상하지 못했던 아랍 지역의 정치적 소용돌이와 엄청난 규모의 시리아 난민 상황이 이슬람권 사역에 새로운 변화를 요구하고 있고, 이에 우리가 이 상황에 맞게 그리스도의 사랑과 그의 진리를 나누며 섬길 수 있어야 한다는 숙제를 안고 있다.

이슬람권에서
의료 선교사로서의 교회 개척

42

이순신

이순신 선교사는 1991년 원광대학교 치과대학을 졸업했다. 치과 의사이며 구강외과를 전공했다. 2006년부터 이슬람권에서 사도행전적 교회를 꿈꾸며 사역하고 있으며, 현지에서 NGO를 설립하여 장거리 이동 진료와 인턴 선교사 훈련을 하고 있다.

들어가는 말

필자는 13년 전 이슬람권에서의 교회 개척을 위해 한국에서 신학대학원을 마치고, 목사 안수를 받고 T지역에 의료 선교사로 파송받았다. 그곳에서 지하 교회를 개척하여 사역하던 중 비자발적인 출국으로 인해 B지역으로 옮겨 사역한지 8년째이다.

선교지에 있으면서 나 자신에게 가장 많이 하고 있는 질문이 있다면, 그것은 '나는 누구인가?'이다. 그러면서 내리는 늘 동일한 결론은 '나는 선교사이기 이전에 예수님의 제자'라는 사실이다. 제자로서의 정체성은 필자의 삶과 사역에 절대적인 영향을 주고 있다. 사도행전에서 예수님의 제자들은 모두 '십자가와 부활의 증인'이었다. 그들의 직업이 어부였든, 세리였든, 의사였든, 열심당원이었든, 가말리엘의 제자였든 간에 부활하신 예수님을 만난 후로는 자신의 직업을 주장하거나 연연해하지 않고 부활의 증인으로서 예수님이 참 하나님이라고 증언했다. 그들은 자신이 주인이 되어 행했던 죄를 회개하고, 죽으시고 부활하신 예수님을 주인으로 영접하라고 외쳤다.

필자의 사역 목표는 늘 사도행전적인 교회 개척이었고, 제자가 제자를 낳는 교회를 개척하고 싶은 열망에 지금도 고군분투하고 있다. 의료 선교사는 진료만하기도 바쁜데 이슬람권에서 꼭 교회를 개척해야 하느냐는 질문을 받기도 한다.

1. 본론

영적 사역

1) 종교적 상황

첫 사역지인 T지역은 매우 폐쇄적인 국가였다. 국민들은 이슬람 원리주의자들과 함께 기독교인들을 핍박하였고, 대부분 이슬람을 깊이 신봉하였다. 그러나 농경민으로서 정이 많은 민족이다. 성령의 역사가 순간순간 나타나 복음을 전한 지 2년 만에 지하 교회를 개척하는 기쁨을 누리기도 했다.

현재 사역지인 B지역도 이슬람권이기는 하지만 꽤 개방된 국가이며, 수도에는 등록된 교회들과 고려인이나 러시아인 중심의 큰 교회들도 있다. 다민족국가로서 국민의 대다수를 차지하는 원주민들은 산자락에 살던 유목민이다. 20여 년 전부터 많은 선교사들이 활동하고 있으나 원주민인 무슬림들을 대상으로 사역 중인 선교사는 소수이고, 교회도 대부분 가정 모임 수준이다.

많은 서구 선교사들은 복음 전도나 교회 개척 사역보다는 NGO(비정부기구) 사역, MK(missionary kid, 선교사 자녀) 사역, 비즈니스 선교 등에 집중한다. 게다가 여호와증인, 구원파 등의 이단 종파들도 왕성히 포교 활동을 하며 기존의 교회들에게 큰 타격을 주고 있다.

많은 현지 교회 신자들뿐 아니라 지도자들마저도 바른 복음과 다른 복음을 구분하지 못하여 여러 이단 종파에 휩쓸려 다닌다. 또한 이들은 한곳에 머무는 것을 매우 견디기 힘들어한다. 그리고 경제적으로 어려워서 그런지 물질의 유혹에 매우 취약함을 드러내고 있다.

전체 인구 중 복음화율은 1% 정도로 보는데, 원주민들(무슬림) 가운데 복음화율은 0.03%에서 0.1% 정도로 추산하며 러시아를 포함한 주변국들에 일자리를 찾아 떠난 사람이 전 인구의 20%에 육박하고 있다. 이곳에서는 이슬람에서 개종한 기독교인들은 민족의 배반자로 낙인찍힌다. 기독교인을 밥티스트라고 부르는데 이는 밥티스트 조직에 한 번 들어가면 절대로 살아서는 나올 수 없고, 밥티스트들은 아이를 죽여 피를 마시고, 옷을 풀어헤치고 춤을 춘다고 믿고 있다. 이런 속설은 시골 지역으로 갈수록 더욱 심하다. 인터넷을 사용하는 젊은이들도 부모가 이런 편견으로 설명하면 곧바로 두려움에 떨며 모임에서 빠져나간다. 이런 배경 속에서 무슬림들이 교회 문턱을 넘으려면 상당한 각오를 해야만 한다.

이슬람 진영에서도 강력한 포교 활동을 하고 있는데 몇 년 전부터 전국적으로 한 마을에 1개의 모스크 세우기 운동을 시작했고 금방 목표를 달성했다. 지금은 한 마을에 모스크 3개 세우기 운동을 하고 있다고 한다. 그들의 기도시간이 되면 대부분의 모스크들은 젊은이들로 초만원을 이루고 이들로 인해 교통이 마비되곤 한다. 이런 무슬림들의 모습을 보면서 이곳에서 살아가는 소수의 기독교인들은 두려움을 감추지 못하고 있다.

2) 이슬람권에서 교회 개척의 실제

교회란 무엇인가? 어떤 교회를 개척할 것인가? 선교사는 여기에 대한 명확한 개념이 있어야 한다고 생각한다. 사역 초기에는 의료를 통한 교회 개척을 기대했으나 곧바로 의료와 교회 개척을 철저히 분리시키는 길을 택했다.

교회 개척 과정에서 수차례의 쓰라린 실패를 겪으며 2014년 가정 모임을 시작하였다. 언제 출몰할지 모르는 암초들이 곳곳에 있었는데 유목민답게 교회를 6개월쯤 열심히 나오다가 갑자기 사라지는 경우들을 늘 경험하고 있다. 이들은 항상 푸른 초장과 맑은 시내를 사모하며 더 좋은 곳이 발견되면 아무런 미련 없이 곧바로 떠난다. 한 사람이 여러 교회를 다니는 것도 이들에게는 너무나 자연스럽다. 팽배한 이단 사상들도 큰 걸림돌이며, 또한 노동할 수 있는 조건만 되면 누구든 해외 취업의 길로 나가는 것도 양육의 큰 어려움이다. 여자들은 대부분 22세 이전에 결혼하며 아버지의 권한이 절대적이다. 청년 자매들이 결혼 전 신앙을 가졌다고 해도 무슬림과 결혼하게 되면 신앙을 유지하기가 어렵기에 결혼도 큰 이슈가 되고 있다.

필자가 개척한 교회는 수년이 흘렀으나 여전히 작은 규모의 교회이며, 아직 리더십을 이양할 단계가 아니기에 직접 매주 주일 설교와 주중 장년 성경 공부 모임 인도, 주 3회 일대일 제자 훈련을 하고 있다. 작년부터 youth 모임이 조직되어 활기를 띠고 있다.

교회 건물에서 주중에 NGO 활동 차원으로 교회 주변 어린이들을 대상으로 하고 있는 방과 후 한국어 수업, 영어 수업, 피아노 교실은 마을 주민들의 기독교에 대한 잘못된 편견을 깨는 좋은 계기가 되고 있다. 수업은 함께 동역하고 있는 인턴 선교사들이 주도하는데 매주 50~80명 정도 참석한다. 부모들이 교회 건물인 줄 알면서도 자녀들을 수업에 보내고 있는데 이는 매우 놀라운 일이다. 법적으로 만 16세 이하에게 종교를 전하면 심각한 범죄행위로 취급되기에 먼 미래를 내다보며 주님의 마음으로 수업만 진행하고 있다.

최근에는 교회 헌금으로 주변 극빈자 18가정을 택하여 생필품을 전달했다. 지금까지 도움을 받고만 살아온 교인들이었으나 이제는 나누어주는 시도를 하고 있다. 작은 열매들이 힘겹게 맺히고 있는데 지난 해 제자들 중 한 가정을 신학교에 보내어 신학 훈련 중에 있고, youth 모임 때는 어설퍼 보이는 청년 제자들이지만 초신자들을 제자로 삼아 훈련하는 일도 시작하게 되었다.

이슬람권에서의 교회 개척은 더딜지라도 한 사람 한 사람을 제자 삼아 인내로써 훈련시키는 길 외엔 다른 방법은 없는 것 같다. 영적으로 침체되어 있을 때 설교를 준비하며 성령의 일하심을 경험하고, 제자 훈련과 성경 공부 인도를 통해 예수님의 주되심과 그의 십자가와 부활을 증언하면서 다시 한 번 보내심을 받은 예수님의 제자임을 인식하며 무너진 마음에 힘을 얻곤 한다. 선교는 내 의지나 방법으로 할 수 없음을 매일 경험하고 있다. 위대한 복음주의 선교 신학자 레슬리 뉴비긴(Lesslie Newbigin)은 "선교란 우리의 활동이 아닌 삼위일체 하나님의 선교"라고 주장했다. 아버지의 나라를 선포하는 것으로서의 선교, 아들의 삶에 동참하는 것으로서의 선교, 성령의 증언을 전달하는 것으로서의 선교이다.

의료 사역

1) 현장의 의료 상황

1991년 소련에서 독립되었지만 여전히 소련 시절의 의료 시스템이 그대로 남아 있다. 수도에는 좋은 시설의 국가 병원들도 있고 개인 클리닉들도 많다. 실력 있는 의사들은 경제적인 이유로 대부분 러시아로 떠난다고 한다. 의사나 치과 의사는 현지인들이 선호하는 직업 중 하나이다.

외딴 산골 지역까지 보건 진료소가 있다. 그러나 어떤 산골 마을에는 마을 전체를 담당하는 의료인이 간호사 1명이 전부인 경우도 있으며, 꽤 큰 마을인데도 의사 1명에 간호사 7명이 전부인 마을로 이동 진료를 나간 적도 있다.

아직은 과도기여서 의료법이 수시로 바뀌는데 치과대학의 경우 5년 과정이며 졸업하고 나면 1년간 가정의학병원에서 실습 과정을 거친 후, 2년간 수련 과정을 마쳐야 독립적으로 치과 의사로서 활동이 가능한 것으로 알려져 있다. 필자는 의료 사역을 위해 2012년 현지에서 NGO를 설립했다.

2) NGO를 통한 의료 사역

• **여자 교도소 사역**: 먼저 사역 중이던 한 선교사로부터 여자 교도소를 소개받고 치과 진

료를 시작했으며, 여자 교도소 내에 치과 진료실을 만들어 사역하던 중 현지 보건부로부터 치과 의사 면허를 받게 되었다. 예외적으로 외국인에게 치과 의사 면허를 허락함에 감사하여 이 나라를 위해 가장 필요한 일을 찾던 중 이동 진료를 시작하게 되었다. 이곳에서 약 3년간 진료를 했고, 안전 문제로 외국인에게도 검색이 대폭 강화되면서 지금은 중단된 상태이다.

• **이동 진료 사역:** 한국에서 치과 이동 진료 차량을 들여왔다. 지금까지도 이 나라에 있는 유일한 치과 이동 진료 차량이다. 이동 진료 시 치과와 함께 내과, 한방과, 부인과, 초음파진료 등을 해왔고 팀원은 운전기사와 자원봉사자를 포함하여 7~9명이다.

2013년 8월, T시에 있는 2번 정신질환자 수용소를 시작으로 수도와 인근 지역에 있는 장애인 시설과 무의촌(이주민 정착촌)을 방문하여 진료하였는데 매주 월요일 출동했으며, 한 시설을 3~6회 방문하여 진료했다. 3년가량 진료하니 대부분의 장애인 시설 진료를 마치게 되었다. 2016년부터 현재까지 장거리 이동 진료를 시행하고 있는 중이다. 가장 소외되고 의료팀이 한 번도 들어가 본 적이 없는 마을을 찾아가고 있다. 매월 1회 4~7일 일정으로 출동하고 있으며 겨울철엔 도로가 빙판이 되어 쉬고 있다. 거북선(이동 진료 차량을 의미)으로 6시간 정도 떨어진 비교적 가까운 지역부터 시작하여 멀게는 24시간 거리의 시골 구석까지 출동하고 있는데, 이곳은 산악 지역이 많기 때문에 해발 2,100~3,000m에 위치한 곳에서도 진료하며 해발 3,175~3,326m의 고지를 거북선으로 자주 넘나들고 있다.

치과 진료 내용은 1회 혹은 2회 진료로 마무리 가능한 발치, 충치 치료, 간단한 신경 치료, 치주 치료가 주를 이루며 보철 치료는 시도한 적이 있으나 이동 진료로서는 한계가 있어 중단했다.

이동 진료팀은 출동 전 이렇게 기도한다.

거북선 출동 전 기도

1. 지극히 작은 자 하나를 온 마음으로 섬기고 사람들 앞에서 쇼하지 않도록

2. 우리가 방문한 곳엔 반드시 예수께서 방문하신 흔적이 남아 있도록

3. 우리가 만나게 될 사람들에게 "내가 당신을 사랑합니다." 마음으로 이런 고백을 할 수 있도록

4. 알량한 일 하나하고 아주 큰일을 한 것처럼 우리의 입으로 떠벌리고, 은근슬쩍 우리의 의를 내세우고, 주님의 영광을 가로채는 죄를 저지르지 않게 해주세요. 가능하다면 오른손이 하는 일을 왼손이 모르게 하여 주십시오.

5. 우리는 위대한 주님의 종님들이 아니라 무익한 주의 종일 뿐, 그러나 '주의 종'이기에 사람들 앞에서 비굴하지 않고 언제나 당당하게 해주세요.

6. 주께서 맡겨주신 일에 죽도록 충성하겠습니다. 선을 행하되 낙심하지 않게 하시고, 모든 필요를 채우신다고 하신 주님의 말씀을 전적으로 신뢰합니다. 사람들에게 손을 내밀지 않겠습니다. 오늘도 하나님이 우리와 함께 하심을 경험케 해주세요.

7. 거북선은 기름으로 움직이는 차가 아니라 우리의 기도로 움직이는 차가 되게 해주세요.

8. 실적보다는 한 영혼에 초점을 맞추는 이동 진료가 될 수 있게 해주세요.

의료 사역과 영적 사역의 분리

1) 분리의 이유

사역 초기에 의료 사역과 복음 전도를 병행하려는 시도를 몇 차례 했지만 이내 중단하고 철저히 분리하기로 결정했다. 그 이유는 아래와 같다.

• 우리의 의료 사역에 대해 진료받으러 오는 사람들은 의료 봉사를 가장한 기독교 선교라는 선입견이 있었고, 행정기관에서는 주민들로부터 민원이 들어올까봐 긴장했다. 우리의 진료 행위뿐만 아니라 환자들에게 무슨 얘기를 했는지까지 행정기관과 정보부에 보고가 되는 것도 마음에 부담이 되었다.

• 예수님은 의료를 전도를 위한 수단으로 삼지 않으셨고, 평소에 지속적으로 전도하지 않으면서 의료 봉사 때만 전도해보려는 시도는 바람직하지 않다고 생각했다.

거의 100% 무슬림들이 사는 마을에 들어가 어쭙잖은 말로 5분간 복음을 설명하고 그들이 영접한다고 고개를 끄덕였다고 해도 실제로 예수님을 하나님으로, 그리고 자신의 주인으로 영접했는지 알기 어렵다. 복음이 아무리 좋아도 당장 민족의 배반자가 되고, 마을 공동체에서 왕따를 당하고, 밥티스트로 낙인찍히기에 쉽게 영접하지 않으며 영접 했다고 해도 쉽게 다시 이전으로 돌아가는 경향이 짙다. 영접한 자가 스스로 무슬림이 아닌 기독교인이라는 정체성을 가지려면 최소 3년 이상 옆에서 계속 영적인 도움을 줘야 하는데 우리 팀의 상황상 불가능한 일이었다.

2) 분리를 통한 유익

· 정부에서는 필자가 NGO단체를 운영하기에 선교사라는 것을 잘 알고 있다. 하지만 드러나게 전도를 하지 않기 때문에 복지부와 보건부에서 NGO에 대한 평가가 매우 긍정적이다.

· 선교사가 소외된 사람들을 찾아가 진료하는 것에 대해 우리 교인들이 교회에 대한 자부심을 갖고 있다. 교인 중 이동 진료에 동참하는 사람도 있다.

· 대부분의 이곳 무슬림들은 기독교인들에 대해 적대적인데 이동 진료를 통해 기독교인에 대한 인식의 변화를 가끔 목격하고 있다. 우리가 기독교인임을 알고 현지인들 가운데 진료받기를 거부를 하거나 나쁜 소문을 퍼트리고 진료를 방해하여 중단된 경우도 있었지만, 대부분은 모스크로부터 받아본 적이 없는 도움을 기독교인들로부터 받았음에 감사를 한다.

· 진료를 위해 머무는 약 4일의 기간 동안 현지인들이 대접하는 식사를 하기 전 소리를 내어 예수님의 이름으로 기도한다. 숙소를 제공 받게 되면 그 집 가족들을 예수님의 이름으로 축복해 준다. 그들에게는 우리가 처음 만난 그리스도인일 경우가 많다. 우리에 대한 소문은 하루면 마을 전체에 다 퍼짐에도 불구하고 대부분 크게 환영을 받는다. 어떤 곳에서는 우리로 인해 마을 축제가 열린 적도 있고, 또 다른 곳에서는 지역 군수가 숙소를 제공하고 감사의 표시로 직접 큰 양을 한 마리 잡아 대접하기도 했다. 그 가정은 철저한 무슬림 가정으로 마을 중앙에

있는 모스크를 짓는데 자신들이 모든 재정을 댔다고 자랑했다. 필자는 그가 잡아준 양을 먹으며 예수님의 이름으로 그 가정을 축복했고 또 방문해달라는 간절한 부탁을 받았다.

동역자들의 헌신과 팀 사역

선교 사역에 있어서 아내 선교사의 역할은 항상 50% 이상인 것 같다. 세세한 부분까지 챙기고 기도로 지원한다. 또한 자녀들의 희생이 요구되며 가족들의 지지가 뒷받침되어야 흔들리지 않고 사역해나갈 수 있음을 느낀다.

훈련을 받으며 함께 동역하고 있는 인턴 선교사들을 통해 성령께서 역사하시는 것을 보는 것은 또 다른 기쁨이다. 경험도 실력도 노력도 아닌 믿음으로 순종하는 자를 통해 일하시는 하나님을 경험하고 있다. 뜻을 같이하는 동료 선교사들과 현지인 동역자들이 있기에 즐거운 마음으로 사역에 임하고 있다.

의료 선교사가 교회 개척을 하면서 느끼는 점

여러 상황과 형편이 있겠지만 가능만 하다면 의료 선교사도 적극적으로 교회를 개척하기를 권한다. 의료 선교사가 선교지에서 의료만 행한다면 대부분의 현지인에게 환영받을 것이다. 특별히 가난하고 소외된 자들에게 무료로 양질의 진료를 행하는데 반대할 사람은 거의 없을 것이다. 그러나 복음을 전하면 늘 반응이 두 가지로 갈린다. 복음의 내용이 명확하면 명확할수록 반응도 명확히 갈린다. 영생을 얻든지, 배척을 받는다. 이는 사도 시대에도 더욱 극명하게 갈렸다. 베드로가 복음을 전했을 때 3,000명이 회개하고 예수님의 제자가 되기도 했지만, 스데반이 동일한 복음을 전했을 때는 그를 돌로 쳐 죽였다.

특수한 상황은 얼마든지 있을 수 있다. 그럼에도 불구하고 보내심을 받은 선교사를 통해 여러 해 동안 선교 현장에서 영생 얻는 일도 일어나지 않고, 선교사에게 아무런 핍박도 없으며 오히려 늘 환영만 받는다면 심각하게 정체성을 검토해 볼 일이다.

의료 선교사는 의료인이기 이전에 선교사이며, 선교사이기 이전에 예수님의 제자이다. 예수님의 제자는 그의 십자가와 부활의 증인이다. 특별히 선교사는 성령 충만함 가운데 땅 끝까지 이르러 "십자가에서 피 흘려 죽으신 예수님이 하나님이셨다"라고 증언하고, 내가 나의 주인이었던 죄를 회개하며 부활하신 예수님을 나의 주인으로 영접하기를 촉구해야 할 사명자이다. 선교사는 믿지 않는 자들에게 복음을 전하여 제자를 삼고, 그 제자가 또 다른 사람들을 제자 삼는데 늘 목이 말라야 한다.

필자는 특별히 많은 젊은 의료인들이 의료 선교사로 헌신하여 열방으로 나아가길 원한다. 분명한 자기 정체성을 갖고 삼위 하나님의 일하심을 의지하여 복음을 삶으로 증언하는 자들이 되기를 바란다.

이슬람권
의료 선교

43

윤재형

윤재형 선교사는 한양대학교 의과대학을 졸업했으며, 내과 전문의이다. Redcliff Bible College in U.K. 2001~2002
년 Professional in Mission 수학(선교학), Kelly Arabic School in Amman, 2003~2004년 아랍어 사역자 과정 이
수, Annoor Chest Disease Hospital in Mafraq, Jordan, 2005~2017년 내과 스태프로 결핵 요양원 사역, Asbury
Seminary in Kentucky, USA, 2011~2012년 MA in Intercultural Studies, 2018년부터 M.Div. 과정. 2016년 선
교한국 강사, 2017년 의료선교대회 강사, 2016년 OMMA(호주 의료선교대회) 강사.

1. 서론

　이슬람권 의료 선교는 새로운 위기와 도전 그리고 기회를 맞이하고 있다. 그것은 21세기 의료 선교가 보편적으로 맞이하고 있는 도전과 유사하다. 아무리 낙후된 나라일지라도 자국의 의사들이 배출되고 있어 이제 더 이상 외국 선교사가 일방적으로 주도하는 식의 의료 선교는 설 땅을 잃고 있다. 이미 설립된 의료 선교를 목적으로 한 기관도 재정적 어려움을 겪고 있고 선교지 혹은 사역하는 곳의 정부로부터 재정 사용을 투명하게 공개할 것을 요청받는 실정이다. 기독교 국가가 아닌 선교지 혹은 사역지 정부의 도움을 받는 경우 병원 내의 선교 활동이나 병원 스태프 고용에도 간섭을 받는다. 혹은 자선 병원에서 영리 추구로 전환되면서 의료 서비스와 복음 전파의 대상자가 더 이상 가난하고 소외된 자가 아니게 된 경우도 생길 수 있다. 다른 의료 기관과의 자연스러운 경쟁을 위해 복음을 소개하는 일보다는 양질의 의료 서비스를 제공하는 일이 더 우선시되면서 영혼 구원에 대한 비전은 점점 희미해져 간다.

　여러 가지 도전과 어려움들이 존재하나 이슬람권에서의 의료 선교는 여전히 열려있으며 새로운 기회를 제공하기도 한다. 현지 의사나 간호사, 혹은 의과대학생을 가르치며 훈련하는 전문 의료인 양성은 아프리카, 서남아시아 등 교육 수준이 낮은 곳에서는 아직까지 길이 열려있다고 할 수 있으며 중동이나 몇몇 유럽 국가에 난민 유입으로 인한 난민 대상 의료 선교도 기회라고 할 수 있을 것이다. 필자는 이 장에서 어떻게 의료 선교를 할 것이냐는 방법론적인 이야기를 다루는 대신에 중동에서의 사역 경험을 기반으로 무슬림들의 문화 가운데 어떤 생각을 가지고 그들에게 다가가야 하는지에 대해 주로 다루고자 한다.

2. 그들에게 나아가기 전 먼저 생각해봐야 할 것

'필요'(need)가 있는 곳이 가야 할 곳인가?

　우리가 흔히 선교 전략을 세울 때나 지역 선정을 할 때 가장 우선순위에 두는 점은 아마도 어느 곳에 가장 큰 '필요'가 있는지를 보고 그곳을 목표로 삼는다. 하지만 가장 많이 필요한 곳으로 나아가는 것이 선교 사역을 반드시 성공을 보장하는 것 같지는 않다. 문제는 복음에 반응을 보이는 사람과 그렇지 않은 사람들 모두 필요하기 때문에 필요를 보고 나아가는 것은 우선순위의 결정에 문제가 있을 수 있다.[1]

필자가 근무하던 병원은 베두인들을 섬기기 위해 세워진 병원이었으나 베두인들의 가장 큰 건강 문제인 결핵을 치료하다 보니 마침내 결핵 환자들을 치료하는 결핵 요양원의 기능을 담당하게 되었다. 그러니까 베두인이 1순위, 결핵 환자가 2순위가 된 것이다. 2011년부터 시리아 내전으로 수만 명의 시리아 난민들이 병원이 위치한 M도시로 유입되었다. 시리아 시민 전쟁의 발발 초기에 시리아 난민들의 엄청난 '필요'가 있었기 때문에 시리아 난민 대상의 사역으로 전환해야 하지 않겠냐는 소리가 내부에서 있었다. 병원의 설립자인 고령의 A여사가 병원을 찾는 시리아 난민들은 당연히 돌보되 병원의 선교 방향을 베두인에게서 당장의 필요 때문에 시리아 난민들을 돌보는 사역적인 전환을 하면 안 된다고 했다. 시리아 난민들을 섬기는 UN 산하의 각종 NGO 병원들이 주변 도시에 들어섰고, 그 병원들은 몰려드는 환자들로 진료와 수술 등으로 분주하게 되었고, 이 병원은 계속해서 시리아 난민은 물론 베두인과 아랍 결핵 환자들에게도 여전히 복음을 전파하는 사역을 지속할 수 있었다. 난민들의 '필요'가 있다고 해서 사역의 전환을 시도했다면 복음 전파에 필요한 에너지와 재정들은 난민들을 돌보는 데에 다 소진했을 것이다.

기경하는 자, 씨 뿌리는 자, 물주는 자, 추수하는 자

바울이 고린도교회에 보내는 편지에 "나는 심었고 아볼로는 물을 주었으되 오직 하나님께서 자라나게 하셨나니"(고전 3:6)라고 말했다. 의료 선교사로서 때로 우린 단단한 마음 밭을 기경하는 역할을 할 수 있다. 우리의 친절한 말과 행동, 사랑이 넘치는 태도로 인해 무슬림들은 마음의 문을 열게 된다. 때로 우리의 나누는 말을 통해 그들은 복음을 처음으로 듣게 될 수도 있다. 래리모어(Larimore)는 한 사람이 그리스도를 진정으로 영접하기까지 여러 명의 신실

---

1   C. Peter Wagner, *Frontiers in Missionary Strategy* (Chicago: Moody Press, 1972), 31.

한 그리스도인들과 만남이 필요하다고 말한다.[2]

우리의 역할이 기경하는 자든, 말씀을 전하는 자든, 제자 훈련을 통해 그리스도의 제자로 키우는 역할이든 우리는 팀워크가 필요하다. 나의 친절과 사랑이 언젠가는 이 사람이 그리스도의 제자로 결심하는데 자그마한 밑거름이 될 수 있다는 소망과 동료들을 신뢰하는 마음이 반드시 내가 열매를 거두지 않아도 된다는 여유를 갖게 한다. 진료실에서나 입원 환자를 돌보는 가운데 뜻밖에도 이들이 과거에 서너 번의 교회 공동체나 그리스도인과의 의미 있는 만남들이 있었다는 것을 발견하게 된다. 하나님께서 한 사람의 제자를 만들기 위해 지금 나를 사용하여 이러한 의미 있는 만남을 중매하고 있다는 사실을 생각한다면, 결코 우리의 사역이 열매 없음을 실망스러워 하지 않게 될 것이다.

소속감과 공동체의 중요성

무슬림 출신으로 예수를 따르기로 작정한 회심자가 생겼을 때 이 형제에게 가장 중요한 것은 새로운 공동체를 소개해주는 것이다. 무슬림들은 가족 혹은 씨족 공동체에서 자라나고 사회생활을 유지하기에 가족, 씨족 공동체는 우리가 생각하는 이상으로 그 형제에게는 필수적인 환경이다. 무슬림 배경의 한 형제가 예수 공동체에 허입을 원한다면 그는 먼저 그 공동체가 어떠한지 알기 원한다. 자신이 관심을 갖게 된 새로운 종교를 따르는 신자들은 어디서 모이며, 기도는 어떻게 하고, 예배는 어떻게 드리는지 알고 싶어 한다. 그들에게는 믿음 생활은 개인적인 것이 아니라 공동체적인 것으로 이해하기 때문이다.[3]

한 명의 무슬림을 예수 공동체에 소개하고 그 공동체에 소속감을 갖게 하는 과정은 많은 시간이 요구되고 쉽지 않은 일이다. 중동의 무슬림 지역에서 스트레스를 많이 받으며 살고 있는 선교사가 교제를 위한 공동체가 필요하다면, 이슬람으로부터 나온 구도자(seeker)의 경우 얼마나 더 공동체를 필요로 할 것인가? 무슬림 배경의 구도자에게 어떻게 이질적이지 않은 공동체를 조성해주는가는 큰 이슈일 것이다

---

2   Walt Larimore, *Workplace Grace: Becoming a spiritual influence at work* (Michigan: Zondervan, 2010), 21.

3   Roland Muller, *The Messenger, The Message & The Community*, *The Messenger, the Message & the Community* (Istanbul: CanBooks, 2006), 323.

그들의 정서와 문화에 맞게 예배의 형태를 재단하기 위해서는 먼저 우리의 예배 의식 중에서 성경적인 것과 문화적인 것을 구별할 수 있어야 한다. 전통적인 예배의 형식보다는 셀그룹 모임의 수준으로 시작하는 것이 문화적으로 접근이 용이하다. 어떠한 문화적인 형식이 무슬림 배경 신자에게 도움을 줄 수 있을 것인지를 고민해야 한다. 예를 들면 모임 때에 스토리텔링 방식으로 메시지를 전한다든지 기도할 때에는 양손을 들고 눈을 뜨고 한다는 식 등이다.

3. 적용 — 어떻게 다가갈 것인가?

환자를 위해 기도하라

필자는 한국에 있을 때 진료 현장에서 환자를 위해 기도해본 적이 별로 없다. 기독교 병원에서 일하였지만 진료 환경이나 주변 상황이 환자에게 영적 필요를 제공하기보다는 과학적인 진단과 최신 치료를 제공하는 것에 의사도 환자도 익숙해져 있었기 때문이었던 것 같다. 필자는 무슬림들이 기독교인들은 기도를 하지 않는다고 생각한다는 사실에 놀란 적이 있다. 그들의 기도는 주로 공적으로 보여지는 것이므로 기독교인들이 그런 공적 기도에 참여하지 않기 때문에 그렇게 생각하는 것 같다. 무슬림들은 일 년에 한 번 라마단 때에도 금식 자체를 기도라고 생각하는데 기독교인들은 금식을 하지 않으니 당연히 그렇게 생각할 수도 있다.

우리가 일반적으로 말하는 기도는 그들이 생각하는 '기도(쌀라)'와는 다르다. 아랍어로 기도는 '쌀라' 혹은 '두아'라고 불리는데 '쌀라'는 하루에 5번 하는 일종의 종교적 제의와 같은 것이고, '두아'는 개인적인 간구를 말한다. 진료실에서 환자를 볼 때나 입원해있는 환우에게 "당신을 위해 기도해드릴까요?"라고 했을 때 거절하는 경우를 거의 본 적이 없다. 기도를 마쳤을 때 그들의 입에서 "아멘"이라는 말을 들었을 때의 느낌은 말로 표현할 수가 없다.[4]

무슬림 의사들은 환자를 위해 기도해주지 않기 때문에 환우들은 기도를 받고 의사가 자신을 배려하고 있다는 사실에 대부분 감사하게 생각한다.

---

4   무슬림들의 기도 마침에도 기독교와 같은 의미로 "아멘"이라고 한다.

사실 이 기도는 그들의 마음을 여는데 큰 역할을 한다. 그리고 그들에게 자연스럽게 치료자이신 예수님을 소개할 수 있는 촉매가 된다. 물론 이들이 신유를 경험한다면 평생 잊을 수 없는 기억이 될 것이다. 우리가 환자들과 함께 예수의 이름으로 기도할 때 병을 치료하는 일도 그들이 예수를 주로 고백하는 일도 우리의 손에 달려 있지 않다는 것을 알게 된다.

영적인 이야기를 하는 것을 두려워 말자

무슬림들은 언제든지 영적인 내용의 대화에 쉽게 반응한다. 진료실에서 만나는 환자에게 영적인 이야기를 꺼내도 아주 자연스럽게 대화가 이어진다. 이들은 우리가 생각하는 것보다 훨씬 영적인 세계에 열려 있다. 예를 들면, "당신은 무엇을 믿습니까?", "꾸란이 가르치고 있는 것은 무엇인가요?", "죽으면 천국에 간다는 확신이 있습니까?", "예수는 당신에게 어떤 존재인가요?" 이런 질문들은 서구나 한국에서는 예민한 질문들이고 초면의 사람에게 질문하기에는 다소 무례한 내용 같아 보이지만 의외로 이들은 자연스럽게 대화를 이어나간다. 일상적인 이야기를 나누다가 언제든지 영적인 이야기로 전환이 가능하다.

필자가 사는 마을에 어느 옷 수선점에 옷을 수선하러 갔을 때에 고객으로 와 있던 수염을 이맘처럼 길게 기른 한 아랍 남성이 나에게 기독인이냐고 물었다. "그렇다"라고 대답하자, 단도직입적으로 "왜 기독교는 삼위일체를 믿느냐? 배에 세 명의 선장이 있으면 배가 어디로 가겠느냐?"라고 질문을 퍼부었다. 대개 이런 논쟁은 오래해봤자 아무런 득이 없으므로 "우리는 한 하나님을 예배한다"라고 간단히 대답하고 가게를 나왔다. 이와 같이 일상생활에서 만나는 어느 사람을 대상으로 믿음에 대해서, 심판에 대해서, 구원의 확신에 대해서, 혹은 사후 운명에 대해서 쉽게 대화를 시작할 수 있고 그것이 그들의 문화에서는 자연스러운 것이다.

그들은 당신을 지켜보고 있다

"당신들은 왜 그렇게 행복해 하나요?" 아침에 진료실에 와서 몇 시간 동안 자신의 순서를 기다리고 진료를 마친 후 약국에서 약을 타가면서 약국에서 일하는 직원에게 사우디에서 온 한 여자 환자가 한 말이다. 우리가 인지하지 못하지만 무슬림들은 기독교인들이 어떻게 동료들과 지내는지, 환자들에게 어떻게 대하는지, 가족에게는 어떻게 대하는지를 주의 깊게 지켜보고 있다. 기독교인들이 소수이고 기독교인들끼리만 교제하는 대부분의 중동권에서는 기독교인들에 대한 오해가 많이 있다. 주로 할리우드 영화를 통해 기독교인들은 술을 마시고 성에 개방적이고 도덕적으로 타락해있다고 믿는 무슬림들을 많이 보았다. 하지만 기독교인들이 친절하고 사랑이 넘치고, 일할 때 동료들과 항상 웃고 즐겁게 대화를 나누는 것을 보면 그들은 그들의 선입관이 잘못되었다는 것을 알게 된다.

우리 선교사들은 그들에게 읽혀지는 성경이 되어야 한다고 이야기한다. 그들은 성경을 알지 못하므로 우리가 성경에 적혀 있는 대로 '혁신된'(be transformed) 삶을 살면 그들에게 긍정적인 영향력을 끼치게 될 것이다. 우리들의 부부 관계도 그들의 관심의 대상이 된다. 선교사들이 부부간에 서로 존중하고 모범적인 가정을 이룰 때에 그들은 그 비결에 대해 궁금해한다.

결론

중동에서의 선교 사역이 소모적이고 열매가 없기 때문에 무의미하다고 말하는 선교대회의 패널 스피커를 보았다. 필자가 근무하는 병원의 설립자인 A여사는 이라크 전쟁 이후로부터가 자기 평생에 가장 많은 회심자들이 생기는 때라고 증언한다. 이슬람권에서 사역하면서 꿈을 통해 주님께로 돌아오는 무슬림들을 많이 보았다. 성령님께서 꿈과 비전, 그리고 예수의 이름으로 드려진 응답되는 기도 등을 통하여 그 어느 때보다 강하게 역사하고 계신다.[5] 눈에 보이는 열매가 없다고 이슬람권에서 일꾼들을 철수하기보다는 그 어느 때보다 더 충성스럽고 성령 충만한 일꾼들이 필요한 곳이 바로 이슬람권이다.

의료 선교사는 의료와 선교를 병행해야 하므로 더 많은 노력과 자원이 필요하지만 약점 보다는 강점이 많은 특수성을 갖고 있다. 하나님의 모든 역사에 열린 마음을 갖고 무슬림들의 문

---

5   David Garrison, *A Wind in the House of Islam* (Monument: WIGTake, 2014), 241.

화와 처한 입장을 항상 먼저 고려하고 배려해준다면 그리스도의 신실한 제자들은 이슬람권에서도 반드시 세워질 것을 확신한다. 하나님의 나라는 항상 연약해보이는 소수의 믿는 자들을 통해 확산되고 전파되어 나간다.

참고 문헌

Garrison, David. *A Wind in the House of Islam*. Monument: WIGTake, 2014.

Larimore, Walt. *Workplace Grace: Becoming a spiritual influence at work*. Michigan: Zondervan, 2003.

Muller, Roland. *The Messenger, the Message & the Community*. Istanbul: CanBooks, 2006.

Wagner, C. Peter. *Frontiers in Missionary Strategy*. Chicago: Moody Press, 1971.

이슬람 질병관과
의료 선교

44

김삼

김삼 선교사는 성균관대학교 약학대학을 졸업했다. 서울신학대학원(M.Div.), 아세아연합신학대학원(Th.M.), Yarmuk University in Jordan.(M.A. pending), Asbury Theological Seminary(Ph.D.). 약사이며 복음 전도자로 중동 지역에서 15년간(2002~2017) 선교 병원에서 복음을 전하고 개종자 양육 사역을 하였다. 현재 미국 Asbury 신학대학원에서 이슬람, 비교종교, 선교학 등을 가르치고 있다.

들어가는 말

의료 선교란 치유의 사역을 통하여 복음을 전파하는 것으로 한 개인을 그리스도의 구속 사역을 통하여 구원을 받아 그리스도를 주로 삼는 믿음의 고백과 전인적인 존재로서 삶을 살 수 있도록 인간의 육체적 정신적 필요를 채워주는 사역이다. 이슬람권에서 의료 선교를 통하여 무슬림들에게 예수 그리스도의 복음과 사랑을 전하고자 할 때, 그들이 이해하는 고난이나 질병의 관점을 이해하는 것은 복음을 보다 지혜롭게 전하는데 큰 도움이 될 것이다. 질병이나 그로 말미암은 고난에 관한 이슬람의 관점은 무슬림들이 기본적으로 알라에 대한 신앙과 그들이 갖고 있는 세계관과 밀접한 연관이 있다. 본 글에서는 이슬람의 기본 성서인 꾸란과 하디스에 나타난 무슬림들의 질병의 이해와 성경이 이해하는 질병 등에 대하여 상고해보고 의료 선교의 현장에서 어떻게 그러한 관점들이 무슬림들과 대화하고 복음을 나누는데 사용될 수 있는지 생각해보고자 한다.

1. 꾸란과 하디스를 통해 본 이슬람 질병관

타우히드와 운명론

이슬람의 타우히드(일원론)적 이해는 이슬람 종교의 가장 근본적인 교리이자 원리이며 질병을 이해하는데도 근본이 되는데 모든 질병과 고난도 알라의 뜻이며 알라가 허락했다는 믿음이 이 타우히드에서 나오기 때문이다. 모든 우주 만물은 알라를 중심으로 한 유일 신앙과 일원론에 의하여 이해된다.[1] 즉, 인간의 몸과 영혼이 한 분이신 알라를 경배하기 위해 만들어졌기에 인간의 모든 내적, 외적인 생활은 이 유일 신앙에 부합되어야 한다. 그러므로 이 땅에서의 삶은 일시적이며 본질적인 집은 죽음 이후에 알라와 함께 하는 낙원에 있고, 결국 인간

---

1 Majed A. Ashy, "Health and Illness from an Islamic Perspective" *in Journal of Religion and Health*, vol. 38, No. 3, Fall 1999, 243.

의 인생은 알라에게로 향하게 된다.

> 현세의 삶은 향락과 오락에 불과하나 그들이 내세의 집을 안다면 그것은 곧 생명이니라(꾸란 29:64).

인생의 모든 고난과 어려움은 알라가 허락한 것인데 꾸란은 명확히 알라가 인간에게 어려움을 줌으로 시험을 당하게 한다고 말한다.

> 알라[2]는 두려움과 기아로써 재산과 가족과 곡식들을 손실케 하여 너희들을 시험할 것이라 그러나 인내하는 자들에게는 복음이 있으리라(꾸란 2:155).

또한 인간을 방황케도 하고 옳은 길로도 인도하신다고 한다.

> …알라는 그분의 뜻에 따라 방황케 하고 옳게 인도하기도 하시니라(꾸란 35:8).

우리 인생의 재난도 불운도 이미 알라가 다 정해놓은 것이고 알라의 허락 없이는 어떠한 재앙도 있을 수 없기에(꾸란 64:11) 어려운 상황 속에서도 알라의 신의를 믿어야 하는 것이다.[3]

무슬림들이 이렇게 질병마저도 운명론적으로 연관시킬 수 있는 것은 인생은 알라의 선물이지만 기본적으로 여러 가지 다양한 시험이 인생 중에 연속된다고 믿으며 심지어 아플 때도 의의 행위를 투자할 수 있는 기회가 되며 질병마저도 알라가 사랑한다는 사인(sign)으로 여기기 때문이다.[4] 알라는 어려울 때에 더욱 인간들을 보살피기에 질병마저도 알라와 가까워지게 한다고 긍정적으로 바라보기를 권면한다. 알라는 사랑하는 자에게 시험을 주며 시험이나 어려움을 당할 때에 반드시 도움이 있으며 잘 참고 견디었을 때 알라로부터 상급이 있다

---

2   최영길 번역의 꾸란에는 하나님으로 번역되었으나 본 글에서는 필자가 알라로 바꾸었다.

3   Norman Anderson, *The World*, 민명태 역, 『세계의 종교들』(서울: 생명의말씀사, 1985), 172.

4   "Muslims and Illness" May 1st 2018, Accessed http://www.mosquefoundation.org/reading-room/imam-messages/23-articles/124-muslims-and-illness

는 것이다. 더 나아가 부카리 하디스에 의하면 무함마드가 말하기를 무슬림들이 고난이나 질병, 슬픔, 걱정, 해로움 혹은 우울이나 심지어 가시에 박혔을 때마다 알라가 그것 때문에 그의 죄들을 없애주신다고 말했고,[5] 또한 부활의 날에 병으로 고생했던 무슬림들은 보상을 받게 될 것이라고 말했다.[6] 그러기에 환자를 방문하여 장수를 빌어주고 위로하라고 권면하며 이것은 친절하고 자비로운 행동이라고 말한다. "네가 아프거나 죽음이 임박한 사람을 방문할 때 너는 너 자신과 환자의 축복을 위해 간절히 기도하라, 왜냐하면 천사가 너의 말과 기도한 것을 응답해 주기 때문이다."[7] 또한 그 병자들이 알라에게 찾아간 사람을 위하여 간구를 요청하면 그 병자의 중보는 천사의 중보와 같은 효력을 갖는다.(qudsi) 그러나 동시에 인간의 죄로 말미암아 알라가 죄에 대해 분노하여 죽음이나 불행을 주기로 결정할 수 있다고도 믿는다.

> 너희에게 재앙이 일어나는 것은 너희 손들이 얻은 것 때문이라 그러나 그분은 아직 그들 대다수를 용서하고 계시니라(꾸란 42:30).

병을 일으키는 원인과 일반적 치료법

이슬람 근대 의학의 근본을 세운 이븐 시나(Ibn Sina, 980~1037)는 꾸란의 사고관에 의거하여 우주는 기본적으로 불, 공기, 물과 흙으로 구성되어있고 인간의 몸은 이 네 가지가 혼합된 체액 상태로 있다고 본다.[8] 정신과 육체 사이는 매우 밀접하고 사람의 영혼의 상태는 지속적으로 인체에 영향을 미치기에 궁극적으로 영혼과 육체의 조화로운 관계를 유지하는 것이 가장 근본적인 것으로 여긴다.[9]

꾸란에 언급된 질병은 마음의 질병과 육체의 질병으로 나뉘는데 마음의 질병은 의심과

---

5   "Sickness according to Qur'an and Sunnah", May 1st, 2018, Accessed https://www.missionislam.com/health/sickness.html
6   위의 책.
7   Bill A Musk, *The Unseen Face of Islam* (Finland: MARC, 1989), 101.
8   Seyyed Hossein Nasr, *Science and Civilization in Islam* (USA: The New American Library, 1970), 219~220.
9   최효재와 신길조, "이븐시나를 중심으로 고찰한 이슬람 의학의 이해" 대한한방내과학회지, 제36권 3호(2015년 9월), 259.

걱정의 병, 또한 욕망과 탈선의 병이 있다. 꾸란에서 의심의 병인 경우 알라는 그들의 병을 심하게 할 것이며 그러한 마음의 병은 불신자들과 믿지 않는 자들에게 있는 것으로 그들이 알라와 알라가 보낸 선지자들의 말을 들을 때 그 병이 나아질 수 있다고 말한다(꾸란 2:10, 17, 18, 20).[10] 마음의 질병 치료는 "알라의 축복으로 나아질 수 있으며 그러기에 오직 알라 앞에 나올 때만 회복될 수 있다"고 말한다.[11] 민속 이슬람에서는 또한 시기하는 눈, 즉 이블 아이(Evil Eye)도 병을 일으키는 원인으로 모든 생활 속에서 활동하며 갑작스런 죽음이나 마비 등도 이에서 야기될 수 있다고 믿는다. 악한 영인 진에 의해 발생되는 질병은 주로 죽음이나 원인을 알 수 없는 병들이다.[12]

무함마드는 모든 질병은 알라가 창조하였고, 그 치료법도 창조하였다고 말하며 치료를 받고 구하라고 말한다. 하디스는 선지자가 말하기를 알라는 어떠한 질병도 창조하지 않았으나 질병의 치유책을 창조하였다고 한다.[13] 타바라니 판 하디스는 "죽음 이외에는 질병에 관한 모든 치료의 방법을 사람들에게 알려주신다"라고 덧붙여 인간이 질병의 치료를 위한 약물들이나 방법들을 찾도록 격려한다. 아부다우드 하디스 또한 의학적으로 치유를 받으라고 권한다.

꾸란에서 보는 의료의 기본적인 세 가지 법칙은 첫째, 인간 스스로 건강을 유지하기 위해 노력해야 하며 둘째, 모든 해로운 요인들을 피하고 셋째, 부패한 물질을 제거하는 것으로 예방과 치료가 가능하다고 본다. 육체적인 질병은 두 가지 범주로 나뉘는데 알라가 인간과 동물을 창조할 때 주신 본능적인 욕구들, 즉 배고픔, 목마름과 같은 것은 의사가 치료할 수 없지만 자연적인 환경 등으로 야기되는 병들은 치료될 수 있다고 본다. 과거 무함마드의 생존 시에는 인도산 향, 혹은 인간의 침으로 병자를 치유하거나 피를 빨아내는 것들의 치료의 방법으로 쓰이기도 했다.[14]

민속 이슬람에서는 자연적인 질병들은 자연에서 나는 약초나 부적 등을 부착함으로 치료하며 주로 금기 사항을 깨는 것을 잠재적인 병의 원인으로 여긴다. 언제 금기 사항 등을 어

---

10   Ibn Qayyim Al Jawziyya, *The Prophetic Medicine* (Beirut: Dar El Fiker, 1994), 5~6.
11   위의 책, 8.
12   Musk, 102~105.
13   Phil Parshall, *Inside the community*, 김대옥·전병희 역, 『무슬림의 생활지침서: 하디스를 읽다』(서울: 죠이선교회, 2014), 20.
14   위의 책, 300~301.

긴 적이 있었는지 등의 과거사를 물으므로 치료 방법을 찾는 것이다. 때로 검은색 커민 다섯 개나 일곱 개를 기름에 섞어서 그 혼합물을 두 콧구멍에 떨어뜨리면 죽음 이외에는 모두 치유가 된다고도 믿고 낙타의 젖과 오줌을 마시면 건강해진다는 것도 받아들여지기도 한다.[15]

꾸란과 루끄야를 통한 치료

치료 방법에 있어서 초자연적인 치료법이 자연스럽게 모든 무슬림들에게 받아들여지는데 알라가 바로 치유하는 능력을 갖고 있고 알라 이외에는 아무도 그런 능력이 없다는 믿음에서 나온 것이다. 무함마드는 질병에 걸린 사람들 옆에서 혹은 당사자가 알라의 말씀들을 암송할 때 치유의 효과가 있다고 믿는다. 가장 많이 알려진 것은 꾸란 17장 82절, 꾸란 1장, 꾸란 2장의 첫 다섯 구절, 255절, 285~286절, 꾸란 113장, 그리고 114장 등이다.[16] 무함마드의 여러 부인들 중 하나인 아이샤는 "선지자의 가족들 중 병에 걸리면 선지자는 보호의 능력이 있는 꾸란 113장과 114장을 암송함으로 병자의 몸 위에 그의 입김을 불어주고 그의 손으로 병자를 문질러 주었다"고 말한다. 또한 선지자의 동료들이 개경장을 암송함으로 전갈에 물린 남자를 치료하는 것을 허락했다고도 한다.[17] 이러한 치료의 능력이 있는 꾸란 말씀들은 암송할 뿐만 아니라 때때로 그 구절들이 쓰인 종이를 불로 태워 그 재를 물에 탄 것을 병자가 마시는 것도 효능이 있다고 알려져 있다. 그러나 이러한 꾸란 말씀 암송의 치유 능력은 오직 믿는 자들에게 한정이 되는데 "알라가 꾸란을 계시함은 이로하여 믿는 자들에게는 치료와 은혜가 되고 불신자들에게는 손실이 되도록 함이라"(꾸란 17:82). 즉 꾸란은 무슬림들에게는 치유와 자비를 내려주나 다신론자들이나 불의한 불신론자들에게는 소용이 없다는 것이다.

꾸란 외에도 일정한 기도 말 형태의 루끄야(병자의 회복을 간구하는 특별한 형태의 간구 기도, 두아 혹은 디크르)들이 있는데 무함마드의 어록이나 본이 될 만한 그의 행동들을 기록한 순나는 치유를 위하여 알라가 치유의 능력이 있다는 것을 찬양하는 일정한 형식의 간구의 말을 암송

15   위의 책, 303~309.
16   "Muslims and Illness" May 1st, 2018, Accessed.
17   "Sickness" on May 1st, 2018, Accessed http://aboutislam.net/counseling/ask-about-islam/is-quran-a-cure-for-every-illness/

하라고 권면한다.[18] 예를 들면 무함마드는 병자가 아침과 저녁에 "알라의 이름으로 내가 당신에게 피난처를 삼습니다. 모든 질병으로부터, 사단으로부터, 시기하는 눈들로부터, 알라가 당신을 고치기를, 그리고 알라의 이름으로 당신을 피난처 삼습니다" 혹은 "나는 사단이 만들어 놓은 것으로부터 보호하는 완벽한 알라의 말씀들을 나의 피난처로 삼습니다"[19]를 암송하라고 격려했다.

꾸란의 구절들이나 치료를 간구하는 특별한 형식의 루끄야를 암송하는 것과 더불어 무슬림들이 갖고 있는 일반적 믿음 중 하나가 선지자 이싸 즉 예수그리스도가 치유의 기적을 행하는 것이다.(꾸란 2:87, 253, 5:110, 43:63, 61:6) 특별히 꾸란 2장 87절은 알라가 이싸에게 권능을 주었기에 이싸가 치유하는 능력을 가졌음을 명시한다. "하나님은 모세에게 성서를 주었고 그를 이어 예언자들을 오게 하였으며 마리아의 아들 예수에게 권능을 주어…."

꾸란에 나온 이싸가 행한 표적과 기적은 다양한데 특별히 인간이 된 알라의 말씀으로 이싸는 요람에 있는 신생아일 때 이미 말을 하였으며, 알라의 허락과 알라의 거룩한 영의 도움으로 죽은 자를 살리고 소경을 고치는 등 다양한 기적을 베풀었다고 믿어진다.

> 하나님이 가로되, 마리아의 아들 예수야, 그대와 그대 어머니에게 내린 나의 은총을 기억하라. 보라, 거룩한 영으로 내가 너를 도왔다. 너는 요람에서 그리고 성장해서 말한다. 보라, 내가 너에게 그 책, 지혜서, 토라와 복음을 가르쳤다. 내 허락에 의해 진흙으로 네가 새 모양을 빚어 네가 그 속에 숨을 불어 넣었다. 내 허락으로 새가 되었다. 내 허락으로 나면서 앞을 못 보는 자와 나병 환자를 네가 고쳤고 내 허락으로 네가 죽은 자를 살렸다…(꾸란 5:113).

이싸의 치유 능력을 믿기에 기독교인들이 무슬림 병자들에게 이싸의 이름으로 기도해주어도 괜찮겠냐고 물을 때 대부분의 무슬림들은 거부감 없이 기도를 받아들인다.

---

18   앞의 책.
19   앞의 책.

2. 성경을 통해 본 기독교 질병관

구약

성경은 하나님께서 건강(출 15:26)과 진리(요 17:17)를 포함한 모든 선함의 근원이시라고 확언한다.[20]

'여호와 라파'(출 15:16)라는 이름은 자신을 치유하시고 건강을 주시는 하나님으로 자신을 계시하신다. 구약에서는 특별히 하나님 말씀에 순종과 건강이 밀접한 연관을 보이는데 말씀에 순종할 때 하나님께서 병을 치료해 주실 것을 분명히 말씀하신다.

> 이르시되 너희가 너희 하나님 나 여호와의 말을 들어 순종하고 내가 보기에 의를 행하며 내 계명에 귀를 기울이며 내 모든 규례를 지키면 내가 애굽 사람에게 내린 모든 질병 중 하나도 너희에게 내리지 아니하리니 나는 너희를 치료하는 여호와임이라(출 15:26).

그러므로 신명기와 출애굽기는 특히 언약의 백성인 이스라엘 백성들의 영적 상태에 따른 질병과 치유가 종종 함께 언급이 되는 것을 볼 수 있다. 질병의 예방에 대한 조건도 첫째는 하나님의 말씀을 지키는 것이며(신 7:12~16 너희가 이 모든 법도를 듣고 지켜 행하면 … 모든 질병을 네게서 멀리 하사 … 애굽의 악질에 걸리지 않게 하시고…) 또한 자신을 관리하는 것으로 가르침을 주신다.(신 23:12~13, 레 13:4)

신약

구약의 질병관이 신명기적 사관에 근거한 죄의 형벌이나 저주와 밀접한 관련을 보였다면 신약의 질병관은 구약의 질병관을 더욱 확장시키어 예수 그리스도께서 날 때부터 소경

---

20   이길상, 『성서에서 본 자연치유력과 건강법』(서울: 기독교문사, 1991), 16.

된 자를 치유하시는 상황을 통하여 모든 질병이 특정한 한 개인의 죄의 결과만이 아님을 말씀하신다. 오히려 그의 소경된 것이 죄로 인한 것이 아니라 하나님께 영광을 돌리고자 함(요 9:1~3)이라고 말씀하심으로 질병이나 고난이 개인적인 죄책이나 혹은 하나님의 진노하심만으로 판단할 수 없음을 말씀하신다.[21] 복음서에 나타난 예수 그리스도의 사역은 복음을 전파하시며 가르치시며 연약한 것을 온전케 하셨다.(마 4:23~24) 복음을 전파하심과 함께 치유가 예수 그리스도의 핵심 사역이었던 이유는, 첫째로 하나님의 뜻을 성취하기 위함이었다. 구약에 예시되고 선지자들에 의해 예언된 이 목적은 그의 백성이 온전하게 되는 것이며, 결국 예수가 메시야임을 입증해 주는 증거들이 되었다.(눅 7:20~23)[22]

둘째는 예수의 민망히 여기시는 마음과 사랑 때문이었다(마 9:35~36).[23] 예수 그리스도의 사랑과 자비는 병만을 고치신 것이 아니라 사람을 치유하고 관계의 회복을 불러오며 새로운 삶을 주신다. 단지 질병의 치유만이 아닌 사람에게 초점을 맞추어 태초에 하나님의 형상대로 창조된 인간 그리고 온 천하를 주고도 바꿀 수 없는 존귀한 생명이 고통 받고 희생당하는 것을 민망히 여기심이었던 것이다.

셋째는 하나님 나라의 현존의 증표를 보여주시기 위함이었다. 복음이 전파됨과 동시에 병든 자가 고침을 받게 되는 것은 앞으로 도래할 하나님의 나라가 사실임을, 또한 이미 복음을 받아들이는 자들에게는 현존하는 나라임을 나타내주는 것이다.

넷째는 마귀의 일을 멸하시는 것이었다.(요일 3:8) 누가복음 13장 6절에서 예수 그리스도는 사단에게 매인바 된 혈루병에 걸린 여인을 18년 동안이나 '아브라함의 딸'이라고 언급하시며 그녀를 치유해주셨다. 질병은 타락에 의해서 들어 온 일탈이며, 그것은 어둠의 왕국의 일부이다.(마 12:22~30, 요일 3:18)[24] 예수 그리스도는 사단을 멸하고 사단에 의하여 매임 바 된 것을 푸는 것이 치유 사역의 목표 중 하나였다.[25] 예수 그리스도의 모든 치유 활동의 기본적

---

21 Herman Bavinck, *Our reasonable faith*, 김영규 역, 『하나님의 큰일』(서울: 기독교문서선교회, 1984), 267.
22 John W. Drane, *Jesus and the four Gospels*, 이중수 역, 『예수와 4복음서』(서울: 두란노서원, 1984), 120.
23 David J. Seel, *Challenge & Crisis in Missionary Medicine*, 김민철 역, 『상처받은 세상 상처받은 치유자들』(서울: 한국기독학생회출판부, 1997), 3
24 J. Herbert Kane, *Understanding christian missions*, 신서균 역, 『기독교 선교 이해』(서울: 기독교문서선교회, 1997), 394.
25 J. Herbert Kane, *Wanted: world Christians*. 민명홍 역. 『세계를 품은 그리스도인 왜 되어야 하는가』(서울: 죠이선 교회, 1990), 60.

인 사상에서 질병은 하나님이 세우신 만물의 질서의 일부가 아니며 그 결과 질병에 걸린 자를 만나셨을 때마다 그 질병을 치유해주셨고 단순한 치유를 넘어 그 뒤에 잠재되어 있는 죄의 문제까지도 해결해주셨다. 즉 질병은 궁극적으로는 죄와 타락의 결과로서 오는 것이다. 그렇다고 모든 질병이 어떤 특정의 개인의 죄로만 오는 것이 아님을 동시에 알 수 있다.

3. 이슬람 질병관을 통한 의료 선교적 적용

타우히드와 운명론을 통한 의료 선교적 적용

대다수의 복음적 접근이 어려운 이슬람의 상황에서 의료 선교는 가장 효과적인 접촉점으로 여겨지는데 그 근본적인 이유는 무엇보다 질병에 걸린 사람들의 마음을 쉽게 열고 인간적인 도움을 주는데 있다. 복음이 한 개인의 영적인 구원만을 의미하는 것이 아닌 전인적인 구원이라는 면을 상고할 때 그리스도의 사랑을 품고 육신이 연약한 자를 만나주고 그들의 고통을 들어주며 치유를 해주는 행위는 이미 복음 전파의 시작이며 성령의 역사를 기대할 수 있는 구원의 과정의 시작이라고 볼 수 있다.

무슬림들이 갖고 있는 알라를 향한 유일 신앙과 운명론은 육신의 치유를 통하여 복음을 전파하는 의료 선교에 어떻게 적용할 수 있는가? 특별히 그들과 대화를 가질 때 그들이 갖는 알라의 뜻과 알라가 미리 모든 것을 정하셨다는 믿음에 도전을 할 수 있다. 선교사가 운영하는 병원에서 사역했던 필자는 환자들을 만나 그들과의 영적인 대화를 시작할 때 언제나 그들에게 질문했던 것이 병마저도 알라가 허락하지 않으면 걸릴 수 없는데 왜 알라가 예수 그리스도를 믿는 의료진이 운영하는 이 기독 병원에 와서 치료를 받게 하고, 이 병원에 오지 않았다면 평생에 듣지 못했을 복음을 듣게 하셨는지를 생각해 보라는 것이었다. 치유의 과정에서도 예수 그리스도의 치유의 능력과 치료 방법의 지혜를 주시는 분으로 그들이 알고 있는 이싸와 연결점을 가질 수 있다. 치료와 함께 예수의 이름으로 기도해주는 것은 모든 무슬림들에게 환영받는 일이다.

이슬람권 사회는 기본적으로 공동체적 사회이며, 관계중심적인 문화는 이슬람 신앙만큼
이나 이슬람 사회를 지탱하는 근본적 가치관이다. 그것을 제일 기본적으로 경험할 수 있는
것은 환대 문화이다. 특별히 아랍권 사역에서 방문 사역은 일대일로 복음을 전하는 사역을
여는데 그 중요성이 있다. 의료 사역은 좀 더 의미 있고 신뢰의 관계를 형성할 수 있는 가장
효과적인 사역이다. 환자와 의료진 혹은 자신의 연약함을 돌보아 주는 관계이기에 관계를 중
요시하는 무슬림들에게 인간적인 신뢰를 바탕으로 하는 의료 사역자와의 관계는 그 어느 대
상보다 더 쉽게 마음을 열게 한다. 관계 중심의 문화의 상징적 특징인 환대 문화에 근거하여
의료를 위한 방문을 하거나 교제를 위한 방문 또는 초대의 행위는 더욱 신뢰의 관계를 확고
히 해줄 수 있다. 필자의 경험에서도 단순히 병원의 치료를 통한 관계만이 아니라 퇴원 이후
에도 방문이나 방문 치료를 해주는 경우 친구가 되고 그 개인의 삶에 깊숙이 관여하게 되어
더욱 복음을 나누는 것이 용이하였다.

맺는 말

복음을 쉽게 나누기 어려운 이슬람의 상황이지만 그럼에도 불구하고 무슬림들이 기본적
으로 갖고 있는 알라에 대한 유일신 신앙과 운명론적인 가치관 또한 관계 중심의 문화는 무
슬림 선교의 중요한 접촉점들이 될 수 있다. 전인적인 치유를 하며 연약하고 병든 자들과 함
께 해주어 그리스도의 사랑을 직접적으로 경험케해주는 의료 선교가 이러한 무슬림들의 가
치관과 신앙관을 잘 이해할 때, 보다 깊게 사람들의 마음을 열고 그들의 영육의 필요를 채워
줄 수 있을 것이다.

참고 문헌

김삼. "중동 지역 무슬림 여성 선교를 위한 커뮤니케이션 도구로서 '일차 보건 의료 사역' 연구". 아세아연합신학대학원 Th.M.
　　　논문, 1992.

이길상. 『성서에서 본 자연 치유력과 건강법』. 서울: 기독교문사, 1991.

최효재, 신길조, "이븐시나를 중심으로 고찰한 이슬람 의학의 이해". 대한한방내과학회지, 제 36권 3호. 2015년 9월.

Al Jawziyya, Ibn Qayyim. *The Prophetic Medicine*. Beirut: Dar El Fiker, 1994.

Anderson, Norman. *The World*. 민명태 역. 『세계의 종교들』. 서울: 생명의말씀사, 1985.

Ashy, Majed A. "Health and Illness from an Islamic Perspective." *Journal of Religion and Health*, Vol. 38, No. 3,
　　　Fall 1999.

Bavinck, Herman. *Our reasonable faith*. 김영규 역. 『하나님의 큰일』. 서울: 기독교문서선교회, 1984.

Drane, John W. *Jesus and the four Gospels*. 이중수 역. 『예수와 4복음서』. 서울: 두란노서원, 1984.

Kane, J. Herbert. *Understanding christian missions*. 신서균 역. 『기독교 선교 이해』. 서울: 기독교문서선교회, 1997.

_____ . *Wanted: world Christians*. 민명홍 역. 『세계를 품은 그리스도인 왜 되어야 하는가』. 서울: 죠이선교회, 1990.

Musk, Bill A. *The Unseen Face of Islam*. Finland: MARC, 1989.

Nasr, Seyyed Hossein. *Science and Civilization in Islam*. USA: The New American Library, 1970.

Parshall, Phil. *Inside the community*. 김대옥, 전병희 역. 『무슬림의 생활지침서: 하디스를 읽다』. 서울: 죠이선교회, 2014.

Seel, David J. *Challenge & Crisis in Missionary Medicine*. 김민철 역. 『상처받은 세상 상처받은 치유자들』. 서울: 한국기
　　　독학생회출판부, 1997.

Sheikh Sale bin Abdulaziz. 최영길 역. 『성 꾸란 의미의 한국어 번역』. Al Madina: 파하드 국왕 성 꾸란 출판청, 2002.

| 웹사이트 |

"Muslims and Illness" May 1st, 2018. Accessed http://www.mosquefoundation.org/reading-room/imam-
messages/23-articles/124-muslims-and-illness.

"Sickness" http://aboutislam.net/counseling/ask-about-islam/is-quran-a-cure-for-every-illness/.

"Sickness according to Qur'an and Sunnah" May 1st, 2018. Accessed https://www.missionislam.com/health/
sickness.html.

8

NGO(비정부기구)와
의료 선교

난민과
의료 NGO

박용준·김경철

박용준 회장은 1980년 연세대학교 의과대학을 졸업했다. 내과 전문의이며, 의학박사(종양내과학)이다. 연세대 의대, 건양대학, 고려대 의대, 가톨릭대 의대, 차의과학대학에서 교수를 지냈다, 미국 뉴욕주립대 교환교수, 한국누가회 이사장, 한국인터서브 이사장, 전인건강학회 공동회장을 지냈다.

현재 연세대 의대 임상 지도교수, 글로벌케어 회장, 국제개발협력민간협의회(KCOC) 회장, 국제질병퇴치기금심의 운용위원(외교부), 시민사회발전위원회 위원(국무총리실), 민관합동해외긴급구회협의회 위원(외교부), 글로벌케어 내과 대표원장이다.

수상 경력
대통령 표창, 보건복지부 장관상, 보령봉사상 대상(글로벌케어), 국민훈장 목련장, 아산상 대상(글로벌케어), 세종문화상(글로벌케어)

난민 사역과 개발 사역 참여 경력
르완다 난민 사태, 코소보 난민 사태, 터키 지진 난민, 인도 지진 난민, 이라크 전쟁 난민, 아프가니스탄 전쟁 난민, 인도네시아 쓰나미, 아이티 지진, 시리아 난민 외 세계 10개국에서 NGO 법인 운영 및 난민 사역과 개발 사역

김경철 전문의는 1995년 연세대학과 의대(MD)를 졸업하고, 2005년 동 대학 보건대학원 국제보건학 석사(MPH), 2009년 연세대학교 대학원 노화과학협동과정 이학박사(Ph.D.)를 취득했다. 2000~2002년 파푸아뉴기니 KOICA 국제협력 의사와 2002~2003년 연세대학교 보건대학원 국제보건 연구원, 2003~2013년 미즈메디 병원 가정의학과장으로 근무했다.

2006~2008년 보스턴 터프츠(Tufts) 대학 영양유전학 연수(Genomics/Epigenetics Lab), 2011~2012년 서울경기지역 누가회(CMF) 회장, 2014~2017년 차의과학대학 차움병원 임상유전체 센터/안티에이징 센터장, 2017~현재 테라젠 바이오 연구소 유전체 사업본부장, 강남 미즈메디 병원 안티에이징 클리닉.

들어가는 말

성경을 통하여 예수님의 공생애 사역을 바라볼 때 첫째, 복음을 선포하셨고 둘째, 제자들을 가르치셨으며 셋째, 많은 병자들을 고치시는 치유 선교의 일을 하셨다. 예수님은 정부를 통하여 이런 일을 하신 것이 아니며 예수님의 사역에는 개인의 구원과 사회의 구원 및 환경과 자연의 회복과 구원까지 이루시는 참으로 총체적인 치유 선교 구원 사역을 이루신 것이다. 예수님의 사역을 현대인의 시각으로 재조명한다면 예수님의 사역이야말로 NGO로서의 역할을 하신 것으로도 해석될 수 있다. 그러므로 교회는 NGO로서의 역할도 충분히 감당해야 하는 것을 보게 되는 것이다. 사회에 참여하여 사회 문제를 다루며 치유 선교에 참여해야 하는 것이다. 교회 스스로의 모습으로도 가능하며 한편으로는 교회 구성원들이 사회 참여 NGO에 관여하는 것도 가능한 것이다. 기독교인들이 다원적이고 다양한 NGO를 설립해 사회에 적극적으로 참여하여 치유 선교에 동참하는 것은 주님의 사역을 생각할 때 기독교의 사상에 부합한 일인 것이다. 기독교인들은 더 많은 참여로 국내 문제와 국제 문제까지 다양하게 사회 구원과 세계의 사회 치유를 위하여 노력해야 할 것이다.

NGO를 통하여 사회에 참여하고 개선해나가는 그리스도인들에게 필요한 것은, 하나님을 사랑하고 네 이웃을 네 몸과 같이 사랑하라는 새 계명의 말씀에서 얻어지는 지혜를 사용하는 것이다. 기독교인들이 사회에 줄 수 있는 것은 하나님의 사랑이라고 생각한다. 하나님을 사랑하는 계명에 대하여는 기독교 자체가 늘 강조하고 예배를 통하여 하나님께 대한 사랑과 감사를 표현하고 있다. 두 번째 계명인 네 이웃을 네 몸과 같이 사랑하라는 말씀은 하나님의 긍휼과 자비의 마음으로 사회를 바라보고 구성원들을 섬기며 나가는 것에서 찾을 수 있다.

여기에는 중요한 tool(기구)이 있는데 바로 하나님께서 우리에게 주신 문화와 과학이다. 하나님의 손길이 들어가 있는 문화와 하나님의 법칙이 가득한 과학이야말로 이웃을 사랑할 수 있는 좋은 도구가 되는 것이다. 그러므로 NGO를 구성하고 있는 구성원들 가운데는 많은 기독교 전문인들이 함께 하는 것이 유리하다. 전문적인 지식과 그리스도인들이 가지고 있는 기독교 문화적 성향들이 나의 이웃을 참으로 잘 섬길 수 있는 통로가 될 수 있는 것이다. 그러므로 기독교인들의 전문성의 개발도 참으로 중요하다는 것을 지적할 수 있다. 일찍이 기독교는 교육에 많은 투자를 해왔고 현재도 세계 지성의 세계를 이끌어가고 있다고 여겨진다. 앞으로도 교육과 연구를 통하여 사람들에게 유용한 많은 지식과 지혜들을 개발하고 이를 통하여 이웃을 섬기며 나간다면 하나님의 뜻을 이루고 치유 선교의 일을 할 수 있을 것이다.

1. 치유 선교 NGO의 성경적 기초와 자원

aoctoring(치유 행위)과 redemption(구속)

성경에서 이웃 사랑에 대한 설명 중 가장 중요한 말씀은 누가복음 10장 30~37절에 나오는 선한 사마리아인의 행위에 대한 구절이다. 첫째 질문이 "누가 내 이웃입니까?" 하는 데서 시작을 한다. 37절에 "너도 이와 같이 하라"는 말씀으로 마치는데, 선한 사마리아인의 모든 행위는 바로 강도 만난 자를 구호하는 행위의 이야기이며 이는 치유 행위임을 알 수가 있다.

선한 사마리아인의 마음속 깊은 곳을 들여다보면 'compassion'이란 단어와 'love'라는 단어를 떠올리게 하며 더 나아가서 선한 사마리아인이 사랑의 인질이 되어있는 마음의 상태를 읽을 수가 있다. 도저히 사랑 때문에 그 자리에서 강도 만난 이웃을 두고 떠나오지 못하는 마음을 보게 된다. 이 마음이 바로 예수님의 마음이다. 사랑의 인질이 되어서 대신 고통을 당하는 마음이다. 여기에서 치료자들에게 주는 중요한 메시지가 있다. 선한 사마리아인의 touch와 caring에서 doctoring의 참 모습을 보게 된다. 이는 대신 아픔을 짊어지는 사랑의 인질이 되는 구속(redemption)의 의미가 담겨져 있다. 즉 선한 사마리아인이 바로 예수님의 모습을 그리고 있는 것이다. 여기에서 doctoring과 caring을 직업으로 하는 치료자들에게 주는 의미는 바로 이것이라고 생각을 하는데 우리가 하는 그 행위로 인하여 구원을 받는 사람들이 있다는 것이다. 그 구원은 육신의 구원으로 시작을 하지만 영혼의 구원으로 인도되어지는 성경적인 비밀이 담겨 있다.

기독교 NGO의 인적 자원

교회 안에는 각 분야의 전문가, 즉 법률인, 의료인, 경제인, 기술자, 교사 등과 일반 비전문가 학생, 주부 등으로 구분된다. 이런 인력은 교회에서 사회 참여 서비스를 제공하는데 있어서 전문적인 영역이나 비전문적인 영역에서 활용할 수 있는 자원이 된다. 그러나 통계적으로 지역사회 봉사를 위한 교회의 실천적 역할 연구에서 교회가 지역사회 봉사에 관여할 필요성은 3%의 관심밖에 없는 것으로 나타나고 있으며, 이로 인해 많은 인적 자원이 전혀 활용되지 못하고 있다. 한국 교회가 인적 자원을 잘 활용한다면 사회복지 및 치유 선교 사업에 많은 기여를 할 수 있을 것이다. 그러나 양적인 숫자가 교회의 인적 자원이 아니라 그 개인의 마음속에 이웃에 대하여 봉사하고자 하는 단호한 결단과 그 내부의 강력한 신앙에 근거한 동기를 갖고 있는 사람이어야 생명력 있는 선교적 치유 차원의 자원이 될 수 있다.

기독교 NGO의 현재와 미래

1) 정보화

정보화는 혁명으로 받아들여지고 있다. 인터넷과 SNS의 활성화 앞에 사람들은 변화를 하고 있다. 기업 활동의 변화는 매우 획기적으로 바뀌고 있다. 비정부기구의 활동까지도 현재는 사이버화하고 있으며 향후 더욱 사이버 시민운동이 아니면 시민운동 자체가 형성이 안 되는 지경에 이를 것이다. 이에 부흥하여 기독교계도 빠른 걸음으로 인터넷과 SNS를 통한 선교와 기독교 시민운동을 일으키고 있는 가운데 있다.

복음은 변하지 않지만 복음을 전하는 방법은 변해야 한다. 변함이 없는 복음의 핵심을 어떤 그릇에 담아서 사회에 전해야 하는지에 대하여 정보화 혁명 가운데 있는 기독교 NGO들의 정책 반영에 중요한 이슈로 떠오르고 있는 것이다.

정보화 혁명은 시민운동의 대중화를 앞당기고 있으며 비정부기구의 홍보에서도 기존의 언론에 의존하였던 것도 많은 부분 인터넷을 통한 홍보로서 대치되어 가고 있기도 하다. 정보화의 물결이 시민운동의 중요한 부문 운동으로 등장하고 있는 것이다.

2) 한반도화

남북 문제를 위하여 기독계가 움직여왔던 것을 보면 민간 차원의 교류에 가장 앞장서서 일을 진행하였다고 해도 과언이 아니다. 앞으로 지속적으로 남북 문제를 해결하고 남북의 화합과 협력의 장으로 나아가야 하는데 이를 위하여 그동안의 경험으로 미루어보아 북한 정권의 변화가 있어야 하는 것을 전제로 해야 할 것이다. 북한이 개방화되면서 남북 교류의 물꼬가 터진다면 NGO의 한반도화가 일어날 것으로 예상된다. 이를 위하여 기독교 비정부기구들은 선도적인 일들을 추구하고 있지만 북한이라는 단단한 껍질을 깨는 과정에 있다고 보여진다.

북한의 피상적인 개방화의 모습에 북한이 마치 변한 것으로 보고 너무 성급히 교류를 추진하는 일들은 많은 장애에 부딪힐 가능성이 있다. 그러므로 신중하고 실제적으로 접근하는 정책으로 북한과의 대화를 해나가야 할 것으로 생각한다.

3) 세계화

NGO들은 인류의 공유의 문제들을 다루는 경우가 많이 있는 관계로 세계화로 나갈 수 있는 길들이 쉽게 열려져 있다. 예를 들면 핵확산의 금지를 위하여 그리피스 운동과 같은 일은 시민들의 힘으로 핵확산을 막고 방사능으로부터의 위해를 줄여나가는 일을 하고 있다. 이런 공통의 선을 위하여 NGO들은 함께 노력하고 있다. 특히 재해 지역과 난민 지역, 저개발 지역을 향한 개발 NGO들의 활동이 증가하고 있다. 한국 교회의 선교에 대한 관심은 이제 세계 2위의 선교국으로 성장하였다. 현실적으로 선교 현장은 교단의 선교를 직접 받아들이기 어려운 상황에 있다. 그러므로 교단과 선교회는 현장에서 비정부기구를 설립하고 사회개발적인 방법을 사용하여 주민들과의 접촉점을 넓혀나가고 있다. 이제 선교에서는 NGO적인 접근이 중요한 방향으로 형성이 되어가고 있는 것이다. 그러므로 세계의 현장에서는 한국인과 외국인들이 함께 하는 사회개발 NGO들이 다수 설립되고 있다.

4) 지방화

비정부기구의 지방화는 현재도 진행이 되고 있고 앞으로도 진행이 될 것이다. 한국적인 특성에 의하여 사회비판적인 NGO들은 지방화를 이루면서 중앙기구의 정책을 그대로 답습하고 진행하는 일만을 이루는 경향이 있었으나 앞으로의 지방화는 지방 자체에서 필요한 NGO 들이 자생적으로 만들어져서 이를 통한 지방의 비정부기구 활동이 이뤄져야 한다고 생각한다. 현재 많은 NGO들이 만들어지고 있는 것으로 알고 있고 기능적인 면에서도 발전을 이뤄가고 있다. 이런 분야에서는 선교회의 지방화는 이뤄지고 있지만 지방의 사회 저변의 문제를 함께 다루는 기독교 비정부기구적인 접근이 지방에서도 활발히 이뤄져야 한다. 기독교 NGO들의 세계화는 국제 선교를 앞세워 빠르게 진행이 되고 있지만 지방화의 물결은 아직 초보적인 수준에 있다고 여겨진다. 지방에서도 기독교 문화를 올바르게 심기 위해서는 지방의 사회 문제와 사회 복지의 현안에 교회와 기독교 NGO들의 협력 사역이 중요하다.

5) 다원화 · 다양화

한국의 NGO 하면 경실련을 비롯한 몇몇 NGO가 생각이 난다. 그런 면에서 사회 제도와 정책을 비판하고 개선하기 위하여 일하는 NGO들이 많이 생성이 되어서 일들을 진행하고 있지만, 한국적인 특성상 민주화 운동의 여파로 인하여 NGO들이 민주주의의 발전을 위한 정책 비판과 대안 제시에 많은 노력을 경주해온 경향이 많다. 이제는 여기서 벗어나서 사회 문제 전반에 대한 다원화되고 다양한 NGO들의 생성이 필요하다고 보여진다. 한국의 NGO의 발전은 조만간 많은 에너지를 가지고 발전해나갈 것으로 기대한다. 그런 면에서 사회 치유 선교 사역에 필요한 NGO들이 기독교 문화를 담고 설립해나가야 하는 과제를 안고 있다.

6) 자율 규제

성숙한 NGO로서의 역할을 위해서는 비정부기구 자체가 가지는 가치관을 잘 형성해 놓아야 한다. NGO의 사명이 무엇인지를 성실히 이해하고 참여한 구성원들이 이를 위하여 진정으로 노력하고 나아갈 수 있는 장을 만들어야 한다. NGO의 자율적인 기능은 설립 당시 어떤 목표를 가지고 있었는지, 그 목표를 잘 추구하고 있는지를 자율적으로 감찰해보아야 한다. 그리고 사명과 목표, 활동의 장에서 자신들을 점검하는 자율적인 규제 시스템을 내부에 가지고 있어야 한다. 기독교 NGO는 소명에서부터 성경적인 사명을 갖게 될 것으로 안다. 그러므로 어떤 비정부기구보다도 더 높은 수준의 운영 방법을 유지하고 발전시켜갈 수 있는 장점이 있다고 본다. 사람들이 만든 규칙이 아니라 성경에 있는 가르침을 중심으로 사회 치유적인 차원의 사업을 수행할 수 있는 동기와 목표가 있고 한편 잘 훈련된 전문인 그리스도인들이 함께 함으로서 앞으로의 NGO들의 활동을 리드해 갈 수 있을 것이다.

재난 지역의 난민과 의료 NGO

난민의 발생과 이에 대한 대처가 대한민국의 심각한 문제로 떠오른 것은 남북한 및 주변국이라는 특수한 역학적인 문제로 인하여 필연적이라고 생각한다. 북한의 탈북자들이 난민으로 지정받지 못하고 중국과 아시아 지역을 떠돌고 있다는 것은 너무나 잘 알려진 사실이다. 이들은 난민이라고 해도 전혀 문제가 없는 신분임에도 불구하고 현재 난민의 지위를 인정받지 못하고 있는 안타까운 현실이다.

북한의 난민 문제뿐 아니라 한국은 세계의 난민 문제에도 관심을 가질 수밖에 없는 상황에 처해 있다. 난민 문제를 주로 다루는 유엔고등판무관실(UNHCR)도 한국의 NGO들과 긴밀한 관계로 일을 하고 있으며, 한국이 많은 부분에서 주도적으로 기여를 해오고 있는 현실이다. 한국도 GO(정부)와 NGO(비정부기구)를 통하여 국제 난민 문제에 관여하고 있으며, 점차 그 책임이 향상되고 있는 시점에 있다. 난민 문제에 대하여 더 많은 경험과 지식의 축적은 북한 난민이라는 변수를 가지고 있는 대한민국의 장래에 중요한 기여를 할 것으로 예상된다. 국제 난민 문제에 대한민국의 기독교 NGO들이 관여하기 시작한 시점이 대체적으로 1994년 동아프리카의 르완다 난민 사태를 전후한 시점이라고 여겨진다. 그 이전에도 몇몇 한국의 기독교 자원봉사자들이 국제 NGO를 통하여 난민촌에서 일한 것에 대한 보고가 있으나 한국의 NGO를 통한 난민에 대한 접근은 아니었던 것으로 알고 있다.

난민 문제를 다루는 것은 가장 복합적인 인간의 삶에 접근하여 문제를 다루는 것으로서 무너진 사회를 다시 일으키며 기본적인 인권과 인간의 삶에 필요한 모든 요소를 갖춰 주어야 하는 난제들이 존재한다. 난민촌을 형성하는 것 자체가 쉬운 일이 아니면서 난민촌이 형성되었다고 하면 그 사회에서는 출산, 교육, 결혼, 사망 등 생사화복, 생로병사의 모든 문제가 이

뤄지고 있는 곳이 되는 것이며, 이에 대한 총체적인 처방이 준비되어 있어야 하는 것이다.[1]

난민 사회에서 보건 의료는 난민 문제를 해결하는 중요한 축의 하나로서 인간의 기본권 중에 하나인 건강에 대한 권리를 유지 발전시켜 주는 일이 된다. 난민들의 건강을 돌보고 이를 향상시키기 위하여 노력하는 것은 당연한 일이다. 난민들은 건강의 문제를 가장 많이 위협을 받게 된다. 이는 통계적으로 조사망률이 난민 사회에서 크게 증가하는 것을 보아도 알 수가 있다.[2] 난민들의 보건 위생과 환경, 그리고 질병 예방 및 치료에 대한 보건 의료적 측면에서의 신속하고 면밀한 대처는 난민을 위기에서 구하며 향후 더 나은 사회 복지를 제공할 수 있는 중요한 수단이 되는 것이다. 그런 측면에서 난민과 치유 선교 NGO의 역할에 대하여 논하는 것은 중요하다고 생각된다.

난민과 국내 실향 이주민의 정의

난민(refugee)은 "전쟁, 인종, 종교, 국적, 특정 단체의 가입, 정치적인 이견 등으로 인한 박해에 대한 두려움에 자기의 나라를 떠나 국경을 넘어 보호를 구하는 사람들"로 정의한다. 이에 비해 국내 실향 이주민(IDP, internally displaced person)은 무장 봉기, 분쟁, 인권 탄압, 자연 재해 혹은 인위적 재해 등으로 인해 자신이 거주하던 지역을 갑작스럽게 대량으로 탈출을 한 자들(국경은 넘지 않는다)로 정의한다.[3] 표 1의 경우는 난민으로 정의되지 않는다.

난민의 경우 제네바 국제 협약에 의해 보호를 받는다. 전 세계 거의 모든 국가가 이 협약에 가입이 되어 있는데 각 나라는 난민들에게 피난처를 제공할 의무가 있다. 그러나 실제로는 해당 국가들이 난민들을 받아들이지 않고 그들의 나라로 돌려보내려 할 때 이를 막는 합법적인 강제 방법은 없는 실정이다. 대량 난민을 받아들이게 되는 대부분의 제3세계 국가는 가난하며 그들 자신만의 문제를 해결하기에도 벅찬 실정이어서 난민의 문제를 스스로 해결하기를 기대하기는 어렵다. 이런 이유로 UNHCR을 비롯한 국제 구호단체에서 점증하는 난

1 　박용준, 『재난과 NGO의 역할』(서울: 한국누가회출판부, 1995).
2 　MJ Toole, RJ Waldman, "The Public Health Aspects of Complex Emergencies and Refugee Situations", *Annual Review of Public Health*, vol. 18, (May 1997), 283~312.
3 　The Johns Hopkins and IFRC Public health Guide for Emergency, 2002.

민의 문제를 국제적인 연대를 통해서 해결을 해야 하며 이에는 국제법, 해당 국가의 국내법, 해당 지역의 정치, 사회, 문화적 요소와 경제, 의료 보건 등 다양한 문제들이 뒤따르게 되는 것이다.

<표 1> 난민으로 인정되지 않는 자

UN의 기준에 의해 다음은 난민으로 정의되지 않음
1. 국내 실향 이주민
2. 기근, 가뭄 등 자연재해의 희생자
3. 경제적인 어려움으로 국경을 넘는 자(경제적 이주자)
4. 자신의 국적 국가로 돌아온 자
5. 새로운 국적을 취득하여 그 국가에서 국적의 보호 아래 있는 자
6. 난민 발생 상황이 종료된 후 특별한 이유 없이 본국으로 돌아가지 않는 자
7. 평화, 인권에 대한 범죄자(전범)
8. 난민으로 들어오기 이전 심각한 비정치적인 범죄를 저지른 자
9. UN의 목적과 원칙에 반한 범죄적 행동을 했던 자

난민의 특수성

난민의 경우 다른 집단과 달리 그 특수성으로 인해 다음과 같은 어려움이 뒤따른다.

1) 취약성과 신변 안전의 부재

많은 경우에서 난민들의 대부분은 여성, 아이들, 노인들이다. 난민 발생 상황은 이들을 폭력, 굶주림 심지어는 죽음 등의 문제에 더 쉽게 노출되게 만든다. 이들의 경우 이런 문제에 대처할 수 있는 능력이 부족하기에 문제는 더욱 심각하다.

모든 난민들은 정상적인 치안이나 정치 시스템의 붕괴로 극도의 무질서와 폭력에 의해 고통을 받으며, 특히 정치적인 이유로 구금 상태에 있을 경우 인권과 생명의 위협에 더욱 시달리게 된다. 특히 여성과 아이들의 경우 더욱 심각한 어려움이 있는데 예는 다음과 같다.

- 난민촌 안에서 힘을 가지고 있는 사람들은 여성에 대해 안전을 보장해주는 대가로, 혹은 식량, 물 등을 제공해주는 대가로 성적 요구를 하기도 한다.
- 보호자가 없는 고아의 경우 가장 큰 위험에 있다.
- 전통적인 규범, 개인의 역할 등을 강제하고 치안까지 확보해주던 지역 사회의 붕괴로 인해 사회적 안전망이 일시에 무너져 생기는 혼란과 무질서를 대체할 수 있는 세력이 없다.
- 개개인을 식별 할 수 있는 문서 등(예: 주민등록증)이 부재하므로 효과적인 치안 관리가 더욱 어려운 상태이다.

표 2는 난민들의 취약성을 조사망률을 통해 한눈에 보여준다. 난민촌에 따라 다르지만 인구 1,000명당 발생한 사망률(조사망률, crude death rate)는 6~94까지 다양하다.[4]

〈표 2〉 난민촌 난민들의 조사망률 비교 (1990~1994년)

날짜	난민 수용 국가	원 난민 발생 국가	조사망률(%)
1990년 7월	에티오피아	수단	6.9
1991년 6월	에티오피아	소말리아	14.0
1991년 3~4월	터키	이라크	12.6
1991년 3~4월	이란	이라크	6.0
1992년 3월	케냐	소말리아	22.2
1992년 3월	네팔	부탄	9.0
1992년 6월	방글라데시	미얀마	4.8
1992년 6월	말라위	모잠비크	3.5
1992년 8월	짐바브웨	모잠비크	10.5
1993년 12월	르완다	브루나이	90
1994년 8월	탄자니아	르완다	9.0
1994년 7월	자이레	르완다	59-94

(자료) MJ Tool and RJ Waldman

[4] The Johns Hopkins and IFRC Public health Guide for Emergency, 2002, 283~312.

2) 식량 및 생계 대책의 부족

난민들은 그들이 전통적으로 해왔던 경제적인 수단 — 농사, 장사, 노동 등 — 이 불가능해진 상황 속에서 전적으로 외부의 원조로만 생계를 의존할 수밖에 없다. 여러 가지의 복잡한 응급 상황 속에서 오로지 목숨을 유지하는 것에만 가능할 뿐 경제적인 활동이 전혀 없는 것이다. 종종 그래왔던 것처럼 외부의 원조가 갑자기 중단이 되는 상황에서 이 문제는 매우 심각하다. 이런 의미에서 그들 스스로 생계를 유지할 수 있고 취약성을 극복할 수 있는 장기적인 대책을 마련하는 것이 매우 중요한 것이다.

3) 정신적 충격

난민들은 비정상적인 상황의 지속으로 인해 정도의 차이는 있지만 거의 모두가 정신적인 충격을 받는다. 흔한 증상으로는 불안, 공포, 폭력적 성향 등이 있고 문제가 장기화될수록 정신병, 우울증, 마약 중독, 심지어는 자살 등의 위험에 더욱 노출된다. 흔한 스트레스 원인으로는 의식주 같은 기본 욕구를 해결하지 못함, 가족과의 이별 혹은 사별, 미래에 대한 불확실성 등이 있다. 난민 사회에 있어서 종종 이런 정신적인 문제의 해결은 간과되고 있으나 가장 중요하고 위급한 해결과제인 것이다.[5]

4) 보건 환경의 부재

난민들은 육체적, 사회적, 환경적인 건강을 박탈당한 상태에서 생활하게 된다. 가장 심각한 문제는 환경위생학적으로 열악한 상황에 처하게 됨으로 쉽게 건강을 잃을 수가 있다는 것이다. 이로 인하여 급기야 사망에 이를 수 있는 것이다. 난민촌을 보건 의료적인 측면에서 본다면 정수된 식수의 공급이 가장 중요한 건강의 요소가 된다는 것을 알 수 있다. 다음은 적정한 영양의 공급이 중요하며 그 다음으로 질병의 예방과 적절한 치료가 함께 해야 한다는 것이다.[6] 르완다 난민 사태에서 전쟁으로 죽은 숫자보다 오염된 식수를 사용해서 질병으로 죽은 난민들이 더 많았다는 것을 보아도 알 수 있다.[7]

---

5   전우택, "난민들의 정신건강과 생활적응에 대한 고찰 및 한반도 통일과정에서의 전망과 대책", 신경정신의학, 36(1), 1997, 3~18.

1951년에는 전 세계적으로 약 25만 명의 공식적인 난민이 존재하였다. 이후 1982년에는 아프리카에서만 5백만 명의 난민이 발생 하였다. 최근 자료인 2012년의 통계에 의하면 전 세계적으로 약 1천5백40만 명의 난민이 있다.(표 3) 같은 해 국내 실향 이주민(internally displaced persons)은 약 2천4백만 명에 달한다.[8]

〈표 3〉 연도별 전 세계 난민 수

년도	난민 수 (명)	년도	난민 수 (명)
1993	16,300,000	1998	13,500,000
1994	16,300,000	1999	14,100,000
1995	15,300,000	2009	14,000,000
1996	14,500,000	2012	15,400,000
1997	13,600,000		

(자료) USCR : World Refugee Survey

현재 가장 많은 난민들이 발생한 나라는 팔레스타인과 아프가니스탄이다.(표 4)

서안과 가자 지구에 사는 난민들은 팔레스타인 자치정부(Palestinian National Authority)의 관할과 이스라엘 군대의 통제를 받으며 살고 있다. 이들은 정치적 폭력, 이스라엘 군대의 극심한 통제, 높은 실업률, 극심한 경제적 곤경 등 각종 고난을 겪고 있다. 그들의 좌절감은 저임금, 열악한 생활 조건, 그리고 고향으로 돌아갈 수 없는 처지로부터 기인하며, 이는 사회적 · 정치적 불안을 낳고 있다. 그 결과 레바논 내의 일부 난민 캠프는 팔레스타인 게릴라 활동의 근거지가 되기도 한다. 가자 지구에 난민으로 등록된 팔레스타인인들은 이집트의 다른 지역으로 들어갈 수도, 직장을 가질 수도, 가게를 열 수도 없다.

---

6   "대한소아과학회: 임상에서의 소아의 영양", 대한소아과학회, 2002.
7   박용준, 『재난과 NGO의 역할』, 서울: 한국누가회출판부, 1995.
8   World Refugee Survey 2012, US Committee for Refugee.

국가	난민 수	국가	난민 수
Palestine	6,600,000	Croatia	62,649
Afghanistan	2,664,436	Bosnia	58,578
Syria	1,428,308	Chad	42,640
Somalia	1,077,048	Mauritania	39,929
Sudan	500,014	Pakistan	35,952
Congo	491,481	Haiti	33,661
Myanmar	414,626	Ukraine	25,379
Colombia	395,949	Zimbabwe	25,048
Vietnam	337,829	Ghana	20,361
Eritrea	337,829	Togo	17,871
China	190,369	Sengal	17,722
Central Africa Republic	162,862	Nigeria	17.141
Serbia	161,671	Armenia	16,487
Cote d'Ivoire	154,821	India	16,232
Unknown	145,048	Azerbaijan	16,162
Turkey	139,779	Indonesia	16,079
Sri Lanka	136,617	Cambodia	15,205
Angola	128,664	Cameroon	15,163
Russia	109,785	Lebanon	15,013
Rwanda	106,833	Albania	13,551
Burundi	101,288	Guinea	13,161
Palestine National Autho	94,150	Congo(Republic)	12,839
Iran	72,361	Uzbekistan	12,664
Ethiopia	70,610	Georgia	10,112
Liberia	66,780		

(자료) USCR (2014) : World Refugee Survey 2014

레바논과 이집트의 팔레스타인 난민들의 삶은 고단하다. 그들은 수많은 고용 제약에 직면해있으며 재산을 소유하는 것도 금지되어 있다. 그들 중 많은 이들은 여전히 열악한 캠프촌에서 생활한다. 이집트의 경우에는 이동 조건조차 매우 가혹하다.

아프가니스탄의 경우 2014년 기준으로 약 2백60만 명의 난민이 있는데 이 중 이란과 파키스탄에 주로 살고 있다. 아프가니스탄이 이렇게 대규모 난민을 발생하게 된 이유로는 1978년 공산 정권이 생기면서 이듬해 소련이 아프가니스탄을 침공하였고, 이에 맞서 미국과 사우디아라비아, 파키스탄 등 인근 이슬람 국가의 도움을 받는 무자헤딘의 봉기로 인해서다. 이때 6백만 명의 난민이 발생 인근 이란과 파키스탄으로 거주하게 된 것이다. 이후 탈레반 정권이 집권을 하였고 미국과의 전쟁을 통하여 상황은 오히려 악화되고 종족 간 갈등이 생기면서 오늘날까지 난민 수가 전 세계적으로 두 번째로 많게 되었다.[9]

시리아 난민들이 시리아를 탈출하기 시작한 것은 2011년부터이고 2012년부터 본격화됐지만, 특히 2013년부터는 반군과 정부군 간 교전이 거세지면서 '엑서더스'가 벌어졌다. 가장 많은 이들이 머물고 있는 곳은 시리아와 국경을 맞대고 있는 레바논과 요르단이다. 레바논에 약 80만 명, 요르단에 50만 명 정도가 있다. 그리고 터키와 이라크로도 난민들이 넘어가있는 상태이다

이보다 규모는 작지만 지난 수십 년간 정치적, 인종적 분쟁으로 인한 대규모 난민 발생의 예는 얼마든지 있다. 1971년 동파키스탄(지금의 방글라데시)의 인종, 종교 분쟁으로 약 9백만 명의 난민이 인도로 피난을 했었다. 1973~1975년 심각한 기근으로 에티오피아에서는 수만 명의 이주자가 생겼고, 1978년 앙골라에서는 이웃 자이레에서 10만 명 이상의 난민이 전쟁을 피해 몰려왔으며, 1979년 소말리아 역시 대량 난민을 발생시켰고, 이 무렵 베트남의 '보트 피플'이 세계적인 이목을 끌었다. 1994년 르완다에서는 종족 분쟁으로 1백70만 명 이상의 난민이 생겼고, 이후 난민 수가 르완다 인구의 약 3분의 1이 되는 2백50만 명까지 급증을 했었다. 이런 난민들은 아프리카, 아시아에만 국한된 것이 아니다. 유럽(유고슬라비아, 보스니아, 크로아티아 등), 남미(과테말라, 콜롬비아 등), 태평양 지역(아이티 등) 등 북미를 제외한 전 대륙에 걸

---

9   USCR, World Refugee Survey 2002: An annual assessment of conditions affecting refugees, asylum seekers, and internally displaced persons (U.S. Committee for Refugees, 2002).

쳐 광범위하게 일어나고 있다.

이처럼 구소련과 미국을 대표한 이념간의 냉전이 종식된 이후에도 난민이 꾸준히 발생하고 오히려 더 느는 것은 지역에 대한 국제 사회의 통제력의 상실로 인한 인종, 종교 분쟁, 부족한 자원(물이나 석유 등)으로 인한 다양한 형태의 국지전이 더 늘고 있기 때문이다. 특히 구소련이 무너지면서 동구권과 중앙아시아에서 정치적인 균형이 무너져 발생하는 인종적, 종교적 갈등의 점진적 악화는 향후에도 이 지역에 대규모 분쟁과 이에 따른 난민이 발생할 수 있으리라 예측이 된다.

한편 북한에서도 인근 중국 등지로 난민이 꾸준히 증가 발생하고 있는데 2012년까지 중국 내에 약 20만 명 난민이 있으리라 추정이 된다. 그러나 이 수치는 어디까지 추정에 불과하며 기관에 따라서는 30만 명까지 달리 추정한다. 1990년 이후 발생하기 시작한 북한의 난민의 경우 그 원인으로는 정치적인 상황과 함께 1990년대에 발생한 심각한 기근과 식량난에 기인한다. World Food Program에 따르면 1994년 대기근 때 북한 주민의 10%인 약 2백만 명의 주민이 기아와 이에 관련된 질병으로 사망을 하였다. 이처럼 국가 정치 상황과 자연재해가 맞물려 난민이 발생하고 있는 북한의 경우, 현 정권의 급작스러운 붕괴 등 예기치 못한 사태로 지금보다 훨씬 많은 대량 난민의 발생의 가능성은 항상 상존하고 있다.[10]

지역사회 보건 의료적(community-based health care) 접근

난민들의 보건 의료적 문제는 기본적으로 지역사회 보건 의료의 차원에서 접근을 해야한다. 이는 질병의 발생이 한 개인에 국한하여 문제를 일으키는 것이 아니라 종종 한 집단 전체의 위협으로 다가 올 수 있고, 마찬가지로 전체 지역을 효과적으로 관리되지 않는 한 개인의 치료는 의미가 없는 경우가 많기 때문이다. 따라서 난민 의료는 기본적으로 지역사회 보건 의료(community-based health care)인 것이다.[11]

---

10   USCR, World Refugee Survey 2014: An annual assessment of conditions affecting refugees, asylum seekers, and internally displaced persons (U.S. Committee for Refugees, 2014).
11   예방의학과 공중보건 편찬위원회. 『예방의학과 공중보건』(서울: 계축문화사, 1995).

NGO의 기획 담당자와 보건 의료인은 이미 병에 걸린 환자뿐 아니라 앞으로 건강의 위협을 당할 수 있는 건강한 사람을 대상, 즉 지역 전체를 대상으로 보건 의료 환경 자원을 총동원하여 서비스를 조직할 수 있어야 한다. 건강 문제는 흔히 질병에만 국한되어 있다고 이해되기 쉽지만 실제 그 활용에 있어서 어려움이 있다. 그러나 어디까지 질병이란 건강 문제에 있어 마지막 단계일 뿐이다. 질병 기간 동안에 처한 환자들은 자신만의 치료 방법을 찾던지, 전통 의료에 매달리던지 아니면 현대 의학의 문을 두드릴 것이다. 왜 환자들이 의료 시설의 도움을 제때 구하지 않는가에 대해서는 문화적인 또 교육적인 여러 이유가 있는 것이다. 난민촌의 보건 환경 위생의 문제는 치료적인 관점도 중요하지만 지역사회 보건 의료적인 접근인 예방적인 차원에서 접근하는 것이 더욱 중요하다.[12]

인간의 삶에서 중요한 건강의 문제는 환경 위생이 가장 중요하며, 다음에 영양분이 있는 식사가 제공되느냐는 것이다. 질병에 대한 진단과 치료는 차후의 문제로 이런 문제가 발생하기 전에 예방하고 개선하는 것이 중요하다.

많은 의료 기관에서 제공되는 의료 서비스는 환자의 질병을 진단하고 찾아내는데 편중되어 있다. 물론 전문적인 의료 서비스에 대한 요구도 분명히 있다. 그러나 난민촌을 설계하고 정착을 시키는 단계에 있어서는 이런 전문 의료 서비스의 요구나 특화된 진료나 입원 치료 같은 요구의 비율은 전체에 비해 매우 작아질 것이며, 오히려 예방을 위한 환경 위생에 대한 접근이 더 많아져야 한다.

난민들은 대개 도시의 빈민촌이나 낙후된 시골 지역에서 오기 때문에 이전에 의료 시설을 이용한 경우는 그리 많지 않을 것이다. 이들이 언젠가 자신의 고향으로 돌아가게 되었을 때도 여전히 의료의 이용이 그리 쉽지 않을 것이 예상이 된다면, 이들이 난민촌에서 습득한 개인 위생, 영양, 환경 등에 대한 지식과 이해는 이들의 미래에 있어 중요한 자원이 될 것임이 틀림없다.

난민촌에서 주요한 세 가지의 질병에 대한 요인은 다음과 같다.[13]

---

12   Stephanie S, Patrick V. William G., *Refugee community health care* (New York: Oxford University Press, 1983).

13   C. Paquet, G. Hanquet, "Control of Infectious Diseases in Refugee and Displaced populations in Developing Countries" *Bulletin de l'Institut Pasteur*, vol. 96, (January-March 1998) 3~14.

- 결핵이나 특별한 기생충 같이 자신이 살던 지역에서부터 유입된 질병
- 난민촌의 새로운 환경에서 발생한 질병(예: 말라리아 등)
- 난민촌 안의 과잉 인구, 위생적이지 못한 환경에서 발생한 질병인 수인성 질병 등

난민촌에서 발생하는 질병 중 가장 중요하게 취급되는 것들은 장염, 이질 등을 포함한 설사병, 기관지-폐렴, 결막, 피부 감염, 영양 불량, 빈혈, 말라리아 등이다. 이들 질환의 대부분이 환경 위생과 영양에 관계되어 있다. 가장 흔한 증상으로는 열, 기침, 설사 등이다.

중요하게 보고되어야 할 주요 질병은 다음과 같다.[14]

- 진단 혹은 정의 내리기가 쉬운 질병들 — 콜레라 이질 등 설사 질환, 옴 등
- 흔하면서 중한 병들 — 폐렴 등
- 대량 발생의 잠재성이 있는 질병 — 장티푸스, 홍역, 말라리아, 뇌수막염 등

지역 의료적 접근에 필요한 정보

첫 번째 필요는 다음의 정보를 모으는데 있다.

- 난민들 자체 — 다양한 문화, 사회 경제적인 위치, 정치적인 위치 등
- 난민들의 수와 분포 — 나이, 성별, 문화 그룹, 인종적 배경 등의 분류
- 난민들의 건강 문제와 흔한 질병 등 — 살았던 지역, 이동했던 지역, 현재 모여 있는 지역의 흔한 질병
- 의료 자원 활용 — 개인 치료를 포함, 전통 의료, 민간 의료기관, 정부 의료기관, 의료구호기관 (NGO 등)

14 　C. Paquet, G. Hanquet, "Control of Infectious Diseases in Refugee and Displaced populations in Developing Countries" *Bulletin de l'Institut Pasteur*, vol. 96, (January-March 1998), 3~14.

우선순위는 상황의 변화, 계절 변화, 예상치 못한 응급 상황 발생 등에 의해 바뀔 수 있다. 장기 계획을 세우는 것은 필수적이나 이는 난민 조직이나 행정 조직이 참여해야 할 부분이다. 외부에서의 우선순위는 종종 난민들의 문화, 터부, 공동체의 주관심 등 난민들의 우선순위와 갈등이 될 수 있다.[15]

대개 우선시되는 과제들은 다음과 같다.

- 부족한 물의 공급
- 영양 불량
- 설사병
- 말라리아
- 약품 부족 등

질병 관리의 단계

1) 건강의 유지(maintaining health)

1차 예방에 해당되는 것으로 다음과 같은 방법으로 건강을 유지하는데 목적을 둔다.

- 개인 관리 − 적절하고 균형 잡힌 위생, 예방 접종, 약물 예방(말라리아 등), 개인 위생, 가족계획, 건강 습관(운동 등)
- 환경 관리 − 안전한 물의 공급, 위생적인 음식의 공급, 위생적인 하수도, 쓰레기 처리, 전염병 매개 동물, 해충의 박멸, 적절한 주택과 쉼터 제공, 안전한 작업 환경 등

이 모든 요소들은 전체 지역의 구성원이 참여할 때 효과적이다.

---

15   MJ Toole, RJ Waldman, "The Public Health Aspects of Complex Emergencies and Refugee Situations", *Annual Review Public Health*, vol. 18, (May 1997), 283~312 .

2) 질병의 조기 발견(screening)

여러 가지 방법으로 질병을 조기에 발견을 한다. 산전 관리, 소아에서의 영양 평가, 감염 질환의 임상 병리적 조사 등

3) 질병의 치료(treatment of health)

고통을 줄이고 합병증을 막으며 사망을 예방하기 위해 질병을 진단하고 치료를 하는데 목적을 둔다. 결핵과 같은 어떤 경우에는 치료 자체가 질병의 급속한 확산을 막는 역할을 하기도 한다.[16]

재활 치료 역시 신체적 재활, 실명, 마비 등의 예방을 위해 필요하다.

NGO의 프로젝트 계획

한 번 잘못된 계획의 악영향을 생각할 때, 단기적 혹은 장기적 계획을 가능한 적시에 올바른 방향으로 수립하는 것은 중요하다. 상황을 접근하기 위한 조사가 필요한데 이는 시간이 많이 걸리거나 많은 인력이 필요한 일은 아니다. 예를 들면,

- 지역의 지도를 만드는 일
- 위치, 가구 수, 나이, 성별 등에 의한 인구수, 분포를 예측하는 것
- 영양 상태의 판단 기준이 될 영양학적 조사
- 가구에 존재하는 질병, 그리고 주택 건축, 식수 저수, 요리 시설, 가정용품, 경제 상태 등 가구에 대한 기본 정보

계획들은 응급 상황, 예를 들면 난민들의 예측치 못한 대량 유입, 가용 자원의 변화, 계절, 정치적 상황의 변화 등에 유연히 대처할 수 있도록 세워져야 한다. 문서화된 지침들은 대개

---

16   C. Paquet, G. Hanquet, "Control of Infectious Diseases in Refugee and Displaced populations in Developing Countries" *Bulletin de l'Institut Pasteur*, vol. 96, (January-March 1998), 3~14.

좋지만 때로는 도움이 되기보다는 그 자체가 방해가 될 수도 있다. 수립 가능한 목표들의 예는 다음과 같다.

- 지역 내에 위험 수위에 있는 대상의 영양 상태를 향상시킴
- 용수(用水)의 양, 질, 접근성을 향상시킴
- 치료 서비스의 효율성을 높이기
- 위생 환경(특히 하수 처리) 향상시키기
- 난민촌의 구성원들을 보건 환경 사업에 참여시킬 수 있도록 훈련시키기

수요의 평가

현장에서 정보를 얻는 가장 중요한 방법은 관찰과 질문이다. 국가, 난민촌, 구호 기관 등은 많은 정보와 지식을 가지고 있기에 그것을 얻기 위해서는 물어야 하는 것이다. 정책을 담당하는 보건 관계자로서 가장 나쁜 자세는 이미 모든 것을 알고 있다고 생각하고 더 이상 새로운 것에 대해 배우거나 훈련받지 않으려는 것이다. 다음과 같은 분야에 있어서 정보를 얻어야 한다.

- 가장 중요한 의료 문제와 질병은?
- 상황의 심각성은?
- 난민들이 다시 본국으로 돌아갈 가능성은?
- 국제 보건 인력의 역할은?

난민 문제를 접근할 때 고려되어야 하는 사항

다음 질문들은 난민촌에서 발생할 수 있는 제반 문제들을 미리 생각해 볼 수 있도록 도울 것이다.[17]

17   김경철, 『난민촌 보건의료 가이드북』, 2003.

1) 국가적 차원

- 난민촌이 설립될 나라의 기본 사항은? (영토의 크기, 인구, 종족, 언어, 종교, 지정학적 특징, 날씨 등)
- 난민들에 대한 정부의 태도는?
- 그 나라의 가장 중요한 정치적 이슈는?
- 정부 안에 난민을 담당하는 부서가 있는가?
- 국제 구호 기구의 활동 범위는?
- 정부와 구호 기구들 간에 협력은 어떠한가?
- 그 나라의 가장 중요한 의료 문제나 질병은 무엇인가?
- 난민촌을 구성하는데 가장 큰 어려움은 무엇인가?
- 지역 주민들과의 실제적인 혹은 잠재적인 갈등이 있는가?
- 전체 예산을 누가 담당하는가?

2) 난민촌 차원

◆ 전체적인 요인

- 그 지역의 가장 중요한 지정학적, 교통, 언어 등의 문제는 무엇인가?
- 그 지역의 환경은 어떠한가? 캠프촌의 지형은 어떠한가?
- 국제 혹은 그 지역의 공무수행원들이 난민촌과 어떻게 관계를 맺고 있는가?
- 공식적인 난민촌 밖에는 얼마나 많은 난민들이 거주하는가?
- 난민들은 어디서부터 왔는가? 그 곳의 환경은 어떠했으며 이동 경로들의 환경은?
- 난민촌에 전체 인구가 얼마나 되는가?
- 일주일 단위로 새로 유입되는 난민들은 얼마나 많은가? 이 숫자는 증가 혹은 감소하는가? 그렇다면 그 요인은 무엇인가?
- 가구의 평균 구성원은 어떠한가?
- 전체 난민촌의 예상되는 분만의 수는 일주일 혹은 한 달 동안 얼마나 되는가?
- 예상되는 사망 수는 일주일 혹은 한 달 동안 얼마나 되는가?

◆ 문화 사회적 요인

· 난민들의 문맹률은 얼마나 되는가? 어떠한 방법으로 의사소통 등을 하는가? 언어나 방언들은 다양한가?

· 어느 정도의 경제적인 활동 예를 들면 경작, 재배, 시장 등이 가능한가?

· 난민들 간의 예전 직업적인 차이는 어떠한가?(교수, 농부 등)

· 난민촌 내에 건강에 영향을 줄 수 있는 특별한 관습이나 신앙, 전통, 가치, 법 등이 있는가?

· 전통적인 치료 방법에는 어떤 것들이 있는가?

· 전통적인 조산사, 주술사 등을 포함하여 전통적인 치료자가 있는가?

· 임신, 분만, 양육, 사망 등에 관하여 전통적인 특징은 무엇이 있는가?

◆ 숙소

· 난민들에게 가장 적합한 형태의 숙소는 어떤 것인가?

· 그 지역의 가장 흔한 형태의 숙소는 어떠한가? 또 재료들은 무엇인가?

· 집을 지을 수 있는 재료들은 충분한가?

· 난민촌을 지을 수 있는 가능한 총 면적은 얼마나 되는가?

· 인구의 과밀도가 문제가 되는가?

· 각 가구 당 얼마의 공간이 확보가 되는가?

· 주거의 형태와 건강 문제의 관련성은 있는가?

· 난민 숙소를 만들 수 있는 지형으로서 적합한가?

◆ 의복

· 난민들은 자주 옷을 갈아입을 수 있는 충분한 의복이 있는가?

· 옷 자체보다 옷감이나 옷을 만들 수 있는 재료를 공급하는 것이 더욱 효과적인가?

· 담요는 충분한가?

◆ 교통

- 공급 물품을 배포하는데 있어서 어떤 교통수단이 적절한가?
- 공급 물자를 전적으로 담당할 직원은 있는가?
- 차량들을 관리할 수 있는 시설이 있는가?
- 연료, 도로 상태, 계절에 따른 영향, 운전사의 급여 등 차량 운행에 관한 다른 요인들은 있는가?

◆ 교육

- 초등 교육이나 성인 교육에 대한 정책이 있는가?
- 난민촌 안에 정규 교육을 받은 가용한 교사들이 있는가? 교육 시설은 있는가?
- 아이들 교육을 담당하는 구호 기관이나 정부 조직은 있는가?

고려되는 행정 조직

일반적으로 다음 세 가지의 조직이 있다.

1) 지역 정부

정부는 지역의 행정가, 정책, 일반 직원, 치안 및 법 등을 제공한다. 또한 표준화된 의료 서비스의 제공, 난민들의 교육, 보건 의료인의 훈련 등의 정책을 담당할 중앙 부서를 제공해야 한다. 이 중앙 부서는 그 나라 수도의 정부 부서 ― 보건당국이나 난민에 대한 특별 기구 등에 위치하여야 한다. 그러나 대부분 제3세계의 정부에는 이런 조직에 필요한 인력 자원이 빈약한 것이 현실이다.

2) 난민촌 자체

난민들에게는 자신들의 가족이나 사회적인 그룹들이 자체적으로 있다. 이들 중 리더에 있는 사람들을 발굴하고 난민촌 자체의 인적 조직을 구성하도록 한다.

3) 국제기구, 혹은 NGO

UNHCR 등 국제기구와 여러 NGO 등이 있는데 종종 이들 간에 협력을 구하거나 조화를 하는데 어려움이 있을 수 있다.

종종 이들 세 주체에는 갈등이 있을 수 있다. 정부의 경우 난민촌 주변 지역의 주민보다 난민촌의 난민들이 의료 서비스를 더욱 잘 받는 것에 대해서 불만을 가질 수 있다. 난민들이 전통적으로 가지고 있는 건강 개념과 국제기구가 가지고 있는 보건 의료 서비스가 서로 다를 수 있다. 이러한 갈등을 잘 조절하고 협력을 하게 만드는 것이 무엇보다 중요하다 할 수 있다.

나오는 말

난민 문제를 접근하기 위하여 보건 의료 NGO들이 고려해야 하는 사항들을 생각해보았다. 첫 번째는 대한민국이 처한 현실 가운데 두 가지 큰 축은 세계의 난민들에 대한 국가적인 대처와 NGO들의 대처 방법에 대하여 생각해야 하는 시기이며, 두 번째는 북한의 난민 발생에 대한 GO와 NGO 그리고 UN 기구들의 접근에 대하여 고려해야 하는 시기로 보여진다.

난민 문제는 복합적인 요소들을 총체적으로 고려해서 해결해나가야 하는 것으로 경험이 많은 UNHCR, 그리고 국제 NGO들과 함께 문제를 풀어나가야 할 것이다. 보건 의료적인 측면이 난민 문제에서 가장 중요한 한 축이 되는 것으로 상기 사항들을 통하여 NGO들이 어떤 계획을 갖고 있으며 이를 GO와 UN 기구들과 어떻게 조화롭게 협력하여 난민 문제를 해결해야 하는지를 생각해 보았다.

재난의 상황에 따라 난민들에게 강조되어야 하는 보건 의료적인 측면이 있지만 대체적으로 지역사회 보건 의료적 측면에서 예방적이면서도 치료적인 차원에서 신속하게 접근하는 것이 중요하다. 난민들의 문화적인 측면을 깊이 고려하고 가용한 자원들을 생각하며, 그리고 GO와 UN 기구들과의 긴밀한 협조하에 국제법을 준수하면서 NGO들은 난민 문제를 다루어야 한다. 치유 선교 NGO의 차원에서 살펴본다면 인류에게는 하나님의 사랑과 공의가 다 절실히 필요하다.

기독교 교회의 본질적인 사명은 복음 선포(kerygma), 사랑의 친교(koinonia), 이웃에 대한 봉사(diakonia)로 볼 수 있다. 여기서 diakonia는 보편적으로 '섬긴다'는 의미를 가지고 있으며, 그 해석은 '봉사', '준비하는 일', '구제', '부조', 'caring', 'doctoring' 등으로 이해된다. 그리스도인들은 교회와 자신의 직업과 다양한 NGO를 통하여 하나님의 사역에 참여하게 된다. 봉사나 섬김으로 해석되는 diakonia의 진정한 의미는 '치유와 화목의 행위'라는 뜻이다. 즉 상처를 싸매고 갈라진 틈을 메우며, 공동체의 건강을 회복시키는 행위로 선한 사마리아인의 행위는 diakonia의 가장 좋은 예이다. 이 사랑의 치유와 봉사의 행위는 앞서도 지적했듯이 하나님의 구속 사역의 의미를 내포하고 있는 것이다.

기독교의 사회적 책임은 크게 사회 봉사와 사회 행동으로 사회 치유를 이루는데 있다. 사회 봉사는 구제와 노력 봉사를 의미하며, 사회 행동이란 인간을 비인간화시키는 사회 제도의 변화를 추구하는 활동을 의미한다. 만약 개인의 문제가 불합리한 사회 환경에서 일어난다면 이의 해결을 위해서는 그 환경에 직접 개입하여 사회의 구조적 변화를 가져올 수 있는 행동이 필요하다. 그리스도인은 자신의 개인적 생활만 경건하게 살면 되는 것이 아니라 하나님의 기준에 맞는 사랑과 공의가 실현되는 사회가 될 수 있도록 사회 봉사적이며 한편으로는 사회 비판적인 삶을 살아야 하는 것이다.

그리스도인들이 하나님의 뜻을 구체적으로 실현하는 장은 사회, 즉 세계라고 할 수 있다. 즉 섬김을 통한 치유 선교는 기독교에 맡겨진 중대한 사명의 하나이다. 특히 난민 문제와 같은 여러 문제가 팽배되어 있는 사회에서 문제 해결을 위한 촉매자로서 기독교인의 역할은 매우 크다고 하겠다. 현대 사회 문제를 해결하고 인간의 행복을 보장하기 위한 전문적인 분야로 인식되고 있는 NGO의 치유 활동은 기독교에서 그 기원을 찾아볼 수 있듯이 향후 한국의 기독교계는 난민 선교 등 치유 차원의 선교 사역에 적극적으로 대처해야 한다.

NGO와
의료 선교

46

박상은

박상은 원장은 고려대학교 의과대학을 졸업했다. 내과 전문의이자 의학박사이며, 고신의대 교수를 역임했다. 미국 세인트루이스 의대 교환 교수, 미국 미주리 주립대 교환 교수, 한국누가회 회장 및 이사장을 역임했으며, 대한기독병원협회 회장, 의료선교협회 회장, 대통령 직속 국가생명윤리위원장을 지냈다.

현재 아프리카미래재단 대표, 국제개발협력민간협의회 부회장, 샘병원 대표원장이다.

1. NGO란 무엇인가?

NGO는 영어로 'Non Government Organization'의 약자로 비정부기구라고 칭하는데, 대부분 영어 약자를 그대로 사용한다. 이와 유사한 단어로는 비영리기구라는 뜻의 NPO(Non Profit Organization), 시민사회단체라는 뜻의 CSO(Civil Society Organization), 사회이익단체라는 뜻의 SBO(Social Benefit Organization)가 있다.

NGO의 역사는 1839년 노예제도를 반대하고 여성의 인권을 옹호하기 위해 처음 출범된 이래 1914년까지 유럽과 미국을 중심으로 1,083개의 NGO가 활동하였으며, 지금은 국내에서만도 1만여 개의 NGO가 활동하고 있다. 이 중 국제 개발 협력 NGO만도 외교부에 등록된 650여 개의 NGO를 포함해 각 중앙부처뿐만 아니라, 지방자치단체에 등록된 수천 개의 NGO가 활발히 활동하고 있다. 잘 알려진 월드비전, 기아대책기구, 어린이재단, 세이브드칠드런, 유니세프 등의 국제 NGO의 한국 지부가 있는가 하면, 한국에서 자생적으로 만들어진 굿네이버스, 굿피플, 글로벌케어, 아프리카미래재단 등의 토종 NGO도 최근 많이 증가하고 있다.

NGO는 정부의 국제 개발 협력 사업을 대신 위탁 받아 운영하는 경우가 많은데 한해 우리나라 정부가 해외 ODA 사업으로 사용할 수 있는 예산이 2조 8천억 원에 해당되지만 실제 1조원가량은 사용하지 못하는 실정이다. 그렇기에 NGO의 향후 역할은 더 증대될 것으로 보이며, 이 중 NGO를 통해 사용하는 사업의 내용을 분석해보면 지역사회 개발, 교육, 보건 의료가 주축이 됨을 알 수 있다. 즉 NGO는 이 세 분야에서는 더 경쟁력이 있음을 알 수 있다. 우리나라의 보건 의료 NGO는 30여 개로 파악이 되고 있으며, 재난 구조를 중점적으로 하는 글로벌케어, 백내장 수술을 전문으로 하는 비전케어 서비스, 아프리카 보건 의료를 특화시킨 아프리카미래재단을 비롯해 최근에는 전주 예수병원, 동산기독병원을 비롯한 기독 병원들이 병원 내에 NGO를 만들어 독자적인 해외 선교에 나서고 있는 것은 무척 고무적인 현상이다.

국내 NGO들의 연합체인 국제개발협력민간협의회(KCOC)에 이미 130여 개의 주요 NGO들이 함께 네트워크 되어 있으며, 이 조직 안에 보건의료위원회가 있어 각 보건 의료 NGO 간의 소통과 협력을 도모하고 있다. 이와는 별도로 의료민간단체협의회가 있어 30여 개의 의료 NGO가 활동하고 있으며 향후 더 전문적인 다양한 의료 NGO들이 만들어지리라 기대된다.

2. NGO와 의료 선교단체 장단점

구분	NGO	선교단체
목적	공익	선교
우선순위	이웃 사랑	하나님 사랑
사역 내용	복지 사회 건설	복음 전파와 교회 개척
후원	기금 모금	헌금
재정 출처	기업 지원 가능	교회 헌금에 의존
정부 지원	위탁 사업 가능	정부 지원 불가능
홍보	적극적 홍보	가급적 홍보 자제
정부 관계	정부의 개입	독자적 운영
사역지	회교권, 공산권 가능	회교권, 공산권 접근 곤란

위 도표에서 보는 바와 같이 NGO는 선교를 직접 수행하는 선교단체와는 달리 공익적 성격을 가지며 하나님 사랑보다는 이웃 사랑에 초점을 맞춰 복지 사회 건설에 이바지하는 면이 강하다. 그래서 복음 전파와 교회 개척을 직접 할 수 없으나 궁극적인 평화롭고 행복한 세상을 만들어가는 면에서는 하나님 나라 구현이라는 하나님의 선교에 일부분을 담당할 수 있다고 본다. NGO의 장점은 후원을 기업과 정부로부터도 받을 수 있으며 선교단체가 들어갈 수 없는 회교권과 공산권 접근도 용이하며 해당 국가의 정부나 고위 인사들과의 교류도 가능해 궁극적인 선교의 교두보 역할을 할 수 있다. 하지만 단점으로는 정부나 기업의 지원을 받게 될 때 아무래도 간섭과 영향을 받을 수밖에 없으며 직접인 전도나 종교 집회를 할 수 없음을 꼽을 수 있다.

3. 새로운 의료 선교 패러다임

위 NGO와 의료 선교단체의 장단점을 보면 알 수 있듯이 각각의 약점을 보완하고 강점을 내세우면 오히려 좋은 시너지 효과를 낼 수 있기에 새로운 의료 선교의 패러다임으로 NGO와 선교단체의 협업을 통한 의료 선교를 제안해 본다. 특히 개발도상국의 보건 의료 상황은 워낙 열악하고 기본 인프라조차 되어 있지 않아 많은 예산과 전문 인력이 투입되어야 하는 상황이지만, 이를 교회 성도들의 헌금과 선교단체 인력에만 의존한다면 무척 힘이 들 것이 분명하다. 하지만 이를 NGO가 받쳐주면서 보완해간다면 서로의 장점이 빛을 발할 수 있으리라 기대된다. 가령 NGO가 선교지에 간호대학과 지역 거점 병원을 세우면 선교단체는 그 병원에 원목을 파견한다던지 간호대학에 교목을 파견하고 아울러 기숙사에서 제자 훈련을 시킬 수 있는 선교사들을 파송하여 협력하는 것이다.

특히 요즈음의 의료 선교는 과거 단기 의료 봉사와 같은 1차 의료를 제공하는 형태보다는 현지인들을 키워내는 의료 교육 선교가 새로운 패러다임이다. 이러한 의료 교육은 많은 인적·물적 재원을 필요로 하는데 이를 위해서는 정부와 기업과 협력할 수 있는 NGO가 가장 적격이라고 생각된다. 과거 진료 위주의 1차적인 의료 선교에서 교육 중심의 2차적인 의료 교육 선교로 패러다임이 바뀌는 것도 NGO의 역할이 더 요구되는 면이라 할 수 있을 것이다. 슈바이처가 평생 헌신적인 삶을 살면서 의료 선교를 감당했지만 가봉의 슈바이처 클리닉은 잡초가 우거져 있지만, 세브란스병원은 의료 선교와 아울러 의료 교육 선교를 하였기에 130년이 넘은 지금도 사람들을 계속 키워내고 있는 것은 시사하는 바가 크다. 결국 지속 가능한 모델을 만드는 것이 무엇보다 중요하다고 할 것이다.

4. 아프리카에서의 NGO를 통한 의료 선교 경험

사단법인 아프리카미래재단은 2007년 외교부에 등록되어 10여 년째 아프리카 16개국에서 보건 의료와 교육 분야에서 사역하고 있다. 처음은 스와질란드 의과대학 설립을 위해 시작되었으나 이후 말라위, 짐바브웨, 잠비아를 비롯한 남부 아프리카로 확대되었으며 최근에는 탄자니아, 우간다, 에티오피아 등 동부 아프리카와 마다가스카르, 코모로 등 도시 국가들로도 사역이 확대되고 있다. 기독교 정체성을 가지고 있지만 NGO로서 정부와 함께 협력할 때에는 종교를 초월해 인류애에 근거해 활동하기도 한다. 지난 10여 년간의 사업을 요약해보면 서너 가지로 정리될 수 있을 것이다.

• **정부기구와의 협력:** 주로 외교부 산하 국제 개발협력단(KOICA)이나 보건복지부 산하 국제보건 의료재단(KOFIH)과 다양한 사업을 함께 한다. 프로젝트 말라위와 같은 모자보건 사업이나 에이즈 예방 사업을 하기도 하며 프로젝트 에티오피아와 같은 여성 역량 강화 사업을 진행하기도 한다.

• **기업 사회공헌 팀과의 협력:** 최근 기업들은 자신의 브랜드이미지 고취를 위해 다양한 사회공헌 활동을 펼치는데 아프리카미래재단은 이를 적극 활용하며 함께 시너지를 창출하도록 노력한다. 코닝정밀산업은 1억 원을 쾌차해 짐바브웨 심장 수술센터 세팅에 기여하였으며, 비아트론은 매년 4천만 원을 기부해 에티오피아 모자보건 사업을 지원해왔다.

• **국내 병원들과의 협력:** 분당 제일여성병원은 매월 1천만 원을 수년째 기부해 프로젝트 말라위를 성공적으로 진행하고 있으며, 부천 서울여성병원과 샘여성병원, 그리고 일산의 허유재병원도 매월 수백만 원을 기부해 아프리카에서 산모와 영아를 살려내는 귀중한 사역을 이어오고 있다.

• **국내 전문 의학회와의 협력:** 현지 의료인 역량 강화 사업에 가장 도움이 되는 것은 실력 있는 의료진이 현지에 파견되어 그들을 가르치고 함께 시술함으로 기술을 전수하는 것이다. 세포병리학회는 마다가스카르에서 병리 의사들을 교육시킴으로써 정확한 진단을 내릴 수 있게 되었고, 인터벤션 영상의학회와 심장중재시술학회에서는 에티오피아를 비롯한 아프리카 국가에서 최신 중재 시술을 전수함으로써 큰 도움을 주고 있다.

• **교회 및 선교단체와의 협력:** 기존의 선교단체와 교회들과의 협력도 이어가면서 선교와 봉사가 함께 어우러져 서로 더 효과를 보는 윈윈전략이 가능해진다. 중남부 아프리카선교사회를 지원하며 아프리카에 진출해있는 여러 선교단체들과 파트너십을 가짐으로 선교사들의

사역을 측면 지원할 수 있다. 아울러 기존에 아프리카에서 사역하고 있는 의료 선교사들의 사역을 도와 에티오피아 명성병원과 명성의대, 말라위 대양누가병원, 대양의대, 간호대, 잠비아 치소모 병원 등과 다양한 협력 사역을 진행 중이다.

5. 향후 NGO와 의료 선교단체의 협력 전망

최근 한국 교회의 쇠퇴는 선교 사역에 큰 변화를 가져오고 있다. 교회의 선교후원금에 의존했던 많은 선교사들의 사역들이 어려움에 봉착하며 생활비조차 이어나가기 어려운 실정이다. 이에 반해 정부의 ODA 자금은 날로 규모가 커져 이를 사용할 NGO를 애타게 찾고 있는 실정이다. 이제는 4차 산업혁명의 융합 시대이다. 인터서브나 WEC 같이 큰 국제 선교단체들도 변화를 모색하고 있다. 이즈음에 한국의 의료 선교단체와 NGO들이 전략적 동반 관계를 가져간다면 그동안의 서로의 노하우와 강점들을 잘 연결하여 시너지 효과를 낼 수 있으리라 확신한다.

뿐만 아니라 한인 디아스포라로 전 세계에 퍼져있는 기독 의료인들이 함께 연대해 마지막 시대의 선교를 준비한다면 이는 엄청난 잠재력을 가질 것이라 확신한다. 이미 역할을 잘 감당하고 있는 미국의 한미의료선교협회와 호주의 오세아니아의료선교협회, 그리고 유럽과 아시아의 한인의료선교협회가 잘 연합하여 세계한인의료선교연합을 잘 형성해나간다면 다양한 사역이 가능하리라 본다. 아울러 기독 의료 NGO 연합을 만들어 기존의 의료 선교협회와 동역을 모색하는 것도 좋은 방안이라고 본다. 이제 과거의 패러다임으로는 변화하는 시대를 따라잡기가 어려울 것이다. 새로운 변화를 모색하며 위대한 하나님으로부터 위대한 일을 시도하는 의료 선교가 되길 소원한다.

9

특집

Madagascar 의료 선교 이동 진료 사업을 중심으로

47

이재훈

이재훈 선교사는 1993년 고려대학교 의과대학을 졸업했다. 1997~2003년 연세대학교 의과대학 일반외과 전공의 및 전임의 과정을 수료했고, 2003년 연세대학교 의과대학대학원 졸업했다. 2003년 AIM International 선교사로 파송, 2004~2005년 All Nations Christian College를 수료했다. 2005~2011년 AIM-Madagascar 의료 선교사로 활동했다. 2009년 대한예수교 장로회(통합) 파송, 2011~현재 Association Fiainana be dia Be CEO로 활동하고 있으며, 2014~2017년 밀알복지재단 마다가스카르 지부 지부장으로 활동했다.

차례

들어가는 말

의료 선교사가 되려 했던 이유

5살 때로 기억한다. 처음으로 주일학교 예배에 참석했었다. 그 후 비기독교인 가정에서 오랫동안 혼자 교회를 다녔다. 초등학교 5학년 때쯤 사도행전 16장 31절에 "주 예수를 믿으라. 그리하면 너와 네 집이 구원을 얻으리라"라고 하신 말씀을 보고 '네 집'이라는 말에 신경이 쓰였다. 나는 그것이 아직 믿음이 없는 부모님, 형과 동생에 관한 문제라고 생각하게 되었고 이후 가족 전도를 시작하였다. 그러나 나의 전도는 쉽게 이루어지지 않았고 나의 가족은 복음을 받아들이지 않았다.

'주 예수를 믿는데 왜 나와 내 집이 구원을 받지 못하는가?'라고 묻는 기도를 수없이 하였다. 나중에는 나의 생각인지 아니면 하나님의 응답이었는지 모르겠지만, '너의 믿음이 가짜니까 너와 네 집이 구원을 받지 못한다'라고 하나님이 나에게 답하는 것처럼 생각이 되었다. 이러한 생각은 나의 믿음이 진짜인지 가짜인지 먼저 결정되어야 나와 내 가족이 구원을 받을 수 있다는 결론으로 이어졌고, 이후 나는 나의 믿음이 진짜인 것을 검증하고자 오랫동안 무던히도 노력을 하였다. 그 당시 내 신앙 수준은 만약 내가 진짜 믿음이 있다면 기적과 같은 하나님의 초월적인 증거를 받거나, 또는 내 마음이 정결하고 순수하여 어떠한 죄책감도 없는 상태가 되어야한다고 생각했었다.

내가 중학교 1학년 때 있었던 중등부 수련회에서 나를 제외한 모든 친구들이 방언을 받은 일이 있었다. 이는 나의 믿음은 가짜라서 나 혼자만 거룩한 무리에 들지 못했다는 자책감으로 이어졌다.

하지만 무엇보다도 나를 괴롭게 한 것은 나의 마음속에는 항상 악한 생각이 가득한 것만 같고 심지어 예배를 드리고 기도를 하고 성경을 읽을 때도 이러한 생각이 나의 머릿속을 맴돌며 떠나가지 않는 것이었다. 이러한 나의 악한 생각들을 없애달라고 기도를 하면 할수록 죄 된 생각은 더욱 나에게 찰거머리처럼 달라붙었고, 이는 내 믿음은 가짜일 가능성이 높으며 나 스스로는 어떠한 노력을 해도 구원을 받을 수 없다고 생각하게 되었다.

마지막 남은 방법은 수로보니게 여인처럼(막 7:24~37) 하나님께 읍소하는 것이었다. 그 당시 교회를 다니던 소년으로서 생각할 수 있는 최대의 헌신은 아프리카의 선교사가 되는 것이었고 또 공부하는 학생으로서 가장 어려운 일이 의사나 판사가 되는 것이라고 생각해 이 두 가지를 조합하여 '아프리카 의료 선교사가 된다면 저를 구원하여 주십시오!'라는 서원 같은 기도를 시작하게 되었다. 이 기도는 내가 의료 선교사가 될 때까지 지속되었고, 나는 겉으로는 세례도 받고 기독교인으로서의 조건을 갖추었지만 마음속으로는 '내가 진정한 기독교인이 될 수 있을까?'라는 의심을 품은 채 선교사가 되었다.

의료 선교사로 겪었던 어려움과 사역의 준비 과정

개인적으로는 어렸을 때부터 의료 선교사가 되기 위해 준비했지만 막상 의료 선교사로서 마다가스카르에 도착하였을 때의 막막함이란 이루 말할 수가 없었다. 그 이유는 첫째, 내가 외과 전문의라고 해도 마다가스카르에서 활동할 수 있는 현지의 의사 면허가 없었다. 의료 선교 활동은 선교사의 헌신이나 열정을 떠나서 선교지 현지의 법과 시스템을 준수해야 하는 의무가 있다. 둘째, 마다가스카르는 교육을 제대로 받지 못한 환자들이 대부분이어서 전 세계 공용어인 영어나 프랑스어가 통하지 않아 진료하는데 큰 어려움이 있었다. 아프리카 몇몇 국가에서는 국제적인 언어가 통용될 수 있겠지만 내가 처음 마다가스카르에 도착했을 때는 당시 문맹률이 60%에 달해 언어 소통에 어려움이 많았다. 셋째, 의료 선교사이자 외과 의사로서 수술 등 진료 활동을 위해 필요한 의료 장비와 의약품을 갖추기에는 경제적 능력이 없었다. 소속 교회의 지원과 개인적 노력으로 아프리카 오지 선교회에 허입되어 선교지로 온 까닭에, 의료 선교사로서 활동하기에 필요한 재원이나 지원이 턱없이 부족하였다. 현실적으로 외과 의사로서의 지식과 최소한의 비용으로 선교 활동을 하는 방법은 현지의 의과대학에서 현지 의료진 및 학생을 대상으로 교수로서 일하는 것이지만, 마다가스카르 의과대학에서 나를 교수로 임용할 이유가 없고 또한 마다가스카르 고등교육법에 의하면 고등교육은 프랑스어로 이루어져야 한다는 규정이 있는데, 당시 나는 프랑스어를 구사하지 못했다.

타문화권에 들어온 막막함과 맨땅에 헤딩하는 것과 같은 상황에서 의료 선교사로서 마다가스카르에서 무엇을 할 것인지를 고민하면서 다음의 질문들에 대한 답을 찾아 전략을 세우기로 하였다.

- 질문 1: 마다가스카르 의료 현실은 어떠한가? 주민들은 어떤 병으로 고통을 받고 있고, 그 병들을 치료하는 말라가시 의료 시스템은 어떠한가?
- 질문 2: 내가 이용할 수 있는 자원은 무엇인가?
- 질문 3: 나는 무엇을 할 것인가? 그리고 어떤 방향으로 사역을 발전시켜 나갈 것인가?

이 과정에서 내가 속해 있던 아프리카 오지선교회 의료정책분과로부터 새로운 기관을 세우지 말고, 현지인이 하는 일을 돕는(empowering) 방향으로 쉽게 현지 의료인들이 따라 할 수 있는(repeatable) 일과 지속할 수 있는(sustainable) 일이 무엇인지 찾아보라는 조언을 받았다.

마다가스카르 의료 현실

마다가스카르 의료 현실을 알아보기 위해, 첫 번째로 마다가스카르에서 의료 사역을 하는 선교단체나 NGO, 선교사들을 만나서 의료 선교 포럼을 하였다. 참석한 단체들은 미국 루터란 선교회(SALFA website, 2010), 만드리짜라 선교병원(http://mandritsara.org.uk/the-good-news-hospital/), Mobile Health Madagascar:http://www.mobile-hilfe-madagaskar.de/index.php/de/, Assemble of God, Nehemiah Project: Dr Jaka, AIM, MAF, Dr. Douglas(Global Medical Mission) 등이다.

이들을 만나 이들이 하는 일, 이들이 보는 말라가시에 필요한 사역, 협력 방안 등을 알아보았다. 두 번째로 마다가스카르 보사부, 의과대학, 대학병원 및 지방의 병원을 방문하였다.

---

1   Le nombre de candidats à admettre est fixé comme suit :Mention Médecine Humaine : 1000 candidats
〈http://www.univ-antananarivo.mg/Admission-Inscription-40〉

정부기관들의 방문을 통하여서는 의료 현실이 너무 열악하다는 인상을 받은 것 외에는 얻을 만한 정보가 없었다. 해당 기관들은 내게 제공할만한 자료를 가지고 있지 않은 듯 했다. 하지만 의과대학은 예과 1학년을 1,000명 뽑고[1] 1년 후 그중에서 800명을 떨어뜨리는데 그렇게 남은 200명이 진급하여 5년을 더 공부하고 1년 인턴 과정을 하는 동안 졸업 논문을 쓰고 합격한 학생에게만 개별적인 학위수여식(졸업식)이 주어진다. 학위 취득 후, 대부분이 일반의로 일하게 되지만 취직할 병원이 많지 않고, 오지의 병원은 일자리가 있지만 오지의 병원에서 일하고자 하는 의사는 거의 없다. 2017년 의과대학 졸업생의 20%가 의사가 되기를 포기하고 의약품 수입회사 등 다른 직종에서 근무하고 있는 실정이다. 졸업생의 20%가 공립병원에 취직하며, 200명 중 6~7명 정도만 레지던트 교육 과정에 들어가고 나머지 약 50%는 레지던트 과정을 밟기 위한 시험을 준비하거나 이마저도 포기하게 된다. 교육의 질도 매우 열악하여 약 2,000명 학생 대비 교수 숫자는 23명에 불과했다. 수업은 1월부터 9월까지 하고 10월부터 시험을 친다.

마다가스카르에 머무는 동안 교수들의 월급이 제때 지급되지 않아 교수들의 파업으로 수업이 파행되거나 교수들의 개인적 일정 때문에 수업이 정상적으로 이루어지지 않고 학생들은 언제 수업이 재개되는지 알지 못해 학교에 가지 않는 것을 수없이 목격했다. 인턴 레지던트 훈련 과정을 깊이 지켜볼 수 없었지만 환자가 많지 않아 항상 한가한 상황이었고, 1주일에 2일 정도 24시간 당직을 하면 나머지 날들은 병원에서 근무하지 않고 학생들 스스로 훈련을 받는 병원을 선택할 수 있었다.

도서관에는 의학 관련 자료가 전무하였다. 1970년대 출판된 학회 잡지 몇 권만 책자에 꽂혀 있는 정도였다. 오지의 의료 현실을 보기 위해 보건소와 보건지소를 방문했을 때는 보건소의 문이 잠겨 있는 일이 많았고 방문객이 왔다는 소식이 전해지면 그때서야 누군가 열쇠를 가져와 문을 여는 때도 있었다. 방문하는 보건소마다 청진기, 체온계, 혈압계 등을 줄 수 있냐는 요청을 받았고 분만실 테이블과 침대 등은 매우 불결하였다. 한 달에 진료하는 환자의 수가 수십 명에 불과했는데 거의 분만과 관련된 환자뿐이어서 실제로 환자들이 어떤 질환을 앓고 있는지 알 길이 없었다. 그래서 이동 진료를 하기로 했다. 환자를 직접 만나서 어떤 질환으로 고통을 받고 있는지 실태를 알고 싶어서였다. 이 일을 하기 위해서 가장 시급한 문제는 마다가스카르에서 의사로서 활동할 수 있는 면허를 받는 일이었다. 나는 마다가스카르에서 최초로 일하는 한국인 의사였고, 현지는 대한민국의 의사 면허를 가지고 어떻게 말라가시 면허를 받아야 하는지 법조차 마련되어 있지 않았다. 2005년 보사부 장관 면담 후, 현지 의사 면허를 받아 의사로서 활동할 수 있게 되었는데, 그 첫 단계로 우리 단체는 자원봉사 의사를 제공하고 보사부는 이 자원봉사 의사가 일할 장소를 제공한다는 협약을 맺었다. 이 협약을 근거로 마다가스카르 내의 한 병원에서 자원봉사(월급을 받지 않는) 노동 계약서를 작성하고 의사 면허를 신청할 수 있었다. 의사 면허 허가 과정도 정비되어 있지 않아서 나의 모든 신분증명서와 학위 논문을 프랑스어로 번역 후 공증을 받아 제출해야 했다. 학위 논문 제출 부분은 번역의 어려움 때문에 추후 요약 부분만 프랑스어로 번역하고 나머지는 영어로 제공하기로 했고, 이 조항도 몇 년 후에 없애기로 새롭게 규정이 변경되었다. 나는 말라가시 공공 병원에서 의사로 일하기 위해 프랑스어를 배울 것인지, 말라가시어를 배울 것인지 선택하여야 했다. 공공 병원의 성격상 교육받지 못한 환자들이 많이 오는 것을 고려하여 말라가시어를 배우기로 하였다. 그렇게 말라가시어를 1년 동안 공부하였다. 언어 훈련이 끝난 2006년 하반기부터 수도 안타나나리보 인근에 있는 도립병원 Itaosy 병원(CHD II Itaosy)에서 한 달에 3주를 일하고 나머지 한 주는 안타나나리보 근교에 있는 오지를 찾아 이동 진료 사업을 하기 시작했다. 환자를 치료하는 것도 목적이었지만 오지의 의료 실태를 눈으로 보기 위함이었다.

1. 마다가스카르 오지의 의료 현실

수요자 입장에서

1) 현대 의료의 발전된 혜택을 이용할 경제적 여유가 없다

마다가스카르는 세계에서 가장 가난한 나라 중 하나로 일 인당 평균 소득이 420$(2008)에 불과하고 68%의 국민이 하루 평균 1$ 이하의 소득으로 extreme poverty line 아래 있고,

90% 이상의 국민이 하루 2$ 이하의 소득으로 살고 있다.[2] 이러한 상황에서 x-ray 10$, 일반 혈액검사 20$, 간기능검사 30~40$, CT 100$, 탈장 수술비 200$ 등의 진단과 치료를 위한 검사비를 지불하기 어렵다. 그뿐만 아니라 이러한 치료와 수술을 할 수 있는 병원은 보통 자기 거주지에서 수십에서 수백 킬로미터 떨어져 있어 교통비와 숙박비, 시간 등의 문제로 쉽게 치료를 결정하기 어렵다.

2) 자기 거주 지역에서 이용할 수 있는 양질의 병의원이 없다

마다가스카르의 인구는 약 2,500만 명으로 인구의 80%가 계절적, 지역적으로 접근하기 어려운 오지에 살고 있고 이 중 60%는 가장 가까운 보건지소에서 10km 이상 떨어진 곳에 거주하고 있다.[3] 마다가스카르의 이용 가능한 3,000여 개의 의료기관 중 일하는 스태프의 50%는 10년 이내에 은퇴할 50세 이상이다.[4] 마다가스카르 국가 전체의 건강 시스템은 공적 영역, 사적 영역, NGOs 영역과 지역 기반 활동가(무당, 샤먼, ombiasy, 건강 보조원)로 구분할 수 있는데 도시에서는 질병 발생 시 첫 번째 찾는 보건 영역의 30%가 공적 영역이고 오지 지역에서는 70%가 공적 영역이다.[5] 특히 보건 영역에서 10km 이상 떨어져 있는 지역에 사는 60%의 극 오지 주민들의 90% 이상이 보통 처음 접하게 되는 의료인은 소위 무당(샤먼, ombiasy)이라고 불리는 전통적 치료자이다.

마다가스카르는 세계에서 4번째로 큰 섬나라로 우리나라 남한 면적의 6배의 크기이다. 이 넓은 지역에 3,407개의 크고 작은 병원이 있는데 4개의 단계로 분류된다. (Fig 1 Pyramidal four-stage referral system of health-care delivery in Madagascar) 첫 번째 단계는 Basic Health Center I(1,110개)이 있고, 간호사나 건강 요원(health provider)이 백신 프로그램이나 기초적

2   Florian Marks, Nathalie Rabehanta, Stephen Baker, Ursula Panzner, Se Eun Park, Julius N. Fobil, Christian G. Meyer, Raphaël Rakotozandrindrainy; A Way Forward for Healthcare in Madagascar?, Clinical Infectious Diseases, Volume 62, Issue suppl_1, 15 March 2016, Pages S76~S79, https://doi.org/10.1093/cid/civ758.
     IMF Country Report No. 15/25
3   World Bank, 2010.
4   Madagascar - Public expenditure review education and health
     ⟨http://documents.worldbank.org/curated/en/298131467999684470/Madagascar-Public-expenditure-review-education-and-health⟩
5   World Bank, 2010.

인 위생 교육만 담당하고 있으며 질병의 진단과 치료에는 제한이 있다. 두 번째 단계는 Basic Health Center II(2,130개)와 District Hospital I(65개)인데, 일반의와 간호사가 일하고 있고 제한적인 질병의 진단과 치료가 가능하나 외과 환자의 진료는 불가능하다. 다음 단계는 First Emergency Referral Hospital인데 District Hospital II(63개)와 Regional Hospital(20개)이 있고, 외과 의사와 마취과 의사가 있어서 맹장염이나 제왕절개 같은 응급 수술이나 간단한 수술을 감당하고 있다. 가장 높은 4단계 병원은 대학 병원 수준이고, 19개의 병원이 주요 6대 도시에 산재해 있다. 주요 6대 도시는 수도 안타나나리보, 안치라베, 피아나란추아, 타마타브, 마장가, 툴리아이다. Fig 1 마다가스카르 병원 시스템을 보면, 전체 117개 지구(district)가 있는데 이 중에 약 63개 district에서만 기본적인 수술이 가능하다. 인구의 50%가량에 해당하는 1,200만 명이 사는 나머지 district에는 기본적인 수술을 받을 수 있는 병원이 없어서 수술이 필요한 경우 수십 킬로미터에서 수백 킬로미터 를 이동해야 하는 어려운 점이 있다. 암이나 난이도가 높은 수술은 6대 도시에서만 수술할 수 있는데 현실적으로 수도 안타나나리보에서만 주로 수술이 가능하다.

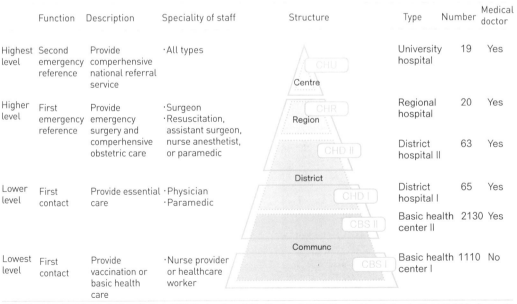

Fig 1 Pyramidal four-stage referral system of health-care delivery in Madagascar

	Function	Description	Speciality of staff	Structure	Type	Number	Medical doctor
Highest level	Second emergency reference	Provide comperhensive national referral service	·All types	Centre	University hospital	19	Yes
Higher level	First emergency reference	Provide emergency surgery and comperhensive obstetric care	·Surgeon ·Resuscitation, assistant surgeon, nurse anesthetist, or paramedic	Region / District	Regional hospital	20	Yes
					District hospital II	63	Yes
Lower level	First contact	Provide essential care	·Physician ·Paramedic		District hospital I	65	Yes
					Basic health center II	2130	Yes
Lowest level	First contact	Provide vaccination or basic health care	·Nurse provider or healthcare worker	Communc	Basic health center I	1110	No

CHU, Centres Hospitaliers Universitaires; CHR Center Hospitalier Regional; CHD, Centre Hospitalier de District; CSB, Centre de Some CHD I function as the first emergency contact.

Fig 1의 병원 시스템은 마다가스카르 행정구역과 보건국에서 공식적으로 이름이 올라가 있는 병원들이기는 하나 실제적으로는 파견된 의료인이 없거나 문을 열지 않고 있는 병원도 많이 있다.

3) 질병 발생의 원인이 타부를 어겼거나 신의 노여움을 산 결과로 믿음으로 주술적인 치료를 선택하는 경우가 많다

필자가 실제로 경험한 많은 경우 언청이가 생긴 이유가 임신 중 엄마가 논두렁 이랑을 삽으로 팠기 때문이라든지, 사상충 감염에 의한 코끼리 다리병 환자가 그 원인이 둘째 부인이 자신을 저주해서라고 생각한다든지 하는 것과 급성맹장염으로 수술받아야 하는 환자가 그 원인을 물으러 먼저 무당에게 가야 한다고 하는 일 등은 이들의 세계관과 관계가 있다. 현재도 오지에서 진료하는 환자의 80% 이상은 odigasy라는 무당이 만들어 준 부적을 착용하고 있는데, 이는 질병을 치료하기 위해 신의 노여움을 푸는 행위라고 믿는다.

[그림 1] 마다가스카르 행정 지도

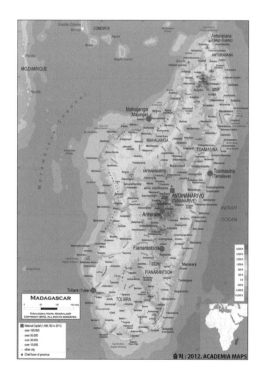

출처 : 2012. ACADEMIA MAPS

1) 의료인의 수가 절대 부족하다

마다가스카르에는 현재 6개의 의과대학이 인가 중이나 정상적인 교육이 이루어지고 졸업생이 배출되는 학교는 안타나나리보 국립의과대학과 마하장가 국립의과대학 2개뿐이다. 이 학교를 통하여 연 200명의 졸업생이 배출된다. 마다가스카르는 인구 1,000명당 의사가 0.12명으로 한국(2.23명)의 1/18이며 국토 면적이 한국보다 6배가 큰 것을 고려하면, 한국의 같은 면적에서 일하는 의사 수의 110배 적은 숫자가 일하고 있다.

2) 전문의의 수가 절대 부족하다

현재 마다가스카르 전체에서 외과 전문의로 훈련받고 있는 레지던트의 숫자가 24명이며, 훈련을 담당할 교수의 부족으로 2년째 새로운 레지던트를 받지 않고 있다. 마다가스카르 전체에서 일하는 세포 해부병리 의사의 숫자도 20여 명에 불과하다. 안과의 경우 2명의 교수와 6명의 레지던트가 있다. 혈액종양내과 전문의는 2명이며, 후학들에 대한 교육열이 매우 낮고 학회 활동도 거의 없어 앞으로도 전문의의 배출이 지극히 어려울 것으로 보인다.

3) 진단 치료 장비가 부족하다

마다가스카르의 의료 장비 수준은 더욱 심각하다. 2006년부터 2011년까지 필자가 근무한 Itaosy District Hsopital(District Hospital II)에서도 진단 장비가 부족하여 환자의 진단과 치료에 필요한 검사를 하기가 어려웠고 응급에 필요한 혈액 검사 등은 더더욱 불가능했고 현재도 불가능한 실정이다. 2017년 현재 외국의 원조로 국립의과대학병원의 노후 장비가 교체되고 새로운 장비들이 지원되기는 하였으나, 여전히 필요한 검사를 제때 맞추어서 하기는 쉽지 않다.

Fig 2는 마다가스카르 장비 보유 현황으로 조사된 것인데, MRI 경우 Poly Clinic이라는 개인 병원에 최근 도입되었으나 MRI를 판독할 방사선과 의사가 없고, 국립의과대학병원과 Military Hospital에 CT 장비가 갖추어져 운용되고 있다.

지방이나 오지 병원의 경우는 더욱 열악한데 혈압계나 체온계, 청진기 등의 도구마저도 없는 곳이 많고 거즈나 수술에 필요한 실 의료 도구가 턱없이 부족하다.

Fig 2 Medical Equipment in Madagascar, WHO, Global atlas of medical devices, 2014

Medical equipment	Public sector	Private sector	Total	Density per 1,000,000 population
Magnetic Resonance Imaging	0	n/a	0	0.000
Computerrized Tomography Scanner	0	3	3	0.131
Position Emission Tomograpity Scanner	0	n/a	0	0.000
Nuclear medicine	0	n/a	0	0.000
Mammograph	3	3	6	6.229
Linear accelerator	0	n/a	0	0.000
Telecobalt unit(Cobait-60)	1	0	1	0.044
Radiotherapy	1	0	1	0.044

＊Density per 1,000,000 females aged from 50-69 old

(출처 : http://www.who.int/medical_devices)

2. 의료 현실의 관찰을 통한 의료 선교 전략

말라가시 세계관

선교 전략을 말하기 전에 먼저 12년간 마다가스카르에서 살면서 말라가시 사람들은 어떤 사람들인지 관찰한 바를 논의할 필요가 있다. 가장 큰 특징은 두려움이다. 마다가스카르는 타부의 나라라고 할 만큼 수많은 타부가 있다. 집 안에 파를 심으면 안 되고, 안타나나리보에서 염소를 키우면 안 되고, 외국인에게 친절해야 하고, 외국인은 북쪽 문으로 들어가면 안되고, 개의 사체를 만지면 안 되고, 자녀가 부모보다 더 배우면 안 되고, 자녀가 부모 앞에서 신발을 신으면 안 되고, 어떤 지역은 콩을 먹으면 안 되고, 어떤 지역은 돼지고기를 먹으면 안되고, 어떤 지역은 하얀색 동물이 불길하고, 어떤 지역은 상서롭고, 어떤 지역은 쌍둥이는 불길해서 반드시 한 명을 죽여야 한다는 등의 타부가 존재한다.[6] 이러한 타부의 근원에는 이 타부를 어겼을 때 자신에게 불운(질병, 사고 등)이 찾아온다고 생각하는 두려움이 있다. 그런데 이 두려움의 원인은 이들의 신관과 관계가 있다. 조물주가 세상을 창조했는데 인간이 죄를 지

---

6   Jorgen Ruud, *Taboo: A Study of Malagasy Customs and beliefs*, Oslo University Press,1960, Trano Printy Loterana Second Edition 1970.

니까 인간을 버려두고 멀리 떠나버렸고, 그 빈자리를 사탄과 천사와 조상신이 있어 법(타부, fady)을 주어 인간의 길흉과 생사화복을 주장한다고 믿고 있다.[7]

그러므로 전통적으로 질병에 걸렸을 때, 어떤 의약품이나 수술을 선택하기보다는 중재자인 무당을 찾아가 중재를 위한 제사를 지내거나 무당이 제시하는 중재안을 따르는 일을 선택한다. 무당은 대부분 돌, 쇳조각, 나무 조각, 헝겊 등으로 만든 부적 혹은 약(fanafody, odigasy)을 만들어 환자의 아픈 부위에 걸거나 붙이거나 들고 다니도록 한다.

선교 대상의 이해

선교사로서 마다가스카르에 살면서 만나는 사람들에게는 복음의 빚이 있다고 생각한다. 그러므로 선교지에서 만나는 모든 사람은 선교사의 사역과 크고 작게 연관이 있을 수밖에 없다. 그러나 전략적인 측면에서 선교사가 가지고 있는 자원(재정, 시간 등)의 적절한 분배가 필요하다고 생각한다. 마다가스카르에서 만나는 사람들을 그룹별로 나누어 보면 오지의 환자들, 오지 진료에 협력하는 말라가시 의료인들, 의과대학 학생, 인턴 레지던트와 교수들, 한인 교포 사회, 선교단체와 NGO 등이다.

• 오지의 환자들

마다가스카르에는 매우 기본적인 의료 혜택도 받지 못하는 오지에 거주하는 인구가 1,200만 명에 달한다. 리서치를 하는 동안 이 그룹은 의료 혜택뿐 아니라 문명과 교육 등의 모든 분야의 혜택이 결여되어 있고, 해당 지역에는 정규 과정의 신학 교육을 받은 리더의 부재로 교회가 매우 약하거나 아예 교회가 없는 곳도 많았다. 이들은 직접 선교의 대상이다. 그런데 의료 선교에서 직접 선교는 어떻게 하는 것인가? 의료 사역을 하는 내내 보수적인 기독교인들로부터 의료 선교에 복음 전파가 결여 되었다는 비난을 받아왔다. 보통은 밀려오는 많은 환자들 때문에 아침 일찍부터 밤늦게까지 환자를 보느라 설교나 성경 공부 같은 복음과

---

7   Malagasy mythology, From Wikipedia, the free encyclopedia.
     〈https://en.wikipedia.org/wiki/Malagasy_mythology〉

관련한 프로그램을 진행하지 못한 적이 많다. 하지만 '의료 사역에 복음 전파가 없다'라는 비난은 정당한가? 마태복음을 보면 예수의 공생애가 시작되면서 치유 사역도 함께 하신 것을 알 수 있다. 그런데 마태복음 4장 17절과 4장 23~24절을 보면, 마태는 예수께서 천국이 가까이 왔다고 선포했는데 마치 그 결과로 각종 질병을 앓는 자들이 고침을 받는 것처럼 기록하고 있다. 치유 사역에는 이와 같은 상징이 있다. 필자의 사역이 현대의 의약품과 수술을 통한 도움이기는 하나 환자들이 오랜 시간 고통받던 질병에서 해방되었을 때, 많은 환자들이 그들의 세계관 속에서 타부를 어긴 저주에서 벗어났다고 믿는 것은 아주 강력한 천국이 가까이 왔음을 선포하는 것과 같다. 그러므로 의료 선교 사역 자체에도 복음의 메시지(세상 주관 세력에 얽매임에서 해방됨)가 있으며 의료 사역으로 인한 복음 전파와 교회의 성장이 있음을 목도하였다.

에피소드 1) 암바투부리 무당의 회심

베루루하 지역에서 사역하던 때의 일이다. 그 당시 마을의 무당들로부터 우리를 독살하겠다는 위협을 받고 있을 때였다.

암바투부리는 베루루하 district에서 60km 정도 떨어진 마을이고 차가 갈 수 없어서 걸어서 이틀을 가야 하는 곳이다. '바투부리'라는 의미는 "돌을 둥그렇게 놓은 곳"이라는 뜻인데 조상신들을 모시는 일종의 사당이 있는 마을이다. 이곳에 사는 무당이 우리 이동 진료팀을 찾아 왔다. 이 무당은 72세였는데 최근에 12세 소녀와 결혼하였다. 소녀가 귀신에 들려 고통받고 있던 것을 이 무당이 치료해주고 소녀의 부모에게 소를 한 마리 주고 아내로 삼았다는 것이다. 무당은 양쪽 서혜부 탈장이 있었는데 그동안 같은 질병을 가진 같은 마을의 환자와 그리고 자신을 위해서 자신이 모시고 있는 신에게 수없이 제사를 지냈다. 그런데 본인 스스로 귀신도 쫓아낼 수 있고 많은 환자들을 치료할 능력도 있다고 생각하는 그에게 이 질병은 왜 치료가 되지 않는지가 항상 의문이었다. 어느 날 그 무당이 자신에게 치료를 요청했던 몇몇 환자가 병이 나았다고 하는 이야기를 듣게 되었다. 베루루하에 외국인 무당이 있는데 그 어떤 병이든 고친다는 것이었다. 그래서 그 무당이 우리가 진료하는 곳으로 찾아 왔다.

우리는 평소에 하던 대로 그 무당을 치료하고자 보호자를 찾 았다. 그랬더니 12살 먹은 소녀가 그 무당의 보호자라고 하는 것이 었다. "애야, 너 말고 할머니나 아 빠를 오시라고 해라" 하고 내가 말했다. 그러자 "제가 부인입니 다"라고 아이가 하도 당당하게 말 하는 바람에 매우 미안하고 무안

했다. 수술에 관해 설명하고 동의서를 받은 후 국소 마취로 수술을 하였다. 국소 마취로 탈장 수술을 받다보면 아플 텐데 무당은 한마디 신음이나 움직임도 없었다.

수술이 끝난 후 무당에게 복음을 전하고 창조주 하나님의 계시를 담은 책이라고 설명하 며 성경책을 한 권 주려고 했다. 그러나 그동안 꼼짝도 안 하던 무당이 갑자기 사시나무 떨듯 이 부들부들 떨며 성경책을 차마 손에 받지 못했다. 무당은 그렇게 한참을 떨다가 우리에게 간절히 부탁하였다.

"제가 이제부터는 약을 만들어 환자를 치료하는 일은 하지 않겠습니다. 그런데 제가 정 기적으로 마을에서 제사를 지내야 합니다. 제가 그것은 해도 괜찮겠습니까?" 내게 물었다. 나는 '그러세요'라고 말하려고 했는데, 그때 옆에 있던 말라가시 목사님이 먼저 말을 꺼냈다. "여기 당신이 사랑하는 아내가 있지요?", "예" 무당이 대답했다. "당신이 이 아내를 사랑하는 데 이 아내가 당신 말고 다른 남자를 사랑한다면, 당신은 어떻겠습니까?", 그러자 무당은 아 무 말도 하지 않았다. 목사님이 말을 이었다. "하나님이 당신을 사랑하시는데 당신이 하나님 말고 다른 신을 사랑한다면 하나님이 어떻게 생각하시겠습니까?" 무당은 비로소 떨던 손을 멈추고 성경책을 받으며 말했다. "잘 알겠습니다. 감사합니다." 무당은 가면서 우리에게 자기 마을에 꼭 한 번 와달라고 부탁했다. 우리는 꼭 그렇게 하겠다고 했다.

그 후 우리는 몇 차례 무당이 사는 암바투부리에 가려고 시도하였다. 일 년에 한 번 가기 도 싫지 않은 베루루하 지역에 가서 해당 마을로 가려고 서너 번이나 시도하였으나 그때마다

번번이 큰 비가 온다든지 호버크라프트(아래로 분출하는 압축 공기를 이용하여 수면이나 지면 바로 위를 나는 탈것)가 고장이 난다든지 문제가 생겨서 가지 못했다.

그 이후로 몇 년이 지난 후에 베루루하에 갔더니 주민들이 반갑게 나는 맞아 주었다.

"Dr. Lee, 그런데 암바투부리 무당이 당신을 얼마나 찾았는지 몰라요."

"왜?" 내가 물었다.

"성경책이 많이 필요한데 구할 수가 없어서 Dr. Lee에게 부탁하려고 한다던데요."

나는 우리와 협업하는 마프(경비행기로 선교를 위해 오지에 갈수 있도록 도움을 주는 단체) 파일럿 조쉬(Josh)에게 전화했다. 우리를 데리러 올 때 성경책 한 박스(20권)가 필요하니 가져다 달라고.

에피소드 2 미케야 부족 이야기

미케야 부족은 지금도 나무를 문질러 불을 피우거나 차돌을 부딪쳐 불을 피운다. 외부인을 두려워하며 마다가스카르 남서부에 있는 dry forest인 미케야 숲에서 조상 때부터 물려내려 온 삶의 방식을 유지하며 수렵과 채집을 하며 살아가는 부족이다.

그런데 그들에게 숲에서 살아가는 데 문제가 생겼다. 마다가스카르 정부에서 유엔의 원조를 받아 마다가스카르 자연과 숲을 보전하려고 숲에서 살고 있는 사람들을 화전민으로 생각하고 추방하는 정책을 편 것이다. 미케야 부족 중에 판다하라 족장의 부족원들은 우리 사역지인 안자베투룽구에서 7km 떨어진 숲에 산다. 이들은 숲을 사랑하고 오히려 보존하려고 노력하는 사람들임에도 불구하고 다른 화전민들과 함께 취급을 받았다. 이때 우리와 함께 일하는 말라가시 주누루 목사님이 이들을 위해 변호를 해 주었다. 그 결과 이들은 숲에서 쫓겨나지 않고 계속 살 수 있게 되었다.

이들 중에도 환자가 많은데 우리는 안자베투룽구 지역에 올 때마다 이들이 살고 있는 숲에 들어가서 진료를 해주곤 하였다. 그런데 한 번은 마을의 분위기가 전과 사뭇 달랐다. 사람들도 많지 않았고 침울하고 어두웠다. 사정을 물으니, 얼마 전에 그곳에 있던 무당이 Tompon'ny Ala라는 그들의 신이 이 부족을 떠나서 자신도 떠나버렸다고 한다. 이들에게 무당은 유일한 치료자이자 신과의 중재자이다. 그 일이 있은 지 얼마 되지 않아 다른 부족의 습격을 받아 약탈을 당했다는 것이다. 판다하라 족장에게는 조상 때부터 소중히 전해내려오는 그들이 사냥한 야생 멧돼지의 해골과 뼈를 담벼락처럼 쌓아 놓은 것이 있었는데 그것도 다 약탈을 당했다고 했다. 그 뼈 무더기의 의미는 앞으로도 많은 사냥감이 있기를 기원하는 것이었다. 어쨌든 그 일 이후 판다하라 부족은 더 이상 한 마리도 야생 멧돼지를 잡지 못했다.

판다하라 족장님

다른 때와 같이 부족원들을 진료하고 어린아이와 여자들에게 비타민과 기생충 약을 나누어 주었다.(남자 어른들은 채집하러 숲에 들어가 있었다.) 진료가 끝나고 나에게 한마디 말을 해달라는 청을 받았다. 나는 요한복음 1장과 3장의 말씀을 인용해, 창조주 하나님이 세상을 사랑하여 아들을 보내셨는데 그 아들을 알고 영접하는 사람이 없었지만 그 아들을 영접하는 사람은 하나님의 자녀가 된다고 했다. 판다하라 족장과 부족원들이 나의 이야기를 숨죽이며 들었다. 내 이야기가 끝나자 판다하라 족장이 일어나면서 춤을 추기 시작했다. 허스키한 목소리를 최대한 높여 노래도 하였다. 그러더니 온 부족원들 앞에 서서 이렇게 말하였다. "오늘 우리 숲에 Dr. Lee가 이야기한 그 신이 왔다. 우리는 그를 영접하고 그는 이제 우리의 신이다." 내 몸에 전율이 흘렀다. 판다하라 부족 전체가 주님 앞으로 나아오고 있는 것이었다. 판다하라 족장은 계속해서 이야기했다. "이제부터 Dr. Lee는 나의 아들이다." 그 자리에서 나는 그의 양자가 되었다. 그의 양자가 된다는 것은 이제 그들이 나를 더 이상 외부인으로 생각하지 않는다는 것을 의미한다. 몇 년이 지났다. 어떤 어린 자매가 나에게 와서 비스킷을 달라고 했다. 내가 "왜 너희들에게만 비스킷을 주어야 하지?" 하고 물으니 자기네들이 판다하라 손녀 손자라고 했다. 내가 판다하라 양자이므로 자기들과 친척이니 주어야 한다는 것이다. 나는 이들에게 매번 비스킷과 사탕을 기분 좋게 빼앗긴다.

1년에 최소한 한두 번은 안자베투룽구에 간다. 내려갈 때마다 그들은 필요한 쌀이나 먹을 것을 달라고 나에게 부탁한다. 이러한 일은 그들이 생각하는 가족의 개념과 풍습에 비추어볼 때 아주 당연한 일이다. 그뿐만 아니라 판다하라 족장님은 매년 우리 팀을 위해 염소를 한 마리씩 주신다. 수고하는 데 잘 먹고 힘내라고.

선교 동역 그룹의 준비

필자와 가장 많이 함께 시간을 보내는 그룹은 이 그룹이다. 처음 시작은 오지를 한번 가보고 싶어서, 의사나 간호사로서 정식 직업을 갖기 전에(취직할 일자리가 거의 없었다) 경험을 쌓고 싶어서, 외국인 의사와 일하는 경력을 갖고 싶어서, 여행이 즐거워서 등의 이유로 오지 의료 사역에 동참하였다. 그런데 이들 중 초기 사역에 동참했던 대부분의 의료인이 현재 의료 선교사가 되었거나 오지에서 환자들을 돌보는 일을 하고 있다. Dr. Clement는 1년간 레지던트처럼 훈련을 받고 여러 번 오지 미션에 동참한 후 파푸아뉴기니 선교사(Dr. Clement)가 되어 봉사했고, Dr. Marco는 학생 시절부터 여러 번 모임에 참여하였다가 외과 의사가 되어 봉사하기 위해 추천을 받아 카메룬, 에티오피아 등에서 Pan-African Surgeon Association에서 제공하는 외과 레지던트 훈련을 받았다. Dr. Feno는 오지 진료를 하면서 감염성 질환이 너무 많은 것을 보고 해당 질환를 더 공부하기 위해 프랑스로 유학가서 감염내과 레지던트 훈련을 받고 있고, Dr. Kerena는 사립병원에 고용되어 의사로 일하다가 오지 사역에 참여했는데 오지에서 일하는 말라가시 의료인이 너무나 적은 것을 보고 동쪽 해안 한 오지 마을 보건지소에서 일하다가 지금은 District Hospital의 병원장이 되었다. Dr. Silvain은 필자와 이또시 병원에서 함께 일하던 외과 의사로 오지 의료 사역에 참여하다가 은퇴 후 오지 사역을 위한 이동 진료팀의 의사로 평생 일하다가 지병으로 돌아가셨다. Dr. Fernand은 개업의로 있다가 마다가스카르 복음화와 이동 진료 사업을 위해 병원을 닫고 이동 진료 의료팀에서 일하면서 일반의이지만 초음파, 마취 등의 훈련을 받고 사역을 돕고 있다. Dr. Nirina는 이동 진료팀의 의사로 일하면서 지식과 기술을 배우고 오지 마을 보건지소장으로 가서 일하고 있으며 더 공부하기 위해 유학을 준비하고 있다.

이 외에도 수많은 의료인들과 간호사들이 자원봉사로 일하기도 하며 마다가스카르 의료 실정을 눈으로 보고 자신의 자리에서 헌신하고 있으며, 그중 Julie, Rova, Harivola, Elphije,

Floria, Saloy 등의 간호사는 일하는 조건이 어렵고 월급이 적은데도 이동 진료팀의 전임 간호사로 일하고 있다. 오지의 이동 진료는 일 년에 100일 이상을 오지에서 함께 먹고 자며 일하는 환경이므로 선교사의 일거수일투족이 관찰되고 장·단점이 모두 노출된다. 이런 극한 상황에서 이들의 인간성이 모두 드러나 깊은 삶의 나눔이 있고 신앙의 나눔이 있어 소수의 제자화에 가장 적합한 그룹이다.

·의과대학 학생 인턴 레지던트 교수들

이들은 현재 마다가스카르의 의료 시스템을 이끌고 있고 향후 마다가스카르 의료의 질을 결정하는 중요한 그룹이다. 그러나 교수의 수가 부족하고 수업이 정상적으로 진행되지 못하는 경우도 많고 학생과 인턴 레지던트의 실습 환경도 열악하다. 일부 과는 전문의가 있으나 아직 전문과로 분화되지 않은 과도 많다. 예를 들어 산부인과 질환인 자궁과 자궁 부속기 종양이나 질병 수술을 산부인과 의사가 아니라 외과에서 담당하고 있다. 또한 외과 의사의 숫자가 전국적으로 매우 부족하다. 이러한 문제로 암이나 기타 난이도가 높은 수술은 수도 안타나나리보 국립의과대학과 군 병원 정도에서만 수술이 가능하다.

·한인 교포 사회

한인 교포 사회는 선교 대상자이며 지원부대이다. 이들의 가장 어려움 중의 하나는 타향에 살기 때문에 말이 통하는 의료인에게 진료받을 수 없다는 것이다. 그러므로 한국인 의료 선교사로서 최소한 이들에게 현지의 병원에서 적절한 진료를 받도록 안내하거나 치료가 가능한 진료를 제공하는 것이 이들에게는 큰 도움이 된다. 그리고 디아스포라 기독인으로서 선교 협력자로서의 교민들의 역할을 종종 보게 된다.

·선교단체 및 NGO

선교단체와 NGO 중에는 각각 다른 재능과 자원을 가지고 같은 대상에게 사역하는 경우가 있다. 필자는 사역 초기부터 이런 단체를 찾아 협력 사업을 하고 있다. 예를 들어 MAF는 구제 사업과 오지에서 의료 피난(medical evacuation)을 전문으로 한다. 환자 한 명을 이송하고 치료하는데 시간과 비용이 많이 들고 서류 작업이 복잡하여 필자의 이동 진료팀을 오지로 운송하여 주면 오지에서 대부분 환자를 치료하고 돌아오는 협력 사업을 시작했다. 이것은 MAF-Madagascar와 필자 등이 모여서 Madagascar Medical Safari라는 프로젝트를 시작했다. 헬리미션(Helimission)이라는 NGO는 오지에 전도자를 데리고 가서 복음을 전하고 교회를 세우는 사업과 구제 사업, 응급 재난 구조, 의료 피난 등의 사업을 하고 있다. 의료 피난을 시킨 환자들을 필자의 의료팀이 돌봐주기도 한다. 마다가스카르의 수많은 오지 마을 중 경비행기나 차량으로 갈 수 없는 지역이 많다. 이러한 경우는 헬리미션의 도움을 받아 의료진을 운송하는데 우리 팀에게 가장 적은 비용으로 오지를 갈 수 있도록 도움을 받고 있다. 이러한 선교단체나 NGO 단체와 협력 사업을 함으로써 비용과 로지스틱에 필요한 행정 인력을 절약하고 협력 단체의 목적을 함께 이루어 나갈 수 있다.

이러한 관찰에서 발견된 문제의 해결 방법으로 상정되어 진행되고 있는 사업들은 다음과 같다.

• 오지 주민들을 위한 의료 서비스 제공

마다가스카르 오지 주민들이 의료 서비스를 받는 데에는 의료 서비스 공급자의 질적인 문제, 의료 서비스를 제공하는 의료기관의 접근성의 문제, 교통수단과 숙박, 의약품 구매 등에 소용되는 재정적 문제가 고려되어야 한다. 국제 사회와 마다가스카르 정부의 노력으로 3,000개가량의 의료 시설을 통해 의료 서비스를 제공하고 있음에도 불구하고 인구의 약 50%에 해당하는 주민들은 최소한의 의료 서비스도 받지 못하는 지역에 살고 있다. 이들에게 의료 서비스가 제공되기를 기다리는 것은 요원하다. 의료인 훈련 시간, 의료기관 설립 및 건축하는 시간, 재정을 확보하는 시간 등을 고려할 때 향후 50년에서 100년까지는 여전히 의료 서비스의 소외계층으로 남아 있을 수밖에 없다. 그러므로 이들을 위해서는 직접 찾아가서 의료 서비스를 제공하는 것이 절실히 필요하다. 필자는 2006년부터 2009년까지 리서치를 겸한 이동 의료 서비스를 제공하였고, 그 결과로 2010년부터 '마다가스카르를 위한 이동 진료 서비스' 프로젝트를 시작하게 되었다. (Mobile Medical Service for Madagascar)

이 프로젝트를 하면서 필자가 가졌던 가장 큰 어려움 중 하나는 재정 확보의 문제였다. 가난한 오지의 환자들에게 최소한의 실비조차도 받을 수 있는 상황이 아니었기 때문에 시혜적 성격의 이동 의료 서비스 제공을 하였다(이 문제는 추후 더 많은 논의가 필요하다). 의약품 구매와 수술 재료의 구매는 공급처가 충분하지 않아서 상대적으로 비싼 값으로 구입하여야 했고, 충분한 양을 확보하기도 어려웠다. 수술에 필요한 거즈를 구하기 어려워 최소량을 사용하고 거즈에 묻은 피를 짜서 다시 사용하기도 하였다. 이동 진료 상황에서 전기도 없는 곳에서 수술하는 일이 많아 전기 소작기 등을 사용할 수 없어 상황은 더욱 어려웠다. 오지를 찾아가는 운송 비용도 만만치 않다. 마다가스카르 공공 운송 수단은 상대적으로 저렴하나 2,000여 가지나 되는 수십 박스의 진료 물품을 공공 운송 수단으로 이동시킬 때, 분실의 우려와 잦은 결함과 지연의 문제가 있었다. 그뿐만 아니라 대부분의 오지 지역이 이런 공공 운송 서비스가 제공되는 지역에서 2~3일 걸어가야 하는 곳들이어서 공공 운송 수단을 이용하기는 어려웠다. 차량을 렌트하는 것을 여러 번 시도하였는데 그때마다 노후된 차량 때문에 길 가운데서 고장이 잦고, 차를 고칠 때까지 기다리거나 예정에 없던 숙박을 해야 하는 일이 있어서 어려움이 많았고, 오지일수록 교통 운송 수단은 열악해지고 비용도 많이 든다. 오지 현지에 가서는 현지 음식을 먹고 텐트에서 숙박하므로 비용을 절약할 수 있었지만, 2~3일 걸려서 가는 도중에는 텐트 사용과 취사가 불가능하여 호텔을 이용하게 되는데 그에 따른 비용이 만만치 않다. 이러한 이유로 필자의 은행 통장 잔액이 제로가 되는 일도 있어서 예정된 사역을 포기하기도 했다.

의료 사역을 지속할 수 있었던 것은 한국의 WELL International과 밀알복지재단, 그리고 MAF와의 협력 덕분이다. WELL International에서는 2008년 마다가스카르 단기 의료 사역을 하면서 향후 3~4년 쓸 수 있는 의약품과 수술 도구, 재료 등을 기증하였다. 그 후 지속적으로 의약품과 재료를 제공하고 단기 의료 선교팀을 보내어 협력해 주었다. WELL International이 활동했던 베루루하(Beroloha) 지역과 수알랄라(Soalala) 지역에서는 이들의 사역으로 말미암아 한국 의료 수준과 기독 의료인의 섬김의 모범을 보임으로 지금까지 주민들과 NGO 단체들 사이에서 칭찬이 회자되고 있다. Soalala 지역은 99% 무슬림 지역인데도 지역 주민 대표들과 관리들로부터 무슬림 봉사단체가 아닌 기독교 의료 선교단체인 필자가 속한 단체에 진료를 요청하는데, 이것은 그들이 한국 단기 의료 선교단체의 수준과 사랑을 보

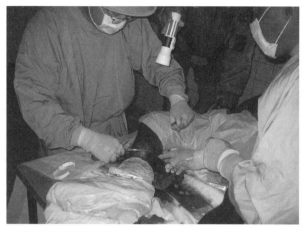
손전등으로 비취며 수술하는 모습

앉기 때문이다. 2011년부터는 밀알복지재단이 의료 사업에 재정적인 지원을 시작하면서 점차로 그 후원을 늘려 오피스를 마련하고 전임으로 일할 수 있는 스태프의 월급과 매번 새롭게 사야 할 의약품 구매 등에 필요한 재정을 충당해주고 있다.

MAF는 Madagascar Medical Safari라는 프로그램을 함께 만들어서 하고 있다. MAF에서는 운송과 로지스틱을 담당하고, 필자는 진료와 진료에 필요한 의약품을 담당하여 협력하는 프로젝트이다. 필자가 상당 기간 재정적인 문제로 오지를 가지 못하자 의약품을 위한 기금 마련을 MAF에서 도왔다. 덕분에 MAF에서 모금한 기금으로 우리와 기타 이동 진료 사업을 하는 팀들을 위한 의약품 및 의료 장비를 구입하여 사업을 지속할 수 있었다. 이 기금은 2015년까지 지속되었다.

마다가스카르 오지 이동 진료의 물자나 약품 수급의 어려움 외에 또 다른 어려움은 훈련된 팀원의 구성이다. 필자 자신도 마다가스카르 오지의 수많은 열대 질환에 대한 경험이 많지 않았을 뿐 아니라 말라가시 의료인 중에 각종 수술이나 질병을 치료하는 것에 익숙한 사람들이 적었다. 오지에서 수술한다는 것은 또한 많은 위험을 내포하고 있다. 우선 전기가 없어 수술 시야를 밝히기 위해 처음에는 손전등이나 촛불, 후에는 헤드램프를 사용했고 지금은 발전기를 이용해 전등과 헤드램프를 사용하고 있다. 수혈을 할 수가 없다. 냉장 시설을 구비할 수 없어 준비된 혈액을 가지고 다닐 수 없고 혈액을 구하기도 어렵다. RH⁺ O형의 혈액을 가진 팀원이 있어서 아주 급한 경우 수혈할 수 있지만, 수혈이 필요한 수술은 될 수 있으면 오지에서 하지 않으려고 한다. 그동안에 출혈성 자궁 외 임신 환자 3건을 수술하였는데 다행히 수혈 없이 수술을 마칠 수 있었고, 빈혈이 심한 다리 근육종(myosarcoma) 환자는 큰 병원으로 이송하여 수혈한 후 수술을 마칠 수 있었다.

다음으로 오지에서 수술할 때 어려운 점은 마취이다. 작은 수술 부위여서 국소 마취로 수술이 가능한 경우를 제외하고 배를 열어야 한다거나 팔이나 다리를 절단해야 할 때, 척추 마취가 가능한 경우는 괜찮지만 그렇지 않은 경우는 정맥 마취를 한다. 정맥 마취를 한 경우 환자가 숨을 잘 쉬는지, 혈압이나 맥박은 괜찮은지 모니터링을 해야 하는데 초창기에는 일일이 수작업으

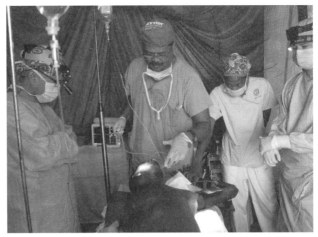

마취를 담당하고 있는 Dr. Fernand

로 일을 했다. 초창기 필자는 마취와 수술을 혼자서 담당하였다. 마취약은 주로 케타민을 사용하는데 심장박동 증가와 기도 분비물 증가라는 부작용이 있어 고혈압이 있는 노인 환자나 기도가 작은 어린아이들을 수술할 때 위험하다. 수술 후에도 환자의 모니터링이 필요한데 필자는 보통 밀려오는 다른 환자를 보는데 매여 있곤 했다. 일 년에 6~15회가량 이동 진료 사업을 10년 넘게 하는 동안 최소한 우리 팀 안에서는 이제 수술, 마취, 회복실, 약국 등을 전문적으로 담당할 간호사들이 훈련되고 있다. 말라가시 일반의 중 한 사람을 한국에 보내어 마취를 훈련시켰다. 3개월 훈련을 받고 왔는데, 그 후 마취과의 역할을 아주 잘 해내고 있다.

오지에서 수술할 때 또 다른 어려운 점은 진단이다. 문진과 이학적 검사를 통해 대부분 진단이 이루어지는 상황에서 목숨이 달린 수술을 진행하는 일은 너무나 위험하다. 다행히 전기가 없는 오지에서도 쓸 수 있는 (배터리로 충전식) 기기들이 있어서 이를 최대한 활용하여 진단하고 환자를 모니터 하려고 한다. 그중 하나가 초음파인데 우리 팀에서는 3명의 의사와 간호사가 초음파 훈련을 받았고, 새롭게 팀에 합류하는 모든 의료인들도 초음파는 필수로 배우도록 하고 있다. 환자에 대하여 많은 정보를 가질수록 안전하기 때문이다.

오지에 거주하는 환자에게는 이동 진료팀이 자기 마을에 오는 것은 베데스다 물가의 환자들이 물이 끓어오르기를 기다리는 것과 같은 간절함이 있다. 이동 진료팀이 가는 곳곳마다 각종 질병을 가진 환자들이 몰려든다. 이들을 바라보는 필자의 입장에서는 '왜 여태 치료받지 않고 살고 있었을까?' 하는 의문이 들었다. 다음 케이스들은 그 의문에 일부의 답을 준다.

| Case 1 |

Rain forest 마을의 한 환자는 20년간 탈장으로 고통을 받고 있었다. 탈장은 케이스 리포트를 할 정도로 거대한 거대 탈장이었다. 이 환자는 고환에 빠져나간 장의 무게 때문에 20년간 허리를 펴지 못하고 걸어 다녔다. 아내와 네 아이 그리고 부모님과 함께 살고 있다. 환자는 조그만 논을 경작하고 있고 최근에 화전으로 밭을 만들었다. 카사바를 심었는데 탈장 때문에 일하는 것이 여간 힘든 것이 아니었다. 주변에 바나나와 파인애플 등은 얼마든지 숲에서 구할 수 있다. 30km 떨어진 곳에 마루람부 District Hospital이 있고 외과 의사가 있는데도 20년간 질병을 가지고 산 이유는 두 가지이다. 첫 번째, 이들의 수입으로 가족들이 먹고 살기는 하지만 여윳돈이 없어 치료를 받을 수 없었다. 두 번째, 마루람부의 외과 의사가 자신을 정말로 치료해 줄지 의심스러웠다. 그동안에 많은 사람들이 마루람부 병원에서 치료받다가 죽은 일이 있다. (필자는 마루람부의 그 외과 의사를 안다. 오지에 있는 의사 중 제법 실력 있는 의사로 알려져 있고, 환자가 아는 평판과는 다르게 많은 사람들이 치료받고 나았다는 평을 듣는다.)

| Case 2 |

베살람피에 사는 한 청년은 어려서부터 있던 탈장이 점점 심해져서 300km 떨어져 있는 마하장가라는 곳에 가서 수술을 받았다. 3일 동안 차와 배와 도보로 이동하여 마하장가까지 가는 데는 편도 20만 아리아리가 드는데 그 돈은 이들의 두 달 치 월급에 해당한다. 이 청년은 자신이 수술을 받을 때 도와줄 한 사람과 동행하여 왕복 80만 아리아리를 교통비로 사용하였다. 수술 비용은 60만 아리아리였다. 마하장가에 도착하여 의사를 만나고 수술 날짜를 정하고 수술을 받고 입원하고 친척 집에서 며칠 요양한 후에 베살람피 집에 돌아오는데 소요된 시간은 딱 한 달이다. 그동안 10만 아리아리 정도를 식비로 사용하고 숙박은 친척 집이나 친구 집에서 해결하였다. 총 150만 아리아리가 들었는데 베살람피에 사는 친척과 친구들로부터 돈을 빌렸다.

20세 정도의 한 여인은 복통이 주 증상으로 동네 사람들의 도움을 받아 필자의 이동 진료팀을 찾아왔다. 맹장염 파열에 의한 복막염이 강하게 의심되어 수술을 권했으나 집안 어른들의 의견을 물어야 한다고 했다. 집안 어른 중 한 분이 무당에게 물어보고 는 외국인 의사에게 치료받지 말라고 하였다. 수술받지 않으면 죽음이 예상될 때도 치료를 거부하고 집으로 돌아갔다.

위의 첫 번째와 두 번째 케이스의 경우를 보면, 오지에 있는 환자들이 치료를 받지 못하는 가장 큰 요인은 치료비와 그에 따른 부대비용(pocket money)을 감당할 수 없어서이다. 그 다음은 의료진 혹은 병원에 대한 불신인데 이것은 긍정적인 결과를 목격하면 전환될 것으로 생각된다. 세 번째 케이스의 경우, 이들의 샤머니즘적 신앙 행태가 치료의 행동을 결정한다는 것이다. 사실 오지 환자의 90% 이상은 병이 걸리면 무당을 먼저 찾아간다. 그래서 이들은 대부분 무당이 만들어 준 부적을 걸고 있다.

이들의 세계관 속에서 치료자는 병의 원인을 찾아내고 밝히고 그에 따른 적절한 치료 방법을 과학적인 증거에 근거하여 선택하는 사람들이 아니라 질병을 갖도록 벌을 준 신적 존재와 적절한 협상을 하여 신을 달래는 협상가로 인식한다. 그래서 치료자에게는 신적 권위를 준다.

우리가 사역을 시작했을 때이다. 우리의 치료가 무당의 치료보다 효과 있다는 것이 소문나자 무당들의 질투와 협박이 시작되었다. 급기야는 MAF, Hover-Aid와 연합 사역을 하는 베루루하 지역 Hover-Aid 직원에게서 연락이 왔다. Dr. Lee 팀이 다시 오면 음식에 독을 넣어 독살시키겠다는 무당이 있다는 것이다. 이 일로 MAF에서는 우리 팀을 베루루하로 보낼 수 없다고 했다. 그 당시 오지 사역을 시작하는 때라 앞으로 가는 오지마다 그런 일이 있을 텐데 여기서 물러서면 오지 선교 사역은 물 건너갈 것으로 생각했다. 그래서 만일 무당에 의해 독살을 당해도 괜찮으니 우리를 그곳에 보내 달라고 했다.

MAF와 합의한 사항은 안전이 확보될 때까지 의료 사역을 중단할 것, 안전 확보를 위해 베루루하 리더십들을 만나 이야기하고 여의치 않으면 사역을 포기할 것 이렇게 두 가지였다. 그래서 캠핑 장비만 챙겨 베루루하에 내려갔다. 우리를 보호해주겠다는 서류를 만들기 위해 지역의 헌병대장과 경찰서장, 도지사와 시장, 마을 이장 등을 만나 도장을 받아왔다.

늦은 오후 캠프로 돌아왔는데 한 어린아이와 그의 아버지로 보이는 사람이 찾아왔다. 아이는 목에서부터 허리까지 몸통 피부 전체에 고름이 흐르고 있었다. 한눈에 보기에도 포도상구균 피부병이라는 생각이 들었다. 간단한 항생제로 치료가 될 텐데 도장을 받기 위해 나선 길이었기에 수중에 갖고 있는 약이 하나도 없었다. 아버지는 우리에게 아이를 치료해달라고 부탁했다. 우리 역시 치료해주고 싶은 마음이 굴뚝같았지만, 약이 없어 치료할 수 없다고 말했다. 그러자 아버지는 우리에게 "기도로 치료를 하지 않느냐"고 묻는 것이 아닌가. 갑작스러운 질문에 당황스러웠지만, 의료가 아닌 기도로 환자를 치료한다는 것이 처음 있는 일이라 확신이 없었지만 환자를 위해 기도를 해줄 수는 있다고 말했다. 기도해달라는 말에 '이 사람도 크리스천인가?'라는 생각이 들어 그 아이의 아버지에게 기독교인이냐 물었다. 그러나 그 사람은 기독교 근처도 안 가본 사람이었다. "그런데 당신은 왜 나에게 기도를 요청하는 거요?" 그러자 아이의 아버지는 "당신이 무당인데 기도로 치료하지 않으면 어떻게 치료하겠습니까?"라고 오히려 내게 되물었다.

아이는 3년 동안 이 병을 가지고 있었는데 주변에서 용하다는 무당은 다 찾아다니며 치료를 받았지만 조금도 나아지지 않았단다. 간절한 아버지의 이야기를 듣고 나니 아무것도 해줄 수 없음이 더욱 안타까웠다. 대신 나와 팀원들은 아버지의 바람대로 아이의 머리에 손을 얹고 기도를 했다. 예수님께서 부디 이 아이를 긍휼히 여겨주시기를 바라면서 말이다. 그런데 기도가 끝나고 무심결에 주머니에 손을 넣었는데 주머니에 물에 타 먹는 항생제가 한 병 있는 것이 아닌가. 이 항생제가 왜 그 주머니에 있었는지 그 당시는 전혀 생각이 나지 않았는데 나중에 집에 돌아와서 생각이 났다. 공항 가는 길에 사는 한인 분의 아이가 편도가 부어서 공항에 가는 길에 약을 전해주고 가겠노라고 약속하고는 잊어버릴까 봐 주머니에 넣어놓았지만 그 집에 들르는 것을 잊어버리고, MAF 비행기를 타러 공항으로 바로 갔다. 어쨌든 항생제가 있어서 그 항생제를 아이에게 먹게 했다. 일주일 이상 계속 먹일 양은 아니었기에 고용량 요법을 단기간 쓰기로 했다. 반병을 그 자리에서 먹이고 나머지 반은 내일 아침에 다 먹으라고 했다. 한 달 후에 그 아이를 다시 만났다. 고름이 가득했던 아이의 피부는 마치 갓난아이의 피부처럼 깨끗하게 나아 있었다.

아이의 소문이 일대에 퍼졌다. 이후에 우리가 어딜 가든지 "당신이 그 아이의 피부병을 고친 의사냐?"라는 질문을 받았다(그때는 사람들이 조금씩 우리가 무당이 아니라 의사라는 것을 알게 되었다). 동네의 힘깨나 쓰는 무당들도 못 고친 병을 완전히 고쳤을뿐더러 아이가 약도 딱 두 번 먹고 우리가 아이에게 기도했기 때문에 우리가 무척 강한 신과 함께하는 사람들이라는 인식을 심어주게 되었다. 그 일로 인해 감히 누가 우리를 독살하거나 해를 가하려는 시도가 더 이상 없었다. 이렇게 우리가 많은 환자들을 치료하자 어떤 무당들은 우리를 찾아와 비법을 묻기도 했다. 우리는 그럴 때마다 무당들에게 해열진통제 등을 나눠주고, 열나고 머리 아픈 사람들에게 이것도 몇 알씩 나누어주라고 했다. 최소한 이렇게 해서 열병으로 죽어가는 아이들을 살릴 수 있을 것으로 생각했기 때문이다. 어쨌든 효과는 좋았고 무당들은 자신들이 우리의 제자나 된 것처럼 우리와 친한 관계를 자랑하고 다니기도 했다.

마다가스카르 오지 주민들을 위해서는 재정적인 어려움을 극복 혹은 보안을 유지할 수 있는 방안, 주민들의 커지는 양질의 의료 서비스에 맞는 서비스 제공, 이들의 세계관 속에서 현대 의료에 대한 저항감 해소, 진료받는 장소까지의 접근성 문제 등을 해결해주어야 한다.

필자가 Itaosy District Hospital에서 근무할 때인 2007년쯤이다. 병원에 근무하는 의사들과 실습 나온 인턴, 간호 학생 등에게 수술해부학(surgical anatomy)를 강의한 적이 있었다. 파워포인트로 해부학책을 캡처한 사진을 보여주었는데 사진을 보고 놀라워하는 반응에 내가 놀랐다. 더 놀란 것은, 그들에게 물어보니 학생 때 한 번도 이런 그림을 본 적이 없다는 것이다. 해부학뿐 아니라 생리학, 병리학 등 기초 의학의 교육이 거의 되지 않았고 의학의 지식과 기술은 교수들이 칠판에 써준 노트와 어깨너머 배운 것들이 다였다. "의심이 나면 책을 찾아보지 그랬냐?"라고 물으니 책이 없다고 한다. 책 한 권에 한두 달 월급을 다 모아도 살 수 없기에 책이 없었다. 대학 도서관에도 해부학책이 한 권도 없었다. 의과대학을 졸업할 때까지 전공책 한 권 없는 학생들이 거의 100%에 달한다는 말을 듣고 슬펐다. 내가 가지고 있는 책만해도 300여 권이 되었는데 이 책을 대학 도서관에 기증하겠다고 하니 불어로 된 책만 받고 영어책은 안 받겠다고 한다. 그래서 내 책을 받아 줄 기관을 찾아다녔다. 결국 대학원 원장이 받겠다고 해서 기증했다. 그 후 다시 학생들까지 책을 보게 하고 싶어 한국의 지인들과 고려대와 연세대 의대에 부탁해서 6,000권의 책을 기증받아 국립의대병원과 마하장가 의과대학, CMF 도서관에 나누어 기증했다. 먼저 교수들에게 국제적인 수준의 학문적인 교류를 돕는 것이 좋겠다고 얘기했다. 그런데 이들에게 한국은 거의 알려지지 않았기 때문에 먼저 대학의 리더들을 한국에 방문하여 한국을 알도록 했다. 또한 한국에서 마다가스카르를 소개하고 대학의 교수님들을 초청하여 마다가스카르를 알리는 일을 하였다. 그 결과 매년 국립의과대학에서 한국과 마다가스카르 학술 교류가 이루어지고 있다.

마다가스카르 의료의 가장 시급한 문제 중의 하나는 세포 해부병리, 임상병리, 방사선과 같은 진단의학 분야가 매우 약하여 증거에 의한 의료 서비스 제공이 쉽지 않다는 것이다. 임상병리와 방사선 분야는 장비의 구입이 시급하므로 마다가스카르의 정부에 맡기고 세포 해부병리 분야는 고도로 훈련된 전문의가 필요한 분야이어서 한국의 세포해부병리학회의 도움을 받아 현재 3년째 교육 중이다. 최소 7년간 이 프로젝트를 진행하면서 최소 1명의 박사급 교수 요원 양성, 6명의 교수 요원의 한국 연수 및 학회 결성 등을 목표로 하고 있고, 프로젝트가 끝나면 말라가시 세포 해부병리 의사들 스스로가 진단의 질과 양을 조절할 수 있게 될 것이다. 방사선과와 임상병리 부분에서도 말라가시 교수 요원들이 한국의 대학 병원에서 연수를 받을 수 있도록 계획하고 있다. 치료 분야에서는 외과학의 발전이 우선이라고 생각했다. 현지 국립 의과대학의 외과 의사들과 마취과 의사들이 한국 연수를 하고 한국의 외과, 산부인과, 성형외과 교수들을 마다가스카르에 초청하여 세미나를 열고 지식을 전수하고자 노력하고 있다.

3. 마다가스카르 이동 진료 사업의 분석과 고찰

마다가스카르 이동 진료 사업은 2007년부터 2017년까지 약 90회 이동 진료를 하였다. 그러나 초창기에는 환자의 자료를 보관하지 못했고, 2010년부터 2017년까지 시행한 78회 이동 진료 사업을 분석하였다. 78회 동안의 이동 진료 사업 중 10회의 차트는 오피스 이사 등으로 분실하였고, 65회 이동 진료의 결과는 다음과 같다.

총 진료 환자는 22,065명(남자 8,918명/여자 13,147명)이다. 이중 내과계 환자 19,369명(남자 7,314명/여자 12,055명), 외과계 환자 1,833명(남자 1,276명/여자 557명), 치과 환자 863명(남자 328명/여자 535명)이다.(표 1)

〈표 1〉

질환 분류 \ 성별 분류	남자	여자	합계
내과계	7,314	12,055	19,369
외과계	1,276	557	1,833
치과계	328	535	863
합계	8,918	13,147	22,065

22개 Region 중에 14개 Region의 17 District의 33 Commune
에서 이동 진료를 시행하였다.(그림 2)

[그림 2]

마다가스카르 오지에서 이동 진료 사업을 할 때 교통, 통신 등의
경제·사회적 인프라와 의료 인력, 시설, 의약품 등의 의료 인프라의
결핍으로 인해 그 어려움은 배가 된다. 경비행기, 헬기, 수륙양용 보
트, 라카나(말라가시 보트) 우마차, 차량 등의 운송 수단을 사용하는데
접근의 어려움이 첫째로 큰 문제이다.

아주 다양한 환자가 오는데 환자들에게 줄 적절한 약품을 구하는
일이 불가능한 것도 큰 문제이다. 이동 진료 사업을 준비하면서 마다가스카르 수도에 있는 가
장 큰 의약품 도매 회사를 이용하여 약품을 사는데, 수요가 많은 의약품만 있고 환자에게 필요
한 모든 종류의 약품을 가지고 있는 것은 아니다. 또한 결핵이나 나병, 기생충 중 사상충 약 등
은 보건당국에서 관리하는 질환이라 특정 보건소에서만 약품을 보유하고 있고, 판매하지 않
는다. 우리가 아무리 이동 진료 사업 중에 발견한 의심되는 환자의 리스트와 정보를 제공해도
환자가 특정 보건소를 찾아가지 않는 한 약품을 받을 수 없어 손을 쓰지 못하는 경우가 많다.
19,369명의 내과계 환자 중에서 가장 흔한 질환은 호흡기 질환, 소화기 질환, 비뇨생식기 감
염, 기생충 감염, 근골격계 질환, 말라리아, 심혈관 질환 순이다.(그림 3)

[그림 3]

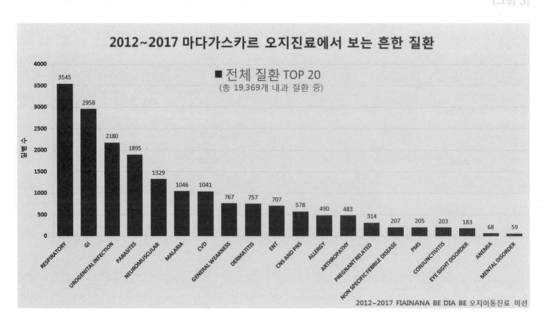

여성 환자 중 가장 흔한 질환은 호흡기 질환, 소화기 질환, 비뇨생식기 감염, 기생충 감염, 근골격계 질환, 심혈관 질환, 말라리아 순이다.(그림 4)

[그림 4]

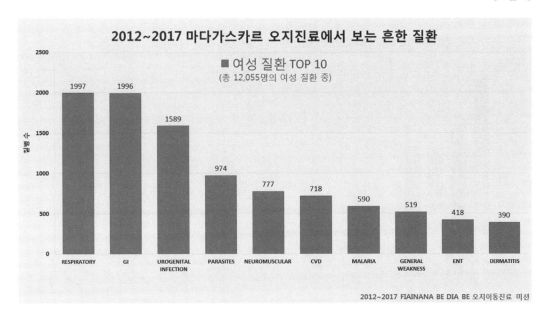

남성 환자 중 가장 흔한 질환은 호흡기 질환, 소화기 질환, 기생충 감염, 비뇨생식기 감염, 근골격계 질환, 말라리아, 심혈관 질환 순이다.(그림 5)

[그림 5]

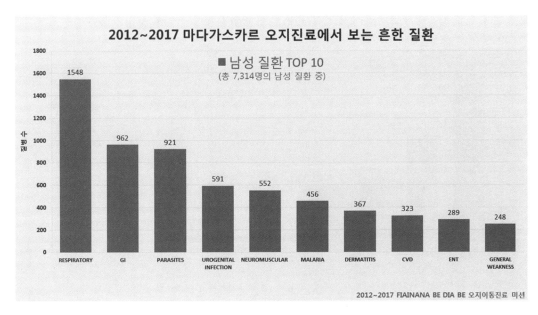

1,833명의 외과 환자 중 가장 흔한 질환은 탈장과 음낭수종 등의 서혜부 질환, 연부조직 종양, 포경수술, 외과적 상처, 복강 내 종양 순이다.(그림 6)

[그림 6]

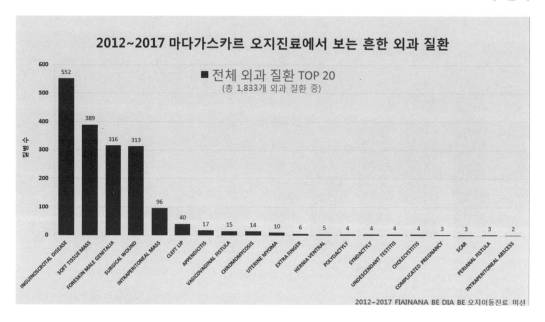

남자 외과 환자 중 가장 흔한 질환은 서혜부 질환, 포경수술, 연부조직 종양, 외과적 상처, 토순열 순이다.(그림 7)

[그림 7]

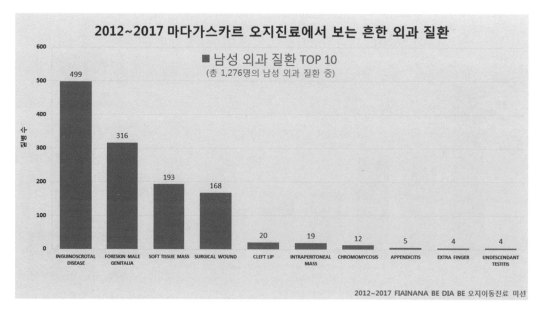

여자 외과 환자 중 가장 흔한 질환은 연부조직 종양, 외과적 상처, 복강 내 종양 서혜부 질환, Keloid 토순열 순이다.(그림 8)

[그림 8]

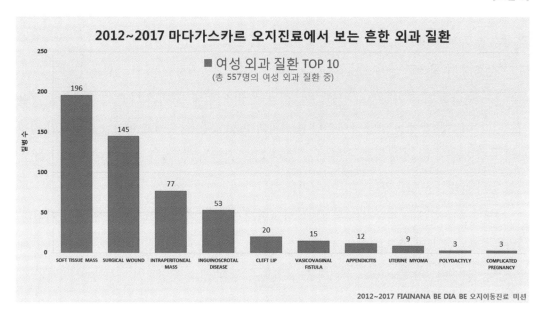

내과계 질환 중 주민들의 삶을 위협하는 중대 질환은 소아에서의 말라리아와 장염이다. 이 두 질환은 이들의 생애 중에 지속해서 반복되는 경향이 있고 그에 따른 합병증으로 죽음, 간 경화, 복수, 비장 비대, 영양 결핍, 저체중을 일으키고 삶의 질에도 지대한 부정적인 영향을 주고 있다. 내과계 질환 중에 가장 흔한 질환은 호흡기계 문제인데 감기가 가장 흔하지만 만성기관지염이나 천식이나 알레르기성 호흡기 질환도 많다. 그 이유는 이들의 주거 환경과 미신적 습관과 관계가 있다고 사료된다.

이들은 나무나 숯을 이용하여 음식을 만드는데 보통은 집 안에서 조리를 한다. 이 과정에서 특별히 음식을 만드는 일을 많이 하는 여성들과 여성들에게 업혀 있는 어린아이들이 연기에 많이 노출되어 연기에 의한 호흡기 질병을 가지고 있다. (여성 1,997명 56.33%/남자 1,548명 43.67%) 미신적 습관 면에서는 신생아가 태어났을 때 하는 의식과 관련이 있다. 신생아가 태어나면 산모와 아기에게 악한 영의 접근을 막는다는 이유로 불을 피워 방 안에 연기가 자욱하게 만든다. 이 과정에서 신생아가 연기에 질식하여 사망하는 일도 종종 발생하고 있다. 산모와 아기가 지속적인 호흡기 질환을 평생 갖고 사는 원인이 된다고 추정하고 있다.

두 번째로 많은 질환은 소화기계 질병이다. 가장 흔한 증상은 상복부 통증과 복부 팽만 증상이다. 이것은 카사바나 옥수수 콩 등을 먹는 것과 음식이 있을 때 과식하고 음식이 없을 때 굶는 식습관하고 연관이 있는 듯하다. 이뿐 아니라 음식을 잘 조리하지 않고 덜 익은 고기와 생선을 먹거나 깨끗이 씻지 않은 채소를 먹으면서 세균이나 기생충에 감염되는 일도 흔하다. 기생충증의 문제도 난제 중 하나이다. 회충, 요충, 십이지장충 등의 질환도 문제지만 주혈흡충과 사상충 같은 기생충도 만연하여[8] 혈뇨나, 비장 비대, 코끼리 다리 병 음낭수종 등을 일으킨다. 이러한 문제는 이차적으로 만성 피로와 빈혈 등을 일으키고 이러한 만성적인 질병 상태는 노동력 감소, 그에 따른 수입 감소, 그에 따른 식량 부족, 다시 영양 결핍과 만성 피로, 빈혈 등의 악순환을 일으키는 원인이 되기도 한다.

기생충증과 함께 남녀에서 모두 3번째나 4번째 흔한 질환은 비뇨생식기 감염 질환이다. 마다가스카르의 성병 중 AIDS는 1% 미만으로 다른 아프리카의 나라들에 비하여 낮지만[9] 매독, 임질, 클라미디아(chlamydia), 칸디다증(candidiasis) 등의 성병 유병률이 매우 높아 필자가 속해 있는 단체의 자체 조사에 의하면 각종 성병 유병률을 합산하면 거의 성인의 45% 이상이 성병 관련 질병에 걸려 있다. 다른 아프리카 나라에서 모두 성병 유병률과 에이즈 감염률은 상관율이 매우 높은 데 반하여 마다가스카르는 성병 유병률이 매우 높지만, 에이즈 감염률이 낮은 것은 매우 특이한 현상이다. 성병 관련 질환이 높은 이유는 일부다처제, 많은 파트너, 낮은 성의식, 성적 순결보다 자식이 중요한 문화, 특별한 다른 문화 활동이 없음, 집단 혼음 제사 의식, 10대 초반에 성에 노출됨, 낮은 위생 관념, 물 부족 등이다. 초창기 간단한 항생제로 치료율이 매우 높지만 재발률이 높은 것은 의료적 치료 방법이 잘못된 것이 아니라, 사회문화적 요소가 크다고 생각한다. 그러므로 성병의 치료에 대한 접근은 사회문화적 접근이 고려되어야 한다.

이동 진료팀에게 외과적 질환을 치료하는 것은 차, 포를 떼고 장기를 두는 것처럼 기본적인 불리함을 안고 일을 하는 것이다.

---

8   High burden of Schistosoma mansoni infection in school-aged children in Marolambo District, Madagascar, Stephen A. Spencer etc, Parasites & Vectors 2017, 10:307.
     〈https://doi.org/10.1186/s13071-017-2249-〉
9   Epidemiological Fact Sheet - 2008 Update. HIV/AIDS estimates.
     〈http://www.who.int/hiv/mediacentre/2008progressreport/en/index.html〉

첫째, 오지에는 적절한 수술실이 없다. 그런데도 사역 초창기에는 나무 밑이나 텐트에서 수술하기도 하였는데, 개방된 곳에는 수술 도중 벌레와 먼지가 문제였고 심지어 어떤 때는 갑자기 폭우가 내리기도 하여 수술을 멈추고 환자를 텐트 안으로 옮기기도 하였다. 텐트 안에서 수술할 때는 좁은 공간과 악취, 더위와 싸워야 했고, 텐트 안은 어둡기 때문에 전기도 없는 곳에서 헤드램프가 없었을 때는 손전등과 촛불에 의지해서 수술했다.

둘째, 오지에서 수혈을 할 수 없는 문제가 있다. 이동하는데 며칠씩 걸려 신선한 혈액을 보관해서 다닐 수 있는 수단이 없다. 혈액이 있어도 전기가 없어 냉장 보관이 안 되고 냉장고도 없다. 아무리 작은 수술이라고 해도 피가 나기 마련인데 수술할 때 전기 소작기도 없는 상황에서 칼과 바늘, 가위와 실만 가지고 수술을 하게 된다. 환자는 고혈압이라든지 수술 부위 조직에서 지혈이 잘 안 되는 경우 일일이 바늘로 피나는 부위를 꿰매주어야 하는 데 시간이 오래 걸린다든지, 마취 시간과 마취약의 용량의 한계 때문에 수술을 서둘러야 한다든지 할 때, 고혈압이 없어도 마취약 때문에 혈압이 올라간다든지 하는 이유로 출혈량이 늘어날 수 있다. 현재 이동 진료팀이 사용할 수 있는 출혈에 대비한 유일한 대안은 응고를 촉진하는 Vit K와 여러 종류의 수액뿐인데 그나마 가지고 갈 수 있는 한계가 있어서 항상 빠듯한 용량만 확보할 수 있을 뿐이다.

셋째, 수술 테이블 같은 수술 부위에 따라 환자의 수술 부위를 최대한 잘 노출시킬 수 있는 장비가 절대로 부족하다. 대부분의 지역에서 책상이나 테이블을 이용해 환자 수술용 테이블을 만드는데 높이나 넓이 등이 수술을 하기에 적합하지 않은 경우가 많아 수술 후 피로감이 극히 증대한다.

넷째, 인력적인 면에서 마취과 의사를 항상 동반하고 다니기가 쉽지 않고, 마다가스카르에는 아직 수술 방에서 일하는 간호사를 훈련시키는 시스템이 없어서 함께 일하는 간호사들을 일일이 가르쳐주며 일해야 한다. 그럼에도 불구하고 평생 질병을 짊어지고 살아온 환자들의 절박함이 있기 때문에 수술을 선택할 수밖에 없는 경우가 많다. 그러므로 이동 진료 상황에서 수술을 결정하는 것은 수술 후 환자가 얻을 이득과 수술의 위험도(risk)를 냉정하게 계산하여 확실한 이득이 있을 때만 수술을 결정하는 것이 좋다. 수술 도중 발생하는 미지의 위험은 외과 의사의 숙련도에 따라 대처가 다르다.

이동 진료팀이 가장 많이 치료한 외과적 질환은 서혜부 탈장과 음낭수종 등의 inguinoscrotal disease이다. 552건으로 주로 남자에게 있지만, 여성에게도 53건이 있었다. 대부분 평생 탈장을 가지고 살아온 환자들이라 증상이 심한 경우들이 많았다. 그럼에도 불구하고 간접 서혜부 탈장 성인 남자 환자의 경우에도 어린아이와 같이 고위결찰술(high ligation)만 시행한 경우가 많았는데, 수술 직후 통증 없이 즉시 퇴원이 가능하고 재발한 경우는 아직 관찰한 바가 없다. internal ring이 큰 경우와 거대 탈장인 경우만, 후 복벽 강화법(posterior wall reinforcement)을 시행하였다. 피부 봉합은 이동 진료 사업 이후 환자를 돌봐줄 의료인이 없는 경우는 주로 흡수성 수술실(absorbable suture)을 사용하고, 돌봐줄 의료인이 있는 경우는 비흡수성, 흡수성 상관없이 많이 가지고 있는 실을 사용한다. 이렇게 단순화한 최소한의 수술만 하는 이유는 이동 진료팀의 성격상 짧은 시간에 많은 환자를 보아야 하고, 수술 직후 퇴원이 가능하여야 하고, 수술 직후 환자의 안전을 확보해야 하기 때문이다.

두 번째로 많이 한 수술은 지방종이나 피부낭종, 피부 종양 등의 연부조직 종양이다. 종양의 크기는 1~2cm부터 20cm가 넘는 거대 종양도 있고 얼굴, 목, 등, 가슴 등 몸의 어느 곳에나 있다. 마다가스카르에서는 여자아이들이 태어나면 거의 100% 귀를 뚫어 귀걸이를 해주는데 이 중 많은 여성들이 켈로이드(keloid) 성 scar로 미용상 목적으로 수술을 받기 원한다. scar 조직을 모두 제거하고 수술을 하면 후에 100% 또다시 scar가 생기고 더 크게 자란다. 그러므로 scar tissue 가장자리를 남기고 아주 얇은 도넛처럼 안쪽을 최대한 잘라내어 수술하는데 완벽한 scar 조직 제거는 이루어지지 않지만, 미용 목적과 재발 방지라는 효과를 얻을 수 있다.

세 번째로 많이 한 수술은 포경수술이다. 말라가시 사람들은 전통적으로 포경수술을 하는데 집안 어른이나 무당이 시술한다. 무균수술 개념이 없고 사용하는 칼이 날카롭지 못하고 깨끗하지 못해서 감염 등의 많은 문제가 있었다. 시간이 흘러 병원에서 수술을 하기 시작하면서 합병증이 많이 감소했다. 시기적으로 건기의 마지막인 9월부터 11월 사이에 많이 한다. 이 시기에 우리 팀에게도 요청이 많은데 다른 질환에 비하여 응급성이 낮아서 못 해주고 있다. 그런데 포경수술을 하는 이유 중에는 포경수술을 하지 않으면 악한 영이 어린아이를 죽게 한다는 소문이 있고, 이것을 믿는 부모들이 공포에 떠는 일도 있다. 베리차카라는 지역에서는 마을 주민들과 시장이 이러한 공포 때문에 심지어 다른 마을에서 온 환자를 치료받지 못하게 하고 자기 마을 어린아이들의 포경 수술을 먼저 해달라고 요청하는 일도 있었다.

네 번째로 많이 수술한 질환은 외과적 상처이다. 가시에 찔리거나 소뿔에 받히거나 벌레에 물리거나 도끼나 칼, 나뭇가지 등에 찔려 난 상처, 총알, 이물(foreign body) 등 다양한 질환을 수술한다. 전통적인 방법으로 식물 등을 이용한 지혈요법을 사용한 환자들을 보는데 약간의 2차 감염의 문제를 제외하면 상당히 효과가 있는 것을 목격하기도 한다. 총상 환자는 주로 다할루(dahalo)라고 하는 소도둑 무리에서 많이 본다. 소 도둑질은 이들의 전통적인 놀이 중 하나였는데 최근에 부패한 관리들과 상인들의 영향으로 강도화 되어 더 자주 더 많은 환자들이 더 심한 증상을 가지고 온다.

지난 12년간 마다가스카르 오지 마을에서 이동 진료 사업을 진행하면서 관찰한 바는 다음과 같다.

첫째, 실제적으로 인구의 50%에 해당하는 1,200만 명 정도는 최소한의 의료 서비스를 받는 일이 너무나 어려운 환경에 산다.

둘째, 외과에서 작은 수술이라고 알려진 탈장이나 연부조직 종양 제거 같은 수술을 하는 곳이 지방에서는 50여 개의 병원에서만 가능하다. 마다가스카르가 587,041km² 이므로 11,740km² 에 병원이 하나씩 있다는 의미다. 거의 가로 100km 세로 100km 지역에 환자를 수술할 병원이 하나 있는데, 그것도 아주 간단한 외과 수술만 가능하다는 것이다.

셋째, 그나마 있는 병원에 갈 수 있는 대중교통수단이나 사적인 교통수단이 전무하여 도보나 우마차 혹은 들 것 등이 유일한 수단이라는 것이다. 오지에 있는 주민들의 수입에 비하여 대중교통비는 상대적으로 매우 높아서 치료를 포기하는 가장 큰 원인 중의 하나이다.

넷째, 오지에 있는 공공 의료 기관에 대한 신뢰가 매우 낮다. 이들이 병원을 찾는 경우는 응급하거나 중한 경우이다. 그런데 마다가스카르 공공 의료 기관은 치료보다는 예방과 교육에 그 기능이 치우쳐 있다. 그러므로 공공 의료 기관에서 일하는 의료인들이 응급하거나 중한 환자를 치료하는데 경험과 지식이 매우 부족하다. 그뿐만 아니라 마다가스카르 정부에서 제때 월급이 지급되지 않는 경우도 많아서 매우 빈번히 환자들에게 금품을 요구한다. 이러한 문제로 공공 의료 기관은 돈이 많이 들고 치료는 거의 되지 않는다는 선입견이 있다.

다섯째, 무당의 영향력이 크다. 무당은 병을 주는 신과 환자의 중재자로서 환자 편에서 중재를 한다고 믿고 있다.

여섯째, 이동 진료팀의 신뢰도는 무당의 신뢰도와 공공 의료 기관의 신뢰도 보다 크다. 사역 초기에 이동 진료를 위해 마을에 도착하였을 때, 매우 적은 환자들이 왔었으며 다른 환자가 어떻게 치료되는 지 관찰하다가 거의 마지막 날이 되어서야 진료를 받으러 오는 일이 있었다. 차츰 이동 진료팀에게 치료받는 환자들이 잘 낫고 특별히 수술을 받고 나은 사람들의 증언으로 해마다 신뢰가 증폭되었다.

이러한 관찰 결과를 토대로 의료 소외지역 주민 1,200만 명을 위한 이동 진료를 베이스로 한 의료 서비스 제공 프로젝트를 계획하고 있다.

현재 마다가스카르에는 약 3,000여 개의 공공 의료 서비스 기관이 있다.(Fig 1) 이 기관에서 인구의 50% 정도에만 의료 서비스를 제공하고 있으므로 향후 3,000개의 기관을 더 만들어야 인구 전체에게 의료 서비스 제공이 가능하다. 3,000개의 기초 의료 서비스 제공 기관을 세우는 재정의 확보와 기간은 얼마나 걸릴지 계산을 할 수 없을 정도로 어려운데 의료인 배치 문제도 쉽지 않은 문제다. 일 년에 약 200명의 의과대학 졸업생이 있으므로 전원이 3,000개의 새로운 기관에서 한 명씩만 일한다고 하면 15년이 걸리며, 많이 잡아서 20%의 졸업생이 오지에서 근무한다고 하면 75년이 걸려야 배치가 끝난다.

Fig 1에서 보면 63개의 District Hospital II와 65개의 District Hospital I이 있다. 이 두 병원의 차이는 외과 의사가 있느냐 없느냐의 차이다. 또한 의료 소외계층의 분포와 District Hospital I의 분포는 거의 일치한다. 그러므로 외과 의사가 없는 District Hospital I을 중심으로 65개의 Mobile Hospital을 만들면 1,200만의 의료 소외계층에 의료 서비스를 제공할 수 있다.

이동 진료팀은 외과 의사 1명, 마취과 간호사 1명, 일반의 1명, 간호사 1명, 운전기사 1명, 로지스틱 1명, 총 6명이 기본 인원이다. 적정 인원은 외과 의사 2, 마취 간호사 1, 일반의 1, 간호사 4, 기사 2, 로지스틱 1, 총 11명이다.

FBDB 이동 진료팀은 수도 안타나나리보에 오피스를 두고 전국을 찾아다니며 일 년에

Function		Description	Speciality of staff	Structure	Type	Number	Medical doctor
Highest level	Second emergency reference	Provide comperhensive national referral service	·All types	CHU / Centre	University hospital	19	Yes
Higher level	First emergency reference	Provide emergency surgery and comperhensive obstetric care	·Surgeon ·Resuscitation, assistant surgeon, nurse anesthetist, or paramedic	CHR / Region	Regional hospital	20	Yes
				CHD II / District	District hospital II	63	Yes
Lower level	First contact	Provide essential care	·Physician ·Paramedic	CHD I	District hospital I	65	Yes
				CBS II	Basic health center II	2130	Yes
Lowest level	First contact	Provide vaccination or basic health care	·Nurse provider or healthcare worker	Communc / CBS I	Basic health center I	1110	No

CHU, Centres Hospitaliers Universitaires; CHR Center Hospitalier Regional; CHD, Centre Hospitalier de District; CSB, Centre de Some CHD I function as the first emergency contact.

약 10차례 가량 이동 진료를 한다. 이동 거리가 멀어서 이동 시간만 왕복 4일에서 6일을 길에서 보낸다. district를 중심으로 이동 진료팀을 구성하면 여러 가지 장점이 있다. 한 district에는 2개에서 20개 가량의 시가 있다. District Hospital I 이 있는 지역은 상대적으로 인구가 희박하여서 시의 개수가 10개 미만이다. 한 도에는 약 20만 명이 살고, 한 시에는 보통 2만 명 정도가 산다. 도청 소재지가 있는 도시에서 각 시까지의 거리는 보통 차량으로 수 시간 이내에 있다. FBDB 팀의 이동 진료팀은 보통 월요일에서 토요일까지 일하는데 실재 환자를 받는 날짜는 3박 4일 정도이다. 도청 소재지에 기반을 둔 이동 진료팀이 있다면 일주일간 4박 5일은 쉽게 일할 수 있다.

CSB I 혹은 CSB II, District Hospital I 에서 한 달에 보는 환자 수는 백신 환자를 제외하면 보통 100명 미만이다. 이동 진료팀은 하루 150명가량을 보며 1주일에 600명 이상을 본다. 외과 수술은 20~25건을 시행한다.

이동 진료팀이 한 도에 10개의 시가 있을 때, 매주 한 시를 방문하여 월요일에서 금요일까지 5일 일하고, 한 달에 3주 일하고 1주 쉬고, 6개월에 5개월 일하고 한 달 쉬고, 일 년에 총 30주만 일하는 스케줄로 운영되면 일하는 인력이 피곤하지 않고 일을 지속하는 데 지장이 없을 것으로 사료된다. 그러면 주민들은 자기 시에서 3번 이상, 자기 시와 이웃한 시를 포함하면 9번 이상, 자기 도에서 30번을 의료진을 만날 기회가 있다. 이렇게 진료를 할 때 20만 명이 사는 한 도에서 10% 인구가 약간 안 되는 1만 8천 명의 일반 환자와 600~750명 정도의 외과 환자가 외과 전문의를 포함한 의료진의 진료를 받을 수 있다. 이것은 수십 년 동안 이러한 양질의 진료를 받을 기회가 한 번도 없었던 것에 비하면 엄청난 진보라고 할 수 있고, 의료 소외계층에게 양질의 의료 서비스를 공급할 수 있는 현재로서는 유일한 대안이다.

4. 오지 통합 의료 전문의 양성과 이동 진료

생각건데 마다가스카르에 65개의 이동 진료팀이 있으면 무려 1,200만 명의 의료 소외계층이 의료 서비스를 받을 수 있다. 그런데 이동 진료팀에 필요한 차량, 수술 도구 및 진료 도구와 재료 및 약품 그리고 운영비 등의 재원 마련의 문제는 둘째 치고 '어떻게 외과 의사 65명과 일반의를 훈련시켜 배치할 것인가?' 하는 것이 더 큰 문제이다. 이러한 문제를 해결하기 위해 이동 진료 전문의 양성 프로그램을 제안한다.

오지 이동 진료 전문의는 오지에서 가장 흔히 발생하는 질환들을 찾아가서 자원이 매우 부족한 오지 상황에서 진료를 수행하는 전문의를 말한다. 필자가 운영해온 이동 진료팀은 지난 12년간의 경험과 환자의 자료를 모은 2012년부터 2017년까지의 자료를 분석한 결과, 외과 계열과 내과 계열의 가장 흔한 질환이 무엇인지 알 수 있었다.(표 2, 3)

FBDB 이동 진료팀이 진료한 외과계 질환의 가장 흔한 20개(1,791/1,824)와 내과계 질환 중 가장 흔한 20개(19,015/19,369)는 각각 외과계·내과계 질환이 약 98%를 차지한다. 그러므로 가장 흔한 질환을 중심으로 교육을 하면 속성으로 오지에서 만나는 대부분 환자의 문제를 해결해 줄 수 있는 오지 전문의를 양성할 수 있다.

오지 이동 진료 전문의는 외과계, 내과계의 가장 흔한 질환 20개씩을 마스터해야 한다.

출처 : 2012~2017 FIAINANA BE DIA BE 오지이동진료 미션

No	질환 이름	질환 수	No	질환 이름	질환 수	No	질환 이름	질환 수
1	RESPIRATORY	3545	21	Cataract	53	41	Hydrocephalus	3
2	GI	2958	22	BPH	51	42	Testiculary anomaly	3
3	Urogenital Infection	2180	23	Urinary Tract disorder	46	43	Female genital disorder	2
4	Parasites	1895	24	Malnutrition	31	44	Complication of pregnancy	2
5	Neuromuscular	1329	25	Infertility	30	45	Dry eyes	2
6	Malaria	1046	26	Endocrine disorder	25	46	Oesophagitis	2
7	CVD	1041	27	Aphthous ulcer	16	47	Diverticulitis	1
8	General weakness	767	28	Hormonal disorder	14	48	Vaginal pain after episiotomy	1
9	Dermatitis	757	29	Varicose vain	11	49	Stroke	1
10	ENT	707	30	Abnormal vaginal bleeding	10	50	Sexuel devellopement disorder	1
11	CNS and PNS	578	31	Sterility	9	51	VIRAL	1
12	Allergy	490	32	Enuresis	6	52	Ophthous oral ulcer	1
13	Arthropathy	483	33	Obesity	5	53	IMOC	1
14	Pregnant related	314	34	Congenital disorder	4	54	Micropenis	1
15	Non specific febrile disease	207	35	Growth disorder	4			
16	PMS	205	36	Eye disease	4			
17	Conjunctivitis	203	37	Other	4			
18	Eye sight disorder	183	38	Palpitation	3			
19	Anemia	68	39	Epistaxis	3			
20	Mental disorder	59	40	Oedema	3			

출처 : 2012~2017 FIAINANA BE DIA BE 오지이동진료 미션

No	질환 이름	질환 수	No	질환 이름	질환 수	No	질환 이름	질환 수
1	Inguinoscrotal disease	552	21	Non operable cancer	2	41	Neuroblastoma	1
2	Soft tissue mass	389	22	Oral tumor	2	42	Unprogressed delivery	1
3	Foreskin male genitalia	316	23	Hemorrhoid	2	43	Lymphadenitis tuberculosis	1
4	Surgical wound	313	24	Stomach cancer	1	44	BPH	1
5	Intraperitoneal mass	96	25	Ingrowing nail	1	45	Rectal cancer	1
6	Cleft lip	40	26	Panperitonitis	1	46	Ureter stone	1
7	Appendicitis	17	27	Breast cancer	1	47	Unperforated hymen	1
8	Vasicovaginal fistula	15	28	Uterine polyp	1	48	Urethrocutaneous fistula	1
9	Chromomycosis	14	29	Cervical cancer	1	49	Cholecystic cancer	1
10	Uterine myoma	10	30	Hemoperitonitis	1	50	Polydactily	1
11	Extra finger	6	31	Umbilical cord infection	1			
12	Hernia ventral	5	32	Ankyloglossia	1			
13	Polydactyly	4	33	Hemoperitoneum	1			
14	Syndactyly	4	34	Ectopic pregnancy	1			
15	Undescendant testitis	4	35	Ovarian tumor	1			
16	Cholecystitis	4	36	Vaginar mass	1			
17	Complicated pregnancy	3	37	Hernia	1			
18	Scar	3	38	Frontal sinus abscess	1			
19	Perianal fistula	3	39	Hemarthritis	1			
20	Intraperitoneal abscess	2	40	bladder cyst	1			

외과계 질환은 건당 10례 집도 경험과 필기시험 통과, 내과계 질환은 건당 20례 이상 진료 경험과 필기시험 통과를 기준으로 한다. 이를 위해 수도 안타나나리보에 훈련 병원을 두고 이동 진료 사업을 병행하면서 이론과 실기를 훈련한다. 훈련 병원의 부지는 암보히드라트리모(Ambohidratrimo) 시에서 공공 의료 부지를 제공하였다.

향후 훈련 병원을 짓기 위해 노력해야겠지만 또 다른 하나는 오지 이동 진료 전문의라는 아직 세상에 존재하지 않는 의료 전문과를 마다가스카르 보사부로부터 인정을 받아야 하고, 우리가 제공하는 훈련 과정을 정부에서 인정해주는 과정도 필요하다.

또 하나의 문제는 이동 진료를 통하여 의료 서비스를 제공하는 의료인들이 지속해서 일하게 하려면 지속할 수 있는 해결책이 있어야 한다. 현재 필자가 속한 단체는 한국 교회와 밀알복지재단이라는 한국의 NGO로부터 재정 지원을 받고 있고, 의약품과 수술에 필요한 재료 구입을 위한 재원이 항상 부족하기 때문에 기부를 받기 위해 항상 노력하고 있다. 필자와 아내는 외과 의사와 전문인으로서 수입을 포기하고 무료로 12년째 일하고 있다. 이러한 방식으로는 재정 지원이 중단된다든지, 의약품 등의 기부가 줄어든다든지, 선교사가 병들거나 비자 등 여러 가지 문제로 나라를 떠나야 한다든지 하면 언제든지 모든 프로젝트가 중단될 수밖에 없다. 이 문제를 해결하기 위한 방안으로 60개 이동 진료팀이 각각 자기가 속한 district에서 이동 병원으로서 적절한 수입을 보장받으며 일을 해야 한다고 생각한다. 팀원들은 마다가스카르 정부에 고용되어 월급을 받으며 일할 수는 있지만 더 많은 노력에 대한 보상이 마련되어야 하고, 한 팀당 일 년에 약 15,000~20,000명의 환자를 만나게 되므로 이 환자들에게 적절한 비용을 부담하게 함으로 이동 진료팀의 운영비와 의약품, 재료 구입비를 충당할 수 있도록 법적 보장을 받아야 한다.

요약하면 마다가스카르 정부가 60개의 이동 진료 병원의 영업 허가를 해주고, 우리 단체나 말라가시 정부나 국제단체나 NGO 등은 이 일을 할 의료인들의 훈련과 질적 관리를 담당하는 것이다. 이 일을 운영하려면 이 외에도 이동 진료 차량의 관리라든지 의약품 수급이라든지 발생할 수 있는 문제들이 더 많이 있지만 추후 논의하기로 한다.

마다가스카르가 건국된 이래 정부에서 최소한의 의료 혜택을 받지 못하고 있는 주민들에게 의료 서비스를 제공하려고 온갖 노력을 다하고 있다. 그뿐만 아니라 UN, WHO 등 국제기구에서도 이 문제를 해결하기 위해 천문학적인 예산을 들여 해결하려 하고 있다. 그런데 지금도 1,200만 명의 주민들이 기본적인 삶의 권리도 못 누리며 살고 있다는 것은 이 문제가 그만큼 어렵고 개개인의 선교사나 단체가 해결하기에 불가능하다는 것이다. 그러기에 너무나 작은 의료 선교사로서 지금 내가 할 수 있는 일을 생각해 본다.

그것은 나와 같이 이 일을 할 수 있는 60명의 말라가시 이동 진료 전문의를 양성하는 것이다. 60명을 양성하기 위해 우선 10년 이내에 10명의 이동 진료 전문의를 양성하는 것을 목표로 잡는다. 10명의 이동 진료 전문의를 양성하는 것은 내 평생에 가능하지 않을까?

나가는 말

선교사가 되어 일할 때 죽기 살기로 일했던 것 같다. 마치 일하는 것이 나의 유일한 사명이고 행복인 것처럼, '녹슬어서 없어지지 말고 닳아서 없어지자'라고 매일 매일 되뇌어 정말 몸이 닳아지기를 바랐던 것 같다. 그렇게 해야만 하나님께 인정받는 선교사가 된다고 생각했다. 그런데 어느 날 갑자기 너무나 또렷한 음성 같은 것을 들었다. 음성 같은 것이라고 한 이유는 그것이 내 귀에 들렸는지 내 마음에 생각이 일어난 것인지 확실하지 않아서이다.

"재훈아! 네가 구원받는 것은 너의 열심히 일함이나 노력 때문이 아니라 내가 은혜로 거저 주는 거야."

허탈한 응답이었다. 이 응답은 이미 알고 있는 답이었다. 그런데 이 응답은 갑자기 내 맘에 가득한 짐, 죽도록 일해야만 인정받을 것이라는 부담이 안개처럼 사라지고 내 몸이 가벼워지는 자유가 가득한 느낌을 주었다. 소년 시절부터 지금까지 '내 믿음이 가짜면 어떻게 하나?' 하는 염려가 항상 있었다. 그래서 진짜라는 확증을 받고 싶었다. 그 확증을 위해 내가 할 일을 끊임없이 찾는 인생이었다. 그런데 내가 할 일이 아니라 주님의 은혜가 답이었다. 내가 무엇인가 하려고 하면 할수록 주님의 은혜는 작게 보였다. 그런데 그 응답 이후 비로소 그 날 주님의 은혜가 크게 보이고 내 것은 작게 보이는 현상이, 그리고 나의 작음이 기쁨이 되는 자유가 찾아왔다 지금도 열심히 일을 하긴 한다. 그러나 지금은 내가 하는 일이 나의 구원에 도움이 되는 나의 노력이 아님을 분명히 안다. 이 일을 하든 하지 않든 나의 구원은 주님의 은혜로 변함이 없다. 그렇기에 지금은 주님이 다른 일을 하라고 할 때까지 최선을 다하리라고 생각할 뿐이다.

2017년 몽골 기독교
의료 선교

– 몽골 연세친선병원의 선교적 고찰

한영훈

한영훈(M.D., M.Sc.) 선교사는 1996년 인제대학교 의과대학을 졸업하고, 2001년 2월 인제대학교 부속 서울백병원 이비인후과 수련을 마쳤다. 2001년 5월 20일 온누리교회(서울 용산구 소재) '해외 일만 사역자'로 파송을 받고, 한국국제협력단(KOICA) 협력 의사로 임신 7개월의 아내와 함께 5월 25일 몽골에 입국하여 '몽골 연세친선병원'에 이비인후과를 개설하였다.

2002년 11월 온누리교회와 두란노해외선교회(TIM) 단기 선교사로 재파송 받으면서 정식 선교사가 되었고, 2004년 5월부터 온누리교회와 CCC 아가페의 요청으로 한동대학교 선린병원 이비인후과에 근무하며 포항 일대의 몽골 선교 동원에 힘썼다. 2006년 2월 아세아연합신학대학원대학교(ACTS)에서 선교학 석사(M.A.) 학위를 받고, 2006년 4월 온누리교회, 두란노해외선교회, 연세의료원, 한동대학교 선린병원, 내성교회(부산 동래구 소재), 포항 늘사랑교회(포항 북구 소재) 등의 파송과 후원으로 장기 선교사로 몽골로 재파송 받았다. 2006년 9월부터 2011년 10월까지 몽골 연세친선병원의 부원장 겸 한국 측 원장을 겸임하며 사랑의 교회, 영원한 무지개교회, 두란노교회, 주님의 영광교회 등을 섬겼다. 이후 2012년 7월까지 미국 캘리포니아 어바인 온누리교회 협력 선교사로 안식년을 가졌다. 2014년 몽골 연세친선병원이 문을 닫으면서 몽골 국립의과대학교 의과대학 이비인후과 임상교수로 발탁되었고, 2015년 11월 대한민국 해외봉사상 국무총리상을 수상하였다. 2017년 현재 몽골 국립의과대학교 수련병원 전산팀장, 이비인후과 수련 책임교수, 한국국제협력단(KOICA) 몽골 보건의료자문관 등으로 일하면서, 몽골 국립의과대학교 보건대학원 보건경영학(MPH)을 수료하였다, 교회 개척 지원, 교회 지도자 양성, 의료계 및 학계 제자 양육, 기독 대학생 학사 사업, 교도소 선교, 중독 회복 사업 등을 목적한 '몽골 바나바 전략팀(Mongolian Barnabas Strategy Team)'을 섬기고 있다.

일반적인 현대 의료 선교의 정의는 의료의 전문성을 가진 자, 혹은 전문 의료 행위를 훈련 받은 자가 의료 행위를 통전적 의미에서 복음 전도와 말씀 교육 등과 함께 할 때를 말한다. 1980년대 후반부터 본격적으로 시작된 현대 몽골 선교 안에서 대표적인 의료 선교의 모델은 연세친선병원이었다.

1994년 7월 연세의료원과 울란바타르 시정부의 합작 병원으로 탄생한 연세친선병원은 2014년 10월 폐원될 때까지 100명이 넘는 장·단기 의료 선교사와 비의료 선교사들의 헌신과 수고로 진료, 수술, 진단 검사, 의학 및 임상 교육, 사회 공헌 등 공공 병원으로서의 역할 뿐 아니라 교회 개척 교두보, 연합 선교의 모델, 전인 치유센터, 일터 교회 그리고 몽골 최초 선교적 기업 등 다양한 형태의 선교적 의미들을 남겼다. 하지만 연세친선병원은 몽골 울란바타르 시와 공유한 유한회사의 형태로 선교적 정체성의 한계를 보였고, 자본이 비전과 목적을 지배하는 현대 경제 제도 내에서의 선교적 경영의 한계 또한 어느 정도 드러났다. 이는 연세친선병원 폐원 이후 몽골 의료 선교의 방향에도 영향을 끼쳐 다수의 의료 선교사들이 주도적 병원 경영보다는 의학 및 임상 교육, 의료계 제자화 그리고 진료 현장의 성지화에 더 역점을 두는 계기가 되었다.

서론

2014년 10월 31일, 연세친선병원이 문을 닫았다. 1994년 7월 1일부터 시작된 연세친선병원은 20년의 역사를 뒤로 한 채 이제는 과거의 병원으로 회자되고 있다.

2001년 이후 14년 동안 꾸준히 연세친선병원의 중흥기와 쇠퇴기를 함께 한 의료 선교사로서 연세친선병원은 잊을 수 없는 몽골 의료 선교의 교두보였고, 하나님께서 일하셨던 하나님의 선교지였다. 이에 이 논문은 현대 몽골의 의료 환경과 의료 선교의 특징을 살피고, 각 시기마다 연세친선병원의 사역을 평가하고 선교적 의미를 고찰해보려고 한다.

1. 21세기 몽골 의료 환경

세계에서 대표적 유목민 국가인 몽골은 또한 1921년 소련 다음으로 세계에서 두 번째로 공산화된 대표적 공산국가였다. 1980년대 말 소련의 몰락과 함께 1990년 5월과 1992년 2월, 두 번의 헌법 개정을 통해 정치·경제적으로 시장경제와 민주주의로 전환하기 전까지 70여 년 동안 몽골은 세계에서 가장 안정적인 공산국가 중의 하나였다.

따라서 이 시기 몽골의 사회 전반은 사회주의, 전체주의, 공산주의에 기반을 둔 구조와 정책을 형성하고 있었다. 보건 의료 또한 이 기조 아래 소련에서 만든 체계를 따랐고, 이후 이 체계는 소련의 정치가이자 학자의 이름을 따서 '세마쉬코'(Semashko) 시스템으로 불렸다.[1] 이 시스템은 미국 등 서구의 의료 제도와 비교할 때, 그 근본 기조가 '같은 양의 의료 재화를 더 많은 사람들이 골고루 나눠 쓴다'는 점에서 희귀 질환, 만성 중증 질환의 치료, 고가 및 최신 치료법 개발보다는 국가 주도형 보건체계 수립, 기본적인 질병의 치료와 예방, 구조적인 단계별 환자 관리 및 우송 시스템 확립에 더 많은 국가적 노력을 기울이게 만들었다.

2017년 현재 몽골은 시장경제를 수용하고 다당 정치를 통해 대통령과 총리가 이원 집정하는 민주주의 국가의 일원으로 변화되었다. 하지만 과거 70년간 지속된 세마쉬코 시스템은 이러한 국가 사회 체제의 전환에도 불구하고 25년이 지난 현재까지도 몽골 보건 의료 사회의 중심에 있다. 그 결과 몽골의 국민 1인당 보건 인력의 수는 세계적으로 높은 편에 속하고,[2] 3단계로 나뉜 의료 전달체계는 지방과 도시의 작은 행정구획(한국의 '동'단위)까지도 지정 의료 기관을 운영하고 있다.[3] 그 결과 국가 전체 의료기관 중 민간 의료기관은 37%에 불과하다.[4] 물론 최근 몇 년 동안 상류층을 겨냥한 기업형 민간 의료기관이 늘어나고, 몽골의 대표적 국립의료기관들의 재정 독립 및 민영화를 위한 노력이 늘고는 있지만, 아직도 전체 의과대학교 1년 졸업생 800여 명 중 500~600명이 몽골 국립의과대학교 한 학교에서 배출되는 등 보건

---

1   N. Semashko(1874~1949)는 소련의 정치가로 국가 주도의 사회주의 보건 시스템의 기초를 놓았다.
2   인구 1,000명당 의사 수 세계 평균 1.53명, 몽골 2.8명, 한국 2.1명(world bank, 2011년).
3   2016년 12월 인구 1,380,800명의 울란바타르시 보건국 소속 134개 가정보건소(Өрхийн эрүүл мэндийн төв)가 등록되어 약 1만 명당 한 개의 가정보건소가 일하고 있다(Ulaanbaatar 통계청 www.ubstats.mn.).
4   2014년 현재 3,100개 전체 의료 기관 중 1,171개의 개인 병원 및 클리닉이 국가 전체 병상 수의 22.1%(한국 2011년 88%), 환자 진료 건수 전체의 10.7%(평균 외래 방문 5.6회 중 0.6회)을 담당하고 있다(2014 몽골 보건부).

의료 분야는 여전히 국가가 주도적으로 관리하고 있다.

그러나 몽골 보건 의료 인력의 임상 훈련 수준은 매우 낮은 편이다. 국가 인준 의학 전공의 과정(레지던트)을 예로 들면, 2017년 현재까지 기간은 2년에 불과하고 이 또한 급여를 받는 병원 노동자 신분이 아닌 학비를 내는 학생 신분으로 주 40시간 내외의 수련을 하기에 한국 등과 비교해 볼 때 전체 수련 시간이 1/4~1/5 정도로 짧다. 또한 매년 발표되는 국가 통계국의 급여 생활자의 평균 급여 수치에 대한 통계에서 보듯 의료계 평균 급여가 사회 일반 평균 급여보다도 낮은 상황에서 보건 의료 인력의 수준 향상을 기대하기는 좀처럼 어려운 것이 사실이다.[5] 따라서 국가와 계약으로 운영되는 대부분의 가정보건소는 대부분 임상적 경험과 훈련이 부족한 의과대학교만 졸업한 의료 인력들이 가장 기본적인 의료 서비스를 제공하는데 그치고 있고, 구/군 단위 보건소와 시립 병원 또한 최신의 전문적 치료와 수술이 대부분 불가능한 상황이다.

이러한 전문 보건 의료 인력의 부족 현상은 체계적인 보건 의료 전달 시스템이 있음에도 불구하고 몽골의 보건지표가 낮은 수준을 보여주는 이유가 되고 있다. 최근까지 몽골인의 평균 기대 수명은 70세에 미치지 못하고 있고,[6] 주변 국가들에 비해 여전히 월등히 높은 모성사망률과 영아사망률을 보이고 있는 것도 각 보건 의료 전달체계 내에 필요한 적정 보건 의료 인력의 부족이 가장 큰 원인으로 분석되고 있다.[7]

따라서 몽골 보건당국은 이러한 몽골의 의료 인력 문제의 개선을 위해 의료기관의 시설과 시장경제 의료 시스템 개선에 집중하던 20세기 후기와는 달리 21세기 들어 몽골 주변 국가들과 세계보건기구(WHO)의 지원과 협력을 통한 보건 인력 양성 사업에도 집중하기 시작했다. 세계보건기구(WHO)는 최근까지 소아 백신 사업과 자궁경부암 백신 사업, 성병 예방 사업과 더불어 다양한 의료 인력 양성 프로그램과 보건 인프라를 위한 원조 사업 등을 통해 몽골 의료와 보건 현장에 큰 영향력을 미치고 있다. 반면 일본은 21세기 들어 국립병원을 대상

---

5   몽골 국립통계청 2016년 국가 봉급자 평균 급여 85만 투그릭, 의사 평균 급여 70만 투그릭.

6   2014년 국가 평균 기대 수명은 69.6세, 여성은 75.5세, 남성은 65.9세였다(2014 Health Indicators, Center for Health Development, Mongolia).

7   2015년 몽골의 모성 사망율(maternal motality)은 출산한 100,000명의 산모 중 44명이 사망했고, 1세 미만 영아 사망율(neonate motality)은 출산 1,000명당 11.1명으로 대한민국(11명/1.6명)은 물론 중국(27명/5.5명), 카자흐스탄(12명/7.0명), 러시아(25명/5.0명) 등 주요 주변 국가보다 월등히 높다(WHO statistical profiles).

으로 하는 두 차례의 대규모의 의료 기자재 원조 사업과 함께 2018년 개원 예정으로 국제 협력 원조 기구인 JAICA에서 지원한 150병상의 국립의과대학교 부속 수련병원과 국립의과대학교 건물을 2017년 현재 건축하고 있다. 이 병원은 설계부터 일본에서 진행하여 일본의 높은 수준의 진료 시스템을 기반으로 높은 수준의 임상 의료 인력의 양성에 목적을 두고 있다. 이에 비해 개발 원조 측면에서 비교적 후발주자인 대한민국은 협력 초기부터 국가적인 대규모 장비와 병원 사업보다는 보건 의료 인력 훈련 및 교류에 더 많은 지원을 해 왔다. 특히 연세의료원 등의 자발적이고 지속적인 민간 차원의 협력은 21세기 들어 몽골인들에게 '메디컬 코리아'(Medical Korea)의 이미지를 만드는 계기가 되었다. 그 대표적인 예가 민간 주도의 몽골 병원 진출,[8] 1996부터 20여 년간 해외 원조 기구인 KOICA를 통해 시행한 '국제 협력 의사' 파견, 2012년부터 본격적으로 시행하고 있는 '서울 프로젝트'[9] 등이다.

2. 의료 선교의 이해

하나님의 선교 의료

현대 선교학에서 선교(mission)를 이해할 때 가장 먼저 언급하는 것은 '하나님의 선교'(Missio Dei)이다. 이는 선교를 교회의 활동이 아닌 하나님의 속성으로 이해하는 것으로 세상을 구원할 주체가 하나님이시며, 교회는 이 하나님의 선교를 위한 과정과 도구로 생각한다. 다시 말해서 하나님의 섭리와 목적은 잃어버린 이 세상을 구원하는 것이지 이 땅에 교회를 세우는 것이 아니며, 선교가 교회보다 앞선다는 말이다.[10] 반면에 헌신된 그리스도인들의 선교(missions)는 죄에 빠진 인류를 하나님 자신과 화해시키고자 하는 하나님의 사역을 성취

---

8   연세친선병원, 모바이오 건강검진센터, 울란바타르 송도병원, 울란바타르 현대병원, 초원의 집 호스피스 그리고 가장 최근엔 2016년 개원한 연세친선병원 아가페 클리닉의 후신인 아가페 기독병원 등이 있다.

9   2012년부터 매년 3~6개월 동안 한국의 대학병원 급 의료기관에 몽골의 전문 인력들을 연수시키는 전문 인력 양성 프로그램으로 2016년까지 119명이 연수를 경험했다.

10   David J. Bosh, *Transforming Mission*, 김병길·장훈태 공역, 『변화하고 있는 선교』(서울: 기독교문서선교회, 2000), 578~581.

하기 위한 계획과 실천으로 이해된다.

존 스토트는 1974년 로잔대회 개막 연설에서 복음주의 진영과 에큐메니컬 진영을 아우르며 선교에 대한 자신의 생각을 다음과 같이 정리했다.

"교회의 선교는 하나님의 선교에 근거하기 때문에 예수 그리스도의 성육신 모델을 본받아야 한다. 또한 선교란 아들이신 그리스도께서 아버지로부터 파송 받은 것과 같이 예수 그리스도로부터 파송 받은 교회가 세상에서 해야 할 모든 활동이다. 또한 예수 그리스도가 자신을 인간과 동일시한 것처럼 교회가 자신과 이웃을 동일시하는 것이며, 예수 그리스도께서 자신을 다른 사람을 위해 온전히 내어주신 것처럼 교회가 다른 사람을 온전히 섬기는 것이 선교다."[11]

이러한 관점에서 그리스도의 제자 된 의료인들의 의료 선교(medical mission) 또한 하나님의 그 선교(the mission)를 위한 도구인 다양한 선교들(missions)의 하나로 이해되고 있다. 그러나 지금까지 의료 선교와 관련된 연구와 문서는 소량에 불과하다. 아마도 그 이유 중 하나는 서양의 의학이 과학의 다른 분야처럼 시대를 거치면서 질병과 건강의 개념을 영적인 부분과 구분하고 관계없는 것으로 정의하는 등 하나님 없는 인본주의 철학을 바탕으로 의학과 신학을 이분법적으로 보는 한편, 의학에 대한 선교 신학적인 연구가 현재까지 많이 미비하기 때문일 것이다.

따라서 최근 선교학계는 선교 일반론과 연계해서 의료 선교를 "하나님의 선교의 목적 성취를 위해서 복음이 제시하는 하나님의 구원과 전인적인 건강을 소유한 교회(성도)가 그 사회적, 문화적 장벽을 넘어 그 건강을 소유하지 못한 개인과 사회에 하나님의 구원과 건강의 실현을 목표하는 보건 의료적 행동"으로 정의한다.[12]

하지만 이 의료 선교의 정의를 따르면 의료 선교의 범위가 너무 추상적이고 오히려 너무 광범위해 보인다. 이 정의에 따르면 그리스도의 제자 된 의료인이 하는 의료 봉사와 의료 선교의 구분이 명확하지 않게 된다. 단지 행위 주체의 내면적 목적과 목표만으로 봉사와 선교

---

11   세계교회협의회, 『통전적 선교를 위한 신학과 실천』(서울: 대한기독교서회, 2007), 259.
12   전우택 외, "제4장 의료 선교의 성경적 기초", 『의료 선교학』(서울: 연세대학교출판부, 2004), 85.

48 2017년 몽골 기독교 의료 선교   745

의 행위를 구분하기는 어렵다. 따라서 20세기 대표적 선교학자인 맥가브란의 통전적 선교의 정의[13]를 근거해 의료 선교도 선교의 대상자들이 그리스도를 받아들이고 그의(His) 교회의 책임 있는 구성원이 되게 하는 것까지 목표로 삼아야 한다. 그럴 때 인본주의적 '인간애'에 기반한 자기중심적 '베풂'과 '봉사'가 '하나님의 선교와 구원'에 기반한 사랑과 희생의 '선교'와 분명히 구분될 것이기 때문이다.

또한 1989년 마닐라대회의 로잔위원회 선언[14]을 다시금 돌아볼 필요가 있다. 의료 선교의 현장에서 우리는 복음과 분리될 수 없는 사회적 책임을 함께 지녀야 한다. 복음이 없는 사회적 책임은 그리스도 없는 자기만족에 불과하고, 사회적 책임이 없는 복음은 울림 없는 외침에 그칠 것이기 때문이다. 따라서 통전적 의료 선교사는 '온전한 복음'을 부르심 받은 의료계의 영역에서 예수 그리스도를 구주로 믿는 믿음을 삶과 선포로 증거하고, 이어서 '그 믿음'을 일으키는 제자이다.

일각에서는 이러한 통전적 선교관에 입각한 통합을 팀 속에서 구조적으로 접근하기도 하고, 역할을 나눠 분업을 하기도 한다. 하지만 선교 현장에서 선교 대상자들은 전인으로서의 선교 수행자인 선교사(missionary)를 만나고 또한 그를 통해 '하나님의 선교'를 경험하게 된다. 그만큼 선교사 개인의 통전적 자기 정체성이 실제적이고 명시적이어야 한다는 뜻이다.

여기에 실천적 딜레마가 있다. 여전히 의료 선교지 대부분이 선교사의 신분을 밝힐 수 없는 환경이고, 실제 의료 행위가 일어나는 곳이 대부분 전문 의료 행위를 목적으로 하는 병원임에도 의료 선교사는 자신의 의료 행위의 대상자를 복음과 변화된 삶으로 이끌어 가는 통합

---

13 "선교란 예수 그리스도에게 전혀 충성을 바치지 않고 있는 자들에게 문화적 장벽을 넘어 복음을 전하는 것이며, 그들을 일깨워 그리스도를 그들의 주와 구주로 받아들여 그의 교회의 책임 있는 구성원이 되게 하는 것이다. 그리고 성령의 인도하심에 따라 복음 전도와 정의 실현을 위해 일하며, 하나님의 뜻이 하늘에서 이룬 것처럼 땅 위에서도 이루어지도록 일하는 것이다." 이광순·이용원, 『선교학개론』(서울: 한국장로교출판사, 1993), 18~20.

14 "진정한 믿음은 회심한 남자나 여자들의 변화된 삶에서 드러나야만 한다. 우리가 하나님의 사랑을 선포하려면 사랑이 담긴 봉사활동에 참여해야 하고, 하나님의 나라를 선포할 때 우리는 정의와 평화에 대한 하나님 나라의 요구에 대해 헌신되어 있어야 한다. 전도가 무엇보다도 중요한 것은 사람들을 예수님께로 인도하는 것이기 때문이다. 그러나 예수께서는 하나님의 왕국을 선포하셨을 뿐 아니라 동시에 능력과 은혜의 사역으로 하나님 나라의 도래를 보여 주셨다. 오늘날 우리에게도 비슷하게 말과 사역을 통합하도록 부르심을 받았다. 겸손의 정신을 가지고 전파하고, 가르치며, 병든 자들을 위해 사역하고 배고픈 자들을 먹이고, 갇힌 자들을 돌보며, 불이익 당한 자와 장애인들을 도와주고, 억압받은 자들을 풀어 주어야 한다. 우리는 영적 은사와 부르심을 받은 자의 목표가 다양하다는 것을 인정하면서 복음과 선한 사업은 분리할 수 없다는 것을 확인한다."

적 수행자가 되어야 하기 때문이다. 결국 의료 선교사는 선교사와 의료인의 두 가지 정체성이 하나님의 나라를 위한 하나의 정체성으로 융합되고 승화되어야 한다.

건강과 치유

일반적으로 건강은 주관적인 이해의 말임에도 불구하고, WHO는 1998년 건강의 개념을 확대 정리한 'WHO 헌장'을 통해서, 건강은 기존의 신체, 정신, 사회적 안녕(well-being)에 영적 안녕을 포함한 상태라고 선언하였다. 이것은 하나님의 형상대로 영적 존재로 창조된 인간에게 영적 안녕은 필수적이라는 이해에서 출발한 개념이다. 물론 미신 등에 미혹되지 않는 상태를 나타내는 의미로 쓰이기도 하지만, 결과적으로 영적 존재인 인간에게 영적 안녕의 의미를 다시금 일깨워 준 중요한 선언이었다. 따라서 인간은 신체적, 정신적, 사회적 안녕 상태를 유지하기 위해 하나님의 형상을 회복하는 과정이 필요한데, 이것이 영적 건강 상태이다.

최근 육체와 정신을 고치는 '치료 의학'에서 좀 더 성경적인 영혼까지 대상으로 하는 '치유 의학'과 '치유 신학'에 대한 관심이 늘고 있다.[15] 이에 통전적 치유를 주장하는 기독 의료인과 신학자들 중에는 인간의 건강을 '거룩하신 하나님과의 완전한 화해를 통한 샬롬의 상태'라고 정의한다. 따라서 질병은 '샬롬'의 온전성이 상실된 상태, 즉 다양한 죄로 인한 불완전한 상태로 정의하고, 이러한 불완전성을 다시 회복시키는 과정을 치유라고 보았다.[16]

하지만 실제 치유 의학과 치유 신학의 일부 비성경적인 행태에 대한 비판과 제언 또한 늘고 있다. 선교와 문화인류학을 접목했던 폴 히버트는 치유 수단을 구별하는 방법으로 먼저 '가르침, 시술, 운동 등이 인간보다 하나님께 영광을 돌리고 있는가?'(요 7:18, 8:50, 12:27~8), '그리스도의 주권을 인정하고 있는가?'(요일 2:3~5, 5:3, 약 2:14~19), '가르침, 시술, 운동 등이 성경의 가르침과 일치하는가?', '특정 운동의 지도자들이 교회의 다른 지도자들에게 신뢰를

---

15   신약 성서에서는 'θεραπευειν'과 'Ιασθαι'가 중요하게 사용되고 있다. 'θεραπευειν'은 "섬기다, 기꺼이 돕다" 등의 뜻을 가지고 있으며, 또한 이것은 "치료하다"라는 뜻으로 쓰일 때 육체의 치료만이 아닌 영혼의 치료까지를 포함한다. 이 단어의 특징은 봉사하는 사람과 봉사를 받는 사람과의 인격적 관계를 나타낸다고 하는 데 있다. 'θεραπευειν'은 의사들도 제공하는 봉사뿐 아니라 실패하지 않는 참된 치료를 묘사한다. 이에 비해 'Ιασθαι'는 "섬기다, 봉사하다"라는 의미는 가지지 않고 "치료하다"라는 의학적 의미만 가지고 있다. 김석기, "치유 목회의 신학적 의미에 관한 연구", 1999, 2~3.
16   진용갑, "전인 치유에 관한 연구", 1997, 4~11.

주고 있는가?', '참여자들의 삶 속에 성령의 열매가 보이는가?', '가르침과 시술이 영적 성숙으로 이끌고 있는가?'(엡 4:11~15), '강조하고 있는 성경의 한 교훈이 성경의 다른 교훈과 균형을 이루고 있는가?'(마 23:23~24), '가르침이 교회의 연합을 추구하고 있는가?'(요 17:11, 요일 2:9~11, 5:1~2) 등 8가지의 질문을 고려한 치유 사역의 기준을 제시하고 있다.[17]

성경은 인간의 창조와 멸망, 출생과 죽음의 모든 과정이 하나님의 주권 아래 있음을 말한다. 인간의 과학과 철학이 아무리 뛰어나도 하나님의 창조와 섭리를 뛰어넘을 수 없고, 또한 하나님의 다스림을 거스를 수 없다. 인간은 자기 복제, 자연 치유를 말하지만 이 또한 하나님의 정하신 섭리요, 창조의 일부분임을 부정할 수 없다. 따라서 죄에서 분리되고 하나님과 화해하여 하나님의 온전한 샬롬을 회복할 때, 인간의 안녕은 기대하는 이상으로 우리에게 주어질 것이다.

본론

1. 현대 몽골 의료 선교 특징

많은 선교사들의 증언을 통해 현대 몽골 선교의 시작은 1990년대부터 본격적으로 시작되었다고 볼 수 있다.[18] 이전에도 몇몇 서구 선교사들의 기록이 남아 있지만, 1989년까지 공식적으로는 단 한 명의 기독교인도 없었고, 선교 활동도 없는 것으로 보고되었다. 그러나 몽골 정부가 1989년 개방 정책을 실시하면서 자본주의 국가의 외국인이 공식적으로 입국하게 되었고, 선교 활동이 재개되었다. 소련으로 대표되는 공산국가의 붕괴와 자유화의 변화 가운데 몽골에도 복음의 바람이 불어왔다.

이 시기에 가장 뚜렷한 선교 활동을 펼친 사람은 영국인 '존 기븐스'였다. 그는 1972년 몽골 국립종합대학(현 몽골 국립대학교, МУИС)에서 몽골어를 배운 뒤 귀국했다가 1978년 몽골로 돌아와 몽골인 아내 알타를 만났고, 1980년에 '불법 종교 활동' 혐의로 영국으로 추방된

---

17   폴 히버트, "치유 목회의 위험과 함정", 『목회와 신학』, 1993, 4월호, 150~156.
18   『몽골 선교 15주년 기념책자』, 몽골 한인선교사회, 2006.

후 1987년 알타와 결혼하였다. 이후 개방 조치가 이뤄지자 그는 몽골에 다시 들어와 1990년 약 50명의 도움을 받아 신약 성경(신 게레, Шинэ Гэрээ)을 그의 아내 알타와 함께 번역, 출판하였고 이후 몽골 성서공회(MBS)를 설립 운영하였다.

의료 선교 부분에서도 1990년대가 되면서 한국과 미국의 의료기관과 선교단체에서 본격적으로 비전 트립을 하고 의료 봉사팀(impact team)을 보내기 시작했다. 1993년 한국의 연세의료원은 에비슨 선교사 내한 100주년을 기념하여 해외 선교의 본격화를 선언하며 몽골 국립의과대학교에 당시 서원석 교수를 의료 선교사 겸 교환 교수로 파견하였다.[19]

이후 몽골 의료 선교의 특징을 정리하면 다음과 같이 정리할 수 있다.

한국인 의료 선교사들의 주도

이후 몽골 의료 선교의 큰 특징 중 하나는 한국인 의료 선교사들에 의해 주도되었다는 점이다. 1993년부터 시작된 몽골 국립의과대학교 협력, 에바다 치과(1993년 9월), 연세친선병원(1994년 7월)은 물론 바가노르 은혜의원(1999년), 국립 암병원 호스피스병동(2001년), 초원의 집 호스피스(2001년), 몽골 국립의과대학교 부속병원(2014년)[20] 그리고 아가페 병원(2016년)[21] 까지 모두 한국 의료 선교사들이 주도적으로 진료뿐 아니라 설립, 경영에 참여한 기관이며 사역들이다.

물론 서양의 선교사들도 몽골 의료의 다양한 기관에서 사역했다. 그러나 대부분의 서양 의료 선교사들은 개인적인 프로젝트와 교육 등을 주로 국립 의료 기관이나 학교에서 중·단기간으로 시행하였고, 주도적인 선교 병원 사역은 지양하였다. 과거 유럽과 미국의 교회들과 선교단체들이 세계 곳곳에 세웠던 선교 병원들의 결과[22] 를 통해 그들 대부분은 재정과 인력

19 전우택 외, "12장 의료 선교와 학원 사역", 『의료 선교학』(서울: 연세대학교출판부, 2004), 227.
20 2017년 현재 몽골 국립의과대학교와 부속병원에 최원규(소아과), 이윤경(재활의학과), 정수경(산부인과), 나인수(소아과), 채영문(보건대학) 선교사가 명예교수와 방문 교수로, 박관태(일반외과), 한영훈(이비인후과) 선교사가 전임 교수로 사역하고 있다.
21 2012년 연세친선병원 아가페 클리닉이 문을 닫은 아가페 복지원 건물에 고 박돈상 선교사의 뜻을 이어 한국의 할렐루야교회 등의 후원을 받아 종교법인 'Heavenly Dream' 산하 아가페 병원을 박관태 선교사의 주도로 2016년 8월 개원하여 2017년 현재 호스피스와 신장투석을 전문으로 진료하고 있다.
22 한국을 제외하면 세계적으로 50년 이상 지속되는 선교 병원이 드물다. 남아시아, 동남아시아 곳곳에 선교사가 떠난 뒤 정체성이 바뀐 것으로 평가되는 과거 선교 병원이 10여 곳에 이른다.

을 대규모로 동원해야 하는 병원 사업의 비전은 수긍하나, 선교지의 불합리한 의료 제도, 공공연한 모순적 관행, 병원 경영 자립도와 이양의 문제, 병원 건물 및 의료 장비 유지 관리의 문제 등으로 몽골에서의 선교 병원 사업에 여전히 비판적 입장을 견지하고 있기 때문이었다.

하지만 선교 병원이 기독 병원으로 지속적으로 발전한[23] 한국의 의료 선교사들은 '의료 선교의 꽃'이라 불리는 '선교 병원의 비전'을 여전히 실현 가능한 현대 의료 선교의 중요한 도구이자 목표로 삼고 몽골 의료 현장에 주도적으로 참여하였다.

• 현지 연합 사역

몽골 의료 선교의 또 다른 특징의 하나는 현지 연합 사역이었다. 1990년대 몽골 의료 선교는 서로 다른 배경, 국적, 단체에 구애 받지 않고 연세친선병원, 에바다 치과의원, 몽골 국립의과대학교 등 몇몇 의료기관에서 연합하여 사역하였다.

물론 이러한 연합 사역은 연세친선병원 등 기관별 사역을 통해 자연스럽게 이어졌지만, 몽골의 경우는 이러한 공식적 기관이 아닌 좀 더 비공식적 형태인 한 '신앙 공동체'가 더 큰 역할을 하였다. 연세의료원이 주도한 선교 초기부터 몽골 국립의과대학교와 연세친선병원에 소속된 다양한 배경의 선교사들이 정기적으로 모여 기도하고 예배하던 '연세기도모임(연세 공동체)'이 바로 그것이다. 연세기도모임은 연세친선병원에 한국에서 파송 받은 임상 의료 선교사들 외에도 기초의학 연구가, 보건 전문가, 기독 대학교 행정가, 교회 개척 선교사, 지역 사회 개발 전문가 등이 동참하였고, 여기에 국제 선교단체들의 몽골 사역 연합 기구인 'JCS International'[24]을 통해 입국한 다국적 의료 전문가들도 자발적으로 참여하면서 국적, 배경 그리고 사역의 전략이 다른 의료 선교사들이 함께 하는 국제적 모임으로 확대되었다.

과거 광혜원이 초기 내한 선교사들의 친교 공동체와 예배 공동체 역할을 하다가 감리교와 장로교 선교사들의 선교부 사역의 확대로 결국은 분열되었지만, 2017년 현재에도 지속되고 있는 '연세기도모임'의 정신은 20세기와 21세기를 잇는 현대 몽골 의료 선교사들에게 '몽

---

23   연세의료원, 전주 예수병원, 광주 기독병원 등
24   1993년 설립되어 2017년 현재 SIM, YWAM 등 12개국 15개 단체가 가입되어 있다.

골 의료 선교의 교두보'로 한국 광혜원 이상의 의의를 가진다고 볼 수 있다. 이 모임은 주로 전의철[25], 박돈상[26], 박진용[27] 등 몇몇 선교사들의 가정에서 주로 모이다가 2006년 이후에는 참여하는 각 가정이 순서를 만들어 섬겼다. 이들은 파송 교단, 단체, 사역 그리고 간혹 언어가 달라도 매주 정기적으로 식사와 다과를 나누는 식탁의 교제를 한 뒤, 함께 찬양하고 말씀과 간증을 나누고 서로의 가정과 사역 및 몽골의 의료 선교를 위해 밤늦게까지 기도하였다. 20여 년간 지속된 이러한 전통은 자연스럽게 몽골의 의료 현실과 선교 현장에 대한 모두의 이해의 폭을 넓혀 주었고, 위에서 오는 위로와 새로운 동기부여를 경험하며 독특한 소속감마저 갖게 하였다. 이는 '연세기도모임'이 지방 전도 여행 등 다양한 전문 사역의 연합과 선교 후보생 동원의 통로로 연결되는 이유이기도 하였는데 아직 불신자였거나 신앙의 훈련이 필요했던 일부 KOICA 협력 의사와 일반 자원봉사자들 중 일부는 이 모임을 통해 신앙과 선교와 교회로 더 깊게 부르심을 받고 다시 한 번 헌신하는 계기가 되기도 하였다. 따라서 이러한 몽골 의료 선교 연합의 기조에는 앞서 언급한 한국 연세의료원의 의료선교센터[28]와 그 전진 기지였던 연세친선병원의 역할과 영향력이 컸다고 할 수 있다.

이러한 연합의 전통은 초기 선교사들의 일부가 귀국하거나 타국으로 사역지를 옮기고, 연세친선병원이 폐원하고, 에바다 치과의원이 현지인들에게 완전 이양된 2017년 현재까지도 지속되고 있다. 몽골에서 사역하는 대부분의 의료 선교사들은 연세친선병원이 문을 닫은 뒤 연세기도모임의 후신으로 2015년 3M(Mongolian Medical Missions)[29]을 만들었고, 비록 이제

---

25   감리교회와 연세의료원 파송으로 1994년 7월부터 1998년까지 연세친선병원 초대 원장으로, 이후에는 연세복지재단의 지부를 설치하여 지부장으로 울란바타르와 바가노르에서 2001년 귀국할 때까지 섬겼다. 당시 재몽한인회, 한인선교사회, 울란바타르 연합한인교회의 중심적인 역할을 하였다. 『몽골에서 온 편지』, 임마누엘출판사, 2009.

26   할렐루야교회 파송으로 2001년 10월부터 2006년 9월까지 연세친선병원 3대 원장으로, 이후 2006년 8월에 개원한 아가페 무료진료소(아가페 클리닉) 소장으로 섬기다가 2009년 11월 간암으로 소천하였다. 울란바타르 한인 교회 시무 장로로 교회 헌법을 기초하였고, 아가페 복지원을 건축하고 섬겼다.

27   1998년부터 2006년까지 몽골 의과대학교 교수 겸 연세-몽골 프로젝트 책임자로 섬기며 BASIC 교회를 개척하였고, 2007년 중국 심양의과대학교 교수를 거쳐 2017년 현재 한국 연세의료원 연세선교센터 소장으로 섬기고 있다.

28   2001년 3월 연세의료원(당시 강진경 의료원장)은 몽골 선교 사역을 포함한 의료원 전체 선교사 역을 총괄하는 기구로 의료원장 직속 기구로 '연세의료원 의료선교센터'를 개설하고, 초대 소장으로 이충국 교수(구강안악면외과)를 임명했다. 이후 몽골 연세친선병원의 인적·재정적·행정적 후원과 함께 다수의 선교사들을 동원하였다. 『연세의료원 몽골 의료 선교 10년 약사(1993~2002)』, 연세의료원 의료선교센터, 2002.

29   2017년 4월 현재 매주 모임을 갖고 각자의 사역과 협력 사역에 대해 함께 기도하고 있다. 나인수/주숙명, 박관태/정수경, 안경덕/오가실, 정갑철/김순희, 정문옥, 정민주, 최원규/이윤경, 채영문/서은경, 한영훈/오수정 등이 함께 모이고 있다.

는 흩어져서 하나의 기관과 구조 안에서 통일된 사역을 하지는 않지만 여전히 연합과 협력의 분위기를 이어가고 있다.

• 의료 선교 분야의 다양성

세 번째 몽골 의료 선교의 특징은 치료 의학 중심의 임상적 접근뿐 아니라 의학/간호 교육, 보건 행정, 지역사회 개발에 이르기까지 다양한 보건 의료 분야의 사역을 동시에 함께 해 왔다는 점이다.

물론 의료 선교의 초기였던 1990년대부터 이러한 사역이 가능했던 것은 아니다. 몽골 의료계는 여느 국가와 다름없이 폐쇄적이고 자신들의 영역을 개방하지 않았다. 선교사들은 언어와 문화뿐 아니라 낯선 의료 제도와 의료계 풍토에 적응하기가 쉽지 않았다. 하지만 사회주의와 비성경적인 유물론에 기초한 의료계의 정책과 관행은 오히려 의료 선교사들이 각각의 부르심에 따라 다양한 분야에서 합목적적으로 연합하는 동기가 되었다.

치료 중심의 의료 선교가 앞선 몇 세기 동안 전 세계 의료 선교의 주요 사역이었던 것처럼 현대 몽골 의료 선교의 시작도 그러했다. 그러나 앞에서 소개한 개인 의원 및 소규모 전문 병원을 중심으로 하는 병원 사역과 단기 의료팀으로 도시 변두리와 지방에서 시행한 1차적 검진과 투약, 그리고 간단한 시술은 공공 보건 의료 전달체계가 비교적 잘 되어있는 사회주의 의료 시스템의 몽골 사회에서 점차 효용성이 제한되었다. 그리고 GDP가 4,000달러를 넘어선 2010년대 들어 몽골 정부가 외국 의료인들의 진료 제한에 더 엄격해지면서, 몽골 의료 선교의 축이 점차적으로 현지 의료인의 영적 제자화에 초점을 맞춘 의학/간호 교육 선교, 보건 행정 지원, 지역사회 보건개발사역(CHE)으로 많은 부분 옮겨지고 또한 의료 선교의 범위도 넓어졌다.

이 가운데 몽골 국립의과대학교는 연세의료원이 1993년 협력 사업을 시작한 이후 한국 의료 선교사들뿐 아니라 다양한 국적의 선교사들이 중앙연구실, 기초과학대학, 의과대학 등에서 함께 사역하는 주요 베이스의 역할을 하였다. 비록 몽골 국립의과대학교 전체가 기독교적 전통을 갖거나 복음화 운동이 크게 일어난 것은 아니지만 자체 기독학생회(BASIC)뿐 아니라 CCC 등의 학생 동아리가 지속적으로 활동하고,[30] 일부 선교사들은 강의와 진료를 병행하면서 개인적인 제자 양육 모임을 통해 몽골 교수들과 전공의들을 양육하여 현재 몽골 기독의 사회의 주축이 되는 다수의 제자들이 세워졌다.[31]

특히 연세의료원은 몽골 국립의과대학교 내에 연세의료원의 협력 프로젝트 책임 의료 선교사들을 꾸준히 파송하고 2017년 현재까지 다른 의료 선교사들이 의학 교육 현장의 중심에 영향력을 가질 수 있는 기초를 제공하고 있다.[32] 연세의료원은 1993년부터 몽골 교수진들을 3~6개월간의 단기 프로그램 혹은 석·박사 학위과정을 통해 연세의료원 전공과목 교수진들의 진료, 수술, 교육에 참여하게 하면서, 기독교적 봉사 정신을 체험하게 하였다. 또한 학부학생을 위한 의학도서관 설립과 교과서 번역 사업을 해왔고, 연구 인프라를 만들기 위해 의과대학 중앙연구실을 설립하고 장비와 연구시약 등을 제공하고 있다. 이와 더불어 교환 교수를 파견하고 여러 선교단체와 교회, 그리고 한국 외 의료 선진국과의 징검다리 역할을 함으로써 몽골 의료계에 기독교적 세계관과 인간관을 심는데 기여하고 있다.

또한 한국 선교사들이 세운 국제 울란바타르 대학교(UBU)는 한국 선교사들이 중심이 되어 2007년 9월부터 간호학과를 시작하고, 이후 간호대학교로 발전시키며 몽골 간호학 교육의 현대화와 간호계 복음화를 이끌고 있다.[33] 그 결과 2017년 현재 몽골 기독 간호사들의 모임인 몽골 기독교간호사회가 이미 구성되었고, 현지 간호계 리더들을 키워내는 주요 역할을 하고 있다.

보건 분야에서는 채영문 선교사 등 일부 의료 선교사들이 2012년부터 몽골 보건부, 보건산업진흥원, 몽골 국립의과대학교 보건 행정에 참여하면서 국립병원 보건 통계 시스템, 원격 진료 시스템, 병원 정보 시스템(Health Information System) 개발 등 선진 의료 시스템을 전수하였다.[34] 또한 이들의 일부는 보건부 등의 미래 보건 핵심 인력에게도 복음과 기독교 정신을 나누고 훈련하는 사역을 이어가고 있다.

지역사회 보건 개발(혹은 지역사회 보건 선교, Community Health Evangelism, CHE)도 몽골 의

---

[30] BASIC은 'Brothers & Sisters In Christ'의 약자로 박진용 선교사가 시작한 학생 동아리로 기독 학생 연합체 성격이고, 몽골 CCC는 2002년부터 국립의과대학교 사역을 시작으로 2007년부터는 한영훈 선교사 등과 협력하여 순모임과 의료 봉사 등을 정기적으로 하고 있다.

[31] 2016년 몽골 기독의사회 회장은 몽골 국립의과대학교 부총장이던 아마르새항 교수였다.

[32] 서원석, 박진용 선교사에 이어 2006년부터 최원규 선교사가 몽골 국립의과학대학교 내에서 연세의료원 몽골 프로젝트 (선교부)의 대표로 일하고 있다.

[33] 2017년 현재 오가실, 이원희 선교사가 사역하고 있다.

[34] 2017년 현재 채영문, 한영훈 선교사 등이 국가 보건 통계 시스템과 국립병원 의무 기록 시스템 등을 개발하고 있다.

료 선교사들의 주요 관심사였다. 1990년대부터 울란바타르 근교 양로원, 교도소 등을 자주 찾던 초기 의료 선교사들 중 전의철, 이창옥 선교사 등 일부는 1998년부터 울란바타르에서 130km 정도 떨어진 바가노르 구립병원에 거점을 마련하고 곧이어 '은혜의원'을 개설한 뒤 지역사회 질병 예방 및 보건 교육을 시작하였다. 이후 최근 증가하는 몽골인의 성인병 관리를 위한 식단 개발과 지역 소득 증대와 건강한 먹거리 공급을 위한 농장을 운영하는 등 다양한 지역사회 보건 개발이 2017년 현재까지도 이어지고 있다. 또한 2005년부터는 울란바타르에서 동쪽으로 700km 떨어진 도르노드 아이막(도)에서 현지 교회 목회자들을 대상으로 울란바타르의 의료 선교사들이 훈련하고 협력하는 지역사회 보건 개발 모델이 확대하면서 몽골 지방 선교의 또 하나의 패러다임이 되었다.[35]

• 통전적 의료 선교

네 번째 몽골 의료 선교의 특징은 초기부터 진행된 통전적인 접근이다. 전문인 선교와 의료 선교가 태생적으로 사회 참여와 변화를 전략적 기조에 두고 있기에 많은 선교지에서 전문인 선교와 의료 선교가 일부 복음주의 선교사들에 의해 간접 선교 혹은 선교를 돕는 전문 사역 등으로 잘못 이해되어 왔다. 또한 의료 선교사들 가운데도 스스로 복음 전파와 회심, 양육은 자신의 사역이 아니라고 보고 직접적 복음 전도와 개인 구원에 대한 관심과 노력보다 개개인이 가진 전문적인 기술과 지식을 통해 사회 구성원의 건강에 관여하고 치료하는 일에만 관심을 가진 의료 선교사들이 선교지마다 여전히 있다. 하지만 대부분 몽골 의료 선교사들은 교두보가 확보된 2000년대 이후 본격적으로 복음 전도와 제자 양육을 통해 교회를 개척하고 현지 교회를 중심으로 사역하면서 의료 사역 등 전문적인 사역에서 복음 사역까지 통합하는 통전적 입장을 견지해 왔다.

그 결과 울란바타르 BASIC 교회, 베다니 마을교회, 두란노교회, 위대한 사랑의 교회(몽골 할렐루야교회), 주님의 영광교회 외에도 지역사회에 뿌리를 내린 다수의 교회들이 개척되었고,

---

35 2004년부터 4년간 '초이발산'시에서 사역하던 이교자 선교사와 박관태, 한영훈, 이창옥 선교사가 협력하여 의학도서관, 보건 교육과 질병 예방 사업, 지역사회 식수 개선 사업, 지역사회 풍력 발전 및 태양열 발전, 가축은행 등의 보건 개발 사업을 시행하며 교회 개척과 연계하였다.

비의료 선교사들이 개척하고 사역하던 영원한 사랑의 교회, 새벽빛교회, 울란바타르 한인 교회, 사랑의 교회, 영원한 언약 무지개교회 등에서 다수의 의료 선교사들이 주도적이고 책임 있는 연합 사역을 하였다. 이뿐 아니라 의료계 제자들의 훈련과 양육을 통해 지역 교회 가운데 의료인이 중심이 된 교회들이 생겨나고, 몽골 기독의사회, 몽골 기독간호사회 등 전문인 신앙 협의체가 비교적 빠른 시기에 태동할 수 있었다.

몽골 의료 선교사들의 통전적 접근의 대표적 예는 몽골 연세친선병원 소속 선교사로 사역하던 허석구 선교사[36]가 개척한 '베다니 마을교회', 최원규 선교사가 주축이 된 '빛나는 도시교회', 한영훈 선교사 등이 주축이 된 '두란노교회' 등이다.

허석구, 이영숙 부부 목사 선교사는 연세친선병원 소속이던 2006년 한국어 통역 실습을 위해 연세친선병원에 온 몽골 인문대학교, 울란바타르 대학교(UBU) 등의 한국어학과 대학생들을 모아 한국어 성경을 교과서로 하는 '한국어 통-번역 학교'를 시작하면서 작은 셀 모임을 만들었다. 그리고 곧 집에서 매주 모이는 가정 교회를 시작하고 이어 병원 직원들의 아침 성경 모임을 통해 '목적이 있는 삶'을 나누며 직접 직원들을 전도하기 시작하였다. 이것이 '베다니 마을교회'(Бетан тосгон Чуулган)의 시초이다. 2015년까지 교회를 이끈 허석구, 이영숙 선교사는 2015년 허 선교사가 간암이 발견되어 한국으로 귀국하면서 현지 목회자에게 완전히 위임하였고, 2017년 현재까지 교회는 부흥하고 있다.

최원규, 이윤경 선교사 부부는 좀 더 적극적으로 국립의과대학교와 연세친선병원의 의료진들을 교회로 이끌었다. 2008년 당시 연세친선병원과 국립의과대학교에서는 여러 의료 선교사들이 인도하는 다양한 성경 모임이 정기적, 비정기적으로 모이고 있었는데, 이를 통해 성경을 배우고 믿음이 생긴 이들이 다른 사회 계층과 함께 공동체를 이루기가 어려워했다. 따라서 이들을 중심으로 하는 교회 공동체가 필요했는데, 이들을 모아 '빛나는 도시교회'(Гэрэлт Хот Чуулган)를 몽골 목회자 등과 함께 세우고 섬기는 선택을 했고, 2017년 현재까지 현지인 목회자와 동역하고 있다.

---

36   부부가 2005년 1월부터 2015년 12월까지 대한예수교장로회 통합 측 목사 선교사로 연세친선병원에서 치과 의사로 (부인 이영숙 선교사는 약사) 사역하며, '베다니 마을교회'를 개척하고 섬겼다. 2017년 현재 서울에서 몽골 이주민을 대상으로 '서울 베다니 마을교회'를 개척, 시무하고 있다.

한영훈 선교사 부부는 연세친선병원 건물에서 교회를 시작했다. 2008년부터 모였던 '두란노교회'는 시골 유학생들과 병원 직원 일부와 환자들 그리고 선교사 세 가정이 함께 모이는 일종의 '가정 교회'였다. 이들은 연세친선병원의 도서관에서 평일 저녁과 주말을 이용해서 자주 만나는 양육과 성경 공부 중심의 공동체를 형성하고 울란바타르 대학교, 국립의과대학교 등에서 대학생 전도에 힘썼다. 이후 이 교회는 '사랑의 교회'에서 파송 받은 성도들과 함께 2010년 '주님의 영광교회'를 개척하였고, 2012년과 2017년 두 번의 위임을 통해 몽골 목회자에게 완전 이양하였다.

또한 몽골 의료 선교사들의 통전적 사역은 더 다양한 분야로 확장되었는데 경배와 찬양, 찬송가 공회, 교도소 환경 사업, 지역사회 인프라 개발, 지역 소득 증대 사업, 마을 도서관 등 교회와 사회의 다양한 분야에 주도적으로 참여하며 몽골 통전적 선교의 모델을 제시하였다.

2. 연세친선병원

1990년대 초부터 본격적으로 시작된 몽골 의료 선교의 역사뿐 아니라 대한민국과 몽골 간 보건 의료 협력 사업 중 단연 뚜렷한 결과를 남긴 대표적인 예는 몽골 최초의 외국 합작 병원이자 최초의 민간 의료 유한회사였던 '연세친선병원'이었다.

연세친선병원은 대부분의 단기 선교팀과 의료팀뿐 아니라 몽골을 방문한 역대 한국 대통령,[37] 서울 시장 등의 주요 방문지였고, 몽골과 한국의 보건 당국자들의 협력 회의 때마다 매번 거론할 정도로 몽골 선교 사회와 몽골 의료 사회에서 연세친선병원이 갖는 의미는 뚜렷했다.

---

37   김대중, 노무현, 이명박, 박근혜 대통령 등이 방문하였다.

연세의료원의 몽골 의료 선교에는 당시 연세대 의대 해부학 전임강사였던 서원석 선교사가 산파 역할을 하였다. 그는 1992년 역사 인류학자들과 함께한 몽골 단기 비전 트립을 통해 본인이 본 몽골의 의료 현실과 영적 필요성을 연세의료원에 처음 알렸다. 연세의료원은 제중원의 4대 원장이자, 연세대학교의 전신인 연희전문학교의 초대 교장인 에비슨 선교사의 내한 100주년[38]을 기념하여 해외 선교에 박차를 가하던 중이었기에 그 해 11월 재차 비전 트립을 통해 이 사실을 확인한 후, 1993년 3월 드디어 몽골 국립의과대학교와 협력 계약을 한국에서 체결하고 이 프로젝트 책임자로 서원석 교수 가정을 몽골 국립의과대학교로 파견하였다.[39]

그리고 그 해 여름 의료 봉사팀으로 참석한 전의철 선교사 부부가 몽골 최초 선교 병원에 대한 비전에 동참하고 1994년 4월 몽골에 입국하면서 연세친선병원의 개원은 가시화되었고, 1994년 7월 1일 구 울란바타르 시 제1산부인과병원 건물의 일부를 받아 울란바타르 시와 50대 50의 지분을 갖는 연세친선병원을 드디어 개원하였다. 그러나 건물을 제공하기로 한 울란바타르 시의 명령에도 제1산부인과병원이 건물을 비워주지 않는 등 여러 우여곡절을 거치며 그 해 10월이 되어서야 실제로 환자 진료를 시작할 수 있었다.

1994년 개원 당시 연세친선병원은 소아과, 외과, 산부인과, 내과, 임상병리과 등 5개 과에 한국 의료 선교사와 몽골인 직원들까지 12명이 소속되었다. 이후 1995년 장승기 선교사[40]가 입국한 이후 치과가 개설되면서 병원은 더욱 내면이 넓어지고 직원들도 20여 명으로 늘어났다.[41] 1995년부터 2001년까지 병원의 주축이 되던 의료진의 면면을 보면 KOICA에서 파견한 협력 의사들이 주를 이루었다.[42] 물론 이 외에도 이후 바가노르로 사역지를 옮긴 이창

---

38   캐나다 출신의 에비슨 선교사는 1893년 8월 부산항에 도착하였다.
39   『연세의료원 몽골 의료 선교 10년 약사(1993~2002)』(서울: 연세의료원 의료선교센터, 2002), 2.
40   남서울교회와 연세의료원의 파송으로 1995년부터 2003년까지 연세친선병원의 치과 의사로, 1998년부터 2002년까지 부원장 겸 한국 측 대표로 연세친선병원을 섬겼다.
41   "전의철 원장 인터뷰", 「미래한국」, 2002. 11. 16.
42   서종진(치과), 김상균(내과), 최원규(소아과), 허진영(치과), 김진용(내과), 최성영(외과), 강호석(소아과), 최인근(내과), 박관태(외과), 한영훈(이비인후과) 등.

옥 선교사,[43] 도르노드로 사역지를 옮긴 김은정 선교사가 짧게 섬겼고, 산부인과 이명순, 임상병리사 이종석, 정형외과 윤치순[44] 등 여러 자원봉사자들과 선교사들이 초기 사역에 주도적으로 동참하였다.

또한 비의료 선교사들의 참여도 늘어났는데 장승기 선교사의 권유를 받은 김성철, 이경환 선교사 등은 병원 장비 수리 책임자와 사회 사업 부분을 섬기다 이후 농장, 호스피스, 교회 개척 사역을 위한 교두보를 확보할 수 있었다. 몽골 기독교 대학의 하나인 후레 대학교 초대 총장을 역임한 김영권 선교사도 연세친선병원 전의철 원장의 초청으로 초기 1년여를 '연세 기도공동체'와 함께 기도하며 준비하여 2002년 9월에 학교를 시작하였다.

이 시기의 연세친선병원은 아직 경직된 사회 전반의 분위기처럼 경영의 여러 부분에서 어려움을 겪었다. 장비와 약품이 없어서, 혹은 수술실이 없어서 제대로 된 처치와 진료가 불가능한 경우가 많았다. 그럼에도 영하 30도의 추위에도 난방관 맨홀에 기거하던 거리의 아이들과 알코올 중독자가 대부분인 노숙자들에게 연세친선병원은 이 세상이 줄 수 없는 하늘이 내린 병원이었다. 이 외에도 울란바타르 도심에서 70km 거리의 '만달' 국가양로원, 130km 거리의 '바가노르' 교도소 등 아무도 찾지 않는 의료의 사각지대로 연세친선병원은 잃어버린 양들을 정기적으로 찾고 섬기며, 몽골 땅의 소금과 빛의 역할을 해 갔다.

하지만 연세친선병원은 이 시기에 이미 구조상의 문제를 보이기 시작했다. 50대 50의 지분으로 병원을 경영하고, 4년에 한 번씩 병원장과 이사장을 교대로 임명하면서 이미 2대 원장인 보양울지 원장(이사장 김일순 교수) 때에 선교 병원의 정체성에 대한 갈등이 생기기 시작했다.[45] 병원 소속 의료 선교사들과 자원봉사자들이 병원 내외에서 자유롭게 행하던 무료 진료와 자선 활동에 대해 몽골 경영진이 유감을 표시하고, 당시 부원장이었던 장승기 선교사 등이 이에 병원의 건전한 경영을 위해 병원 내 진료의 차별성과 경영 체질 개선에 초점을 맞추면서 일부 의료 선교사들과 자원봉사자들은 오히려 몽골 경영진의 불투명한 경영과 재정 상태에 대해 신뢰할 수 없다는 의견을 내기 시작했다. 따라서 일부 의료 선교사들은 연세친선

---

43 1998년 바가노르에 은혜의원을 시작하였고, 현재는 농장 등 지역사회 보건 개발을 중심으로 교회 사역 등을 하고 있다.

44 1999년부터 2006년까지 7년 동안 연세친선병원에서 거리의 아이들과 노숙자들을 주로 섬기고, 선천성 기형과 화상 환자, 동상 환자들에게 헌신적인 치료를 하였다.

45 『연세의료원 몽골 의료 선교 10년 약사(1993~2002)』(서울: 연세의료원 의료선교센터, 2002), 4.

병원과 별개로 한국의 연세사회복지재단 지부를 만들어 무료 진료와 자선 활동 중심의 사역을 독립적으로 하는 선택을 하였다. 그리고 병원 내에서의 성경 공부와 전도에 대해서도 몽골 경영진뿐 아니라 선교사와 자원봉사자들 간에도 이견이 생겼고, 연세의료원에서 파송된 의료 선교사보다 외부 단체와 교회 의료 선교사들이 많아지면서 연세의료원의 지배적인 관계와 설립 목적에 대해 일부 의료 선교사들은 좀 더 독립적인 선교 병원 전략과 사역을 주장하는 모습을 보이기 시작했다.

중흥기(2002~2012년)

1) 2002~2006년

2002년 연세친선병원은 3대 원장으로 박돈상 선교사를 임명하였다. 또한 2001년 수리를 마친 수술방은 2002년 보건부의 허가를 받아 몽골 최초 내시경 수술을 전문으로 하는 일일 수술실(daily surgery room) 개념이 도입되었다. 2개의 수술실, 회복실, 2개의 병실에 7개의 병상을 갖추고, 내과와 소아과 응급 환자까지 입원 병상으로 활용하면서 이후 몽골 환자들뿐 아니라 재몽 한인들과 외국인들에게까지 큰 도움을 줄 수 있었다. 따라서 연세친선병원은 이후 이 수술실을 중심으로 외과 복강경 수술, 이비인후과 부비동내시경 수술, 정형외과 관절경 수술 등 몽골에서 최초로 시행한 내시경 수술을 전문으로 하는 병원으로 명성을 알리기 시작했다. 또한 진료 과목을 다양화하여 몽골의 만연한 성병 치료를 위한 성병과 소아전간증을 위한 특수 클리닉도 함께 개설하면서 특수 질환 전문 병원의 기초를 놓기 시작했다. 이로써 2003년에는 몽골 일간지[46]에 규모는 작지만 "현지 환자들이 가장 먼저 찾아가고 싶은 병원"으로 선정되는 등 의료계와 사회 전반에 영향력을 끼치게 되었다.

이 시기 연세친선병원의 수술방과 검사실의 장비는 몽골에서 가장 뛰어난 장비들이었다. 하지만 이들 대부분은 자체 구입한 것이 아니라 연세의료원뿐 아니라 여러 개인들의 후원과 국제협력단의 지원으로 들여오게 되었는데, 특히 매년 2~3회씩 명절 연휴를 이용해서

---

46   「으느뜨르(өнөөдөр)」, 2003. 8. 24. 기사

몽골 선천성기형 환자 수술과 관절경 수술을 위해 몽골을 방문한 정형외과 안태원 선생의 도움이 컸다.[47]

이와 함께 의료 사각지대 진료 사역은 지방 병원 지원 사역으로 점차 확대되었다. 2001년부터 연세친선병원 전체 연합 사역으로[48] 시작된 도르노드 초이발산 시에 있는 몽골 동부 중심 병원 방문 사역은 그 지역 교회 개척을 돕던 한영훈 선교사[49]가 주축이 되어 해마다 정기적으로 전문적 진료와 수술을 통해 지역사회와 교회들을 섬겼다. 몽골 서부 사역은 2002년 여름부터 본격화되어 박관태 선교사[50]를 중심으로 바잉울기의 카작족, 홉스골 차탕족 선교를 위한 교두보를 개척하는 수술·진료 지원을 도립 병원 등에서 지속해갔다.

또한 한국과 미국의 다양한 단체, 병원, 학교들이 이 시기 연세친선병원을 방문하고 협력 사업을 진행했었는데, 이 중 대표적인 것은 2005년부터 시작된 한국의 '비전 케어'와 협력으로 몽골에 무료 개안 수술을 해주는 'eye camp'였다. 매년 1~2회 정기적으로 실시된 'eye camp'는 도르노드 아이막(도), 홉스골 아이막(도), 잡항 아이막(도) 등 수도에서 600~1000km 떨어진 지방까지 진출하면서 매해 70~150명의 백내장으로 시력을 잃은 환자들과 사시 환아들에게 새로운 눈을 찾아 주었다.

그러나 연세친선병원의 태생적 문제는 이 시기 더 깊어지고 있었다. 전 국민 의무 의료 보험 제도를 실시하는 몽골에서 연세친선병원은 의료 보험과 무관한 유료 병원이었으나 수익 구조가 개선되지 않으면서 재정 자립도는 개선되지 않았다. 또한 병원장의 독립적 재정 결제 한도가 3,000만 투그릭(2004년 당시 한화 2,600만 원 정도) 이내로 제한되었기에 의료 선교사가 다시 병원장이 되었어도 연세친선병원이 자체적으로 이전만큼 적극적으로 사회 자선

---

47 수원에서 서울정형외과를 운영하며, 2003년부터 몽골 환자를 무료로 수술해주는 등의 공로로 2005년 수원시 보건 의료인 공로상 대상을 받았고, 2009년까지 정기적으로 병원을 방문했다.

48 2001년 11월 박돈상·권기홍·윤치순·한영훈·박관태 등이 참석하였다.

49 2001년 5월 국제 협력 의사로 파견 당시 온누리교회 1만 해외 사역자로 파송 받았고, 2002년 10월 TIM 단기 선교사로 재허입되어 2004년 4월까지 몽골에서 사역한 뒤, 이후 포항 한동대학교 선린병원과 연세의료원에서 훈련을 받고, 2006년 4월 TIM 장기 선교사로 다시 허입되어 몽골로 파송 받고 현재까지 사역하고 있다.

50 2001년 5월 국제 협력 의사로 파견 당시 온누리교회 1만 해외 사역자로 파송 받았고, 2002년 10월 TIM 단기 선교사로 재허입되어 2003년 10월까지 몽골에서 사역한 뒤, 이후 서울 아산병원에서 전임의, 조교수, 고대 안암병원에서 이식센터소장으로 있으면서 온누리교회 비거주 선교사로 활동하다가 2013년 드림교회에서 다시 몽골로 파송 받았다.

51 2005년 선교의 달을 맞이하여 포항 선린병원 이건오 원장, 안양 샘병원 박상은 원장, 전주 예수병원 김민철 원장 등과 선교 병원에 관한 의료 선교 심포지움을 열었다.

사업과 무료 진료를 할 수는 없었다. 물론 이 시기의 연세친선병원은 '만달' 국립양로원, 울란바타르 시 고아원 그리고 울란바타르 시 맹아학교, 울란바타르 시 자선 병원 등에 대한 지원과 협력의 범위를 넓혀가고는 있었다. 하지만 이러한 지원과 협력은 병원 예산이 아닌 소속 의료 선교사과 후원 단체들의 개인적 재정 헌신에 크게 의존하고 있었다.

이 시기 연세친선병원의 더 큰 고민은 병원 발전 마스트 플랜과 의료 선교사 수급에 관련된 문제였다. 당시 울란바타르 시의 연세친선병원 담당 부서인 수도 보건국의 입장은 합작으로 시작된 연세친선병원에 대해 서구 자본주의 의료 시스템을 시험하고 배우는 모델 병원으로 생각하였고, 따라서 병원 경영에 대한 세밀한 부분까지 관여하고 한국 측의 지속적인 투자를 희망하며 향후 서구 영리 병원 방향으로 발전시키려 하였다.

반면에 연세의료원 의료선교센터의 입장은 이와 달랐다. 개원하던 10년 전과 같이 몽골에 아직도 절실한 양질의 의료를 제공하므로 몽골의 의료 수준 향상에 기여하고, 전반적인 몽골 선교의 교두보로 연세친선병원을 몽골 의료 선교사들의 사역 장소로 제공하면서 주변의 가난한 이웃을 대상으로 하는 구제와 봉사가 주요 관심사였다. 따라서 기본적인 병원 운영과 진료에 대한 후원은 지속하지만 대규모 투자와 선교 병원 발전 전략 등에는 큰 의미를 부여하지 않고 있었다.

그런데 2005년을 기점으로 연세친선병원의 발전을 위한 연세의료원 차원에서의 연구와 자문이 좀 더 적극적으로 일어났다. 여러 의료 선교 단체의 대표를 초청하여 연세친선병원의 미래를 위한 토론회도 열고,[51] 몽골을 방문하여 연세친선병원의 현황을 들은 지훈상 의료원장은 낙후된 기존 건물의 남쪽 주차장 부지에 새 건물을 건축하는 안을 내부적으로 연구하게 하였다. 물론 이후 재정 부담과 향후 건물의 주체에 관한 문제로 결론을 내릴 수 없었지만 연세친선병원의 미래 방향에 대한 고민과 논의가 전천후로 일어나게 되었다.

한편 병원장이었던 박돈상 선교사는 이러한 현실 가운데서도 의료 선교사의 긴급한 추가 파송을 여러 선교단체와 연세의료원 측에 지속적으로 요청하였는데 해마다 2~3년의 기간으로 2명 정도 파견받았던 국제 협력 의사들이 2001년 이후로 충원이 되지 않았고, 3~6개

---

51   2005년 선교의 달을 맞이하여 포항 선린병원 이건오 원장, 안양 샘병원 박상은 원장, 전주 예수병원 김민철 원장 등과 선교 병원에 관한 의료 선교 심포지움을 열었다.

월의 단기 선교사와 자원봉사자들이 현지 적응도 되기 전에 병원 진료에 투입되면서 전반적인 병원 진료 실적이 눈에 띄게 낮아졌기 때문이다. 2005년 10월 당시 한국의 후원 교회 등에 보낸 기도편지를 보면, 기간이 끝나거나 안식월을 맞은 의료 선교사들이 귀국하고 그 해 들어온 치과의 허석구 선교사만 함께 23명의 몽골 의사와 사역하고 있음을 말하며 더 많은 헌신자들이 몽골로 와 주기를 호소하고 있었다. 이에 연세의료원 의료선교센터에서는 교수 안식년을 이용해 몽골 연세친선병원과 몽골 국립의과대학교로 갈 경우 안식년 기간을 늘여 주는 등의 인센티브를 제공하며 연세의료원 교직원들을 동원했지만 지원자가 많지 않아서 실효적이지는 않았다.

2) 2006~2012년

· 아가페 클리닉

2006년 8월 드디어 연세친선병원 부설 '아가페 클리닉'이 울란바타르 시의 북서쪽 바잉허셔 지역에 개원하였다. 2006년 당시 이 지역은 울란바타르에서 가장 큰 빈민가로 울란바타르 시에 등록되지 않은 채 지방에서 이주한 인구들이 우후죽순으로 게르(천막 집, гэр)와 울타리를 치고 살면서 의료 사각지대로 여겨지던 지역이었다. 우선 연세친선병원은 이 지역 동 단위 보건소의 한 켠을 빌려 4개월간 수리하고 세 개의 진료실에 소아과, 가정의학과, 치과 진료를 하며 무료로 약을 주는 무료 진료소를 개원하면서 차로 40분 거리의 본원의 의료 선교사들이 이비인후과, 산부인과 등을 교대로 진료 지원을 하는 모델을 만들었다.

사실 이전부터 연세친선병원에서 무료 진료소를 독립시키는 부분은 오랜 기간의 논의와 고민이 있었다. 3기 경영진의 임기가 끝나면서 연세친선병원이 다시 몽골 원장이 임명되기 때문에 이전까지 본원 건물 한 켠에서 시행하던 무료 진료와 투약에 대한 새 경영진과의 마찰이 예상되었다. 또한 울라바타르 중심에 있는 연세친선병원보다는 변두리 빈민가에서 좀 더 효과적으로 상시적인 무료 진료와 자유로운 복음 전도를 할 수 있는 시설이 필요했고, 연세친선병원 소속이지만 일부 비연세의료원 파송 선교사들의 경우 좀 더 자율적으로 본인들이 주도하는 개인 사역에 대한 필요가 증가하는 중이었다. 이와 더불어 연세친선병원을 현지

의료인들의 수련을 지향하는 전문 종합병원으로 발전시키려는 연세선교센터와 몽골 연세프로젝트 책임자들의 비전이 일부 의료 선교사들에게는 오히려 부담으로까지 느껴지면서 새로운 무료 진료소 개원을 더 지지하게 되었다.

결과적으로 연세친선병원의 아가페 클리닉 설립은 2006년 이후 연세친선병원이 의료기관의 사회적 책임을 공식화하는 계기가 되었고, 한편으로는 연세친선병원 본원이 무료 진료와 자원봉사에서 분리되어 좀 더 높은 수준의 의료 서비스를 제공하는 몽골 의료인 수련 중심의 전문 의료 기관으로 변모하는 계기가 되었다.[52]

아가페 클리닉은 박돈상 선교사, 허석구 선교사, 한영훈 선교사 등 연세친선병원 소속 의료 선교사들의 개인 헌신으로 진료를 시작했다. 하지만 진료 허가, 직원 급여 등 재정, 건물 보수, 의료 장비, 진료 약품 그리고 현지 인력 수급 문제는 여전히 연세친선병원에서 지원하는 구조였다. 따라서 아가페 클리닉은 2007년 이후 연세친선병원의 정기 이사회 때마다 자선 진료 프로그램을 인정하기 어려운 몽골 측 이사들의 공격을 받는 빌미를 제공하였고, 이후 클리닉 건물의 노후화와 함께 한국의 교회, 단체들의 지원을 받아 현지에 파송 받은 의료 선교사들이 주도하는 완전 독립된 무료 클리닉으로 발전하는 동기가 되었다.

2008년 2월 아가페 클리닉은 그 동안 자체 수리하여 무상임대로 사용하던 수흐바타르 두렉(구) 바잉허셔 보건지소 내 180m² 공간의 진료 환경의 노후화와 동 보건지소의 확장을 계기로 결국 이전 계획을 결정하였다. 이에 아가페 클리닉 초대 원장 박돈상 선교사는 파송 교회인 한국 할렐루야교회의 후원과 선교사 가족의 개인적인 헌신, 그리고 현지에서 건설 사업을 하던 안상도 사장의 도움으로 2008년 7월부터 항올구 10동 야르막 지역에 '아가페 복지원' 건축을 본격적으로 시작하였고, 2009년 여름 건물을 완공하였다. 하지만 늦은 완공 허가와 박돈상 원장의 소천 등으로 2010년 5월에 이전한 아가페 클리닉은 이전 후 2여 년 뒤인 2012년 10월 민간 병원의 분원을 인정하지 않는 개정의료법과 아가페 건물의 병원 부적합성을 이유를 든 국가 병원 감독 기관의 명령으로 문을 닫았다.

---

52   몽골 일간지 「으드링 서닝(Өдрийн сонин)」, 2006. 8. 28.

• 연세친선병원 4기

2006년 10월 4대 원장으로 알탕토야 전 부원장이 임명되었다. 신임 이사로 연세의료원 몽골 프로젝트 책임자인 최원규 선교사가 선임되고 부원장으로 한영훈 선교사가 병원 실무 전반에 참여하면서 병원 핵심부의 세대 교체와 선교 병원 정체성의 강화가 이뤄졌다. 이미 몽골 연세친선병원에서 3~4년을 진료하며 몽골어 구사가 가능했던 비교적 젊은 한국인 의료 선교사들의 병원 경영 참여로 연세친선병원은 이전과는 또 다른 새로운 시도와 개혁을 기대하게 되었다.

2007년부터 3년간 연세친선병원은 비약적인 성장을 하였다.[53] 2007년부터 2009년까지 이사회에 제출된 경영보고서와 재무보고서에 의하면 병원의 외연은 크게 바뀐 것이 없지만 직원들의 수와 진료 과목, 진료 범위도 평균 1.3배로 성장하면서 병원의 매출이 해마다 평균 150%가량 성장하였다. 그러나 연세친선병원의 진료비는 여전히 주변의 민간 병원에 비해 당시 최저 수준을 유지하였고,[54] 여러 진료비 감면 시스템을 통해 가난한 환자와 몽골 성도들이 충분한 도움을 받을 수 있었다.[55]

연세친선병원의 이러한 성장의 원인은 물론 2005년부터 시작된 몽골 경제의 호황기가 그 주요 이유이기도 하겠지만 병원 현지 직원들과 조직 곳곳에 스며있던 부정직, 불성실, 불합리 등의 '3불 요소'를 제거하기 위한 의료 선교사들의 노력이 더해졌기 때문이었다. 2017년 현재까지도 관행으로 남아있는 몽골 의료진들의 촌지 관행을 엄금하고, 의사뿐 아니라 간호사에게도 기존 호봉제의 급여 시스템에 성과제를 포함시켰다.[56] 토요일 진료를 정규화하고[57] 휴가, 조퇴, 지각, 노동시간 등 기본적인 근태 내규를 현대화하고 명절, 휴가, 생일 등 기념일 상여금을 대폭 강화하면서 전반적인 급여 상태가 호전되었다. 대신 음주 진료, 불법 진

---

53 2007년 박돈상(소아과), 최원규(국제 클리닉, 소아과), 이영숙(약사), 이윤경(재활의학과), 최은주(산부인과), 한영훈(이비인후과), 허석구(치과) 선교사가 장기로 사역하고, 윤항진(마취과), 이용해(성형외과), 송원(약사), 선린병원 파송의 이효정(간호사), 연세의료원 '에비슨 선교 지원 프로그램' 첫 번째 파송자인 노지영(간호사) 선교사가 단기로 봉사하였다.

54 2007~2009년 연세친선병원 성인 평균 초진비는 3,000투그릭, 재진비는 2,000투그릭으로 시내 개인 클리닉(5,000~10,000투그릭)이나 2007년 개원한 송도병원의 진료비(6,000투그릭)보다 저렴했다.

55 선교사뿐 아니라 몽골 교회 목회자의 감면 요청서를 받아오면 모든 진료비의 50~100%를 감면해 주었다. 이 외에도 동사무소, 경찰서 등 현지 관공서에서 감면 요청서가 오면 30%, 직원의 직계가족인 경우 50% 감면 혜택을 주었다.

56 병원 전체 순이익대비 상여금, 각 과별 순이익대비 상여금, 개인 순이익대비 상여금을 차등 지급하는 시스템을 개발하였다.

57 연세친선병원은 몽골 노동법에 의해 1994부터 주 5일, 40시간 근무제였다. 토요일 근무자는 평일의 1.5배의 급여를 받았다.

료, 근무 태만의 경우 몽골 노동법에 따른 경고와 정직 등에 대해 강한 책임을 물었다.

또한 한국 의료 선교사들과 현지 직원들이 따로 모이던 원내 아침 기도모임을 하나로 통합하였다. 매일 아침 현지 직원들과 찬양과 하나님의 말씀으로 서로를 권면하고 서로를 위해 기도하며 하루를 시작하였다. 처음엔 소수의 사람들만 참석했지만 1년이 지나면서 아침 출근 인원의 반 이상인 25명이 참석하는 모임이 되었다. 일부 선교사들은 이 직원들이 중심이 된 교회를 시작하고, 또 세례 받은 직원들이 늘어나면서 연세친선병원의 실재 정체성이 조금씩 교회와 연계된 선교 병원으로 바뀌어 갔다.

이 시기 연세친선병원은 좀 더 특화된 전문 수련병원으로의 면모를 분명히 해나갔다. 물론 일반 진료를 받을 수 있는 11개의 진료과와 함께 기존의 성병 클리닉, 전간증 클리닉, 내시경 수술 클리닉 등을 보완하면서 비전 케어와의 협력을 계기로 안과를 개설하고,[58] 통증 클리닉과 국제 클리닉을 정식으로 추가하였다. 또한 단기 혹은 방문 의료진들과 함께 소아정형 클리닉, 수부 클리닉도 비정규적으로 운영하였다. 25인승 버스를 개조한 치과 이동 진료 차량과 아가페 클리닉으로 무료 진료의 범위를 확장한 반면, 몽골 최초 스키장인 'Sky Resort'에 유료 진료소를 개설하여 수익과 함께 울란바타르 시민들에게 연세친선병원의 브랜드를 알리는데 노력하기도 하였다. 그리하여 초기 5개 진료과의 작은 의원으로 시작한 연세친선병원이 2011년에는 한국인 의사 6명, 한국인 약사 2명, 한국인 간호사 1명을 포함하여 13개 과목에 몽골인 의사 24명을 포함한 몽골인 직원 70명이 일하는 외래 중심의 종합 병원이 되었다. 당시 민간 의료기관으로는 두 번째 큰 종합 병원이었다.[59]

하지만 병원의 노후화된 건물 인프라는 더 이상의 발전과 성장을 막는 중요 요소가 되었고,[60] 이를 개선하기 위한 논의와 회의는 서울과 몽골의 이사들 사이에서 주요 안건이 되었다. 뿐만 아니라 외부의 전문 의료 봉사단체, 선교단체, 심지어는 울란바타르와 한국의 정치인들까지도 관심을 갖게 되면서 몽골 일간지에 병원 시설 노후화뿐 아니라 연세친선병원 앞

---

58   2008년 명동성모안과의 김동해 원장이 대표로 있는 비전 케어와 협력 모델로 안과를 신설하고 장비와 현지 안과의를 비전 케어에서 보내고, 안과 의료진의 급여와 간호 업무 등 일반 관리를 연세친선병원에서 나누어 담당하였다.

59   의사 한영훈, 최원규, 이윤경, 최은주, 치과 의사 허석구, 이충국, 약사 이영숙, 송원, 간호사 박미진 등이 소속되어 있었고 아가페 클리닉과 스카이 리조트 클리닉이 분원으로 운영되고 있었다.

60   연세친선병원이 1994년부터 2014년까지 사용한 건물은 1930년대 지어진 건물이다. 해마다 건물의 1층의 바닥과 벽의 곰팡이를 제거하는 등 외벽 공사를 해야 했고 난방관, 상하수도관, 전기 배선 등이 모두 벽 외부로 드러나 있었다.

버스정류소, 병원 앞 가판대 허가, 주차장 부지 등의 문제가 자주 거론되었다.

이 시기 연세친선병원의 또 다른 고민은 여전한 장기 의료 선교사의 수급 문제였다. 병원의 장기 비전이 전문 수련병원으로 결정되면서 현지 의료진을 훈련할 전문 의료진의 필요가 더욱 늘어났다. 하지만 현실은 쉽지 않았다. 연세의료원은 에비슨 선교 지원 프로그램을 통해 소속 선교 자원의 동원을 위해 지속적으로 노력하고, 소속 의료 선교사들도 한국과 미국의 의료선교대회와 의료선교사대회 등에서 선교사 자원의 동원을 위해 노력했지만 장기적인 열매가 없었다. 따라서 3개월~1년의 단기 선교사와 자원봉사자들이 적응 기간 없이 병원 진료와 사역에 주로 투입됨에 따라 이전보다 이들을 위한 지원과 배려가 요구됨과 동시에 병원 내부 주요 의사 결정과 현지인들과의 소통에는 오히려 단점으로 작용하였다.

3) 쇠퇴기(2012~2014년)

2011년 10월, 5대 원장으로 최원규 선교사가 임명되었다. 최원규 선교사는 1997년 한국국제협력단의 협력 의사로 연세친선병원 소아과 의사로 몽골에 들어와 봉사하다가 현지 선교사들을 통해 복음을 받아들였다. 이후 곧장 선교사의 꿈을 꾸며 미국 캘리포니아 탈봇 신학교에서 목회학 석사과정에 들어갔고, 2005년에 몽골에 재입국하여 다시 몽골 연세친선병원과 몽골 국립의과대학교에서 사역을 시작했었다. 연세친선병원을 통해 구원받은 개인이 부름 받은 그곳에서 선교사로, 그리고 선교 책임자로 일하게 된 역사가 씌어졌다.

2012년 몽골의 경제 호황이 끝나고 심각한 인플레이션 등 서민 경제가 큰 위협을 받게 되면서 연세친선병원의 성장도 둔화되었다. 정치적으로도 2000년대 초부터 지속된 인민혁명당 정권이 2008년 대통령 선거, 2012년 국회의원 선거를 통해 민주당 정권으로 바뀌면서, 그나마 연세친선병원의 한국 측 비전과 목적을 이해하던 몽골 측 파트너도 바뀌게 되었다. 따라서 연세친선병원을 시 보건국 직속 영리 종합병원으로 키우고자 했던 시정부의 구상은 한국 측에 더 많은 투자를 요구했고, 결국 비전과 목적의 괴리는 더 분명해졌다.

한편 연세의료원은 몽골 국립의과대학교 수련병원을 겸한 의학교육센터 건축을 위한 재원의 일부를 마련하고 지속적으로 후원자를 개발하였다. 또한 연세친선병원의 수술방과 병실에 대한 대대적인 보수를 시행하는 등 연세친선병원의 발전적 변화를 지속적으로 모색하였다. 2013년에는 한국의 강남 세브란스병원과 원격 진료 시스템인 'U-health'를 통해 국제 협진 프로그램을 만들고, 몽골 국립의과학대학교 보건대학에 파견된 채영문 교수의 자문을 통해 외래 진료에 필요한 병원 정보 시스템 개발을 지원하였다. 이 시기 연세친선병원은 몽골에서 비교적 자주 발견되는 선천성 얼굴 기형 환자에 대한 지원과 함께 치아 임플란트까지 가능한 치과와 구강외과가 가세하고 국립의과대학교 치과대학 강사들의 수련이 본격화되면서 좀 더 경쟁력을 가진 전문 수련병원으로의 방향성을 분명히 하였다.

하지만 연세친선병원을 보는 울란바타르 시정부와 의료계의 기준은 이미 더 높아져 있었다. 2010년까지 CT, MRI를 모두 갖춘 병원이 5군데였던 것이 2012년이 되면서 10군데 이상으로 늘어났고, 국립1병원에서는 간 이식 수술을 할 수 있을 정도로 점차 국가적 진료 수준도 높아졌다. 이미 송도병원 등을 통해 좀 더 좋은 진료 인프라를 갖춘 병원을 경험한 몽골 의료계가 환자의 외국 진료 여행으로 인한 국부 손실을 막자는 취지로 2012년 이후 몽골 대기업들의 영리 병원 허가를 늘려갔고, 아직 CT조차 갖지 못한 연세친선병원도 더 높은 수준의 진료 인프라 요구에 직면하게 되었다.

결국 병원의 낙후된 시설과 건물 인프라는 보건부 허가와 맞물려 몇 번의 위기상황을 만들었다. 병원 허가, 국가 인준 감사 등에서 재심을 받는 등 문제가 꼬리를 물었고, 그리고 2013년 가을 구강외과 환자의 수술 후 마취 회복 지연 문제로 인한 의료 소송이 겹치면서 조정을 못한 연세친선병원의 진료 정지가 결정되었다. 비록 5개월 후 재개원을 했지만 이 소송 과정은 여러 가지 상처를 남겼다. 경영에 참여한 일부 선교사들은 고소인들로부터 위협을 받기도 하고 관련 선교사는 한국으로 피신하기도 하였다. 또 현지 직원들의 사기와 신뢰는 저하되었고 퇴사하는 직원들도 늘어갔다. 당연시되던 병원의 밝은 미래가 이제는 몽골과 한국 양측 이사진들 모두에게 복잡한 계산을 해야만 하는 상황 속에서 점차 어두워져 갔다.

2014년 9월 29일 연세친선병원 이사진은 더 이상 병원을 운영하는 것은 서로에게 실익과 의미가 없다는 부분에 동의하면서 1994년 연세친선병원 설립 시에 만든 20년 협력 계약의 종료를 선언했다. 이로써 연세친선병원은 외적 요인인 건물과 장비의 현대화 실패와 더불어 병원 운영 미숙, 설립 정신을 소유한 현지 리더십의 결여, 선교사 인력 부족, 합작 병원의 한계성 등의 내적 장애물을 극복하지 못하고, 2014년 10월 31일로 문을 닫았다.

3. 연세친선병원의 선교적 고찰

몽골 연세친선병원은 몽골뿐 아니라 세계 곳곳에서 행한 한국인 의료 선교 사역 가운데 독특한 위치를 갖는다. 교회나 선교단체가 아닌 병원과 학교가 선교지에서 주도적인 선교를 하는 경우는 비단 연세친선병원뿐만은 아니었지만, 연세친선병원은 지난 20년간 몽골 고유한 상황에 적합한 선교적 의료의 길을 찾는 노력 가운데 자신만의 독특한 길을 갔다.

연합 선교의 모델

의료는 태생적으로 팀 사역에 기초를 둔다. 더욱이 의원, 병원을 세우고 경영하는 것은 그 자체가 다양한 인력들과 함께 많은 재정 규모와 시간이 필요한 일이다. 아무리 작은 의원이라도 의사 혼자서 운영해 갈 수 없다.

특히 몽골 같이 사회주의 의료 시스템을 선택한 국가의 경우 국가 주도의 보건 정책으로 의료기관을 국가에서 관리, 감독하기 때문에 외국인 선교사가 의사, 간호사 면허를 취득하는 것부터 많은 제약이 따르고 더욱이 진료 기관을 설립하고 운영하는 데는 더 많은 장애물을 건너야 한다. 따라서 몽골의 의료 선교는 이러한 상황에 맞는 연합 사역의 모델을 자율적으로 선택하였고 비교적 선교 초기에 세워진 연세친선병원은 자연스럽게 연합 선교의 대표주자로 자리를 잡았다.

2014년 10월 병원이 문을 닫기 전까지 20년간 연세친선병원에서 3개월 이상의 기간으로 헌신한 의료 선교사는 의사, 치과 의사, 약사, 간호사, 방사선사, 물리치료사, 임상병리사, 치기공사 등 45명이었다.[61] 여기에 전문 의료인뿐 아니라 행정 담당자, 전기 기사, 보일러 기사, 의료 장비 전문가, 운전사, 회계사, 사회사업가, 한국어 교사 등 다양한 영역의 비의료 선교사들도 직접 병원에 소속되거나 자문을 하면서 연세친선병원은 말 그대로 '종합선교학교'가 되었고, 몽골을 향한 하나님의 '종합선물세트'가 되었다.

---

61   한국국제협력의사(KOICA 협력 의사)와 가족 의료진 등 16명을 포함한 숫자이다.

이러한 몽골 의료 선교사들의 연합 전통에 대해 기타 몽골 선교사들은 대부분 긍정적 평가를 하였다. 특히 20년 이상 몽골을 섬기며 현재 몽골 연합신학교 교수와 울란바타르 한인 교회 담임목사로 있는 김봉춘 목사는 자신의 박사 학위 논문을 통해 연세친선병원의 사역을 다음과 같이 높게 평가하였다.

"연세친선병원 사역이 확대되면서도 소속 선교사들 간에 끝까지 연합의 본질을 잃지 않고 몽골 선교의 연합의 상징으로 자리매김할 수 있었던 것은, 병원 자체가 교단이나 교파 활동에 치중하지 않았고 순수한 의료 선교를 통해 기독교 확장과 선교 본질을 수행한 점과 역대 한국인 원장[62]들의 겸손과 섬김 때문이다. 또한 선교적 주도권을 주장하지 않고 늘 다른 선교기관이나 교회를 지원하며 배경 역할을 한 것도 또 다른 이유다."[63]

연세친선병원은 말 그대로 몽골과 한국을 이어주는 통로의 역할을 하였고, 몽골과 하늘을 이어주는 진정한 친선 병원의 역할을 하였다.

선교 기지 병원

이와 함께 주요한 연세친선병원의 역할은 좋은 선교 기지 병원이었다는 점이다. 연합 선교의 결과를 논할 때마다 우리는 분열과 경쟁에 대해 얘기하게 되지만 연세친선병원은 마지막까지 초기의 연합의 기초 위에 다양한 복음 사역과 사회 봉사로의 확장과 자체 파송(보냄)이 이어졌다.

앞서 언급한 후레 정보통신대학교의 설립 과정뿐 아니라 2001년부터의 몽골 호스피스 활동의 뿌리도 연세친선병원 혹은 '연세기도모임'에 참여하던 선교사들이었다.[64] 한때 '몽골의 맥가이버'[65]였던 김성철 선교사도 '마르튀스 교회'와 '은혜 농장'을 시작하기 전 자신의 몽

---

62 전의철, 장승기, 박돈상, 한영훈, 최원규.
63 김봉춘, "한국 기독교의 몽골 선교 현황과 선교학적 고찰"(장로회신학대학교 박사 학위 논문, 2015). 112~113.
64 'Green Home 호스피스'의 이경환 선교사, '몽골 소망 호스피스', '은혜 호스피스'의 헬렌 쉐퍼드(목혜원).
65 1990년대 미국 ABC 방송의 TV 시리즈에서 간단한 도구와 과학 지식을 이용해 못 고치는 것이 없는 만능 기술자로 나온 캐릭터.

골 사역을 연세친선병원에서 시작하였다. 이창옥 선교사의 바가노르 사역[66]도 그 뿌리가 연세친선병원이었다.

또한 앞서 언급한 '베다니 마을교회', '밝은 도시교회', '주님의 영광교회'뿐 아니라 다양한 교단 선교사들의 교회 개척 사역은 연세친선병원의 열매이자 몽골 의료 선교의 주요한 특징이었고 아가페 클리닉, 아가페 병원으로 이어진 무료 병원의 전통도 연세친선병원에서 찾을 수 있었다.

연세친선병원은 찾아오는 환자들과 보호자들뿐 아니라 몽골 땅 곳곳에 찾아가서 복음과 함께 사랑의 봉사를 나누는 기지 병원이었다. 매년 5~10개의 의료 봉사팀이 연세친선병원을 방문하고 함께 사역하였다. 한국뿐 아니라 미주의 한인 교회와 의료 선교단체들까지 연세친선병원의 협력 스펙트럼은 넓었다. 내과, 소아과, 외과 등 주요 과목뿐 아니라 치과, 안과, 정형외과, 성형외과, 한방과 등 다양한 시술과 수술까지 할 수 있는 팀들이 찾아왔다. 이들과 함께 몽골의 어디든 도움이 필요한 곳을 찾아갔다. 짧게는 3일, 길게는 일주일을 함께 진료하고, 전도하고, 기도하며 몽골의 잃어버린 영혼과 육체가 하나님의 은혜 안에서 고침을 받기를 위해 찾아다녔다. 따라서 그리스도인이 한 명도 없는 시골 지역에서 복음을 전하는 사역자들에게 연세친선병원은 좋은 협력자였다. 연세친선병원 의료팀이 가는 곳마다 사람들이 모이고 또한 구원의 기적이 연이어 일어났다.

통전적 치유 센터와 일터 교회

연세친선병원의 의료 선교사들은 통전적 치유 모델을 이해하고 또한 실천하는데 노력하였다. 가위의 양날이며 독수리의 양 날개와도 같은 복음 전파와 사회 봉사가 함께 성장하고 치료뿐 아니라 치유가 일어나는 하나님의 뜻이 병원 전체에서 이뤄지는 바로 '그곳'이 되는 노력을 멈추지 않았다.

연세친선병원은 치료와 치유의 주체가 하나님이심을 선포하면서 하루의 진료 시간에 앞서 현지 직원들과 함께 주님의 은혜를 구하는 예배로 일과를 시작하였다. 또한 수술 전 환자

---

66 은혜의원, 굿네이버스 NGO, 호수교회, 바가노르 농장, 기술학교 등에서 사역했다.

와 함께 기도하거나 수술실에서 집도 전에 하나님의 은혜를 구하는 기도로 수술을 시작하였다. 하나님의 공의와 정직이 병원 곳곳에 드러나도록 시편과 잠언을 병원 복도마다 내어 걸었고, 병원의 내규 또한 성경적 세계관의 기반 위에 조정되도록 노력하였다. 비록 하나님을 모르는 환자들이라도 연세친선병원을 거쳐가면 이 병원이 몽골의 다른 병원과는 다른 무엇인가가 존재한다는 것을 인정하는 특별한 병원이었다.

연세친선병원은 '일터 교회'였다. 연세친선병원 직원의 반 이상이 예배와 성도의 교제뿐 아니라 복음을 전하고 제자를 양육하는 일까지도 게을리 하지 않는 신앙 공동체로 세워졌다. 성경 공부를 하고 함께 직능별 기도회를 열었고 선교사들 별로 셀 모임도 만들어졌다. 병원 직원 월례회와 조회 때마다 말씀을 증거하고 모든 직원들이 모이는 연말 파티에서 몽골에는 없는 성탄절의 의미를 전달하고 함께 즐거워했다. 직원들에게 세례를 주고 그들을 주님의 제자가 되도록 세워간 결과 병원 현지 직원 중에 현지 교회의 목회자로 교회를 섬기는 직원[67]이 생겼고, 교회 장로와 목사 사모는 또 여럿이 나왔다.[68]

이처럼 연세친선병원을 통해 많은 몽골인들이 예수의 제자로 세워지고 지역 교회의 든든한 사역자들로 변화되었다.

선교적 기업과 윤리 경영

연세친선병원을 따라다닌 명칭 중에 몽골 최초 합작 병원, 몽골 최초 민간 병원이라는 말이 있다. 말 그대로 연세친선병원이 몽골에 최초로 세워진 외국 합작 유한회사였기 때문에, 1994년 설립 초기부터 선교와 봉사를 위한 연세친선병원은 몽골 현행법들과의 갈등을 피할수 없었다. 아직 사회 전반적으로 시장경제 시스템이 안착이 안 된 상황에서 설립된 연세친선병원이었다. 따라서 한국 선교사들은 다소 불합리하고 불편하지만 몽골의 의료법, 약무법, 노동법, 관세법, 민간 기업법 등 기관 관련법과 종교법, 외국인 관리법의 울타리 안에서 연세

---

67   2014년까지 병원 직원으로 일하던 어용치멕, 볼강타미르 두 명이 목사 안수를 받았고, 2017년 현재까지도 몽골 지역 교회를 맡아서 사역하고 있다.

68   간호사 중 잉흐암갈랑, 척철마 등의 남편이 지역 교회 목회자로 2017년 현재까지 섬기고 있다.

친선병원이라는 기업을 유지하고 또한 발전시켜 나가야만 했다. 하물며 연세친선병원의 경영진은 4년에 한 번씩 양측 이사진에서 원장을 임명하고 주도적으로 관리한다는 초기 정관의 명시 때문에 지속적으로 한 방향으로 나가는 것이 너무나도 힘들었다.

그러나 연세친선병원 20년의 역사를 보면, 경영의 주체와 책임자가 바뀌었음에도 지속적으로 한 방향으로 나아가고 있었다. 설립 초기 한국 측의 비전대로 몽골의 의료 수준을 높이고 약하고 가난한 자들을 하나님의 사랑으로 고치고 돕는 병원, 더 많은 선교사와 봉사자들이 함께 동역할 수 있는 병원, 그리고 몽골 미래 의학 전문가를 양성하는 병원으로의 방향성은 한국인 경영진뿐 아니라 점차 시장경제와 복음의 실재성에 눈을 뜨게 된 현지인 경영진까지도 점차 이해하게 되었고 또한 소극적이나마 지지하게 되었다.[69] 또한 사회주의 때부터 답습해온 무책임, 무관심, 개인주의, 유물론의 병원 문화를 선교사들이 전한 성경적 윤리관에 기반한 윤리 경영을 통해 하나씩 고쳐가게 되었다.

이러한 변화는 유한회사인 연세친선병원의 이익 분배에서도 나타났다. 연세친선병원이 경영 흑자가 나기 시작한 2007년부터 병원의 이익을 양측 이사진들이 배분하게 되었는데, 연세의료원 측은 자신들의 몫을 병원 장비 현대화를 위해 전액 기부하면서 병원 영업순이익 전체를 병원에 재투자하는 안을 이사회에 상정하고 지속적인 병원 발전기금으로 사용하기 위해 노력을 기울였다.

그 결과 2010년 이사회에서 2011년부터 병원의 영업순이익 전체를 다시 재투자하는 안을 확정하였고 연세친선병원의 선교, 봉사, 자선의 목적을 이해하지 못했던 몽골 측 이사진들까지도 연세친선병원의 획기적 성장과 아가페 클리닉의 영향력을 경험하며 병원 경영이 좀 더 공익 추구, 사회 봉사와 전문 의료인 훈련의 방향으로 나아가는 것에 결국 찬성하였다.

연세친선병원의 선교사들은 토착 교회의 삼자정책[70]을 병원에도 적용하려고 시도하였다. 그렇기에 설립 초기부터 교대 경영과 현지 리더십을 세우는 등 더 좁고 힘든 길을 받아들였다. 비록 2007년이 되어서야 영업 흑자가 나고, 2008년에 처음으로 고가의 초음파 장비를 자체 구입할 수 있었지만, 2013년 병원 영업 정지가 되기 전까지는 몽골 의료 상황에 '적정

---

69   몽골 원장으로 2대 보양울지 원장과 4대 알탕토야 원장이 있었고, 두 사람 모두 몇 번의 복음 제시 속에서 그리스도인이
      되었지만 지속적인 신앙생활에는 소극적이었다.
70   자립, 자치, 자전의 네비우스의 3자 선교 원칙.

수준'의 의료를 제공하며 점차 자립의 길로 가고 있었다.

이처럼 연세친선병원은 몽골에서 보기 드문 선교적 기업이었다. 선교사들이 선교적 방향으로 경영하고 선교적 목적을 비전으로 삼으며 무엇보다 선교적인 재정 관리를 하였다. 이익이 생기면 더 많은 환자들에게 더 큰 혜택을 주기 위해 새로운 규정을 만들고 더 많은 직원들을 뽑고 또한 그들의 복지와 급여 수준을 높였다. 이익을 많이 내서 그것으로 많은 일을 하기보다 적당한 이익이 나지만 일하는 곳이 행복한 일터가 되고, 또한 선교지가 될 수 있는 선택을 하였다. 그 결과 병원 내 불신 파트너들도 이러한 병원의 방향성에 동참하고 지지할 수 있었다.[71]

몽골 상황화 선교 병원에 대한 제언

2014년 연세친선병원의 폐원이 결정되는 과정에서 당시 적게는 2년, 길게는 14년을 몽골의 영혼과 생명을 섬겼던 선교사들이 오히려 환자와 보호자들의 위협과 고소를 받았고, 현지인 경영진은 자신들을 변호하며 반목을 보이고 또한 몇몇 몽골 언론 매체는 거짓 뉴스를 내보내며 사회적 비난을 이끌었다. 결국 연세친선병원은 한 번의 의료 소송과 그에 따른 이사회의 결정으로 완전히 역사의 뒤안길로 사라졌다.

하지만 이렇게 연세친선병원이 폐원을 결정하는 과정에 의료진 소송이나 진료 환경 저하 등 병원 내부 문제보다 더 근본적인 외적인 원인이 있었다는 분석이 많다.[72] 사실 내부적인 문제도 전혀 없었던 것은 아니다. 몽골 측 이사들이 임명한 현지 직원들과 선교사들 간에는 여전히 크고 작은 시각의 차이는 존재했다. 하지만 병원의 구조상 태생적 약점인 이사회 구성이 가장 큰 요인이었다. 선교 병원이었지만 울란바타르 시정부와 연세의료원이 실재 주인이었다. 그래서 현지의 선교적인 비전과 지역 의료의 필요성을 고려하지만 그보다는 투자자의 입장에서 병원의 미래를 결정할 수밖에 없었고, 다음 단계로의 병원 발전을 위해 더 많은 투자를 요구받는 상황에서 지속적인 투자가 어려운 양측의 합의는 오히려 협력 계약 기간

---

71   2002년 이후 현지 불신자들이 주축이 된 병원 노동자 위원회(소규모 노동조합)가 생겼으나, 병원 의료 선교사들의 경영 지침을 지지하면서 단체 협약의 연장이 매년 비교적 쉽게 이루어졌다.
72   김봉춘, "한국 기독교의 몽골 선교 현황과 선교학적 고찰", 2015, 112~113.

을 종료하는 선택이었다.

몽골 선교 초기에 종합병원 허가를 받고 설립할 수 있는 유일한 선택은 정부와의 협력을 통한 합작의 형태였지만, 지난 20년 동안 이 관계를 더 긍정적 방향으로 변환시키지 못했기에 연세친선병원은 한 번의 시련을 통해 결국 문을 닫게 된 것이다.

이런 점에서 선교지 선교 병원의 정체성을 '성육신 원리의 회복'을 기초로 하는 선교 의료의 관점에서 다시 논의할 필요가 있다.[73, 74] 의료도 선교의 본질 안에서 논의되고 수행할 때 선교 의료가 성취된다. 따라서 성육신하신 예수 그리스도의 예를 따라 의료 선교의 현장에서도 상황화된 적정 기술과 현지 제자들의 '샬롬'의 공동체를 세우는 전략이 우선이다. 너무 동떨어진 최신의 장비와 기술은 오히려 현지 의료의 지속적 발전을 저해하고 치료만 하는 의료는 값비싼 비용을 부채질한다.[75] 과거 많은 선교회와 교회가 전 세계에 많은 병원을 세우고 현지인들의 병을 치료하는 데에 공을 들이고 병원 사업적 성공에 투자하지만, 정작 간단한 예방과 일반 보건 문제에는 관심이 적었기에 현재는 그 의료 시설을 유지하는 것만으로도 벅차서 갈수록 여력이 없어지고 있다는 것이다.

따라서 연세친선병원의 경험은 몽골 의료 선교사들에게 좀 더 상황화된 선교 의료에 대한 고민을 제시한다. 현지인 제자들이 헌신하기 이전에 높은 수준의 의료와 재정을 무기로 현지에 세운 선교 병원은 완전한 선택이 될 수 없었다. 먼저 현지 의료계에 예수의 제자를 세우고 그들이 만드는 '샬롬'의 공동체 속에 병원 선교의 방향이 정해졌다면 연세친선병원의 역사는 다시 쓰였을 것이다. 완성 후 이양의 모델이 아닌 함께 세워가는 선교 병원의 모델이 더 성육신화된 선교의 방법론이었다. 우리의 목표는 병원이 아니라 하나님의 나라이기 때문이다.

또한 각 시기마다 '적정 의료'에 대한 논의가 지속될 필요가 있었다. 최고의 병원이 하나님의 선교에 쓰이는 것이 아니라 하나님의 선교가 최선의 병원을 만들어간다. 몽골의 의료 상황에 상황화되기 위한 적절한 병원 의료의 수준을 처음부터 목표로 하고 양측 이사진들이 합의를 했다면 과도하지 않는 적정선의 투자만으로도 지역사회에 지속적으로 영향을 주는 의료기관을 유지할 수 있었을 것이다. 물론 연세친선병원도 전문 수련병원이라는 비전으로

---

73   김민철, "선교대회 특별기고문", 2013 한국의료선교대회.
74   이건오, "선교지 병원의 정의와 역할", 『의료와 선교』, 한국기독교의료선교협회, 1999, 여름호, 통권 28호.
75   송진영, "의료 선교의 전략", 『의료와 선교』, 한국기독교의료선교협회, 1999년, 봄호, 통권 27호.

적정 의료의 한 부분을 담당하려고 하였다. 하지만 당시 몽골에 의과대학교 전문 수련병원이 한 곳도 없는 상황에서 연세친선병원이 감당하기에는 너무 큰 사이즈의 옷이었다.

다음은 선교 재원 투자자와 현장 선교사의 적절한 역할에 관한 부분이다. 물론 연세친선병원은 앞서 제시한 것처럼 몽골 선교 연합과 선교 기지의 좋은 예로 의료 선교사들이 중심이 되어 병원 경영에 참여했지만 중요 의사 결정에 투자자들의 결정을 따를 수밖에 없었다. 재원과 투자자의 성격이 결국 선교 병원의 미래를 바꾸었다. 특히 몽골 정부와의 협력이 장점도 있었지만 단점도 많았다. 선교 의료도 이 땅의 경제 구조 속에 존재하기에 상황화된 선교 병원의 재원과 투자자도 선한 사마리아인의 '두 데나리온'(눅 10:35)이 아니면 온전한 하나님의 선교에 적합하지 않을 수 있음을 본다.

결론

몽골 연세친선병원은 몽골에 세워진 최초의 선교 병원이었다. 20년간 몽골의 복음화 운동과 선교 의료의 최일선에서 하나님의 선교의 도구로 사용되었다. 비록 2014년 문을 닫았지만 이후에도 연세친선병원의 이름은 몽골 의료 현장의 곳곳에서 여전히 기억되고 있다.

새로운 시대가 왔다. 몽골 의료계에 예수의 제자들이 세워지고 그들이 꿈꾸는 성경적인 선교 의료가 몽골 땅에 도래할 것이다. 예수의 이름으로 구원을 받고, 예수의 이름으로 치유가 일어나며, 예수의 이름으로 '샬롬'의 공동체가 선포될 것이다. 그리고 이제 곧 예수의 이름으로 다시금 더 많은 선교 병원들이 세워지고 약하고 가난한 자들에게 끊임없이 하나님의 은혜 단비가 내릴 것이다. 주님이 행하신다.

참고 문헌

김석기. "치유 목회의 신학적 의미에 관한 연구". 1999.

김성근. "통전적 선교의 관점에서 본 의료 선교의 중요성". 2015.

김성민. "통전적 선교로서의 의료 선교의 고찰: 고신대학교 복음병원을 중심으로". 2015.

김봉춘. "한국 기독교의 몽골 선교 현황과 선교학적 고찰". 2015.

몽골 한인선교사회. 『몽골선교 15주년 기념책자』. 2006.

박재표. "선교 병원의 현황과 역할에 대한 선교 신학적 평가와 대안". 2007.

서영봉. "의료 선교 사역으로서 선교 병원의 사역전략 연구(파키스탄 선한사마리아병원 사역을 중심으로)". 2004.

송진영. "의료 선교의 전략". 『의료와 선교』. 한국기독교의료선교협회. 1999, 봄호, 통권 27호.

『연세의료원 몽골 의료 선교 10년 약사(1993~2002)』. 연세의료원 의료선교센터, 2002.

이건오. "선교지 병원의 정의와 역할". 『의료와 선교』. 한국기독교의료선교협회. 1999, 여름호, 통권 28호.

이광순, 이용원. 『선교학개론』. 서울: 한국장로교출판사, 1993.

전우택 외. 『의료 선교학』, 서울: 연세대학교출판부, 2004.

전의철, 김광신. 『몽골에서 온 편지』. 임마누엘출판사, 2009

조성우. "의료를 통한 선교에 관한 고찰". 2004.

진용갑. "전인 치유에 관한 연구". 1997.

폴 히버트. "치유 목회의 위험과 함정". 『목회와 신학』, 1993, 4월호.

허통. "의료 선교의 1차 보건 의료에 대한 분석연구(알마아타 선언을 중심으로)". 2006.

Bosch, David J. *Transforming mission: paradigm shifts in theology of mission*. 김병길, 장훈태 공역. 『변화하고 있는 선교』. 서울: 기독교문서 선교회, 2000.

World Council of Churches. *You are the light of the world*. 김동선 역. 『통전적 선교를 위한 신학과 실천』. 서울: 대한기독교서회, 2007.

10

의료 선교사 설문조사

의료 선교사
설문조사

49

심재두

심재두 선교사는 원동교회 파송과 개척선교회(GMP) 소속 및 한국누가회(KCMF) 협력 선교사로 1984년에 경희대학교 의과대학을 졸업한 내과 전문의다. 1980년에 시작한 KCMF 원년 멤버 중의 한 사람으로 KCMF 간사, 간사 대표 및 사무총장을 역임하였다. 대외적으로 학원복음화협의회, 한국복음주의학생단체협의회와 선교한국운동에 KCMF를 대표하여 참여하였다.

1992년 선교사로 허입되었고, 1993년부터 알바니아에서 교회 개척과 의료 사역을 하였으며, GMP 알바니아 팀장, 필드 대표, 알바니아 선교사연합회 실행이사와 세계기독의사회(ICMDA) 실행이사 및 선교한국, 의료선교대회, 의료선교훈련원 등 각종 의료 선교 집회와 교회 선교 집회, 국제선교대회와 모임에서 다양한 강의로 섬겨왔다.

현재 KCMF 선교부 이사, 한국로잔위원회 전문인사역위원장, 의료선교협회 이사 및 하나반도의료연합 이사로 봉사하고 있다. 의료 선교 부흥을 위해 의료 선교의 시스템을 세우고, 연결과 촉진을 하며, 선교 경험을 피드백하고, 의료 선교책들을 출간 또는 기획하고, 한인 의료 선교사 네트워크를 하며 의료 선교 관심자와 헌신자들이 모이는 7000네트워크운동 (www.7000m.org)을 섬기고 있다.

저서
『선교 핸드북』, 비전북, 2018.
『땅끝 56개국으로 간 치유사역자들』, 아침향기, 기획/편집, 2017.
『단기 의료선교의 새로운 패러다임을 찾아서』, 좋은씨앗, 공저, 2016.
『선교사 팀 사역과 갈등 해결』, 좋은씨앗, 2016.
『의료선교의 길을 묻다』, 좋은씨앗, 공저, 2015.
『의료선교학』, 연세대학교출판부, 공저, 2004.

2017년 9월 21~22일 제4차 의료선교사대회에 참석한 선교사들을 대상으로 설문조사를 하였다. 첫 번째 설문은 의교 선교사들의 현황을 파악하는 것으로 47명이 참석하였고, 이 설문 내용은 심재두 선교사가 만든 것이다.

49장과 50장의 두 설문조사는 한인 의료 선교사들을 현재의 모습을 잘 이해하고, 기도와 사랑으로 지원하고, 전문적인 부분을 케어하고 도우며 그들의 현재의 필요와 요청을 잘 알아서 지원하기 위한 목적으로 시행되었다.

1. 선교사 현황 설문조사

1) 21개국에서 온 47명 의료 선교사가 설문조사에 참여하였다.

2) 선교사 평균 나이는 54.7세(39~81세)

3) 결혼은 기혼 39, 미혼 8

4) 분류는 의 21명, 치 1명, 한 2명, 간 18명, 의+한 1명, 기타 4명

5) 47명 중 목사 5명, 신학을 했거나 하시는 분 7명, 선교학 5명

6) 선교 훈련 받은 선교사 39명, 안 받은 선교사 8명

7) 사역 기간 10.8년(1~35년)

8) 파송 교회 없는 선교사 8명, 병원 파송 1명, 교회 파송 38명

9) 의료 선교사 파송 기관들은 매우 다양 — 무순

예장합동 GMS 4명, 부산세계로병원의료선교회(MMF) 3명, 예장통합 4명, 인터서브 3명, 대학생성경읽기선교회 3명, 고신총회선교부 2명, WEC 2명, 두란노해외선교회 1명, 대전의료선교교육훈련원과 골든 클럽 1명, 죠이선교회 1명, 의료선교협회와 서울의료선교훈련원 아프리카미래재단 1명, 한국기독교선교회 1명, 연세의료선교센터 1명, 한국누가회 1명, 기아대책기구 1명, CCC 1명, 세계기독간호재단 1명, 장미회 International 1명, GMP+GAMA 1명, GAMA+중동선교회 1명, 대신총회 1명, 그루터기해외선교회 1명, LA 누가의료선교회 1명, 한호기독교선교회 1명, 그리고 파송기관이 없는 선교사가 10명이었다.

10) 의료 선교사 사역 — 복수 선택

병원 사역(현지 병원 및 설립 병원), 클리닉 사역 , 의과대학 사역, 난민 보건 및 의료 지원, NGO, 교회 개척 및 사역, 개발 사역, 간호대학 강의, 여성 건강 강좌, 한국어 교수, 시골에서 간호 전도, 학교 운영, 나환자, 장애자 사역, 빈곤 퇴치 사역, 재소자 사역, 다양한 긍휼 사역, 한방 사역, 현지에 기독단체 설립 사역, 매춘 여성 사역, 제자 양육, 거리의 아이들 사역, 난민 사역

11) 팀 사역과 단독 사역 — 복수 선택

팀 사역 17명, 단독 12명, 현지 기관 사역 5명, 국제 기관 사역 2명, 단독과 현지 기관 2명, 단독과 팀 사역 병행 1명, 팀 사역과 현지 기관 2명, 팀 사역과 국제 기관 2명, 단독+팀+현지 기관+국제 기관 1명, 무응답 3명(아직 사역을 시작 안 한 경우도 있음)

12) 장점과 단점

• 의료 선교사가 본 한국 선교의 장점

적극적이고 대담한 선교, 열심, 적극적이고 진취적이며 죽기까지 순종하고자 하는 열정, 목표 지향적, 복음 열정 강함, 헌신도가 높음, 개인과 개교회의 열심과 충성, 단기 선교의 기회 제공, 훈련 기관의 사역들, 적극적 기도, 순수함, 공격적 추진력, 국내에 교회와 NGO들과 사역 기회 많음, 말씀과 영성의 다양한 사역이 존재, 교회 개척과 제자 양육의 경험이 많음

• 의료 선교사가 본 한국 선교의 단점

연합 부족, 협력 부족, 집중 부족, 팀 사역이 어려움, 대부분 리더로 사역하려고 하고 리더와 마찰이 있는 경우에 분리되어 단독으로 사역함, 다소 무질서하게 보임, 저돌적 돌진, 타단체와의 협력이 약함, 꾸준하게 하는 것이 약함, 한국주의적, 언어 부족, 다혈질, 아직 체계화되지 못하고 연합보다 개별 사역으로 사역의 효율 및 전략 부족, 헌신이 부족한 경우, 전문인 선교의 부족, 교회 건축과 숫자에 집중, 목회 중심, 전문인 선교의 이해 부족, 전략 개발 부족, 가부장적, 방향성 부재, 결과에 대한 영향이 고려되지 않음, 한국식 선교, 선교사 관리와 노후 대책 미비, 목사 선교사들의 교회 개척만이 선교 전부인 듯 생각함, 교회와 전문 선교 기관들의 공조 부족, 선교사간 경쟁, 선교사의 영적 재

정과 관리 소홀, 단독 성과 기대, 지속적 지원의 부족, 눈에 보이는 성과 집중, 토착화 신학의 기초가 약함, 교단별 연합과 일치의 부족으로 선교지에서 연합 사역이 어려움, 장기적 계획의 부족, 현지에 대한 이해 부족에서도 주도적으로 하려고 함, 협력이 되지 않고 동역자 관계가 어려움, 상하관계가 많음

의료 선교의 장점

현지 접근과 관계 형성 용이, 창의적 접근 지역에서 접근성 높음, 복음을 전할 기회와 모임이 쉬움. 도움을 바라는 이들이 먼저 다가오기에 복음의 접촉점이 쉬움, 치유 사역, 언어 인종을 초월해 불특정다수에게 접촉 가능, 어느 나라든지 환영, 리더십이 있다, 미전도 종족 입국 가능함, 생명을 다루기에 호감도 높음, 현지 적응 빠른 편, 현지 의료인과 환자들과 의료를 매개로 가치관의 공유가 쉬움, 의료의 통합적 활동, 영적 및 육체적 관리 가능, 복음 사역의 역동성, 예수님의 선교 모델이 가장 가까움, 개발도상국가와 가난한 나라에 유리, 미전도 종족에 유리, 교회 개척에 큰 공헌

의료 선교의 단점

재정이 많이 듦, 일에 탈진되어 근본적인 복음 전도에 소홀할 수 있음, 복음을 전하지만 양육이 필요할 때 지속적인 follow up이 부족할 수 있음, 지속성 문제, 팀 사역 부족, 의료에 대한 요구가 많음, 현지 의료인과 경쟁 및 갈등 발생, 치료하면서 전도하기에 시간이 많이 걸림, 사역 내용에서 대상을 넓히기 힘듦, 사역자 부족, 단기 사역자만 증가, 영적 재생산이 용이하지 않음, 현지 접근의 장벽이 증가 추세, 신학적인 부재로 선교 병원의 모델 정립이 부족, 의료에만 집중되어 복음과 교제의 기회가 적음, 목사님들과 일하기 힘듦, 많은 재정과 인력이 요구됨, 의료의 통합적 활동이 적은 것은 단점, 선교가 봉사인지 경계의 불분명함, 면허 취득이 어려움, 복음 전파의 시간 부족, 열정도 부족함, 선교의 본질인 하나님 나라와 구원 사역에 대해 이해가 부족함, 재정의 투자가 많아야 하고 지속적 투자가 부담, 영육의 힐링의 조화 부족, 약품 공급이 어려움

13) 선교사 애로사항

∘ 관계의 어려움

동료들과 28명, 현지인과 16명, 자녀교육 13명, 파송 교회 11명, 가족 6명

∘ 사역적인 문제

의료 인력 부족 27명, 의료 자원 부족 22명, 재정 17명, 건강 17명, 일의 양이 많음 13명, 환경(기후, 교통, 음식) 11명, 심리 8명, 위험 9명, 레크리에이션 부족 8명

∘ 고령화와 관련되어

부모님 부양 힘듦 — 지병과 요양병원 입원 등 건강 문제 — 하나씩 늘어감, 변화의 흐름을 파악해서 적응하는 데 어려움, 체력의 한계, 현장의 필요에 적극적 대응이 힘듦, 언어 공부와 적응의 어려움, 운동의 부족, 갱년기 적응 힘듦, 퇴행성관절염, IT를 따라가기가 힘듦, 기후 적응, 순발력 감소, 만성피로, 청력과 기억력 감퇴, 젊은 층과의 소통의 어려움

14) 선교사로서 좋은 점

현지인에게 복음 전하는 기쁨 32명, 현지인을 치료하고 도우며 느끼는 보람 36명, 현지인을 교육하며 얻는 보람 33명, 좋은 동료들을 얻게 됨 29명, 한국 후원자들과의 관계가 좋아짐 16명, 가족 관계가 더 좋아짐 17명, 기타 — 영성의 성장, 하나님과의 친밀, 쓰임 받는 기쁨

심재두

심재두 선교사는 원동교회 파송과 개척선교회(GMP) 소속 및 한국누가회(KCMF) 협력 선교사로 1984년에 경희대학교 의과대학을 졸업한 내과 전문의다. 1980년에 시작한 KCMF 원년 멤버 중의 한 사람으로 KCMF 간사, 간사 대표 및 사무총장을 역임하였다. 대외적으로 학원복음화협의회, 한국복음주의학생단체협의회와 선교한국운동에 KCMF를 대표하여 참여하였다.

1992년 선교사로 허입되었고, 1993년부터 알바니아에서 교회 개척과 의료 사역을 하였으며, GMP 알바니아 팀장, 필드 대표, 알바니아 선교사연합회 실행이사와 세계기독의사회(ICMDA) 실행이사 및 선교한국, 의료선교대회, 의료선교훈련원 등 각종 의료 선교 집회와 교회 선교 집회, 국제선교대회와 모임에서 다양한 강의로 섬겨왔다.

현재 KCMF 선교부 이사, 한국로잔위원회 전문인사역위원장, 의료선교협회 이사 및 하나반도의료연합 이사로 봉사하고 있다. 의료 선교 부흥을 위해 의료 선교의 시스템을 세우고, 연결과 촉진을 하며, 선교 경험을 피드백하고, 의료 선교책들을 출간 또는 기획하고, 한인 의료 선교사 네트워크를 하며 의료 선교 관심자와 헌신자들이 모이는 7000네트워크운동(www.7000m.org)을 섬기고 있다.

· **저서**

『선교 핸드북』, 비전북, 2018.

『땅끝 56개국으로 간 치유사역자들』, 아침향기, 기획/편집, 2017.

『단기 의료선교의 새로운 패러다임을 찾아서』, 좋은씨앗, 공저, 2016.

『선교사 팀 사역과 갈등 해결』, 좋은씨앗, 2016.

『의료선교의 길을 묻다』, 좋은씨앗, 공저, 2015.

『의료선교학』, 연세대학교출판부, 공저, 2004.

시작하는 글

선교사 성찰 프로파일에 관한 것으로 52명이 참석하였다. 성찰 프로파일은 심재두 선교사가 회원으로 소속된 개척선교회(GMP)의 성찰 파일 중에서 GMP와 관련된 부분을 제외하고 사용하였으며 GMP 대표로부터 사용 허락을 받았다. 모든 선교사들이 항목에 다 답한 것은 아니다. 그리고 현황 설문은 개인 정보가 담겨있어 누가 기록했는지 알 수 있어 성찰 파일은 선교사의 이름을 기록하지 않도록 하여 누가 기록했는지 알 수 없게 하였다.

◆ 선교사 성찰 프로파일

남녀		나이		세
전문직	의, 치, 한, 간, 약, 행정, 기타	파송 년도		
사역 내용		필드 사역 년수 / 직책		

평가 등급: 1. 전혀 그렇지 않다 2. 개선이 요구된다 3. 일반적으로 그렇다 4. 잘하는 편이다 5. 탁월하다

		항목	1	2	3	4	5	평균	서술형 자기 성찰
I 성품	1. 균형 잡힌 그리스도인의 삶	믿음과 행함이 일치하는 삶을 살고 있다.		3	27	20	3		1. 최근 주님이 개발해주신 좋은 성품은? 그리고 현재 주님이 다루시고 계신 성품은 무엇이라 생각하는가? — 인내, 수다 떠는 것, 상대방 인정, 부부 관계 통한 성숙, 다른 사람에 대한 비판과 판단을 다루고 계심, 늘 감사하는 마음과 긍정성, 인내와 양선을 개발해 주심, 현재 온유를 다루고 계심, 사랑의 성품, 현지인들을 존경하고 더 낮게 여김, 나눔과 협력, 인내와 온유, 화를 절제하고 대화를 많이 하려고 함, 온유와 충성, 워크홀릭에서 회복중, 젊은 이들과 소통 잘 함, 예배 공동체 잘 이룸, 주님의 때를 기다림, 자기를 드러내고 싶은 욕심을 다루고 계심, 겸손, 감성 터치가 가능, 긍휼과 인내와 수용, 내려놓음, 관계, 긍휼과 절제
		기독교 공동체 내의 참된 교제권을 갖고 있다.		7	17	24	4		
		예배를 통해 하나님의 임재를 체험한다.		4	19	24	3		
		적절한 수면을 취하고, 정기적으로 운동한다.		15	17	10	5		
		각종 중독에서 자신을 충실히 보호하고 있다.		2	13	22	14		
	2. 신뢰성/정직성 /도덕성	사람들로부터 믿을 만한 사람으로 인정을 받고 있다.			12	26	11		
		약속한 것은 자신에게 불리해도 지킨다.			13	20	17		
		정직하게 말하고, 또한 재정적으로 정직하다.			10	23	17		
		이성과의 관계에서 오해 받을 만한 행동을 하지 않는다.	1		4	18	26		
	3. 가정생활	부부간의 의사소통이 잘되고, 친밀감을 유지하고 있다.		3	7	22	9		2. 육신적 건강과 정신&정서적 건강을 유지하기 위해 스스로 어떤 노력을 해왔는지 기술해 주세요. — 스트레칭, 걷기, 음식 잘 먹음, 개인 운동, 매일 걷기, 노력 못함, 가족과 여가, 정기적인 족구 동호회, 테니스, 축구와 테니스, 선배 및 동료 선교사와 교제, 건강 문제로 작년에 귀국 — 운동과 식이로 회복, 산책과 온라인 교제, 혼자만의 시간, 노래부르기와 기타, 탁구, 예배
		배우자에 대한 신뢰가 있다.			7	13	20		
		가족이 의견을 자유롭게 표현할 수 있다.	1		10	13	18		
		(자녀) 자녀로부터 존경을 받으며 모범이 되고 있다.		3	6	14	10		
		(자녀) 자녀를 존중하며 적절히 훈육(discipline)한다.		3	10	13	18		
		(싱글) 독신의 장점을 활용하고 즐긴다.				8	1		
		(싱글) 건전한 우정/이성 관계를 유지한다.			1	5	2		
		(싱글) 결혼에 대해 자유를 경험하고 안정을 누린다.				3	2		

항목		1	2	3	4	5	평균	서술형 자기 성찰
4. 건전한 자기 이해와 긍정적 자존감	건전한 자아상을 가지고 있고, 타인과 나를 비교하지 않는다.		2	11	27	9		
	주위 사람들이 정서적으로 안정되어 있다고 인정한다.		2	11	26	10		
	스트레스 해소하는 적절한 방법을 알고 있고 실행하고 있다.		5	17	19	8		
5. 책임감	자신이 맡은 책임을 완수한다.			7	26	16		
	습관적으로 과제를 미루거나 늦게 제출하지 않는다.		2	19	18	14		

항목		1	2	3	4	5	평균	서술형 자기 성찰
II 영성	1. 경건성	하나님을 향한 경외감(fear & honor God)을 갖고 있다.			9	16	24		1. 최근 1~2년 동안 주님을 깊게 만난 영적 여정에 대해서 기술해주세요. — 영성있는 분 설교 듣기와 따라하기, 시간 내어 신구약 영어 성경 필사하며 하나님의 뜻을 보여주심과 결정에 도움, 사역지 옮기는 과정서 하나님의 만지심 경험, 은혜가 족함을 알게 됨, 나의 연약함 속에서 능력이 발견됨, 주님의 부르심에 응답하여 사역 시작, 모든 것을 주님께 맡길 때 앞서서 인도하시는 하나님을 신뢰, 나 자신이 할 수 없고 전적으로 하나님께 사역을 맡길 때 역사하시고 주변 분들이 나보다 먼저 사역 언급하고 추진, 한국서 가져간 장비들이 잘 설치되고 허가받는 일, 주님이 세밀히 다루어가심을 경험, 선교지에서 burn out 됨 — 죽음도 생각함, 아버지의 마음 깨달음, 주님의 때와 시점을 따라 일하는 체험, 의무감은 강했으나 기쁨은 부족, 사랑과 은혜에 대해 갈급함, 최근 영적 교만 — 하나님이 나를 쓰고 계심을 깨달음 — I am nothing before Him, 많은 성경 공부 통해 원리들을 배우고 적용
		삶의 전 영역에서 거룩함을 추구한다.	1	12	27	8			
		예배를 통해 하나님의 임재를 체험한다.	3	15	20	11			
	2. 영적 자기 연마	매일 경건의 시간을 갖고 있다.	6	13	15	15			
		정기적인 기도 시간을 갖고 있다.	5	15	19	10			
		정기적인 성경 연구 시간을 갖고 있다.	5	22	13	9			
	3. 잃어버린 영혼에 대한 관심	기회가 주어질 때마다 복음을 전한다.	8	18	18	5			
		잃어버린 영혼에 대한 안타까움과 열정이 있다.	4	13	21	10			
	4. 성령의 인도를 받는 삶과 사역	생활 속에서 성령의 인도하심을 경험한다.	1	14	21	10			
		사역 현장에서 늘 성령을 의존하고 성령 충만을 위해 기도한다.		13	23	14			
	5. 종의 도	십자가의 원리에 따라 자기 생각/감정을 포기할 수 있다.	2	12	19	5			
		자기가 원하지 않아도 옳은 것(성경적 원리)이면 순종한다.	2	11	22	15			
		대가를 바라지 않고 섬기는(희생하는) 삶을 살고 있다.		9	28	13			

항목		1	2	3	4	5	평균	서술형 자기 성찰
III 사역과 직능	1. 사역 능력과 책임감	자신의 역할과 은사가 무엇인지 이해하고 있다.	1	11	14	8		1.사역에서 자신의 장점, 전문성은 무엇인지 기술해주세요. — 모자보건의 전문성, 서두르지 않고 일을 진행, 현지인과의 친화력 높은 현지어 구술과 대인 관계, 신뢰와 정직과 끈기와 최선을 향한 전문성 개발, 팀 사역으로 건강과 영양 관리 해줌으로 건강하게 사역 중, 영적인 예민함, 잘못된 방향에서 빨리 돌아섬, 행정, 상황과 환경에 대한 다양한 대처 가능, 신학과 의학과 보건학의 전문성 갖추고 있음, 나이가 많고 기도와 순종의 경험들, 동역자 얘기를 잘 들어줌, 캠퍼스 사역, 끝까지 인내하며 주님 신뢰, 소명에 확인을 갖고 적극적으로 사역에 임함, 지혜롭게 처신하고 어려운 일도 조용히 해결, 상대방을 잘 포용, 기획과 추진력, 상대의 달란트 잘 발견, 해결점 찾는 것을 좋아함, 해피 바이러스를 잘 퍼트림, 환자들에 대해 전인격적인 접근, 공휼과 나눔, 친화력과 풍부한 임상 경험, 성실함, 인내와 수용과 격려와 코칭과 상담, 한방 의료
		새로운 사역의 기술들을 배우고 개발하고 있다.	12	18	19	22			
		철저한 소명의식과 사역 철학을 갖고 있다.	5	11	25	9			
	2. 영적 전투와 능력 대결	영적세계에 대한 이해와 분별력이 있다.	3	15	27	5			
		어려운 상황을 돌파하는 기도의 능력을 활용할 수 있다.	4	17	23	6			

분류	항목	1	2	3	4	5	평균	서술형 자기 성찰
3. 현지에서의 교회 개척	현지인과의 관계에서 기꺼이 섬기고 손해볼 각오가 있다.		1	11	28	8		2. 이론(선교 신학)과 선교 현장 경험, 두 가지 균형을 갖춘 선교사로 발전하기 위해서 어떤 노력을 해 왔는지 기술해주세요. — 선교학 공부, 선교 일기와 일지 기록, 계속 공부 중, 현장 일에만 너무 치우쳐 있어 균형 필요, 지속적 공부 중(선교학 M.A. 보건경영 M.P.H.), 매주 간증문, 기도로 시작하고 기도로 마치고, 이론 공부하며 현장에 적용하도록 노력 중이고 피드백을 통해서 다른 동료 선교사와 의논, 선교학 박사과정 중, 이론을 위해 노력 중, 선교 관련 서적 꾸준히 읽고 있고, 공부 지속하고 사람 연구, 안식년 중 선교학 공부, 가정예배
	사역 대상들(현지인들)과 충분한 시간을 보내고 있다.		5	20	17	5		
	제자훈련을 하여 자신의 사람을 만들지 않는다.		2	21	18	7		
	선교지에서 교회를 개척할 준비가 되어있다.	4	10	13	5	6		
	'누구의 교회인가'라는 논쟁에 휘말리지 않는다.		2	9	13	13		
4. 현지 지도자들과의 협력	현지 신자들/사역자를 지도할 능력을 갖고 있다.		8	15	13	1		
	현지 교회가 건강한 독립적 지도력을 형성하도록 돕는다.		6	15	12	5		
5. 선교 전략 개발	현지 상황에 맞는 선교 전략을 수립할 수 있다.		8	14	16	4		
	선교 전략을 발전시키기 위해 지속적인 연구를 하고 있다.		8	16	15	2		

	분류	항목	1	2	3	4	5	평균	서술형 자기 성찰
IV 팀	1. 효과적인 의사 전달 기술	마음 깊숙한 곳의 이야기를 나눌 수 있다.		7	17	20	6		1. 지난 1~2년간 팀 내에서 자신의 의사소통과 갈등 처리를 만족스럽게 잘해왔는지? 만일 만족스럽지 않다면, 어떤 부분을 더 발전시켜야 할지 기술해주세요. — 상대방 인정하기, 차이를 이해하기, 파송단체와의 대화 부족, 맡은 일에 최선 다함, 금요일마다 팀이 모여 예배와 경과보고하고 주간의 반성과 잘한 일 나누고 잘못 나누고 대화 통해 격려하고 다음 주 할 일을 결정, 팀의 잘못된 결정에 대해 전체가 책임지지 않는 모습보면서 효율적인 의사소통과 설득 방법 배우고 싶다. 문제점 놓고 기도하며 자신의 욕구 포기, 대체로 만족, 경청, 만족스럽게 잘해옴, 잘 안됨 —의견 대립, 적극적 활동 필요, 몇 가까운 친구들이 있어 어려운 얘기 나눌 수 있음, 대화 통해 의사소통 잘 되는 편, 방향성에 대한 토론 문화가 없어 혼돈 속에서 찾지 못해 파송단체와 소통 중, 대체로 잘 하고 있음, 갈등있는 선교사와 대화보다 이메일과 전화로 하니 상황이 더욱 악화, 중재자 없어 당사자 간 대화를 통해 갈등 해소하려는 방법의 개발 필요, 팀에서 만족
		나와 다른 생각을 가진 사람들과 대화하는 것을 즐긴다.		7	22	17	4		
		다른 사람과 이야기할 때 그 사람의 생각과 느낌을 이해하려고 노력한다.(경청하는 자세)		2	17	24	6		
	2. 갈등 처리	다른 사람과 갈등이 야기되었을 때 적절히 해결하는 편이다.		6	21	19	4		
		내 의견이 관철되지 않아도 감정이 지나치게 상하지 않는다.		3	21	21	5		
	3. 지도력	전체를 보고 방향성을 제시한다.		3	17	22	5		
		사람들을 격려하고 참여하게 한다.		3	13	28	5		
		어려움 가운데서도 다른 사람들을 잘 이끈다.		5	19	21	4		
		결과에 대한 책임을 진다.		1	9	23	10		2. 최근 2~3년 간 자신의 팀 사역 여정을 영적인 관점에서 기술해주세요. — 목자적 선교사들만 있는 단체에서 의료 선교사로서의 어려움, 매일 성경 읽기와 새벽기도와 QT를 권하며 영적으로 무장하도록 서로 권면, 각자 사역 중심으로 분화되어 규모가 커지면서 서로에게 관여하고 역할하는 것이 줄어듦, 다른 선교단체와 이해하고 협력 중, 주님의 인도하심에 순종, 의견 일치 노력과 기도, 말과 행동 일치하도록 노력, 사단의 침투를 경계, 4명에서 12명으로 성장, 나를 낮추는 것이 중요, 영적 전쟁 심한 가운데 말씀묵상으로 인내 중, 기도와 격려와 나눔
		지도자로서 인격적 준비가 되어 있다.		9	14	21	5		
		잠재적 지도자를 선택하고 발전시키려고 노력한다.		4	15	22	8		
	4. 동료 사역자들과의 관계	동료 사역자에게 적절한 예의를 지킨다.		1	12	30	7		
		적절한 교제권(멘토, 멘티, 친밀한 관계)을 갖고 있으며, 내면의 깊은 문제들을 나누고 있다.		8	18	18	5		
		동료 사역자에게 의견을 구하고, 그 의견을 존중한다.		3	16	23	6		
		동료 사역자들을 비난하는 말을 하지 않는다.		7	22	13	9		

항목			1	2	3	4	5	평균	서술형 자기 성찰
V 조직	1. 사명과 가치	자기 단체의 사명선언문을 잘 알고 이해하고 있다.							1. 공동체가 건강하게 성장하고 운영되기 위해서는 성경의 원리 하에서 합의한 정관, 규칙, 약속을 각 멤버들이 준수해야 한다. 그때서야 비로소 공동체는 주어진 사명을 함께 이루어갈 수 있다. 지나친 개인주의 또는 팀 중심주의는 전체의 조화를 어렵게 할 수 있다. 지난 2~3년간 건강한 공동체(필드)를 세우기 위해서 자신은 어떤 노력을 해왔는지 기술해주세요. — 식탁 교제, 힘든 동역자 위로와 대접, 단체의 가이드라인을 지키려고 노력, 정기 공동체 모임, 조직의 내규를 만들고 공식화, 순종과 정성, 만들어가는 단계, 공과 사의 구별, 팀원 먼저, 권위에 순종, 끝까지 이해, 주님의 주인 되심 인정, 섬김, 모든 규정과 규칙을 준수하고 적절 보고, 공동체의 비전과 사명 필요하여 시작하는 시점, 허심탄회한 대화 노력 중, 질서 내 순종, 합의한 규칙과 규정을 잘 세우고 노력 중, 공동체 정신에 헌신
		사명을 이루기 위한 핵심가치(9)을 잘 알고 자신의 삶과 사역에 적용하고 있다.							
	2. 권위에 대해 존중하는 태도	파송단체가 세운 규정을 잘 이해하고 있고 또한 준수한다.							
		단체 지도자의 권위에 순종한다.							
		보고하지 않고 자신의 편의에 따라 선교지를 이탈하지 않는다.							
		조직이 요구하는 보고 의무를 충실히 감당한다.(재정 보고, 사역 보고, 기도 편지)							
	3. 본국 교회와 현지교회와의 관계	본국 교회와 좋은 동역 관계를 유지하고 있다.							
		파송 교회로부터 좋은 평가를 받고 있다.							
		중요한 일은 교회 지도자들과 반드시 의논하여 결정한다.							
		현지 지도자들의 리더십을 존중하며 합당한 예우를 한다.							
		현지인들을 존중하고 사랑으로 대한다.							
	4. 건전한 국가의식과 시민의식	법과 질서를 준수한다.							
		최근 선교 현지 정치, 경제, 사회적 상황을 알고 있다.							
		공직에 있는 사람들을 정중하게 대한다.							
	5. 공동체	공동체 전체를 위해 자신을 희생한다.							
		공동체를 의식하지 않는 개인주의를 조심(경계)한다.							
		공동체의 요청이 있을 때, 적극적으로 참여한다.							

현지에서 잘한 일 몇가지 소개 — 19명 선교사들이 기록해 주심

인내하고 때를 기다리며 마침내 클리닉 설립, 현지 이양 진행 중, 두번 째 병원서 팀과 잘 연합하고 사역, 현지인 존중과 문화 이해, 복음 전도에 힘씀, 현지 의사들과 개인 여행 함께 하며 생각과 삶을 공유, 행정 체계 잡고 현지인 훈련, 현지 동역자 잘 세움, 단체의 시스템 세팅을 잘해 놓음, 사람 키우는 일에 집중, 선교사 정착 잘 도움, 아들 부부가 선교사된 것, 현지인을 리더로 세우는 방향, 선교사들과 동역, 현지서 경제적으로 어려워 수술 못하는 어린이들을 돌보아주고 계속적인 도움의 손길 및 재정 자립에 대한 의견 제시, 현장을 직접 방문하여 보고 마음을 전달하고 현지인 필요를 채우도록 노력, 사회적으로 변방에 있는 아이들을 리더로 세운 것, 현지인과 돈독한 관계 유지하되 재정은 도움주지 않음, 선교비에 대한 정직과 투명, 현지인 직원들과 좋은 관계 위해 노력, 현지인과 축구하며 교제, 어려운 사람들 많이 도움과 격려, 현지 교회 사역자들과 협력, 이동 진료, 현지 학교와 수련을 마침, 학교 운영, 하나님의 말씀에 아니라고 하면 과감히 접음, 현지의 실질적 의료 체계를 곱고 좋은 유대관계 가짐, 대학 교회 시작, 현지 스태프와 좋은 관계 유지, 병원 사역 시작, 간호 훈련 성공적으로 이끔, 제자 훈련

현지에서 잘 못한 일 몇 가지 소개 — 19명 선교사들이 기록해 주심

건강 챙기지 못해 burn out, 첫 번째 팀의 동료들과 좋은 관계 못 가짐, 현지 선교 병원 정책에 수동적, 현지 선교사들과 네트워킹 부족, 주변에 어려움 당하는 선교사 케어 부족, 전문적인 행정 지침을 제시 못함, 차기 리더십 세우지 못함, 여성 사역에 좀더 집중하지 못함, 현지인처럼 살지 못해 이질감 형성, 현지어를 열심히 배우지 못한 것, 재정을 지혜롭게 사용 못함, 현지인을 깊이 이해 못함, 현지인에게 비난, 돈만 전달하고 그 다음으로 신경 써주지 못함, 자신의 육체를 돌보지 않음과 한인들과 관계를 많이 갖지 않음, 말씀을 제대로 전하지 못함, 체력 감소, 현지인 프로그램에 잘 적응 못함, 현지인에 대한 무분별한 신뢰, 동역자들의 어려움을 더 이해하고 섬기지 못한 것, 현지의 사정을 면밀히 알아본 다음에 일들을 추진했어야 했는데 그러지 못함, 일에 쫓겨 성찰 시간 부족, 건강 관리 잘 못함, 비난한 것, 협조가 없다고 섭섭해 함, 건강유지 못하고 생활관리 부실

종합 평가(감사, 강점, 보완점, 계획) – 12명 선교사들이 기록해주셨으나 개인적인 정리어서 생략합니다.